Paola Biglia

interminati spazi

ANTOLOGIA PER IL BIENNIO

C

EPICA

paravia

Coordinamento editoriale: Franca Crosetto
Coordinamento redazionale, redazione e ricerca iconografica: Federica Pezzoli
Progetto grafico e copertina: Cinzia Marchetti
Coordinamento grafico: Cinzia Marchetti
Impaginazione elettronica: Essegi, Torino
Controllo qualità: Andrea Mensio
Segreteria di redazione: Enza Menel

La scheda *Sul piccolo schermo* è di Lucia Jacona

In copertina: Hortus conclusus, I secolo d.C., affresco da Villa di Livia a Prima Porta, part., Roma, Museo Nazionale Romano

978 88 395 30400

978 88 395 20470 A

Stampato per conto della casa editrice presso
La Grafica, Boves (CN), Italia

Ristampa 6 7 8 9 10 11 12
Anno 15 16 17 18

ad Andrea

Indice generale

PERCORSO 1 L'origine del mondo e il destino dell'uomo: il mito e l'epica

Due grandi statue di gemelli scolpite dagli Olmechi, una civiltà sviluppatasi nell'America centrale tra il 1200 e il 400 a.C., sono conservate al Museo Antropologico di Xalapa, in Messico. Le statue, che secondo gli studiosi risalgono al periodo compreso tra il 1100 e l'800 a.C., sono alte circa un metro e sono state ritrovate nel sito archeologico di El Azuzul, nella zona meridionale del Messico; erano collocate a pochi metri l'una dall'altra, di fronte a una terza figura scolpita, che rappresentava probabilmente un giaguaro, animale temuto e venerato dalle popolazioni del Centroamerica.

I due gemelli sono pressoché identici, in posizione inginocchiata, con le spalle protese in avanti e le braccia tese; le mani, rivolte l'una verso l'alto e l'altra verso il basso, impugnano un cilindro di pietra che poggia sul terreno. L'aspetto morfologico è essenziale: i vestiti sono appena accennati e si distinguono soltanto le placche rettangolari che ornano il petto; maggiore cura per i dettagli appare invece nella forma dei copricapi e nelle acconciature, sagomate in modo rigido e netto. L'espressione dei visi è fissa ed enigmatica: si notano in particolare le labbra spesse e piegate all'ingiù, elemento ricorrente nelle figure monolitiche dell'arte olmeca, che attribuisce ai soggetti tratti quasi infantili o, secondo alcuni, intende richiamare gli elementi somatici tipici dei grandi felini della foresta tropicale.

Secondo alcuni ricercatori, le due statue sono la raffigurazione di un mito cosmogonico, ovvero di un mito relativo all'origine dell'universo; altri pensano invece che esse rappresentino due sacerdoti. Secondo il *Popol Vuh*, raccolta di miti e leggende di un altro popolo centroamericano, i Maya, dall'incontro tra due divinità primordiali nacquero la terra, le foreste, gli animali e gli altri dèi. Esse tentarono quindi di dare origine agli uomini, ma soltanto grazie a due eroi gemelli, Hunahpu e Ixbalanque, che sconfissero gli dèi degli Inferi, fu possibile la nascita degli esseri umani.
Le statue trovate a El Azuzul potrebbero dunque rappresentare proprio i due eroi di cui parla il mito maya oppure, secondo un'altra lettura, raffigurare l'idea stessa di dualismo, la presenza di due forze insieme opposte e complementari, di eguale intensità (vita-morte, giorno-notte, sole-luna, maschile-femminile), dal cui incontro-scontro deriva un'azione creatrice.

I miti, racconti che forniscono spiegazioni simboliche ai grandi interrogativi dell'uomo sull'esistenza e sulla morte, in molti casi collegano l'origine del mondo al passaggio da una condizione di caos a una di ordine e di vita; talora l'attività creatrice è affidata a una coppia, che può incarnare il principio maschile e quello femminile, ma a volte esprime semplicemente la tensione insita nella dualità, la compresenza di forze antitetiche che imprimono dinamismo al mondo attraverso la generazione, oppure la distinzione e la rottura.

Sculture raffiguranti due gemelli, provenienti da El Azuzul (Veracruz, Messico), 1200-800 a.C., Xalapa, Museo Antropologico

L'origine del mondo e il destino dell'uomo

Placca in avorio con figura maschile che sorregge un albero, VIII secolo a.C., Baghdad, National Museum of Iraq

Il mito

Il mito (dal greco *mỳthos*, "racconto") può essere definito come il più antico tentativo di chiarire il mondo attraverso un racconto. Esso, infatti, riflette l'esigenza di rispondere ai grandi interrogativi dell'esistenza: l'origine del cosmo e dell'uomo, il destino degli esseri viventi, il senso della vita e della morte, la natura dei sentimenti, il potere, la giustizia ecc. Si tratta di una necessità ampiamente diffusa, come dimostra l'esistenza di miti presso culture differenti (mesopotamiche, semitiche, greca, indiane e così via).

Prima della nascita del pensiero filosofico e scientifico, i popoli antichi hanno dunque affrontato i temi più profondi dell'esistenza attraverso **narrazioni simboliche**, per le quali si possono identificare caratteristiche ricorrenti:

- **Memoria, oralità e tradizione**. Il mito nasce come narrazione orale; la redazione scritta è una cristallizzazione del mito, ossia la forma stabile che esso assume a un certo punto della sua storia, quando qualcuno decide di mettere per iscritto il patrimonio di racconti prima memorizzati e tramandati da una generazione all'altra (si vedano, ad esempio, le *Metamorfosi* del poeta latino Ovidio);

- **La varietà di forme**. Fin tanto che perdura la trasmissione orale del mito, possono prodursi versioni differenti a riguardo dello stesso tema o della stessa vicenda. L'oralità concede infatti la possibilità di aggiungere, eliminare, variare elementi su una base comune. Ciò spiega l'esistenza di una pluralità di versioni sullo stesso evento, che dipendono da trascrizioni avvenute in momenti diversi o da parte di autori diversi;
- **La polisemia**. Il mito, in quanto narrazione simbolica, è aperto a molteplici significati, tanto che una medesima storia o un medesimo personaggio si prestano a essere interpretati in modo differente a seconda delle epoche e dei contesti culturali: Odisseo/Ulisse, ad esempio, è stato visto come eroe del ritorno a casa, oppure come esploratore mai sazio di novità, o ancora come un traditore da condannare;
- **La sacralità**. Il mito ha uno stretto legame con la dimensione del sacro, sia perché tratta eventi straordinari come l'origine dell'universo e dell'uomo, sia perché mette in scena divinità ed esseri semidivini, sia perché veicola valori e divieti. Perciò chi narra i miti è in qualche modo avvolto da un'atmosfera di sacralità ed è considerato degno di rispetto, come i sacerdoti, i cantori, gli anziani;
- **Il carattere enciclopedico**. Il mito definisce l'identità di un popolo perché ne celebra i valori di riferimento e li trasmette alle generazioni successive. Come ha scritto lo studioso Jacques Roubaud «non sono soltanto racconti. Contengono un tesoro di pensieri, forme linguistiche, fantasie cosmologiche, precetti morali ecc. che costituiscono il patrimonio comune dell'epoca preclassica». Egli si riferiva ai poemi omerici (*Iliade* e *Odissea*), ma il discorso può essere allargato al mito in generale. Per questo lo studio dei miti è un'importante via d'accesso alla conoscenza di una civiltà.

I parallelismi tra i miti di civiltà diverse

Può capitare che miti analoghi si ritrovino in contesti culturali differenti: ne è un esempio il diluvio universale, presente nell'*Epopea di Gilgamesh*, di area babilonese, ma anche nella *Bibbia* e nel racconto greco di Deucalione e Pirra. Tali punti di contatto tra culture possono derivare, secondo gli studiosi, da diverse cause:

- **La memoria di un fatto storico comune**. Il mito del diluvio, ad esempio, sarebbe stato originato da un'alluvione di straordinaria potenza avvenuta in area mesopotamica, in grado di lasciare tracce nella memoria di tutte le popolazioni del Medio Oriente, anche per la profonda dipendenza degli abitanti dalle piene dei fiumi Tigri ed Eufrate;
- **I contatti diretti tra i popoli**. Comunità relativamente vicine nello spazio e nel tempo possono essersi reciprocamente influenzate attraverso scambi di varia natura (guerre, commerci, migrazioni);
- **La trasfigurazione di una tappa fondamentale dell'evoluzione di un popolo**. Secondo questa teoria, popoli anche molto distanti nel tempo e nello spazio possono trasfigurare in un racconto analogo momenti determinanti del-

la propria civiltà (ad esempio la scoperta del fuoco), senza che si debbano ipotizzare contatti diretti tra di essi. In Brasile, ad esempio, esiste un mito simile al racconto greco di Prometeo, il titano che ruba il fuoco agli dèi per farne dono agli uomini;

- **L'inconscio collettivo**. Secondo le teorie psicanalitiche, i miti sarebbero i «sogni antichissimi dell'umanità». Carl Gustav Jung, in particolare, ha sostenuto che nell'inconscio, ossia nella parte più profonda della psiche umana, sono presenti immagini simboliche, o archetipi, che riguardano le esperienze fondamentali dell'uomo (la vita, la morte, la lotta tra le generazioni e così via). Tali simboli, uguali per tutti, non dipendono dall'appartenenza culturale o dal contesto storico e si esprimono nei miti.

L'epica

Il termine "epica" deriva dal greco *èpos*, "parola", "discorso", "narrazione". L'epica è un **genere letterario** che comprende poemi, ossia lunghe narrazioni in versi, che raccontano storie, alcune delle quali ormai assurte alla condizione di miti, ed eventi eccezionali, i cui protagonisti sono divinità ed eroi. Questi ultimi sono uomini dotati di caratteristiche straordinarie: in genere, posseggono forza fisica, bellezza, coraggio e qualità morali. A volte si tratta di esseri semidivini (figli di un genitore mortale e di una divinità), a volte sono del tutto umani ma compiono imprese che li rendono degni di essere celebrati e ricordati dai posteri. Essi devono affrontare prove e ostacoli, come calamità naturali, guerre o insidie di nemici; talora possono contare sull'aiuto di una divinità, oppure disporre di armi e oggetti straordinari, talora invece la loro forza risiede principalmente nell'integrità morale e nella nobiltà dei sentimenti. Il destino dell'eroe non implica di per sé un lieto fine: spesso, anzi, il poema epico celebra la morte di un eroe, dà spazio alla dimensione tragica e al *pàthos*, non tace gli eventi più luttuosi e drammatici che colpiscono una famiglia o un popolo.

Tante possibili letture

Il mito e l'epica sono dunque campi di indagine, talvolta comunicanti tra loro, molto interessanti per studiare le caratteristiche di un popolo, i suoi valori, la sua cultura; ma sono anche racconti in versi, quindi opere che si prestano a essere esaminate con gli strumenti dell'analisi letteraria (elementi di narratologia, figure retoriche ecc.). Hanno inoltre influenzato profondamente la cultura e il modo di pensare delle epoche successive, tanto che ancora oggi personaggi o eventi del mito e dell'epica sono parte del linguaggio quotidiano e sono usati per indicare fatti e comportamenti comuni (*quel viaggio è stato un'odissea, è il suo tallone d'Achille, è malato di narcisismo, il virus nel computer agisce come un cavallo di Troia*).

Tuttavia non va dimenticato che miti e poemi epici sono in primo luogo narrazioni nate in un contesto orale, con un pubblico che percepiva l'ascolto come un momento fondamentale e a volte sacro: intuire dunque il **piacere del racconto** è il modo più corretto per accostarsi a questi testi, senza lasciarsi intimorire dalla distanza temporale o dalle difficoltà stilistiche e metriche, sapendo che i miti sono innanzitutto grandi storie che dicono qualcosa sulla nostra identità.

La *Bibbia*

Il libro dei libri

Bibbia deriva dal greco *biblìa*, che significa "libri". Si tratta infatti di una pluralità di testi, in prosa e in poesia, redatti in epoche e in contesti culturali diversi, che per la tradizione giudaico-cristiana sono i libri per eccellenza, quelli più importanti di tutti: essi costituiscono infatti le Sacre Scritture, che i credenti considerano ispirate da Dio.

La struttura

Per gli **Ebrei** la *Bibbia* è divisa in tre parti:

- la ***Torah***, ossia i libri della legge, che hanno come evento centrale la liberazione del popolo ebraico dalla schiavitù in Egitto, grazie a Mosé, e in cui sono riportate le norme che regolano la vita religiosa, morale e civile;
- i **libri profetici**, che contengono esortazioni al popolo d'Israele affinché non venga meno alla fedeltà nei confronti di Dio;
- gli ***Scritti***, ossia testi poetici e sapienziali, spesso di forma raffinata dal punto di vista letterario.

Per i **cristiani** invece la *Bibbia* è divisa in due parti, chiamate ***Antico*** e ***Nuovo Testamento***. Nell'*Antico Testamento* sono compresi i libri sacri agli Ebrei, anche se suddivisi e disposti in maniera differente e con alcune integrazioni (ad esempio i libri di *Tobia*, di *Giuditta* e dei *Maccabei*); in questa parte si racconta la storia dell'alleanza che Dio ha stabilito con il popolo d'Israele e si enunciano le norme date da Dio al suo popolo. Il *Nuovo Testamento* è incentrato invece sulla figura di Gesù, figlio di Dio: attraverso la sua vita sulla terra, la sua morte e la sua resurrezione, Gesù si fa tramite di una nuova alleanza tra Dio e l'uomo, fondata sull'amore; il messaggio della salvezza non riguarda più soltanto un popolo, ma tutte le genti.

Le epoche di redazione e la lingua

L'*Antico Testamento* ha alle spalle una lunga tradizione di trasmissione orale, che ha lasciato tracce nella presenza di espressioni formulari e di ripetizioni. I differenti libri hanno assunto forma scritta in epoche diverse (i testi più antichi risalgono al XIII secolo a.C., quelli più recenti al I secolo a.C.) e per mano di autori differenti; sono redatti in **ebraico**, tranne il libro della *Sapienza* e quello dei *Maccabei*, scritti in **greco**. Il *Nuovo Testamento* è stato composto invece nel I secolo d.C., in **greco**, tranne il *Vangelo di Matteo*, scritto in **aramaico** (antica lingua ebraica) e poi tradotto in greco. La ricostruzione filologica e critica del testo biblico ha richiesto un lavoro assai accurato, che si è protratto per molto tempo.

Le traduzioni

Le traduzioni antiche più famose sono la cosiddetta *Bibbia dei Settanta*, in greco, relativa all'*Antico Testamento*, del II secolo a.C., e la *Vulgata* di Gerolamo, in latino, realizzata tra il IV e il V secolo d.C.

In Italia la traduzione attualmente più diffusa è quella compiuta nel 1971 dai vescovi della Conferenza Episcopale Italiana (*Bibbia della CEI*), integrata poi nel 1984 con la revisione effettuata dagli studiosi francesi (*Bible de Jérusalem*), ricca di introduzioni, commenti, note. Nel 2009 è uscita una nuova traduzione in italiano, sempre a cura della CEI.

Un'opera, molte letture

Le pagine della *Bibbia* possono essere esaminate con molteplici chiavi di lettura. In quanto libri sacri, quelli della *Bibbia* sono in primo luogo **testi teologici**, perché, per i credenti, rivelano l'immagine di Dio. Sono però anche una **fonte storica**, perché i libri di *Samuele*, dei *Re*, dei *Maccabei*, le narrazioni evangeliche, gli *Atti degli Apostoli* forniscono informazioni su vicende e figure del popolo ebraico, confrontabili con altri documenti storici. Sono **testi legislativi**, perché presentano norme per la vita sociale e religiosa, come il *Levitico*; sono **testi mitico-simbolici**, come i racconti della creazione e del diluvio universale contenuti nella *Genesi* o l'*Apocalisse* di Giovanni; sono **testi epici**, perché imperniati su figure eroiche di condottieri o guerrieri che affrontano prove per il bene del loro popolo, come Abramo, Giuseppe, Mosé, Giosué, Sansone. Sono anche **testi poetici e sapienziali**: libri come i *Salmi* contengono inni, cantici, preghiere in versi. Il *Cantico dei Cantici* è un vero e proprio poema d'amore, con immagini di grande intensità e di rapimento dei sensi; meditazioni, aforismi, considerazioni pregnanti sulla vita, sul tempo e sui valori dell'uomo compaiono poi nel *Qoèlet*, nei *Proverbi* e nel libro della *Sapienza*.

È chiaro che una modalità di lettura non esclude l'altra: una pagina del *Cantico dei Cantici* può essere assaporata nella bellezza delle sue scelte stilistiche, ma può anche essere letta simbolicamente – come fecero i mistici del Medioevo – per rappresentare l'unione intima e profonda tra Dio e l'anima dell'uomo, oppure può fornire lo spunto per una riflessione culturale sulla relazione tra uomo e donna nella Palestina del V o IV secolo a.C. Persino l'approccio teologico ai testi biblici può generare letture differenti, tanto è vero che proprio questioni interpretative hanno determinato la nascita delle eresie (letture diverse da quelle ammesse dalla Chiesa cristiana) e di confessioni religiose differenti. Naturalmente, una lettura unicamente simbolica o unicamente storica di tutta l'opera biblica andrebbe incontro tanto a forzature quanto a riduzioni, come sempre avviene quando si sottovaluta la complessità di un'opera frutto di contributi e di epoche differenti.

I LIBRI DELLA *BIBBIA* PER I CRISTIANI

L'*Antico Testamento*

Secondo i cristiani l'*Antico Testamento* comprende:
- il Pentateuco (ossia i cinque libri della legge per il popolo ebraico): *Genesi*, *Esodo*, *Levitico*, *Numeri*, *Deuteronomio*;
- i libri storici, che narrano momenti della storia del popolo ebraico: *Giosuè*, *Giudici*, *Rut*, I e II libro di *Samuele*, I e II libro dei *Re*, I e II libro delle *Cronache*, *Esdra*, *Neemia*, *Tobia*, *Giuditta*, *Ester*, I e II libro dei *Maccabei*;
- i libri poetici e sapienziali, che parlano del rapporto tra Dio e il suo popolo, riferiscono lamenti per la sofferenza, richieste di aiuto, canti di lode, espressioni di amore: *Giobbe*, *Salmi*, *Proverbi*, *Qoèlet*, *Cantico dei Cantici*, *Sapienza*, *Siracide*;
- i libri profetici, che narrano le vicende dei profeti e contengono moniti, esortazioni, parole di speranza e di fiducia nell'azione di Dio; in particolare, i profeti richiamano quanti con la loro condotta si sono allontanati dalla via del Signore: *Isaia*, *Geremia*, *Lamentazioni*, *Baruc*, *Ezechiele*, *Daniele*, 12 profeti minori (*Osea*, *Gioele*, *Amos*, *Abdia*, *Giona*, *Michea*, *Naum*, *Abacuc*, *Sofonia*, *Aggeo*, *Zaccaria*, *Malachia*).

Il *Nuovo Testamento*

Esso è composto da:
- i 4 *Vangeli* (di Matteo, Marco, Luca e Giovanni): sono il racconto della vita e degli insegnamenti di Gesù, da parte di testimoni che riferiscono esperienze dirette ed episodi vissuti da altri;
- gli *Atti degli Apostoli*, ossia la rappresentazione ideale della vita delle prime comunità cristiane;
- le *Lettere* scritte da Paolo alle diverse comunità cristiane (di Roma, di Efeso, di Corinto ecc.) e ad alcuni interlocutori specifici (Tito, Timoteo, Filemone);
- le *Lettere* di Giacomo, di Pietro, di Giovanni e di Giuda;
- l'*Apocalisse*, testo che esprime in forma simbolica la vittoria di Dio sul male.

BIBBIA

LA CREAZIONE DEL MONDO

Opera: *Bibbia*, *Genesi*, 1; 2, 1-4a

All'inizio del I libro della *Bibbia*, la *Genesi*, si trova il racconto della creazione del mondo e dell'uomo da parte di Dio. Tema specifico della tradizione biblica è la creazione dal nulla per l'azione di un Dio preesistente, diversamente dai miti greci o mesopotamici, in cui si parla di una progressiva differenziazione da una massa indistinta.

In principio Dio creò[1] il cielo e la terra. Ora la terra era informe[2] e deserta e le tenebre ricoprivano l'abisso e lo spirito di Dio aleggiava[3] sulle acque.

Dio disse: «Sia la luce!». E la luce fu. Dio vide che la luce era cosa buona[4] e separò la luce dalle tenebre e chiamò la luce giorno e le tenebre notte. E fu sera e fu mattina: primo giorno[5].

Dio disse: «Sia il firmamento[6] in mezzo alle acque per separare le acque dalle acque». Dio fece il firmamento e separò le acque, che sono sotto il firmamento, dalle acque che sono sopra il firmamento. E così avvenne. Dio chiamò il firmamento cielo. E fu sera e fu mattina: secondo giorno.

Dio disse: «Le acque che sono sotto il cielo, si raccolgano in un solo luogo e appaia l'asciutto». E così avvenne. Dio chiamò l'asciutto terra e la massa delle acque mare. E Dio vide che era cosa buona. E Dio disse: «La terra produca germogli, erbe che producono seme e alberi da frutto, che facciano sulla terra frutto con il seme, ciascuno secondo la sua specie». E così avvenne: la terra produsse germogli, erbe che producono seme, ciascuna secondo la propria specie e alberi che fanno ciascuno frutto con il seme, secondo la propria specie. Dio vide che era cosa buona. E fu sera e fu mattina: terzo giorno.

Dio disse: «Ci siano luci nel firmamento del cielo, per distinguere il giorno dalla notte; servano da segni per le stagioni, per i giorni e per gli anni e servano da luci nel firmamento del cielo per illuminare la terra». E così avvenne: Dio fece le due luci grandi[7], la luce maggiore per regolare il giorno e la luce minore per regolare la notte, e le stelle. Dio le pose nel firmamento del cielo per illuminare la terra e per regolare giorno e notte e per separare la luce dalle tenebre. E Dio vide che era cosa buona. E fu sera e fu mattina: quarto giorno.

Dio disse: «Le acque brulichino[8] di esseri viventi e uccelli volino sopra la terra, davanti al firmamento del cielo». Dio creò i grandi mostri marini e tutti gli esseri viventi che guizzano e brulicano nelle acque, secondo la loro specie, e tutti gli uccelli alati secondo la loro specie. E Dio vide che era cosa buona. Dio li benedisse: «Siate

1. **creò:** in ebraico il verbo *bara'*, che esprime il concetto di creazione, è usato nella *Bibbia* soltanto in riferimento a Dio. Per indicare l'azione dell'uomo si impiegano invece altri verbi, traducibili in italiano con "fare", "fabbricare", "produrre".
2. **informe:** indistinta, senza forma.
3. **aleggiava:** soffiava, era presente sopra.
4. **cosa buona:** la formula si ripete identica al termine di ogni atto di creazione.
5. **primo giorno:** con la creazione del mondo ha inizio anche il tempo, che può così essere conteggiato.
6. **il firmamento:** la volta del cielo. Per gli antichi si trattava di una sorta di cupola che separava le acque superiori (quelle del cielo) da quelle inferiori (mari e fiumi). Proprio l'apertura del firmamento provocherà il diluvio (▶ p. 14).
7. **le due luci grandi:** sono il Sole e la Luna.
8. **brulichino:** siano affollate.

fecondi e moltiplicatevi e riempite le acque dei mari; gli uccelli si moltiplichino sulla terra». E fu sera e fu mattina: quinto giorno.

Dio disse: «La terra produca esseri viventi secondo la loro specie: bestiame, rettili e bestie selvatiche secondo la loro specie». E così avvenne: Dio fece le bestie selvatiche secondo la loro specie e il bestiame secondo la propria specie e tutti i rettili del suolo secondo la loro specie. E Dio vide che era cosa buona. E Dio disse: «Facciamo[9] l'uomo a nostra immagine, a nostra somiglianza[10], e domini sui pesci del mare e sugli uccelli del cielo, sul bestiame, su tutte le bestie selvatiche e su tutti i rettili che strisciano sulla terra».

Dio creò l'uomo a sua immagine;
a immagine di Dio lo creò;
maschio e femmina li creò.

Dio li benedisse e disse loro:

«Siate fecondi e moltiplicatevi,
riempite la terra;
soggiogatela[11] e dominate
sui pesci del mare
e sugli uccelli del cielo
e su ogni essere vivente,
che striscia sulla terra».

Poi Dio disse: «Ecco, io vi do ogni erba che produce seme e che è su tutta la terra e ogni albero in cui è il frutto, che produce seme: saranno il vostro cibo[12]. A tutte le bestie selvatiche, a tutti gli uccelli del cielo e a tutti gli esseri che striscino sulla terra e nei quali è alito di vita, io do in cibo ogni erba verde». E così avvenne. Dio vide quanto aveva fatto, ed ecco, era cosa molto buona. E fu sera e fu mattina: sesto giorno.

Così furono portati a compimento il cielo e la terra e tutte le loro schiere[13]. Allora Dio nel settimo giorno portò a termine il lavoro che aveva fatto e cessò nel settimo giorno da ogni suo lavoro. Dio benedisse il settimo giorno e lo consacrò[14], perché in esso aveva cessato da ogni lavoro che egli creando aveva fatto. Queste le origini del cielo e della terra, quando vennero creati.

(*La Bibbia di Gerusalemme*, Edizioni Dehoniane, Bologna 1996)

9. Facciamo: il plurale solitamente è spiegato in due modi: o si tratta di un'allocuzione di Dio alla schiera degli angeli, citati più avanti (*Genesi*, 3, 22, 24), oppure di un *pluralis maiestatis*, che sottolinea la grandezza di Dio, il cui nome comune in ebraico è plurale (*Elohim*). Secondo la tradizione interpretativa dei Padri della Chiesa, il plurale evoca il concetto di Trinità (un Dio solo in tre persone).

10. somiglianza: soltanto l'uomo, a differenza di tutte le altre creature, ha il privilegio della somiglianza con Dio.

11. soggiogatela: sottomettetela.

12. il vostro cibo: in questo primo racconto, l'uomo vive in pace con tutti gli esseri viventi e si nutre di vegetali (*erba, seme, frutto*); anche gli animali hanno come cibo *ogni erba verde*. Il peccato di Adamo stravolgerà quest'armonia originaria.

13. tutte le loro schiere: qui indica l'insieme di tutte le creature del cielo e della terra.

14. lo consacrò: nella tradizione ebraica il settimo giorno è il sabato, giorno del riposo assoluto, istituito da Dio stesso. Per i cristiani, invece, il giorno sacro è la domenica, memoria settimanale della resurrezione di Cristo.

ANALISI DEL TESTO

Una generosa parola creatrice

Il cielo, la terra, le acque, gli astri, gli animali e l'uomo sono chiamati all'esistenza dalla forza della parola divina: l'espressione *Dio disse* compare infatti più volte nel brano e prelude a un atto di creazione in cui a una frase pronunciata da Dio segue l'immediata realizzazione (*«Sia la luce!». E la luce fu*, r. 3; *Dio disse... E così avvenne*, rr. 10-11). Anche quando viene usato il verbo "fare", esso è preceduto comunque da una chiamata all'esistenza attraverso un atto di parola (*Dio disse: «Sia il firmamento...» ... Dio fece il firmamento*, rr. 6-7). In questo agire, che testimonia una potenza assoluta, manca però totalmente un fine di dominio da parte della divinità: Dio, infatti, non crea il mondo né per risiedervi né per sottometterlo a sé. Il suo è un atto di creazione generosa, poiché tutto è posto nelle mani di una delle creature stesse, quella che reca impressa in sé l'immagine divina. È l'uomo dunque, inteso come essere umano *maschio e femmina*, il vero destinatario della creazione: la terra nel progetto divino deve essere riempita e dominata dagli uomini (rr. 46-52), e persino il Sole e la Luna – menzionati semplicemente come *luci* per escludere ogni forma di divinizzazione degli astri tipica di altri popoli antichi – hanno la funzione di permettere il computo umano del tempo in quanto *segni per le stagioni, per i giorni e per gli anni* (r. 19).

Un mondo armonioso

Le entità dunque sono create secondo un ordine crescente di dignità, al cui vertice è posto l'uomo, che ha con le altre creature un rapporto di armonia e non di antagonismo. Il mondo biblico delle origini ha infatti caratteri idilliaci: non vi è traccia di violenza, né nella sfera divina né in quella terrena. Dio è unico, onnipotente, preesistente al mondo e non generato da alcuno: non vi sono tracce di lotte per la supremazia divina sull'universo, presenti invece nei miti greci (▶ Esiodo, p. 28); analogamente, l'uomo è signore degli animali, ma non deve ucciderli per nutrirsi, poiché suo cibo sono erbe, frutti e semi; gli stessi animali sono erbivori e possono dunque convivere pacificamente. L'aggettivo che si ripete più volte nel testo è *buono*: ogni cosa creata riceve uno sguardo di approvazione e di benedizione da parte di Dio. L'espressione si trova in forma intensificata al termine del racconto della creazione dell'uomo (*era cosa molto buona*, r. 57), come per indicare il compiacimento di Dio di fronte all'opera maggiormente degna di stima. Il male non compare affatto in questo primo racconto e le tenebre, unico elemento oscuro, non sono un prodotto della creazione, ma sono citate semplicemente come negazione della luce.

Una struttura ordinata

Il brano è organizzato in modo fortemente simmetrico. La frase iniziale e quella finale si richiamano nel contenuto e conferiscono una struttura circolare al racconto: l'apertura è una sorta di titolo o sommario (*In principio Dio creò il cielo e la terra*, r. 1), mentre la chiusura costituisce una sintesi, come se il narratore onnisciente volesse ricapitolare il tema centrale del brano (*Queste le origini del cielo e della terra, quando vennero creati*, rr. 61-62). Con la creazione della luce inizia l'alternanza del giorno e della notte e quindi il computo del tempo: è possibile dunque distinguere un prima e un dopo, una successione precisa di eventi disposti nell'arco di sette giorni, che il narratore riferisce con frasi che si ripetono identiche, con la sola variazione del numero del giorno (*E fu sera e fu mattina: primo giorno* ecc.). La ripetizione testimonia un legame con l'oralità, cioè con un periodo in cui i testi, prima di essere scritti, erano trasmessi a voce, e le frasi fisse, dette "formule", servivano a garantire l'immutabilità del racconto e a favorirne la memorizzazione. La presenza di forme identiche, inoltre, aumenta la sacralità, perché conferisce al testo una cadenza innodica, creando una sorta di liturgia in cui la ripetizione potenzia la veridicità delle parole.

ESERCIZI

COMPRENSIONE E ANALISI

1. La creazione del mondo Elenca schematicamente gli elementi creati da Dio nei vari giorni, secondo la successione indicata nel brano.

2. La creazione dell'uomo Per quali aspetti l'uomo è una creatura diversa dalle altre? Quale relazione si stabilisce tra l'uomo e gli altri esseri?

3. La creazione della donna A differenza del racconto contenuto nel capitolo 2 della *Genesi*, in cui si parla esplicitamente della creazione di Eva da una costola di Adamo, in questo passo la donna non compare in un momento successivo o come derivazione dall'uomo, ma l'atto creativo di Dio è unico per entrambi. Da quale punto del brano si può dedurre questa informazione?

4. Il settimo giorno Perché il settimo giorno è diverso da tutti gli altri ed è considerato sacro da Dio?

5. L'immagine di Dio Quale immagine di Dio emerge da questo brano? Rispondi facendo riferimento al testo.

LESSICO E STILE

6. Le formule Individua nel brano alcuni esempi di stile formulare, diversi da quelli riportati nell'analisi.

7. La forma delle frasi Nel testo prevale la coordinazione o la subordinazione? Rispondi facendo alcuni esempi.

8. Il lessico Come definiresti il lessico usato nel brano? Scegli la risposta corretta:
- **a.** semplice e quotidiano
- **b.** ricercato, con termini poetici rari
- **c.** tecnico, con parole specialistiche

SCRITTURA

9. Scrivi un testo descrittivo: il primo sguardo sul mondo Immagina di essere il primo uomo o la prima donna, all'alba del mondo. Scegli un elemento naturale (un monte, un fiore, una nuvola, la tua mano ecc.) e descrivilo come se lo vedessi davvero per la prima volta. Osservalo con attenzione e con sorpresa, per mettere in luce le caratteristiche meno banali.

SPUNTI PER LA DISCUSSIONE IN CLASSE

10. Il rapporto tra uomo e natura Nel racconto biblico il rapporto tra uomo e natura è fondato sull'armonia e sulla pace. Quali problemi oggi rischiano maggiormente di compromettere tale rapporto? Confronta le tue opinioni con quelle dei compagni e dell'insegnante.

BIBBIA

IL DILUVIO UNIVERSALE

Opera: *Bibbia*, *Genesi*, 6, 5-22; 7, 10-24; 8, 1-14; 9, 1-5

Nel mondo sereno e pacifico delle origini presentato nella *Genesi* penetrano i concetti di colpa e di punizione: Adamo ed Eva, istigati dal serpente, trasgrediscono i comandi di Dio e sono cacciati dal giardino dell'Eden; il loro figlio Caino compie il primo delitto, uccidendo per invidia il fratello Abele, ed è maledetto da Dio; i suoi discendenti manifestano una crescente violenza, tanto da indurre Dio a sterminare tutti gli esseri viventi con un immenso diluvio.

Soltanto Noè, uomo giusto, merita di salvarsi: Dio gli comanda dunque di costruire un'arca per sottrarre alle acque la sua famiglia e una coppia di animali per ciascuna specie. Dopo la catastrofe, Dio stabilisce con Noè e i suoi discendenti un nuovo patto di alleanza.

Il Signore vide che la malvagità degli uomini era grande sulla terra e che ogni disegno[1] concepito dal loro cuore non era altro che male. E il Signore si pentì di aver fatto l'uomo sulla terra e se ne addolorò in cuor suo[2]. Il Signore disse: «Sterminerò dalla terra l'uomo che ho creato: con l'uomo anche il bestiame e i rettili e gli uccelli del cielo, perché sono pentito d'averli fatti». Ma Noè trovò grazia[3] agli occhi del Signore.

Questa è la storia di Noè. Noè era uomo giusto e integro[4] tra i suoi contemporanei e camminava con Dio. Noè generò tre figli: Sem, Cam e Iafet. Ma la terra era corrotta davanti a Dio e piena di violenza.

Dio guardò la terra ed ecco essa era corrotta, perché ogni uomo aveva pervertito[5] la sua condotta sulla terra.

Allora Dio disse a Noè: «È venuta per me la fine di ogni uomo, perché la terra, per causa loro, è piena di violenza; ecco, io li distruggerò insieme con la terra. Fatti un'arca di legno di cipresso; dividerai l'arca in scompartimenti e la spalmerai di bitume[6] dentro e fuori. Ecco come devi farla: l'arca avrà trecento cubiti[7] di lunghezza, cinquanta di larghezza e trenta di altezza. Farai nell'arca un tetto e a un cubito più sopra la terminerai; da un lato metterai la porta dell'arca. La farai a piani: inferiore, medio e superiore.

Ecco io manderò il diluvio, cioè le acque, sulla terra, per distruggere sotto il cielo ogni carne, in cui è alito di vita[8]; quanto è sulla terra perirà. Ma con te io stabilisco la mia alleanza. Entrerai nell'arca tu e con te i tuoi figli, tua moglie e le mogli dei tuoi figli. Di quanto vive, di ogni carne, introdurrai nell'arca due di ogni specie, per conservarli in vita con te: siano maschio e femmina. Degli uccelli secondo la loro specie, del bestiame secondo la propria specie e di tutti i rettili della terra secondo la loro specie, due d'ognuna verranno con te, per essere conservati in vita. Quanto a te, prenditi ogni sorta di cibo da mangiare e raccoglilo presso di te: sarà di nutrimento per te e per loro».

Noè eseguì tutto; come Dio gli aveva comandato, così egli fece.

1. **disegno:** progetto.
2. **si pentì ... cuor suo:** i commentatori della *Bibbia di Gerusalemme* sottolineano come la santità di Dio sia estranea al peccato ed egli provi dunque dolore per il fatto che la più alta delle sue creature sia divenuta malvagia.
3. **grazia:** benevolenza.
4. **integro:** onesto.
5. **aveva pervertito:** aveva rivolto al male.
6. **bitume:** è una sostanza usata per rendere impermeabile il legno delle imbarcazioni.
7. **cubiti:** il cubito è un'antica unità di misura, equivalente a circa mezzo metro.
8. **ogni carne ... vita:** ogni essere vivente.

[Viene ripetuto il comando di Dio, che Noè esegue.]

Dopo sette giorni, le acque del diluvio furono sopra la terra; nell'anno seicentesimo della vita di Noè, nel secondo mese, il diciassette del mese, proprio in quello stesso giorno, eruppero tutte le sorgenti del grande abisso e le cateratte del cielo[9] si aprirono. Cadde la pioggia sulla terra per quaranta giorni e quaranta notti. In quello stesso giorno entrò nell'arca Noè con i figli Sem, Cam e Iafet, la moglie di Noè, le tre mogli dei suoi tre figli: essi e tutti i viventi secondo la loro specie e tutto il bestiame secondo la sua specie e tutti i rettili che strisciano sulla terra secondo la loro specie, tutti i volatili secondo la loro specie, tutti gli uccelli, tutti gli esseri alati. Vennero dunque a Noè nell'arca, a due a due, di ogni carne in cui è il soffio di vita. Quelli che venivano, maschio e femmina d'ogni carne, entrarono come gli aveva comandato Dio: il Signore chiuse la porta dietro di lui.

Il diluvio durò sulla terra quaranta giorni: le acque crebbero e sollevarono l'arca che si innalzò sulla terra. Le acque divennero poderose[10] e crebbero molto sopra la terra e l'arca galleggiava sulle acque. Le acque si innalzarono sempre più sopra la terra e coprirono tutti i monti più alti che sono sotto tutto il cielo. Le acque superarono in altezza di quindici cubiti i monti che avevano ricoperto.

Perì ogni essere vivente che si muove sulla terra, uccelli, bestiame e fiere[11] e tutti gli esseri che brulicano sulla terra e tutti gli uomini. Ogni essere che ha un alito di vita nelle narici, cioè quanto era sulla terra asciutta morì.

Così fu sterminato ogni essere che era sulla terra: con gli uomini, gli animali domestici, i rettili e gli uccelli del cielo; essi furono sterminati dalla terra e rimase solo Noè e chi stava con lui nell'arca.

Le acque restarono alte sopra la terra centocinquanta giorni.

Dio si ricordò di Noè, di tutte le fiere e di tutti gli animali domestici che erano con lui nell'arca. Dio fece passare un vento sulla terra e le acque si abbassarono. Le fonti dell'abisso e le cateratte del cielo furono chiuse e fu trattenuta la pioggia dal cielo; le acque andarono via via ritirandosi dalla terra e calarono dopo centocinquanta giorni. Nel settimo mese, il diciassette del mese, l'arca si posò sui monti dell'Ararat[12]. Le acque andarono via via diminuendo fino al decimo mese. Nel decimo mese, il primo giorno del mese, apparvero le cime dei monti.

Trascorsi quaranta giorni, Noè aprì la finestra che aveva fatta nell'arca e fece uscire un corvo per vedere se le acque si fossero ritirate. Esso uscì andando e tornando finché si prosciugarono le acque sulla terra. Noè poi fece uscire una colomba, per vedere se le acque si fossero ritirate dal suolo; ma la colomba, non trovando dove posare la pianta del piede[13], tornò a lui nell'arca, perché c'era ancora l'acqua su tutta la terra. Egli stese la mano, la prese e la fece rientrare presso di sé nell'arca. Attese altri sette giorni e di nuovo fece uscire la colomba dall'arca e la colomba tornò a lui sul far della sera; ecco, essa aveva nel becco un ramoscello di ulivo. Noè comprese

9. le sorgenti ... cielo: tornano a confluire insieme le acque che Dio aveva separate nel secondo giorno della creazione, quando aveva distinto quelle della terra e quelle trattenute dalla volta del cielo (▸ p. 10). Le *cateratte* indicano gli sbarramenti posti da Dio.

10. poderose: forti, prorompenti.

11. fiere: bestie feroci.

12. Ararat: per alcuni commentatori il termine non indica una località precisa, ma una zona montuosa a ovest del Tigri. Per altri invece può essere identificato con il monte Ararat, nell'odierna Turchia.

13. la pianta del piede: la zampa.

che le acque si erano ritirate dalla terra. Aspettò altri sette giorni, poi lasciò andare la colomba; essa non tornò più[14] da lui.

L'anno seicentouno della vita di Noè, il primo mese, il primo giorno del mese, le acque si erano prosciugate sulla terra; Noè tolse la copertura dell'arca ed ecco la superficie del suolo era asciutta. Nel secondo mese, il ventisette del mese; tutta la terra fu asciutta.

[Noè, su ordine di Dio, esce dall'arca e offre un sacrificio che il Signore gradisce. Dio decide dunque di non inviare mai più sulla terra un simile diluvio, anche se l'uomo si piega facilmente al male.]

Dio benedisse Noè e i suoi figli e disse loro: «Siate fecondi e moltiplicatevi e riempite la terra. Il timore e il terrore di voi[15] sia in tutte le bestie selvatiche e in tutto il bestiame e in tutti gli uccelli del cielo. Quanto striscia sul suolo e tutti i pesci del mare sono messi in vostro potere[16]. Quanto si muove e ha vita vi servirà di cibo: vi do tutto questo, come già le verdi erbe. Soltanto non mangerete la carne con la sua vita, cioè il suo sangue. Del sangue vostro anzi, ossia della vostra vita, io domanderò conto; ne domanderò conto ad ogni essere vivente e domanderò conto della vita dell'uomo all'uomo, a ognuno di suo fratello».

(*La Bibbia di Gerusalemme*, *op. cit.*)

14. non tornò più: evidentemente aveva potuto nidificare altrove.
15. di voi: nei vostri confronti. Si annulla la convivenza armoniosa tra uomo e animali propria del mondo delle origini: qui infatti tutti gli animali temono l'uomo, perché sanno che egli può ucciderli per cibarsene.
16. in vostro potere: è ribadito il ruolo dell'uomo come dominatore degli animali e delle piante.

ANALISI DEL TESTO

Colpa, punizione, salvezza

L'ottimismo che permea le prime pagine della Genesi, in cui Dio si compiace delle sue creature, tutte buone, e in particolare dell'uomo, viene meno nei capitoli successivi. Questo brano si apre infatti con la delusione di Dio, pentito di aver fatto l'uomo, la cui malvagità è sempre più grande tanto nelle azioni quanto nei progetti del cuore. Una colpa così diffusa e continua esige una punizione esemplare: Dio dunque si appresta a sterminare ogni essere vivente, in una sorta di rovesciamento dell'inizio della *Genesi* (▶ p. 10). Se tutto il creato è stato chiamato all'esistenza per l'uomo e a lui donato con generosità, l'eliminazione degli uomini determina la distruzione di tutti gli animali e quasi la cancellazione della superficie terrestre sotto la distesa delle acque. In questo panorama catastrofico, modello per tante narrazioni apocalittiche successive, vi è tuttavia una speranza di salvezza. Dio infatti non perde di vista chi, come Noè, sa mantenersi *giusto e integro* (r. 7), anche se circondato dalla violenza. Dio si rivolge a lui singolarmente, dichiarando le proprie intenzioni distruttive, ma fornisce anche indicazioni pratiche su come scampare alla rovina: costruire un'arca, introdurvi famigliari, coppie di animali e riserve di cibo. La salvezza meritata da un uomo consente perciò anche la salvezza del creato e la ripresa della vita del mondo.

La catastrofe e la sopravvivenza

Come Dio è potente nel creare, così lo è nel distruggere. Nulla, se non l'arca di Noè, può sfuggire alla forza devastante delle acque: *ogni carne, in cui è alito di vita* (rr. 18-19) perisce infatti sotto la pioggia incessante, che dura per quaranta giorni e quaranta notti. Soltanto l'azione di Dio pone termine al diluvio e permette il progressivo ritirarsi delle acque, attraverso un vento provvidenziale, ma sono necessari mesi perché emergano almeno le cime dei monti. Noè deve dunque mantenersi fedele anche quando Dio tace e gli uccelli inviati in esplorazione ritornano senza aver trovato terra asciutta su cui posarsi. La costanza di Noè è premiata: quando finalmente la colomba reca un ramo di ulivo, l'uomo capisce che la terra è di nuovo in grado di generare vita e che Dio ha posto fine alla sua ira.

Una sorta di "nuova creazione"

L'obbedienza di Noè spinge Dio a rinnovare la propria benevolenza verso gli uomini: le sue parole, infatti, ricalcano quelle del primo racconto della creazione (*Siate fecondi e moltiplicatevi e riempite la terra*, rr. 71-72; *vi do tutto questo*, rr. 74-75) e nei versetti successivi il creatore parla esplicitamente di un'alleanza con Noè e con i suoi discendenti. Tuttavia questo patto contiene una prescrizione fondamentale, che nel primo capitolo non era necessaria: l'uomo non deve macchiarsi del sangue di un altro uomo, poiché un delitto come quello di Caino su Abele non può essere giustificato (*domanderò conto della vita dell'uomo all'uomo, a ognuno di suo fratello*, rr. 77-78).

La precisione e la semplicità

È evidente nel racconto una particolare precisione da parte del narratore onnisciente a proposito delle date: nel passato mitico in cui è ambientata la vicenda, la cronologia sembra rispondere a un intento di scrupolo documentario. Si dice infatti che le piogge iniziano *nel secondo mese, il diciassette del mese* (r. 28), che l'arca si posa sul monte Ararat *nel settimo mese, il diciassette del mese* (r. 54) ecc. I numeri certamente hanno una valenza simbolica (il sette si collega al numero dei giorni della creazione), ma testimoniano anche l'intento dell'autore di attribuire veridicità a una narrazione mitica attraverso dati numerici. Il testo, con un lessico semplice, frasi paratattiche e ripetizioni tipiche dello stile formulare, esprime con il mito elementi fondamentali del rapporto tra Dio e l'uomo (l'alleanza, la violazione, l'obbedienza, la salvezza).

ESERCIZI

COMPRENSIONE E ANALISI

1. Le sequenze Dividi il brano in sequenze e assegna a ciascuna un titolo.

2. Le cause dell'ira Per quale ragione Dio è adirato con gli uomini?

3. Il merito di Noè Perché Dio permette a Noè di sopravvivere al diluvio?

4. Gli uccelli In che modo gli uccelli aiutano Noè a capire che le acque si sono ritirate?

5. Il nuovo patto In che cosa consiste il nuovo patto stabilito da Dio con gli uomini dopo il diluvio?

6. Lo spazio Quali indicazioni sono fornite nel racconto in merito allo spazio in cui si svolgono gli eventi?

7. I discorsi diretti Nel brano sono presenti molti discorsi diretti. Chi parla? Perché il narratore onnisciente dà molto spazio a queste parti invece di riassumerle con parole proprie?

LESSICO E STILE

8. Due campi semantici Sottolinea nel passo proposto tutti i termini che esprimono la violenza della catastrofe e quelli che indicano invece pace e alleanza.

SCRITTURA

9. Scrivi un testo narrativo-descrittivo: un altro punto di vista Riscrivi il testo, raccontando la vicenda dal punto di vista di Noè, oppure di uno dei suoi figli, o di uno degli uomini che assistono alla costruzione dell'arca senza comprenderne la funzione.

L'*Epopea di Gilgamesh*

Un mito perduto

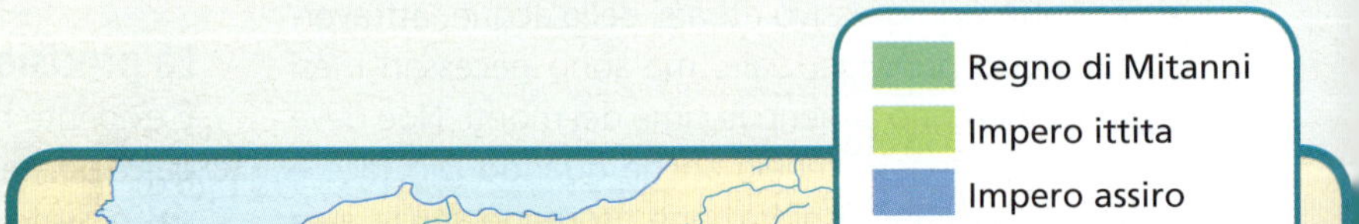

Nel XIX secolo alcuni archeologi inglesi scoprirono i resti dell'antica città mesopotamica di Ninive; gli scavi portarono alla luce anche i frammenti di migliaia di **tavolette in argilla** incise con caratteri cuneiformi, ora conservate al British Museum di Londra. Grazie alla collaborazione di studiosi di tutto il mondo le iscrizioni vennero tradotte e ciò portò alla scoperta di un **poema epico antichissimo**, anonimo, incentrato sulla figura di Gilgamesh, identificato con il quinto re della città sumera di Uruk, al quale è attribuita la costruzione delle imponenti mura della città. Il racconto è incompleto e, secondo gli studiosi, testimonia una tradizione epica che risale al III millennio a.C., ossia a un periodo di molto anteriore a quello dell'epica omerica; la redazione che possediamo, però, è una copia assira, voluta dal re Assurbanipal per la biblioteca di Ninive nel VII secolo a.C. L'epopea era evidentemente molto nota tra le popolazioni del Medio Oriente, poiché sono state ritrovate versioni frammentarie del mito scritte in varie lingue antiche di quell'area (accadico, ittita, hurrita); con il tempo il poema andò tuttavia perduto e il protagonista fu dimenticato, fino alle scoperte archeologiche dell'Ottocento.

I temi

L'*Epopea di Gilgamesh* è insieme opera epica, tragedia e percorso di formazione. Nella prima parte del testo si dà spazio soprattutto al tema della **guerra** e al resoconto di **avventure** straordinarie, ma, dopo la scomparsa dell'eroe Enkidu, emergono il tema della **sofferenza per la morte di un amico** e quello della **disperata ricerca dell'immortalità**.

Il viaggio di Gilgamesh è prima di tutto un itinerario fisico, perché l'eroe arriva fino ai confini del mondo, visita le tenebre e luoghi paradisiaci, scende negli abissi e poi risale; tuttavia il suo è anche un itinerario sapienziale: benché il re fallisca nei suoi intenti (*Non sono stato capace di ottenere alcunché di buono per me stesso*, dice sconsolato), compie un percorso di maturazione, raggiunge la saggezza attraverso la fatica e il dolore, abbandona l'eccessivo ardore guerriero che arrecava danno ai suoi sudditi.

La traduzione

La traduzione scelta per il nostro volume privilegia la dimensione narrativa del poema: evita cioè l'aspetto ostico della resa riga per riga e della rigida divisione secondo le tavolette, tentando di ricostruire un testo scorrevole e coerente, in prosa, senza però introdurre aggiunte arbitrarie o effettuare omissioni.

l'opera

Epopea di Gilgamesh

Gilgamesh, re della città di Uruk, ha natura per due terzi divina e per un terzo umana, in quanto figlio di una dea e di un mortale. I sudditi, oppressi dalle prepotenze del re che li costringe a guerre continue e alla costruzione delle possenti mura della città, chiedono soccorso agli dèi, che plasmano con l'argilla l'eroe Enkidu e lo inviano sulla terra. Questi, inizialmente selvaggio e incontrollabile, acquisisce dominio su di sé attraverso l'unione con una donna, diviene cacciatore e poi pastore, infine sfida a duello Gilgamesh. La lotta è violenta: il re di Uruk prevale, ma riconosce la forza dell'avversario, con cui stringe un patto d'amicizia. Gilgamesh e Enkidu sconfiggono allora il mostro che sorveglia la foresta dei cedri e portano a Uruk molti tronchi pregiati. In seguito la dea Ištar, affascinata dalla bellezza e dal valore di Gilgamesh, si offre a lui come sposa, ma il re la respinge, perché teme il destino di morte che ella riserva di solito agli amanti. La dea, oltraggiata, desidera vendicarsi e il padre degli dèi la accontenta inviando a Uruk un terribile toro celeste, che devasta la città. Enkidu e Gilgamesh lo affrontano e insieme riescono a vincerlo, trionfando sull'ira di Ištar. L'assemblea degli dèi considera il fatto un sacrilegio e condanna a morte Enkidu, consumato in pochi giorni dalla malattia. Quando l'amico muore, Gilgamesh fa allestire solenni onori funebri, ma il suo animo è devastato dal dolore. Decide dunque di partire alla ricerca del segreto dell'immortalità. L'unico che potrebbe rivelarglielo è Utnapištim, un vecchio sopravvissuto al diluvio universale, che per la sua saggezza ha ricevuto in dono dagli dèi la vita eterna. Gilgamesh affronta innumerevoli avventure per raggiungerlo: scende nel ventre oscuro di una montagna, attraversa un giardino delizioso dove una donna cerca di dissuaderlo dall'impresa, infine è accompagnato dal traghettatore Urshanabi oltre le acque morte. Incontra finalmente Utnapištim, che gli descrive il diluvio e racconta come gli dèi abbiano decretato per tutti gli uomini un inesorabile destino di morte, risparmiando soltanto lui e la moglie. Gilgamesh, ostinato, si sottopone a un'ulteriore prova per ottenere il segreto dell'immortalità, ma fallisce. La moglie del vecchio, impietosita, induce il marito a rivelare l'esistenza di una pianta che consente di tornare giovani. L'eroe si tuffa sino in fondo al mare e recupera l'erba con l'intento di portarla ai suoi sudditi, ma, mentre si riposa accanto a un pozzo, un serpente la divora. Gilgamesh, sconsolato, comprende di doversi rassegnare al destino mortale e torna a Uruk.

ANONIMO

Utnapištim l'immortale e il racconto del diluvio

Opera: *Epopea di Gilgamesh*

Gilgamesh, disperato per la scomparsa dell'amico Enkidu e angosciato dal destino di morte che incombe sugli uomini, affronta un lungo e pericoloso viaggio alla ricerca di Utnapištim, l'uomo sopravvissuto al diluvio universale, che ha ottenuto dagli dèi l'immortalità. Dopo molte prove, l'eroe giunge finalmente di fronte al vecchio.

Così, Utnapištim lo osservò e disse: «Qual è il tuo nome, o tu che vieni qui vestito di pelli di animale, le guance emaciate[1] e il volto teso? Dove ti affretti ora? Per quale motivo hai compiuto questo lungo viaggio, attraversando i mari il cui varco è difficile? Dimmi il motivo della tua venuta».

Rispose: «Gilgameš è il mio nome, sono di Uruk[2], della casa di Anu[3]». Allora Utnapištim gli disse: «Se sei Gilgameš, perché sono così emaciate le tue guance e teso il tuo volto? Perché hai la disperazione nel cuore e il tuo viso è il viso di chi ha compiuto un lungo viaggio? Già: perché mai il tuo viso è riarso dal caldo e dal freddo, e perché te ne vieni qui, vagando per i pascoli a cercare il vento?».

A lui Gilgameš disse: «Perché non dovrebbero essere emaciate le mie guance e teso il mio volto? La disperazione è nel mio cuore e il mio viso è il viso di chi ha compiuto un lungo viaggio: dal caldo e dal freddo fu riarso. Perché non dovrei vagare per i pascoli? Il mio amico[4], il fratello minore che afferrò e uccise il Toro del Cielo[5] e sconfisse Humbaba[6] nella foresta dei cedri, l'amico mio che molto mi era caro e che al mio fianco aveva affrontato pericoli, Enkidu, il fratello che amavo, la fine di tutti i mortali l'ha raggiunto. Sette giorni e sette notti lo piansi, finché il verme non fu su di lui[7]. A cagione di mio fratello ho paura della morte, a cagione di mio fratello vado ramingo[8] per le lande[9]. Il suo fato[10] incombe su di me. Come posso tacere, come posso riposare? Egli è polvere e anch'io morrò e sarò disteso nella terra per sempre». Parlando a Utnapištim, Gilgameš disse ancora: «Fu per

1. **emaciate:** smunte.
2. **Uruk:** è una città nel sud della Mesopotamia, identificata con Erech citata nella *Bibbia*. Gilgamesh fu il quinto sovrano della dinastia che ebbe sede a Uruk.
3. **Anu:** padre degli dèi, signore del cielo e dei fenomeni meteorologici. Gilgamesh si dice *della casa di Anu* in quanto figlio di una dea.
4. **Il mio amico:** Enkidu, con cui Gilgamesh aveva stretto un solenne patto di amicizia.
5. **il Toro del Cielo:** si tratta di un possente animale inviato dal padre degli dèi contro la città di Uruk, per vendicare l'oltraggio arrecato da Gilgamesh alla dea Ištar. Enkidu e Gilgamesh lo avevano sconfitto insieme: mentre il primo lo tratteneva per la coda, il re di Uruk gli aveva conficcato la spada tra le corna.
6. **Humbaba:** è il mostro che custodiva la foresta dei cedri, ucciso dai due eroi.
7. **finché … lui:** finché il suo corpo non iniziò a corrompersi.
8. **ramingo:** vagabondo, errante.
9. **lande:** territori desolati.
10. **fato:** destino.

vedere Utnapištim, colui che chiamano il Lontano, che intrapresi questo viaggio. Per questo ho vagato per il mondo, ho valicato molte ardue catene di monti, ho varcato mari, mi sono sfinito dal viaggiare. Le giunture mi dolgono, con il dolce sonno non ho più dimestichezza[11]. Le mie vesti erano già consunte[12] quando giunsi alla dimora di Siduri[13]. Ho ucciso l'orso e la iena, il leone e la pantera, la tigre, il cervo e lo stambecco, ogni sorta di selvaggina, e le piccole creature dei pascoli. La loro carne ho mangiato, la loro pelle ho indossato; ecco come giunsi alla porta della fanciulla, di colei che fa il vino e la sua porta di pece e bitume[14] sbarrò contro di me. Ma da lei ebbi notizia sul viaggio; giunsi così da Uršanabi[15], dal barcaiolo, e con lui ho attraversato le acque della morte. Oh padre Utnapištim, tu che sei entrato nel consesso[16] degli dèi, voglio interrogarti sui vivi e sui morti, come potrò trovare la vita che sto cercando?».

Utnapištim rispose: «Nulla permane[17]. Costruiamo forse una casa che duri per sempre, stipuliamo forse contratti che valgono per ogni tempo a venire? Forse che i fratelli si dividono un'eredità per tenerla per sempre, forse che è duratura la stagione delle piene? Solo la ninfa[18] della libellula si spoglia della propria larva e vede il sole nella sua gloria. Fin dai tempi antichi, nulla permane. Dormienti e morti, quanto sono simili: sono come morte dipinta. Che cosa divide padrone e servo quando entrambi hanno compiuto il proprio destino?[19] Quando gli Anunnakkū[20], i giudici, si radunano e anche Mammetun[21] madre dei destini, assieme decretano i fati degli uomini. Vita e morte assegnano, ma non rivelano il giorno della morte».

Allora Gilgameš disse a Utnapištim il Lontano: «Ora io ti guardo, o Utnapištim, e il tuo aspetto non è diverso dal mio; nulla di strano c'è nelle tue fattezze. Credevo di trovarti come un eroe preparato alla battaglia, invece te ne stai a tuo agio sdraiato sulla schiena. Dimmi, in verità, come facesti a entrare nella schiera degli dèi e a possedere la vita eterna?». Utnapištim disse a Gilgameš: «Ti rivelerò un mistero, ti dirò un segreto degli dèi».

[...]

«Conosci la città di Šuruppak[22], che sorge sulle rive dell'Eufrate? Quella città divenne vecchia e gli dèi che vi erano erano vecchi. C'era Anu[23], signore del firmamento, loro padre, ed Enlil[24] guerriero, loro consigliere, Ninurta[25] l'aiutante ed Ennugi[26], guardiano dei canali; e con essi c'era anche Ea[27]. In quei giorni il mondo pullulava[28], la gente si moltiplicava, il mondo mugghiava[29] come toro selvaggio e il grande dio venne destato

11. **dimestichezza:** familiarità, abitudine.
12. **consunte:** consumate.
13. **Siduri:** misteriosa fanciulla divina, che vive nel giardino del Sole ove *fa il vino*. Ella aveva cercato dapprima di dissuadere Gilgamesh dalla sua impresa, poi aveva acconsentito a lasciarlo proseguire e gli aveva dato utili indicazioni per il viaggio.
14. **bitume:** è una sostanza usata per rendere impermeabili gli oggetti.
15. **Uršanabi:** si tratta di colui che aveva traghettato Gilgamesh oltre le acque della morte.
16. **consesso:** assemblea.
17. **permane:** dura in eterno, persiste.
18. **la ninfa:** nello sviluppo degli insetti, la ninfa rappresenta la fase in cui la larva si trasforma in animale adulto.
19. **Che cosa ... destino?:** dopo la morte, servo e padrone sono uguali, le loro differenze svaniscono.
20. **Anunnakkū:** sono i giudici degli Inferi, ossia gli dèi che stabiliscono il destino degli uomini.
21. **Mammetun:** è un'altra divinità responsabile del destino.
22. **Šuruppak:** città a nord-ovest di Uruk, una delle più antiche della Mesopotamia.
23. **Anu:** ▸ nota 3.
24. **Enlil:** è dio della terra, del vento e dell'aria; signore della guerra, venerato soprattutto nella città di Nippur.
25. **Ninurta:** è sia il dio dei pozzi sia un vento del sud; era anche una divinità guerriera, che secondo una versione del mito aveva eretto uno sbarramento contro le acque amare degli Inferi.
26. **Ennugi:** dio che presiedeva all'irrigazione e proteggeva la costruzione dei canali.
27. **Ea:** dio della saggezza, della magia e delle acque sotterranee. Patrono delle arti, era uno dei protettori dell'umanità.
28. **pullulava:** era molto affollato.
29. **mugghiava:** rumoreggiava.

dal clamore. Enlil udì il clamore e disse agli dèi in consesso: "Lo strepito dell'umanità è intollerabile e il sonno non è più possibile a cagione di questa babele[30]". Così gli dèi si accordarono per sterminare l'umanità. Lo fece Enlil, ma Ea, per il suo giuramento, mi avvertì in sogno. Egli sussurrò le loro parole alla mia casa di canne: "Casa di canne, casa di canne! Muro o muro, ascolta casa di canne, rifletti, o muro! Uomo di Šuruppak, figlio di Ubara-Tatu[31], abbatti la tua casa e costruisci una nave, abbandona i tuoi averi e cerca la vita, disprezza i beni mondani[32] e mantieni viva l'anima tua. Abbatti la tua casa, ti dico, e costruisci una nave. Ecco le misure del battello, così come lo costruirai: che la sua larghezza sia pari alla sua lunghezza, che il suo ponte abbia un tetto come la volta che copre l'abisso; conduci quindi nella nave il seme[33] di tutte le creature viventi"».

[Utnapištim compie quanto il dio gli ha suggerito: con l'aiuto dei famigliari e di alcuni uomini, in sette giorni costruisce una grande nave, su cui carica tutti suoi averi, la sua famiglia, gli artigiani che hanno collaborato alla costruzione e molti animali. La nave viene varata e poco dopo scoppia la tempesta. La terra e il cielo sono sconvolti e la bufera imperversa per sei giorni e sei notti, suscitando il terrore degli uomini e degli stessi dèi.]

«I venti soffiarono per sei giorni e sei notti; fiumana[34], bufera e piena sopraffecero il mondo, bufera e piena infuriarono assieme come schiere in battaglia. Quando venne l'alba del settimo giorno, la tempesta dal sud diminuì, divenne calmo il mare, la piena s'acquietò[35]; guardai la faccia[36] del mondo e c'era silenzio, tutta l'umanità era stata trasformata in argilla. La superficie del mare si estendeva piatta come un tetto, aprii un boccaporto[37] e la luce cadde sul mio viso. Poi mi inchinai, mi sedetti e pensai, le lacrime scorrevano sul mio volto, poiché da ogni parte c'era il deserto d'acqua. Invano cercai la terra, ma a quattordici leghe[38] di distanza apparve una montagna, e lì si arenò la nave; sul monte Nișir[39] rimase incagliata la nave, rimase incagliata e non si mosse. Per un giorno rimase incagliata, per un secondo giorno rimase incagliata sul monte Nișir e non si mosse. Per un terzo, per un quarto giorno rimase incagliata sul monte e non si mosse; per un quinto, per un sesto giorno rimase incagliata sulla montagna. All'albeggiare del settimo giorno liberai una colomba e la lasciai andare. Volò via, ma non trovando dove riposarsi fece ritorno. Poi liberai una rondine ed essa volò via, ma non trovando dove riposarsi fece ritorno. Poi liberai un corvo e questo vide che le acque si erano ritirate, mangiò, volò all'intorno, gracchiò e non fece ritorno. Allora aprii tutto ai quattro venti, feci offerte sacrificali e versai una libagione[40] sulla cima del monte».

[Gli dèi accettano il sacrificio di Utnapištim, ma Enlil, dio della guerra e principale artefice del diluvio, è colto dall'ira quando vede che un mortale è sopravvissuto. Tuttavia le parole di Ea, dio della saggezza, che evidenziano i danni eccessivi causati dal diluvio, lo inducono ad abbandonare la sua ira.]

30. **babele:** confusione. Il termine deriva da un episodio citato nella *Bibbia*.
31. **Ubara-Tatu:** è il nome del padre di Utnapištim.
32. **i beni mondani:** le ricchezze materiali.
33. **il seme:** ovvero rappresentanti di ogni creatura vivente.
34. **fiumana:** massa d'acqua.
35. **s'acquietò:** si placò.
36. **la faccia:** l'aspetto, l'apparenza.
37. **un boccaporto:** una botola, un'apertura.
38. **leghe:** unità di misura della distanza.
39. **Nișir:** il nome viene tradotto con "Monte della Salvezza"; secondo alcuni studiosi deve essere identificato con l'Ararat, il monte citato nella *Bibbia*.
40. **una libagione:** un'offerta agli dèi.

«Allora Enlil andò alla nave, prese me e mia moglie per mano e ci fece entrare nella nave e inginocchiare da una parte e dall'altra, mentre egli stava in piedi fra noi. Ci toccò il capo per benedirci e disse: "In passato Utnapištim fu un uomo mortale; d'ora innanzi lui e sua moglie vivranno nella lontananza[41], alla bocca dei fiumi". E fu così che gli dèi mi presero e mi fecero vivere qui, nella lontananza, alla bocca dei fiumi».

(*L'epopea di Gilgameš*, trad. it. di A. Passi, Adelphi, Milano 1987)

41. vivranno nella lontananza: ovvero nel luogo chiamato Dilmun, oltre le acque morte.

ANALISI DEL TESTO

Un eroe forte e fragile

Può sorprendere che un eroe quasi divino, capace di straordinarie prove di coraggio e di forza, mostri in maniera così evidente la sua fragilità. Ma il re di Uruk non è pienamente un dio: per un terzo appartiene agli uomini e questa sua umanità emerge nel brano in maniera prepotente. Il suo corpo mostra segni evidenti di sofferenza interiore (le guance scavate, i lineamenti del volto contratti), ma sono soprattutto le sue parole a tradire una disperazione profonda, dovuta alla perdita di un amico che considerava quasi parte di sé. La morte di Enkidu ha infatti sconvolto Gilgamesh, che dopo lo sfogo immediato del dolore, espresso con giorni e notti di pianto, si ritrova solo e infinitamente più debole, non soltanto perché è venuto meno *il fratello minore* (r. 16), l'amico con cui ha affrontato imprese memorabili e rischiose, ma soprattutto perché l'eroe si è accorto della propria vulnerabilità e ha capito che la morte, come ha rapito Enkidu, potrà presto ghermire anche lui (*Il suo fato incombe su di me*, rr. 22-23). Per combattere lo smarrimento di fronte alla prospettiva della fine della vita, Gilgamesh affronta un viaggio lungo e logorante, che lo conduce fino ai confini del mondo per cercare la risposta alla domanda fondamentale: *come potrò trovare la vita che sto cercando?* (r. 36). Le parole del vecchio Utnapištim, però, non possono dargli alcun conforto: *Nulla permane* (r. 37). Niente di ciò che è umano sembra durare per sempre: né gli oggetti prodotti dagli uomini, né i contratti che regolano i rapporti tra gli esseri viventi, nemmeno le differenze sociali hanno più significato quando sopraggiunge la morte e tra schiavo e padrone non vi è più alcuna distinzione.

Il diluvio e l'immortalità

Qualcuno tuttavia riesce a sfuggire alle inesorabili maglie della morte: Utnapištim e la moglie, infatti, godono di vita eterna in una sorta di paradiso terrestre, chiamato Dilmun. L'immortalità è però un dono gratuito degli dèi e non una conquista individuale ottenuta grazie alle tradizionali doti che caratterizzano un re o un guerriero. Gilgamesh infatti è sorpreso dall'atteggiamento passivo del vecchio: *Credevo di trovarti come un eroe preparato alla battaglia, invece te ne stai a tuo agio sdraiato sulla schiena* (rr. 47-49). Non la forza né il coraggio hanno permesso a Utnapištim di sopravvivere al diluvio e di raggiungere la condizione divina, ma l'ascolto dei consigli del saggio dio Ea, la fatica e la cura con cui ha costruito la nave che lo ha sottratto alla furia delle acque e soprattutto la benevolenza degli dèi, elargita senza una particolare ragione. Come il diluvio è in fondo inspiegabile, perché la causa indicata (il chiasso prodotto dall'eccesso della popolazione) pare un capriccio piuttosto che la punizione per una colpa morale, così il dono della salvezza e dell'immortalità sfugge alla comprensione umana, perché non si configura come premio per il superamento di una prova. Il tema del diluvio universale, comune a più culture, fornisce comunque un'occasione per esaltare la saggezza: il dio Ea infatti raccomanda a Utnapištim di rinunciare alle ricchezze e ai beni materiali per coltivare la vita dell'anima (*disprezza i beni mondani e mantieni viva l'anima tua*, r. 63).

Lo stile

Il testo è ricco di iterazioni: sono ripetute singole parole (*perché… perché… perché…*), espressioni più ampie (*a cagione di mio fratello*, r. 22; *rimase incagliata*, rr. 75 e 79) e intere porzioni di testo (Utnapištim, ad esempio, rivolge per due volte le stesse domande a Gilgamesh e l'eroe nella sua risposta propone formule identiche a quelle usate dal vecchio). Si nota inoltre il costante ricorso al discorso diretto: la voce narrante interviene solo per inserire brevi raccordi che accompagnano il passaggio da un interlocutore all'altro. Le domande retoriche (*Costruiamo forse…*, r. 37; *Forse che…*, r. 38) e le continue ripetizioni accentuano il *pàthos* della situazione. Questi elementi, inoltre, suggeriscono che il testo abbia avuto una genesi orale e sia stato rivolto a un pubblico di ascoltatori, per poi assumere forma scritta in una fase successiva.

ESERCIZI

COMPRENSIONE E ANALISI

1. Utnapištim Chi è Utnapištim? Perché Gilgamesh si reca da lui?

2. L'angoscia di Gilgamesh Quali sono le cause della sofferenza di Gilgamesh?

3. Il comune destino dell'uomo Quale destino attende gli uomini, secondo le parole di Utnapištim?

4. Il narratore del diluvio L'episodio del diluvio è raccontato da un narratore onnisciente o da un narratore di secondo grado? Rispondi facendo riferimento al testo.

5. Il suggerimento di Ea Quali indicazioni fornisce Ea, dio della saggezza, a Utnapištim?

6. La fine del diluvio In che modo Utnapištim scopre che le acque si sono ritirate?

7. Le divinità fluviali Tra gli dèi ricordati nel brano, molti sono riconducibili all'ambito delle acque e dei fiumi. Come colleghi questo fatto al luogo in cui è ambientata l'epopea di Gilgamesh?

LESSICO E STILE

8. Le similitudini Il brano è ricco di similitudini. Individuane almeno tre e spiegale con parole tue.

9. *A cercare il vento* Quali caratteristiche della ricerca di Gilgamesh sono messe in evidenza dall'espressione *a cercare il vento* (r. 11)? Scegli la risposta corretta:

- **a.** Gilgamesh deve sfidare gli elementi naturali per ottenere le risposte che cerca
- **b.** la risposta che Gilgamesh cerca è inconsistente e inafferrabile
- **c.** il vento è l'unica divinità che possiede le risposte alle domande fondamentali dell'uomo

10. Il *deserto d'acqua* Come spieghi la metafora *deserto d'acqua* (rr. 73-74)? Perché l'accostamento delle parole risulta particolarmente efficace in questa espressione?

11. Le iterazioni Cerca nel testo alcuni esempi di iterazioni, diversi da quelli riportati nell'analisi.

SCRITTURA

12. Un confronto fra testi: i racconti del diluvio Rileggi l'episodio del diluvio universale riportato nella *Bibbia* (▶ p. 14) e stabilisci un confronto tra i due testi, individuando analogie e differenze.

13. Scrivi un testo narrativo-descrittivo: una nuova arca Quali oggetti porteresti con te per salvarli da un nuovo diluvio? Hai a disposizione soltanto dieci posti: redigi l'elenco degli oggetti, cercando di non essere generico (ad esempio: non "foto" ma "la foto di mia sorella nel giardino dei nonni", non "maglia" ma "la maglia che indossavo quando ho segnato tre goal contro la prima B" ecc.). Poi scrivi un testo narrativo-descrittivo in cui presenti con precisione gli oggetti e racconti gli episodi a cui sono legati.

14. Scrivi un testo argomentativo: i ripari contro la morte Dopo essere tornato a Uruk, Gilgamesh incide la sua storia sulla pietra. Ti pare che in questo modo abbia vinto, almeno in parte, la sua sfida contro la morte? Scrivi un testo argomentativo in cui sostieni la tua posizione con opportuni esempi.

Il **mito** e l'**epica**

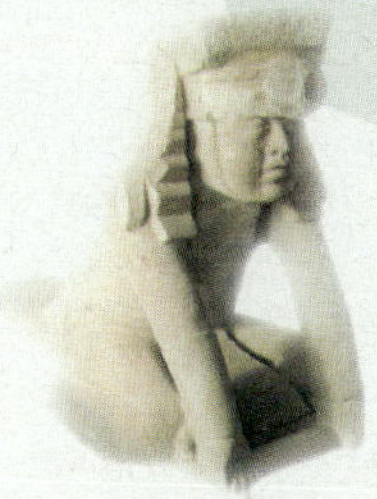

La *Teogonia* di Esiodo

Il primo poeta greco che parla di sé

Esiodo visse in Grecia tra la fine dell'VIII e l'inizio del VII secolo a.C. Le notizie su di lui sono scarse e frammentarie: sappiamo che nacque ad Ascra, in Beozia, da una famiglia originaria dell'Asia Minore e che dovette affrontare una lunga contesa giudiziaria con il fratello Perse per l'eredità paterna. Le sue opere sono successive a quelle di Omero (▶ Percorso 2, p. 38), ma rappresentano il primo tentativo, all'interno del mondo greco, di **sistemare organicamente i miti relativi all'origine del mondo e degli dèi**. Esiodo inoltre è il primo autore greco che abbia inserito nelle sue opere **notizie su di sé**: all'inizio di uno dei suoi poemi, la *Teogonia*, egli racconta infatti di come le Muse lo abbiano trasformato da pastore in poeta, insegnandogli un modo nuovo di scrivere.

Esse una volta a Esiodo insegnarono un canto bello,
mentre pascolava gli armenti sotto il divino Elicone;
questo discorso, per primo, a me rivolsero le dee,
le Muse d'Olimpo, figlie dell'egioco Zeus:
«O pastori, cui la campagna è casa, mala genia, solo ventre;
noi sappiamo dire molte menzogne simili al vero,
ma sappiamo anche, quando vogliamo, il vero cantare».

(*Teogonia*, vv. 22-28; trad. it. di G. Arrighetti)

Le Muse una volta insegnarono un bel canto a Esiodo, mentre pascolava le pecore sotto il monte Elicona, divina sede delle Muse; le dee, le Muse dell'Olimpo, figlie di Zeus egioco, rivolsero a me per primo questo discorso: «O pastori, che abitate nei campi, stirpe malvagia, sottomessi ai bisogni del ventre, [ascoltate]; noi Muse sappiamo dire menzogne simili al vero, ma, quando vogliamo, sappiamo anche cantare la verità».

Mentre i poemi omerici, come vedremo, sono narrati in forma oggettiva e impersonale, questi versi riportano esplicitamente il nome dell'autore (*Esiodo*, v. 22) e contengono un pronome di prima persona singolare (*a me*, v. 24), per rendere ancora più solenne l'investitura poetica che Esiodo dice di aver ricevuto dalle Muse, dee custodi delle arti e ispiratrici del canto. Emerge inoltre la preoccupazione di cantare il vero (v. 28): l'epica del poeta di Beozia, infatti, non ha lo scopo di raccontare le gesta di eroi illustri per celebrare i valori del mondo aristocratico e dilettare il pubblico con *menzogne simili al vero* (v. 27) – espressione

che secondo alcuni critici allude ai poemi di Omero –, ma ha una funzione prettamente didascalica: intende cioè insegnare al pubblico contenuti religiosi, morali e pratici, servendosi dei miti tradizionali.

Le opere

Ci sono giunti due poemi di Esiodo: la ***Teogonia***, composta da 1022 versi esametri, e ***Le opere e i giorni***, di 828 versi esametri. La *Teogonia* espone in modo sistematico la genealogia degli dèi, mentre *Le opere e i giorni* trae spunto dalla lite tra Esiodo e il fratello Perse per formulare un elogio del lavoro e della vita onesta. Idea centrale di questo secondo poema è che oltre alla contesa che induce alla guerra e alla lotta, la *èris* negativa, esista anche una contesa costituita dallo spirito di emulazione e dall'intraprendenza nelle attività pratiche, la *èris* positiva. Per questo l'opera celebra la dignità del lavoro, l'onestà, la giustizia umana e divina e fornisce una serie di indicazioni tecniche sull'agricoltura e sulla navigazione.

La *Teogonia*: i temi principali

Nella *Teogonia* Esiodo presenta tanto l'**origine del mondo** (la cosmogonia) quanto la **nascita degli dèi** (la teogonia, appunto). La concezione religiosa che permea il testo è panteistica: le divinità sono infatti sia quelle riconosciute nei poemi omerici (▶ p. 42) sia gli elementi naturali (il Cielo stellato, la Terra, il Mare) sia le astrazioni dei fenomeni che riguardano la vita dell'uomo (la Morte, il Sonno, la Contesa e così via). A differenza del racconto biblico, nel poema esiodeo non si parla di creazione dal nulla, ma di generazione attraverso l'unione di un principio maschile e di uno femminile oppure di progressiva differenziazione da una massa indistinta: è il passaggio dalla voragine del Caos al *kòsmos*, ossia al mondo ordinato. Particolare rilevanza ha anche il tema della lotta tra le divinità per la supremazia sull'universo: il regno di Zeus, garante di giustizia, è dunque il frutto di una dura conquista.

La lingua, lo stile, la struttura narrativa

La *Teogonia* è scritta in **greco**, in particolare nel dialetto ionico. Il verso scelto è l'**esametro**, ossia un verso composto da sei unità metriche, lo stesso dell'*Iliade* e dell'*Odissea*. L'opera risente della **forma orale** con cui il patrimonio di leggende antiche era tramandato dai cantori al pubblico. Si nota infatti la presenza di **epiteti** e di interi **versi formulari**, ripetuti identici o con lievi variazioni: Gaia *prodigiosa*, *illustri figli*; i Ciclopi che *solo un occhio avevano nel mezzo della fronte ... un solo occhio rotondo avevano nella fronte.*

Il narratore – se si esclude l'intervento nel proemio – è esterno e onnisciente e alterna parti narrative (ad esempio la nascita di Zeus e l'inganno di Prometeo) a sezioni descrittive e celebrative, simili a inni religiosi (ad esempio l'elogio della dea Ecate); spesso vi sono lunghi elenchi di nomi, veri e propri cataloghi, che menzionano le discendenze delle varie divinità.

La traduzione

La traduzione scelta per il nostro volume, a cura di Graziano Arrighetti, tenta di riprodurre la particolarità del linguaggio poetico esiodeo attraverso una sintassi elaborata e l'uso frequente di figure di posizione, ad esempio inversioni.

l'opera

Teogonia

Il poema si apre con un proemio rivolto alle Muse, celebrate nella loro bellezza e nella loro grazia. Esiodo ricorda di aver ricevuto dalle dee un ramo d'alloro come scettro, con l'ordine di cantare la genealogia degli dèi. L'opera pertanto inizia e termina con un elogio alle nove Muse, che donano ai loro protetti la dolcezza delle parole. Chiunque è da loro beneficato gode di molta fortuna: se si tratta di un re, saprà sempre farsi ascoltare con piacere; se è un cantore, avrà il potere di alleviare gli affanni di chi ascolta. Dopo questa sezione ha inizio il racconto delle origini dell'universo, con la presentazione delle quattro entità primordiali: Caos (la Voragine buia e indistinta), Gaia (la Terra), Tartaro (l'Abisso nei meandri della terra) ed Eros (l'Amore, la forza di attrazione tra gli esseri). Da Caos derivano Erebo (le Tenebre infernali) e Notte, i quali generano Etere (la Luce splendente) e Giorno. Gaia dà alla luce Urano (il Cielo stellato), che l'avvolge tutt'attorno e diviene la sede degli dèi. Dall'unione di Gaia e Urano nascono molti esseri divini: i Titani, tra cui Crono (il Tempo), i Ciclopi e i Giganti mostruosi. Urano, irato contro questi figli, li sospinge nuovamente nel ventre di Gaia, ma Crono, armato di una falce, mutila Urano e prende il potere. Esiodo presenta quindi un'ampia genealogia di esseri divini: gli elementi naturali, come i Monti e il Mare; divinità come la Morte, il Sonno, i Sogni; i mali che dominano il mondo, come Nemesi (la Vendetta), Contesa, Fame ecc. Dopo una rassegna sulle creature del mare e un lungo elogio della dea Ecate, è narrata l'unione tra Rea e Crono. Il titano, temendo di essere spodestato da una delle sue creature, le divora man mano che vengono alla luce. L'unico che riesce a sfuggire a questa sorte è Zeus, che aiutato da Gaia vince il padre e lo costringe a risputare i figli. Con Zeus inizia un regno fondato sulla pace e sulla giustizia. Segue il racconto incentrato sul titano Prometeo: egli inganna Zeus sottraendo a favore degli uomini le parti migliori delle vittime dei sacrifici; poi ruba il fuoco e lo dona agli esseri umani, ma Zeus invia sulla terra Pandora, la prima donna, piena di fascino e fonte di sciagure, e incatena Prometeo a una rupe. I Titani si ribellano agli dèi dell'Olimpo, ma sono sconfitti; Zeus vince anche il mostro Tifeo ed è riconosciuto come sovrano da tutte le divinità. L'opera si chiude con l'elenco degli amori degli dèi e con un nuovo elogio delle Muse.

ESIODO

La nascita di Zeus

Opera: *Teogonia*, vv. 453-506

Il titano Crono, nato dall'unione di Gaia e Urano, dopo essersi ribellato al proprio padre ha stabilito il suo dominio su tutto l'universo, ma teme di essere a sua volta detronizzato. Per questo divora i propri figli non appena vengono alla luce, finché uno di essi non riesce a sfuggirgli con l'inganno.

Rea poi, unitasi a Crono, partorì illustri figli:
Istie, Demetra e Era dagli aurei calzari,
e il forte Ade, che sotto la terra ha la sua dimora,
spietato nel cuore, e il forte tonante Ennosigeo,
e Zeus prudente, degli dèi padre e degli uomini;
sotto il suo trono trema l'ampia terra.
Ma questi li divorava il grande Crono, appena ciascuno
dal ventre della sacra madre ai suoi ginocchi arrivava,
e ciò escogitava perché nessuno degli illustri figli di Urano
fra gli immortali avesse il potere regale.
Infatti aveva saputo da Gaia e da Urano stellato
che per lui era destino l'essere vinto da un figlio,
per forte che fosse, per il volere di Zeus grande;
a ciò non inutile guardia faceva, ma sempre in sospetto
i figli suoi divorava, e un dolore crudele teneva Rea.
E quando Zeus, padre degli dèi e degli uomini, prossima fu
a partorire, allora pregò i genitori
suoi, Gaia e Urano stellato,
di darle consiglio perché potesse nascondere il suo parto,
il figlio suo caro, ed egli placasse le Erinni del padre di quello
e dei figli che divorava il grande Crono dai torti pensieri.

453. Rea: è una delle figlie di Gaia (la Terra) e di Urano (il Cielo stellato). • **Crono:** anch'egli figlio di Gaia e di Urano, si era ribellato al padre e aveva assunto il potere.

454. Istie, Demetra e Era: Istie, o Estia, era la dea del focolare; Demetra la dea dei raccolti; Era diverrà invece la sposa di Zeus. • **dagli aurei calzari:** dai sandali d'oro.

455. Ade: signore degli Inferi. È definito *spietato nel cuore* (v. 456) perché non permette a nessuno di fuggire dal regno dei morti.

456. forte tonante: che tuona con forza. • **Ennosigeo:** detto anche Posidone o Poseidone, è il dio del mare. Il termine *Ennosigeo* significa letteralmente "Scuotiterra", poiché a questo dio erano attribuiti terremoti e maremoti.

457. prudente: saggio. • **degli dèi padre e degli uomini:** si tratta di un epiteto formulare. La stessa espressione, con qualche variazione, compare più sotto, al v. 468.

461. escogitava: architettava. • **figli di Urano:** sono le altre entità discendenti da Urano.

465. per forte che fosse: nonostante Crono fosse molto forte. • **per il volere di Zeus grande:** si tratta di un'incongruenza: Zeus infatti non era ancora nato, dunque la sua volontà non esisteva ancora.

466. non inutile: cioè efficace, serrata.

467. un dolore ... Rea: Rea era sempre profondamente addolorata.

468-469. E ... partorire: e quando (Rea) fu sul punto di partorire Zeus, padre degli dèi e degli uomini.

471. il suo parto: il frutto del suo parto. Si tratta di una figura retorica detta metonimia: viene indicata la causa (il parto) al posto dell'effetto (la creatura generata attraverso il parto).

472. Erinni: si tratta delle dee della vendetta, dette anche Furie, che risiedevano abitualmente negli Inferi. Si accanivano contro i colpevoli di delitti verso i famigliari. A Zeus, che sta per nascere, è attribuito il compito di vendicare l'offesa arrecata da Crono al proprio padre Urano e quella compiuta da Crono verso i suoi figli. • **del padre di quello:** ossia di Crono.

Costoro la figlia ascoltarono e i suoi voti esaudirono,
e a lei rivelarono quanto dal fato era fissato avvenisse
riguardo a Crono sovrano e al figlio dal forte cuore.
E la mandarono a Licto, nel pingue paese di Creta,
affinché il suo ultimo figlio potesse partorire,
Zeus grande; lui accolse Gaia prodigiosa
nell'ampia Creta, da nutrire ed educare.
Lui dunque portando essa giunse veloce nella nera notte
dapprima a Licto, e lo nascose, prendendolo con le sue mani,
in un antro scosceso, sotto i recessi della terra divina,
nel monte Egeo, coperto di folta foresta.
A quello poi, avvolta di fasce, una grande pietra essa dette.
Al figlio d'Urano grande signore, primo re degli dèi;
egli la prese con le sue mani e giù la inghiottì nel suo ventre,
sciagurato, e non pensava nel cuore che,
al posto del sasso, suo figlio invitto e indenne
gli era rimasto, e che quello presto lo avrebbe vinto per forza di braccia,
cacciato dal trono e fra gli immortali avrebbe regnato.
Presto la forza e le membra gloriose
di tale signore crebbero e volgendosi gli anni,
ingannato per gli accorti consigli di Gaia,
il grande Crono dai torti pensieri risputò i suoi figlioli
vinto dalle arti e dalla forza del figlio.
Per prima vomitò la pietra che ultima aveva mangiato,
e che Zeus fissò sulla terra dagli ampi cammini,
in Pito divina, sotto i gioghi del Parnaso,
che un segno fosse in futuro, meraviglia per i mortali.
Poi sciolse i fratelli del padre dai lacci funesti,
la stirpe di Urano che il padre nella sua follia incatenò;
ed essi furono memori a lui di gratitudine per i suoi benefici;
gli diedero il tuono e il fulmine fiammeggiante
e il baleno che prima Gaia prodigiosa teneva nascosti;
fidando in questi comanda ai mortali e agli immortali.

(Esiodo, *Teogonia*, trad. it. di G. Arrighetti, BUR, Milano 2000)

474. i suoi voti: le sue preghiere.
475. fato: destino. La potenza del Fato è superiore a quella di qualunque divinità.
476. dal forte cuore: cioè coraggioso.
477. Licto: è una città situata a Creta, isola del mar Egeo. • **pingue:** fertile, florido.
479. lui accolse Gaia: *lui* è complemento oggetto, quindi "Gaia accolse lui", come al v. 481, "portando dunque lui".
481. nera notte: *nera* è epiteto formulare.
483. in un antro scosceso: in una grotta a picco. • **i recessi:** i ripari.
485. A quello: cioè a Crono, figlio di Urano, come è detto al verso successivo. • **dette:** diede.
489. invitto: imbattuto, insuperabile. • **indenne:** incolume, senza danni.
493. di tale signore: di Zeus. • **volgendosi gli anni:** con il passare del tempo.
494. accorti: astuti.
499. Pito: è l'antico nome di Delfi, città sede di un famoso santuario. • **i gioghi:** le cime del Parnaso, il monte sacro alle Muse, che si trova al centro della Grecia.
501. i fratelli del padre: i Ciclopi. Anch'essi figli di Gaia e Urano, erano stati rinchiusi nell'abisso del Tartaro. Liberati da Zeus, lo sostennero nella lotta contro i Titani.
503. furono ... gratitudine: gli furono riconoscenti.
505. teneva nascosti: Esiodo sembra qui attribuire un'origine vulcanica al fuoco donato dai Ciclopi a Zeus.
506. fidando: confidando.

ANALISI DEL TESTO

Una violenta lotta per il potere

Gli esseri divini primordiali ritratti da Esiodo sono in genere creature mostruose, segnate da odi feroci. Nonostante gli stretti vincoli familiari, essi non sono legati da affetto ma cercano di prevaricare gli uni sugli altri. In precedenza Urano, temendo di perdere il potere, impediva a Gaia di partorire i propri figli, ricacciandoli nuovamente nel ventre di lei, ma Crono, il più ardimentoso dei Titani, era riuscito ad affrontare il padre e a mutilarlo, prendendone il posto. A sua volta Crono teme di subire la medesima sorte da parte dei propri figli e trova un modo feroce per eliminarli: li divora appena nati, senza neppure permettere loro di venire pienamente al mondo. Il suo atteggiamento è di continuo *sospetto* (v. 466), poiché i figli per lui sono potenziali nemici da cui deve stare in guardia come un'accorta sentinella. La lotta per il potere pare essere sufficiente a giustificare ogni mostruosità da parte dei padri.

Le divinità femminili con caratteri materni sembrano invece preoccupate di difendere la prole dalla violenza del genitore, soffrono per la ferocia riservata alle loro creature (*un dolore crudele teneva Rea*, v. 467) e non esitano a ricorrere ad armi e inganni per favorire la ribellione dei figli contro il padre. Gaia, in particolare, che aveva fornito a Crono una falce per ferire Urano, interviene ora in aiuto di Rea, suggerendole di partorire in un luogo nascosto per salvare Zeus. A Crono viene data una pietra avvolta in fasce, che il Titano stupidamente divora senza accorgersi di nulla.

Dalla tirannide di Crono alla giustizia di Zeus

Il passaggio dal dominio di Crono a quello di Zeus segna la transizione da un mondo soggiogato dalla violenza e dal disordine a un regno in cui vige in modo stabile la giustizia. Zeus, indicato con l'epiteto formulare *padre degli dèi e degli uomini* (v. 468), non è più un genitore mostruoso che divora i figli, ma un padre potente e giusto, che garantisce la punizione per ogni colpa e la libertà per chi è ingiustamente prigioniero. A lui infatti è affidato dal destino il compito di vendicare Urano e i propri fratelli, verso i quali Crono è colpevole: Zeus deve cioè ristabilire un ordine violato. Egli provvede poi a liberare le antiche divinità oppresse dal padre e proprio grazie ai Ciclopi riceve le folgori, segni della sua potenza. Dopo aver narrato l'instaurazione della signoria di Zeus, Esiodo prosegue la rassegna delle divinità, aggiungendo spesso la precisazione dei compiti e della potenza di ciascuno, come a sottolineare la propria fiducia in un ordine universale, nel quale trovano posto tutti gli aspetti della vita del mondo e dell'uomo.

La poesia per dare forma all'universo

Esiodo raccoglie e organizza in forma poetica un insieme di miti cosmogonici e teogonici prima tramandati a voce. La tradizione orale preesistente si percepisce nella presenza degli epiteti formulari (*Urano stellato*, v. 463; *il grande Crono dai torti pensieri*, v. 473) e nell'uso delle ripetizioni di singole parole o concetti: ad esempio il fatto che Crono divori i propri figli viene ricordato più volte (v. 459, 467 e 473). La *Teogonia* alterna versi più aridi, in cui la forma prevalente è quella del catalogo o della rassegna genealogica, a passi, come quello riportato, che hanno una dimensione più narrativa e descrittiva: si può notare la presenza di una ricca aggettivazione (*pingue paese*, v. 477; *antro scosceso*, v. 483; *accorti consigli*, v. 494) e di figure retoriche, in particolare di inversioni (*una grande pietra essa dette*, v. 485; *che un segno fosse*, v. 500).

ESERCIZI

COMPRENSIONE E ANALISI

1. La crudeltà di Crono Per quale ragione Crono divora i propri figli?

2. Gli aiutanti di Rea Quali divinità permettono la nascita di Zeus? In che modo lo salvano dalla furia del padre?

3. L'inganno della pietra In che cosa consiste l'inganno della pietra?

4. Le altre divinità Quale sorte è riservata ai fratelli di Zeus e alle altre divinità dopo la sconfitta di Crono?

5. I segni del potere di Zeus Quali fenomeni naturali divengono segno del potere di Zeus? Da chi gli sono forniti?

6. La posizione del narratore Come può essere definita la posizione del narratore in questo brano? Scegli la risposta corretta:

- **a.** interno e partecipe delle vicende narrate
- **b.** esterno e onnisciente
- **c.** narratore di secondo grado

LESSICO E STILE

7. Gli epiteti formulari Individua nel brano alcuni esempi di epiteti formulari, diversi da quelli riportati nell'analisi.

8. *Dai torti pensieri* Spiega l'espressione *dai torti pensieri* (v. 473), riferita a Crono.

9. *Non inutile* L'espressione *non inutile* (v. 466) costituisce un esempio di una figura retorica che consiste nell'affermare un concetto negando il contrario. Come si chiama questa figura? Consulta il glossario e scegli la risposta corretta:

- **a.** iperbole
- **b.** metafora
- **c.** litote

SCRITTURA

10. Scrivi un testo narrativo-descrittivo: l'origine delle cose Scrivi un testo narrativo-descrittivo in cui racconti, come in un mito, la nascita di un oggetto o di un fenomeno, rispondendo a una delle domande che seguono: Perché gli uomini non possono conoscere il proprio futuro? Perché c'è la pioggia? Perché le rose hanno le spine? Perché il cammello ha due gobbe?
Ricorda che non devi esporre la spiegazione scientifica del fenomeno, ma costruire un racconto in cui narri l'evento particolare che genera una certa situazione.

11. Scrivi un testo argomentativo: la voracità del Tempo *Krònos* in greco significa "tempo". In senso figurato, è vero che il tempo divora i propri figli? È possibile in qualche modo ribellarsi al tempo? Scrivi un testo argomentativo in cui sostieni la tua posizione.

AUTORI MODERNI RISCRIVONO L'EPICA ANTICA

Il frutto del fuoco. Storia di una vita (1921-1931)

di Elias Canetti

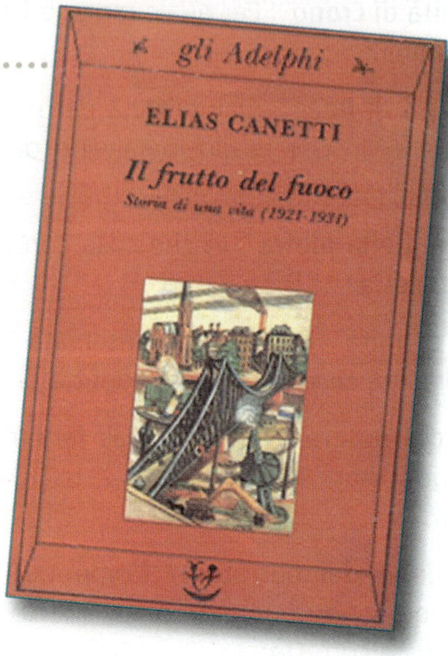

Elias Canetti (1905-1994), scrittore, drammaturgo e studioso di antropologia, ha ricevuto il premio Nobel per la letteratura nel 1981.

Egli racconta in tre libri la sua vita densa di viaggi, incontri ed esperienze culturali straordinarie, nella convinzione che narrare storie possa servire a salvare gli uomini, a strapparli alla morte e all'oblio. Il secondo volume della trilogia, intitolato *Il frutto del fuoco*, è dedicato agli anni trascorsi a Francoforte, a Vienna e a Berlino, tra il 1921 e il 1931, periodo in cui Canetti viene a contatto con i principali intellettuali del suo tempo ed è affascinato da opere letterarie e teatrali. Osservando le manifestazioni operaie e gli scontri con le autorità egli matura inoltre le prime riflessioni su un tema che sarà per lui a lungo oggetto di studio, quello della massa e del suo rapporto con il potere.

Nel brano che segue, che proponiamo come invito alla lettura dell'intero volume, l'autore racconta come casualmente ha conosciuto il mito di Gilgamesh e come questa storia abbia costituito un elemento importante nella sua formazione umana e culturale, spingendolo a una *rivolta senza fine* contro la morte.

Seppi che in una *matinée*[1] domenicale Carl Ebert[2] avrebbe letto dei brani tratti da un'opera della quale non avevo mai sentito parlare. Quest'opera era più antica della *Bibbia*, era un'epopea babilonese. Sapevo che a Babilonia c'era stato il diluvio, si diceva che la leggenda biblica derivasse dalla tradizione babilonese. Non ero in grado di aspettarmi nulla di più e certo non mi sarei mosso soltanto per questo; ma il lettore era Carl Ebert e grazie all'infatuazione per il mio attore preferito incontrai *Gilgamesh*, che più di ogni altra cosa ha determinato la mia vita, il suo senso più segreto, la sua fede, la sua forza e le sue attese.

Il lamento di Gilgamesh per la morte dell'amico Enkidu mi penetrò nel cuore:

Giorno e notte piansi per lui,
e non volli che fosse sepolto –
se mai l'amico risorgesse al mio grido –
sette giorni piansi, e sette notti,
finché il verme assalì il suo volto.
Poiché egli se ne andò, non trovavo più la vita,
e come un ladro mi aggiravo per la steppa.

1. ***matinée***: è una rappresentazione teatrale che si svolge al mattino.
2. **Carl Ebert:** Carl Ebert (1887-1980) fu un attore molto noto a Francoforte negli anni Venti del Novecento; successivamente divenne direttore di prestigiose compagnie teatrali e liriche, lavorando in particolare per l'Opera di Ankara, in Turchia.

E poi viene l'impresa di Gilgamesh contro la morte, il cammino attraverso le tenebre del monte celeste e le acque della morte, fino a quando raggiunge il suo avo Utnapishtim, l'uomo che è stato salvato dal diluvio e ha ottenuto dagli dèi il dono dell'immortalità. Da lui Gilgamesh vuol sapere come potrà attingere la vita eterna. Gilgamesh, è vero, fallisce e muore. Ma proprio questo esito non fa che rafforzare il sentimento della necessità della sua impresa.

In questo modo sperimentai su me stesso l'azione di un mito: come qualcosa su cui, durante il mezzo secolo che da allora è trascorso, ho riflettuto in molti modi diversi, voltandolo e rivoltandolo dentro di me, senza mai seriamente metterlo in dubbio *neppure una volta*. Quel mito l'ho accolto in me come unità e in me è rimasto come unità. Su di esso non posso fare il sottile. La domanda se *credo* a una storia del genere non mi tocca affatto; di fronte alla mia sostanza più vera, come faccio a decidere se ci credo o no? Non serve ripetere come un pappagallo che sinora tutti gli uomini sono morti, si tratta semplicemente di decidere se bisogna *accettare* docilmente la morte o se ad essa bisogna ribellarsi. Il diritto allo splendore, alla ricchezza, alla miseria e alla disperazione di ogni esperienza me lo sono conquistato ribellandomi alla morte. Sono vissuto dentro questa rivolta senza fine. E se il mio dolore per le persone care che ho perduto nel corso degli anni non è stato minore di quello di Gilgamesh per l'amico Enkidu, in una cosa, una sola, ho superato l'uomo del leone[3]: a me è cara la vita di *ogni* uomo, non soltanto quella dei miei cari.

(E. Canetti, *Il frutto del fuoco. Storia di una vita (1921-1931)*, trad. it. di A. Casalegno e R. Colorini, Bompiani, Milano 1989)

3. l'uomo del leone: Gilgamesh. Allude a una delle imprese compiute dall'eroe.

VERIFICA Il mito e l'epica

Le vicende

1. Indica se le seguenti affermazioni sono vere o false.

1. Nel primo racconto biblico della creazione Dio distingue gli esseri buoni da quelli malvagi. V F

2. Nel primo racconto biblico della creazione l'uomo viene creato nel settimo giorno, come vertice dell'universo. V F

3. Vedendo che gli uomini si sono volti al male, Dio si pente di quanto ha creato. V F

4. Il diluvio universale raccontato nella *Bibbia* si chiude con la riconciliazione tra Dio e l'uomo. V F

5. Enkidu è un mostro crudele e spietato. V F

6. Gilgamesh non riesce ad accettare l'idea della morte. V F

7. Utnapištim è sopravvissuto al diluvio universale grazie alla sua astuzia. V F

8. Nella *Teogonia* di Esiodo non si parla mai di creazione. V F

9. Secondo il racconto della *Teogonia* Crono divora i propri figli appena vengono al mondo. V F

10. Zeus sottrae il potere a suo padre Urano. V F

I temi

2. Scegli l'affermazione corretta tra quelle che seguono.

1. Nel primo racconto biblico della creazione:
- **a.** Dio agisce su una massa preesistente, detta Caos, da cui trae tutti gli elementi dell'universo
- **b.** Dio crea dal nulla attraverso la sua parola
- **c.** Dio con la sua parola mette in ordine elementi già preesistenti

2. Il mondo delle origini, secondo il primo racconto della creazione:
- **a.** è un mondo idilliaco: uomini e animali vivono in armonia, ma l'uomo in quanto signore del mondo può cibarsi degli animali
- **b.** è un mondo segnato dalla lotta: gli uomini devono difendersi dagli animali feroci; ci sono animali puri e animali impuri
- **c.** è un mondo idilliaco: sia gli uomini sia gli animali si cibano di erbe e frutti e gli uomini non devono uccidere gli animali per sopravvivere

3. Nel racconto biblico, l'uomo è considerato superiore a tutte le altre creature:
- **a.** perché reca in sé l'immagine di Dio
- **b.** perché possiede l'intelligenza
- **c.** perché è in grado di parlare

4. Nel racconto biblico, al termine del diluvio universale:
- **a.** Dio minaccia gli esseri scampati: se essi si volgeranno al male, andranno incontro a un nuovo diluvio
- **b.** Dio stabilisce un'alleanza con Noè e con i suoi discendenti: egli non sterminerà più le sue creature con il diluvio
- **c.** Dio celebra il suo trionfo: dopo che ha dimostrato la sua potenza, è certo che nessuno trasgredirà più le sue leggi

5. Gilgamesh è un eroe:
- **a.** forte e inflessibile, che non dà spazio ai sentimenti
- **b.** forte e fragile, che si dispera e piange
- **c.** forte e sensibile, ma che non piange mai né si lascia tormentare da dubbi

6. Gilgamesh è ossessionato:
- **a.** dalla ricerca del potere
- **b.** dalla ricerca della verità
- **c.** dalla ricerca dell'immortalità

7. Nella *Teogonia*:
- **a.** le generazioni divine si succedono con armonia
- **b.** gli dèi sono legati da vincoli di affetto
- **c.** gli dèi tentano spesso di prevaricare gli uni sugli altri

8. Nella *Teogonia* Zeus inaugura un regno basato:
- **a.** sulla giustizia
- **b.** sulla violenza
- **c.** sull'astuzia

Le opere

3. Rispondi alle domande che seguono.

1. Vi sono differenze tra la *Bibbia* degli Ebrei e quella dei cristiani?

2. Quali generi letterari è possibile individuare nella *Bibbia*?

3. Che cos'è la *Genesi*?

4. A quale epoca risale la versione che noi possediamo dell'*Epopea di Gilgamesh*?

5. In quale lingua è scritta l'*Epopea di Gilgamesh* che ci è giunta? Si ha notizia di traduzioni in altre lingue antiche: quali?

6. La figura di Gilgamesh ha qualche fondamento storico?

7. Quale spiegazione viene fornita all'inizio della *Teogonia* in merito all'origine del mondo?

8. Quando è stata scritta la *Teogonia*?

9. Perché il proemio della *Teogonia* è importante per la storia della letteratura greca?

10. Come si chiama il tipo di versi in cui è scritta la *Teogonia*?

Lo stile

4. Completa il testo, scegliendo l'alternativa corretta tra quelle indicate tra parentesi.

Nel racconto della creazione presente nella *Genesi* il lessico è (semplice e quotidiano / alto e ricercato); le frasi sono prevalentemente (paratattiche/ipotattiche) e sono presenti molte (similitudini/ripetizioni), che conferiscono una struttura simmetrica al brano.

Nell'*Epopea di Gilgamesh* il *pàthos* è prodotto dalla presenza di (discorsi diretti / discorsi indiretti), ricchi di (invocazioni agli dèi / domande retoriche). Si notano molte (anafore/metafore): la presenza di ripetizioni infatti è legata all'origine (orale/scritta) dei miti.

Nella *Teogonia* di Esiodo sono presenti molti epiteti formulari, cioè (espressioni dense di figure retoriche originali / espressioni identiche riferite allo stesso personaggio).

Il mito e l'epica

5. Rispondi alle domande che seguono.

1. Che cos'è il mito?

2. Che cos'è l'epica?

3. Perché presso popoli diversi a volte sono presenti miti analoghi?

4. Perché il mito è spesso considerato un racconto sacro?

5. Che cosa si intende per "carattere enciclopedico" del mito?

6. Quali sono le caratteristiche ricorrenti dell'eroe epico?

PERCORSO 2 Eroi, guerrieri e viaggiatori: l'epica omerica

Un'anfora greca in argilla, alta una trentina di centimetri e risalente alla seconda metà del VI secolo a.C., è conservata alla Bibliothèque Nationale de France di Parigi. Essa è stata ritrovata a Vulci, in Etruria, ed è ricoperta da una vernice nera piuttosto resistente. Nella parte alta, su entrambe le facce, presenta una pittura realizzata con figure nere su fondo rosso. Su un lato è visibile una scena in cui un eroe si prepara a partire per la guerra, mentre sul lato opposto, qui riprodotto, spicca l'immagine di un duello.

I due guerrieri sono raffigurati nella foga del combattimento. Entrambi portano elmi con cimiero, armature e schinieri per proteggere le tibie, ma il guerriero di sinistra appare in vantaggio, quello di destra invece è in difficoltà. Sebbene egli continui a rivolgere il viso e la lancia contro il nemico, le sue gambe tradiscono un cedimento: un ginocchio è quasi a terra e il polpaccio è calpestato dall'avversario, mentre l'altra gamba è flessa, come a indicare lo sforzo di allontanarsi. Anche l'uccello dipinto in basso a sinistra sembra suggerire, con il suo volo, la via della fuga. Al centro campeggia uno scudo rotondo e istoriato, l'altro invece è appena intuibile in secondo piano; le braccia non sono sempre visibili, ma scompaiono dietro allo scudo o dietro alla figura femminile. Alcuni dettagli dunque sono lasciati all'immaginazione di chi guarda: il pittore, infatti, segue per certi aspetti il modello dello stile egizio (personaggi rappresentati di profilo, occhi visti di fronte), ma se ne differenzia perché non ritiene più indispensabile mostrare completamente ogni elemento della scena. Può sorprendere, in un duello, la presenza di due figure femminili, peraltro assai simili tra loro. Non si tratta, evidentemente, di una riproduzione realistica di un campo di battaglia, ma di una figurazione simbolica: le donne sono le madri degli eroi oppure le divinità che li assistono. I loro gesti sottolineano l'esito del combattimento: da un lato soddisfazione per la vittoria, dall'altro angoscia per la sconfitta.

Duello tra guerrieri, 540 a.C., anfora a figure nere attribuita al pittore di Berlino, Parigi, Cabinet des Médailles, Bibliothèque Nationale

Le lettere tracciate accanto agli eroi non forniscono indicazioni per identificare i personaggi: esse infatti non compongono parole di senso compiuto, ma hanno un uso puramente ornamentale, tipico della seconda metà del VI secolo a.C. Qualunque greco, a quel tempo, aveva ben presente un patrimonio comune di miti e leggende eroiche e poteva riconoscere con facilità i personaggi, senza bisogno di indicazioni esplicite. Le lettere alludono semplicemente al fatto che si tratta di eroi, di figure che hanno un nome e un valore individuale.

I temi centrali dell'epica omerica, in particolare dell'*Iliade*, sono dunque evocati sull'anfora: il duello tra i singoli eroi e la difesa del *klèos*, ossia di quell'onore individuale senza il quale l'eroe omerico rifiuta di vivere.

Omero e la "questione omerica"

Una figura avvolta nel mistero

La figura di Omero è avvolta nella leggenda. Sotto il suo nome ci sono stati tramandati due poemi epici, *Iliade* e *Odissea*, opere fondamentali non solo per la letteratura greca ma per l'intera civiltà occidentale. Dell'autore, tuttavia, non si sa nulla: secondo la tradizione più antica, Omero era un aedo, un cantore cieco dotato di straordinaria capacità poetica. Sin dall'età ellenistica (fine IV-III secolo a.C.), tuttavia, si cominciò a mettere in dubbio che un solo autore avesse potuto comporre due opere così ampie e diverse tra loro per molti aspetti (dedicata a imprese di guerra e impregnata di mentalità eroica l'*Iliade*, più avventurosa e fiabesca l'*Odissea*). La prima ipotesi, poco convincente ma in grado di esercitare suggestione per molto tempo, fu che Omero avesse composto i due poemi in fasi differenti della sua vita (l'*Iliade* nella giovinezza, l'*Odissea* durante la vecchiaia); altri commentatori, detti *korìzontes*, cioè "separatori", distinguevano invece nettamente due autori, uno per ciascuna opera. A lungo, comunque, si continuò a riferirsi a Omero come a un poeta effettivamente esistito e autore di un poema, oppure di entrambi.

La nascita della "questione omerica"

Di una vera e propria "questione omerica" si inizia a parlare con gli studi dei filologi tedeschi dell'Ottocento, da cui emergono sostanzialmente due linee: quella degli **analisti** o separatisti, che sostengono la presenza di una pluralità di autori, tutti sullo stesso piano, e quella degli **unitari**, per i quali è innegabile l'esistenza di un unico autore per ciascuna o per entrambe le opere.

La critica analista fu inaugurata da Friedrich August Wolf con un saggio del 1795, in cui lo studioso, osservando la presenza nei poemi di vari elementi appartenenti a epoche diverse, concludeva che Omero era solo il più famoso tra molti aedi autori di diversi canti, poi fusi insieme attorno a due temi principali (l'ira per l'*Iliade* e il ritorno per l'*Odissea*). Secondo Wolf, questo era avvenuto quando Pisistrato, tiranno di Atene, aveva fatto raccogliere e mettere per iscritto quel patrimonio epico (VI secolo a.C.). Di opinione analoga Adolf Kirchhoff, che nel 1859 si concentrò in particolare sull'*Odissea*, individuandovi tre poemetti differenti (uno dedicato alle vicende di Telemaco, uno al viaggio di ritorno di Odisseo e uno imperniato sulla vendetta dell'eroe contro gli usurpatori in patria) a suo dire messi insieme da un maldestro compilatore.

Il limite della critica analista era il fatto che, una volta poste in risalto le incongruenze, le stratificazioni e gli elementi che attestavano il confluire di canti differenti, essa faticava poi a spiegare l'unità comunque presente in entrambi i poemi. Omero, che per gli analisti non era mai esistito o si riduceva a un semplice compilatore poco dotato, non poteva essere quindi reintrodotto meccanicamente per spiegare la complessità e l'unità interna delle opere.

Sul versante della critica unitaria, la figura più rappresentativa fu quella di Wolfgang Schadewaldt, che in un saggio del 1938, dedicato in particolare all'*Iliade*, arrivò a considerare ciascun poema come opera di un unico cantore, cioè di un vero e proprio poeta e non di un semplice redattore o compilatore; per lo studioso si trattava certamente di un personaggio erede di un'ampia tradizione epico-narrativa, ma, vista la fitta rete di rapporti interni all'*Iliade* (parallelismi, richiami, anticipazioni ecc.), il poema non poteva che essere frutto di un'unica mente.

Gli studi sull'oralità di Milman Parry

Particolare importanza per la critica omerica hanno gli studi dell'americano Milman Parry, dedicati all'oralità, a partire dagli anni Venti del Novecento: essi, partendo da esempi contemporanei di trasmissione della poesia orale, giunsero a identificare formule e ripetizioni come aspetti convenzionali dell'epica. La presenza di versi ripetuti o di episodi identici non doveva più essere interpretata come un "errore" di un mediocre compilatore, come sosteneva la critica analista, ma come un insieme di fenomeni che dipendevano dall'improvvisazione, dalla necessità di memorizzazione per il cantore e di riconoscimento immediato per il pubblico. L'intuizione degli studiosi che si concentrarono su questo aspetto porterebbe quindi a concludere che *Iliade* e *Odissea* siano state composte oralmente.

Anche questa teoria, comunque, conosce molti oppositori: essi fanno leva sulla lunghezza dei poemi e sulla presenza continua di richiami e anticipazioni, aspetti che presuppongono l'uso della scrittura ed escludono una genesi orale.

Una questione irrisolta

Di fronte alla complessità della questione, destinata probabilmente a restare senza una soluzione definitiva, non resta che fare propria la conclusione di un illustre storico della letteratura greca, Giovanni Tarditi: «Non c'è più Omero, rimangono l'*Iliade* e l'*Odissea*».

Alla lettura e all'analisi di queste opere straordinarie saranno dunque dedicate le pagine che seguono.

AEDI E RAPSODI

Gli aedi (dal greco *aoidòs*, "cantare") erano cantori di professione che, attingendo al patrimonio mitico tradizionale dell'aristocrazia guerriera, fatto di storie, eroi, battaglie e avventure, componevano canti epici e li recitavano in occasione di banchetti nelle case dei nobili. La trasmissione di questi canti avveniva attraverso l'oralità e l'aedo coniugava abilità mnemoniche a capacità di improvvisazione e di creazione poetica autonoma. Dopo che i canti epici assunsero forma scritta, alla figura dell'aedo si sostituì quella del **rapsodo** (dal greco *rhàpto*, "cucio"), un artista che si limitava a riprodurre nel canto i testi scritti senza modificarli, "cucendo" semplicemente tra loro differenti episodi.

La considerazione in cui era tenuta la figura dell'aedo emerge con chiarezza in alcuni passi dell'*Odissea*:

Per essi il cantore famoso cantava: e in silenzio
quelli sedevano, intenti; cantava il ritorno degli Achei,
che penoso a loro inflisse da Troia Pallade Atena.

(*Odissea*, libro I, vv. 325-327)

In primo luogo il canto dell'aedo è ascoltato con grande concentrazione: chi sta intorno tace, perché deve seguire una storia appassionante ma complessa, che viene raccontata oralmente. Il pubblico non può distrarsi, altrimenti perde il filo della vicenda.

Intanto l'araldo arrivò guidando il gradito cantore,
che la musa amò molto, ma un bene e un male gli dava:
degli occhi lo fece privo e gli donò il dolce canto.
Per lui Pontònoo mise un trono a borchie d'argento
nel centro dei convitati, a un'alta colonna appoggiandolo;
e appese a un chiodo la cetra sonora,
sulla sua testa, gli insegnò a prenderla con le sue mani,
l'araldo; vicino poi gli metteva un canestro e una tavola bella,
e una coppa di vino, da bere quando il cuore voleva.

(*Odissea*, libro VIII, vv. 62-70)

Demòdoco, il cantore che allieta la corte dei Feaci, è cieco, particolare che lo accomuna allo stesso Omero, secondo la rappresentazione leggendaria dell'autore.
La mancanza della vista si unisce però al dono divino della poesia: l'aedo ha un corpo segnato dai difetti (in questo caso è cieco, altre volte è vecchio), ma è amato dagli dèi, la sua natura interiore sconfina nel divino; uno degli epiteti formulari che lo accompagnano, infatti, è *thèios*, "divino".
Un araldo conduce il cieco e porta lo strumento musicale con il quale egli accompagnerà il canto; inoltre fa in modo che il cantore possa, al momento opportuno, prendere da solo la cetra in mano. Anche questo particolare contribuisce a delineare l'alone di sacralità che avvolge la figura dell'aedo: non tutti possono toccare la cetra, ma solo una figura di una certa importanza come l'araldo; sarebbe quasi una profanazione se lo strumento fosse sfiorato o staccato dal chiodo da un servo o da un personaggio qualunque.
Il cibo e il vino messi a disposizione dell'aedo sono un altro tributo di onore: come un ospite gradito, che prima viene rifocillato e poi interrogato sulle sue condizioni, così il cantore può saziarsi e bere, prima di accontentare le richieste del pubblico.

Ma quando la voglia di vino e di cibo cacciarono,
parlò ancora a Demòdoco l'accorto Odisseo:
«Demòdoco, io t'onoro al disopra di tutti i mortali.
Certo Apollo o la Musa, figlia di Zeus, t'istruirono,

perché troppo bene cantasti la sorte degli Achei,
quanto subirono e fecero, quanto penarono gli Achei,
come se fossi stato presente o te l'avesse narrato qualcuno.
Continua, dunque e lo stratagemma del cavallo raccontaci
[...]
Se questo pure saprai perfettamente narrarmi,
certo dirò fra gli uomini tutti,
che un nume benigno t'ha dato il canto divino».

«Sentite, principi e capi feaci,
Demòdoco faccia tacere la cetra sonora,
perché non a tutti gradita questa gesta racconta.
Da quando ceniamo e sorse il cantore divino,
da allora mai smise gemito e pianto
l'ospite; certo molto dolore al cuore gli viene.
Ma smetta il cantore, ché tutti godiamo,
ospitatori e ospite. È molto meglio così».

(*Odissea*, libro VIII, vv. 485-498 e 536-543)

L'aedo canta stando in piedi (*sorse*); chiunque tra i commensali può rivolgersi a lui e chiedergli di intonare un particolare episodio, ma solo il padrone di casa può ordinargli di smettere, se il canto per qualche ragione non è gradito a un ospite. La funzione della poesia infatti è quella di dilettare, di sollevare dalle pene. La fama e la gloria, insieme con il cibo e con il vino, sono la ricompensa promessa al cantore, che spera di essere accolto e apprezzato in più corti.

GLI DÈI DELL'EPICA GRECA E ROMANA

Le caratteristiche degli dèi

Nei poemi epici gli dèi hanno un ruolo fondamentale. Essi, pur essendo numerosi e diversi tra di loro, posseggono una serie di caratteristiche comuni:

- **Antropomorfismo**. Il loro aspetto è simile a quello di uomini e donne, ma le singole qualità (bellezza, forza, intelligenza, grandezza fisica) sono amplificate: si tratta in sostanza di uomini e donne potenziati.
- **Immortalità**. Gli dèi sono nati e cresciuti – in qualche caso nati già adulti – ma una volta raggiunta la propria maturità non invecchiano né muoiono.
- **Relativismo etico**. Essi posseggono le virtù ma anche i vizi degli uomini; dunque, non incarnano esclusivamente le forze del bene oppure quelle del male, ma in ognuno di loro le azioni possono essere dettate sia dalla benevolenza sia dall'odio. La stessa dea, ad esempio, può essere benefica protettrice di un essere umano e implacabile persecutrice di un altro. Gli dèi si lasciano condizionare dalle rivalità, sono suscettibili e spesso vendicativi, tramano inganni e mentono con disinvoltura; d'altro canto si prodigano con generosità per i loro protetti e soffrono quando li vedono in difficoltà. Possono anche assegnare casualmente agli uomini doni e disgrazie: nel libro XXIV dell'*Iliade* si legge, ad esempio, che Zeus attinge ora dal vaso dei doni buoni ora da quello dei doni cattivi.

- **Poteri straordinari ma non illimitati**. Essi possono assumere forma umana o animale, diventare invisibili, far cambiare aspetto ai mortali, condizionarne i comportamenti, scatenare le forze della natura, eccellere in un'arte. Ogni divinità domina pienamente un ambito specifico (cielo, mare, Inferi ecc.) o dell'esperienza umana (amore, guerra, tecnica, commercio, caccia ecc.). In ogni caso tutti, pure Zeus/Giove, padre e sovrano degli dèi, devono sottostare al Fato, chiamato anche Moira, Destino o Necessità: si tratta dell'*Anànke*, "ciò che non può essere diversamente", una forza superiore a quella degli dèi. Il Fato è spesso personificato nelle tre Moire/Parche, dette anche Chere, anziane filatrici che inesorabilmente tessono, torcono e tagliano i fili della vita umana.
- **Consuetudini**. Essi risiedono abitualmente sulla cima del monte Olimpo, in Grecia, ma prediligono luoghi particolari ove si trovano santuari a loro dedicati e gradiscono i sacrifici da parte degli uomini; amano i banchetti, durante i quali si nutrono di ambrosia e nettare; spesso si riuniscono in concili per discutere animatamente questioni che riguardano il mondo umano.

Le principali divinità

Le caratteristiche e i miti relativi alle divinità greche sono stati in seguito assunti dalle divinità tradizionali romane. L'elenco che segue costituisce una rassegna dei principali dèi dell'epica greca e romana; ciascuno è indicato sia con il nome greco sia – tra parentesi – con quello che assume nel mondo romano.

Ade (Plutone): figlio di Crono (il Tempo) e di Rea, era fratello di Zeus e di Poseidone, con i quali divideva la sovranità sul mondo. Zeus infatti era signore dei cieli, Poseidone del mare, mentre Ade dominava il mondo dei morti, al quale dava anche il nome. Di aspetto inquietante, Ade si invaghì di Persefone, figlia di Zeus e di Demetra, e la portò negli Inferi. Zeus gli vietò di tenerla con sé, ma Ade fece mangiare alla fanciulla un chicco di melagrana e ottenne così che essa passasse almeno una parte dell'anno sotto terra: chi aveva assaggiato il cibo dei morti non poteva tornare tra i vivi come prima.

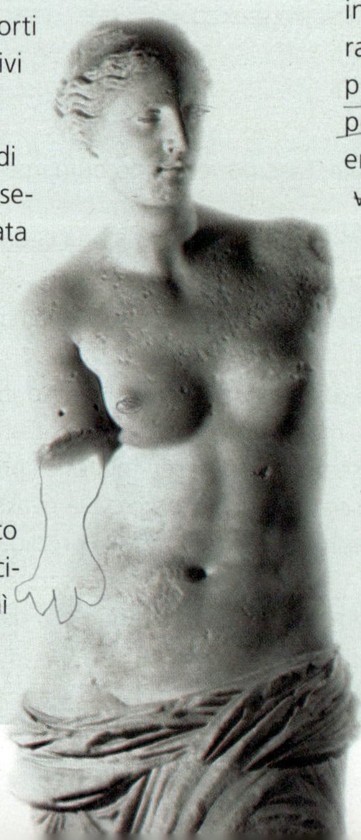

Afrodite (Venere): figlia di Zeus e della ninfa Dione o, secondo un'altra tradizione, nata dalla schiuma del mare e dal dio Urano, era la dea della bellezza e dell'amore. Sposa di Efesto, fu però amante di Ares, da cui generò molti figli; tra questi il più famoso era Eros/Cupido, fanciullo armato di arco e di frecce che suscitavano amore. Afrodite si unì anche a diversi mortali, tra cui il troiano Anchise, che la rese madre dell'eroe Enea. A lei erano sacre le colombe e la pianta del mirto. Nella tradizione romana, Venere era la protettrice dei discendenti di Enea e la *gens* Iulia, cui apparteneva l'imperatore Augusto, faceva derivare da lei la propria origine.

Apollo (Apollo): figlio di Zeus e di Latona, fratello di Artemide, era nato sull'isola di Delo. Di bellissimo aspetto, eternamente giovane, possedeva molte facoltà, che usava ora in modo benefico ora in modo ostile. Era dio della luce solare, che genera vita ma può anche disseccare o incendiare; era protettore della poesia, come signore delle Muse; poteva curare ma anche diffondere epidemie; era venerato e temuto dagli indovini, perché forniva indicazioni sul futuro, ma con un linguaggio ambiguo e aperto a più significati. Tra le donne mortali da lui amate ricordiamo Dafne, che lo respinse e che, per sfuggirgli, fu mutata dal proprio padre in alloro; tale pianta divenne così sacra al dio e simbolo della poesia.

Ares (Marte): dio della guerra e della lotta, era figlio di Zeus e di Era. Violento e impetuoso, spesso aveva al suo fianco in battaglia la sorella Eris (Discordia) e i figli Deimos (Terrore) e Phobos (Paura). Era amante di Afrodite e di molte donne mortali. Nella mitologia romana, Marte era padre di Romolo e Remo, i gemelli fondatori di Roma.

Artemide (Diana): sorella gemella di Apollo, era la dea della caccia, vergine e guerriera. Ai colpi delle sue frecce erano attribuite le morti improvvise delle donne. Era anche considerata una personificazione della Luna.

Atena (Minerva): dea dell'intelligenza, delle arti e della guerra, nacque già armata dal cervello di Zeus. Come Artemide, era una vergine guerriera. Protettrice in particolare della città di Atene, era venerata in molti centri della Grecia e aveva il soprannome di Pallade. Aveva donato ai Greci l'ulivo e insegnato loro molte abilità tecniche, tra cui l'uso dell'aratro, la tessitura, la tintura, la filatura. Il suo scudo, detto "ègida", aveva al centro la testa di Medusa, creatura mostruosa con serpenti al posto dei capelli e uno sguardo in grado di pietrificare.

Demetra (Cerere): sorella di Zeus, figlia di Crono e di Rea, era la dea della fertilità e dei raccolti, in particolare dei cereali. Dall'unione con Zeus generò Persefone, che fu rapita da Ade e portata nell'Oltretomba. Demetra allora impedì che sulla terra germogliassero le piante e ottenne da Zeus che la figlia tornasse ogni anno con lei per alcuni mesi. Il ritorno di Persefone sulla Terra coincideva con l'arrivo della primavera e dei germogli, mentre i mesi invernali erano quelli in cui la giovane era negli Inferi insieme con Ade. I culti in onore di Demetra erano di tipo iniziatico, celebrati in particolare nel santuario di Eleusi e detti Misteri eleusini.

Dioniso (Bacco o Libero): dio della vite, del vino e dell'ebbrezza. Figlio di Zeus e di Semele, rappresentava la gioia incontrollata della festa e del banchetto. Era celebrato con riti notturni, in particolare dalle baccanti, donne che suonavano flauti e tamburi, danzavano e si abbandonavano a comportamenti sfrenati, spesso in mezzo ai boschi. Era anche il dio del teatro.

Efesto (Vulcano): figlio di Zeus e di Era, era il fabbro degli dèi, dotato di straordinaria capacità tecnica. Lui solo tra le divinità era brutto e deforme: secondo una versione del mito, era zoppo perché era stato scagliato giù dall'Olimpo da Zeus per un litigio. Risiedeva abitualmente sotto l'Etna, dove lavorava assieme ai Ciclopi. Era lo sposo – spesso tradito – di Afrodite.

Era (Giunone): figlia di Crono e di Rea, sorella e moglie di Zeus, era la regina degli dèi. Protettrice dei matrimoni e dei parti, veniva invocata anche con gli appellativi di Saturnia, Argiva, Lucina. Nei poemi epici è spesso rappresentata come dea suscettibile e vendicativa, irritata dai continui tradimenti del marito.

Ermes o Hermes (Mercurio): messaggero degli dèi, figlio di Zeus e di Maia. Aveva calzari alati ai piedi, un caratteristico cappello piatto, il petaso, e un bastone con due serpenti intrecciati che terminava con due ali, il caduceo. Ermes era anche detto "Psicopompo" perché accompagnava all'Ade le anime dei morti (dal greco *pèmpo*, "spingo", e *psychè*, "anima"). Era il dio dei commerci e degli inganni e il protettore dei ladri. Egli stesso, appena nato, aveva rubato cinquanta giovenche al fratello Apollo ed era riuscito a evitarne l'ira con l'invenzione di uno strumento musicale, la lira, fabbricata con un guscio di tartaruga. Protettore delle strade, era venerato soprattutto ai crocicchi delle vie, nei quali venivano posti dei busti a lui dedicati (le Erme). Era anche considerato il dio dei sogni.

Poseidone o Posidone (Nettuno): dio del mare e delle acque, fratello di Zeus e di Ade, con il suo tridente poteva suscitare tempeste, ma era anche in grado di generare terremoti e per questo era detto Ennosigeo, "Scuotiterra". Viveva nelle profondità del mare con la sposa Anfitrite e aveva generato diversi figli mostruosi, tra cui il ciclope Polifemo. Costruì insieme con Apollo le mura di Troia, ma, non essendo stato ricompensato secondo i patti, sfogò la sua ira inviando un mostro marino contro la città e successivamente si schierò dalla parte degli Achei nella guerra contro Troia.

Zeus (Giove): figlio di Crono e di Rea, aveva spodestato il padre e assunto il potere sul cielo e su tutti gli dèi, di cui era considerato padre e signore. Era fratello di Ade e Poseidone, con i quali aveva spartito il potere, assegnando al primo la signoria degli Inferi e al secondo il dominio del mare. Sue sorelle erano Demetra, Estia ed Era, che divenne sua moglie. Scagliava terribili fulmini, preparati da Efesto, e dominava su tutti i fenomeni naturali. Garantiva l'ordine e il rispetto delle leggi, proteggeva gli ospiti e i supplici, tutelava la validità dei giuramenti. A lui erano sacri l'aquila, lo scettro, il fulmine. Ebbe numerosi figli da dee e da donne mortali.

I figli di Zeus

Di seguito sono elencati i più noti tra i figli che Zeus generò dall'unione con dee o donne mortali.

Zeus

- **Era** (moglie)
  - **Ares** (dio della guerra)
  - **Ebe** (dea della giovinezza)
  - **Efesto** (fabbro degli dèi)
- **altre divinità** (dee o ninfe)
  - **Afrodite** (dea della bellezza e dell'amore)
  - **Apollo** (dio della poesia, della luce e della profezia)
  - **Artemide** (dea della caccia)
  - **Moire** (dee del destino)
  - **Muse** (dee delle arti)
  - **Persefone** (dea degli Inferi)
- **donne mortali**
  - **Dardano** (capostipite dei Troiani)
  - **Dioniso** (dio della vite e del vino)
  - **Dioscuri** (i gemelli Castore e Polluce)
  - **Eaco** (eroe che costruì con Poseidone e Apollo le mura di Troia)
  - **Elena** (la più bella tra le donne)
  - **Eracle** (per i Romani Ercole, eroe dalla forza smisurata)
  - **Ermes** (messaggero degli dèi)
  - **Minosse** (re di Creta, modello di saggezza)
  - **Perseo** (uccisore di Medusa)
  - **Radamanto** (fratello di Minosse, esempio di saggezza e giustizia)
  - **Sarpedone** (eroe che combatté a Troia)

L'*Iliade*

La struttura

L'*Iliade*, poema epico in versi esametri, trae il proprio titolo da "Ilio", uno dei nomi con cui veniva indicata Troia, città dell'Asia Minore, teatro di una lunga guerra fra i Greci e i Troiani. L'opera, divisa in 24 libri, è scritta in greco e si concentra su un episodio avvenuto nell'ultimo anno del decennale conflitto, ossia l'ira dell'eroe greco Achille.

L'antefatto: la contesa e la guerra

Secondo il mito, durante le nozze dei genitori di Achille, Peleo e Teti, la dea Eris (la Discordia), offesa per non essere stata invitata al banchetto, suscita una feroce contesa gettando sulla mensa un frutto d'oro, destinato alla più bella tra le dee dell'Olimpo. Subito Era, Atena e Afrodite rivendicano ciascuna per sé il primato; gli altri dèi, per liberarsi dall'imbarazzo della decisione, designano come giudice il mortale Paride, figlio del re di Troia Priamo. A lui Era offre in premio la potenza, Atena la sapienza e Afrodite l'amore della donna più bella del mondo. Paride sceglie quest'ultimo dono e attribuisce ad Afrodite la vittoria, suscitando contro di sé e contro i Troiani l'odio implacabile delle altre due divinità; poi, con l'aiuto della dea, rapisce la bellissima Elena, moglie di Menelao re di Sparta, e la conduce a Troia con sé. Menelao, insieme con fratello Agamennone, raduna allora una vasta coalizione, cui prendono parte i principali eroi e sovrani delle città greche con i rispettivi eserciti: Achille, Odisseo, Diomede, Aiace, Nestore e molti altri. L'armata greca salpa per Troia con l'intenzione di recuperare rapidamente la donna rapita, ma l'assedio della città dura ben dieci anni.

L'argomento

Durante il decimo anno della guerra contro Troia, il fortissimo eroe Achille, sdegnato per un affronto contro il suo onore, si ritira dai combattimenti, lascia che l'esercito greco subisca gravi perdite, torna infine in battaglia per vendicare la morte dell'amico Patroclo. Achille affronta in duello l'eroe troiano Ettore, lo uccide e ne strazia il corpo; dopo alcuni giorni, tuttavia, accetta di restituire il cadavere al vecchio re Priamo. Il poema si chiude con la celebrazione dei funerali di Ettore. Negli ultimi libri si coglie il presentimento di altre sciagure già stabilite dal Fato per entrambi gli schieramenti: la morte di Achille e la caduta di Troia. Questi ultimi fatti, però, non sono narrati nell'*Iliade*.

La *fabula* e l'intreccio

La vicenda segue sostanzialmente l'ordine cronologico: si può quindi affermare che *fabula* e intreccio coincidono, perché le alterazioni della successione temporale sono di breve estensione. Si tratta per lo più di profezie, anticipazioni e presentimenti di fatti imminenti o rapide digressioni su eventi del passato. Il *flashback* più significativo è quello che compare al principio del poema, subito dopo l'enunciazione del tema dell'ira di Achille. Il narratore, che inizia la storia *in medias res*, si domanda le ragioni della contrapposizione tra Achille e Agamennone, capo della spedizione greca, e chiarisce l'antefatto: un atto empio di Agamennone ha suscitato l'ira del dio Apollo, il quale punisce i Greci scatenando una pestilenza. Per porre fine all'epidemia, Agamennone accetta a malincuore di rinunciare al proprio bottino di guerra, ma pretende come risarcimento il premio di Achille. Questi, sdegnato, si ritira dai combattimenti e ciò determina tragiche conseguenze.

Il ritmo narrativo è vario: alcuni libri raccontano eventi di poche ore (ad esempio il libro XXII, il duello fra Ettore e Achille), altri riportano le vicende di diversi giorni (ad esempio il libro I: la pestilenza dura nove giorni e l'intervento degli dèi per dare soddisfazione all'onore di Achille avviene dopo altri dodici giorni).

Lo spazio

Il narratore si limita a presentare in modo essenziale e stilizzato lo scenario delle vicende. La pianura davanti a Troia, percorsa dai fiumi Scamandro e Simoenta, è lo spazio dove avvengono i combattimenti, tra la città e il mare. Di Troia sono citate le mura poderose con le Porte Scee, la rocca, il tempio di Atena, il palazzo reale e pochi altri particolari; è evidente comunque che si tratta di una città ricca, appetibile preda di razzie e bottino.

L'altro luogo fondamentale è l'accampamento greco, con le tende dei comandanti e le navi protette da un muro di difesa.

Achille, seduto, osserva Briseide accompagnata da Patroclo
fuori dalla tenda, 50-79 d.C., affresco della Casa del Poeta Tragico di Pompei, Napoli, Museo Archeologico Nazionale

Il tempo

La storia, come si è detto, si colloca nel decimo e ultimo anno della guerra contro Troia e copre un arco di tempo di circa cinquanta giorni, dal momento in cui il dio Apollo scatena la pestilenza nel campo greco sino ai funerali di Ettore.

I personaggi

Gli **eroi**, sia quelli greci sia quelli troiani, sono uomini dotati di forza, bellezza fisica e coraggio. Aspirano alla gloria, ripudiano il tradimento e la viltà, preferiscono la morte al disonore. Non sono mai tormentati da dubbi: possono avere qualche lieve esitazione, ma decidono sempre di agire e di andare fino in fondo alle proprie scelte, pronti a pagarne il prezzo.

Su questi aspetti, comuni a tutti i personaggi, si innestano le specificità che caratterizzano ciascuno: tra i Greci, Achille è l'eroe dell'eccesso e della dismisura, perché le sue passioni – l'ira, il dolore, la vendetta – non conoscono limiti e rifiutano ogni possibile compromesso; Agamennone è un capo, ma si dimostra avido e arrogante; Odisseo è l'eroe abile nella parola e accorto; Diomede è il guerriero feroce e implacabile, che non si trattiene neppure dal ferire gli dèi. Fra i Troiani, Ettore è il più strenuo difensore della città, capace di anteporre il rispetto per il proprio dovere agli affetti familiari; Paride è bello ma poco coraggioso, più dedito all'amore e al piacere – grazie ai favori di Afrodite – che alla guerra; Priamo è il vecchio re straziato dal dolore per la perdita dei figli, ma risoluto a mantenere la propria funzione di capo.

Gli **antieroi**, viceversa, come Tersite e Dolone, sono brutti, sprovveduti o comunque incapaci di riconoscere i propri limiti e per questo derisi e puniti.

Gli **dèi**, infine, hanno un ruolo fondamentale: intervengono faziosamente in aiuto di alcuni eroi e contro altri, sono soggetti alle stesse passioni umane, possiedono vizi e virtù; si tratta in sostanza di uomini potenziati, come sottolineò in modo critico il filosofo Senofane (VI-V secolo a.C.). Nell'*Iliade* gli dèi partecipano talvolta direttamente ai combattimenti, creano alleanze, chiedono favori per i loro protetti e serbano memoria degli affronti subiti. Dalla parte dei Greci sono schierati Atena, Era, Ermes, Poseidone ed Efesto, mentre Apollo, Ares, Artemide, Latona e Afrodite sostengono i Troiani. Il re degli dèi, Zeus, favorisce i Troiani fino a quando l'onore di Achille non ottiene il risarcimento dovuto. Vi è tuttavia una forza superiore che né Zeus né le altre divinità possono contrastare: il Fato, le cui leggi procedono imperscrutabili e immutabili.

I temi

Si possono identificare come temi fondamentali del poema:

- **L'onore (*aretè*) e la gloria**. Il motore che spinge gli eroi ad agire è la ricerca individuale dell'onore e della gloria; tuttavia essi sono legati a una comunità, di cui temono il giudizio e la condanna, in quanto solo il riconoscimento pubblico può garantire l'onore di un eroe. La condotta del singolo deve rispettare un severo codice di comportamento, la violazione del quale determina l'accusa di viltà. Il codice eroico prevede la lealtà, la necessità della vendetta, l'assenza di pietà per il nemico, la capacità di affrontare con coraggio la morte.

- **L'ira, *mènis***. È questa la parola su cui si apre il poema: si tratta di una passione incontrollabile, dagli effetti devastanti. L'ira di Achille si rivolge dapprima contro Agamennone e poi contro Ettore: nel primo caso è motivo di morte per molti compagni greci, privati del valido sostegno di Achille in battaglia; nel secondo porterà la morte al nemico e lo strazio disumano del suo corpo.
- **La sottrazione della donna**. All'origine della guerra di Troia vi è il rapimento di Elena, ma il *tòpos* (tema ricorrente) della "sposa rapita" si ripresenta più volte, sia pure con variazioni: basti pensare che la lite tra Agamennone e Achille trae origine dalla sottrazione della schiava Criseide ad Agamennone e poi di Briseide ad Achille.

La voce narrante

Il narratore è esterno, onnisciente, oggettivo: racconta in terza persona fatti cui non ha preso parte e che si sono svolti in un passato lontano; conosce tutte le vicende dei protagonisti, il loro passato e il loro destino futuro, cui fa riferimento attraverso brevi *flashback* e anticipazioni; presenta situazioni e personaggi senza esprimere giudizi né partecipazione emotiva, tranne in pochi casi (si vedano, ad esempio, la simpatia che trapela per Patroclo nel momento della sua morte o la commiserazione per la fine di Ettore).

Il fatto che il narratore sia onnisciente e oggettivo non significa certo che sia privo di una propria visione del mondo: Omero infatti, o chi per lui, esprime i valori dell'aristocrazia guerriera della Grecia arcaica, ossia l'aspirazione alla gloria, la difesa dell'onore, la necessità del riconoscimento pubblico del proprio valore e così via.

Lo stile

Tra le caratteristiche dello stile dell'*Iliade* segnaliamo:

- **La ripetitività e la formularità**. Nel poema si incontra spesso la ripetizione di singoli versi (ad esempio espressioni con cui un personaggio prende la parola o risponde: *ma guardandolo bieco Achille piede rapido disse*), di gruppi di versi (ad esempio nel libro XVI, vv. 855-857, ▶ p. 83), di situazioni tipiche (come il duello: i due eroi si affrontano, si lanciano una sfida verbale, scagliano ciascuno le aste, passano poi alle spade, infine uno dei due prevale e mena il suo "vanto", cioè rivendica la propria superiorità sul nemico, quindi lo uccide) e naturalmente di epiteti formulari, ossia di aggettivi o espressioni che sottolineano un aspetto caratteristico del personaggio (Achille *piede rapido*, le Troiane *lungo peplo*, Apollo *arco d'argento*, Era *braccio bianco*) o dell'oggetto (Troia *domatrice di cavalli*, l'asta *ombra lunga*, le parole *fugaci*). I patronimici sono aggettivi costruiti sul nome del padre o di un antenato del personaggio (ad esempio l'*Atride* Agamennone, il *Pelide* Achille, il *Laerziade* Odisseo). Il temine "formula" è infine usato dagli studiosi per indicare la ripetizione di gruppi di parole ed espressioni nelle stesse posizioni metriche.
Tutti questi tratti sono connessi alla genesi e alla trasmissione orale del patrimonio epico-mitologico: l'aedo, il cantore, trovava un sostegno alla memoria operando su porzioni più estese della semplice parola e, al tempo stesso, aiutava il pubblico a identificare personaggi e situazioni. I rapsodi, infatti, non eseguivano mai integralmente i poemi omerici, perché questo avrebbe richiesto tempi troppo lunghi: era perciò necessario

che il pubblico fosse in grado di riconoscere immediatamente di quale personaggio si stesse parlando nell'episodio selezionato per la recitazione. L'ascoltatore, difatti, non poteva "tornare indietro" come se avesse a disposizione le pagine di un libro, ma doveva basarsi unicamente sulla propria memoria.

– **Le similitudini**. Sono le figure retoriche più rilevanti nell'epica, e in particolare nell'*Iliade*, e sono costituite da un paragone complesso fra due termini che appartengono a contesti differenti: ad esempio, tra guerrieri e animali, tra un esercito e un incendio, tra un fiume in piena e un uomo. I due termini confrontati devono però avere necessariamente uno o più aspetti in comune, che giustifichino l'accostamento: ad esempio, i guerrieri che lottano sono *forti e feroci* come leoni o tori, l'esercito avanza *rapido* come un incendio, il fiume in piena è *incontenibile* come Achille. La similitudine è sempre introdotta da espressioni del tipo: *come... così...; simile a... tale...; quali... così...*
L'*Iliade* possiede numerose similitudini, di lunghezza diversa, che servono ad amplificare azioni e sentimenti attraverso il riferimento a situazioni che il pubblico conosce per esperienza diretta o che può facilmente immaginare. Spesso le similitudini sono ricche di particolari e si dilatano fino a costituire dei veri e propri blocchi descrittivi. Se, come si è detto, lo scenario del poema è tratteggiato rapidamente e in modo essenziale, la presentazione di paesaggi suggestivi, di scene di caccia o di vita agreste trova comunque spazio nell'*Iliade* proprio grazie alle similitudini, che permettono, tra l'altro, di mettere in primo piano alcuni aspetti della vita concreta, del lavoro e della quotidianità.

Le funzioni del testo omerico nel mondo greco

I poemi omerici costituivano per il mondo greco una vera e propria «enciclopedia tribale» secondo la celebre definizione dello studioso Eric Havelock: tanto le città della Grecia quanto le colonie sparse nel Mediterraneo trovavano in queste opere precisi modelli di comportamento da seguire o da evitare (ad esempio nell'atteggiamento verso gli ospiti o nella fedeltà familiare), ma anche un'ampia serie di insegnamenti pratici, riguardanti la navigazione, la carpenteria, l'attività pastorale ecc.

Le traduzioni

La più celebre traduzione italiana dell'*Iliade* è quella scritta in versi endecasillabi da Vincenzo Monti tra la fine del Settecento e l'inizio dell'Ottocento: si tratta di una versione caratterizzata da una grande cura formale, che si avvale di un italiano aulico e di una sintassi elaborata, secondo il gusto neoclassico.

Con il testo dell'*Iliade* si sono poi misurati diversi poeti, che hanno scelto alcuni episodi e li hanno tradotti con precisione filologica e suggestiva resa artistica: tra questi si possono citare Ugo Foscolo, Giovanni Pascoli e Salvatore Quasimodo.

Nel secondo Novecento, vanno segnalate la versione in prosa di Giuseppe Tonna e quella di Maria Grazia Ciani e la traduzione in versi di Rosa Calzecchi Onesti, che è stata scelta per il nostro volume.

Iliade

Libro I: la peste e l'ira

Nell'accampamento greco presso Troia imperversa una terribile pestilenza, scatenata da Apollo, e l'indovino Calcante ne rivela la causa: gli dèi sono sdegnati con Agamennone, il capo della spedizione greca, perché egli non solo ha rifiutato di restituire al sacerdote Crise la figlia, ma ha anche scacciato il supplice; l'unico modo per far cessare il flagello è quello di restituire Criseide al padre. Il re, irato, accetta di cedere la fanciulla, ma esige in cambio il dono di Achille, l'unico re-guerriero che ha osato invitarlo alla moderazione e rimproverarlo per l'avidità. Privato della schiava Briseide, Achille decide di non combattere più, perché tutti capiscano quanto è indispensabile la sua presenza in battaglia. L'eroe confida alla madre Teti la propria amarezza ed ella chiede a Zeus di dare la vittoria ai Troiani finché il figlio si asterrà dai combattimenti.

Libro II: il sogno di Agamennone e la rassegna dei combattenti

Un sogno ingannevole suggerisce ad Agamennone che gli dèi sono dalla sua parte e lo induce a preparare l'attacco decisivo contro Troia. Prima dell'assalto, però, il sovrano mette alla prova l'esercito: comunica che rinuncia all'assedio e invita tutti a fare ritorno in patria. Gli uomini, provati dalla guerra, si precipitano alle navi, ma Odisseo li trattiene, rimproverandoli. Qualcuno, tuttavia, contesta ancora Agamennone: è il goffo soldato Tersite, duramente messo a tacere da Odisseo e deriso dai compagni. Segue il cosiddetto "catalogo delle navi", ossia l'elenco dei popoli che formano lo schieramento greco; conclude il libro la rassegna, più breve, dei Troiani e dei loro alleati.

Libri III-IV: il duello tra Paride e Menelao e la violazione dei patti

I due schieramenti si fronteggiano prima dello scontro e Paride, improvvisamente, sfida a duello i campioni tra i Greci. Menelao raccoglie la provocazione del Troiano, che, spronato dal fratello Ettore, accetta di combattere in una sfida di fronte agli eserciti: chi vincerà avrà Elena e la guerra sarà finalmente conclusa. Dall'alto delle mura di Troia la donna indica a Priamo i guerrieri più famosi, poi il duello ha inizio. Ben presto Paride è in difficoltà e Afrodite interviene, avvolgendolo in una densa nebbia e conducendolo nella reggia. Elena, pur vergognandosi della viltà del suo uomo, lo raggiunge nel talamo per comando di Afrodite. Agamennone intanto dichiara vincitore il fratello e pretende che i patti siano osservati. Ma gli dèi stabiliscono che la guerra riprenda: Atena, sotto mentite spoglie, suggerisce al troiano Pandaro di scagliare una freccia contro

Menelao, ferendolo lievemente. Il gesto equivale a una nuova dichiarazione di ostilità e i due eserciti riprendono le armi.

Libri V-VI: l'*aristìa* di Diomede e il colloquio tra Ettore e Andromaca

Tra i Greci si distingue Diomede, protetto da Atena. Egli uccide Pandaro, semina lo scompiglio fra i Troiani e non si trattiene nemmeno davanti agli dèi, colpendo Afrodite e Ares. La furia dell'eroe si placa solo di fronte a un alleato dei Troiani, Glauco, cui è legato da vincoli di ospitalità e con il quale avviene uno scambio di doni. Nel frattempo la battaglia sembra volgere al peggio per i Troiani. L'indovino Elèno suggerisce al fratello Ettore di rientrare in città per predisporre un sacrificio ad Atena. Questi obbedisce e chiede a Ecuba di offrire un dono alla dea, che, sdegnosa, mostra di non accettare il tributo. Egli incontra inoltre Paride e lo esorta a tornare in battaglia; cerca poi la moglie Andromaca e tra i due si svolge un ultimo colloquio, affettuoso e malinconico. Poi, con Paride, torna in battaglia.

Libri VII-VIII: il duello tra Ettore e Aiace e la battaglia interrotta

Vedendo le gesta di Ettore e Paride, Atena vorrebbe sostenere i Greci, ma Apollo le propone di far cessare i combattimenti, perché Ettore sfidi a duello uno degli avversari. L'eroe, informato della volontà divina, accetta subito, ma nessun Greco si fa avanti. Nove Achei si dicono pronti a lottare e la sorte designa Aiace Telamonio. Lo scontro è interrotto al tramonto e i due contendenti si scambiano doni. Entrambi gli schieramenti si accordano poi per una tregua per seppellire i caduti. Nel frattempo, i Greci costruiscono anche un muro a protezione delle navi.
Riprese le ostilità, Zeus proibisce agli dèi di intervenire. Le sorti, poste sulla bilancia divina, favoriscono i Troiani e il re degli dèi manda loro un segnale favorevole. I Greci, scoraggiati, arretrano, mentre Ettore infuria. Giunta la sera, i Troiani si accampano davanti alla città.

Libri IX-X: l'ambasceria ad Achille e l'avventura notturna di Odisseo e Diomede

Angosciati per le perdite, i capi dei Greci si riuniscono in assemblea. Su proposta di Nestore è inviata un'ambasceria ad Achille, per persuaderlo a tornare in battaglia. Il tentativo fallisce e Agamennone, inquieto, raduna nella notte una nuova assemblea. Nestore suggerisce che qualcuno entri nel campo troiano per carpire informazioni. Subito Diomede si assume il compito e prende con sé Odisseo. Anche fra i Troiani si svolge una scena analoga, ma qui si fa avanti Dolone, che pretende come ricompensa i cavalli e il carro di Achille. Il soldato troiano è catturato da Odisseo, che lo interroga ottenendone informazioni, ed è poi ucciso da Diomede. I due Greci, assistiti da Atena, si insinuano infine tra gli uomini di Reso, alleato dei Troiani, ne uccidono molti nel sonno e fuggono con alcuni cavalli.

Libri XI-XII-XIII: l'*aristìa* di Agamennone, le battaglie presso il muro e presso le navi

All'alba, la lotta riprende. Agamennone dimostra il suo valore, ma è ferito e i Troiani avanzano, guidati da Ettore. Diomede e Odisseo combattono aspramente, ma anch'essi si ritirano per le ferite. Ettore guida l'assalto al muro costruito dagli Achei e, dopo un'aspra battaglia, lo oltrepassa, costringendo i nemici a fuggire verso le navi. Approfittando della distrazione di Zeus, Poseidone interviene assumendo le spoglie di Calcante per spronare i Greci a resistere: essi riprendono a combattere con vigore. Nel punto in cui agisce Ettore, invece, gli Achei non possono frenare l'avanzata troiana.

Libri XIV-XV: l'inganno a Zeus e il contrattacco

Era, indossata la cintura di Afrodite, seduce Zeus per distoglierlo dalla guerra e poi lo fa addormentare. Poseidone può allora soccorrere i Greci e Aiace riesce perciò a ferire Ettore, salvato dai compagni. Zeus, svegliatosi e accortosi dell'inganno, richiama Poseidone, mentre Apollo cura Ettore e sostiene i Troiani in un nuovo assalto, durante il quale essi si apprestano a incendiare le navi greche.

Libri XVI-XVII-XVIII: Patroclo e le nuove armi di Achille

Patroclo, compagno e amico di Achille, chiede all'eroe di indossare le sue armi per aiutare gli Achei. Achille concede quanto richiesto, ma raccomanda all'amico di non addentrarsi nella mischia. Patroclo semina il panico fra i Troiani, ma, dimentico del monito del compagno, insegue i nemici sino alle mura di Troia, andando incontro al proprio destino: Ettore lo uccide e si impossessa delle armi di Achille. Il cadavere di Patroclo è difeso strenuamente dagli Achei e Menelao invia un messaggero per informare Achille. L'eroe si dispera e il suo pianto raggiunge le profondità marine, ove lo ode la madre Teti, che gli promette nuove armi forgiate da Efesto. Mentre si combatte ancora per il corpo di Patroclo, Achille si mostra e lancia per tre volte un urlo terribile: i Greci riescono così a riportare la salma dell'eroe dentro il campo, dove Achille si abbandona alla disperazione. Nella notte, Efesto prepara nuove armi, tra cui uno scudo istoriato.

Libri XIX-XX-XXI: la cessazione dell'ira. Battaglia degli dèi e battaglia fluviale

La morte di Patroclo induce Achille a porre fine all'ira: Agamennone gli offre doni e ordina che Briseide gli sia ricondotta. Rivestito delle nuove armi di Efesto, l'eroe si appresta a combattere, ma il cavallo Xanto, reso parlante dall'azione divina, gli predice la morte prossima. Zeus concede agli dèi di partecipare alla battaglia: Era, Atena, Ermes, Poseidone ed Efesto intervengono a favore dei Greci, con i Troiani sono invece Apollo, Ares, Artemide, Latona e Afrodite. Enea, spronato da Apollo, assale Achille, ma rischia di soccombere ed è allontanato da Poseidone; Apollo trattiene Ettore, che vorrebbe combattere contro l'eroe nemico per vendicare il fratello Polidoro; Achille rivolge allora la sua furia contro altri Troiani, suscitando lo sdegno del fiume Scamandro, riempito di cadaveri, che solleva i propri flutti per scacciare l'eroe: solo l'intervento di Era e di Efesto impedisce che Achille sia travolto. Mentre i numi si sfidano, i Troiani, sconvolti, fuggono dentro la città.

Libro XXII: il duello tra Ettore e Achille

Ettore invece resta fuori dalle mura: l'eroe troiano, temendo l'accusa di viltà da parte dei concittadini, è pronto al duello decisivo con Achille. Alla vista del nemico, però, è colto da terrore e fugge, compiendo per tre volte il giro delle mura della città. Atena, che ha assunto l'aspetto del troiano Deifobo, induce Ettore a fermarsi e ad accettare lo scontro. Compreso l'inganno, il Troiano si batte con coraggio, ma Achille, aiutato ancora da Atena, lo uccide, quindi spoglia il suo cadavere e ne fa scempio, trascinandolo nella polvere.

Libri XXIII-XXIV: i giochi funebri per Patroclo, l'incontro fra Priamo e Achille e i funerali di Ettore

L'ombra di Patroclo chiede ad Achille di compiere i riti funebri e predice poi all'eroe una morte imminente. Neppure le esequie dell'amico e lo svolgimento dei giochi in suo onore leniscono tuttavia il dolore di Achille: il rimpianto lo consuma ed egli cerca conforto nella vendetta, trascinando ancora nella polvere il corpo di Ettore. Gli dèi decidono allora di porre fine al selvaggio accanimento di Achille: Zeus invia la messaggera Iride da Priamo con le indicazioni per entrare nel campo greco. Il re, disarmato e protetto da Ermes, giunge da Achille con molti doni. L'eroe si commuove alla vista del vecchio Priamo, che gli ricorda il proprio padre Peleo, e accetta il riscatto, facendo lavare e ungere il corpo di Ettore e ponendolo sul carro di Priamo. Il sovrano, ottenuta una tregua per i riti funebri, rientra a Troia. Il lamento di Ecuba, Andromaca ed Elena e i funerali di Ettore chiudono il poema.

La città di Troia controllava lo stretto dei Dardanelli

TROIA FRA STORIA E LEGGENDA

Troia è esistita veramente? Il tedesco **Heinrich Schliemann** (1822-1890), un ricco commerciante appassionato di archeologia, nel 1870 iniziò una campagna di scavi in Asia Minore (l'odierna Turchia) con il proposito di riportare alla luce l'antica città di Troia. Basandosi sulle descrizioni dei testi omerici, nel giro di alcuni anni riuscì a localizzare sulla **collina di Hissarlik** numerosi strati sovrapposti che contenevano le rovine di una città più volte distrutta e ricostruita. Secondo i suoi calcoli, la Troia dei poemi omerici corrispondeva al **secondo strato** (a partire dal basso), poiché qui erano stati ritrovati gioielli, maschere funerarie in oro e monili preziosi che egli definì "il tesoro di Priamo". Studi più recenti hanno dimostrato che la Troia omerica corrisponde invece a uno strato superiore, il **settimo**, in cui si rilevano segni di distruzione violenta e d'incendi; ulteriori spedizioni archeologiche hanno poi identificato tracce dei muri di fortificazione, le cui dimensioni confermano che la città era forte, forse la più grande dell'epoca, e in grado di sostenere un assedio lungo nel tempo.

Troia dunque è veramente esistita: fondata nel III millennio a.C. circa nella zona nord-occidentale dell'attuale Turchia, occupava una posizione strategica particolarmente ambita, perché controllava il passaggio tra il mar Nero e l'Egeo, presso l'odierno stretto dei Dardanelli (l'antico Ellesponto).

Attorno al 1250 a.C. – ma gli storici non sono concordi in merito alla datazione – un lungo e violento conflitto oppose effettivamente i Greci e i Troiani: secondo il mito, come si è visto, all'origine della guerra vi era la sottrazione di una donna, ma le cause reali erano piuttosto di natura economica e vanno ricercate nel tentativo dei Micenei di privare i Troiani del controllo dell'Ellesponto; a ciò si aggiungeva la volontà di saccheggio e razzia nei confronti di una città ricca e popolosa.

OMERO

IL PROEMIO, LA PESTE, L'IRA

▶ **Opera:** *Iliade*, libro I, vv. 1-7; 43-52; 101-187

I primi versi del poema costituiscono il proemio, ossia l'esordio, nel quale il poeta si rivolge alla dea che può ispirarlo nel canto e indica l'argomento intorno al quale verterà la sua opera: si tratta di un sentimento, l'ira, del più forte guerriero greco impegnato nella guerra di Troia, Achille. L'autore intende inoltre presentare le conseguenze che deriveranno da tale stato d'animo e chiarire l'origine della contesa che lo ha innescato.

Canta, o dea, l'ira d'Achille Pelide,
rovinosa, che infiniti dolori inflisse agli Achei,
gettò in preda all'Ade molte vite gagliarde
d'eroi, ne fece il bottino dei cani,
di tutti gli uccelli – consiglio di Zeus si compiva –
da quando prima si divisero contendendo
l'Atride signore d'eroi e Achille glorioso.

[Viene narrato l'antefatto: nell'accampamento greco che assedia Troia sopraggiunge il sacerdote del dio Apollo, Crise, il quale tenta di farsi restituire la figlia Criseide, in cambio di un forte riscatto. Il capo dello schieramento greco, Agamennone, rifiuta aspramente di cedere la donna, suo bottino di guerra, e respinge il sacerdote in modo offensivo. Apollo, invocato da Crise, interviene dunque per punire l'atto empio e scatena una terribile pestilenza.]

Disse così pregando: e Febo Apollo l'udì,
e scese giù dalle cime d'Olimpo, irato in cuore,
l'arco avendo a spalla, e la faretra chiusa sopra e sotto:
le frecce sonavano sulle spalle dell'irato
al suo muoversi; egli scendeva come la notte.

1. dea: Musa. Le nove Muse erano le dee che presiedevano alle varie arti; quella della poesia epica era Calliope. • **Achille Pelide:** Achille, figlio di un mortale, Peleo, e della ninfa marina Teti, era il più forte tra i guerrieri greci. Era re di Ftia, città della Tessaglia, e comandava il popolo dei Mirmidoni.

2. rovinosa: causa di sciagure. • **Achei:** sono i Greci, così chiamati dal nome di Acheo, antico re della Tessaglia.

3. Ade: il regno dei morti. Ade era il dio dei morti; per estensione, con questo nome si indicava anche la "casa di Ade", cioè gli Inferi.

4-5. il bottino ... uccelli: i cadaveri insepolti, lasciati sul campo di battaglia, diventano preda di cani e di uccelli rapaci.

5. consiglio: decisione. • **Zeus:** nel mondo romano Giove; è il re degli dèi. Il verso contiene un'anticipazione di quanto sarà poi esposto alla fine del libro I: Zeus, su richiesta di Teti, favorisce i Troiani in modo che i Greci si accorgano di quanto Achille sia indispensabile per la vittoria.

6. da quando: in greco *ex ou*: è la formula che segna il punto preciso da cui l'aedo intende iniziare il racconto. • **contendendo:** all'origine dell'ira di Achille c'è dunque una contesa, cioè una disputa, una lite.

7. Atride: Agamennone, figlio di Atreo, capo della spedizione contro Troia insieme con il fratello Menelao. *Atride* è un patronimico, come *Pelide* al v. 1. • **signore d'eroi:** epiteto formulare, analogo a *sire d'eroi* al v. 172.

43. Disse: il soggetto è il sacerdote Crise, che ha pregato Apollo di vendicare le offese a lui arrecate dai Greci. • **Febo Apollo:** dio delle arti, protettore degli indovini, dei medici e dei pastori. Poteva scatenare un'epidemia con le sue frecce, ma anche curare gli uomini e allietarli con il suono della cetra.

44. Olimpo: la montagna sulla cui cima si diceva abitassero gli dèi.

46. sonavano: risuonavano, producevano rumore urtandosi le une con le altre. • **dell'irato:** di Apollo, furibondo per lo sdegno.

47. scendeva ... notte: l'avvicinarsi minaccioso di Apollo, portatore di morte, è paragonato all'incombere della notte che ricopre ogni cosa.

Si postò dunque lontano dalle navi, lanciò una freccia,
e fu pauroso il ronzìo dell'arco d'argento.
I muli colpiva in principio e i cani veloci,
ma poi mirando sugli uomini la freccia acuta
lanciava; e di continuo le pire dei morti ardevano, fitte.

[I Greci, provati da nove giorni di peste, si riuniscono in assemblea, cercando un modo per porre termine al flagello. L'indovino Calcante lascia intendere di conoscere la causa che ha scatenato l'ira di Apollo, ma non è disposto a rivelarla se prima il forte Achille non garantisce di proteggerlo, perché egli sa bene che le sue parole daranno molto fastidio a un potente. Achille promette il proprio aiuto e Calcante spiega che l'offesa arrecata da Agamennone al sacerdote Crise è la ragione della vendetta del dio: unico modo per porre fine alla pestilenza, dunque, è restituire Criseide al padre. Come l'indovino ha previsto, il suo discorso irrita profondamente Agamennone.]

Così detto, sedette; s'alzò fra loro
l'eroe figlio d'Atreo, il molto potente Agamennone,
infuriato; d'ira tremendamente i neri precordi
erano gonfi, gli occhi parevano fuoco lampeggiante;
subito guardando male Calcante gridò:
«Indovino di mali, mai per me il buon augurio tu dici,
sempre malanni t'è caro al cuore predire,
buona parola mai dici, mai la compisci!
E adesso in mezzo ai Danai annunci profetando
che proprio per questo dà loro malanni il dio che saetta,
perch'io della giovane Criseide il ricco riscatto
non ho voluto accettare: molto io desidero
averla in casa, la preferisco a Clitemnestra davvero,
benché sposa legittima, ché in nulla è vinta da lei,
non di corpo, non di figura, non di mente, non d'opere.
Ma anche così consento a renderla, se questo è meglio;
io voglio sano l'esercito, e non che perisca.
Però un dono, subito, preparate per me; non io solo
degli Argivi resti indonato, non è conveniente.
Dunque guardate tutti quale altro dono mi tocchi».

48. Si postò: si appostò.
49. il ronzìo: il sibilo.
52. le pire: le cataste di legna su cui venivano deposti i corpi dei morti e poi dati alle fiamme. • **fitte:** frequenti.
101. Così detto: chi ha appena parlato è l'indovino Calcante.
102. il molto potente: epiteto formulare. Agamennone è un sovrano ed è il principale promotore della spedizione contro Troia, ma la sua autorità non è illimitata: anche gli altri eroi hanno dignità regale e le decisioni sono prese in assemblea; nessuna decisione può essere imposta senza gravi conseguenze.
103. i neri precordi: il nero cuore.
106. Indovino di mali: profeta di sciagure. • **augurio:** profezia.
108. compisci: adempi, realizzi.
109. Danai: sono i Greci, così chiamati da Danao, antico re della città di Argo.
110. per questo: prolessi, cioè anticipazione, della proposizione causale presente al v. 111. • **il dio che saetta:** perifrasi per indicare Apollo, solitamente rappresentato come arciere.
111. Criseide: la figlia del sacerdote Crise, bottino di guerra, che Agamennone ha rifiutato di restituire in cambio di un cospicuo riscatto.
113. Clitemnestra: la moglie di Agamennone, rimasta in patria.
114. ché: perché.
118. un dono: Agamennone non è disposto a restare senza bottino di guerra, perché ciò significherebbe la perdita della dignità e dell'onore.
119. Argivi: i Greci, chiamati così dalla città di Argo, nel Peloponneso.

Lo ricambiò allora Achille divino piede rapido:
«Gloriosissimo Atride, avidissimo sopra tutti,
come ti daranno un dono i magnanimi Achei?
In nessun luogo vediamo ricchi tesori comuni;
quelli delle città che bruciammo, quelli son stati divisi.
Non va che i guerrieri li mettano di nuovo in comune.
Ma tu ora cedi al dio questa; poi noi Achei
tre volte, quattro volte la riscatteremo, se Zeus
ci dia d'abbatter la rocca di Troia mura robuste».
Ma ricambiandolo disse il potente Agamennone:
«Ah no, per quanto tu valga, o Achille pari agli dèi,
non coprire il pensiero, perché non mi sfuggi né puoi persuadermi.
Dunque pretendi – e intanto il tuo dono tu l'hai – che così
io me ne lasci privare, e vuoi farmi rendere questa?
Ma se mi daranno un dono i magnanimi Achei,
adattandolo al mio desiderio, che faccia compenso, sta bene;
se non lo daranno, io stesso verrò
a prendere il tuo, o il dono d'Aiace, o quel d'Odisseo
prenderò, me lo porterò via: ah! s'infurierà chi raggiungo.
Ma via, queste cose potremo trattare anche dopo:
ora, presto, una nave nera spingiamo nel mare divino,
raccogliamovi rematori in numero giusto, qui l'ecatombe
imbarchiamo, la figlia di Crise guancia graziosa
facciamo salire; uno dei capi consiglieri la guidi,
o Aiace, o Idomeneo, oppure Odisseo luminoso,
o anche tu, Pelide, il più tremendo di tutti gli eroi,
che tu ci renda benigno, compiendo il rito, il Liberatore».
Ma guardandolo bieco Achille piede rapido disse:
«Ah vestito di spudoratezza, avido di guadagno,
come può volentieri obbedirti un acheo,
o marciando o battendosi contro guerrieri con forza?
Davvero non pei Troiani bellicosi io sono venuto
a combattere qui, non contro di me son colpevoli:
mai le mie vacche han rapito o i cavalli,

121. divino piede rapido: l'attributo *divino* era normalmente usato per indicare gli eroi; *piede rapido* è invece un epiteto formulare specifico di Achille (*piè veloce*, nella famosa traduzione di Vincenzo Monti).
125. son stati divisi: la spartizione del bottino è già stata fatta, non vi sono più doni da assegnare.
127. dio: Apollo. • **questa:** Criseide.
128. la riscatteremo: Achille intende dire che i Greci sono disposti ad attribuire ad Agamennone un premio tre o quattro volte superiore, una volta conquistata Troia.
132. non coprire il pensiero: è inutile che tu nasconda le tue intenzioni.
138. Aiace: guerriero estremamente forte, secondo per valore solo ad Achille. • **Odisseo:** Ulisse per i Romani, è il re dell'isola di Itaca e il protagonista dell'altro poema omerico, l'*Odissea*, appunto.
141. nera: epiteto formulare. Probabilmente alludeva al fatto che il fondo delle navi veniva ricoperto di pece per essere reso impermeabile.
142. ecatombe: letteralmente "sacrificio di cento buoi". Più in generale, il termine designa un sacrificio solenne.
145. Idomeneo: un altro degli eroi dello schieramento greco. Era re dei Cretesi.
147. il Liberatore: Apollo, che diffondeva le epidemie ma, in quanto protettore della medicina, poteva anche liberare dalle malattie e dai contagi.
149. vestito di spudoratezza: Achille accusa Agamennone di essere sfrontato, di anteporre i propri desideri alle esigenze degli altri.

mai a Ftia dai bei campi, nutrice d'eroi,
han distrutto il raccolto, poiché molti e molti nel mezzo
ci sono monti ombrosi e il mare sonante.
Ma te, o del tutto sfrontato, seguimmo, perché tu gioissi,
cercando soddisfazione per Menelao, per te, brutto cane,
da parte dei Teucri; e tu questo non pensi, non ti preoccupi,
anzi, minacci che verrai a togliermi il dono
pel quale ho molto sudato, i figli degli Achei me l'han dato.
Però un dono pari a te non ricevo, quando gli Achei
gettano a terra un borgo ben popolato dei Teucri;
ma il più della guerra tumultuosa
le mani mie lo governano; se poi si venga alle parti
a te spetta il dono più grosso. Io un dono piccolo e caro
mi porto indietro alle navi, dopo che peno a combattere.
Ma ora andrò a Ftia, perché certo è molto meglio
andarsene in patria sopra le concave navi. Io non intendo per te,
restando qui umiliato, raccoglier beni e ricchezze».
Lo ricambiò allora il sire d'eroi Agamennone:
«Vattene, se il cuore ti spinge; io davvero
non ti pregherò di restare con me, con me ci son altri
che mi faranno onore, soprattutto c'è il saggio Zeus.
Ma tu sei il più odioso per me tra i re alunni di Zeus:
contesa sempre t'è cara, e guerre e battaglie:
se tu sei tanto forte, questo un dio te l'ha dato!
Vattene a casa, con le tue navi, coi tuoi compagni,
regna sopra i Mirmìdoni: di te non mi preoccupo,
non ti temo adirato; anzi, questo dichiaro:
poi che Criseide mi porta via Febo Apollo,
io lei con la mia nave e con i miei compagni
rimanderò; ma mi prendo Briseide guancia graziosa,
andando io stesso alla tenda, il tuo dono, sì, che tu sappia
quanto son più forte di te, e tremi anche un altro
di parlarmi alla pari, o di levarmisi a fronte».

155. Ftia: città della Tessaglia, sulla quale regnava Achille.
157. sonante: l'aggettivo fa pensare al perpetuo rumore prodotto dalle onde del mare.
158. te ... seguimmo: Achille ribadisce con sdegno che il motivo della partecipazione alla guerra non è un interesse personale, ma un patto, un atto di solidarietà verso un altro sovrano.
159. soddisfazione ... Menelao: si allude alle cause della guerra di Troia. Menelao intende recuperare la propria moglie Elena, che ha seguito il bellissimo Paride a Troia, e vendicare l'offesa subita distruggendo la città. Per questo, insieme con il fratello Agamennone, ha chiesto l'aiuto degli altri sovrani greci.
160. Teucri: Troiani.
165-166. ma ... governano: ma le mie mani reggono il peso maggiore dell'aspra e concitata guerra.
176. alunni di Zeus: generati (letteralmente "nutriti") da Zeus.
180. Mirmìdoni: popolo della Tessaglia su cui regnava Achille.
183. lei: è complemento oggetto di *rimanderò* (v. 184).
184. guancia graziosa: epiteto formulare.
186. più forte: Agamennone intende ribadire la propria autorità di capo supremo della spedizione. Achille è più forte di lui, ma comanda solo ai Mirmìdoni, mentre Agamennone ha un ruolo egemone nello schieramento greco.

ANALISI DEL TESTO

L'ira e le sue conseguenze

Mènin, cioè "ira", è la parola con cui si apre l'*Iliade*: Achille, il più forte e coraggioso degli eroi greci, per un'offesa arrecata alla sua dignità di guerriero si abbandona infatti al sentimento incontrollabile dell'ira e sceglie di ritirarsi dai combattimenti. Il proemio (vv. 1-7) anticipa le conseguenze devastanti di questa scelta: infiniti dolori e innumerevoli lutti per i Greci che, privi del più ardimentoso guerriero, non riusciranno nemmeno a dare sepoltura ai compagni, ma dovranno abbandonarli allo scempio da parte di cani e uccelli rapaci. Lo stesso Zeus si farà garante delle vittorie troiane per offrire così un riscatto alla dignità dell'eroe e punire la superbia di chi lo ha offeso. Per raccontare tutto questo, nonché la ragione dello sdegno, il poeta si rivolge alla Musa: sarà la dea infatti a cantare, perché il poeta-aedo è solo un tramite, l'esecutore materiale del canto che essa ispira. Il narratore epico, onnisciente, riferisce dunque i fatti senza giudicarli, in modo oggettivo e imparziale, e spesso si limita a semplici interventi di raccordo tra lunghe battute di dialogo (vv. 101-187); inizia *in medias res*, tralasciando le vicende precedenti della guerra di Troia e concentrandosi su un episodio, il litigio tra Achille e Agamennone, avvenuto nel decimo e ultimo anno di combattimento.

L'empietà e la punizione divina

Agamennone, capo della spedizione contro Troia insieme con il fratello Menelao, ha commesso un grave atto di *hỳbris*, ossia di empietà: la sua arroganza lo ha portato ad agire non solo contro le consuetudini umane, rifiutando la ricca offerta di un supplice, ma anche a trascurare ogni rispetto nei confronti degli dèi e dei loro rappresentanti sulla terra, i sacerdoti. Apollo, dunque, interviene: la prima ira che compare nel poema è lo sdegno di un nume di fronte all'arroganza di un mortale. Anche in questo caso l'ira ha conseguenze terribili e lascia sul terreno molte vittime, senza distinguere tra innocenti e colpevoli. Si tratta, evidentemente, di una trasfigurazione mitica del diffondersi della peste, rappresentata attraverso l'azione delle frecce che partono da lontano, colpiscono prima gli animali e poi gli uomini, mentre l'ombra della morte, come la notte, si stende su ogni cosa (vv. 43-52). L'ira di Apollo sarà placata dalla restituzione della fanciulla e dalla celebrazione di riti, mentre quella di Agamennone e di Achille avrà conseguenze più funeste.

Il valore del dono

Nella società guerriera rappresentata nell'*Iliade* il *ghèras*, cioè il premio per la battaglia, ha un valore fondamentale: al termine del combattimento, gli eroi ricevono dal bottino comune un dono che funge da ricompensa per il valore dimostrato e di fatto costituisce il riconoscimento pubblico dell'onore e della dignità (in greco *timè*) di ciascuno. Il *ghèras* può essere costituito da oggetti sottratti al nemico e, come in questo caso, da donne o uomini in condizioni di schiavitù. Privare qualcuno del premio significa disconoscerne il valore e metterne in dubbio l'autorità: per questo Agamennone s'infiamma alle parole di Calcante, che, a suo dire, non perde occasione per fare predizioni a lui ostili e, stavolta, pretende che proprio il re rinunci a un dono assai gradito, la bella Criseide. Tuttavia il termine "re" non deve trarre in inganno: Agamennone è solo un *primus inter pares*, un capo tra altri individui di pari grado. È il promotore della spedizione e a lui sono legati altri sovrani da un patto di alleanza, ma ciascuno degli eroi, come Achille, Aiace, Odisseo, ha dignità regale, tanto che le decisioni devono essere prese in assemblea e non possono essere imposte, se non a prezzo di gravi rotture, come in questo caso. Agamennone cede, perché è suo interesse avere un esercito sano, ma pretende un immediato risarcimento. Achille, che ha convocato l'assemblea e ha promesso di difendere l'indovino, dapprima si controlla e interviene con una proposta ragionevole. Tuttavia, l'aggettivo *avidissimo* (v. 122) testimonia che Achille è particolarmente infastidito dall'atteggiamento di Agamennone e che deve fare un notevole sforzo per mantenere il controllo. La risposta del re, invece, non ha alcuna cautela diplomatica (vv. 131-147): egli accusa Achille di volerlo umiliare e si dice disposto non a una rinuncia ma a uno scambio, a danno di altri eroi, siano pure i più prestigiosi. Comanda quindi di riconsegnare Criseide ed eseguire i riti previsti.

La dignità ferita

A questo punto, l'ira di Achille esplode senza più freni (vv. 149-171): l'eroe definisce il re spudorato, avido, ma soprattutto ingrato, perché dimentica il fatto che Achille non ha motivi personali di odio contro i Troiani, se non quello di assecondare la richiesta di Agamennone stesso. Achille, inoltre, sa di valere in battaglia più di ogni altro uomo e la perdita del premio sarebbe per lui doppiamente ingiusta. Se viene umiliato, non intende più combattere e tornerà alla sua terra. Agamennone replica con la medesima durezza (vv. 173-187), considerando ininfluente il ritiro dell'eroe, contraccambia gli insulti e, per dimostrare di non temere il rivale, annuncia che prenderà come compenso proprio la bella Briseide, il *ghèras* di Achille. Se la dea Atena non trattenesse la mano dell'eroe, egli otterrebbe immediatamente soddisfazione versando il sangue di Agamennone. Ma la vendetta sarà più lenta e lacerante: i Greci capiranno a proprie spese quanto sia fondamentale il contributo di Achille.

ESERCIZI

COMPRENSIONE E ANALISI

1. La funzione del proemio Quali informazioni vengono fornite nel proemio e quale rapporto si stabilisce tra il poeta e la Musa?

2. L'ira Nel testo tre personaggi si abbandonano all'ira: Apollo, Agamennone e Achille. Indica per ciascuno la causa che scatena lo sdegno, le conseguenze che tale sdegno produce e il modo in cui viene placato.

3. La peste Come viene rappresentata la diffusione della peste nel campo greco?

4. Calcante Chi è Calcante? Quale giudizio è formulato su di lui da Agamennone? Quale atteggiamento ha Achille nei suoi confronti?

5. Criseide Quali pregi presenta Criseide agli occhi di Agamennone?

6. La restituzione Perché Agamennone accetta di restituire Criseide? A quale condizione?

7. La proposta di Achille Alla richiesta di Agamennone, Achille solleva un'obiezione e formula una proposta. Di che cosa si tratta?

8. La provocazione di Agamennone Nei vv. 131-147 Agamennone manifesta dapprima il proprio sdegno per un torto che ritiene di subire, poi si lascia andare a un'aperta e consapevole provocazione. Infine riprende un contegno da re e impartisce ordini. Distingui nel testo le diverse parti del discorso e riassumi il contenuto.

9. Lo sdegno di Achille Esamina l'ultimo discorso di Achille (vv. 149-171).
- Quale giudizio esprime su Agamennone?
- Quali sono le motivazioni per cui Achille combatte contro i Troiani?
- Come avviene di solito la spartizione del bottino, secondo le parole di Achille?
- Qual è la decisione finale dell'eroe?

10. La risposta di Agamennone Esamina la risposta finale di Agamennone (vv. 173-187).
- Come reagisce alla minaccia di Achille?
- Quale giudizio esprime sul rivale?
- Da che cosa dipende secondo lui il valore di Achille?
- Quale azione decide di compiere e perché?

11. Il re Che tipo di autorità è quella esercitata da Agamennone? Quali sono le prerogative e i limiti del suo potere?

LESSICO E STILE

12. Traduzioni a confronto Una delle traduzioni più famose dell'*Iliade* è quella realizzata all'inizio dell'Ottocento da Vincenzo Monti in versi endecasillabi. Analizza la parte corrispondente al proemio, riportata qui di seguito, e fai un confronto lessicale con la traduzione che hai letto nelle pagine precedenti.

Cantami, o Diva, del Pelide Achille
l'ira funesta, che infiniti addusse
lutti agli Achei, molte anzi tempo all'Orco
generosi travolse alme d'eroi,
e di cani e d'augelli orrido pasto

lor salme abbandonò (così di Giove
l'alto consiglio s'adempìa) da quando
primamente disgiunse aspra contesa
il re de' prodi Atride e il divo Achille.

(*Iliade*, libro I, vv. 1-9; trad. it. di V. Monti)

Quale traduzione ti sembra più aulica e solenne? Quali aspetti del testo la rendono tale? Per rispondere, osserva le scelte dei vocaboli e la posizione delle parole nella frase. Cerca sul dizionario il significato dei termini che non conosci.

13. Epiteti e patronimici Nei versi riportati ricorrono alcuni esempi di epiteti formulari e di patronimici. Sottolineali nel testo.

14. Il linguaggio dell'ira Individua tutte le espressioni che servono a caratterizzare chi è in preda all'ira.

15. *Indonato* Spiega l'uso dell'aggettivo *indonato* (v. 119). Perché ha valore di parola-chiave dell'intero discorso di Agamennone?

16. Il primo discorso di Achille Il primo discorso di Achille si apre con due aggettivi superlativi in netto contrasto fra loro. Individuali e spiegali.

17. *Vestito di spudoratezza* Spiega l'espressione *vestito di spudoratezza* (v. 149): come mai il poeta ha scelto il termine *vestito* per accompagnare un difetto morale? Quale aspetto sottolinea secondo te?

18. I nomi dei Greci Nei versi che hai letto i Greci sono indicati con diversi nomi propri, costruiti a partire da un mitico fondatore o da una città: quali sono questi nomi?

SCRITTURA

19. Scrivi un testo espositivo: il sovrano in epoca micenea Usando il libro di storia, l'enciclopedia ed eventualmente Internet, fai una ricerca sulla condizione del sovrano durante l'età micenea e scrivi un testo espositivo.

20. Scrivi un testo descrittivo: l'immagine dell'ira Come rappresenteresti una persona in preda all'ira? Descrivila attraverso le espressioni del volto, lo sguardo e i movimenti, ma senza usare la parola "ira" né i suoi sinonimi. Scrivi un testo descrittivo di circa venti righe, poi fallo leggere a qualcuno e verifica se sei stato in grado di trasmettere l'emozione senza nominarla.

21. Scrivi un testo narrativo: le conseguenze dell'ira Achille reagisce all'offesa rifiutandosi di fare qualcosa. Altri invece, se provocati, compiono azioni avventate. Racconta un episodio a cui hai assistito o di cui sei stato protagonista, in cui la rabbia è il motore che spinge a rifiutare qualcosa oppure ad agire d'impulso. Se preferisci, inventa un personaggio e fanne il protagonista del tuo racconto (ad esempio un amore che si spezza per un'offesa incauta o una partita di calcio perduta per mancanza di autocontrollo).

SPUNTI PER LA DISCUSSIONE IN CLASSE

22. L'ira: effetti e rimedi Quali possono essere i rimedi per tenere sotto controllo l'ira ed evitare che essa provochi conseguenze negative? È giusto controllare l'ira o è bene sfogarla? L'ira può anche avere effetti positivi e quindi è giustificabile o rende sempre ciechi? Confronta le tue considerazioni con quelle dei compagni e dell'insegnante.

LE STIRPI DI ATREO E DI DARDANO

ATRIDI

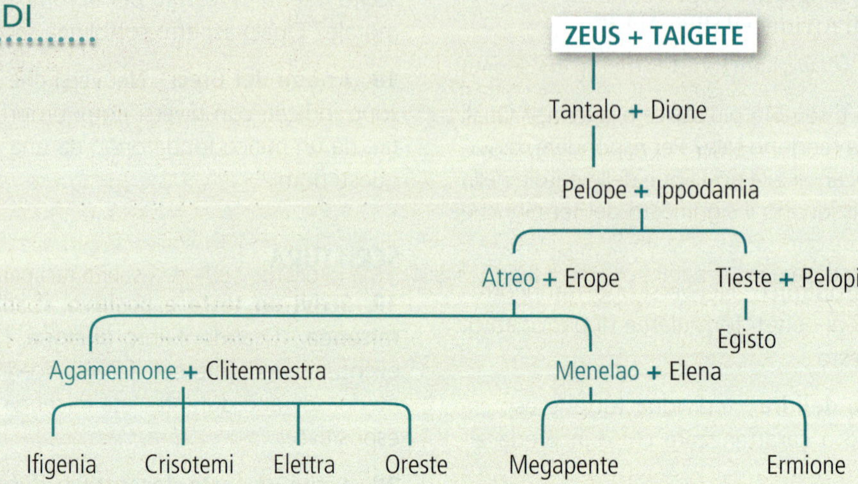

DARDANIDI

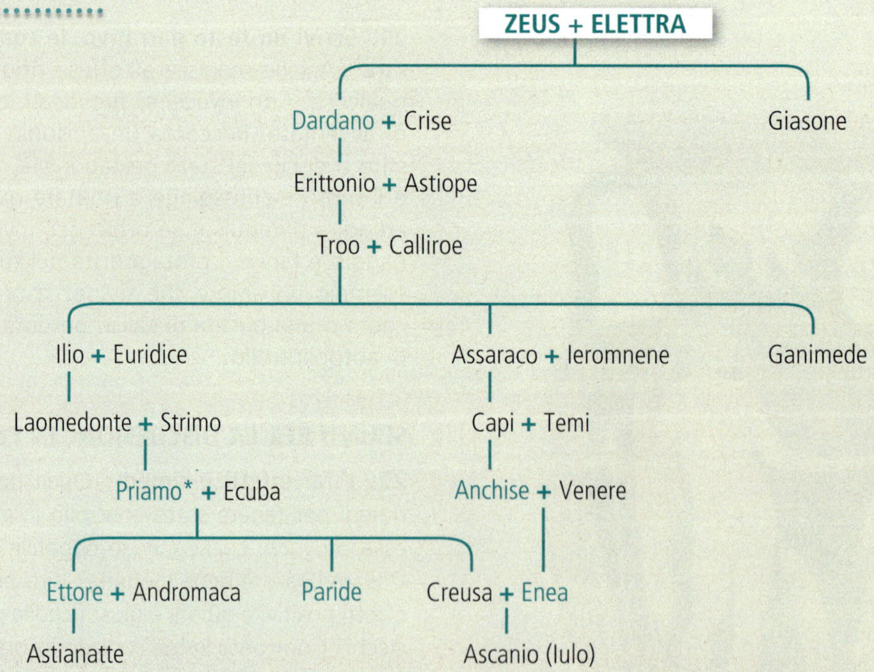

\+ = si unisce a

*Priamo, dall'unione con Ecuba e con molte concubine, ebbe cinquanta figli maschi, tra cui Ettore, Paride, Deifobo, Eleno, Troilo, Polite, Polidoro, e cinquanta figlie femmine, tra cui Creusa, Cassandra, Polissena, Laodice.

OMERO

Tersite

Opera: *Iliade*, libro II, vv. 211-277

Un sogno ingannevole induce Agamennone a credere che gli dèi lo sostengano e a preparare, quindi, l'attacco decisivo contro Troia. Si tratta in realtà di uno stratagemma di Zeus che, per compiacere la ninfa Teti, madre di Achille, intende mettere in difficoltà i Greci perché capiscano l'importanza dell'eroe sul campo di battaglia. Il capo della spedizione greca riferisce agli anziani il sogno ed essi approvano la decisione di muovere all'assalto; prima, però, il sovrano vuole sperimentare la fedeltà dell'esercito: fingendo perciò di rinunciare al lungo assedio, invita tutti quanti a fare ritorno in patria. Gli uomini, provati da anni di guerra, corrono alle navi, ma Odisseo, istruito dalla dea Atena, li trattiene e li rimprovera per la loro viltà. I guerrieri subito recuperano la propria compostezza e si mettono a sedere, in attesa di istruzioni. Qualcuno, tuttavia, continua a parlare, contestando l'autorità di Agamennone: è il soldato Tersite, *l'uomo più brutto che venne sotto Ilio* (v. 216), che verrà duramente messo a tacere da Odisseo.

Gli altri dunque sedevano, furon tenuti a posto.
Solo Tersite vociava ancora smodato,
che molte parole sapeva in cuore, ma a caso,
vane, non ordinate, per sparlare dei re:
quello che a lui sembrava che per gli Argivi sarebbe
buffo. Era l'uomo più brutto che venne sotto Ilio.
Era camuso e zoppo d'un piede, le spalle
eran torte, curve e rientranti sul petto; il cranio
aguzzo in cima, e rado il pelo fioriva.
Era odiosissimo, soprattutto ad Achille e a Odisseo,
ché d'essi sparlava sempre; ma allora contro il glorioso Agamennone
diceva ingiurie, vociando stridulo; certo con lui gli Achei
l'avevano terribilmente, l'odiavano, però dentro il cuore;
ma quello gridando forte accusava Agamennone con parole:
«Atride, di che ti lamenti? che brami ancora?
piene di bronzo hai le tende, e molte donne
sono nelle tue tende, scelte, ché a te noi Achei
le diamo per primo, quando abbiam preso una rocca;

211. Gli altri: si tratta dei guerrieri che erano corsi verso le navi all'annuncio di Agamennone.
212. Tersite: è un soldato semplice, l'unico citato per nome e descritto in modo dettagliato nell'*Iliade*. • **vociava ... smodato:** continuava a parlare ad alta voce, in modo eccessivo.
213. che: dato che.
215-216. quello che ... buffo: Tersite vuole irridere i potenti: cerca di fare in modo che i Greci, *gli Argivi*, ridano dei loro capi e quindi non li rispettino più.
216. sotto Ilio: sotto le mura di Troia.
217. camuso: dal naso largo e piatto.
218-219. il cranio ... cima: altre traduzioni sottolineano la forma "a pera" della testa di Tersite. • **rado ... fioriva:** ossia era quasi calvo.
220. Odisseo: signore di Itaca, è già stato citato nel libro I tra i guerrieri più prestigiosi tra i Greci.
221. ché: perché.
222. ingiurie: offese, insulti. • **stridulo:** con voce acuta e sgraziata. • **Achei:** sono i Greci.
222-223. con lui ... terribilmente: anche gli altri soldati, infatti, erano molto ostili ad Agamennone.
225. Atride: è il patronimico di Agamennone, che è figlio di Atreo.
226. bronzo: si tratta di una metonimia, ovvero di una figura retorica con la quale si indica un oggetto attraverso il materiale di cui è fatto. Nel caso specifico, Tersite allude ad armi o utensili di bronzo, bottino di guerra.
228. rocca: città. Letteralmente, la parte alta e fortificata di una città: è una sineddoche, cioè una figura retorica nella quale la parte indica il tutto.

e ancora hai sete d'oro, che ti porti qualcuno
dei Teucri domatori di cavalli, riscatto pel figlio
preso e legato da me o da un altro dei Danai?
o vuoi giovane donna, per far con essa all'amore,
e che tu solo possieda in disparte? ma non è giusto
che un capo immerga nei mali i figli degli Achei.
Ah poltroni, brutti vigliacchi, Achee non Achei,
a casa, sì, sulle navi torniamo, lasciamo costui
qui, a Troia, a digerirsi i suoi onori, che veda
se tutti noi lo aiutavamo o no.
Egli che adesso anche Achille, un uomo migliore di lui,
ha offeso; ha preso e si tiene il suo dono, gliel'ha strappato!
Davvero ira non v'è nel cuore d'Achille, è longanime,
se no, Atride, ora per l'ultima volta offendevi».
Diceva così, infamando Agamennone pastore d'eserciti,
Tersite; e a lui si avvicinò rapido il glorioso Odisseo
guardandolo bieco, lo investì con dure parole:
«Tersite, lingua confusa, per quanto arguto oratore,
smetti e non osare, tu, di offendere i re.
Io dico che un altro uomo più vile di te
non esiste, quanti con gli Atridi vennero sotto Ilio.
Perciò tu non parlare avendo i re sulla bocca;
non vomitare ingiurie, non ti curar del ritorno.
Non sappiamo ancor bene come saran queste cose,
se con fortuna o sfortuna torneremo, noi figli degli Achei.
Ma tu per questo l'Atride Agamennone pastore d'eserciti
godi d'offendere, perché molti doni gli dànno
gli eroi Danai; e tu concioni ingiuriando.
Però ti dico e questo avrà compimento;
se ancora a far l'idiota come adesso ti colgo,
non resti più la testa d'Odisseo sulle spalle,
non più di Telèmaco possa chiamarmi padre,

230. Teucri: i Troiani. • **domatori di cavalli:** è un epiteto formulare. • **riscatto:** quantitativo d'oro o di oggetti preziosi da offrire in cambio di un prigioniero. Proprio il rifiuto di Agamennone di accettare il riscatto per una donna, Criseide, ha dato il via alle vicende.

231. Danai: sono i Greci.

234. immerga nei mali: causi tanti dolori.

235. poltroni: pigri. • **Achee non Achei:** vili e timidi come donne, non arditi come guerrieri.

237. digerirsi i suoi onori: Tersite allude al fatto che Agamennone si limita a "mangiare" alle spalle di altri, cioè a ottenere premi e vantaggi mentre i combattenti affrontano la morte.

240. ha offeso: cfr. libro I, vv. 130-187, ▶ pp. 57-58. • **il suo dono:** Briseide, la schiava assegnata come bottino ad Achille e a lui ingiustamente sottratta da Agamennone.

241. longanime: generoso, tollerante. È detto in modo provocatorio e suggerisce l'idea che Achille non sia stato capace di reagire al torto.

242. per l'ultima volta: perché Achille l'avrebbe ucciso.

243. infamando: insultando, gettando disonore. • **pastore d'eserciti:** è un epiteto formulare, per ricordare che Agamennone è il capo supremo della spedizione contro Troia.

245. guardandolo ... parole: si tratta di un verso formulare.

246. lingua confusa ... oratore: quello che dici è sbagliato, anche se tu sei abile a parlare.

249. Atridi: Agamennone e il fratello Menelao, entrambi figli di Atreo.

252. come ... queste cose: come finirà la guerra.

254. per questo: dimostrativo con funzione prolettica: serve ad anticipare la proposizione causale *perché molti doni gli dànno gli eroi Danai* (vv. 255-256).

256. concioni: tieni discorsi.

260. Telèmaco: si tratta del figlio che Odisseo ha lasciato a Itaca, partendo per la guerra.

s'io non ti acciuffo, ti spoglio delle tue vesti,
mantello e tunica, che le vergogne ti coprono,
e ti rimando piangente alle rapide navi,
fuori dall'assemblea, percosso con colpi infamanti!».
Disse così, e con lo scettro il petto e le spalle
percosse; quello si contorse, gli cadde una grossa lacrima,
un gonfio sanguinolento si sollevò sul dorso
sotto lo scettro d'oro; sedette e sbigottì
dolorando, con aria stupida si rasciugò la lacrima:
gli altri scoppiarono a ridere di cuore di lui, benché afflitti,
e uno parlava così, guardando un altro vicino:
«Ah, davvero, mille cose belle ha fatto Odisseo,
dando buoni consigli e primeggiando in guerra;
ma questa ora è la cosa più bella che ha fatto tra i Danai,
che ha troncato il vociare di quel villano arrogante.
Va', che il nobile cuore non lo spingerà certo più
a infamare i sovrani con parole ingiuriose!».

262. le vergogne: le nudità.
265. lo scettro: Odisseo se ne era impossessato per far valere la sua autorità di fronte ai guerrieri in fuga verso le navi. Lo scettro era il simbolo del potere, ma non era usato soltanto dal comandante supremo Agamennone: tra i capi, chi parlava in assemblea lo prendeva per ottenere ascolto e rispetto.
267. un gonfio: un livido.
268. sbigottì: tacque sconcertato.
270. benché afflitti: anche gli altri soldati sono infatti ostili ad Agamennone e vorrebbero tornare in patria.
276. nobile: è detto in senso ironico, perché un villano arrogante non può certo avere un cuore nobile.

ANALISI DEL TESTO

Il codice eroico

Il narratore esterno, onnisciente, delinea in questo brano un esempio di comportamento che deve essere assolutamente evitato secondo il codice eroico-aristocratico: l'insubordinazione, il mancato rispetto del ruolo. Tersite, infatti, è un soldato semplice che si permette di offendere un re. A ben vedere, le accuse rivolte ad Agamennone sono le stesse che già Achille aveva espresso nel suo sfogo violento (libro I, vv. 149-171), ossia l'avidità insaziabile e il fatto che il re si appropri senza fatica del bottino, mentre altri combattono per lui; inoltre il malumore nei confronti delle scelte del sovrano è condiviso dalla gran parte dell'esercito, tanto che il poeta precisa che gli Achei *odiavano* (v. 223) il loro capo ed erano *afflitti* (v. 270) all'idea di dover restare ancora a Troia. Tuttavia Tersite viola un tabù aristocratico, perché tratta un re come un suo pari, lo insulta e dice apertamente ciò che pensa. Solo Achille può farlo, perché è un *primus inter pares*; gli altri guerrieri, ben consapevoli del proprio ruolo e dei meccanismi del potere, si limitano a contestare Agamennone *dentro il cuore* (v. 223), ossia di nascosto. Tersite sbaglia perché pensa che la sua parola possa contare come quella di Achille e perché crede che il proprio rifiuto a combattere, insieme con quello dei compagni (vv. 236-238), possa costringere Agamennone a riconoscere il contributo dei soldati semplici. Per l'etica aristocratica questo è inaccettabile, e su un personaggio così sfrontato si rovescia senza possibilità di appello l'irrisione del comico.

L'antieroe...

Di conseguenza, la figura di Tersite riassume in sé tutte le caratteristiche dell'antieroe: è vile, usa le parole a sproposito (*a caso*, *vane*, *non ordinate*, vv. 213-214), ha come scopo quello di denigrare i potenti e trasfor-

mare i sovrani in oggetto di riso da parte delle truppe. Non sa controllare il tono della voce né selezionare quello che è opportuno dire o tacere.
L'ideale greco della *kalokagathìa* prevede che gli eroi siano sempre belli (*kalòi*) e (*kài*) buoni (*agathòi*), cosicché il rispetto dei valori aristocratici è costantemente accompagnato da un fisico armonico e perfetto. Al contrario, un comportamento come quello di Tersite non può che albergare in un corpo deforme, sul quale il poeta, che di solito sorvola sulle descrizioni fisiche, si sofferma con abbondanza di particolari: Tersite è *il più brutto* (v. 216) fra tutti i soldati, ha un profilo poco greco per via del naso *camuso* (v. 217), è zoppo, gobbo, pressoché calvo e con il cranio dalla forma irregolare. Si tratta quasi di una caricatura, dotata per di più di una voce sgraziata e fastidiosa.

... e l'eroe

A lui il poeta contrappone Odisseo, che si distingue per valore ed eloquenza (v. 273), parla e agisce per sostenere il capo della spedizione, e che, nei versi che precedono il brano riportato, ha dimostrato di saper richiamare gli uomini al valore e alla serietà; l'epiteto che solitamente lo accompagna, come si vedrà meglio nell'*Odissea*, è *accorto*, ossia astuto, dissimulatore, abile a comprendere le situazioni e a trovare rimedi di fronte alle difficoltà, senza rivelare il proprio pensiero. Odisseo riconosce che Tersite è un *arguto oratore* (v. 246), dunque intuisce che il suo discorso raccoglie malumori condivisi e, al limite, pericolosi; prontamente, perciò, provvede a distruggerne il presupposto, cancellando l'idea che un inferiore possa mancare di rispetto e criticare un potente. Ribadisce più volte l'inferiorità sociale e fisica di Tersite, minaccia con una sorta di giuramento grottesco di svilirlo ancora di più e liquida come dettate da invidia le critiche all'avidità di Agamennone. Per imprimere nella mente dei presenti l'efficacia delle sue parole, Odisseo percuote con violenza le spalle e il petto di Tersite, che si risiede umiliato e piagnucolante, avvolto dalle risa di scherno degli altri. Il narratore, portavoce dell'aristocrazia guerriera, per mettere a tacere ogni possibile ribellione dal basso sceglie di farla sprofondare nel comico. Riesce comunque a mantenere una sorta di oggettività epica, perché evita interventi diretti a giudizio dei fatti e affida il commento a uno qualsiasi dei guerrieri, un anonimo che definisce Tersite *villano arrogante* (v. 275) e arriva a considerare la risposta di Odisseo e le percosse come *la cosa più bella* (v. 274), la migliore impresa compiuta dall'eroe tra i Greci.

ESERCIZI

COMPRENSIONE E ANALISI

1. La divisione in sequenze Dividi il brano in parti o sequenze e assegna a ciascuna un titolo.

2. Il discorso di Tersite Rileggi con attenzione il discorso di Tersite (vv. 225-242) e rispondi alle domande.
– Quali accuse rivolge Tersite ad Agamennone?
– Quali agli altri Greci?
– Quali, infine, ad Achille?

3. La risposta di Odisseo Secondo Odisseo, qual è la vera ragione delle proteste di Tersite? Scegli la risposta corretta:
a. l'invidia per Achille
b. l'invidia per Agamennone
c. l'invidia per i guerrieri greci

4. La minaccia di Odisseo Che cosa giura di fare Odisseo (vv. 257-264) se Tersite oserà ripetere le sue accuse? Scegli la risposta corretta:
a. lo bastonerà e lo rimanderà in Grecia
b. lo manderà in una missione mortale
c. lo spoglierà, lo bastonerà e lo allontanerà dall'assemblea

5. L'atteggiamento degli altri soldati Qual è l'atteggiamento degli altri Greci? Che cosa pensano di Agamennone? Qual è il loro giudizio sullo scontro tra Odisseo e Tersite?

6. La descrizione di Tersite Per quale ragione il narratore fornisce molti particolari sull'aspetto fisico di Tersite?

7. Il punto di vista del narratore Qual è il punto di vista del narratore? La sua esposizione dei fatti è oggettiva o soggettiva?

LESSICO E STILE

8. Il comico Quali espressioni suscitano un effetto di comicità nel brano che hai letto? Sottolineale e spiegale con parole tue.

9. *Immerga nei mali* Spiega l'immagine resa con le parole *immerga nei mali* (v. 234) con un'espressione equivalente.

10. *A digerirsi i suoi onori* Quale idea in merito al comportamento di Agamennone viene suggerita dall'uso del verbo *digerirsi* nell'espressione *a digerirsi i suoi onori* (v. 237)?

11. L'aggettivo "villano" Cerca sul dizionario l'etimologia della parola "villano" e i diversi significati che questo vocabolo ha assunto nel tempo.

12. I nomi propri Chi sono i personaggi indicati nel testo attraverso l'uso di nomi propri? Spiega, rileggendo le note: Atridi, Danai, Teucri, Argivi, Achei, Telemaco.

13. L'aggettivo "bieco" Cerca sul dizionario il significato della parola "bieco" e poi scrivi una frase che usi questo termine in modo appropriato.

SCRITTURA

14. Scrivi un testo descrittivo: l'aspetto dell'antieroe Dopo aver riletto il brano riportato, scrivi un testo descrittivo in cui presenti con parole tue l'aspetto fisico di Tersite.

15. Scrivi un testo narrativo: una conclusione differente Inventa un finale diverso per il brano che hai letto (ad esempio i guerrieri si schierano dalla parte di Tersite e si ribellano; oppure Efesto, il dio zoppo, interviene in difesa del brutto soldato; oppure altro ancora, suggerito dalla tua fantasia) e scrivi un testo narrativo.

16. Scrivi un testo argomentativo: le qualità di Tersite Se giudicato da un punto di vista moderno, il personaggio di Tersite possiede alcune qualità apprezzabili. Quali? Rispondi scrivendo un testo argomentativo, in cui fai riferimento ai versi riportati.

17. Scrivi una lettera: l'arte della critica Scrivi una lettera a un adulto che ricopra una carica per te significativa (il preside della scuola oppure un insegnante o, ancora, un allenatore sportivo) in cui esponi le tue critiche su alcuni aspetti organizzativi. Trova il modo giusto per presentare la tua idea senza venir meno al rispetto per il ruolo ricoperto da quella persona.

SPUNTI PER LA DISCUSSIONE IN CLASSE

18. Come affrontare un problema Tacere oppure sbraitare sono due modalità opposte ma altrettanto errate per affrontare i problemi. Perché? Condividi questa affermazione? Confronta le tue opinioni con quelle dei compagni e con quelle dell'insegnante.

LA SOCIETÀ DESCRITTA DA OMERO

Nei poemi omerici si sovrappongono consuetudini appartenenti a epoche e contesti sociali differenti. In particolare, si trovano tracce:

– della **società micenea** (XIII secolo a.C.). Le vicende dell'*Iliade*, infatti, sono ambientate nell'epoca in cui in Grecia prevalevano i Micenei, che Omero chiama Achei. Essi conoscevano l'uso della scrittura, si servivano in combattimento di carri da guerra e di armi di bronzo, seppellivano i morti in imponenti tombe a cupola, costruivano palazzi e magnifiche rocche. In ciascuna delle città micenee (Micene, Tirinto, Argo ecc.) il potere era nelle mani del re (*wànax*), che era al tempo stesso legislatore, giudice e guerriero;

– della **società dorica** (XI-VIII secolo a.C.: "secoli bui" o "Medioevo ellenico"). È l'epoca in cui Omero o chi per lui elaborò i poemi e in cui i regni micenei caddero in declino per l'arrivo dei Dori. Su quest'epoca possediamo poche notizie, ma sappiamo che si è trattato di un periodo di crisi economica e di trasformazione, in cui la scrittura è pressoché scomparsa, sono venute meno le costruzioni di opere imponenti e il potere del re è stato eroso dall'emergere degli aristocratici. All'inumazione si sostituisce la pratica della cremazione e alla tecnologia del bronzo si affianca quella del ferro. Nell'*Iliade* sono presenti molte tracce di usi e atteggiamenti propri di quest'epoca (il cadavere di Patroclo e quello di Ettore, ad esempio, vengono bruciati anziché seppelliti; l'autorità di Agamennone non è assoluta, ma limitata dai pareri e dalle decisioni dei diversi capi-guerrieri). Poiché le fonti sul Medioevo ellenico sono poche e scarse, i poemi omerici forniscono utili informazioni storiche su tale periodo;

– della **società ateniese** (VI secolo a.C., epoca di Pisistrato). La trascrizione dei poemi omerici, prima tramandati oralmente, avvenne infatti ad Atene durante la tirannide di Pisistrato.

Il generico **passato** a cui allude la narrazione è dunque un'entità composita, tanto che, come osservano gli archeologi, i personaggi dell'*Iliade* si trovano a combattere con armi di foggia, materiali e lavorazioni di periodi diversi, accostate in modo anacronistico. Scrive il critico Fausto Codino: «Alla fine si ha l'impressione che questi eserciti siano andati ad equipaggiarsi in un museo storico delle armi».

OMERO

ETTORE E ANDROMACA

Opera: *Iliade*, libro VI, vv. 392-502

Il tentativo di decidere le sorti della guerra con un duello tra Menelao e Paride viene interrotto dall'intervento della dea Afrodite, che mette in salvo il giovane Troiano (libro III); la battaglia esplode allora in tutta la sua violenza, coinvolgendo entrambi gli schieramenti. Si distingue per ardore il greco Diomede, che semina lo scompiglio fra i Troiani e non si trattiene nemmeno dal ferire gli stessi dèi (libri IV-V), placando la sua furia solo di fronte a Glauco, un alleato dei Troiani, cui scopre di essere legato da vincoli di ospitalità.
Nel frattempo la battaglia continua e sembra volgere al peggio per i Troiani. Elèno, figlio di Priamo e dotato di facoltà divinatorie, suggerisce al valoroso fratello Ettore di compattare le file dei combattenti e di rientrare, lui solo, in città per predisporre un sacrificio alla dea Atena. Ettore segue il consiglio e, dopo aver chiesto alla madre Ecuba di offrire un dono alla divinità, approfitta della breve pausa per incontrare la moglie Andromaca, salita sulla torre più alta delle Porte Scee per seguire con apprensione le sorti dello scontro.

E quando, attraversata la gran città, giunse alle porte
Scee, da cui doveva uscir nella piana,
qui la sposa ricchi doni gli venne incontro correndo,
Andromaca, figliuola d'Eezìone magnanimo,
Eezìone, che sotto il Placo selvoso abitava
Tebe Ipoplacia, signore di genti cilice;
la sua figlia appartiene ad Ettore elmo di bronzo.
Dunque gli venne incontro, e con lei andava l'ancella,
portando in braccio il bimbo, cuore ingenuo, piccino,
il figlio d'Ettore amato, simile a vaga stella.
Ettore lo chiamava Scamandrio, ma gli altri
Astianatte, perché Ettore salvava Ilio lui solo.
Egli, guardando il bambino, sorrise in silenzio:
ma Andromaca gli si fece vicino piangendo,
e gli prese la mano, disse parole, parlò così:
«Misero, il tuo coraggio t'ucciderà, tu non hai compassione
del figlio così piccino, di me sciagurata, che vedova presto
sarò, presto t'uccideranno gli Achei,

392-393. porte Scee: sono le porte occidentali della città di Troia, rivolte verso il mare. Dall'alto della torre era possibile seguire lo svolgersi della battaglia nella pianura sottostante.
394. sposa: Andromaca, moglie di Ettore, era uscita dall'abitazione insieme con il figlioletto e con un'ancella e si era recata sulla torre perché era preoccupata per la sorte del marito e voleva vedere personalmente gli scontri. • **ricchi doni:** dalla ricca dote. Si tratta di un epiteto formulare, dal quale si intuisce il livello sociale di Andromaca.
396. Placo: è una montagna dell'Asia Minore, alle pendici della quale sorgeva una delle numerose città di nome Tebe. Questa, nello specifico, assume l'appellativo di *Ipoplacia*, "sotto il Placo".
397. genti cilice: ovvero popoli della Cilicia, una regione dell'Asia Minore.
398. elmo di bronzo: si tratta di un altro epiteto formulare, che introduce il tema dell'elmo.
401. vaga: bella.
402. Scamandrio: cioè "sacro allo Scamandro", il fiume che scorreva presso Troia, detto anche Xanto, e venerato come un dio. Nel libro XXI il fiume mostrerà il suo sdegno per la strage compiuta da Achille.
403. Astianatte: il nome significa "signore (*ànax*) della città (*àstu*)"; i Troiani chiamavano così il figlio di Ettore per esprimere il loro rispetto verso l'eroe, considerato il vero difensore della città. • **Ilio:** Troia.
407. Misero: infelice.
408. sciagurata: sventurata.
409. Achei: i Greci.

balzandoti contro tutti: oh, meglio per me
scendere sotto terra, priva di te; perché nessun'altra
dolcezza, se tu soccombi al destino, avrò mai,
solo pene! il padre non l'ho, non ho la nobile madre.
Il padre mio Achille glorioso l'ha ucciso,
e la città ben fatta dei Cilici ha atterrato,
Tebe alte porte; egli uccise Eezìone,
ma non lo spogliò, ché n'ebbe tema in cuore;
e lo fece bruciare con le sue armi belle,
e gli versò la terra del tumulo sopra; piantarono olmi intorno
le ninfe montane, figlie di Zeus egìoco.
Erano sette i miei fratelli dentro il palazzo:
ed essi tutti in un giorno scesero all'Ade di freccia,
tutti li uccise Achille glorioso rapido piede,
accanto ai buoi gambe storte, alle pecore candide.
La madre – che regnava sotto il Placo selvoso –
poi che qui la condusse con tutte le ricchezze,
la liberò, accettando infinito riscatto,
ma là in casa del padre, la colpì Artemide arciera.
Ettore, tu sei per me padre e nobile madre
e fratello, tu sei il mio sposo fiorente;
ah, dunque, abbi pietà, rimani qui sulla torre,
non fare orfano il figlio, vedova la sposa;
ferma l'esercito presso il caprifico, là dove è molto
facile assalir la città, più accessibile il muro;
per tre volte venendo in questo luogo l'hanno tentato i migliori
compagni dei due Aiaci, di Idomeneo famoso,
compagni degli Atridi, del forte figlio di Tideo:
o l'abbia detto loro chi ben conosce i responsi,

410. balzandoti: assalendoti.
411. scendere sotto terra: morire.
413. solo pene: Andromaca sa che, una volta perso Ettore, per lei non resteranno che dolori, visto che suo padre, sua madre e i suoi fratelli sono già morti a causa di Achille, in un combattimento precedente all'assedio di Troia.
415. la città: Tebe Ipoplacia, già citata al v. 397.
417-419. non lo spogliò ... sopra: Achille, dopo aver ucciso Eezione, non gli sottrasse armi e vesti, perché fu trattenuto dal timore verso gli dèi, che puniscono le empietà; dunque concesse al re i riti e gli onori adatti al suo rango, ponendo il corpo e le armi su un rogo e facendolo poi seppellire.
420. ninfe: sono creature semidivine, figlie di Zeus, che abitavano nei boschi, sui monti, negli alberi o nelle acque. • **egìoco:** epiteto di Zeus, che significa "portatore dell'ègida". L'ègida era lo scudo in grado di suscitare tuoni e lampi; era ricoperto con la pelle della capra Amaltea, dalla quale era stato allattato Zeus quando era ancora in fasce.
422. scesero ... freccia: furono uccisi da colpi di freccia. L'Ade era il regno dei morti; lo stesso nome indicava il signore degli Inferi, fratello di Zeus e di Poseidone.
423. rapido piede: si tratta di un epiteto di Achille.
424. accanto ... candide: la furia implacabile di Achille ha travolto e ucciso allo stesso modo uomini e animali, accomunati così nella condizione di vittime pacifiche e innocenti.
426. la condusse: Achille la fece schiava.
428. la colpì ... arciera: la dea Artemide, Diana per i Romani, sorella di Apollo, era la dea della caccia ed era rappresentata come abile arciera. A lei era attribuita la morte improvvisa di una donna, in contrapposizione alla morte che giungeva lenta, per lunga malattia. Evidentemente la madre di Andromaca, pur liberata dalla schiavitù grazie a un cospicuo riscatto, morì di dolore per la perdita dei suoi cari.
433. ferma l'esercito: Andromaca chiede che Ettore non si esponga, ma concentri l'esercito in un punto strategico per la difesa della città. • **caprifico:** fico selvatico.
436-437. Aiaci ... Tideo: si tratta dei più famosi guerrieri greci: Aiace, figlio di Telamone, e Aiace, figlio di Oileo; Idomeneo, re di Creta; Agamennone e Menelao, figli di Atreo; Diomede, figlio di Tideo.
438. chi ... responsi: un abile indovino può aver suggerito ai Greci di sferrare l'attacco proprio in quel punto, dove le difese

oppure ve li spinga l'animo stesso e li guidi!».
E allora Ettore grande, elmo abbagliante, le disse:
«Donna, anch'io, sì, penso a tutto questo; ma ho troppo
rossore dei Teucri, delle Troiane lungo peplo,
se resto come un vile lontano dalla guerra.
Né lo vuole il mio cuore, perché ho appreso a esser forte
sempre, a combattere in mezzo ai primi Troiani,
al padre procurando grande gloria e a me stesso.
Io lo so bene questo dentro l'anima e il cuore:
giorno verrà che Ilio sacra perisca,
e Priamo, e la gente di Priamo buona lancia:
ma non tanto dolore io ne avrò per i Teucri,
non per la stessa Ecuba, non per il sire Priamo,
e non per i fratelli, che molti e gagliardi
cadranno nella polvere per mano dei nemici,
quanto per te, che qualche acheo chitone di bronzo,
trascinerà via piangente, libero giorno togliendoti:
allora, vivendo in Argo, dovrai per altra tessere tela,
e portar acqua di Messèide o Iperea,
costretta a tutto: grave destino sarà su di te.
E dirà qualcuno che ti vedrà lacrimosa:
"Ecco la sposa d'Ettore, ch'era il più forte a combattere
fra i Troiani domatori di cavalli, quando lottavan per Ilio!".
Così dirà allora qualcuno; sarà strazio nuovo per te,
priva dell'uomo che schiavo giorno avrebbe potuto tenerti lontano.
Morto, però, m'imprigioni la terra su me riversata,
prima ch'io le tue grida, il tuo rapimento conosca!».
E dicendo così, tese al figlio le braccia Ettore illustre:
ma indietro il bambino, sul petto della balia bella cintura
si piegò con un grido, atterrito all'aspetto del padre,
spaventato dal bronzo e dal cimiero chiomato,
che vedeva ondeggiare terribile in cima all'elmo.
Sorrise il caro padre, e la nobile madre,
e subito Ettore illustre si tolse l'elmo di testa,
e lo posò scintillante per terra;
e poi baciò il caro figlio, lo sollevò fra le braccia,

di Troia sembrano più fragili.
442. rossore: vergogna. • **Teucri:** sono i Troiani. • **lungo peplo:** dalle lunghe vesti. Si tratta di un epiteto formulare.
446. padre: si tratta di Priamo, re di Troia.
451. Ecuba: è la regina di Troia, moglie di Priamo e madre di Ettore.
452. gagliardi: (pur essendo) vigorosi.
454. chitone di bronzo: dalla corazza di bronzo. Letteralmente, il chitone è una tunica: unito all'aggettivo di materia, indica la protezione che ricopriva petto e spalle degli Achei.
455. libero giorno togliendoti: privandoti della libertà.
456. Argo: è una città della Grecia, situata nella regione chiamata Argolide.
457. Messèide o Iperea: sono i nomi di due sorgenti, la prima della Laconia, regione in cui si trovava Sparta, la seconda della Tessaglia, ove sorgeva la città di Ftia. I nomi geografici servono a evocare gli eroi greci provenienti da quelle terre, ossia Agamennone e Achille.
458. tutto: a ogni fatica e umiliazione.
463. schiavo giorno: anche un solo giorno di schiavitù.
464. morto: meglio che io sia già morto.
467. bella cintura: è un epiteto formulare, "dalla bella cintura".
469. dal bronzo ... chiomato: dall'armatura e dal pennacchio costituito da crini di cavallo.
473. scintillante: perché era fatto di bronzo lucido.

e disse, supplicando a Zeus e agli altri numi:
«Zeus, e voi numi tutti, fate che cresca questo
mio figlio, così come io sono, distinto fra i Teucri,
così gagliardo di forze, e regni su Ilio sovrano;
e un giorno dica qualcuno: "È molto più forte del padre!",
quando verrà dalla lotta. Porti egli le spoglie cruente
del nemico abbattuto, goda in cuore la madre!».
Dopo che disse così, mise in braccio alla sposa
il figlio suo; ed ella lo strinse al seno odoroso,
sorridendo fra il pianto; s'intenerì lo sposo a guardarla,
l'accarezzò con la mano, le disse parole, parlò così:
«Misera, non t'affliggere troppo nel cuore!
nessuno contro il destino potrà gettarmi nell'Ade;
ma la Moira, ti dico, non c'è uomo che possa evitarla,
sia valoroso o vile, dal momento ch'è nato.
Su, torna a casa, e pensa all'opere tue,
telaio, e fuso, e alle ancelle comanda
di badare al lavoro; alla guerra penseran gli uomini
tutti e io sopra tutti, quanti nacquero ad Ilio».
Parlando così, Ettore illustre riprese l'elmo
chiomato; si mosse la sposa sua verso casa,
ma voltandosi indietro, versando molte lacrime;
e quando giunse alla comoda casa
d'Ettore massacratore, trovò dentro le molte
ancelle, e ad esse tutte provocò il pianto:
piangevano Ettore ancor vivo nella sua casa,
non speravano più che indietro dalla battaglia
sarebbe tornato, sfuggendo alle mani, al furore dei Danai. ”

475. numi: sono le potenze divine. Il destino di Astianatte sarà invece tragico: il bambino verrà scagliato giù dalle mura di Troia da Pirro, figlio di Achille. Andromaca, dopo essere stata portata via come schiava da Pirro, verrà riscattata da Elèno, fratello di Ettore, e vivrà con lui in Epiro. Qui Enea la incontra nel suo lungo viaggio verso l'Italia, cfr. *Eneide*, libro III, vv. 294-505.
480. le spoglie cruente: i resti insanguinati.
488. la Moira: ovvero il destino. Le Moire, in latino Parche, erano rappresentate come tre anziane filatrici, che portavano a compimento il fato di ogni mortale, e neppure gli dèi potevano fermarle. Cloto filava il filo della vita, Lachesi lo misurava e Atropo lo recideva. Ettore intende dire che, se pure ha il presentimento della propria morte e della rovina di Troia, non intende lasciarsi uccidere né sconfiggere finché non lo deciderà il Fato.
491. telaio, e fuso: nel mondo greco e romano, le occupazioni di una donna, anche di condizione elevata, consistevano essenzialmente nella cura dei figli, nella gestione della casa e nelle attività di filatura e di tessitura. Si veda a questo proposito anche un'altra figura di moglie ideale, quella di Penelope nell'*Odissea*.
498. massacratore: si tratta di un epiteto formulare, che sottolinea la potenza di Ettore in battaglia, ma che stride terribilmente con l'atmosfera familiare della *comoda casa* (v. 497) a cui Andromaca fa ritorno.
499. provocò il pianto: suscitò la commozione. Il pianto della sposa con le ancelle assume i connotati di un vero e proprio lamento funebre prima ancora che la tragedia sia accaduta. In realtà, Ettore avrà altre occasioni di rivedere Andromaca prima del duello con Achille e questo ha fatto ipotizzare agli studiosi che il brano, preesistente al poema, dovesse essere inserito prima del libro XXII, in cui è narrata la morte dell'eroe.
502. Danai: sono i Greci.

ANALISI DEL TESTO

L'amore...

In quella che sembra una sorta di parentesi durante l'infuriare della guerra, si incontrano, con il presentimento che possa essere per l'ultima volta, il principale difensore di Troia e sua moglie. Si sono cercati con ansia: Andromaca, divorata dall'angoscia, non è riuscita a restare in casa come le altre donne, ma è corsa in cima alla torre, per distinguere nella pianura la sagoma del marito; Ettore, non trovandola, ha attraversato di corsa la città, fino a che i due non si sono incontrati sotto le Porte Scee. Tutto nel loro colloquio è permeato d'amore: i sorrisi, i silenzi, le lacrime, la preoccupazione per il destino dell'altro, i gesti d'affetto per il figlio. Tuttavia le loro parole appartengono a due codici differenti, tra i quali non c'è conciliazione possibile: la donna esprime il punto di vista dell'affetto privato e tenta di far valere i diritti della famiglia, mentre lo sposo obbedisce all'etica eroica, è un guerriero, figlio del re e sostegno del popolo.

Andromaca pensa che Ettore abbia il dovere di vivere per lei e per il figlio Astianatte; la sua appassionata dichiarazione d'amore (*tu sei per me padre e nobile madre / e fratello, tu sei il mio sposo fiorente*, vv. 429-430) è resa più vera e disperata dal fatto che la donna ha perso tutta la famiglia a causa di Achille; chi dà significato alla sua esistenza è Ettore, tanto che ella si augura la morte piuttosto che la vita senza lo sposo. Conosce il valore del marito (*il tuo coraggio t'ucciderà*, v. 407), sa che presto i nemici concentreranno i loro attacchi contro di lui e non gli chiede esplicitamente un atto di fuga vile, che sarebbe impensabile, ma lo supplica di non esporsi, di mirare piuttosto a difendere le mura: un punto spesso attaccato dai Greci, ma da cui, evidentemente, è anche più facile ripiegare dentro la città, se necessario.

... e il dovere

Ettore comprende le ragioni della moglie, ma sa di non poter venire meno al proprio dovere di fronte ai Troiani. *Ho troppo / rossore dei Teucri, e delle Troiane lungo peplo* (vv. 441-442): l'*aidòs*, la "vergogna", è una parola chiave nel codice eroico, secondo la quale un guerriero non può suscitare la riprovazione da parte della sua comunità, se non a prezzo di perdere ogni onore. Nel mondo omerico vige infatti la cosiddetta "cultura della vergogna", in cui il rispetto per determinate regole di comportamento non si fonda su leggi scritte, ma sul controllo da parte della comunità di appartenenza. Ettore ha *appreso a esser forte / sempre* (vv. 444-445), a ricercare la gloria per sé e per il proprio padre, a preferire la morte al disonore; intende attenersi a questo sistema di valori e trasmetterlo al figlio: pertanto, allo stesso modo, supplica gli dèi perché concedano ad Astianatte un futuro glorioso di guerriero e si augura di soccombere prima di vedere la moglie in schiavitù.

Il linguaggio degli affetti

Il narratore onnisciente lascia spazio alle parole dei personaggi, affinché i caratteri e i valori di riferimento emergano in modo diretto, senza commenti da parte del poeta. I dialoghi sono però interrotti da una sequenza narrativo-descrittiva, che ha per protagonista Astianatte. Il bambino, troppo piccolo per parlare, riesce a esprimere e suscitare emozioni con la sua ingenuità: si intimorisce di fronte all'aspetto terribile di Ettore armato, ma ne accetta i baci e gli abbracci, una volta che questi ha deposto l'elmo di bronzo ed è tornato riconoscibile come padre. Il comportamento del bimbo stempera per un momento la tensione e riporta all'intimità domestica consueta della pace. In fondo, anche l'esortazione alla sposa a tornare ai lavori di casa, che agli orecchi moderni suona quasi brutale, oltre a riflettere la concezione del ruolo femminile nel mondo antico, è un modo per esprimere l'augurio che permanga ancora un po' di normalità domestica di fronte alla rovina imminente. Infine, nei baci, nei sorrisi e nelle carezze rivolte al figlio, i due sposi esprimono con struggimento il loro amore, come a suggellare la speranza che nel bambino continui a vivere per sempre qualcosa del padre.

ESERCIZI

COMPRENSIONE E ANALISI

1. Il *flashback* nel discorso di Andromaca Nel discorso di Andromaca è presente un *flashback*: individualo e riassumilo con parole tue.

2. La richiesta di Andromaca Quale richiesta rivolge Andromaca al marito nella conclusione del suo discorso?

3. I presagi e le speranze Quali presentimenti esprime Ettore sull'esito della guerra, sul destino proprio e dei suoi cari? Quali sogni formula sul futuro del figlio? Rispondi facendo riferimento al testo.

4. L'etica eroica Da quali parole di Ettore si desume l'etica eroica cui egli conforma i suoi comportamenti e le sue scelte? Sottolineale nel testo e scrivi una frase in cui sintetizzi i valori di riferimento del guerriero omerico.

5. L'amore di Ettore e Andromaca Con quali gesti e con quali espressioni si manifesta l'amore che lega Ettore e Andromaca?

6. Il destino In quali versi viene espressa da Ettore l'ineluttabilità del destino? Individuali e spiegali.

7. Il comando di Ettore Perché Ettore ordina ad Andromaca di tornare a casa e di pensare al telaio e al fuso? Come può essere interpretato un simile comando?

8. Astianatte Quale funzione assume nel brano il personaggio di Astianatte, che è presente ma non è in grado di parlare? Scegli la risposta corretta:

- **a.** induce Ettore e Andromaca alla tenerezza e rappresenta fisicamente il legame tra di loro
- **b.** attribuisce comicità all'episodio, perché il bambino scambia il padre per un altro
- **c.** introduce una nota tragica, perché si capisce che anche il bambino verrà ucciso

9. Il pianto delle donne Come può essere interpretato il pianto conclusivo di Andromaca e delle sue ancelle?

LESSICO E STILE

10. Il rossore di Ettore Spiega con parole tue i versi: *ho troppo / rossore dei Teucri, delle Troiane lungo peplo* (vv. 441-442).

11. Gli epiteti formulari Sottolinea nel testo gli epiteti formulari e spiega quelli che ritieni più significativi.

12. I nomi propri del figlio di Ettore Con quali nomi propri viene chiamato il figlio di Ettore? Individuali e spiegali.

13. I sinonimi Spiega con sinonimi o con espressioni equivalenti i seguenti vocaboli: magnanimo (v. 395); selvoso (v. 396); soccombere (v. 412); tema (v. 417); tumulo (v. 419); fiorente (v. 430); gagliardo (v. 459); lacrimosa (v. 459); strazio (v. 462); ondeggiare (v. 470); cruente (v. 480); abbattuto (v. 481); chiomato (v. 495). Poi scrivi cinque frasi, che contengano ciascuna una parola tra quelle analizzate.

14. *Il tuo coraggio t'ucciderà* L'espressione *il tuo coraggio t'ucciderà* (v. 407) suona letteralmente come un paradosso. Che cosa intende dire davvero Andromaca?

SCRITTURA

15. Scrivi un testo descrittivo: Ettore e Andromaca Scrivi due testi descrittivi di 15 righe ciascuno in cui presenti rispettivamente il personaggio di Ettore e quello di Andromaca.

16. Scrivi un testo argomentativo: la "cultura della vergogna" Nel mondo omerico un eroe è in qualche modo "costretto" a determinati comportamenti a causa del controllo che la comunità esercita su di lui. Pensi che anche nella nostra società esistano simili forme di controllo da parte del gruppo, non formalizzate da alcuna legge? Scrivi un testo argomentativo in cui rispondi a questa domanda, facendo opportuni esempi.

17. Scrivi un testo espositivo: la donna nella Grecia antica Fai una ricerca sulla condizione femminile nella società omerica, partendo da quanto puoi dedurre dall'episodio riportato; cerca poi informazioni sul libro di storia, in biblioteca o su Internet, occupandoti sia della donna di casa sia della schiava.

OMERO

L'AVVENTURA NOTTURNA DI ODISSEO E DIOMEDE

▶ **Opera:** *Iliade*, libro X, vv. 341-457

La guerra sembra volgere al meglio per i Troiani: dopo uno sfortunato attacco (libro VIII), i Greci sono stati costretti ad arretrare verso le navi e i guerrieri troiani, insieme con i loro alleati, hanno occupato vaste porzioni della pianura antistante la città. Anche il tentativo di persuadere Achille a tornare in battaglia è fallito (libro IX) e Agamennone, inquieto, raduna nella notte i principali eroi greci per chiedere consiglio. Il vecchio e saggio Nestore propone che qualcuno si insinui nel campo troiano per carpire informazioni e promette gloria e doni all'uomo che accetterà un tale compito. Subito Diomede si dichiara pronto all'impresa, ma vuole con sé un compagno; tra i molti disposti a seguirlo egli sceglie Odisseo, perché *sa pensare bene* (v. 247). Anche nel campo troiano si svolge una scena analoga: Ettore, infatti, cerca qualche guerriero che voglia andare a spiare i Greci. Si fa avanti il solo Dolone, *brutto d'aspetto, veloce di piedi* (v. 316), che pretende una ricompensa straordinaria: i cavalli e il carro di Achille. Ettore acconsente e Dolone, da solo, si allontana nella notte in direzione delle navi greche; Odisseo, tuttavia, accortosi del nemico, si prepara a tendergli una trappola.

«Ecco, o Diomede, un uomo viene dal campo,
non so se diretto alle nostre navi, a spiare,
o a spogliare qualcuno dei corpi caduti.
Lasciamo che avanzi per primo nella pianura un poco,
e poi, balzandogli addosso, afferriamolo
in fretta. Ma se ci sfuggisse correndo,
caccialo lontano dal campo, sempre verso le navi,
minacciando con l'asta, perché non ci scappi in città».
Parlando così, dalla strada in mezzo ai cadaveri
deviarono; e quello passò a corsa, rapido, stoltamente.
Ma quando fu lontano quanto s'allungano i solchi
delle mule – queste son molto migliori dei bovi
a tirare nel fondo maggese l'aratro connesso –
i due gli corsero addosso; si fermò quello, udendo rumore,
e sperò in cuore che forse i compagni a richiamarlo
venissero, da parte dei Teucri, per nuovo ordine d'Ettore.

341. Ecco: chi parla è Odisseo, scelto da Diomede come compagno per l'avventura notturna. • **Diomede:** è il più forte guerriero greco dopo Achille. I Troiani hanno già avuto modo di subire la sua furia: la sua *aristìa*, o prova di valore in battaglia, è stata infatti raccontata nel libro V. • **un uomo:** Dolone, l'unico fra i Troiani che ha risposto alla richiesta di Ettore e ha accettato di andare a spiare i Greci. Si tratta però di un personaggio che ha agito per imprudenza e sete di guadagno e che andrà incontro alla propria rovina. • **campo:** è l'accampamento dei guerrieri troiani, che sono riusciti a conquistare un discreto spazio nella pianura antistante la città e hanno respinto i Greci verso la costa (libro VIII).

343. spogliare: privare di armi e ornamenti i corpi dei caduti. Sul campo di battaglia sono rimaste molte vittime, tanto che i protagonisti stanno camminando in una *strada in mezzo ai cadaveri* (v. 349).

351-352. quanto ... mule: quanto sono lunghi i solchi tracciati dalle mule. I vv. 351-353 esemplificano la funzione didascalico-enciclopedica del testo omerico, che fornisce al pubblico anche informazioni su aspetti di agricoltura, artigianato, navigazione ecc.

353. fondo maggese: campo incolto. • **connesso:** saldamente unito.

355. i compagni: Dolone spera che siano Troiani, venuti a portargli nuove disposizioni di Ettore; per questo si ferma ad attenderli, finché non distingue il loro aspetto.

Ed ecco, quando furon lontani un tiro di lancia e anche meno,
li conobbe nemici, e mosse i veloci ginocchi
per fuggire; quelli a inseguirlo si diedero subito.
Come a volte due cani denti aguzzi, esperti di caccia,
inseguono lepre o cerbiatta con rabbia ostinata
per paese boscoso; e quella corre avanti squittendo;
così il Tidide e il distruttore di rocche, Odisseo,
tagliandolo fuori dal campo, con rabbia ostinata l'inseguono.
Or, mentre stava per arrivare in mezzo alle guardie
correndo verso le navi, ispirò forza Atena
al Tidide, perché nessuno degli Achei chitoni di bronzo
d'esser primo a colpirlo dovesse vantarsi, e lui arrivasse secondo.
Balzò con l'asta il Tidide gagliardo e gridò:
«Fèrmati, o t'arrivo con l'asta; e ti dico
che non per molto sfuggirai mala sorte dalla mia mano!».
Disse e scagliò l'asta, e sbagliò l'uomo apposta;
di sulla spalla destra la punta dell'asta lucida
si piantò in terra: quello s'arrestò fuor di sé,
balbettando – nacque in bocca stridore di denti –
verde per lo spavento; ansimanti essi giunsero,
gli afferraron le braccia; allora parlò parola piangendo:
«Prendetemi vivo! Io mi riscatterò: c'è in casa
e bronzo e oro e faticosissimo ferro;
prezzo infinito di questi il padre offrirebbe
se mi sapesse vivo presso le navi degli Achei».
E Odisseo ingegnoso gli disse rispondendo:
«Via, non avere la morte nell'anima,
ma dimmi questo, su, parla senza menzogna:
dove vai così, solo, fuori dal campo, verso le navi
entro la notte buia, quando dormono gli altri mortali?
forse a spogliare qualcuno dei corpi privi di vita?
o t'ha mandato Ettore a spiare ogni cosa
presso le concave navi? o t'ha spinto il tuo cuore?».
Allora rispose Dolone, sotto i ginocchi tremavano:

360. denti aguzzi: è un epiteto formulare.
363. il Tidide: patronimico di Diomede, figlio di Tideo.
364. tagliandolo ... campo: rendendogli impossibile tornare all'accampamento troiano.
365. guardie: ovvero le sentinelle greche, poste a guardia delle tende degli Achei.
366. Atena: la dea della guerra e dell'intelligenza, schierata dalla parte dei Greci, protegge in particolare Odisseo. Anche per questo Diomede lo ha voluto come compagno.
367. chitoni di bronzo: si tratta di un epiteto formulare, che significa "dalle armature di bronzo". Letteralmente, il chitone è un abito (▶ *Ettore e Andromaca*, nota al v. 454, p. 71).
370. t'arrivo: ti raggiungo, ti colpisco.
372. sbagliò l'uomo apposta: fallì di proposito l'obiettivo. Diomede vuole ottenere che il Troiano si fermi, per poterlo raggiungere e interrogare. Soprattutto non vuole che un altro Greco gli sottragga l'onore di uccidere il nemico.
373. di sulla spalla: (superando) la spalla.
374. fuor di sé: terrorizzato.
375. nacque ... denti: iniziò a battere i denti.
376. essi: Diomede e Odisseo.
379. faticosissimo: ovvero difficile da forgiare. In realtà gli Achei-Micenei non conoscevano la tecnologia del ferro. Si tratta di un anacronismo.
380. prezzo ... offrirebbe: mio padre sarebbe disposto a offrire un'enorme quantità di bronzo, oro e ferro.
382. ingegnoso: Odisseo, astutamente, rincuora Dolone, lasciandogli credere che avrà salva la vita. In realtà non formula affatto la promessa di risparmiarlo: intende solo estorcergli più informazioni.
389. concave: ricurve. Si tratta di un epiteto formulare.

«Con molte illusioni Ettore mi fece smarrire la mente,
perché i cavalli solidi zoccoli del Pelide glorioso
mi promise di darmi e il carro adorno di bronzo,
e mi spinse ad andare per la nera notte veloce,
avvicinarmi ai nemici, tentar di sapere
se guardan le rapide navi, così come prima,
o domati oramai sotto le nostre mani,
pensano tra loro a fuggire, ricusano
di vegliare la notte, vinti dalla stanchezza terribile».
E disse Odisseo ingegnoso mettendosi a ridere:
«Davvero a magnifici doni aspirava il tuo cuore:
i cavalli dell'Eacide animo ardente. Ma sono difficili
da domare e montare per gli uomini mortali,
tranne per Achille, che generò madre immortale!
Su, dimmi questo, rivela senza menzogna;
ora, venendo qui, dove hai lasciato Ettore pastore d'eserciti?
dove son le sue armi guerriere e i cavalli?
Dove i posti di guardia? il campo degli altri Troiani?
che cosa preparan tra loro? dimmi se bramano
restare presso le navi, o se in città
torneranno, ora che han vinto gli Achei».
Di nuovo Dolone figlio d'Eumède parlò:
«Te le dirò queste cose, molto sinceramente:
Ettore in mezzo a quelli che son consiglieri
medita piani presso la tomba d'Ilo divino,
lontano dal chiasso; dei posti di guardia, eroe, che tu chiedi,
nessuno ve n'è stabilito a custodire il campo e a proteggerlo.
Quanti Troiani han focolare – bisogno li stringe –
questi son desti e a fare la guardia s'esortano
uno con l'altro; invece i gloriosi alleati

391-393. Con ... bronzo: Dolone mente, dicendo che Ettore lo ha spinto a penetrare nel campo greco con la promessa di una ricompensa straordinaria, ossia i cavalli e il carro di Achille (il *Pelide*). In realtà Dolone si è offerto volontario ed è stato lui a formulare una così ambiziosa richiesta di premio. Evidentemente l'uomo sta tentando di giustificarsi e di far apparire meno grave la propria posizione al nemico, presentandosi come un semplice esecutore di ordini superiori.
398. ricusano: rifiutano, rinunciano.
401. magnifici doni: il tono di Odisseo è di scherno.
402. cavalli: Balio e Xanto, i cavalli di Achille, erano immortali; erano nati dall'unione tra il vento Zefiro e un'Arpia. • **Eacide:** si tratta di Achille, nipote di Eaco.
404. che ... immortale: che fu messo al mondo da una madre immortale, ossia la ninfa Teti.
411. ora che han vinto: i Greci hanno da poco subito una pesante sconfitta da parte dei Troiani, che sono riusciti ad abbattere il muro eretto a difesa delle navi achee.
418. focolare: i Troiani sono svegli accanto al fuoco perché sanno di dover proteggere le loro famiglie. Gli alleati, venuti da lontano, si abbandonano invece al sonno, perché le loro donne e i loro figli sono al sicuro.

dormono, lasciano ai Teucri di fare la guardia.
Essi, naturalmente, non hanno qui i figli e le donne».
E rispondendo disse Odisseo ingegnoso:
«Come? in mezzo ai Troiani domatori di cavalli
dormono, oppure in disparte? dimmelo, che lo sappia».
Rispose allora Dolone figlio d'Eumède:
«Te lo dirò anche questo, molto sinceramente.
Verso il mare i Cari e i Pèoni archi ricurvi,
i Lèlegi, i Càuconi gloriosi e i Pelasgi;
verso Timbre ebbero posto i Lici e i Misi superbi,
i Frigi cavalieri e i Mèoni armati a cavallo.
Ma perché mi chiedete queste cose a una a una?
Se volete mischiarvi tra la folla dei Teucri,
ecco in disparte i Traci, nuovi arrivati, in fondo a tutti;
fra loro è Reso il re, figliuolo d'Eioneo;
ho visto i suoi cavalli, bellissimi, grandi;
son più bianchi della neve, nel correre simili al vento;
e il carro è tutto adorno d'oro e d'argento.
Con armi d'oro, gigantesche, meraviglia a vederle,
è giunto, e non somigliano a quelle dei mortali
a portarle, ma a quelle dei numi immortali.
Adesso portatemi verso le rapide navi,
o lasciatemi qui, legato con nodo inflessibile,
fino a quando torniate e abbiate la prova
se vi ho parlato come dovevo o no».
Ma Diomede gagliardo lo guardò bieco e rispose:
«No, Dolone, non metterti in testa la fuga,
se pur cose buone ci hai detto: tu sei in nostra mano!
Se mai ti liberassimo e ti lasciassimo andare,
tu certo torneresti di nuovo alle rapide navi
per spiarci o per combatterci contro!
Invece, se perdi la vita ucciso dalla mia mano
mai più per gli Argivi potrai essere un danno!».
Disse; quegli voleva prendergli il mento con la mano
per supplicare; ma lo colpì in pieno collo,
balzando su col pugnale, troncò i due tendini:
mentre parlava ancora, la testa rotolò nella polvere. ”

421. Teucri: sono i Troiani.
428-431. Cari ... Mèoni: sono elencati alcuni degli alleati di Troia, giunti da diverse zone dell'Asia Minore.
434. Traci: provenienti dalla Tracia, sono gli ultimi alleati, giunti da poco a Troia con il loro sovrano Reso.
436. cavalli, bellissimi: secondo una leggenda, ripresa dal poeta latino Virgilio, Troia non sarebbe stata conquistata se i cavalli di Reso avessero bevuto l'acqua del fiume Scamandro e avessero pascolato nella pianura della città. Ma proprio durante la loro sortita, Odisseo e Diomede si appropriano di questi cavalli e li portano all'accampamento greco.
443. inflessibile: resistente, che non può essere sciolto.
447. Dolone: in realtà il Troiano non ha detto il suo nome a Diomede. Si tratta di un'incongruenza.
454. il mento: il supplice di solito si gettava a terra e abbracciava le ginocchia dell'uomo a cui chiedeva protezione, oppure ne sfiorava il mento.
457. mentre parlava ancora: particolare espressionistico, per sottolineare la crudezza e la rapidità del gesto di Diomede.

ANALISI DEL TESTO

L'avventura notturna

Il libro X dell'*Iliade* presenta una situazione destinata a divenire un *tòpos* epico: la sortita notturna di due eroi, che penetrano nel campo avversario e compiono una strage. Il tema sarà ripreso nell'*Eneide*, con i personaggi di Eurialo e Niso (▶ p. 226); nell'*Orlando Furioso*, con Cloridano e Medoro; infine nella *Gerusalemme liberata* con l'azione di Argante e Clorinda. Il libro X, inoltre, si distingue per lo spazio dato al tema dell'avventura, distante dalla solennità epica che caratterizza l'*Iliade* nel suo complesso. Per la prima volta è narrata un'azione di guerra che non ha la forma del duello; sono invece presenti aspetti riconducibili alla dimensione romanzesca, che ritorneranno nelle riprese letterarie dell'episodio: in primo luogo la notte, tempo dell'ambiguità, in cui è facile scambiare un nemico per amico o tendere tranelli; poi la coppia di eroi, complementari o antitetici; ancora, le astuzie o le imprudenze, i nemici addormentati e la strage; infine la fuga o la morte.

Odisseo e Diomede...

Nel libro X, in realtà, troviamo due sortite contemporanee con caratteristiche assai diverse tra loro: nella stessa notte, infatti, sia i Greci sia i Troiani decidono di inviare spie nel campo avversario. Nel brano riportato, il narratore epico propende chiaramente per la parte achea, esaltando il valore degli eroi greci e sottolineando i limiti del volontario troiano. Tra i Greci, difatti, si fanno avanti due tra i guerrieri migliori, cioè Diomede e Odisseo, che rappresentano rispettivamente la forza e l'intelligenza; essi sono appoggiati dagli altri combattenti e protetti da Atena, agiscono spinti dal desiderio di gloria, sanno essere astuti e spietati, così come sapranno riconoscere il momento giusto per ritirarsi: dopo l'incontro con Dolone, i due Greci sorprenderanno nel sonno i Traci, ne faranno strage, ruberanno preziosi cavalli e infine, su consiglio della dea Atena, si metteranno in salvo prima del sopraggiungere di altri nemici.

... Dolone

Il troiano Dolone ha, invece, le caratteristiche dell'antieroe. In primo luogo è *brutto d'aspetto* (v. 316) e, come si è visto nel caso di Tersite (libro II), nel codice eroico un fisico sgradevole è sinonimo di viltà e meschinità; inoltre è *veloce di piedi*, il che, da un lato, lo rende adatto a una rapida incursione nel campo nemico, ma, dall'altro, sembra insinuare anche una certa propensione alla fuga come qualità dominante del personaggio; egli si propone poi per la missione voluta da Ettore, ma non pensa nemmeno a chiedere prudentemente un compagno, poiché il suo primo interesse è garantirsi un premio spropositato, il carro e i cavalli di Achille. Si mostra poi stolto, poiché cade nel tranello dei Greci: si ferma ad aspettare i nemici, li riconosce all'ultimo momento e agisce proprio come Diomede si aspetta, arrestandosi terrorizzato quando la lancia nemica lo sfiora. La paura sconvolge sia i suoi lineamenti sia la sua capacità di ragionare: da spia si trasforma infatti in delatore, rivelando molto di più di quello che l'astuto Odisseo gli domanda. Pensando che i Greci abbiano il suo stesso sistema di valori, offre loro immense ricchezze come riscatto, mente per discolparsi (attribuisce, infatti, a Ettore la responsabilità dell'incursione e della ricompensa straordinaria), rivela senza scrupoli la struttura del campo troiano, tenta infine di indirizzare i nemici verso un bottino allettante.

Nulla di tutto ciò, però, è sufficiente a salvargli la vita: per Dolone la morte arriva quasi inattesa, quando il Troiano è convinto di aver conquistato la fiducia degli avversari (vv. 442-445); ma Odisseo lo ha solo genericamente rassicurato, senza promettergli nulla, e Diomede, ottenute le informazioni, gli tronca il capo con brutalità, non consentendogli neppure i gesti e le parole del supplice. L'ottica guerriera dell'*Iliade* considera fuori luogo ogni gesto di pietà, tanto più nei confronti di un personaggio descritto come debole e stolto.

ESERCIZI

COMPRENSIONE E ANALISI

1. Il tranello Quale tranello tendono Odisseo e Diomede a Dolone?

2. La fuga verso le navi greche Perché Diomede vuole impedire che Dolone giunga sino alle navi greche? Come riesce a fermarlo?

3. L'astuzia di Odisseo In che modo Odisseo riesce a ottenere le informazioni da Dolone?

4. La tattica di Dolone Come spera Dolone di ottenere la salvezza? Come spiega la sua presenza fuori dal campo troiano?

5. I cavalli di Achille Qual è la reazione di Odisseo alla menzione dei cavalli e del carro di Achille?

6. Il campo troiano Com'è organizzata la difesa del campo troiano, secondo le parole di Dolone?

7. L'obiettivo suggerito da Dolone Quale obiettivo suggerisce Dolone ai due avversari? Quale bottino prospetta loro?

8. La richiesta di Dolone Dopo aver fornito tutte le informazioni, come chiede di essere trattato Dolone?

9. Odisseo e Diomede Come definiresti l'atteggiamento di Odisseo e di Diomede nei confronti di Dolone? Scegli quattro aggettivi tra quelli che seguono e motiva le tue risposte:

ingannatore • astuto • pietoso • leale • immediatamente violento • subdolo • avido • spietato

10. Il narratore "parziale" Da che cosa si può desumere che in questo episodio la voce narrante parteggia per i Greci?

11. La parafrasi Fai la parafrasi dei vv. 365-371.

LESSICO E STILE

12. La paura Sottolinea tutti i termini e le espressioni che servono a rappresentare la paura provata da Dolone.

13. La similitudine della caccia Analizza la similitudine presente ai vv. 360-364. Individua con precisione gli elementi che vengono paragonati tra loro e riportali nello schema, come se si trattasse di una proporzione matematica:

.... : .... =
.... : ....

14. La difesa di Dolone Dolone presenta se stesso come una vittima di Ettore. Da quali parole o espressioni si può dedurre ciò?

15. La sincerità di Dolone Sottolinea tutti i termini con cui Dolone garantisce ai nemici che sta dicendo la verità.

SCRITTURA

16. Scrivi un testo espositivo: gli antieroi Scrivi un testo espositivo in cui confronti il personaggio di Dolone con quello di Tersite (▶ p. 63).

17. Scrivi un testo narrativo: una conclusione diversa Immagina un finale diverso per il brano (ad esempio Odisseo si commuove e convince Diomede a risparmiare Dolone; sopraggiungono guerrieri troiani che catturano Odisseo e Diomede e la situazione si ribalta; Odisseo e Diomede iniziano a litigare e duellano, perché entrambi rivendicano l'onore di uccidere il nemico o altro ancora) e scrivi un testo narrativo.

18. Scrivi un testo narrativo-descrittivo: un narratore favorevole ai Troiani Riscrivi sinteticamente l'episodio riportato, facendo in modo che la voce narrante propenda per i Troiani. Non cambiare i fatti, ma solo la modalità con cui vengono riportati e cerca di suscitare condanna per i Greci e compassione per Dolone.

SPUNTI PER LA DISCUSSIONE IN CLASSE

19. Le caratteristiche dell'eroe L'eroe omerico è sempre bello, forte, accorto, inflessibile; stima l'onore più della vita, sopporta la fatica e il dolore, non cede mai alla compassione per l'avversario. Per te, quali caratteristiche deve avere oggi un eroe? Discuti con i tuoi compagni e con l'insegnante, cercando di corredare le tue opinioni anche con esempi tratti dall'attualità.

OMERO

LA MORTE DI PATROCLO E IL DOLORE DI ACHILLE

Opera: *Iliade*, libro XVI, vv. 783-861; XVIII, vv. 22-38

I Troiani, favoriti dagli dèi, sono arrivati a minacciare le navi greche. Patroclo, compagno e amico carissimo di Achille, chiede allora all'eroe il permesso di indossare le sue armi e di condurre i Mirmidoni in battaglia, per risollevare le sorti degli Achei. Achille, che continua a rifiutarsi di combattere, concede quanto richiesto, raccomandando però all'amico di non addentrarsi troppo nella mischia. Patroclo semina quindi il panico fra i Troiani, ma, trascurando il monito di Achille, insegue i nemici sino alle mura della città e va così incontro al proprio destino.
In questa sezione vengono presentati due brani: il primo racconta la morte di Patroclo, mentre nel secondo Achille esprime tutto il suo dolore, appena conosciuta la tragica notizia.

E Patroclo si slanciò sui Troiani meditando rovina,
si slanciò per tre volte, simile ad Ares ardente,
paurosamente gridando: tre volte ammazzò nove uomini.
Ma quando alla quarta balzò, che un nume pareva,
allora, Patroclo, apparve la fine della tua vita:
Febo gli mosse incontro nella mischia selvaggia,
tremendo, ed egli non lo vide venire in mezzo al tumulto;
gli venne incontro nascosto di molta nebbia.
E dietro gli si fermò, colpì la schiena e le larghe spalle
con la mano distesa: a Patroclo girarono gli occhi.
E Febo Apollo gli fece cadere l'elmo giù dalla testa:
sonò rotolando sotto gli zoccoli dei cavalli
l'elmo a visiera abbassata, si sporcarono i pennacchi
di sangue e polvere: mai prima era stato possibile
che il casco chiomato si sporcasse di polvere,
ché d'un uomo divino la bella fronte e la testa
proteggeva, d'Achille: ma allora Zeus lo donò a Ettore,
da portare sul capo: e gli era vicina la morte.

783. Patroclo: figlio di Menezio. Costretto all'esilio, Patroclo si era recato presso la reggia di Ftia dal re Peleo ed era divenuto amico e confidente di Achille. I due partirono insieme per la guerra di Troia e Patroclo aveva la qualifica di secondo comandante dei Mirmidoni.
784. simile ad Ares: cioè simile al dio della guerra (per i Romani Marte). Patroclo sembra un dio perché è forte e coraggioso e indossa le terribili armi di Achille.
785. paurosamente: in modo da suscitare terrore.
786. un nume: un dio.
787. allora ... vita: si tratta di un'apostrofe. Il narratore si rivolge direttamente al personaggio, esprimendo simpatia e accrescendo il *pàthos*.
788. Febo: Apollo, detto Febo, ovvero "il raggiante", "il luminoso". • **mischia:** lotta, scontro.
792. distesa: aperta. • **girarono gli occhi:** Patroclo viene stordito dal forte colpo alla schiena di Apollo.
794. sonò: risuonò.
795. pennacchi: sono i ciuffi di penne che ornano la sommità dell'elmo.
796-799. mai ... Achille: il narratore sottolinea il fatto che l'elmo decorato di Achille (*il casco chiomato*) non era mai caduto nella polvere, perché l'eroe era sempre uscito vittorioso da ogni scontro.
800. gli era vicina la morte: il narratore smorza il trionfo di Ettore: egli non potrà godere a lungo del bottino strappato a Patroclo, perché la morte incombe anche su di lui.

Tutta in mano di Patroclo si spezzò l'asta ombra lunga,
greve, solida, grossa, armata di punta: e dalle spalle
con la sua cinghia di cuoio cadde per terra lo scudo,
gli slacciò la corazza il sire Apollo, figlio di Zeus.
Una vertigine gli tolse la mente, le membra belle si sciolsero,
si fermò esterrefatto: e dietro la schiena con l'asta aguzza
in mezzo alle spalle, dappresso, un eroe dardano lo colpì,
Èuforbo di Pàntoo che sui coetanei brillava
per l'asta, per i cavalli e per i piedi veloci;
venti guerrieri gettò giù dai cavalli
appena giunse col cocchio a imparare la guerra.
Questi per primo a te lanciò l'asta, Patroclo cavaliere,
ma non t'uccise, e corse indietro e si mischiò tra la folla,
strappata l'asta di faggio: non seppe affrontare
Patroclo, benché nudo, nella carneficina.
Ma Patroclo, vinto dal colpo del dio e dall'asta,
fra i compagni si trasse evitando la Chera.
Ettore, come vide il magnanimo Patroclo
tirarsi indietro, ferito dal bronzo puntuto,
gli balzò addosso in mezzo alle file, lo colpì d'asta
al basso ventre: lo trapassò col bronzo.
Rimbombò stramazzando, e straziò il cuore all'esercito acheo.
Come quando un leone vince in battaglia un cinghiale indomabile,
– essi superbamente han combattuto sui monti
per una piccola polla: volevano bere entrambi –
e infine con la sua forza il leone vince l'altro che rantola;
così il Meneziade, che già molti ammazzò,
Ettore figlio di Priamo privò della vita con l'asta,
e gli disse vantandosi parole fuggenti:
«Patroclo, tu speravi d'abbattere la nostra città,
e alle donne troiane togliendo libero giorno,

801. ombra lunga: epiteto formulare, "dalla lunga ombra".
802. greve: pesante.
804. figlio di Zeus: Apollo era figlio di Zeus e di Latona.
805. gli tolse la mente: gli fece perdere coscienza di sé. Patroclo resta come smarrito, incapace di ragionare.
806. esterrefatto: sbalordito.
807. dardano: troiano.
808. Èuforbo di Pàntoo: Euforbo, figlio di Pantoo e di Frontide, sarà ucciso in seguito da Menelao. • **brillava:** eccelleva, era superiore.
814. strappata l'asta: recuperata l'asta, che era conficcata nella schiena di Patroclo.
815. nudo: disarmato.
817. si trasse: si ritirò. • **la Chera:** era una rappresentazione divina sia della morte sia del destino.
818. magnanimo: coraggioso.
819. dal bronzo puntuto: dalla punta di bronzo dell'asta. Si tratta di una metonimia, come il *bronzo* del v. 821.
820. in mezzo alle file: sono le file dei Mirmidoni, tra i quali Patroclo disarmato e ferito ha cercato rifugio.
822. Rimbombò stramazzando: cadde a terra con fragore. • **straziò ... acheo:** la caduta di Patroclo provoca un grande dolore a tutto l'esercito greco, sia perché viene meno uno dei più coraggiosi combattenti, sia perché l'uomo ha saputo conquistare la stima e l'affetto di tutti.
825. polla: pozza d'acqua.
826. rantola: respira con affanno, perché sta per morire.
827. Meneziade: Patroclo, figlio di Menezio. È un patronimico.
829. vantandosi: Ettore è fiero di aver abbattuto il guerriero che seminava il panico fra i Troiani.
831. libero giorno: la libertà. C'è in questi versi un'eco del discorso di Ettore ad Andromaca: tra le paure maggiori dell'eroe vi è quella di vedere la moglie condotta in schiavitù dai Greci. Ma l'uomo che aveva espresso trepidazione e affetto per la moglie ora si lascia trasportare dall'orgoglio e rivolge a Patroclo parole sprezzanti (▶ *Ettore e Andromaca*, p. 69).

condurle sopra le navi alla tua terra patria,
stolto! Per esse i veloci cavalli d'Ettore
si tendono sopra i garretti a combattere: io con l'asta
eccello fra i Teucri amanti di guerra: e così li difendo
dal giorno fatale, ma te qui gli avvoltoi mangeranno.
Pazzo! Achille, per forte che sia, non ti potrà proteggere,
egli che, forse, restando, a te che partivi raccomandò molte cose:
"O Patroclo cavaliere, non mi tornare davanti,
alle concave navi, prima che d'Ettore massacratore
l'insanguinata tunica intorno al petto tu stracci".
Così, certo, ti disse, stolto, e persuase il tuo cuore».
E tu rispondesti, sfinito, Patroclo cavaliere:
«Sì, Ettore, adesso vàntati:
a te hanno dato vittoria Zeus Cronide e Apollo, che m'abbatterono
facilmente: essi l'armi dalle spalle mi tolsero.
Se anche venti guerrieri come te m'assalivano,
tutti perivano qui, vinti dalla mia lancia;
me uccise destino fatale e il figliuolo di Latona,
e tra gli uomini Èuforbo: tu m'uccidi per terzo.
Altro ti voglio dire e tientelo in mente:
davvero tu non andrai molto lontano, ma ecco
ti s'appressa la morte e il destino invincibile:
cadrai per mano d'Achille, dell'Eacide perfetto».
Mentre parlava così la morte l'avvolse,
la vita volò via dalle membra e scese nell'Ade,
piangendo il suo destino, lasciando la giovinezza e il vigore.
Al morto Ettore luminoso rispose:
«Patroclo, perché mi predici abisso di morte?
Chi sa se Achille figlio di Teti chioma bella
non mi preceda nel perder la vita, colto dalla mia lancia?».

[...]

834. garretti: le articolazioni delle zampe posteriori, che si tendono quando i cavalli galoppano.
835. Teucri: i Troiani.
836. giorno fatale: la rovina di Troia. • **ma te ... mangeranno:** l'immagine, particolarmente cruda, suona ancora più terribile agli orecchi degli antichi, perché lascia intuire che Patroclo resterà insepolto e ciò implica l'esclusione per lungo tempo dal regno dei morti.
840. massacratore: è un epiteto formulare.
841. stracci: strappi, laceri.
843. E tu ... cavaliere: ancora un'apostrofe.
844. vàntati: è detto in senso ironico.
845. Cronide: figlio di Crono.
849. figliuolo di Latona: si tratta di Apollo.
851. Altro ... dire: gli antichi attribuivano ai morenti capacità profetica. Le parole di Patroclo anticipano quello che accadrà a Ettore e gettano un'ombra di tristezza sull'esultanza dell'eroe troiano che, proprio mentre uccide Patroclo, prepara di fatto la propria morte.
854. Eacide: discendente di Eaco.
856. Ade: il regno dei morti, su cui regna Ade, fratello di Zeus.
857. piangendo ... vigore: si tratta di un'espressione formulare. In realtà Patroclo non è giovane: proprio perché più anziano di Achille, gli era stato affiancato come consigliere, per frenarne il burrascoso carattere. I versi che accompagnano la morte di Patroclo torneranno nel momento della fine di Ettore stesso e stanno a indicare la malinconia e il rimpianto per tutto ciò che è più desiderabile nella vita.
860. chioma bella: epiteto formulare, "dai bei capelli".

Disse così; e una nube di strazio, nera, l'avvolse:
con tutte e due le mani prendendo la cenere arsa
se la versò sulla testa, insudiciò il volto bello;
la cenere nera sporcò la tunica nettarea;
e poi nella polvere, grande, per gran tratto disteso,
giacque, e sfigurava con le mani i capelli, strappandoli.
Le schiave, che Achille e Patroclo s'erano conquistati,
straziate in cuore, ulularono, corsero fuori
intorno ad Achille cuore ardente; e con le mani tutte
battevano il petto; a tutte, sotto, le gambe si sciolsero.
Antìloco gemeva dall'altra parte, versando lacrime,
tenendo le mani d'Achille che singhiozzava nel petto glorioso:
aveva paura che si tagliasse la gola col ferro.
Gridava terribilmente. Sentì la madre augusta,
seduta negli abissi del mare, accanto al vecchio padre,
e gemette ella pure; le dee le si fecero intorno,
tutte, quant'erano le Nereidi nell'abisso del mare. ”

22. Disse così: ha parlato Antiloco, figlio di Nestore. Egli ha appena riferito ad Achille, già turbato da tristi presentimenti, la morte di Patroclo. • **strazio:** dolore, disperazione, angoscia.
24. sulla testa: cospargere il capo di cenere era segno di lutto per gli antichi. Ad Achille non basta questo gesto, per cui si getta completamente nella polvere.
25. nettarea: il nettare, o ambrosia, era il cibo degli dèi. Qui l'aggettivo sottolinea l'origine divina della tunica, donata ad Achille dalla madre Teti.
29. ulularono: urlarono lamenti acuti.
31. le gambe si sciolsero: espressione formulare che indica il venir meno della coscienza, lo svenimento. Le schiave erano bottino di guerra, ma evidentemente Patroclo aveva saputo guadagnarne anche l'affetto.
34. aveva paura ... ferro: Antiloco teme un gesto disperato da parte di Achille. *Ferro* è una metonimia.
35. augusta: divina.
36. vecchio padre: Teti era figlia di Nereo, come le altre ninfe marine o Nereidi.

ANALISI DEL TESTO

La nobiltà d'animo di Patroclo

Patroclo è un personaggio che nell'*Iliade* si distingue per moderazione, saggezza e nobiltà d'animo. È legato da una profonda amicizia ad Achille (la *philìa* tipica del mondo aristocratico), tanto che è l'unico a potersi permettere di rimproverare l'eroe senza scatenarne le ire (libro XVI, vv. 1-47). Patroclo, a differenza di Achille, sa però valutare le conseguenze delle scelte individuali sul bene della comunità e soffre per le perdite subite dai Greci. Ha il coraggio di dire chiaramente ad Achille che la sua ostinazione è sbagliata e, pur rispettandone la decisione, decide di non conformarsi più a lui e di agire per aiutare gli Achei. Per queste caratteristiche del personaggio, il narratore dedica ampio spazio alla scena della sua morte. In primo luogo mette in luce il valore bellico di Patroclo, attraverso l'indicazione iperbolica del numero di nemici uccisi in breve tempo (v. 785); poi, interviene per tre volte con apostrofi che interrompono l'oggettività epica e rivelano una netta simpatia per il personaggio (vv. 787, 812-813, 843); infine, la struttura stessa dell'episodio sottolinea il fatto che il guerriero è sconfitto da un dio, per volontà del Fato, poiché, evidentemente, un'azione solo umana non sarebbe bastata a fermarlo. È Apollo infatti a disarmare Patroclo e a lasciarlo in balìa dei nemici, di Euforbo prima, che lo ferisce proditoriamente alla schiena senza avere il coraggio di affrontarlo, e di Ettore che lo finisce. Al termine del duello, poi, il narratore non si sofferma sul vincitore, ma esprime malinconia per la perdita dei doni più desiderabili della vita.

Patroclo, personaggio buono e gentile, sarà pianto da Achille, ma anche dagli altri Greci, dalle schiave, dalla troiana Briseide, persino dai cavalli divini di Achille, che per il dolore non vorrebbero più muoversi e si lascerebbero afferrare da Ettore, se Zeus non intervenisse a dar loro nuovo vigore (libro XVII, vv. 424-460).

La mancanza di misura di Ettore e Achille

La saggezza e la pacatezza di Patroclo fanno risaltare, per contrasto, la mancanza di misura di altri personaggi. In questa circostanza Ettore appare tracotante e cinico, dato che rivendica il proprio ruolo di guida dei Troiani senza far cenno all'operato degli dèi e, in modo sprezzante, dice a Patroclo che sarà divorato dagli avvoltoi. Il suo "vanto" si chiude con un'insinuazione sulla lealtà dell'amicizia di Achille. Patroclo, morente, risponde invece attribuendo agli dèi la gloria che Ettore rivendica per sé e profetizza al nemico una fine analoga per mano di Achille. Il Troiano sembra voler scacciare l'immagine con un'ultima dura risposta, ma sa bene che il suo destino si compirà presto.

Senza misura è anche il dolore di Achille. Inconsolabile, avvolto da *una nube di strazio, nera* (v. 22), egli si getta nella cenere, si strappa i capelli e il suo pianto penetra sino negli abissi del mare. Achille è l'uomo delle reazioni estreme: è dominato dalle passioni e lascia che l'ira, il dolore e la vendetta esercitino il loro dominio su di lui, senza controllo da parte della ragione. Anche quando, per vendicare Patroclo, deciderà di mettere da parte il suo risentimento per Agamennone, Achille non deporrà la sua ira, ma ne muterà solo il destinatario, rivolgendola contro Ettore.

Gli dèi e il destino

Nel mondo greco gli dèi posseggono, in modo potenziato, gli stessi vizi e le stesse virtù degli uomini: Apollo, dunque, nel brano riportato si mostra sleale, perché si avvicina in modo subdolo, avvolto da una nube, colpisce Patroclo alla schiena e lo disarma, mettendolo in una condizione di inferiorità rispetto ai nemici. La reazione di Patroclo è di stupore, lo coglie una *vertigine* (v. 805) per quanto gli sta accadendo: si rende conto di avere a che fare con una forza non umana che soverchia la sua e capisce che il suo destino è segnato. Proprio l'azione del Fato o Destino è l'elemento che rende questo episodio una svolta narrativa fondamentale del poema: la *Chera* (v. 817), o Moira, potenza superiore allo stesso Zeus, ha stabilito che la morte di Patroclo segni una catena inesorabile di eventi, cioè il ritorno in guerra di Achille, la fine di Ettore e poi quella dello stesso Achille, non raccontata nel poema ma anticipata in più occasioni.

ESERCIZI

COMPRENSIONE E ANALISI

1. Le anticipazioni Individua nel testo tutti i punti in cui sono presenti delle anticipazioni circa il destino di Ettore.

2. L'azione di Apollo Quali azioni compie Apollo nel combattimento? Quale concezione degli dèi si desume da questo episodio?

3. L'elmo Perché, a tuo giudizio, il narratore dedica molti versi per raccontare la caduta dell'elmo e commentarla?

4. Il "vanto" Spesso un eroe si rivolge al nemico sconfitto con parole di scherno. Quali considerazioni di Ettore risultano ciniche e sprezzanti nei confronti di Patroclo?

5. *Tu m'uccidi per terzo* Che significato hanno le parole *tu m'uccidi per terzo* (v. 850)?

6. La funzione della morte di Patroclo Perché la morte di Patroclo costituisce un episodio particolarmente importante nella struttura del poema? Scegli la risposta corretta:

a. perché dimostra che Achille è capace di provare affetto per un amico

b. perché il Destino ha stabilito che alla morte di Patroclo seguirà quella di Ettore e poi quella di Achille

c. perché è la *Spannung*, cioè il momento di maggior tensione di tutto il poema: dopo tale episodio seguono fatti poco rilevanti dal punto di vista narrativo

7. Parafrasi Fai la parafrasi dei vv. 827-828 e poi dei vv. 839-841.

8. Il dolore di Achille per la morte dell'amico In che modo Achille esprime il suo dolore per la morte di Patroclo? Riassumi con parole tue il secondo brano riportato e rifletti sul comportamento del personaggio: ti pare in contrasto con l'immagine emersa dai passi letti in precedenza o no? Motiva la tua risposta.

LESSICO E STILE

9. La similitudine della lotta tra animali Quali elementi compongono la similitudine presente ai vv. 823-828? Individuali con precisione e riportali nello schema, come se si trattasse di una proporzione matematica:

.... : ....

.... : .... =

Il paragone, per qualche aspetto, non è del tutto adatto a rappresentare la situazione dei combattenti. Perché?

10. *Parole fuggenti* L'espressione *parole fuggenti* (v. 829), costituita dall'unione di un sostantivo e di un epiteto formulare, tradotta anche come "alate parole", è particolarmente adatta alla situazione. Per quale motivo?

11. *Vàntati* Il termine *vàntati* (v. 844) assume qui un significato ironico. Sostituiscilo con un'espressione che indichi quello che Patroclo intende realmente dire in questa circostanza.

12. *Abisso di morte* Spiega con parole tue l'immagine resa dall'espressione *abisso di morte* (v. 859).

13. *Una nube di strazio, nera* L'espressione *una nube di strazio, nera* (v. 22) è una metafora particolarmente efficace per descrivere il momento in cui Achille è travolto dal dolore. Prova a costruire altre immagini metaforiche che rappresentino il medesimo stato d'animo.

SCRITTURA

14. Scrivi un testo narrativo: le parole di Ettore Le parole rivolte a Patroclo morente sono diverse da quelle che ci aspetteremmo da un eroe sensibile come Ettore. Riscrivi il dialogo tra i due eroi, in modo che Ettore risulti generoso e nobile d'animo, come lasciavano intuire i libri precedenti.

15. Scrivi un testo descrittivo: una notizia terribile Scrivi un testo descrittivo, in cui un personaggio riceve una notizia terribile. Non è il caso di precisare di che cosa si tratti: concentrati sulla descrizione dello stato d'animo del personaggio e sulle sue sensazioni fisiche. Fai uso di un linguaggio connotativo, serviti cioè di figure retoriche.

16. Scrivi un riassunto: i cavalli di Achille Leggi e riassumi il brano che segue, in cui il poeta descrive il pianto dei cavalli di Achille per Patroclo. Aiutati con il dizionario per comprendere le parole che non conosci.

In questo modo lottavano, e ferreo tumulto
giungeva al cielo di bronzo per l'etere
[instancabile;
ma i cavalli d'Achille fuori della battaglia
piangevano, da che avevano visto l'auriga
caduto nella polvere sotto Ettore massacratore:
eppure Automèdonte, forte figliuolo di Dioreo,
molto con rapida frusta toccandoli, li accarezzava,
e molto diceva con dolci parole, molto con le
[minacce.
Ma essi né indietro verso il lago Ellesponto
[e le navi
volevano andare, né in guerra in mezzo agli Achei;
come sta immota una stele, che presso
[la tomba
d'un uomo defunto sia stata piantata o d'una
[donna,
così restavano immobili, col carro bellissimo,
in terra appoggiando le teste; e lacrime calde
cadevano loro giù dalle palpebre, scorrevano
[in terra; piangevano,
nel desiderio del loro auriga; e si sporcava
[la ricca criniera
cadendo dal soggolo, di qua e di là lungo il giogo.

(*Iliade*, libro XVII, vv. 424, 440)

SPUNTI PER LA DISCUSSIONE IN CLASSE

17. Il destino Per i Greci il destino era una forza dinanzi alla quale persino gli dèi dovevano cedere. Che cosa pensi tu del destino? Ritieni che esista o no? Confrontati con i compagni, sotto la guida dell'insegnante.

OMERO

IL DUELLO FINALE E LA MORTE DI ETTORE

Opera: *Iliade*, libro XXII, vv. 131-166; 188-213; 250-374; 395-404

La morte di Patroclo ha indotto Achille a porre fine alla sua ira e a riconciliarsi con Agamennone. Rivestito delle nuove armi fabbricate dal dio Efesto, l'eroe torna a combattere, riversando la sua furia contro i Troiani, anche se il suo vero obiettivo è Ettore. Gli dèi partecipano alla battaglia, sostenendo l'una o l'altra parte. Lo stesso fiume divino Scamandro s'infuria a causa dell'eccidio prodotto da Achille e solleva i flutti per allontanare l'eroe: solo l'intervento di Era ed Efesto impedisce che egli venga travolto. Mentre le divinità si sfidano tra loro, i Troiani, sconvolti, fuggono verso Troia, riuscendo a entrare nella città. Solo Ettore resta fuori dalle mura, sordo ai richiami accorati di Priamo e di Ecuba: l'eroe, temendo l'accusa di viltà da parte dei suoi concittadini, rifiuta di mettersi in salvo ed è pronto al duello decisivo con Achille.

“Così ragionava aspettando; e Achille gli fu vicino,
pari a Enialio guerriero, agitatore dell'elmo,
alto scuotendo sopra la spalla destra il faggio del Pelio,
terribile: il bronzo gli lampeggiava intorno, simile al raggio
del fuoco ardente o del sole che sorge.
Come lo vide, spavento prese Ettore, non seppe più
attenderlo fermo, si lasciò dietro le porte e fuggì:
si slanciò pure il Pelide, fidando nei piedi veloci:
come il nibbio sui monti, ch'è tra gli uccelli il più rapido,
facilmente insegue una tremante colomba,
e quella gli fugge di sotto, ma il nibbio stridendole addosso
vola fitto, il cuore lo sprona a ghermirla;
così Achille volava, furioso: tremò Ettore
sotto il muro dei Teucri e moveva rapidamente i ginocchi.
Corsero oltre la torre di guardia e il caprifico ventoso
lungo la strada dei carri, allontanandosi sempre dal muro,
e giunsero alle due belle fontane; sgorgano

131. Così ... aspettando: Ettore, fermo davanti alle mura di Troia in attesa di Achille, prova paura e angoscia, ma non vuole ritirarsi per l'*aidòs*, il timore del giudizio dei concittadini. Dentro di sé, tuttavia, non può fare a meno di passare in rassegna possibili soluzioni che gli permettano di aver salva la vita: così ipotizza un accordo diplomatico, l'abbandono delle armi, la cessione di Elena e di immense ricchezze. Poi, però, si riscuote: sa bene che è inutile aspettarsi pietà da Achille, a cui non importa la guerra, ma la vendetta contro l'uccisore di Patroclo.

132. Enialio: epiteto di Ares, dio della guerra, che significa “bellicoso”.

133. Pelio: è un monte della Tessaglia, dai cui boschi era stato ricavato il legno di faggio per fabbricare l'asta di Achille. *Faggio* è quindi una metonimia.

137. le porte: sono le Porte Scee, le stesse presso cui era avvenuto il patetico incontro tra Ettore e la moglie Andromaca (▶ p. 69).

138. Pelide: patronimico di Achille, figlio di Peleo.

141. nibbio: è un uccello rapace. • **stridendole:** emettendo un suono acuto e penetrante verso di lei.

143. volava: è detto in senso metaforico: “si precipitava”.

145. caprifico ventoso: è lo stesso albero citato da Andromaca nella sua accorata supplica (libro VI, v. 433, ▶ p. 70). Si tratta di un fico selvatico, sferzato dal vento.

qui le sorgenti del vorticoso Scamandro:
una scorre acqua calda e fumo all'intorno
sale da essa, come di fuoco avvampante;
l'altra anche d'estate scorre pari alla grandine
o al ghiaccio o anche alla gelida neve.
E intorno ci son lavatoi ricchi d'acqua,
belli, di pietra, dove le vesti vivaci
lavavan le spose dei Teucri e le belle figliuole
un tempo, in pace, prima che i figli degli Achei giungessero.
Là correvano i due, uno fuggendo, l'altro inseguendo:
un forte fuggiva davanti e l'inseguiva uno molto più forte,
rapidissimo; ché non d'una vittima o d'una pelle
era contesa – questi sono di solito i premi ai piedi degli uomini:
correvano per la vita di Ettore domatore di cavalli.
Come intorno alla mèta i cavalli unghie solide, usi a vittoria,
galoppano rapidissimi: gran premio è proposto,
tripode o donna, a gloria d'un morto guerriero,
così essi girarono intorno alla rocca di Priamo tre volte
con rapidi piedi: tutti gli dèi li guardavano.

[Gli dèi osservano dall'alto la fuga drammatica di Ettore e Zeus vorrebbe aiutarlo ancora, ma Atena ricorda al padre che ormai è impossibile strappare l'eroe al suo destino.]

Achille veloce seguiva Ettore, senza riposo incalzandolo;
come un cane sui monti insegue un nato di cerva
per valli e per gole dopo averlo snidato:
e se quello s'appiatta smarrito sotto un cespuglio,
corre pur sempre cercando le tracce finché lo trova;
così non sfuggiva Ettore al piede rapido Achille.
Quante volte pensava di balzare in avanti
verso le porte dei Dardani, verso le solide torri,
se mai con l'aste dall'alto potessero dargli soccorso;

148. Scamandro: il fiume che scorre presso Troia, detto anche Xanto. Il dio del fiume è protagonista dello scontro con Achille nel libro XXI.
149. scorre: fa scorrere, fa sgorgare. Nel testo il verbo è usato in forma transitiva.
154. vivaci: dai colori allegri.
155. Teucri: sono i Troiani.
156. un tempo: dieci anni prima, quando la guerra non era ancora iniziata. I colori degli abiti, la semplicità dei lavori femminili, la bellezza del luogo e delle fanciulle aprono come una parentesi di pace lontana, nel momento del concitato inseguimento tra i guerrieri.
158. un forte: Ettore. • **uno molto più forte:** Achille.
159-160. ché ... contesa: poiché la contesa non riguardava una vittima sacrificale o una pelle di qualche animale pregiato.
160. ai piedi degli uomini: per i vincitori delle gare di corsa.
162. mèta: traguardo. La mèta era la colonna che segnava il punto attorno al quale i cavalli, durante le gare, dovevano curvare per compiere il giro. • **unghie solide:** si tratta di un epiteto formulare. • **usi:** abituati.
164. tripode: è una base di sostegno a tre piedi, utilizzata come supporto per oggetti d'uso quotidiano e ornamenti. • **a gloria ... guerriero:** per i giochi funebri indetti in onore di un guerriero morto.
189. nato di cerva: un cerbiatto.
190. snidato: cacciato fuori dal suo rifugio.
191. s'appiatta: si nasconde.
194. Quante volte: tutte le volte in cui.
195. Dardani: sono i Troiani.
196. dall'alto: i Troiani dall'alto delle mura seguono con angoscia lo scontro. Ettore spera che da qualcuno di loro possa giungergli un aiuto.

tante Achille gli si parava incontro e lo faceva voltare
verso la piana; volava lui sempre dritto alla rocca.
Come uno nel sogno non può arrivare un fuggiasco,
questi non può sfuggire, l'altro non può arrivarlo;
così non poteva correndo Achille afferrarlo, né l'altro salvarsi.
E come Ettore avrebbe potuto sfuggire le Chere di morte
se Apollo non gli veniva vicino per l'ultima volta
a stimolargli le forze e le ginocchia veloci?
Intanto ai soldati il rapido Achille accennava di no,
non voleva che i dardi amari scagliassero ad Ettore,
non gli rubasse qualcuno la gloria, colpendolo, e lui fosse secondo.
Ma quando arrivarono la quarta volta alle fonti,
allora Zeus agganciò la bilancia d'oro,
le due Chere di morte lunghi strazi vi pose,
quella d'Achille e quella d'Ettore domatore di cavalli,
la tenne sospesa pel mezzo: d'Ettore precipitò il giorno fatale
e finì giù nell'Ade; l'abbandonò allora Apollo.

[Atena raggiunge Achille e lo persuade a fermarsi: con un inganno costringerà Ettore a rinunciare alla fuga e ad affrontare il duello. La dea, infatti, assume le sembianze di un fratello di Ettore, Deifobo, e gli offre aiuto: il Troiano, rincuorato dalla presenza del compagno, si volge con coraggio verso Achille, chiedendo che il duello si svolga secondo regole cavalleresche, ma il nemico gli risponde con odio implacabile. Il destino di Ettore si compie tragicamente.]

«Non fuggo più davanti a te, figlio di Peleo, come or ora
corsi tre volte intorno alla grande rocca di Priamo, e non seppi
sostenere il tuo assalto; adesso il cuore mi spinge
a starti a fronte, debba io vincere o esser vinto.
Su invochiamo gli dèi: essi i migliori
testimoni saranno e custodi dei patti;
io non intendo sconciarti orrendamente, se Zeus
mi darà forza e riesco a strapparti la vita;
ma quando, o Achille, t'abbia spogliato l'inclite armi,

199. arrivare: raggiungere.
202. Chere: sono la personificazione divina del destino e della morte.
203. Apollo: dio dell'arte, della profezia e della medicina, raffigurato come arciere. Favorisce i Troiani, come si è visto in più occasioni: è il primo artefice della morte di Patroclo (libro XVI, vv. 788-792, ▶ p. 81), è intervenuto per salvare Enea dallo scontro con Achille (libro XX) e per permettere ai Troiani di rifugiarsi dentro le mura della città (libro XXI).
206. dardi amari: le frecce sono definite "amare" perché portatrici di morte.
207. non ... secondo: è lo stesso atteggiamento di Diomede nei confronti di Dolone (libro X, vv. 367-368, ▶ p. 76): l'eroe considera un affronto il fatto che qualcun altro abbatta il nemico prima di lui.
208. fonti: le sorgenti dello Scamandro, citate ai vv. 147-156.
209. la bilancia d'oro: Zeus pone su una bilancia le sorti degli uomini; solo il Fato governa i piatti dello strumento e le altre divinità non possono opporsi alla sua volontà.
210. le due Chere ... pose: vi pose sopra i due Destini di morte, causa di lungo dolore.
212. precipitò: la bilancia d'oro pende a sfavore di Ettore: il destino di Achille sale verso l'alto, mentre quello di Ettore precipita verso il regno dei morti, ovvero l'Ade.
251. rocca: fortezza.
252. il cuore: Ettore ha ritrovato coraggio perché crede di avere accanto il fratello Deifobo, ma si tratta di un inganno di Atena.
255. patti: Ettore si illude di poter combattere un duello in modo cavalleresco, con patti garantiti dagli dèi, ma Achille rifiuterà sprezzante ogni forma di accordo.
256. sconciarti: infierire sul tuo corpo, sfigurarti.
258. inclite: nobili, gloriose.

renderò il corpo agli Achei: e anche tu fa' così».
E guardandolo bieco, Achille piede rapido disse:
«Ettore, non mi parlare, maledetto, di patti:
come non v'è fida alleanza fra uomo e leone,
e lupo e agnello non han mai cuori concordi,
ma s'odiano senza riposo uno con l'altro,
così mai potrà darsi che ci amiamo io e te; fra di noi
non saran patti, se prima uno, caduto,
non sazierà col sangue Ares, il guerriero indomabile.
Ogni bravura ricorda; ora sì che tu devi
esser perfetto con l'asta e audace a lottare!
Tu non hai via di scampo, ma Pallade Atena
t'uccide con la mia lancia: pagherai tutte insieme
le sofferenze dei miei, che uccidesti infuriando con l'asta».
Diceva, e l'asta scagliò, bilanciandola;
ma vistala prima, l'evitò Ettore illustre:
la vide, e si rannicchiò, sopra volò l'asta di bronzo
e s'infisse per terra; la strappò Pallade Atena,
la rese ad Achille, non vista da Ettore pastore di genti.
Ettore, allora, parlò al Pelide perfetto:
«Fallito! Ma dunque tu non sapevi, Achille pari agli dèi,
no affatto, da Zeus la mia sorte; eppure l'hai detta.
Facevi il bel parlatore, l'astuto a parole,
perché atterrito, io scordassi il coraggio e la furia.
No, non nella schiena d'uno che fugge pianterai l'asta,
ma dritta in petto, mentre infurio, hai da spingerla,
se un dio ti dà modo. Evita intanto questa mia lancia
di bronzo: che tu possa portarla tutta intera nel corpo.
Ben più leggera sarebbe la guerra pei Teucri,
te morto: ché tu sei per loro l'angoscia più grande».
Diceva, e bilanciandola scagliò l'asta ombra lunga;
e colse nel mezzo lo scudo d'Achille, non sbagliò il colpo;
ma l'asta rimbalzò dallo scudo; s'irritò Ettore,
che inutile il rapido dardo gli fosse fuggito di mano,
e si fermò avvilito, perché non aveva un'altr'asta di faggio;

262. fida: affidabile, fidata.
263. cuori concordi: sentimenti simili.
266-267. se prima ... Ares: si tratta di un verso formulare: se prima uno di noi non sarà ucciso.
268. bravura: in greco *aretè*; indica qui l'abilità guerriera, il valore in battaglia.
270. Pallade Atena: la dea dell'intelligenza e della guerra, sostenitrice dei Greci, ha già avviato il suo piano per gettare Ettore nello smarrimento.
273. bilanciandola: soppesandola, calcolandone il peso.
275. si rannicchiò: si abbassò.
277. non vista: Atena agisce senza farsi vedere da Ettore, affinché l'eroe si accorga all'improvviso della sua condizione di inferiorità e sia preso dallo sconforto.
278. perfetto: senza difetti. Epiteto formulare riferito ad Achille, come i precedenti *illustre* (v. 274) e *pastore di genti* (v. 277), riferiti a Ettore.
279. Fallito!: vedendo l'errore di Achille, il Troiano si illude che la sua sorte non sia segnata e che le parole ostili del nemico siano solo una tattica per spaventarlo.
286. di bronzo: dalla punta di bronzo.
288. te morto: se tu fossi morto. Ettore, a differenza di Achille, non è spinto al duello da ragioni individuali, ma dal desiderio di salvare la sua città.
289. ombra lunga: epiteto formulare: l'asta che proiettava una lunga ombra.
290. lo scudo: si tratta delle nuove armi, fabbricate da Efesto.
293. avvilito: deluso.

chiamò gridando forte il bianco scudo Deìfobo,
chiedeva un'asta lunga: ma quello non gli era vicino.
Comprese allora Ettore in cuore e gridò:
«Ahi! Davvero gli dèi mi chiamano a morte.
Credevo d'aver accanto il forte Deìfobo:
ma è fra le mura, Atena m'ha teso un inganno.
M'è accanto la mala morte, non è più lontana,
non è inevitabile ormai, e questo da tempo era caro
a Zeus e al figlio arciero di Zeus, che tante volte
m'han salvato benigni. Ormai m'ha raggiunto la Moira.
Ebbene, non senza lotta, non senza gloria morrò,
ma compiuto gran fatto, che anche i futuri lo sappiano».
Parlando così, sguainò la spada affilata,
che dietro il fianco pendeva, grande e pesante,
e si raccolse e scattò all'assalto, com'aquila alto volo,
che piomba sulla pianura traverso alle nuvole buie,
a rapir tenero agnello o lepre appiattato:
così all'assalto scattò Ettore, la spada acuta agitando.
Ma Achille pure balzò, di furia empì il cuore
selvaggio: parò davanti al petto lo scudo
bello, adorno, e squassava l'elmo lucente
a quattro ripari; volava intorno la bella chioma
d'oro, che fitta Efesto lasciò cadere in giro al cimiero.
Come la stella avanza fra gli astri nel cuor della notte,
Espero, l'astro più bello ch'è in cielo,
così lampeggiava la punta acuta, che Achille scuoteva
nella sua destra, meditando la morte d'Ettore luminoso,
cercando con gli occhi la bella pelle, dove fosse più pervia.
Tutta coprivan la pelle l'armi bronzee, bellissime,
ch'Ettore aveva rapito, uccisa la forza di Patroclo;
là solo appariva, dove le clavicole dividon le spalle
dalla gola e dal collo, e là è rapidissimo uccider la vita.
Qui Achille glorioso lo colse con l'asta mentre infuriava,
dritta corse la punta traverso al morbido collo;
però il faggio greve non gli tagliò la strozza,
così che poteva parlare, scambiando parole.
Stramazzò nella polvere: si vantò Achille glorioso:
«Ettore, credesti forse, mentre spogliavi Patroclo,

294. il bianco scudo: epiteto formulare: dal bianco scudo.
300. mala: maledetta, malvagia.
301. era caro: era accettato, voluto anche da loro.
302. figlio arciero: si tratta di Apollo.
303. Moira: come la Chera, è la personificazione del destino e della morte.
305. gran fatto: un'azione gloriosa.
308. alto volo: epiteto formulare: che vola in alto.
309. traverso: attraverso.
310. appiattato: nascosto.
314. squassava: scuoteva, nella furia del combattimento.
316. Efesto: dio del fuoco e fabbro degli dèi. • **cimiero:** elmo.
318. Espero: Vespero, la stella della sera. È il pianeta Venere, l'astro più luminoso dopo il Sole e la Luna.
321. pervia: accessibile.
323. rapito ... Patroclo: di cui si era appropriato, una volta ucciso il forte Patroclo. Achille conosce bene quella armatura, perché è la sua: l'aveva prestata all'amico Patroclo quando questi sperava di aiutare i Greci in difficoltà (libro XVI).
324-325. appariva ... collo: (la pelle) era visibile e vulnerabile solo nel punto in cui le ossa delle clavicole separano le spalle dal collo.
328. strozza: gola, trachea.

di restare impunito: di me lontano non ti curavi,
bestia! ma difensore di lui, e molto più forte,
io rimanevo sopra le concave navi,
io che ti ho sciolto i ginocchi. Te ora cani e uccelli
sconceranno sbranandoti: ma lui seppelliranno gli Achei».
Gli rispose senza più forza, Ettore elmo lucente:
«Ti prego per la tua vita, per i ginocchi, per i tuoi genitori,
non lasciare che presso le navi mi sbranino i cani
degli Achei, ma accetta oro e bronzo infinito,
i doni che ti daranno il padre e la nobile madre:
rendi il mio corpo alla patria, perché del fuoco
diano parte a me morto i Teucri e le spose dei Teucri...».
Ma bieco guardandolo, Achille piede rapido disse:
«No, cane, non mi pregare, né pei ginocchi né pei genitori;
ah! che la rabbia e il furore dovrebbero spingere me
a tagliuzzar le tue carni e a divorarle così, per quel che m'hai fatto:
nessuno potrà dal tuo corpo tener lontane le cagne,
nemmeno se dieci volte, venti volte infinito riscatto
mi pesassero qui, altro promettessero ancora;
nemmeno se a peso d'oro vorrà riscattarti
Priamo Dardanide, neanche così la nobile madre
piangerà steso sul letto il figlio che ha partorito,
ma cani e uccelli tutto ti sbraneranno».
Rispose morendo Ettore elmo lucente:
«Va', ti conosco guardandoti! Io non potevo
persuaderti, no certo, ché in petto hai un cuore di ferro.
Bada però, ch'io non ti sia causa dell'ira dei numi,
quel giorno che Paride e Febo Apollo con lui
t'uccideranno, quantunque gagliardo, sopra le Scee».
Mentre diceva così, l'avvolse la morte:
la vita volò via dalle membra e scese nell'Ade,
piangendo il suo destino, lasciando la giovinezza e il vigore.
Rispose al morto il luminoso Achille:
«Muori! La Chera io pure l'avrò, quando Zeus

335. che ... ginocchi: verso formulare: che ti ho ucciso.
336. sconceranno: strazieranno. Come si è visto nell'episodio di Patroclo (▶ p. 81), negare la sepoltura a un avversario vinto significava costringere la sua anima a vagare a lungo, prima che potesse entrare nel regno dei morti.
338. per i ginocchi: il gesto consueto del supplice era quello di abbracciare le ginocchia o toccare il mento del vincitore.
342-343. del fuoco ... Teucri: perché i Troiani e le Troiane possano affidare il mio corpo alle fiamme del rogo funebre.
344. Ma bieco ... disse: si tratta di un verso formulare.
346-347. ah! ... fatto: Achille rifiuta la richiesta di Ettore; anzi, si rammarica del fatto di non poter essere lui stesso uno degli uccelli e dei cani che divorano i cadaveri, per compensare con un gesto estremo il dolore smisurato per la morte di Patroclo.
352. Dardanide: discendente di Dardano. • **la nobile madre:** Ecuba.
358. io ... numi: il tuo comportamento verso di me non provochi l'ira degli dèi.
360. t'uccideranno: Ettore profetizza la fine di Achille, che non è raccontata nell'*Iliade*, ma nei cosiddetti poemi del Ciclo e in altri testi post-omerici. Controversa è l'identità dell'uccisore di Achille, così come la dinamica: secondo una versione, Apollo stesso, dalle mura di Troia, colpisce Achille nell'unico punto vulnerabile del suo corpo, il tallone; secondo altre versioni, la freccia è scagliata da Paride, assistito dal dio; secondo un altro testo ancora, Paride, da solo, uccide a tradimento l'eroe nel tempio di Apollo, ove Achille, accecato dall'amore per la bella Polissena, è entrato disarmato. • **quantunque:** sebbene.
361-363. Mentre ... vigore: si veda il momento della morte di Patroclo (libro XVI, vv. 855-857, ▶ p. 83).

vorrà compierla e gli altri numi immortali».
Disse e strappò dal corpo l'asta di bronzo
e la pose da parte; l'armi sanguinanti spogliò
dalle spalle: accorsero gli altri figli dei Danai,
la statura ammirando e la bellezza stupenda
d'Ettore, e nessuno s'avvicinò senza colpire.
E così andava dicendo qualcuno, rivolto al vicino:
«Davvero è più morbido adesso a palparsi
Ettore, di quando bruciò col fuoco ardente le navi!».

[Achille chiede ai Greci di proseguire l'assalto contro la città, privata del suo più strenuo difensore. Il pensiero del cadavere di Patroclo, ancora senza onori funebri, lo induce però ad abbandonare il proposito e a tornare verso le navi, non prima di aver infierito in modo atroce sul cadavere di Ettore.]

Disse e meditò ignominia contro Ettore glorioso:
gli forò i tendini dietro ai due piedi
dalla caviglia al calcagno, vi passò due corregge di cuoio,
lo legò al cocchio, lasciando strasciconi la testa,
e balzato sul cocchio, alte levando le nobili armi,
frustò per andare: vogliosi i cavalli volarono.
E intorno al corpo trainato s'alzò la polvere: i capelli
neri si scompigliarono; tutta giaceva in mezzo alla polvere
la testa, così bella prima: ma allora Zeus ai nemici
lo diede, che lo sconciassero nella sua patria.

369. Danai: si tratta dei Greci.
395. ignominia: ingiuria, offesa, azione che disonora.
397. corregge: cinghie.
398. cocchio: è un carro a due ruote, usato per combattere. • **strasciconi:** lasciando che strusciasse sul terreno, tra la polvere.
400. vogliosi: pronti a correre.

ANALISI DEL TESTO

La funzione dell'episodio

Siamo di fronte al duello più importante del poema, il momento in cui la vicenda raggiunge la sua massima tensione narrativa o *Spannung*. Con la morte di Ettore si conclude infatti il tema centrale dell'ira. La morte di Achille e la fine di Troia, ormai imminente, non sono narrate nel poema, che si chiude con i giochi funebri per Patroclo e con l'incontro tra Achille e Priamo.

Il narratore esterno non viene meno all'oggettività: procede in modo lineare, alterna sezioni narrative e scene dialogate e crea collegamenti interni attraverso l'uso del linguaggio formulare (ad esempio, la morte di Patroclo e quella di Ettore sono indicate con i medesimi versi: la simpatia che il narratore aveva mostrato per il primo si riverbera sul secondo, ora nella condizione di vittima).

Ettore e Achille: le affinità...

I protagonisti del duello, pur appartenenti a schiere opposte, condividono il rispetto del codice eroico: entrambi preferiscono la morte al disonore e considerano la gloria immortale un obiettivo da anteporre a una vita lunga senza onore. Ettore è ossessionato dall'*aidòs*, dal timore del giudizio negativo dei concittadini, e per questo rimane da solo fuori dalle mura di Troia per affrontare il nemico; analogamente, Achille non potrebbe certo rinunciare alla vendetta senza perdere il proprio onore, come all'inizio del poema non ha potuto tollerare la sottrazione del *ghèras*, il premio a lui dovuto. Quando Ettore si scopre ingannato da Atena, non fugge davanti alla fine imminente e trova consolazione nel pensiero di morire lottando, avendo *compiuto gran fatto, che anche i futuri lo sappiano* (v. 305): alla salvezza del presente preferisce la salvezza nel futuro, attraverso la memoria di quelli che verranno. Allo stesso modo, il desiderio di gloria immortale ha condotto Achille a scegliere una vita breve ma illustre piuttosto che lunga e mediocre.

... e le differenze

I due personaggi, tuttavia, presentano differenze profonde. Achille è dominato da sentimenti semplici ma eccessivi: l'ira "funesta", il dolore smisurato, l'odio implacabile, la volontà di vendetta che arriva allo scempio del corpo di Ettore. Egli agisce sempre in modo categorico, sulla base di istinti individuali, non è mai sfiorato dal dubbio di fronte alla realtà. Ettore, invece, è una figura più complessa: è attraversato da una molteplicità di sentimenti, spesso in contrasto fra loro; in lui convivono la dimensione eroica e quella umana, l'interesse pubblico e quello privato, il *massacratore* e il *pastore di popoli*. Per questa ragione, la paura che induce Ettore a fuggire per tre volte attorno alle mura di Troia non sminuisce il personaggio, ma lo rende più umano, attirando la simpatia persino di Zeus. La concitazione della corsa è amplificata da similitudini che avvicinano il Troiano a una vittima braccata da un predatore; la velocità è resa dall'esempio di una gara tra cavalli, mentre l'inseguimento interminabile è paragonato a un sogno angoscioso. L'ansia e la disperata attesa di un soccorso si placano nell'illusione di aver trovato un compagno, Deifobo: ciò basta all'eroe per superare la paura, accettare il duello e tentare di stabilire con l'avversario dei valori condivisi, che, pur nell'accettazione della morte, pongano un freno alle forme di crudeltà estrema. Achille, tuttavia, concepisce il rapporto con il nemico solo in termini di *uomo e leone, e lupo e agnello* (vv. 262-263), e rifiuta ogni richiesta di pietà fatta, si noti, non per un vivo, ma per un cadavere.

Il ruolo degli dèi

Il duello finale, destinato a divenire un *tòpos* dell'epica e della narrazione avventurosa, ha qui una dinamica piuttosto semplice: scagliate senza successo le aste, si passa a un colpo di spada frenato dallo scudo, infine Ettore è ferito a morte dalla lancia di Achille. Su questa azione hanno un ruolo fondamentale gli dèi, come già per la morte di Patroclo. Il destino determina l'esito del combattimento, i numi alleati si ritirano, la divinità ostile genera lo smarrimento nella vittima: come Apollo aveva disarmato Patroclo, così Atena confonde Ettore con la falsa immagine di Deifobo e con la restituzione ad Achille dell'asta già scagliata. Il colpo fatale viene dato da uomini, ma solo se gli dèi hanno prima indebolito eroi altrimenti indomabili.

ESERCIZI

COMPRENSIONE E ANALISI

1. La divisione in sequenze Dividi il brano in sequenze e assegna a ciascuna un titolo.

2. Gli dèi Quale atteggiamento assumono gli dèi in questo episodio?

3. La pausa Individua nel testo riportato una scena che trasmette la nostalgia per la pace nella concitazione del duello.

4. Il duello tra Ettore e Achille Perché Ettore interrompe la fuga e decide di affrontare Achille?

5. Le proposte di Ettore Quali proposte rivolge Ettore al suo nemico?

6. Le risposte di Achille Da quale atteggiamento sono caratterizzate le risposte di Achille? Quale ne è la causa?

7. La freccia di Ettore Perché Ettore considera *inutile* (v. 292) la sua freccia?

8. Le armi Da dove provengono le armi che indossa Ettore? E quelle che ha Achille?

9. La consolazione di Ettore Vedendosi abbandonato, Ettore capisce che per lui è giunto il momento della morte. Quale motivo di consolazione, tuttavia, riesce a trovare?

10. Il "vanto", la supplica, la risposta sprezzante, la profezia Sintetizza il contenuto del dialogo tra Achille ed Ettore morente (vv. 330-360).

11. Il disonore Quale gesto di estremo disprezzo viene compiuto da Achille sul corpo morto di Ettore?

LESSICO E STILE

12. Gli epiteti formulari, i versi formulari, i patronimici Individua nel testo, sottolineandoli con colori diversi, gli epiteti formulari, i versi formulari e i patronimici.

13. Le similitudini Il testo presenta numerose similitudini: individuale e riportale in forma schematica nell'elenco che segue, come se si trattasse di proporzioni matematiche. Poi scegli la più suggestiva e commentala.

1. .... : .... =
.... : ....

2. .... : .... =
.... : ....

3. .... : .... =
.... : ....

4. .... : .... =
.... : ....

5. .... : .... =
.... : ....

6. .... : .... =
.... : ....

7. .... : .... =
.... : ....

14. Una narrazione oggettiva o soggettiva? Lo stile del brano rispetta l'oggettività epica oppure no? Rispondi e motiva la tua scelta con esempi tratti dal testo.

15. I sinonimi Trova dei sinonimi o delle espressioni equivalenti per i seguenti termini: *lampeggiava* (v. 134); *fidando* (v. 138); *ghermirla* (v. 142); *vorticoso* (v. 148); *avvampante* (v. 150); *incalzandolo* (v. 188); *s'appiatta* (v. 191); *orrendamente* (v. 256); *bieco* (v. 260); *indomabile* (v. 267); *s'infisse* (v. 276); *benigni* (v. 303); *greve* (v. 328); *stramazzò* (v. 330); *impunito* (v. 332).

SCRITTURA

16. Scrivi un testo espositivo: i riti funebri in Grecia Aiutandoti con il libro di storia, l'enciclopedia o Internet, fai una ricerca sulle usanze funebri dei Greci. Scrivi poi un testo espositivo, in cui inserirai le informazioni che hai raccolto, ricordandoti di citare con precisione le fonti usate.

17. Scrivi un testo narrativo: la fine di Achille La morte di Achille non è raccontata da Omero: prova a farlo tu in un testo narrativo.

18. Scrivi un testo argomentativo: il *tòpos* del duello Il "duello finale" è divenuto un *tòpos* non soltanto dell'epica, ma anche dei romanzi e dei film d'avventura. Quali "duelli finali" ricordi come più appassionanti o commoventi? Scrivi un testo argomentativo, spiegando quali elementi li rendono indimenticabili.

OMERO

L'incontro fra Priamo e Achille

Opera: *Iliade*, libro XXIV, vv. 477-590

Lo svolgimento dei giochi funebri in onore di Patroclo non riesce a lenire il dolore di Achille: il rimpianto per l'amico lo consuma ed egli cerca conforto nella vendetta, trascinando nella polvere il cadavere di Ettore. Gli dèi, mossi a pietà per il Troiano, stabiliscono di porre fine al selvaggio accanimento di Achille: Zeus, pertanto, manda Teti a comunicare al figlio che le divinità sono indignate per la sua mancanza di pietà e poi invia la messaggera Iride dal vecchio re Priamo, perché gli fornisca le informazioni necessarie a penetrare nell'accampamento greco. Priamo, disarmato e in compagnia di un anziano araldo, parte con un carico di doni e ricchezze da offrire al nemico per ottenere la restituzione del corpo di Ettore e, grazie alla protezione di Ermes, giunge sino alla tenda di Achille senza che nessuno lo veda.

Entrò non visto il gran Priamo, e standogli accanto
strinse fra le sue mani i ginocchi d'Achille, baciò quella mano
tremenda, omicida, che molti figliuoli gli uccise.
Come quando grave colpa ha travolto un uomo,
che, ucciso in patria qualcuno, fugge in altro paese,
in casa d'un ricco, stupore afferra i presenti;
così Achille stupì, vedendo Priamo simile ai numi,
e anche gli altri stupirono e si guardarono in faccia.
Ma Priamo prendendo a pregare gli disse parola:
«Pensa al tuo padre, Achille pari agli dèi,
coetaneo mio, come me sulla soglia tetra della vecchiaia,
e lo tormentano forse i vicini, standogli intorno,
perché non c'è nessuno che il danno e il male allontani.
Pure sentendo dire che tu ancora sei vivo,
gode in cuore, e spera ogni giorno
di vedere il figliuolo tornare da Troia.
Ma io sono infelice del tutto, che generai forti figli
nell'ampia Troia, e non me ne resta nessuno.
Cinquanta ne avevo quando vennero i figli dei Danai,
e diciannove venivano tutti da un seno,
gli altri altre donne me li partorirono in casa:
ma Ares furente ha sciolto i ginocchi di molti,

478. i ginocchi: come si è visto, abbracciare le ginocchia è uno dei tipici gesti del supplice; ad esso Priamo unisce un atto di sottomissione ancora maggiore, perché bacia le mani che gli hanno ucciso tanti figli.
480-482. Come ... presenti: come quando un uomo, che si è macchiato di una grave colpa uccidendo un uomo in patria, fugge in un altro paese e chiede ospitalità a un ricco, suscitando lo stupore dei presenti.
484. gli altri: nella tenda di Achille sono presenti anche gli eroi Automedonte e Alcimo per assisterlo e aiutarlo.
486. tuo padre: si tratta di Peleo. • **pari agli dèi:** è un epiteto formulare.
487. tetra: triste, funesta, oscura.
488. i vicini: i popoli confinanti, i sovrani rivali.
489. nessuno: come ha già detto ai vv. 255-262, Priamo si rammarica perché tutti i suoi figli *forti* sono morti, mentre gli sono rimasti solo *i vigliacchi, i ballerini, i bugiardi.*
495. Danai: sono i Greci.
496. da un seno: dalla stessa donna, cioè da Ecuba.
498. Ares: è il dio della guerra, Marte per i Romani. • **ha sciolto i ginocchi:** ha fatto perire. Si tratta di un'espressione formulare.

e quello che solo restava, che proteggeva la rocca e la gente,
tu ieri l'hai ucciso, mentre per la sua patria lottava,
Ettore... Per lui vengo ora alle navi dei Danai,
per riscattarlo da te, ti porto doni infiniti.
Achille, rispetta i numi, abbi pietà di me,
pensando al padre tuo: ma io son più misero,
ho patito quanto nessun altro mortale,
portare alla bocca la mano dell'uomo che ha ucciso i miei figli!».
Disse così, e gli fece nascere brama di piangere il padre:
allora gli prese la mano e scostò piano il vecchio;
entrambi pensavano e uno piangeva Ettore massacratore
a lungo, rannicchiandosi ai piedi d'Achille,
ma Achille piangeva il padre, e ogni tanto
anche Patroclo; s'alzava per la dimora quel pianto.
Ma quando Achille glorioso si fu goduto i singhiozzi,
passò dal cuore e dalle membra la brama,
s'alzò dal seggio a un tratto e rialzò il vecchio per mano,
commiserando la testa canuta, il mento canuto,
e volgendosi a lui parlò parole fugaci:
«Ah misero, quanti mali hai patito nel cuore!
e come hai potuto alle navi dei Danai venire solo,
sotto gli occhi d'un uomo che molti e gagliardi
figliuoli t'ha ucciso? Tu hai cuore di ferro.
Ma via, or siedi sul seggio e i dolori
lasciamoli dentro nell'animo, per quanto afflitti:
nessun guadagno si trova nel gelido pianto.
Gli dèi filarono questo per i mortali infelici:
vivere nell'amarezza: essi invece son senza pene.
Due vasi son piantati sulla soglia di Zeus,
dei doni che dà, dei cattivi uno e l'altro dei buoni.
A chi mescolando ne dia Zeus che getta le folgori,
incontra a volte un male e altre volte un bene;
ma a chi dà solo dei tristi, lo fa disprezzato,

499. quello: ossia Ettore.
500. ieri: l'espressione non va intesa alla lettera, perché in realtà sono passati dodici giorni (libro XXIV, v. 413).
503. numi: gli dèi. Negare la sepoltura a un morto costituiva un atto molto grave contro la pietà e le consuetudini religiose: lo spirito del defunto insepolto, infatti, era costretto a vagare a lungo senza poter entrare nel regno dei morti.
506. portare alla bocca: cioè baciare. Achille allude al gesto compiuto al v. 478.
507. piangere il padre: commuoversi pensando al proprio padre.
508. scostò piano: allontanò delicatamente da sé.
509. massacratore: è un epiteto formulare.
512. s'alzava ... pianto: nella tenda si diffondeva il suono di quel pianto.
513. si fu goduto i singhiozzi: si fu saziato di pianto, si fu sfogato.
514. la brama: il forte desiderio (di piangere).
516. canuta: bianca.
517. parole fugaci: è un'espressione formulare.
520. gagliardi: forti, valorosi.
521. cuore di ferro: si tratta di un'espressione formulare. Qui va intesa "hai un grande coraggio".
525. filarono: stabilirono. Il termine "filare" evoca l'azione compiuta dalle Moire o Parche, le tre dee rappresentate come anziane filatrici che tessevano il destino degli uomini.
527-528. Due vasi ... buoni: davanti alle porte della dimora di Zeus si trovano due vasi, pieni dei doni che egli dà ai mortali: uno pieno di doni cattivi, l'altro di doni buoni.
529. mescolando: attingendo a entrambi i vasi. • **che getta le folgori:** è un epiteto formulare.
531. tristi: cattivi. • **lo fa disprezzato:** lo rende sciagurato.

e mala fame lo insegue per la terra divina,
va errando senza onore né dagli dèi né dagli uomini.
Così a Peleo doni magnifici fecero i numi
fin dalla nascita; splendeva su tutti i mortali
per beata ricchezza; regnava sopra i Mirmìdoni,
e benché fosse mortale gli fecero sposa una dea.
Ma col bene, anche un male gli diede il dio, ché non ebbe
nel suo palazzo stirpe di figli nati a regnare,
un figlio solo ha generato, che morrà presto: e io non posso
aver cura del vecchio perché lontano dalla mia patria
qui in Troia siedo, a te dando pene e ai tuoi figli.
E anche tu, vecchio – sappiamo – fosti felice prima:
quanto paese di sopra limita Lesbo, la sede di Màcaro,
e di sotto la Frigia e lo sconfinato Ellesponto,
su tutti, raccontano, o vecchio, per figli e ricchezze splendevi.
Da che questo male, invece, i figli del cielo ti diedero,
sempre battaglie vi sono intorno alla rocca e stragi d'uomini.
Sopporta, dunque, e non gemere senza posa nel cuore:
nulla otterrai piangendo il figlio, non lo farai
rivivere, potrai piuttosto patire altri mali».
E il vecchio Priamo pari ai numi rispose:
«Non farmi sedere sul seggio, figlio di Zeus, finché senza cure
Ettore giace straziato nella tua tenda, ma subito
rendimelo, che possa vederlo: e accetta il riscatto
abbondante che porto: e tu possa goderne, e tornare
nella tua patria terra, tu che mi lasci
vivere ancora, veder la luce del sole».
Ma guardandolo bieco Achille piede rapido disse:
«Non m'irritare ora, o vecchio; son io che voglio
renderti Ettore, perché messaggera mi venne da Zeus
la madre che mi partorì, figlia del vecchio marino.
Anche te, o Priamo – lo so in cuore e non mi sfugge –
guidò qualcuno dei numi alle rapide navi degli Achei.
Non oserebbe venire un mortale, neppure nel fior dell'età,

532. mala fame: una fame rabbiosa, insaziabile.
536. Mirmìdoni: sono un popolo della Tessaglia, su cui regna Peleo.
537. una dea: Teti, una ninfa marina.
538. ché: poiché.
539. stirpe di figli: un certo numero di figli.
540. che morrà presto: come già detto, la morte di Achille non viene raccontata nell'*Iliade*, ma gli ultimi libri sono densi di allusioni alla fine imminente dell'eroe.
545. Ellesponto: Achille indica i confini della Troade: a nord e a ovest l'Ellesponto (l'attuale stretto dei Dardanelli), a sud Lesbo (sede di Macaro, mitico figlio di Eolo, re dei venti), a est la Frigia (regione dell'Asia Minore).
547. questo male: la guerra. • **i figli del cielo:** gli dèi.
553. senza cure: senza onori funebri.
554. straziato: Achille, dopo aver ucciso Ettore, ha fatto scempio del suo cadavere, legandolo al proprio carro e trascinandolo nella polvere (▶ *Il duello finale e la morte di Ettore*, vv. 395-404, p. 93). Gli dèi, tuttavia, per benevolenza nei confronti di Ettore, che in vita era sempre stato devoto e rispettoso, hanno fatto in modo che il corpo dell'eroe rimanesse intatto e non fosse sfigurato, nonostante la brutalità del nemico.
555. riscatto: secondo la consuetudine, veniva offerta un'ingente quantità di denaro per riavere un prigioniero o ottenere la restituzione del corpo di un parente ucciso. Priamo ha portato con sé, secondo le indicazioni degli dèi, un carro pieno di oggetti preziosi da offrire ad Achille.
559. guardandolo bieco: è un verso formulare.
562. vecchio marino: Nereo, dio marino.
564. qualcuno dei numi: in effetti, Priamo era stato accompagnato da Ermes. • **Achei:** sono i Greci.

nel nostro campo, né sfuggirebbe alle guardie, né il chiavistello
della mia porta potrebbe spostare senza fatica.
Perciò, fra tante pene, non mi gonfiare il cuore di più,
ch'io non ti lasci stare, o vecchio, neppur nella tenda,
benché supplice, e violi il comando di Zeus!».
Disse così, e il vecchio tremò e obbedì alla parola.
Come leone il Pelide balzò alla porta della sua tenda,
non solo, i due scudieri andarono con lui,
l'eroe Automèdonte e Àlcimo, che soprattutto
Achille onorava tra i suoi, dopo la morte di Patroclo.
Sciolsero essi, dunque, dal giogo mule e cavalli,
condussero dentro l'araldo, il banditore del vecchio,
e su un seggio l'assisero; dal carro belle ruote
tolsero il prezzo infinito del corpo d'Ettore,
ma lasciaron due lini e un ben tessuto chitone,
per restituire coperto il corpo da ricondurre a casa.
Poi, chiamate le schiave, Achille ordinò di lavarlo, d'ungerlo,
ma in altro luogo, ché Priamo non lo vedesse,
e nel cuore angosciato non trattenesse più l'ira
alla vista del figlio, e l'animo si gonfiasse ad Achille,
e lo uccidesse, violasse il comando di Zeus.
Quando l'ebber lavato le schiave, l'ebbero unto con l'olio,
intorno gli misero il bel lino e la tunica,
e sul feretro, alzandolo, Achille stesso lo pose;
poi i compagni lo sollevarono sul carro polito. ”

566. chiavistello: la porta della tenda di Achille era chiusa da un'enorme sbarra di legno d'abete: erano necessari tre uomini per toglierla o per metterla oppure la forza smisurata dello stesso eroe (libro XXIV, vv. 453-456).
577. l'araldo: Priamo si era recato al campo greco in compagnia di un vecchio messaggero, Ideo.
578. l'assisero: lo fecero sedere. • **chitone:** tunica.
584. l'ira: Achille teme che Priamo, sconvolto alla vista del cadavere deturpato di Ettore, non sappia più controllarsi. Di fronte a un atteggiamento di sfida di Priamo, Achille sa che reagirebbe con violenza, uccidendo il vecchio e offendendo gli dèi.
589. feretro: è la portantina su cui si collocavano le spoglie dei vinti.
590. polito: levigato, ben rifinito.

ANALISI DEL TESTO

Il superamento dell'ira

Il poema, apertosi con l'esplosione dell'ira di Achille, delinea nella conclusione un modo per superare la furia e le sue devastanti conseguenze. Il protagonista, che in tutta l'opera ha dato sfogo a passioni distruttive, scopre con amarezza che né l'uccisione del nemico né lo scempio del suo cadavere permettono di far tacere il dolore e la nostalgia per una persona cara perduta. L'unica via possibile è quella più inaspettata, visto il carattere del personaggio: la riconciliazione e il prevalere della pietà sulla vendetta.

Il legame tra due nemici

Achille e Priamo sono nemici, la guerra non è conclusa e riprenderà sino alla distruzione di Troia; tuttavia il poeta sceglie di lasciare sullo sfondo le vicende belliche (la fine della città con l'inganno del cavallo non è raccontata nell'*Iliade* e gli ultimi versi sono dedicati ai funerali di Ettore) per dare spazio al commovente incontro tra due uomini che condividono molto più di quanto si potrebbe immaginare. Entrambi hanno perduto persone care e non trovano consolazione; entrambi hanno valori simili, quali il legame familiare, il coraggio, l'ospitalità. La loro vicinanza dapprima non è vera compassione per l'altro (ognuno, infatti, piange per sé, vv. 509-512), ma presto li coglie l'intuizione di potersi rispecchiare nella situazione del nemico. Su questo fa leva il discorso di Priamo (*Pensa al tuo padre*..., vv. 486 ss.) e Achille ascoltandolo piange, pensando al vecchio Peleo; poi il Pelide commisera la condizione del nemico *canuto* (v. 516), ne ammira il coraggio, approda infine a una riflessione più ampia. In un mondo in cui gli uomini ricevono dagli dèi beni misti a mali oppure soltanto mali, chi può credersi davvero vincitore? Il narratore onnisciente, che in tutto l'episodio cede spesso il posto al dialogo tra i due personaggi, affida qui il proprio messaggio pessimistico sul destino degli uomini ad Achille, narratore di secondo grado del mito dei due vasi di Zeus. La prosperità e la felicità sono effimere, non resta che imparare a sopportare il dolore che contraddistingue la condizione umana.

Un percorso di maturazione?

Il discorso di Achille, che assume toni pensosi e filosofici, è accompagnato nel brano da gesti che rivelano sollecitudine e sono assolutamente nuovi in questo personaggio: l'eroe prende la mano di Priamo, allontana *piano* (v. 508) da sé il vecchio inginocchiato ai suoi piedi, lo fa rialzare sorreggendolo, lo invita a sedersi; si preoccupa anche di far lavare e ungere dalle ancelle il corpo di Ettore prima che il re lo veda. Alcuni critici parlano, a tale proposito, di un percorso di maturazione di Achille, approdato alla coscienza della comune fragilità dei mortali: sia pure per mediazione degli dèi, l'eroe è cambiato, ha recuperato la propria umanità e ha imparato a porre un argine al desiderio di vendetta selvaggia. Per altri, tuttavia, non si tratta di una vera trasformazione del personaggio: Achille resta impulsivo e irascibile, compie un atto di pietà per una decisione soggettiva e non tollera insistenze né è disposto a piegarsi alla volontà altrui (vv. 560-570), tanto che ha timore di non riuscire a controllarsi di fronte a possibili intemperanze del nemico. L'intesa è fragile, fondata su una base non razionale ma emotiva, e nuove emozioni potrebbero indurlo a uccidere quel nemico che per un momento ha sentito vicino (v. 585).

Se il mutamento effettivo del personaggio resta motivo di discussione, è innegabile la trasformazione del modello di potere proposto dalla conclusione del poema: come scrive lo studioso F. Ferrucci (*L'assedio e il ritorno. Omero e gli archetipi della narrazione*, Bompiani, Milano 1974, *passim*), «la società a cui si rivolge Omero, nostalgica di un mondo eroico e rissoso» ha trovato appagamento ai suoi bisogni durante tutto il poema, ma alla fine «viene offerto un modello di una autorità finalmente illuminata perché consapevole del destino comune».

ESERCIZI

COMPRENSIONE E ANALISI

1. Le ragioni di Priamo e Achille Perché Priamo si reca da Achille? E perché Achille acconsente alle sue richieste?

2. I gesti dei due protagonisti Analizza il comportamento di Priamo e di Achille. Da quali gesti si nota l'umiltà di Priamo? Da quali, invece, la sollecitudine di Achille?

3. La mano di Achille Come viene definita la mano di Achille al v. 479? Perché?

4. Priamo e Peleo Quali elementi accomunano Priamo e Peleo? In che cosa, invece, differisce la loro condizione?

5. Achille e Priamo Quali elementi accomunano Achille e Priamo? In che cosa, invece, differisce la loro condizione?

6. Il mito dei vasi di Zeus Spiega con parole tue il mito dei vasi di Zeus. Perché, secondo te, Achille inserisce questo racconto nel suo discorso?

7. L'impazienza di Priamo In quale punto del testo Priamo dimostra un atteggiamento impaziente?

8. La reazione di Achille Come reagisce Achille di fronte all'insistenza di Priamo?

9. Dèi e mortali Quale immagine della vita umana e della vita divina emerge dal brano?

LESSICO E STILE

10. Il termine "cuore" Con le parole *Tu hai cuore di ferro* (v. 521) Achille riconosce il coraggio del nemico. Il "cuore" è protagonista di molte espressioni metaforiche nella lingua italiana: elenca quelle che conosci e spiegale (ad esempio: *cuore di pietra*, *cuore di burro*, *essere un cuor contento*, *a cuor leggero*...).

11. La similitudine Individua la similitudine presente nei versi riportati e inserisci nello schema gli elementi confrontati, come se si trattasse di una proporzione matematica.

.... : ....
=
.... : ....

12. Il lessico formulare Sottolinea con colori diversi gli epiteti fissi e i versi/espressioni formulari presenti nel brano.

13. La vecchiaia di Priamo Trova tutti i vocaboli e le espressioni da cui si deduce l'età avanzata di Priamo.

14. Dolore, commozione e ira Individua nel testo i vocaboli che esprimono dolore/commozione oppure ira e sottolineali con colori diversi.

SCRITTURA

15. Scrivi un testo argomentativo: il personaggio di Achille Secondo te, Achille ha compiuto un percorso di maturazione oppure no? Scrivi un testo in cui argomenti la tua risposta, facendo riferimento anche ad altri brani che hai letto.

16. Scrivi un testo narrativo-descrittivo: un diverso punto di vista Riscrivi l'episodio adottando il punto di vista del vecchio araldo Ideo, che ha accompagnato Priamo e ascolta la conversazione tra il re e Achille dall'esterno della tenda, senza vedere i loro gesti.

17. Scrivi un testo argomentativo: il pianto Achille e Priamo si abbandonano al pianto, senza che per questo la loro immagine eroica venga sminuita. In altri contesti, il pianto di uomini ha avuto valutazioni molto diverse. Quali? Scrivi un testo argomentativo che risponda al seguente quesito: il pianto è una manifestazione emotiva che esprime debolezza e rende più fragili?

AUTORI MODERNI RISCRIVONO L'EPICA ANTICA

Cassandra di Christa Wolf

La scrittrice tedesca Christa Wolf rilegge in modo originale la tormentata vicenda di Cassandra, figlia di Priamo, profetessa condannata da Apollo a non essere mai creduta e testimone della rovina di Troia. Il personaggio del mito diventa protagonista di un romanzo dalla struttura complessa, in cui si sovrappongono piani temporali differenti, pensieri, echi di discorsi e di vicende, sempre filtrati dall'interiorità di chi racconta.

Cassandra, condotta come schiava a Micene, sa che presto Clitemnestra, moglie di Agamennone, ucciderà il marito e poi volgerà la sua furia contro di lei. Mentre attende, fuori dalla Porta dei leoni, che il suo destino si compia, ripercorre con la memoria la fine della sua città, raccontando in prima persona la guerra di Troia. Nella sua narrazione si intrecciano pensieri ed episodi appartenenti a momenti diversi: la traversata del mar Egeo durante la tempesta, come prigioniera; l'arrivo a Troia delle guerriere Amazzoni, alleate di Priamo; la sua adolescenza, la vita a palazzo e la scelta di divenire sacerdotessa; l'inizio della guerra e l'ascesa a corte di figure ambigue e repressive come quella di Eumelo; la ferocia di Achille, "la bestia"; l'amore per Enea; la prigionia dovuta alla sua intransigenza verso la logica della guerra; la breve serenità, lungo il fiume Scamandro, insieme con un gruppo di donne che cercano di rifiutare l'alternativa tra uccidere o morire; infine la notte fatale della caduta di Troia.

Christa Wolf, una delle più grandi scrittrici tedesche contemporanee, usa una scrittura complessa, densa di continue analessi e prolessi, di ellissi e brusche interruzioni del discorso, che riproducono l'affollarsi delle esperienze alla memoria. Anche la punteggiatura vìola le consuetudini grammaticali, per costruire una sorta di "eco interiore" delle parole proprie e altrui nella mente della protagonista. Il libro, scritto nel 1983 in quella che allora era la Repubblica Democratica Tedesca, a Berlino est, contiene pensieri e riflessioni che, oltre a rileggere in modo originale l'epica antica, parlano di un passato vicino a noi e sanno proiettarsi sul presente, con durezza e lucidità.

Un libro per giovani lettrici e lettori che accettano di confrontarsi con uno stile "difficile", con temi e situazioni anche dure e tragiche, con una scrittrice che non offre mai soluzioni facilmente consolatorie.

Si propone come esempio la pagina in cui la profetessa, chiamata in consiglio alla presenza di Priamo e di tutte le autorità, si rifiuta di dare la propria approvazione al piano per uccidere Achille, che prevede di usare la sorella di Cassandra, Polissena, come esca. L'opposizione costerà alla donna la libertà.

Chiusi gli occhi e vidi la scena. In tutti i particolari. Udii il riso di Polissena. Vidi l'assassinio nel tempio – Achille cadavere, ah! chi non bramava uno spettacolo simile! –, che restava avvinto a Polissena.
Voi la usate.
Ma chi?
Polissena.
Insomma, non riesci a capire! Non si tratta di lei. Per noi si tratta di Achille.
È quello che dico.

Allora parlò il padre, che fino a quel momento aveva taciuto: taci, Cassandra. – Con ira, con cattiveria. – Io dissi: padre – Basta con questo "padre". Per troppo tempo ti ho lasciata fare. Bene, pensavo, è molto sensibile. Bene, non vede che il mondo così com'è. Sta un po' tra le nuvole. Si prende troppo sul serio, cosa che amano fare le donne. È viziata, non è capace di adattarsi. Esaltata. Ma che motivo hai, figlia. Me lo sai dire? Tu che stai sempre col naso all'insù? Tu che stai sempre a mettere bocca? E a disprezzare quelli che combattono per Troia? Eppure la conosci la nostra situazione. E se adesso non ti dichiari a favore di questo nostro piano per uccidere Achille, il peggior nemico, – sai come chiamo io ciò? Favoreggiamento del nemico.

Che silenzio intorno a me, dentro di me. Come ora. Come qui.

Il padre aggiunse che dovevo immediatamente dichiararmi a favore dei piani che erano in discussione; dovevo impegnarmi a tacerne e, se messi in atto, a difenderli espressamente contro chiunque.

Fu questo l'attimo temuto, e tuttavia inatteso. Non ero impreparata, perché fu così difficile? In fretta, con terribile rapidità valutai se fosse possibile che stessero dalla parte della ragione. Che significa dalla parte della ragione. Che ragione – della ragione di Polissena, della mia ragione – non era il caso di parlare, perché un dovere, quello di uccidere il nostro peggiore nemico, aveva ingoiato la ragione. E Polissena? Sarebbe finita male, su questo non c'era da dubitare. Per lei non c'era più speranza.

Allora, Cassandra. È vero che sei una persona ragionevole?

Dissi: no.

Non ti dichiari a favore?

No.

Ma tacerai.

No, dissi. Angosciata, Ecuba la madre mi strinse il braccio. Sapeva quello che stava per accadere, anch'io. Il re disse: arrestatela.

(C. Wolf, *Cassandra*, trad. it. di A. Raja, edizioni e/o, Roma 1992)

VERIFICA L'*Iliade*

Le vicende

1. Indica se le seguenti affermazioni sono vere o false.

1. Il poema si apre con il rapimento di Elena da parte di Paride. V F

2. L'ira di Achille è scatenata dal fatto che l'eroe non vuole abbandonare la donna che ama, Briseide. V F

3. L'assedio a Troia dura da nove anni. V F

4. La conclusione della guerra non è raccontata nell'*Iliade*. V F

5. Apollo, Afrodite e Atena sostengono i Troiani. V F

6. Tersite, guerriero indomabile, mette in fuga persino gli dèi e ferisce Ares. V F

7. Gli dèi dell'*Iliade* hanno gli stessi vizi e le stesse virtù degli uomini e intervengono in battaglia commettendo anche atti sleali. V F

8. Andromaca convince Ettore a rimandare il duello con Achille. V F

9. Le armi di Achille vengono conquistate da Ettore. V F

10. Ettore sconfigge Patroclo con l'aiuto di Apollo. V F

11. Achille, vedendo Priamo, si commuove perché pensa al proprio padre. V F

Le parole-chiave del poema

2. Scegli l'affermazione corretta tra quelle che seguono.

1. Il *ghèras* (il premio per la battaglia):
   - **a.** viene assegnato ai guerrieri in base alla loro età
   - **b.** è il riconoscimento pubblico del valore di un guerriero
   - **c.** è desiderato solo se è costituito da armi e metalli preziosi

2. L'*aidòs* (la vergogna):
   - **a.** è la paura di violare una legge divina
   - **b.** è la paura di commettere un atto crudele
   - **c.** è la paura di perdere il rispetto della propria comunità

3. L'*aristìa*:
   - **a.** è la provenienza da una famiglia nobile
   - **b.** è la prova del valore di un guerriero, ossia una serie di duelli eroici
   - **c.** è l'assemblea dei capi per deliberare su questioni importanti

4. *Timè e klèos* (l'onore e la gloria):
   - **a.** possono rendere immortale un eroe, conservandone il ricordo presso i posteri
   - **b.** vengono perduti se un guerriero si mostra debole, ad esempio se piange in pubblico
   - **c.** possono essere conquistati anche da uomini brutti e di bassa condizione sociale, purché coraggiosi

Gli eroi e gli antieroi

3. Completa la tabella con i nomi indicati nell'elenco.

Diomede • Dolone • Paride • Tersite • Achille • Ettore • Odisseo • Patroclo • Priamo

	Greci	*Troiani*
Eroi		
Antieroi		

4. Analizza i personaggi di Achille e di Ettore, sottolineando nell'elenco che segue le caratteristiche che possono essere riferite ad Achille in blu e quelle che si adattano a Ettore in rosso. Poi verifica: quali aspetti hanno in comune i due personaggi? Quali sono specifici di ciascuno? Quali sono del tutto estranei a entrambi?

rifiuta l'azione degli dèi perché confida solo nelle proprie forze • è dotato di bellezza e forza fisica • è attratto dal potere più che dalla gloria • è coraggioso in battaglia • è combattuto fra l'amore per la famiglia e il dovere per la patria • è sprezzante del pericolo • non piange mai • non è in grado di parlare in assemblea ma sa solo combattere • preferisce la morte al disonore • prova pietà per i nemici vinti • rispetta le regole dell'ospitalità • non accetta le imposizioni e i comandi altrui • non vuole violare le leggi divine • non ha una volontà propria ma esegue ciò che gli chiedono gli dèi • è attraversato da dubbi e conosce momenti di esitazione e di paura • la vendetta è per lui un dovere • si vanta di fronte al nemico morente • vive sentimenti e passioni in modo estremo

Le tecniche poetiche: la formularità

5. Quali elementi caratteristici dello stile formulare rispondono alle seguenti definizioni? Trova la parola esatta per designarli.

1. Forme identiche che occupano più versi: ....

....

2. Breve locuzione che si ripete identica accanto ai nomi di persone, oggetti e luoghi: ....

3. Appellativo derivato dal nome del padre: ....

....

6. Collega il nome alla sua formula fissa.

1. sposa	**a.** egioco
2. Ettore	**b.** concave
3. Troiane	**c.** domatrice di cavalli
4. Troia	**d.** arco d'argento
5. parole	**e.** Atride
6. Apollo	**f.** lungo peplo
7. navi	**g.** bei riccioli
8. Menelao	**h.** ombra lunga
9. Zeus	**i.** alate
10. asta	**l.** massacratore
11. Achille	**m.** rapido piede

Le tecniche poetiche: le similitudini

7. Nel brano che segue, tratto dal libro II, vv. 455-473, è descritto l'esercito acheo che avanza, pronto a schierarsi in battaglia. Leggi il passo e individua le numerose similitudini presenti.

Come fuoco distruttore arde immensa foresta
in cima a un monte, brilla la vampa lontano,
così dal bronzo orrendo degli avanzanti
un lampo tutto luce per l'aria al cielo arrivava.
Di questi – come innumerevoli schiere
[d'uccelli alati,
d'oche o di gru o di cigni lungo collo,
nei prati d'Asia, sulle correnti del Castro,
qua e là volteggiano, sbattendo l'ali con gioia,
e mentre con gridi si posano la prateria risuona –
così innumerevoli schiere di questi dalle
[navi e dalle tende
si riversavano nella pianura Scamandria;
[la terra
rombava terribilmente sotto i piedi loro e
[dei cavalli.
Si fermarono nella prateria Scamandria
[fiorita,
a migliaia, quanti le foglie e i fiori nascono a
[primavera.
Come son numerosi i nugoli fitti di mosche
che volano intorno per una stalla di pecore
a primavera, quando il latte empie i secchi,
così numerosi in faccia ai Troiani gli Achei
[dai lunghi capelli
stettero nella pianura, bramando di sterminarli.

La storia e il mito

8. Rispondi alle domande che seguono.

1. Qual è la causa della guerra di Troia secondo il mito?

2. Quali sono le ipotesi storiche in merito alla guerra di Troia?

3. Chi è Heinrich Schliemann e quali sono state le sue scoperte?

4. Che cosa si intende per "questione omerica"?

5. In che epoca sono stati composti i poemi omerici? Quale epoca riflettono? Quando sono stati redatti in forma scritta?

6. Chi sono gli aedi? E i rapsodi?

L'*Odissea*

La struttura

L'*Odissea* è, insieme con l'*Iliade*, l'opera che ha dato inizio alla letteratura greca e ha influenzato profondamente l'intera storia letteraria occidentale. Si tratta di un poema epico in versi esametri, diviso in 24 libri, che narra le peripezie di Odisseo – l'Ulisse dei Romani – durante il viaggio di ritorno da Troia, e le difficoltà da lui affrontate in patria, per riconquistare la propria casa e il proprio ruolo.

L'argomento

Gli dèi stabiliscono che è finalmente giunto il momento di consentire il rientro in patria di Odisseo, unico tra gli eroi greci che non ha ancora concluso il proprio viaggio di ritorno da Troia. Mentre Ermes si reca dalla ninfa Calipso, per obbligarla a lasciarlo partire, Atena giunge a Itaca sotto mentite spoglie e induce il figlio di Odisseo, Telemaco, ad assumere un ruolo adulto nella propria casa, dove i Proci consumano i suoi beni nell'attesa che la regina Penelope scelga tra loro un nuovo sposo; quindi la dea suggerisce a Telemaco di intraprendere un viaggio per raccogliere notizie sul padre. Nel frattempo Odisseo lascia l'isola di Ogigia su una zattera, rifiutando il dono dell'immortalità che Calipso gli offre per trattenerlo ancora, e giunge come naufrago a Scheria, dove è accolto dal re dei Feaci, Alcinoo. Nel corso di un banchetto l'eroe svela la propria identità e, su invito del re, narra le avventure accadutegli dalla partenza da Troia. Ha visto popoli selvaggi e sconosciuti, creature mostruose e magiche: i Ciconi, i Lotofagi, i Ciclopi, il re dei venti Eolo, i Lestrigoni, la maga Circe; è sceso agli Inferi; ha affrontato le Sirene, i mostri Scilla e Cariddi, fino a perdere tutti i compagni nell'isola Trinacria, perché essi hanno offeso il dio Sole e hanno attirato su di sé una punizione mortale.

Ottenuta da Alcinoo una nave, Odisseo torna finalmente a Itaca e finge di essere un mendicante, per saggiare la fedeltà dei servi e difendersi dai tradimenti. Accolto da un guardiano di porci, si rivela solo a Telemaco, per preparare con lui la vendetta contro i Proci.

Giunto alla reggia, è riconosciuto dal cane Argo, che muore per l'emozione, e dalla vecchia nutrice Euriclea, che mantiene il segreto. Subisce gli insulti e le offese dei servi infedeli e dei Proci, finché non vince la gara di tiro con l'arco voluta da Penelope: a questo punto rivela la propria identità ai pretendenti e li uccide. La moglie lo sottopone ancora a una prova, per essere certa che si tratti di Odisseo, e l'eroe la supera, dimostrando di conoscere i particolari della costruzione del letto nuziale. Segue l'incontro con il vecchio padre Laerte e la pacificazione con le famiglie nobili dell'isola, favorita da Atena.

La *fabula* e l'intreccio

La struttura narrativa del poema è piuttosto elaborata, anche se ruota intorno a un unico personaggio centrale; inoltre non vi è coincidenza tra *fabula* e intreccio. La vicenda inizia *in medias res*, con il protagonista bloccato sull'isola della ninfa Calipso, Ogigia; poi c'è una lunga sospensione narrativa, in cui si seguono le vicende parallele del figlio di Odisseo (libri I-IV): è la cosiddetta *Telemachia*, che ha fatto ipotizzare a qualcuno che si trattasse di una storia separata dal nucleo principale e "cucita" da qualche rapsodo prima della redazione scritta dell'opera ai tempi di Pisistrato (VI secolo a.C.). Di fatto questa parte non è estranea al resto del poema e ha molteplici funzioni: in primo luogo connette la vicenda con i racconti relativi alla guerra di Troia e con i cosiddetti *nòstoi*, ovvero le leggende sui difficili ritorni degli eroi greci che hanno conquistato Troia (Nestore, Menelao, Agamennone); crea inoltre attesa, ritardando l'ingresso in scena del protagonista, che comparirà direttamente solo nel libro V, mentre in precedenza le notizie su di lui ci vengono fornite da altri, in maniera indiretta. Infine, questa sezione ha anche uno scopo educativo, perché mostra il percorso di formazione di un giovane, attraverso la sua assunzione di responsabilità in pubblico e il viaggio lontano da casa.

Con lo spostamento del protagonista da Ogigia a Scheria inizia la narrazione vera e propria (libri V-VIII), che viene però presto interrotta da un ampio *flashback* (libri IX-XII) nel quale l'eroe recupera, attraverso il racconto alla corte dei Feaci, tutto quello che è avvenuto dalla partenza da Troia. La fine della città, peraltro, non viene mai raccontata da Odisseo, ma evocata in due occasioni dagli aedi (Femio nel libro I e Demodoco nel libro VIII).

Dal libro XIII la narrazione riprende in maniera lineare, ma è, comunque, spesso alterata da anacronie: sono frequenti le analessi (ad esempio il ricordo dell'incidente di caccia che ha procurato a Odisseo la cicatrice, libro XIX, vv. 399-466) e le anticipazioni (ad esempio il fatto che proprio la traccia della vecchia cicatrice consente alla nutrice di riconoscere Odisseo, libro XIX, vv. 392-398 e 467-472).

Lo spazio

Nel suo viaggio Odisseo percorre tutto il Mediterraneo, da Troia fino allo stretto di Gibilterra, dall'Africa del nord alle coste della Campania. Tuttavia, al di là dei tentativi operati dai commentatori per identificare con precisione le terre visitate dall'eroe, quella che prevale è la dimensione del sogno, in cui alcuni particolari realistici sono immersi in una atmosfera fiabesca.

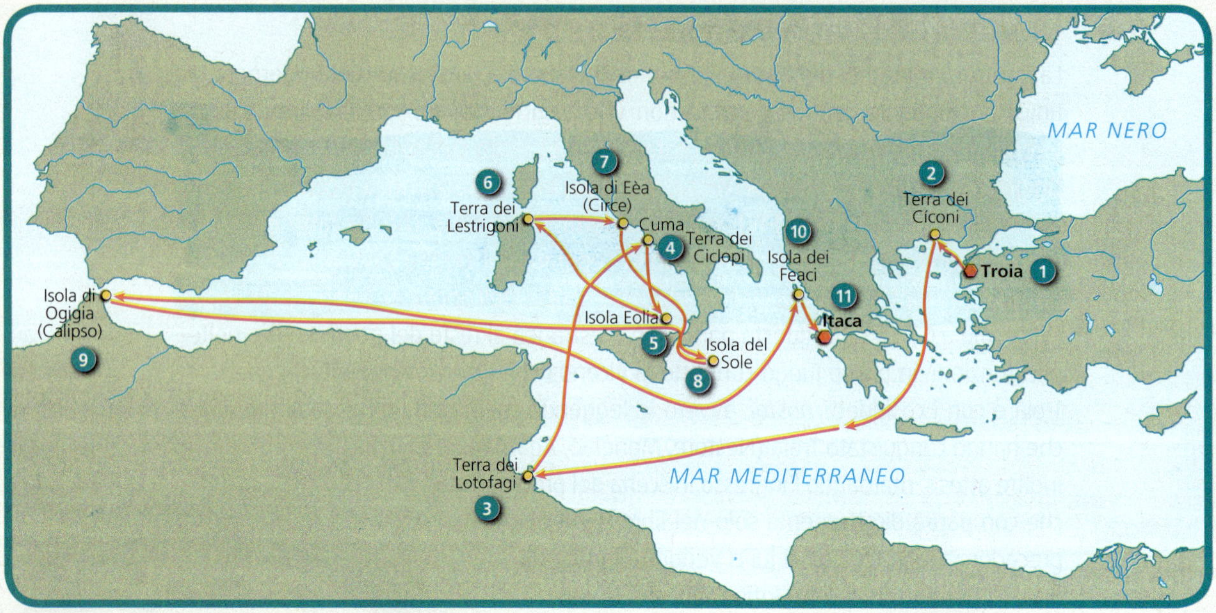

Gli ambienti più significativi del poema sono:

- **Il mare**, le cui insidie sono rappresentate attraverso creature meravigliose e mostri (le Sirene, Scilla e Cariddi) e la cui potenza indomabile trova una trasfigurazione mitica nell'ira di Poseidone, che a lungo impedisce il ritorno dell'eroe scatenando tempeste.
- **L'isola**, che può avere i caratteri del *locus amoenus* (= luogo piacevole, ideale) esotico e pericoloso, come Ogigia - ove la natura lussureggiante riflette e amplifica il fascino di Calipso (libro V) - oppure si identifica con Itaca, un luogo familiare a lungo desiderato dal protagonista, ma che appare irriconoscibile a Odisseo dopo anni di assenza (libro XIII).
- **La terra sconosciuta**, ovvero il luogo da esplorare, per provvedere a cibo e acqua necessari al viaggio, ma più ancora per conoscere quali popoli vi abitino, *se son violenti, selvaggi, senza giustizia, / o amanti degli ospiti e han mente pia verso i numi* (libro IX, vv. 175-176); questo spazio, tuttavia, spesso si trasforma in trappola, più o meno terribile, come la grotta del Ciclope e la dimora di Circe.
- **La reggia**, quella dei Feaci che rappresenta un luogo perfetto, dove le regole dell'ospitalità sono pienamente rispettate (libri VII-VIII), e a cui si contrappone la reggia di Itaca, spazio violato e degradato, ove l'arroganza dei Proci e l'indolenza dei servi fanno in modo che si accumulino le immondizie, gli ospiti siano trascurati e lo stesso padrone debba lottare per riappropriarsi di ciò che gli appartiene. Viene infine evocata più volte dai racconti una reggia che appare come luogo di tranquillità e pace, ma che diviene spazio del tradimento: è il palazzo di Agamennone, in cui l'eroe, una sorta di "doppio" di Odisseo, appena tornato da Troia riceve la morte per mano della sposa infedele.

Il tempo

La narrazione copre un arco di circa quaranta giorni, dal momento in cui Ermes si reca da Calipso fino alla conclusione della vicenda. I fatti narrati, però, si riferiscono a una dimensione temporale assai più ampia: Calipso trattiene Odisseo nella sua isola per sette anni e un triennio sono durate le vicissitudini che l'eroe riferisce ad Alcinoo durante il banchetto. Infine, è utile ricordare che la lontananza di Odisseo da Itaca è di vent'anni: dieci anni infatti è durata la guerra di Troia e altrettanti il viaggio di ritorno.

I personaggi

Odisseo, per quanto compaia anche nell'*Iliade*, è un personaggio che si distingue profondamente dagli eroi guerrieri iliadici: Achille è pronto a rinunciare alla vita per la gloria, Odisseo invece sceglie sempre di vivere. Conosce felicità e limiti della condizione umana, ne accetta le sofferenze e non desidera l'immortalità, che pure gli viene offerta. Lotta e sopporta molti dolori cercando di salvare la vita propria e dei compagni: non esita a usare per questo astuzie e sotterfugi, mentre gli eroi guerrieri non vengono mai meno a una sincerità assoluta, tipica del codice aristocratico. Odisseo è dotato di *mètis*, cioè di astuzia, intelligenza, prontezza nel trovare soluzioni ai casi più disperati; possiede poi un'altra dote essenziale nel mondo greco, ossia l'abilità oratoria, la capacità di persuadere con *parole di miele*; a queste caratteristiche si aggiunge la resistenza alle fatiche, ai dolori e alle offese. La forza che muove le sue azioni non è l'aspirazione all'onore e alla gloria, ma la volontà di conoscere, unita al costante desiderio del ritorno.

Penelope, la sposa di Odisseo, è per molti aspetti un "doppio" femminile dell'eroe: come lui è accorta, ha imparato a soffrire e ad aspettare; ha la virtù fondamentale della fedeltà, a differenza di Clitemnestra, moglie di Agamennone, traditrice e responsabile della morte del marito.

Telemaco è un giovane che deve compiere un percorso di formazione: assume consapevolezza per quello che accade intorno a lui, trova il coraggio di opporsi, anche se ciò significa crearsi dei nemici, osa parlare in assemblea e intraprendere un viaggio da solo, finché viene il momento di combattere a fianco del padre.

Tra gli **antagonisti** sono da annoverare i popoli ostili, i mostri, le ninfe seducenti e Poseidone durante il viaggio, mentre a Itaca i nemici sono naturalmente i Proci e i servi infedeli. Odisseo comunque può contare su **aiutanti divini** (Atena, Ermes, lo stesso Zeus) **e magici** (Circe, dapprima antagonista, fornisce in un secondo momento aiuti e indicazioni preziose all'eroe; la figura di Calipso ha invece un ruolo ancora più ambiguo).

I temi

Si possono identificare come temi fondamentali del poema:

- **Il ritorno**. La nostalgia per la casa e la famiglia spinge il protagonista a superare tutte le difficoltà e le seduzioni che mirano a tenerlo lontano da Itaca.
- **La volontà di conoscere e di osare**. Il viaggio di Odisseo è reso lungo e travagliato dall'ira di un dio, ma anche dall'incessante desiderio dell'eroe di conoscere terre e popoli, affrontando infiniti pericoli.
- **Il recupero della propria identità**. Odisseo, progressivamente, torna a essere padre di Telemaco, signore della propria casa, sposo di Penelope, figlio di Laerte e sovrano di Itaca. Il recupero dell'identità passa tuttavia attraverso la prova, la vendetta e il riconoscimento.

La voce narrante

Il narratore è esterno, onnisciente, oggettivo per gran parte dell'opera; cede la parola a un narratore interno di secondo grado – Odisseo – nei libri dal IX al XIII il che permette di accrescere il *pàthos* e di conoscere direttamente i pensieri e i sentimenti del protagonista durante le vicende raccontate. In qualche caso si ha anche un narratore interno di terzo grado (ad esempio quando l'ombra di Agamennone riferisce a Odisseo la propria fine tragica, libro XI).

Anche gli aedi – Femio, nel libro I, e Demodoco, nel libro VIII – possono essere considerati dei narratori di secondo grado, perché sostituiscono il narratore esterno nel riferire la fine di Troia o altri episodi e costituiscono una sorta di "doppio" del poeta-narratore.

Spesso la narrazione assume forma mimetica, riproduce cioè ampie battute di dialogo tra i personaggi, mentre il narratore esterno si limita a semplici interventi di raccordo (si veda, ad esempio, la scena in cui Penelope riconosce Odisseo, ▶ p. 168).

Lo stile

Tra le caratteristiche dello stile si possono segnalare:

- **La ripetitività e la formularità**. Come nell'*Iliade*, anche nell'*Odissea* spesso si incontra la ripetizione di alcuni versi, di intere sezioni di testo (ad esempio i falsi racconti di Odisseo approdato a Itaca), di situazioni tipiche (come il banchetto: si tratta sempre di eventi importanti della vita sociale) e, naturalmente, di epiteti formulari, ossia aggettivi o espressioni che sottolineano un aspetto tipico del personaggio (l'*accorto* Odisseo, l'Aurora *dalle dita di rosa*, la dea *belle trecce*) o dell'oggetto (le navi *nere*, il mare *flutti infiniti*, le parole *fugaci*).
- **Il realismo**. A differenza dell'*Iliade*, l'*Odissea* dà spazio al mondo quotidiano, parla di famiglia, di servi, di artigiani e del loro lavoro, inserisce elementi molto concreti anche nel mondo fantastico (ad esempio i particolari sulla produzione dei formaggi da parte del Ciclope, libro IX); le descrizioni sono precise, fino a costituire vere e proprie digressioni (ad esempio i dettagli del ferimento di Odisseo durante la caccia al cinghiale, libro XIX, oppure quelli relativi alla costruzione del letto nuziale, libro XXIII).
- **Le similitudini**. Tra le figure retoriche, compaiono le similitudini, anche se con frequenza minore rispetto all'*Iliade*. Si tratta comunque di un modo per interrompere e commentare l'azione, arricchendola di particolari.

Le traduzioni

La traduzione dell'*Odissea* forse più famosa, in versi endecasillabi, è quella di Ippolito Pindemonte (1753-1829). Altre traduzioni d'autore, non integrali ma relative a passi scelti, sono quelle di Giovanni Pascoli e di Salvatore Quasimodo.

Tra le versioni più recenti, sono da ricordare i lavori di Ettore Romagnoli, Giovanna Bemporad, che ripropone la scelta dell'endecasillabo, Ezio Cetrangolo, Rosa Calzecchi Onesti e Flavio Castellino. Esistono anche delle rese in prosa, di Giuseppe Tonna e Maria Grazia Ciani, adatte a sottolineare la dimensione narrativa del racconto omerico, pur mantenendo piena fedeltà al testo greco.

Come per l'*Iliade*, anche per l'*Odissea* abbiamo scelto per il nostro volume la traduzione in versi di Rosa Calzecchi Onesti.

l'opera

Odissea

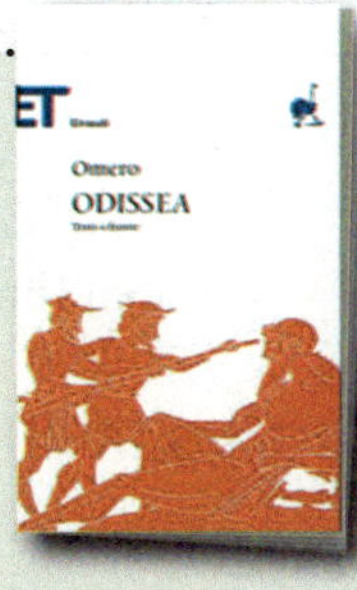

Libri I-IV: il concilio degli dèi e la *Telemachìa*

Odisseo è trattenuto da molti anni da Calipso sull'isola di Ogigia, mentre a Itaca i Proci sperperano le sue ricchezze in attesa che Penelope scelga tra loro un nuovo sposo. Atena chiede allora a Zeus di concedere all'eroe il ritorno in patria e il padre degli dèi acconsente: l'unico ostacolo è Poseidone, dio del mare, irato perché Odisseo ha accecato suo figlio, il ciclope Polifemo. Approfittando dell'assenza di Poseidone, la dea ottiene che Zeus invii Ermes a Ogigia come messaggero; intanto Atena, assunto l'aspetto di Mente, un antico ospite, va a Itaca per spronare Telemaco, figlio di Odisseo, ad assumere il proprio ruolo contro i pretendenti; gli consiglia poi di andare a Pilo e Sparta per cercare notizie sul padre. Telemaco segue le indicazioni: convoca l'assemblea degli Itacesi, denunciando i mali che lo hanno colpito, e riesce a tener testa ad Antinoo, capo dei pretendenti. Con l'aiuto di Atena, che lo accompagna sotto le spoglie del saggio Mentore, Telemaco salpa per Pilo, dove Nestore gli racconta la fine tragica di Agamennone. Gli suggerisce poi di recarsi a Sparta da Menelao e ordina al proprio figlio Pisistrato di accompagnarlo, mentre Atena-Mentore scompare.

A Sparta Elena, moglie di Menelao, racconta ai due giovani come aiutò Odisseo a Troia. Menelao narra la vicenda del cavallo di legno usato per conquistare la città e successivamente riferisce il vaticinio del dio Proteo, secondo il quale Odisseo è vivo e trattenuto da Calipso. Telemaco riparte con ricchi doni.

A Itaca, intanto, i Proci meditano un agguato contro di lui; Penelope, angosciata, è consolata in sogno da Atena.

Libri V-VIII: da Ogigia all'isola dei Feaci

Dopo i libri dedicati a Telemaco, il racconto riprende dalla situazione del proemio: Ermes comunica a Calipso la volontà degli dèi e la ninfa, pur addolorata, consente a Odisseo di ripartire. Ella tenta un'ultima volta di convincerlo a restare offrendogli l'immortalità, ma Odisseo rifiuta. Colpito da una tempesta scatenata da Poseidone, l'eroe approda all'isola dei Feaci, dove si abbandona a un pesante sonno. Nausicaa, la giovane figlia del re Alcinoo, si reca al fiume con le ancelle e qui incontra Odisseo, che le chiede aiuto. La fanciulla, che non teme il naufrago, lo guida alla città, suggerendogli di entrare da solo a palazzo e di ottenere il favore della regina Arete. Odisseo segue i consigli e i sovrani lo accolgono con benevolenza, pur senza conoscere la sua identità. Egli chiede una nave e compagni per tornare in patria ed essi promettono di esaudirlo. Il giorno successivo si svolgono gare in onore dell'ospite, a cui Odisseo partecipa, mostrando il suo vigore. Seguono canti e danze e l'aedo Demodoco racconta gli amori tra Ares e Afrodite, ma anche episodi che hanno per protagonisti gli eroi greci: la contesa tra Odisseo e Achille e l'inganno del cavallo. In entrambe le occasioni l'eroe piange e Alcinoo gli chiede di rivelare la sua identità.

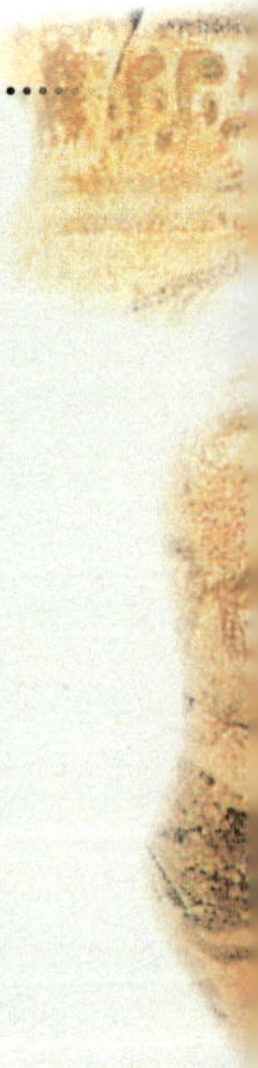

Libri IX-XII: i racconti di Odisseo ad Alcinoo

L'eroe palesa il suo nome e spiega di essersi allontanato dall'isola di Calipso. Racconta poi le vicende successive alla partenza da Troia: lo scontro con i Ciconi e la sosta presso i Lotofagi e la terribile esperienza nella terra dei Ciclopi, giganti selvaggi con un solo occhio. Intrappolato nella grotta di Polifemo, Odisseo vede il mostro divorare quattro compagni, ma con l'astuzia riesce ad accecarlo e a fuggire con i superstiti, senza rivelare il proprio nome. In salvo sulla nave, lancia un'ultima sfida al Ciclope, dichiarando la propria identità; Polifemo allora, che è figlio di Poseidone, chiede al padre di impedire il ritorno a Odisseo.
L'eroe e i compagni giungono poi all'isola di Eolo, signore dei venti, che li ospita e dona a Odisseo, al congedo, un otre in cui ha racchiuso i venti pericolosi per la navigazione. Un sonno intempestivo di Odisseo e la bramosia dei compagni, che aprono l'otre credendovi celate ricchezze, fanno sì che la flotta sia travolta dagli uragani quando è in vista di Itaca. Le peregrinazioni riprendono: undici navi sono distrutte dai Lestrigoni, giganti antropofagi, e solo quella di Odisseo riesce a fuggire. Tappa successiva è l'isola di Circe, che trasforma gli uomini in animali: alcuni compagni di Odisseo, mandati in perlustrazione, giungono alla sua casa e sono tramutati in porci. L'eroe, grazie ai consigli di Ermes, vanifica gli incantesimi della maga e ne conquista il cuore. Circe libera i compagni e li ospita per un anno, al termine del quale spiega a Odisseo come proseguire il viaggio. Egli si reca agli Inferi, dove interroga l'ombra dell'indovino Tiresia sul futuro, e incontra molti spiriti, tra cui la madre, Agamennone, Achille e Aiace. Le ultime prove che Odisseo affronta sono le Sirene, che con il canto impediscono il ritorno e portano alla morte, e il passaggio tra le rupi di Scilla e Cariddi. La nave di Odisseo supera le insidie e giunge all'isola Trinacria, ma qui i compagni dell'eroe, affamati, uccidono le vacche sacre al Sole e le divorano. Ciò causa l'ira del dio e un'ultima tempesta, nella quale muoiono tutti gli uomini tranne Odisseo, gettato sulla spiaggia dell'isola di Calipso.

Libri XIII-XVI: il ritorno a Itaca e l'incontro con Eumeo e Telemaco

Terminato il racconto delle sue vicissitudini, Odisseo ottiene dai Feaci una nave che lo riconduce in patria e lo deposita a Itaca, insieme con i tesori donati da Alcinoo. I Feaci subiscono allora la vendetta di Poseidone, che trasforma in un enorme masso la nave durante il ritorno a Scheria. Odisseo, reso irriconoscibile da Atena, si presenta come un mendicante dal fedele porcaro Eumeo, che lo ospita e gli offre del cibo, gli descrive il degrado della reggia di Itaca e ascolta i racconti del mendicante, che si dice cretese. Intanto giunge Telemaco, tornato in patria e sfuggito all'imboscata dei Proci: solo a lui Odisseo si rivela per concordare l'azione contro gli usurpatori.

Libri XVII-XX: il mendicante nella reggia

Su indicazione di Atena, l'eroe cela la propria identità a tutti. Il cane Argo tuttavia riconosce il padrone mentre questi, con Eumeo, sta per introdursi nel palazzo reale a mendicare, ma l'emozione lo porta alla morte. Entrato nella reggia, Odisseo è maltrattato dai Proci e dalle ancelle infedeli; poi vince in una lotta un altro accattone, Iro. Al tramonto, usciti i Proci dalla sala, l'eroe ordina a Telemaco di portare via le armi, con il pretesto di proteggerle dal fumo del focolare; incontra poi Penelope e ne suscita la commozione con notizie false ma verosimili su Odisseo. La regina dispone che le ancelle si occupino del vecchio mendicante, ma egli rifiuta, chiedendo le cure di una donna anziana. Penelope chiama allora la vecchia Euriclea, nutrice di Odisseo prima e di Telemaco poi, che riconosce il padrone grazie a una cicatrice: l'eroe le intima però di tacere. Penelope riferisce al mendicante un sogno, che egli interpreta come profezia di rovina per i Proci. L'indomani i Proci si presentano a palazzo per un nuovo banchetto e rinnovano le offese al mendicante; l'indovino Teoclimeno profetizza l'incombere della vendetta, ma i Proci lo deridono.

Libri XXI-XXIV: la gara, la strage, la pace

Atena induce Penelope a proporre una gara ai Proci: colui che tenderà l'arco di Odisseo e trapasserà con una freccia gli anelli di dodici scuri disposte in fila nella sala la sposerà. Telemaco tenta per primo, per impedire le nozze della madre, ma desiste per un'occhiata di Odisseo e lascia spazio ai Proci. Mentre essi provano invano a piegare l'arco per fissare la corda, di nascosto Odisseo si rivela al porcaio Eumeo e al bovaro Filezio, ottenendone l'aiuto. Ancora sotto le spoglie di mendicante, l'eroe chiede ai Proci il permesso di gareggiare: essi rifiutano, ma Penelope e Telemaco acconsentono. Telemaco ordina alla madre di allontanarsi, mentre Eumeo fa chiudere a chiave la sala del banchetto. Odisseo tende l'arco e scaglia la freccia attraverso gli anelli delle scuri. È il segnale decisivo: gettati via i cenci, l'eroe uccide i Proci, aiutato da Telemaco, e anche la dea Atena combatte con loro; sono risparmiati solo l'aedo Femio e l'araldo Medonte. La vendetta colpisce anche le ancelle infedeli. La sala è lavata e purificata ed Euriclea annuncia a Penelope che Odisseo è tornato e ha fatto strage dei Proci. La regina, incredula, scende a incontrare l'uomo che dice di essere suo marito, ma stenta a riconoscerlo. Solo dopo che l'eroe dimostra di conoscere i particolari della fabbricazione del letto nuziale, la donna lo accoglie con amore.

L'indomani Odisseo si reca dal padre Laerte, che vive in campagna; l'eroe dapprima si finge un altro, quindi si rivela. Nel frattempo i parenti dei Proci si radunano e meditano vendetta: una folla armata si avvicina alla casa di Laerte. Odisseo e il padre, sostenuti da Atena, sono pronti a combattere, ma, dopo che Laerte trafigge il padre di Antinoo, gli Itacesi rinunciano a combattere, riconoscono Odisseo come re e stringono con lui la pace.

OMERO

IL PROEMIO

▶ **Opera:** *Odissea*, libro I, vv. 1-21

Nel proemio, secondo la consuetudine, il poeta invoca la Musa, la divinità che ha il potere di ispirare il canto, e indica gli argomenti che intende affrontare. Protagonista assoluto è *l'uomo* (v. 1), l'eroe da cui l'opera trae il titolo, Odisseo, del quale sono anticipate alcune caratteristiche salienti. Vengono inoltre enunciati i temi centrali del poema: il viaggio e la vendetta.

L'uomo ricco d'astuzie raccontami, o Musa, che a lungo
errò dopo ch'ebbe distrutto la rocca sacra di Troia;
di molti uomini le città vide e conobbe la mente,
molti dolori patì in cuore sul mare,
lottando per la sua vita e pel ritorno dei suoi.
Ma non li salvò, benché tanto volesse,
per loro propria follìa si perdettero, pazzi!,
che mangiarono i bovi del Sole Iperìone,
e il Sole distrusse il giorno del loro ritorno.
Anche a noi di' qualcosa di queste avventure, o dea, figlia di Zeus.
Allora tutti gli altri, quanti evitarono l'abisso di morte,
erano a casa, scampati dalla guerra e dal mare;
lui solo, che sospirava il ritorno e la sposa,
la veneranda ninfa Calipso, la splendida dea, tratteneva
negli antri profondi, volendo che le fosse marito.

1. ricco d'astuzie: altri traduttori rendono il vocabolo greco *polỳtropos* con "multiforme", "d'ingegno multiforme", "versatile e scaltro". • **Musa:** le nove Muse, figlie di Zeus e di Mnemosyne, la Memoria, erano le divinità che proteggevano le arti. Secondo la tradizione risiedevano sul monte Parnaso e si occupavano di poesia epica, poesia amorosa, danza, musica, tragedia, commedia, astronomia, canto, storia. La Musa che presiedeva alla poesia epica era Calliope.
2. errò: vagò. • **distrutto ... Troia:** l'inganno architettato da Odisseo, quello del cavallo di legno, aveva permesso ai Greci di entrare nella città di Troia e di conquistarla dopo dieci anni di assedio.
3. la mente: la mentalità, i costumi, il comportamento.
5. suoi: sono i compagni di viaggio di Odisseo, partiti con lui da Troia, i suoi uomini.
7. follìa: i compagni di Odisseo hanno compiuto un atto empio e temerario: hanno violato i divieti imposti dagli dèi, condannandosi da soli alla rovina e alla morte (*si perdettero*).
8. i bovi ... Iperìone: l'episodio sarà narrato nel libro XII del poema: i compagni di Odisseo uccisero le vacche sacre al dio Sole, nell'isola di Trinacria, e se ne cibarono, nonostante il divieto della divinità e l'opposizione dello stesso Odisseo. Il Sole, irato, scatenò una tempesta e li fece morire tutti, mentre Odisseo, travolto dalle onde, fu infine gettato dal mare sull'isola della dea Calipso. *Iperìone* è un epiteto del Sole e significa "che sta in alto".
10. figlia di Zeus: è la Musa, alla quale il poeta si rivolge, come al v. 1.
11. tutti gli altri: evidentemente non ci si riferisce ai compagni di viaggio di Odisseo, ma agli altri eroi greci che avevano partecipato alla guerra di Troia ed erano riusciti a tornare alle proprie case. • **abisso:** la morte è rappresentata come una voragine in cui si precipita.
13. la sposa: è Penelope, che attende il ritorno di Odisseo ma è insidiata da molti pretendenti, i cosiddetti Proci.
14. ninfa: le ninfe, creature divine o semidivine, erano giovani bellissime e immortali, o comunque dotate di lunghissima vita. Erano personificazioni delle forze della natura, come le Driadi, ninfe dei boschi, le Naiadi, delle sorgenti, o le Oreadi, dei monti. • **Calipso:** dal greco *kalỳpto*, "nascondo". Innamorata di Odisseo, lo trattiene da sette anni sulla sua isola, Ogigia, identificata con l'odierna Ceuta, nello stretto di Gibilterra.
15. antri: grotte.

E quando anche l'anno arrivò, nel girare del tempo,
in cui gli filarono i numi che in patria tornasse,
in Itaca neppure là doveva sfuggire alle prove,
neppure fra i suoi. Tutti gli dèi ne avevan pietà,
ma non Poseidone; questi serbava rancore violento
contro il divino Odisseo, prima che in patria arrivasse.

16. l'anno: è il ventesimo anno di assenza da Itaca, per Odisseo. L'assedio di Troia è durato dieci anni, mentre altri dieci sono trascorsi in parte nel tormentato viaggio di ritorno, in parte sull'isola di Calipso.
17. gli filarono ... tornasse: gli dèi stabilirono che tornasse nella sua patria. *Filarono* contiene un'allusione implicita all'azione delle Parche, le dee filatrici che presiedevano alla sorte degli uomini.
18. Itaca: è un'isola nel mar Ionio, patria di Odisseo. • **prove:** si allude alle difficoltà incontrate dall'eroe al ritorno in patria: la sua reggia è occupata dai Proci, giovani usurpatori che aspirano a sostituirlo sposando sua moglie. Le vicende di Odisseo in patria saranno raccontate a partire dal libro XV.
20. Poseidone: dio del mare, fratello di Zeus, perseguitava Odisseo perché questi gli aveva accecato il figlio, il ciclope Polifemo (libro IX).

ANALISI DEL TESTO

Un esordio *in medias res*

La narrazione inizia dal momento in cui Odisseo, perduti tutti i compagni per l'ira del Sole, si trova sull'isola di Ogigia, trattenuto dalla ninfa Calipso, che è innamorata di lui e vorrebbe farne il suo sposo. Gli dèi tuttavia, impietositi dallo struggimento con cui l'eroe pensa alla patria lontana, Itaca, e alla sua sposa, considerano giunto il momento di consentirne il ritorno. Un dio soltanto persiste nella sua ostilità: è Poseidone, signore del mare, cui Odisseo ha accecato il figlio Polifemo.

Il narratore invita dunque la Musa a raccontare *qualcosa di queste avventure* (v. 10): l'aedo, il cantore, è un semplice tramite della divinità e può iniziare da un punto qualsiasi della narrazione, collegandosi tanto al passato quanto al futuro del personaggio. Le vicende precedenti, che saranno poi recuperate con un *flashback*, sono accennate rapidamente: la vittoria greca su Troia, di cui Odisseo fu il principale stratega con l'inganno del cavallo di legno; gli incontri con popoli e città differenti; i dolori subiti nel lungo viaggio e, tra questi forse il peggiore, la perdita di tutti i compagni. Vi è poi un'indicazione che sottolinea la singolarità del destino di Odisseo: egli è l'ultimo tra i Greci a non essere ancora rientrato in patria da Troia, mentre gli altri hanno già veduto compiersi la propria sorte, con la morte oppure con un ritorno felice. Il proemio, infine, presenta una prolessi, ossia un'anticipazione di quanto accadrà al protagonista: riuscirà a raggiungere la patria, ma qui lo attenderanno nuove prove.

Il viaggio...

Il viaggio di Odisseo ha una meta precisa: egli è partito da Itaca e lì intende tornare, dopo i dieci anni di guerra a Troia, guerra peraltro da lui non cercata, ma alla quale è stato costretto a partecipare perché legato alla promessa fatta a Menelao, re di Sparta. Nell'*Iliade* Odisseo non spicca per la volontà di mettersi in luce con un'impresa individuale (*aristìa*), compiuta per ricercare la gloria nel duello. Egli è piuttosto interessato all'obiettivo finale, la distruzione della città. Troia dunque è la tappa di un percorso circolare che parte da Itaca e a Itaca ritorna: il viaggiare, conoscere molte città e molte genti, non va inteso romanticamente come un'avventura desiderata e inseguita, ma come una successione di eventi necessari, causa di molto dolore. Attraverso queste vicende Odisseo raffinerà il suo ingegno e la sua capacità di sopportazione, ma non muterà la sua identità e il suo obiettivo: tornare a essere il signore di Itaca e lo sposo di Penelope.

... e la vendetta

La seconda parte del proemio introduce il riferimento alle lotte che il protagonista affronterà al suo rientro in patria e delinea il tema della vendetta: il re-guerriero dovrà ristabilire la sua autorità sugli usurpatori, i Proci, artefici da soli della propria condanna, così come i compagni di Odisseo. Si tratta in entrambi i casi di stolti, che violano un tabù (i compagni uccidono le vacche sacre al Sole, i Proci desiderano l'autorità e la sposa del re) e che pagheranno con la morte. Lo stesso protagonista deve subire una vendetta, quella di Poseidone, scatenata dalla maledizione di Polifemo. Tuttavia Odisseo non è stolto: la sua intelligenza pratica lo guida attraverso tutte le vicissitudini, fino al lieto fine.

L'uomo ricco di astuzia

Il tema principale indicato nel proemio dell'*Iliade* era una passione, l'ira, con la sua potenza distruttiva. La parola con cui si apre l'*Odissea* è invece *l'uomo* (v. 1): non una serie di avventure o di guerre, ma un uomo è il centro dell'interesse del poeta. Si tratta tuttavia di un uomo singolare, subito caratterizzato con un aggettivo determinante: egli è *polỳtropos*, termine greco tradotto con "multiforme", "versatile e scaltro", "ricco d'astuzie". Sono numerosi, nel poema, gli epiteti riferiti a Odisseo che iniziano con il prefisso *poly-*, cioè "molto": *polỳtlas*, "che ha sopportato molte pene"; *polymèchanos*, "capace di escogitare molti espedienti"; *polymètis*, "astuto, accorto". Si tratta dunque di un uomo intelligente, capace di adattarsi alle circostanze, passato attraverso molte vicende. È dotato di un forte senso della realtà e insieme di capacità immaginativa: in greco la *mètis* è l'intelligenza pratica, opposta ma complementare al *noùs*, ossia all'intelletto speculativo.

ESERCIZI

COMPRENSIONE E ANALISI

1. La sorte dei Greci dopo la caduta di Troia Riassumi che cosa è successo a Odisseo dopo la fine di Troia; che cosa ai suoi compagni; quale sorte invece è toccata agli altri eroi greci.

2. Il tempo del racconto Evidenzia nel testo la dimensione temporale: quali versi si riferiscono alla situazione di partenza del racconto? Quali agli antefatti? Quali al futuro?

3. Le qualità di Odisseo Quali caratteristiche del protagonista emergono da questi primi versi? Indicale con parole tue, facendo riferimento al testo.

4. Il narratore Come definiresti la voce narrante? Scegli la risposta corretta:
- **a.** onnisciente
- **b.** interna al racconto
- **c.** esterna, ma focalizzata su un personaggio

5. Il verso iniziale Quale funzione grammaticale riveste il termine *L'uomo* (v. 1)? Scegli la risposta corretta:
- **a.** soggetto
- **b.** complemento oggetto
- **c.** complemento di vocazione
- **d.** complemento di argomento

LESSICO E STILE

6. Gli epiteti formulari Sottolinea gli epiteti formulari presenti nel testo.

7. Uomo o dio? C'è una contraddizione tra i due termini riferiti a Odisseo, *uomo* (v. 1) e *divino* (v. 21)? Quale dei due vocaboli ha maggiore rilevanza nel proemio, secondo te? Perché?

8. Cantare o raccontare? Nell'*Iliade* il poeta dice alla Musa *cantami*, nell'*Odissea* usa invece il verbo *raccontami* (v. 1). Quale dei due termini ti sembra più solenne? Perché? Quale differenza di significato percepisci?

9. Traduzioni a confronto Ti proponiamo di seguito altre tre traduzioni italiane dei vv. 1-10 dell'*Odissea*. Confrontale con quella che hai letto, di Rosa Calzecchi Onesti, e commenta le differenze più significative. Osserva il tipo di parole scelte, la forma delle frasi, la disposizione in versi o in prosa.

Narrami, o Musa, dell'eroe multiforme, che
[tanto
vagò, dopo che distrusse la rocca sacra di
[Troia:
di molti uomini vide le città e conobbe i
[pensieri,
molti dolori patì sul mare nell'animo suo,
per acquistare a sé la vita e il ritorno ai
[compagni.
Ma i compagni neanche così li salvò, pur
[volendo:
con la loro empietà si perdettero,
stolti, che mangiarono i buoi del Sole
Iperione: ad essi egli tolse il dì del ritorno.
Racconta qualcosa anche a noi, o dea figlia di
[Zeus.

(Omero, *Odissea*, libro I, vv. 1-10; trad. it. di G. A. Privitera, 1982)

Musa, quell'uom di multiforme ingegno
dimmi, che molto errò, poich'ebbe a terra
gittate d'Ilïon le sacre torri;
che città vide molte, e delle genti
l'indol conobbe; che sovr'esso il mare
molti dentro del cor sofferse affanni,
mentre a guardar la cara vita intende,
e i suoi compagni a ricondur: ma indarno
ricondur desiava i suoi compagni,
che delle colpe lor tutti periro,
stolti! Che osâro violare i sacri
al Sole Iperïon candidi buoi
con empio dente, ed irritâro il Nume,
che del ritorno il dì lor non addusse.
Deh! Parte almen di sì ammirande cose
narra anco a noi, di Giove figlia e Diva.

(Omero, *Odissea*, libro I, vv. 1-10; trad. it. di I. Pindemonte, 1822)

2. poich': ha valore temporale, "poi che" ossia "dopo che".
3. Ilïon: è Troia.
4-5. città ... conobbe: vide molte città e conobbe il carattere delle genti.
5. sovr'esso il mare: sopra il mare.
7. intende: si dedica, cerca di.
8. indarno: invano.
9. desiava: desiderava.
10. periro: perirono; si tratta di una forma apocopata, come le seguenti *osâro*, osarono, e *irritâro*, irritarono.
13. il Nume: il dio, cioè il Sole.
14. del ritorno ... addusse: non fece mai sorgere il giorno del loro ritorno.
15. ammirande: straordinarie, degne d'ammirazione.
16. anco: anche. • **figlia e Diva:** è la Musa.

L'uomo cantami, dea, l'eroe del lungo viaggio, colui che errò per tanto tempo dopo che distrusse la città sacra di Ilio. Vide molti paesi, conobbe molti uomini, soffrì molti dolori, nell'animo, sul mare, lottando per salvare la vita a sé, il ritorno ai compagni. Desiderava salvarli, e non riuscì; per la loro follia morirono, gli stolti, che divorarono i buoi sacri del Sole: e Iperione li privò del ritorno. Di questi eventi narraci qualcosa, dea, figlia di Zeus.

(Omero, *Odissea*, libro I, vv. 1-10; trad. it. di M. G. Ciani, 1994)

SCRITTURA

10. Scrivi un testo espositivo: il destino di Agamennone Tra gli altri eroi greci reduci dalla guerra di Troia, qualcuno ebbe un ritorno lieto in patria, qualcuno invece andò incontro a una fine orribile, come Agamennone. Fai una ricerca in proposito, usando l'enciclopedia oppure Internet, e scrivi poi un testo espositivo.

OMERO

ATENA E TELEMACO

▶ **Opera:** *Odissea*, libro I, vv. 272-324; 345-364

Sono passati molti anni dalla partenza di Odisseo e a Itaca la moglie Penelope e il figlio Telemaco attendono ancora il ritorno dell'eroe; da troppo tempo, tuttavia, non giungono notizie ed essi faticano a conservare la speranza. La situazione è aggravata dal fatto che nella reggia spadroneggiano numerosi pretendenti, i Proci, che sperperano le ricchezze di Odisseo, nell'attesa che la regina scelga tra loro un nuovo sposo. Il giovane Telemaco, cresciuto senza conoscere il padre, prova fastidio per il loro atteggiamento, ma non osa opporsi apertamente. La dea Atena, assunto l'aspetto di Mente, antico ospite di famiglia, giunge alla reggia ed è accolta da Telemaco, che a lei confida il proprio sdegno per la prepotenza dei Proci, ma anche lo sconforto per la mancanza di notizie del padre, che crede ormai morto.
Atena, allora, esorta il giovane ad assumersi le proprie responsabilità e ad agire da uomo.

«Domani, chiamati i capi achei all'assemblea,
parla a tutti parola, e sian testimoni gli dèi.
Ai pretendenti comanda di sciogliersi, tornando alle case.
La madre, se il cuore la spinge a sposarsi,
torni al palazzo del padre suo potentissimo:
essi faranno le nozze, le daranno la dote,
e molto abbondante, come conviene dotare una figlia.
Ti darò un saggio consiglio, se vuoi ascoltarmi:
armata di venti remi la nave migliore che c'è,
parti e cerca notizie del padre da tanto tempo lontano,
te ne parlasse un mortale, o sentissi la fama
di Zeus, che molto divulga le voci fra gli uomini.
Va' a Pilo, prima di tutto, il chiaro Nestore interroga,
e di là a Sparta, dal biondo Menelao,
che è tornato per ultimo fra gli Achei chitoni di bronzo.
E se del padre saprai vita e ritorno,
quantunque dilapidato, un anno ancora sopporta:
se invece senti che è morto, che non è più,
allora tornato alla terra paterna,

272. Domani: chi parla è la dea Atena, che ha assunto l'aspetto di Mente, signore di Tafo, in viaggio per motivi commerciali. Telemaco l'ha accolta con ospitalità, senza riconoscerla, e le ha confidato la propria amarezza per la situazione in cui si trova la sua casa. • **chiamati i capi achei:** chiunque tra i *basilèis*, i diversi capi, aveva il potere di convocare un'assemblea, come si vede nell'*Iliade*; questa, tuttavia, è la prima assemblea indetta a Itaca da quando Odisseo, vent'anni prima, è partito per Troia e la dovrà radunare un giovane, non ancora riconosciuto pubblicamente come signore.
274. sciogliersi: i Proci, figli delle più nobili famiglie di Itaca, si erano raccolti nella casa di Odisseo e qui si davano al vino, alle donne e ai banchetti, consumando le ricchezze dell'eroe assente. Telemaco, secondo il consiglio di Atena, deve chiedere loro di andare via e disperdersi.
275. La madre: si tratta di Penelope.
277. essi: i parenti di Penelope.
282-283. te ne parlasse ... uomini: potrebbe accaderti di udire informazioni su Odisseo da un mortale oppure dalla fama mandata dallo stesso Zeus, che diffonde molto le notizie tra gli uomini.
284. Pilo: è una città del Peloponneso, su cui regnava il vecchio e saggio Nestore. • **chiaro:** famoso, illustre.
285. Menelao: è il re di Sparta, marito di Elena e fratello di Agamennone.
286. chitoni di bronzo: dalle vesti di bronzo, cioè ricoperti da armature, bellicosi.
288. quantunque: sebbene, anche se.

alzagli il tumulo, offrigli i doni funebri,
molti, come è giustizia, e affida a un marito la madre.
Quando infine avrai fatto e compiuto ogni cosa,
medita allora nell'animo e in cuore
come potrai massacrare in casa tua i pretendenti,
se di nascosto, d'inganno, o apertamente: non devi
fare il bambino, ché non hai tale età.
Non senti che gloria s'è fatta Oreste divino
fra gli uomini tutti, uccidendo l'assassino del padre,
Egisto ingannatore, che il nobile padre gli uccise?
Anche tu, caro, poiché bello e aitante ti vedo,
sii forte, che ci sia chi ti lodi ancora fra i tardi nipoti.
Ma all'agile nave ormai tornerò,
e ai compagni, che certo sono irati aspettandomi.
E tu abbi a cuore la cosa, e ai miei consigli da' ascolto».
E il saggio Telemaco rispondendo diceva:
«Ospite, queste parole con animo amico le hai dette,
come padre a figliuolo: non le scorderò.
Ma adesso rimani, anche se il viaggio ti preme,
e preso un bagno e ristorato nel cuore,
gioioso torna alla nave, portandoti un dono
bello, di pregio, che ti sia mio ricordo,
come ne donano agli ospiti gli ospiti amici».
Ma gli rispose la dea Atena occhio azzurro:
«Non trattenermi di più, ché troppo mi preme l'andare.
Il dono che il cuore ti spinge a donarmi,
me lo darai al mio ritorno, che a casa lo porti;
e bellissimo sceglilo: tu avrai il contraccambio».
Detto così, se n'andò Pallade Atena,
come un uccello volò via sparendo: ma in cuore
gli ispirò forza e ardire, gli infuse un ricordo del padre
più intenso di prima; e lui, tra sé riflettendo,
restò attonito in cuore, capì ch'era un dio.
Allora fra i pretendenti tornò, l'eroe pari ai numi.

[L'aedo Femio canta il travagliato ritorno degli eroi Greci da Troia; la regina Penelope, turbata, abbandona le sue stanze ed entra nella sala del banchetto, in compagnia di due ancelle, per chiedere di sospendere quel canto che le arreca dolore: il cantore conosce molte storie e può dunque scegliere altri argomenti. Telemaco, però, interviene con decisione.]

Allora il saggio Telemaco rispondendo diceva:
«Madre mia, perché vieti che il gradito cantore
diletti come la mente lo ispira? Non certo i cantori

291. tumulo: tomba.
292. affida ... madre: lascia che tua madre si risposi, in modo che sia un altro a occuparsi di lei.
298. Oreste: è il figlio di Agamennone, che vendicò l'assassinio del padre uccidendo la madre e l'amante di lei, Egisto. Questo episodio viene ricordato più volte nell'*Odissea*.
302. tardi nipoti: lontani discendenti, posteri.

son causa, Zeus è la causa: lui dà
la sorte agli uomini industri, come vuole a ciascuno.
Costui non ha biasimo, cantando la mala sorte dei Danai,
perché quel canto più lodano gli uomini,
che agli uditori suona intorno più nuovo.
Sopporti il tuo cuore, la mente, l'udire,
ché non il solo Odisseo perdette il ritorno
a Troia, ma molti altri eroi vi perirono.
Su, torna alle tue stanze e pensa all'opere tue,
telaio e fuso; e alle ancelle comanda
di badare al lavoro; al canto pensino gli uomini
tutti, e io sopra tutti: mio qui in casa è il comando».
Lei stupefatta tornò alle sue stanze,
e la prudente parola del figlio si tenne in cuore.
Al piano di sopra salì, con le donne sue ancelle,
e pianse a lungo Odisseo, il caro sposo, fin che soave
sonno sopra le ciglia le gettò Atena occhio azzurro.

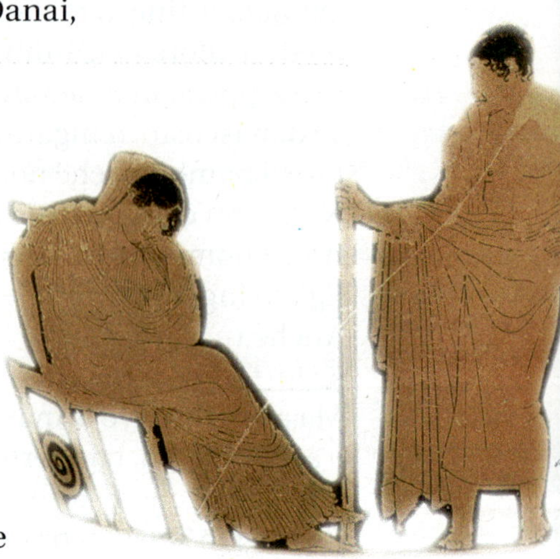

348. son causa: sono responsabili; sottintendi "dei mali che cantano".
350. Costui: si tratta di Femio, l'aedo. • **Danai:** sono i Greci, detti anche Achei o Argivi.
353. Sopporti ... l'udire: il tuo cuore e il tuo animo devono accettare di udire questi canti.

ANALISI DEL TESTO

La *Telemachìa*

I libri I-IV costituiscono la cosiddetta *Telemachìa*, ossia il racconto che ha per protagonista Telemaco, figlio di Odisseo. Si tratta di un vero e proprio percorso di formazione del giovane che, andando alla ricerca di notizie sul padre, progressivamente costruisce la propria identità e assume un ruolo da adulto; è una sorta di *efebìa*, ovvero l'abbandono dell'adolescenza attraverso il superamento di alcune prove. Dopo le parole di Atena/Mente, Telemaco avrà il coraggio di condannare apertamente l'operato dei Proci, parlando nell'assemblea degli Itacesi; salperà quindi alla volta di Pilo e Sparta, per raccogliere informazioni più recenti sul destino del padre; infine tornerà a casa di nascosto, protetto dagli dèi, sfuggendo ai Proci che tramano di ucciderlo: essi, infatti, si sono accorti che il ragazzino facilmente manovrabile e inoffensivo sta diventando un uomo, consapevole dei propri diritti e del proprio ruolo, perciò un nemico.

Il tormento di Telemaco...

Telemaco non ha potuto conoscere il padre, partito quando lui era ancora in fasce. Ne ha sentito parlare da altri, ma la figura stessa di Odisseo è per lui indefinita, al punto che esita a pronunciarne il nome: nei versi che precedono la parte antologizzata, egli lo indica con perifrasi come *colui del quale mi dicono figlio* (v. 220), *quell'uomo* (v. 233), e invidia il destino di chi può crescere con il genitore accanto, ma anche la sorte di quelli per cui la morte gloriosa del padre è indubitabile. L'incertezza è il vero tormento di Telemaco: la mancanza di notizie lo costringe infatti a un'attesa che ne paralizza la vita e gli impedisce di prendere decisioni. Ecco perché il ragazzo appare crucciato, infastidito dai Proci che lo derubano e mancano di rispetto a sua madre e agli ospiti, ma resta passivo: si limita a fantasticare, immaginando che il ritorno del padre ristabilisca l'ordine e la giustizia, oppure è assalito dallo sconforto, convinto che ormai Odisseo sia morto senza gloria in mare o in qualche terra straniera.

... e la funzione di Atena

La funzione di Atena/Mente è quella di scuotere il giovane, come farebbero un amico o un padre (vv. 307-308): gli dà consigli pratici ben precisi, lo rimprovera (*non devi / fare il bambino, ché non hai tale età*, vv. 296-297), gli infonde fiducia e coraggio, alimentando il ricordo di Odisseo. Telemaco deve in primo luogo sottrarsi al controllo della madre e zittirla, se necessario, rivendicando per sé il ruolo di capo di casa: lo farà subito, dicendo con autorevolezza a Penelope, addolorata dal canto dell'aedo, di tornare alle sue stanze, di non occuparsi della musica, competenza degli uomini, ma del telaio. Come allontana la madre dalla sala del banchetto, così deve essere pronto ad allontanarla dalla reggia stessa, se necessario, affinché il padre di lei provveda, secondo la tradizione, a darle una nuova dote e un nuovo marito.

Ma Telemaco deve assumere anche pubblicamente il ruolo che gli spetta, convocando l'assemblea degli Itacesi per denunciare le malversazioni dei Proci: ciò presuppone che egli sappia parlare ed essere persuasivo, requisito fondamentale di un sovrano e, al contempo, dote che lo avvicina al padre. Dopo le parole di Atena/Mente, infatti, Telemaco si accosta, con le dovute proporzioni, alle caratteristiche del padre e tenta di farle sue: l'eloquenza, l'esperienza del viaggio, la sopportazione, la vendetta. Terminata l'assemblea, Telemaco deve armare una nave e andare a interrogare gli eroi che possono avere le notizie più sicure e recenti su Odisseo e poi agire di conseguenza. Se il ritorno del padre è certo, egli pazienterà e sopporterà la situazione ancora per un anno; se invece apprenderà che è morto, allora lo sostituirà completamente e massacrerà i pretendenti con una giusta vendetta, approvata dagli dèi e dai posteri, come quella compiuta da Oreste sull'assassino del padre.

ESERCIZI

COMPRENSIONE E ANALISI

1. I saggi consigli di Atena/Mente Rileggi i vv. 272-305 e individua i sei consigli dati da Atena/Mente a Telemaco.

2. Un altro figlio di eroe, Oreste Perché Atena/Mente cita Oreste?

3. La risposta di Telemaco Qual è la reazione di Telemaco alle parole di Atena/Mente?

4. L'ospitalità Quali gesti di ospitalità compie Telemaco nel passo citato?

5. I segni divini Quali elementi permettono a Telemaco di capire che si trova di fronte a una divinità?

6. Telemaco e Penelope Perché Telemaco non appoggia la richiesta di Penelope di ascoltare un canto diverso?

7. Il ruolo femminile Quale ruolo è previsto per la donna e per la regina secondo il discorso del figlio?

8. La reazione di Penelope Come reagisce Penelope alle parole del figlio?

9. Parafrasi Fai la parafrasi dei vv. 350-352.

LESSICO E STILE

10. Gli epiteti formulari Sottolinea gli epiteti formulari presenti nel testo.

11. Il vocabolario Con l'aiuto del dizionario, spiega i seguenti termini: *dilapidato* (v. 288); *aitante* (v. 301); *mi preme* (v. 315); *attonito* (v. 323); *industri* (v. 349); *biasimo* (v. 350).
Per ciascuna parola costruisci poi una frase che funga da esempio.

12. Il passare del tempo Quali espressioni, nel passo riportato, sottolineano il lungo tempo trascorso dalla partenza di Odisseo?

13. *Prudente* Come interpreti l'aggettivo *prudente* (v. 361)? Ti pare che il suo significato in questo contesto corrisponda a quello attualmente in uso? Perché?

SCRITTURA

14. Scrivi un testo narrativo-descrittivo: il punto di vista di Telemaco Immagina che Telemaco racconti a un amico fidato l'incontro con Atena/Mente e riscrivi l'episodio narrandolo dal suo punto di vista.

15. Scrivi un testo argomentativo: segni di crescita *Non devi / fare il bambino, ché non hai tale età* (vv. 296-297). Per Telemaco ciò significa prendere posizione di fronte alla madre, parlare apertamente contro coloro che sperperano i suoi beni, prepararsi a un viaggio, addirittura progettare una vendetta. Per te, invece, che cosa significa oggi "non fare il bambino"? Quali esperienze o atteggiamenti ritieni significativi come segni o passaggi di crescita alla tua età? Scrivi un testo argomentativo.

OMERO

Odisseo e Calipso

Opera: *Odissea*, libro V, vv. 116-158; 203-224

Dopo i libri dedicati a Telemaco, il racconto riprende dalla situazione presentata nel proemio: Odisseo si trova ormai da molti anni sulla remota isola di Ogigia, trattenuto dalla ninfa Calipso, che lo ama e lo vorrebbe tenere per sé. Atena chiede a Zeus di intervenire e di fare in modo che l'eroe possa ripartire: approfittando della momentanea assenza di Poseidone, che è il principale oppositore al ritorno di Odisseo, Zeus invia Ermes, messaggero degli dèi, affinché annunci a Calipso la volontà divina e la induca a lasciar andare l'eroe. L'araldo, dopo un lungo viaggio, giunge all'isola ed è affascinato dalla natura lussureggiante che circonda la grotta della ninfa. Calipso lo accoglie con stupore e ironia, perché intuisce che il dio ha qualcosa da chiederle, dato che una sua visita è assai rara. Gli offre quindi nettare e ambrosia e viene a sapere ciò che Zeus le ordina: ella deve permettere al suo ospite mortale di ripartire, perché è destino che egli riveda la sua terra e la sua casa. A tali parole, Calipso risponde amareggiata.

Così parlava, rabbrividì Calipso, la dea luminosa,
e a lui rivolta disse parole fugaci:
«Maligni siete, o dèi, e invidiosi oltre modo,
voi che invidiate alle dee di stendersi accanto ai mortali
palesemente, se una si trova un caro marito.
Così quando l'Aurora dita rosate Orione si scelse,
voi v'adiraste, o dèi che vivete beati,
finché in Ortigia Artemide trono d'oro, la casta,
con le sue miti frecce lo raggiunse e l'uccise.
Così quando a Iasìone Dèmetra belle trecce
ubbidendo al suo cuore s'unì d'amore e di letto
in un maggese terziato, non ne fu a lungo ignaro
Zeus, che l'uccise col fulmine abbagliante.
Così con me v'adirate ora, o dèi, che mi sia accanto un mortale.

116. Così parlava: il soggetto è Ermes, in latino Mercurio, il messaggero degli dèi. Il dio è solitamente rappresentato con i calzari alati, chiamati talari, il copricapo largo e piatto, detto petaso, e la verga d'oro, il caduceo, che è in grado di addormentare i mortali e condurli agli Inferi (per ciò è detto anche Psicopompo ovvero "accompagnatore di anime") oppure di ridestarli. Oltre a essere l'araldo degli dèi, scelto da Zeus per la sua astuzia, Ermes è anche protettore dei mercanti e dei ladri. • **Calipso:** il nome deriverebbe dal verbo greco *kalỳpto*, "nascondo". È una ninfa immortale, dea di entità minore, figlia di Atlante *il quale del mare / tutto conosce gli abissi, regge le grandi colonne, / che terra e cielo sostengono da una parte e dall'altra* (*Odissea*, libro I, vv. 52-54). Vive sulla remota isola di Ogigia, secondo alcuni situata nei pressi delle colonne d'Ercole, lungo le coste mediterranee dell'Africa. Calipso trattiene Odisseo per sette anni, ma nel corso dell'ottavo è costretta a lasciarlo ripartire.

117. parole fugaci: parole rapide, ma anche inconsistenti, vane. La protesta di Calipso si rivelerà infatti del tutto inutile.

118. Maligni: malevoli, spietati. • **invidiosi:** gelosi.

119. invidiate: negate.

120. palesemente: in modo aperto, senza finzioni. La ninfa sembra dire che tutti gli dèi hanno, di nascosto, avventure con uomini o donne mortali, ma non accettano che tale unione diventi evidente e stabile. Paiono accanirsi contro chi tenta di trasformare un'avventura fugace in una relazione duratura.

121. Aurora: detta anche Eos, si innamorò di Orione, un selvaggio cacciatore dalla corporatura robusta. Costui cercò di sedurre anche Artemide, dea della caccia, che lo uccise, trasformandolo quindi in una costellazione, visibile nei mesi invernali. Secondo un'altra versione del mito, Artemide trafisse Orione perché non approvava che Aurora/Eos, una dea, avesse un amante mortale.

123. Ortigia: è un altro nome per indicare l'isola di Delo, patria di Artemide e Apollo.

125. Iasìone: si tratta di un giovane cacciatore di Creta, amato da Demetra o Cerere, sorella di Zeus e dea dei raccolti. Dall'unione nacque Pluto, la Ricchezza, ma Zeus colpì il giovane con un fulmine e lo uccise.

127. in un maggese terziato: in un campo arato per la terza volta.

Ma io lo salvai, ch'era solo, aggrappato alla chiglia,
perché l'agile nave col fulmine abbagliante
Zeus gli aveva colpita e infranta nel livido mare.
E tutti gli altri perirono, i suoi forti compagni,
lui il vento e l'onda, spingendolo, gettarono qui.
E io lo raccolsi, lo nutrii, e promettevo
di farlo immortale e senza vecchiezza per sempre.
Ma certo il volere di Zeus egìoco non può
un altro dio trascurare o far vano:
e dunque andrà, se Zeus l'ordina e m'obbliga,
sul mare instancabile: scorta non potrò dargliene certo,
non ho navi provviste di remi, non ho compagni,
che lo trasportino sul dorso ampio del mare.
Ma gli darò consigli con cuore amico, non gli tacerò
come tornerà illeso alla terra dei padri».
Le disse dunque il messaggero Argheifonte:
«Così rimandalo, e temi il furore di Zeus,
che in futuro non debba adirarsi e sdegnarsi con te».
E così detto se ne andò il potente Argheifonte.
Lei, la ninfa sovrana, in cerca del grande Odisseo
andava, dopo che udì il messaggio di Zeus.
Sul promontorio, seduto, lo scorse: mai gli occhi
erano asciutti di lacrime, ma consumava la vita soave
sospirando il ritorno, perché non gli piaceva la ninfa.
Certo la notte dormiva sempre, per forza,
nella cupa spelonca, nolente, vicino a lei che voleva:
ma il giorno, seduto sopra le rocce e la riva,
con lacrime gemiti e pene il cuore straziandosi,
al mare mai stanco guardava, lasciando scorrere lacrime.

[Calipso raggiunge Odisseo sulla riva e gli comunica che può ripartire, ma che deve provvedere da solo alla costruzione di una zattera. Ella promette cibo, bevande e le vesti necessarie; offre inoltre l'aiuto di un vento favorevole alla navigazione. Odisseo, diffidente, non crede alle buone intenzioni manifestate e pretende un giuramento che garantisca l'assenza di inganni. La ninfa sorride dell'astuzia proverbiale dell'uomo e giura solennemente di non ostacolarlo. Tornati alla grotta, i due consumano cibi deliziosi e Calipso tenta un'ultima volta di convincere l'eroe a restare con lei.]

130. chiglia: è la parte inferiore della nave, ribaltata dalla tempesta.
131. fulmine abbagliante: è l'arma micidiale di Zeus, già ricordata al v. 128.
132. livido: scuro, torbido a causa della burrasca.
136. immortale e senza vecchiezza: immune dalla morte ed eternamente giovane.
137-138. Ma ... far vano: ma certo un altro dio non può trascurare né rendere inutile il volere di Zeus, signore dell'ègida.
137. egìoco: è un appellativo di Zeus, signore dell'ègida, uno scudo coperto con la pelle della capra Amaltea, da cui il padre degli dèi era stato allattato sul monte Ida a Creta.
145. Argheifonte: è un epiteto di Ermes, letteralmente "il rapido messaggero" (da *argòs*, "veloce", e *phaìno*, "appaio"); poi, per confusione dalla leggenda di Argo, mostro dai cento occhi ucciso dal dio, "uccisore di Argo" (da *Àrgos* e *pephneìn*, "uccidere").
146. temi il furore: abbi paura dell'ira di Zeus, non provocarlo con un atto di disobbedienza.
153. non gli piaceva: altri traduttori rendono la congiunzione *oukèti* con l'espressione "non gli piaceva più". Commenta a questo proposito Eva Cantarella: «non gli piaceva più: dunque, gli era piaciuta. Per un consistente numero di anni. E anche se ormai la nostalgia della patria ha preso il sopravvento, Ulisse continua a non disdegnare i rapporti con Calipso».
155. cupa spelonca: grotta oscura, perché profonda. • **nolente:** controvoglia, malvolentieri.
158. mare mai stanco: mare in perenne movimento.

«Laerzìade divino, accorto Odisseo
dunque alla casa, alla terra dei padri
subito adesso andrai? Ebbene, che tu sia felice!
Ma se sapessi nell'animo tuo quante pene
t'è destino subire, prima di giungere in patria,
qui rimanendo con me, la casa mia abiteresti
e immortale saresti, benché tanto bramoso
di rivedere la sposa, che sempre invochi ogni giorno.
Eppure, certo, di lei mi vanto migliore
quanto a corpo e figura, perché non può essere
che le mortali d'aspetto e bellezza con le immortali gareggino!».
E rispondendole disse l'accorto Odisseo:
«O dea sovrana, non adirarti con me per questo: so anch'io,
e molto bene, che a tuo confronto la saggia Penelope
per aspetto e grandezza non val niente a vederla:
è mortale, e tu sei immortale e non ti tocca vecchiezza.
Ma anche così desidero e invoco ogni giorno
di tornarmene a casa, vedere il ritorno.
Se ancora qualcuno dei numi vorrà tormentarmi sul livido mare,
sopporterò, perché in petto ho un cuore avvezzo alle pene.
Molto ho sofferto, ho corso molti pericoli
fra l'onde e in guerra: e dopo quelli venga anche questo!».

203. Laerzìade: figlio di Laerte, è un patronimico. • **accorto:** in greco *polymètis*, "prudente", "avveduto", "astuto". È uno degli aggettivi caratterizzanti di Odisseo.
209. bramoso: desideroso.
211. mi vanto migliore: sono sicura di essere migliore di lei, me ne posso vantare.
212. figura: aspetto.
216. Penelope: è la moglie di Odisseo.
221. numi: gli dèi, le potenze divine.
222. avvezzo: abituato.
223-224. pericoli ... guerra: il racconto di tutte le avventure precedenti di Odisseo sarà fatto a partire dal libro VI, quando l'eroe stesso narrerà il suo passato durante il banchetto presso i Feaci.

ANALISI DEL TESTO

Una prigione dorata

L'isola di Ogigia è presentata da Atena già nel libro I: *isola in mezzo alle onde, dov'è l'ombelico del mare: / isola ricca di boschi, una dea v'ha dimora* (libro I, vv. 50-51). Si tratta di un ambiente incantato, remoto, capace di affascinare persino Ermes. Vi trionfano alberi odorosi, uccelli, viti rigogliose, prati in fiore e sorgenti di acqua limpida: *a venir qui anche un nume immortale / doveva incantarsi guardando, e godere nel cuore* (libro I, vv. 73-74). È l'archetipo del *locus amoenus*, una sorta di paradiso che mescola particolari esotici ed elementi consueti, dove regnano una pace perfetta e un godimento senza fine; è assente qualsiasi stimolo all'azione. Si tratta, per così dire, di un mondo fuori dal mondo, lontano dagli uomini e dalle città, tanto che Ermes si lamenta del fatto che non vi siano villaggi o mortali a lui devoti nelle vicinanze.

Un amore non corrisposto

La signora di tale luogo straordinario, la ninfa Calipso, è bella, eternamente giovane e immortale; ha salvato l'eroe dalla tempesta, lo aiuta e lo ama, tuttavia non può offrirgli ciò di cui davvero egli ha bisogno, e in questo sta il suo limite. Lo vuole tutto per sé, non lo lascia libero e finisce per nuocergli, tanto è vero che Odisseo la teme, ha paura che lo voglia ingannare e si fa scrupolo di non offenderla, per non suscitarne le ire. Calipso si piega alla volontà di Zeus, ma solo dopo una protesta contro l'invidia degli dèi e un'appassionata rivendicazione dei propri meriti. È, in definitiva, una figura malinconica, pur nel suo splendore: può essere interpretata come il sogno femminile di trattenere l'amato, anche se questi non corrisponde al sentimento, seducendolo con la propria bellezza e l'incanto del luogo. Tale sogno può durare a lungo – otto anni per Odisseo – ma è destinato a infrangersi, perché, se manca l'amore, il cuore dell'uomo sarà sempre altrove. Odisseo soffre nella sua staticità forzata, che contrasta con il movimento incessante del mare: Calipso lo sa, ma finge di non vedere che il suo amato si strugge, che la asseconda controvoglia, mentre con il pensiero e la volontà è lontano. Se non arrivasse l'ordine perentorio di Zeus, la ninfa non lo lascerebbe libero, perché scambia per amore il mero possesso dell'altro. È una seduttrice, come Circe e le Sirene, e l'uomo greco deve imparare a difendersene. Come scrive Eva Cantarella (*Itaca*, Feltrinelli, Milano 2002 *passim*): «È anche a questo scopo che Calipso, Circe e le Sirene entrano nella trama narrativa dell'*Odissea*. Ascoltando il racconto di come si comportavano, i Greci imparavano a individuare le seduttrici, a distinguerle dalle donne oneste, le loro mogli, le loro madri, le loro sorelle».

Mortalità e immortalità

Calipso offre l'immortalità a Odisseo, ma nel suo tentativo di sottrarre l'amato al proprio destino di uomo non capisce che rischia di sottrarlo anche a se stesso. La maga Circe, come si vedrà nel libro X, annulla l'identità dei suoi amanti, con un processo di abbassamento, mutandoli in animali; Calipso, pur con le migliori intenzioni, si comporta in modo analogo, innalzando l'uomo amato alla condizione divina, ma ancora una volta allontanandolo dalla propria identità.
Odisseo è un uomo dotato di abilità pratiche, come si nota dal fatto che riesce prontamente a costruirsi una zattera; questa dote è confermata dalla predilezione che per lui ha Atena, dea dell'intelligenza, della guerra, ma anche delle arti e delle tecniche utili alla vita quotidiana. Odisseo, inoltre, ha sempre realizzato se stesso nella dimensione sociale, grazie alla sua capacità di persuadere gli uomini, di organizzarli e guidarli. Per tali ragioni il paradiso di Ogigia è per lui una prigione, sia pure dorata, dove l'eroe è inattivo e isolato dal mondo. La bellezza della dea non è sufficiente ad appagare i desideri del suo animo e neppure l'offerta di un'eterna giovinezza o dell'immortalità. Odisseo è un uomo con ideali rigorosamente terreni e l'immortalità non ha alcun fascino per lui: la vita eterna che Calipso gli offre è, in realtà, un eterno esilio per chi, come lui, ama fare esperienze e desidera il ritorno alla propria casa.

ESERCIZI

COMPRENSIONE E ANALISI

1. Odisseo ad Ogigia Perché Odisseo si trova sull'isola di Calipso? Da quanto tempo è lì?

2. Il discorso di Calipso Dividi in parti il discorso di Calipso a Ermes (vv. 118-144) e scrivi accanto ai versi corrispondenti una frase che ne sintetizzi il contenuto.

3. La rassegnazione della ninfa Perché Calipso non si ribella alla volontà di Zeus?

4. L'assenza di Odisseo Dove si trova Odisseo durante il colloquio tra Ermes e Calipso? Perché?

5. L'aiuto per la partenza Che cosa può offrire la ninfa a Odisseo per aiutarlo a partire?

6. Il tentativo di Calipso di trattenere l'amato Quali argomentazioni usa Calipso per indurre Odisseo a restare presso di lei?

7. La risposta dell'eroe Analizza la risposta di Odisseo (vv. 215-224). Che cosa pensa di Calipso? Quale immagine ha di Penelope?

8. Le parole di Odisseo *Non adirarti con me per questo* (v. 215). Perché Odisseo fa questa premessa al suo discorso?

9. Le qualità di Odisseo Quali caratteristiche di Odisseo emergono da questo passo? Fai un confronto con il proemio (▶ p. 114) e verifica se vi sono differenze o analogie.

LESSICO E STILE

10. *Sul mare instancabile* Perché il mare è definito *instancabile* (v. 140)? Spiega il termine e sottolinea nel testo un'altra espressione simile, sempre riferita al mare.

11. *Sul dorso ampio del mare* Quale immagine viene evocata dalla metafora *sul dorso ampio del mare* (v. 142)?

12. Un campo semantico Esamina i vv. 221-224 e individua i termini che appartengono alla stessa area di significato. Quale campo semantico emerge? In che modo ciò contribuisce a caratterizzare il personaggio di Odisseo?

SCRITTURA

13. Scrivi un testo espositivo: paesaggio e sentimenti Scrivi un testo espositivo in cui confronti lo stato d'animo dei personaggi e l'ambiente naturale all'interno del passo proposto.

14. Scrivi un testo argomentativo: la lettera di Calipso Leggi il seguente racconto di Antonio Tabucchi, un autore contemporaneo, e scrivi le tue impressioni: ti pare che abbia interpretato bene il passo omerico? Perché? Come immagini tu lo stato d'animo di Calipso e di Odisseo?

Lettera di Calipso, ninfa, a Odisseo, re di Itaca
Violetti e turgidi come carni segrete sono i calici dei fiori di Ogigia; piogge leggere e brevi, tiepide, alimentano il verde lucido dei suoi boschi; nessun inverno intorbida le acque dei suoi ruscelli. È trascorso un battere di palpebre dalla tua partenza che a te pare remota, e la tua voce, che dal mare mi dice addio, ferisce ancora il mio udito divino in questo mio invalicabile ora. Guardo ogni giorno il carro del sole che corre nel cielo e seguo il suo tragitto verso il tuo occidente; guardo le mie mani immutabili e bianche; con un ramo traccio un segno sulla sabbia – come la misura di un vano conteggio; e poi lo cancello. E i segni che ho tracciato e cancellato sono migliaia, identico è il gesto e identica è la sabbia, e io sono identica. E tutto. Tu, invece, vivi nel mutamento. Le tue mani si sono fatte ossute, con le nocche sporgenti, le salde vene azzurre che le percorrevano sul dorso sono andate assomigliando ai cordoni nodosi della tua nave; e se un bambino gioca con esse, le corde azzurre sfuggono sotto la pelle e il bambino ride, e misura contro il tuo palmo la piccolezza della sua piccola mano. Allora tu lo scendi dalle ginocchia e lo posi per terra, perché ti ha colto un ricordo di anni lontani e un'ombra ti è passata sul viso: ma lui ti grida festoso attorno e tu subito lo riprendi e lo siedi sulla tavola di fronte a te: qualcosa di fondo e di non dicibile accade e tu intuisci nella trasmissione della carne la sostanza del tempo. Ma di che sostanza è il tempo? E dove esso si forma, se tutto è stabilito, immutabile, unico? La notte guardo gli spazi fra le stelle, vedo il vuoto senza misura: e ciò che voi umani travolge e porta via, qui è un fisso momento privo di inizio e di fine.
Ah, Odisseo, poter sfuggire a questo verde perenne! Potere accompagnare le foglie che ingiallite cadono e vivere con esse il momento! Sapermi mortale. Invidio la tua vecchiezza, e la desidero: e questa è la forma d'amore che sento per te. E sogno un'altra me stessa, vecchia e canuta, e cadente; e sogno di sentire le forze che mi vengono meno, di sentirmi ogni giorno più vicina al grande circolo nel quale tutto rientra e gira; di disperdere gli atomi che formano questo corpo di donna che io chiamo Calipso. E invece resto qui, a fissare il mare che si distende si ritira, a sentirmi la sua immagine, a soffrire questa stanchezza di essere che mi strugge e che non sarà mai appagata – e il vacuo terrore dell'eterno.

(A. Tabucchi, *I volatili del Beato Angelico*, Sellerio, Palermo 1987, pp. 32-33)

15. Scrivi un testo descrittivo: la nostalgia Odisseo è consumato dalla nostalgia. Come rappresenteresti tu questo sentimento? Scrivi una pagina di diario in cui si percepisca questo stato d'animo, senza nominarlo.

OMERO

ODISSEO E NAUSICAA

Opera: *Odissea*, libro VI, vv. 110-210

Lasciata finalmente l'isola di Calipso, Odisseo naviga su una robusta zattera per diversi giorni, ma, quando giunge in vista di una nuova terra, è spinto al largo dalla tempesta che Poseidone scatena contro di lui ed è travolto dalle onde. L'eroe, sentendosi perduto, invidia la sorte dei compagni caduti gloriosamente in guerra, ma la ninfa Ino, impietosita, gli offre un velo divino che lo sostiene nella burrasca e gli permette, dopo molte fatiche, di approdare alla spiaggia presso la foce di un fiume. Qui, nudo e provato dalla dura esperienza, Odisseo si addormenta tra i cespugli.

Nella terra in cui è giunto abitano i Feaci, popolo fiorente e pacifico, su cui regna Alcinoo con la moglie Arete. La dea Atena, per procurare una buona accoglienza al suo protetto, suggerisce in sogno alla figlia del re, Nausicaa, di andare con le ancelle al fiume per lavare le vesti, compito adatto a una giovinetta quasi in età da marito. Ottenuto il consenso del padre, Nausicaa si reca al fiume e, dopo aver compiuto i lavori prestabiliti, insieme con le ancelle si dedica ad attività piacevoli (il bagno, il pasto, il canto, il gioco). A questo punto Atena crea un'occasione perché avvenga l'incontro con Odisseo.

Ma quando fu per tornarsene a casa,
aggiogate le mule, piegate le belle vesti,
altro allora pensò la dea Atena occhio azzurro,
perché Odisseo si svegliasse, vedesse la giovinetta begli occhi,
e lei dei Feaci alla città lo guidasse.
La palla dunque lanciò la regina a un'ancella,
fallì l'ancella, scagliò la palla nel gorgo profondo.
Quelle un grido lungo gettarono: e si svegliò Odisseo luminoso,
e seduto pensava nell'anima e in cuore:
«Ohimè, di che uomini ancora arrivo alla terra?
forse violenti, selvaggi, senza giustizia,
oppure ospitali, e han mente pia verso i numi?
Come di giovanette mi è giunto un grido femmineo;
ninfe, che vivon sui picchi scarpati dei monti,
nelle sorgenti dei fiumi, nei pascoli erbosi?
Oppure sono vicino a esseri umani parlanti?
Via, dunque, io stesso vedrò e lo saprò».
Così dicendo, di sotto ai cespugli sbucò Odisseo glorioso,
dal folto un ramo fronzuto con la mano gagliarda
stroncò per coprire le vergogne sul corpo.

111. aggiogate le mule: legate le mule al carro. Nausicaa aveva ottenuto dal padre il permesso di recarsi al fiume, vicino alla foce, per lavare le vesti proprie e dei fratelli. I panni, ora asciutti, vengono piegati e caricati sul carro e le fanciulle si accingono a ripartire per tornare a palazzo.
113. si svegliasse: Odisseo sta dormendo nascosto in mezzo a fitti cespugli.
114. lei ... guidasse: costruisci *lei lo guidasse alla città dei Feaci.*
116. fallì l'ancella: mancò l'ancella. Il tiro non raggiunge l'ancella e la palla finisce perciò nel fiume.
117. luminoso: in greco *dìos*, cioè "divino", "splendido", "glorioso".
121. pia ... numi: devota, rispettosa verso gli dèi.
123. picchi scarpati: vette scoscese, ripide.
128. fronzuto: ricco di foglie. • **gagliarda:** forte, possente.
129. le vergogne: le nudità.

E mosse come leone nutrito sui monti, sicuro della sua forza,
che va tra il vento e la pioggia; i suoi occhi
son fuoco. Tra vacche si getta, tra pecore,
tra cerve selvagge; e il ventre lo spinge,
in cerca di greggi, a entrare anche in ben chiuso recinto.
Così Odisseo tra le fanciulle bei riccioli stava
per mescolarsi, nudo: perché aveva bisogno.
Pauroso apparve a quelle, orrido di salsedine,
fuggirono qua e là per le lingue di spiaggia.
Sola, la figlia di Alcìnoo restò, perché Atena
le infuse coraggio nel cuore, e il tremore delle membra le tolse.
Dritta stette, aspettandolo: e fu in dubbio Odisseo
se, le ginocchia afferrandole, pregar la fanciulla occhi belli,
o con parole di miele, fermo così, da lontano,
pregarla che la città gli insegnasse e gli desse una veste.
Così, pensando, gli parve cosa migliore,
pregar di lontano, con parole di miele,
ché a toccarle i ginocchi non si sdegnasse in cuore la vergine.
Subito dolce e accorta parola parlò:
«Io mi t'inchino, signora: sei dea o sei mortale?
Se dea tu sei, di quelli che il cielo vasto possiedono,
Artemide, certo, la figlia del massimo Zeus,
per bellezza e grandezza e figura mi sembri.
Ma se tu sei mortale, di quelli che vivono in terra,
tre volte beati il padre e la madre sovrana,
tre volte beati i fratelli: perché sempre il cuore
s'intenerisce loro di gioia, in grazia di te,
quando contemplano un tal boccio muovere a danza.
Ma soprattutto beatissimo in cuore, senza confronto,
chi soverchiando coi doni, ti porterà a casa sua.
Mai cosa simile ho veduto con gli occhi,
né uomo, né donna: e riverenza a guardarti mi vince.

130. mosse: si mosse, uscì dal suo riparo.
135. bei riccioli: è un epiteto formulare, come, più oltre, *occhi belli* (v. 142).
135-136. stava per mescolarsi: stava per avvicinarsi.
137. Pauroso: spaventoso.
138. lingue di spiaggia: siamo alla foce, tra un braccio e l'altro del fiume, e quindi vi sono sottili strisce di sabbia.
139. figlia di Alcìnoo: si tratta di Nausicaa.
142. le ginocchia afferrandole: per consuetudine il supplice si gettava a terra e abbracciava le ginocchia della persona a cui intendeva chiedere aiuto.
144. la città gli insegnasse: gli mostrasse la via per andare in città.
147. ché: perché.
149. mi t'inchino: mi inchino a te.
151. Artemide: Artemide, o Diana per i Romani, figlia di Latona e di Zeus e sorella di Apollo, era nata sul monte Cinto nell'isola di Delo. Era la dea dei boschi e della caccia, protettrice delle vergini.
154. sovrana: maestosa, venerabile.
156. in grazia di te: grazie a te, per merito tuo.
157. boccio: bocciolo, promessa di un fiore. La bellezza di Nausicaa deve ancora rivelarsi per intero, perché si tratta di una fanciulla che sta crescendo ma non è ancora donna. • **danza:** nel libro VIII sarà messa in luce l'abilità straordinaria dei Feaci come danzatori e cantori.
159. chi ... casa sua: chi ti otterrà in sposa grazie a doni superiori a quelli di chiunque altro e ti condurrà a casa sua.
161. riverenza: timore, rispetto come davanti a qualcosa di divino.

In Delo una volta, così, presso l'ara d'Apollo,
vidi levarsi un fusto nuovo di palma:
sì, giunsi anche là; e mi seguiva innumerevole esercito,
via in cui m'era destino aver tristi pene.
Così, ammirandolo, fui vinto dal fascino
a lungo, perché mai crebbe tale pianta da terra,
come te, donna, ammiro, e sono incantato e ho paura tremenda
ad abbracciarti i ginocchi: ma duro strazio m'accora.
Ieri scampai dopo venti giornate dal livido mare:
fin qui l'onda sempre m'ha spinto e le procelle rapaci,
dall'isola Ogigia, e qui m'ha gettato ora un dio,
certo perché soffra ancora dolori: non credo
che finiranno, ma molti ancora vorranno darmene i numi.
Ma tu, signora, abbi pietà: dopo molto soffrire,
a te per prima mi prostro, nessuno conosco degli altri
uomini, che hanno questa città e questa terra.
La rocca insegnami e dammi un cencio da mettermi addosso,
se avevi un cencio da avvolgere i panni, venendo.
A te tanti doni facciano i numi, quanti in cuore desideri,
marito, casa ti diano, e la concordia gloriosa
a compagna; niente è più bello, più prezioso di questo,
quando con un'anima sola dirigono la casa
l'uomo e la donna: molta rabbia ai maligni,
ma per gli amici è gioia, e loro han fama splendida».
Gli replicò Nausicàa braccio bianco:
«Straniero, non sembri uomo stolto o malvagio,
ma Zeus Olimpio, lui stesso, divide fortuna tra gli uomini,
buoni e cattivi, come vuole a ciascuno:
a te ha dato questo, bisogna che tu lo sopporti.
Ora però, che sei giunto alla nostra terra, alla nostra città,
né panno ti mancherà, né altra cosa,
quanto è giusto ottenga il meschino, che supplica.
La rocca t'insegnerò e dirò il nome del popolo.
I Feaci possiedono terra e città,
e io son la figlia del magnanimo Alcìnoo,
che tra i Feaci regge la forza e il potere».

162. Delo: è un'isola del mar Egeo, presso la quale sorgeva un tempio dedicato ad Apollo. Si diceva che Apollo stesso e Artemide fossero nati su quest'isola. • **Apollo:** dio della divinazione, delle arti e della musica; arciere potentissimo, era in grado di diffondere epidemie e sanarle, perché era anche patrono della medicina.

163. fusto nuovo: germoglio.

169. m'accora: mi tormenta, mi fa soffrire.

170. dopo venti giornate: Odisseo aveva trascorso diciotto giorni navigando sulla zattera costruita sull'isola di Calipso e due in balìa della tempesta suscitata da Poseidone.

171. procelle: tempeste.

172. Ogigia: si tratta dell'isola della ninfa Calipso, che ha trattenuto Odisseo per sette anni e nell'ottavo, su comando di Zeus, gli ha concesso di ripartire.

178. La rocca: è il punto più importante della città, la parte alta. Qui, con la figura retorica della sineddoche (la parte per il tutto), si indica la città nel suo insieme.

186. braccio bianco: si tratta ancora una volta di un epiteto formulare.

188. Olimpio: è un appellativo del re degli dèi, che risiedeva sul monte Olimpo. • **divide fortuna:** spartisce i destini, attribuisce sorte buona o cattiva.

Disse, e gridò alle ancelle bei riccioli:
«Fermatevi ancelle: dove fuggite alla vista d'un uomo?
Forse un nemico credete che sia?
Non esiste uomo vivente, né mai potrà esistere,
che arrivi al paese delle genti feace
portando guerra: perché noi siam molto cari agli dèi.
Viviamo in disparte, nel mare flutti infiniti,
lontani, e nessuno viene fra noi degli altri mortali.
Ma questi è un misero naufrago, che c'è capitato,
e dobbiamo curarcene: vengon tutti da Zeus
gli ospiti e i poveri; e un dono, anche piccolo, è caro.
Via, date all'ospite, ancelle, da mangiare e da bere,
e nel fiume lavatelo, dov'è riparo dal vento».

202. genti feace: la terra dei Feaci, Scheria, per lo storico Tucidide (V secolo a.C.) era da identificare con l'isola di Corfù, importante scalo intermedio tra la Grecia e l'Occidente. Le parole di Nausicaa sottolineano che questa terra si trova in un luogo remoto, lontano dalle rotte consuete, e costituisce quasi la soglia di un mondo sovrannaturale. In fondo Odisseo sta lasciando un mondo sovrumano, quello della dea Calipso, e l'isola dei Feaci è una sorta di passaggio per il rientro nel mondo reale, umano.
204. flutti infiniti: è un epiteto formulare per designare il mare, fatto di innumerevoli onde.

ANALISI DEL TESTO

La nudità e l'eloquenza

Odisseo è solo, spogliato di ogni cosa e sconosciuto in terra straniera. Il suo emergere dai cespugli segna il ritorno alla vita, dopo che ha toccato il punto più basso possibile: nella tempesta, infatti, egli ha perduto anche quel poco che aveva con sé e ora è stanco, imbrattato di salsedine, si regge in piedi a fatica. Il recupero dell'identità inizia con il riapparire della dote per lui più caratteristica: l'abilità nel trovare *parole di miele* (v. 143) per persuadere qualcuno. La *mètis*, l'intelligenza pratica, capace di valutare le circostanze, gli suggerisce di non indisporre la fanciulla che ha di fronte abbracciandone le ginocchia, gesto tipico del supplice, ma anche segno di confidenza eccessiva verso una giovane donna; Odisseo cerca dunque di ottenerne l'aiuto con un discorso ben costruito. Esordisce esprimendo il dubbio di trovarsi davanti a una dea; loda poi l'aspetto umano di Nausicaa, con delicatezza e rispetto, immaginando il compiacimento che provano i genitori, i fratelli, ma soprattutto il futuro sposo, nel contemplarne la grazia. Qui egli riesce a cogliere il desiderio più segreto di Nausicaa, ossia il sogno di nozze vicine, tema su cui indirettamente tornerà anche la conclusione del discorso. La lode della bellezza termina con un paragone inconsueto: *In Delo una volta, così, presso l'ara di Apollo / vidi levarsi un fusto nuovo di palma* (vv. 162-163). L'immagine unisce fascino e sacralità, espressi con la figura retorica della *climax*: *te, donna, ammiro, e sono incantato* e *ho paura tremenda* (v. 168). Infine Odisseo allude alle sue sventure e chiede aiuto, auspicando che gli dèi ricompensino la fanciulla con quanto vi è di più desiderabile: una vita serena con uno sposo concorde (vv. 180-185).

Nausicaa

La giovane cui sono rivolte queste parole non ha di per sé una funzione narrativa determinante nel poema: essa favorirà l'ingresso di Odisseo alla reggia dei Feaci, ma scomparirà presto dalla scena, salvo una breve apparizione di congedo nel libro VIII. Tuttavia si tratta di una figura poeticamente molto riuscita, non priva di implicazioni simboliche. In lei sono ritratte con delicatezza le emozioni di una giovane che si affaccia alla vita. Il suo fascino deriva dal sovrapporsi di elementi contrastanti: è ancora una bambina a cui piace giocare a palla e divertirsi con le ancelle, ma già sogna, sia pure in maniera indefinita, le nozze e uno sposo; si vergogna a menzionare l'argomento con i genitori (libro VI, vv. 66-67), ma certo gli accenni al matrimonio nel discorso dello straniero la colpiscono; non è insensibile al fascino dello sconosciuto, ma è ancora così ingenua da confidarlo candidamente alle ancelle (*Prima m'era sembrato che fosse brutto davvero, / e ora somiglia ai numi che il cielo ampio possiedono. / Oh se un uomo così potesse chiamarsi mio sposo*, vv. 242-244); è di famiglia regale, ma non disdegna lavori umili come lavare le vesti al fiume, né la compagnia di persone di rango inferiore. Tutti questi aspetti sono tenuti insieme da una personalità armoniosa, che trasmette grazia e serenità; la principessa, inoltre, sa affrontare in modo assennato la situazione per non suscitare scandali. Sotto il profilo simbolico, Nausicaa è la figura femminile che funge da via d'accesso a un luogo, motivo folklorico ricorrente: nelle favole, infatti, spesso compare un personaggio femminile che dà accoglienza a un viaggiatore e indicazioni preziose sull'ambiente e sugli abitanti.

La terra dei Feaci e il tema dell'ospitalità

Scheria è, come l'isola di Calipso, un *locus amoenus*, non tanto per la fertilità del paesaggio, quanto per la dimensione di pace che vi regna. I Feaci sono un popolo di abili costruttori di navi, artisti, danzatori; non sanno praticare attività ostili come il pugilato o scagliare frecce. Tra loro non vi sono tensioni né rivalità per il potere, sono civili e rispettosi degli dèi: pur vivendo appartati dal resto del mondo, conoscono infatti le regole dell'ospitalità e le applicano prontamente (*dobbiamo curarcene: vengon tutti da Zeus / gli ospiti e i poveri*, vv. 207-208). Proprio questo aspetto distingue nel poema gli esseri civili e pii da quelli selvaggi o immorali, come si vedrà nell'episodio del Ciclope e nell'atteggiamento indegno dei Proci verso ospiti e stranieri.

ESERCIZI

COMPRENSIONE E ANALISI

1. L'astuzia di Atena Quale stratagemma è attivato da Atena per consentire l'incontro tra Nausicaa e Odisseo?

2. La reazione delle fanciulle Perché le ancelle fuggono alla vista di Odisseo? Come reagisce Nausicaa e per quale ragione si comporta così?

3. Il discorso di Odisseo Leggi di nuovo il discorso di Odisseo (vv. 149-185) e individua le diverse parti da cui è composto (richiesta, *captatio benevolentiae*, augurio, presentazione di sé).

4. La richiesta di Odisseo Che cosa chiede Odisseo a Nausicaa?

5. I Feaci Quali informazioni sul popolo dei Feaci si possono ricavare dal brano? Rispondi facendo riferimento al testo.

6. Le caratteristiche di Zeus Nella sua risposta, Nausicaa cita due volte Zeus. Quali caratteristiche della divinità vengono ricordate?

7. Il narratore Nel brano, il narratore esterno e onnisciente a un certo punto si focalizza su un personaggio e ne esprime i pensieri con un discorso indiretto. Individua i versi in questione e riscrivi il discorso in forma diretta.

LESSICO E STILE

8. Le qualità di Nausicaa Sottolinea nel testo tutti gli aggettivi e le espressioni che definiscono la giovane donna.

9. *Luminoso* Odisseo è definito *luminoso* (v. 117). Si tratta di un epiteto formulare o di una indicazione precisa, adeguata alla circostanza in cui si trova il personaggio? Perché?

10. Alcune immagini Spiega le seguenti espressioni che compaiono nel passo: *i suoi occhi / son fuoco* (vv. 131-132); *il ventre lo spinge* (v. 133); *il tremore delle membra le tolse* (v. 140).

11. *Dolce e accorta parola* Che cosa significano gli aggettivi *dolce* e *accorta* al v. 148?

12. La figura retorica della *climax* *Ammiro, sono incantato, ho paura tremenda* (v. 168). Si tratta di una *climax*. Cerca nel glossario la definizione di questa figura retorica e verifica come i termini usati rispondano alle esigenze richieste.

13. Una similitudine Nei vv. 130-135 è presente una lunga similitudine. Individua i termini paragonati tra loro e riportali nello schema, come se si trattasse di un proporzione matematica:

.... : ....
.... : .... =

SCRITTURA

14. Scrivi un testo descrittivo: una similitudine Odisseo paragona Nausicaa a *un fusto nuovo di palma* (v. 163). Pensa ad alcune cose che ami molto (un luogo, una persona, un oggetto caro) e costruisci per ciascuna una similitudine. Scegli immagini inconsuete e poi scrivi un testo descrittivo che le contenga tutte.

15. Scrivi un testo narrativo-descrittivo: un altro punto di vista Riscrivi l'episodio presentato raccontandolo dal punto di vista di Nausicaa.

16. Scrivi un testo espositivo: l'accoglienza dello straniero Nel mondo antico l'ospite era sacro, perché sotto la protezione di Zeus, e le regole dell'accoglienza erano rispettate da ogni popolo civile. Esamina la condizione dei profughi oggi, facendo prima una ricerca sul libro di geografia, sui quotidiani e/o su Internet, e scrivi poi un testo espositivo in cui spieghi con precisione il significato delle seguenti parole: rifugiato; profugo; clandestini; campo profughi; immigrati; emigrati; *boat people*.

SPUNTI PER LA DISCUSSIONE IN CLASSE

17. L'accoglienza dello straniero Qual è la condizione dei profughi nel mondo contemporaneo, e in Italia in particolare? Discutine con i compagni e con l'insegnante.

OMERO

Odisseo e Polifemo

▶ **Opera:** *Odissea*, libro IX, vv. 212-305; 345-414; 437-460; 500-542

Odisseo, giunto al palazzo dei Feaci, è accolto con benevolenza dal re Alcinoo e dalla regina Arete, che acconsentono a fornirgli una nave per il rientro in patria, pur non sapendo ancora chi sia. Durante il banchetto ospitale, l'aedo Demodoco canta gli amori di Ares e Afrodite, ma anche episodi della guerra di Troia, ascoltando i quali Odisseo si commuove. Il re lo prega allora di spiegare la ragione delle sue lacrime e rivelare la sua identità. L'eroe palesa perciò il suo nome e spiega di essersi allontanato dall'isola di Calipso, dopo un lungo soggiorno presso la dea. Inizia poi a raccontare le vicende successive alla partenza da Troia: lo scontro con il violento popolo dei Ciconi e la pericolosa sosta presso i Lotofagi, il cui cibo, costituito da fiori dolcissimi, annulla la volontà e il desiderio di ritorno. La terza tappa del viaggio di Odisseo è in una terra molto fertile ma selvaggia, ricca di pecore e capre. Qui il protagonista, lasciata al sicuro la flotta, decide di andare in perlustrazione con dodici compagni, per rifornirsi di cibo e per scoprire quale popolo abiti il luogo. Odisseo porta con sé, quasi per premonizione, una scorta di vino delizioso. Lo attende tuttavia un'esperienza terribile: la terra, infatti, è abitata dai Ciclopi, giganti selvaggi con un occhio solo in mezzo alla fronte.

Un grande otre pieno di questo portavo e dei cibi
in un cesto; perché sentì subito il mio cuore altero
che avremmo trovato un uomo vestito di poderoso vigore,
selvaggio, ignaro di giustizia e di leggi.
Rapidamente all'antro arrivammo, ma dentro
non lo trovammo; pasceva pei pascoli le pecore pingui.
Entrati nell'antro, osservammo ogni cosa;
dal peso dei caci i graticci piegavano; steccati c'erano,
per gli agnelli e i capretti, e separata ogni età
vi stava chiusa, a parte i primi nati, a parte i secondi,
a parte ancora i lattonzoli; tutti i boccali traboccavan di siero,
e i secchi e i vasi nei quali mungeva.
Subito allora mi supplicarono con parole i compagni,
che, rubati i formaggi, tornassimo indietro; che in fretta
all'agile nave gli agnelli e i capretti spingendo
fuori dai chiusi, rinavigassimo l'acque del mare;

212. questo: si tratta di un vino rosso donato a Odisseo da Marone, sacerdote di Apollo, come ringraziamento per aver avuta salva la vita. L'eroe lo descrive come un vino dolce ma molto forte, che andava bevuto mescolato (una tazza di vino e venti misure d'acqua).
213. altero: fiero.
215. ignaro di giustizia e di leggi: i Ciclopi possiedono le caratteristiche tipiche dei popoli selvaggi e primitivi: non conoscono l'agricoltura, non hanno leggi e norme consuetudinarie, non si riuniscono in assemblee, ma vivono isolati gli uni dagli altri.
216. antro: grotta. La descrizione del luogo viene fatta ai vv. 182-186: *una grotta vedemmo, sul mare, / eccelsa, ombreggiata da lauri; e qui molte greggi, / pecore e capre, avevano stalla; intorno un recinto / alto correva, fatto di blocchi di pietra, / e lunghi tronchi di pino, e querce alta chioma.*
217. non lo trovammo: si parla di Polifemo, il ciclope protagonista dell'episodio. È stato descritto in precedenza da Odisseo come *un mostro, che greggi / pasceva, solo, in disparte, e con gli altri / non si mischiava, aveva animo ingiusto. / Era un mostro gigante; e non somigliava / a un uomo mangiatore di pane, ma a picco selvoso / d'eccelsi monti, che appare isolato dagli altri* (libro IX, vv. 187-192). • **pasceva:** conduceva al pascolo. • **pingui:** grasse.
219. caci: formaggi. • **graticci:** vimini intrecciati, su cui erano riposti i formaggi.
222. lattonzoli: sono i piccoli che si nutrono ancora del latte delle madri. • **siero:** è il liquido residuo della lavorazione del latte.
227. chiusi: recinti.

ma io non volli ascoltare – e sarebbe stato assai meglio –
per vederlo in persona, se mi facesse i doni ospitali.
Ah! non doveva essere amabile la sua comparsa ai compagni.
Là, acceso il fuoco, facemmo offerte, e anche noi
prendemmo e mangiammo formaggi, e l'aspettammo dentro,
seduti, finché venne pascendo, portava un carico greve
di legna secca, per la sua cena.
E dentro l'antro gettandolo produsse rimbombo:
noi atterriti balzammo nel fondo dell'antro.
Lui nell'ampia caverna spinse le pecore pingui,
tutte quante ne aveva da mungere; ma i maschi li lasciò fuori,
montoni, caproni, all'aperto nell'alto steccato.
Poi, sollevandolo, aggiustò un masso enorme, pesante,
che chiudeva la porta: io dico che ventidue carri
buoni, da quattro ruote, non l'avrebbero smosso da terra,
tale immensa roccia, scoscesa, mise a chiuder la porta.
Seduto, quindi, mungeva le pecore e le capre belanti,
ognuna per ordine, e cacciò sotto a tutte il lattonzolo.
E subito cagliò un metà del candido latte,
e, rappreso, lo mise nei canestrelli intrecciati;
metà nei boccali lo tenne, per averne da prendere
e bere, che gli facesse da cena.
Come rapidamente i suoi lavori ebbe fatto,
allora accese il fuoco e ci vide e ci disse:
«Stranieri, chi siete? e di dove navigate i sentieri dell'acqua?
forse per qualche commercio, o andate errando così, senza meta
sul mare, come i predoni che errano
giocando la vita, danno agli altri portando?».
Così disse, e a noi si spezzò il caro cuore
dalla paura di quella voce pesante e di quell'orrido mostro.
Ma anche così, gli risposi parola, gli dissi:
«Noi siamo Achei, nel tornare da Troia travolti
da tutti i venti sul grande abisso del mare;
diretti alla patria, altro viaggio, altri sentieri
battemmo: così Zeus volle decidere.
Ci vantiamo guerrieri dell'Atride Agamennone,
di cui massima è ora sotto il cielo la fama,
tale città ha distrutto, ha annientato guerrieri

230. amabile: gradita, piacevole.
231. offerte: agli dèi, evidentemente.
233. pascendo: tornando dal pascolo. • **greve:** pesante.
246. cagliò: fece rapprendere, per produrre il formaggio.
252. di dove ... acqua?: da dove venite, quali rotte avete percorso sul mare?
254-255. errano ... portando?: che vagano rischiando la vita per gioco e portando danno agli altri?
259. Achei: sono i Greci.
261-262. diretti ... battemmo: fummo costretti a percorrere itinerari diversi da quelli che avrebbero dovuto portarci in patria.
263. Atride Agamennone: Agamennone, figlio di Atreo, è il principale comandante della spedizione contro Troia insieme con il fratello Menelao. Polifemo ha insinuato il sospetto che i visitatori siano trafficanti o ladri, ma Odisseo risponde con orgoglio dichiarando la loro condizione di guerrieri valorosi e vittoriosi (*ci vantiamo guerrieri*).
265. tale città: si tratta di Troia.

innumerevoli. E ora alle tue ginocchia veniamo
supplici, se un dono ospitale ci dessi, o anche altrimenti
ci regalassi qualcosa; questo è norma per gli ospiti.
Rispetta, ottimo, i numi; siamo tuoi supplici.
E Zeus è il vendicatore degli stranieri e dei supplici,
Zeus ospitale, che gli ospiti venerandi accompagna».
Così dicevo; e subito rispose con cuore spietato:
«Sei uno sciocco, o straniero, o vieni ben da lontano
tu che pretendi di farmi temere e rispettare gli dèi.
Ma non si dànno pensiero di Zeus egìoco i Ciclopi
né dei numi beati, perché siam più forti.
Non certo evitando l'ira di Zeus ti vorrò risparmiare,
né te, né i compagni, se non vuole il mio cuore.
Ma dimmi dove lasciasti la nave ben fabbricata,
se laggiù in fondo all'isola o vicino, che sappia».
Così disse tentandomi, ma non mi sfuggì, perché sono accorto.
E rispondendogli dissi con false parole:
«La nave me l'ha spezzata Poseidone enosìctono,
contro gli scogli cacciandola, al limite del vostro paese;
proprio sul promontorio: il vento dal largo spingeva.
Io solo sfuggii con questi l'abisso di morte».
Così dicevo: nulla rispose nel suo cuore spietato,
ma con un balzo sui miei compagni le mani gettava
e afferrandone due, come cuccioli a terra
li sbatteva, scorreva fuori il cervello e bagnava la terra.
E fattili a pezzi, si preparava la cena;
li maciullava come leone montano; non lasciò indietro
né interiora, né carni, né ossa o midollo.
E noi piangendo a Zeus tendevamo le braccia
vedendo cose terribili: ci sentivamo impotenti.
Quando il Ciclope ebbe riempito il gran ventre,
carne umana mangiando e latte puro bevendo,
si distese nell'antro, sdraiato in mezzo alle pecore.
E io pensai nel mio cuore magnanimo
d'avvicinarmi e la spada puntuta dalla coscia sguainando,
piantarla nel petto, dove il fegato s'attacca al diaframma,
cercando a tastoni; ma mi trattenne un altro pensiero.

266. alle tue ginocchia: è il tipico atteggiamento del supplice, che chiede aiuto.
268. questo è norma: sono le leggi non scritte della *xenìa*, ossia dell'ospitalità, che tutti i popoli timorati degli dèi rispettano (▶ *Odisseo e Nausicaa*, vv. 206-210, p. 130).
269. numi: sono gli dèi.
271. venerandi: degni di rispetto.
275. egìoco: è un epiteto di Zeus, armato di ègida, ossia lo scudo rivestito con le pelli della capra Amaltea.
277. evitando ... risparmiare: non ti vorrò risparmiare per evitare l'ira di Zeus.
281. tentandomi: mettendomi alla prova, per ingannarmi. Polifemo vuole sapere se vi siano altri uomini nelle vicinanze per catturarli.
283. Poseidone enosìctono: Poseidone, o Nettuno per i Romani, dio del mare, era detto enosìctono, "scuotiterra", perché a lui veniva attribuita la capacità di scatenare terremoti.
284. limite: confine.
299. magnanimo: ardito, coraggioso.
300. puntuta: appuntita, affilata. • **dalla coscia:** dal fodero, che si portava legato alla coscia.

Infatti noi pure là perivamo di morte terribile:
non potevamo certo dall'alta apertura
a forza di braccia spostare l'enorme roccia, che vi aveva addossata.

[All'alba Polifemo sbrana altri due uomini, quindi esce con le pecore, sbarrando con l'enorme masso l'uscita della grotta. Odisseo medita un audace piano per sfuggire al mostro: insieme con i compagni lavora un poderoso ramo d'ulivo, rendendolo acuminato e seccandolo al fuoco; poi lo nasconde sotto il letame. Con quest'arma intende accecare il Ciclope. Giunta la sera Polifemo rientra, conducendo con sé le pecore, e divora altri due uomini. Odisseo si prepara a mettere in atto il suo piano.]

Allora io al Ciclope parlai, avvicinandomi
con in mano un boccale del mio nero vino:
«Ciclope, to', bevi il vino, dopo che carne umana hai mangiato,
perché tu senta che vino è questo che la mia nave portava.
Per te l'avevo recato come un'offerta, se avendo pietà,
m'avessi lasciato partire; invece tu fai crudeltà intollerabili,
pazzo! Come in futuro potrà venir qualche altro
a trovarti degli uomini? Tu non agisci secondo giustizia».
Così dicevo; e lui prese e bevve; gli piacque terribilmente
bere la dolce bevanda; e ne chiedeva di nuovo:
«Dammene ancora, sii buono, e poi dimmi il tuo nome,
subito adesso, perché ti faccia un dono ospitale e tu ti rallegri.
Anche ai Ciclopi la terra dono di biade
produce vino nei grappoli, e a loro li gonfia la pioggia di Zeus.
Ma questo è un fiume d'ambrosia e di nettare».
Così diceva: e di nuovo gli porsi vino lucente;
tre volte gliene porsi, tre volte bevve, da pazzo.
Ma quando al Ciclope intorno al cuore il vino fu sceso,
allora io gli parlai con parole di miele:
«Ciclope, domandi il mio nome glorioso? Ma certo,
lo dirò; e tu dammi il dono ospitale come hai promesso.
Nessuno ho nome: Nessuno mi chiamano
madre e padre e tutti quanti i compagni».
Così dicevo; e subito mi rispondeva con cuore spietato:
«Nessuno io mangerò per ultimo dopo i compagni;
gli altri prima; questo sarà il dono ospitale».
Disse, e s'arrovesciò cadendo supino, e di colpo

303. perivamo: saremmo morti.
346. nero vino: è il vino che Odisseo ha portato con sé dalla nave, particolarmente inebriante.
347. carne umana: Polifemo ha divorato finora sei compagni di Odisseo.
356. un dono ospitale: l'offerta è fatta in tono beffardo, come si capirà dai versi successivi.
357. dono di biade: feconda, che produce frumento.
358. produce vino nei grappoli: produce grappoli succosi, dai quali deriva il vino.
359. d'ambrosia e di nettare: ambrosia e nettare sono il cibo e la bevanda degli dèi.
360. lucente: dal colore rosso brillante, purpureo.
363. parole di miele: il termine greco è *meilikìoisi* e indica una delle doti principali di Odisseo, la capacità di costruire discorsi persuasivi, che catturano con il fascino delle parole.
364. il mio nome: spesso Odisseo nelle sue avventure cela il proprio nome e inganna dicendo di essere qualcun altro per valutare le reazioni dei suoi ospiti.
369. Nessuno ... ultimo: costruisci *mangerò per ultimo Nessuno.*
370. il dono ospitale: è evidente l'intonazione sarcastica.
371. s'arrovesciò: cadde riverso all'indietro.

giacque, piegando il grosso collo di lato: lo vinse
il sonno che tutto doma: e dalla gola vino gli usciva,
e pezzi di carne umana; vomitava ubriaco.
Allora il palo cacciai sotto la molta brace,
finché fu rovente; e con parole a tutti i compagni
facevo coraggio, perché nessuno, atterrito, si ritirasse.
Quando il palo d'ulivo nel fuoco già stava
per infiammarsi, benché fosse verde, splendeva terribilmente,
allora in fretta io lo toglievo dal fuoco, e intorno i compagni
mi stavano; certo un dio c'ispirò gran coraggio.
Essi, alzando il palo puntuto d'olivo,
nell'occhio lo spinsero: e io premendo da sopra
giravo, come un uomo col trapano un asse navale
trapana; altri sotto con la cinghia lo girano,
tenendola di qua e di là: il trapano corre costante;
così ficcato nell'occhio del mostro il tizzone infuocato,
lo giravamo; il sangue scorreva intorno all'ardente tizzone;
arse tutta la palpebra in giro e le ciglia, la vampa
della pupilla infuocata; nel fuoco le radici friggevano.
Come un fabbro una gran scure o un'ascia
nell'acqua fredda immerge, con sibilo acuto,
temprandola: e questa è appunto la forza del ferro;
così strideva l'occhio del mostro intorno al palo d'olivo.
Paurosamente gemette, n'urlò tutta intorno la roccia;
atterriti balzammo indietro: esso il tizzone
strappò dall'occhio, grondante di sangue,
e lo scagliò lontano da sé, agitando le braccia,
e i Ciclopi chiamava gridando, che in giro
vivevano nelle spelonche e sulle cime ventose.
E udendo il grido quelli correvano in folla, chi di qua, chi di là;
e stando intorno alla grotta chiedevano che cosa volesse:
«Perché, Polifemo, con tanto strazio hai gridato
nella notte ambrosia, e ci hai fatto svegliare?
forse qualche mortale ti ruba, tuo malgrado, le pecore?
o t'ammazza qualcuno con la forza d'inganno?».
E a loro dall'antro rispose Polifemo gagliardo:
«Nessuno, amici, m'uccide d'inganno e non con la forza».
E quelli in risposta parole fugaci dicevano:
«Se dunque nessuno ti fa violenza e sei solo,
dal male che manda il gran Zeus non c'è scampo;
piuttosto prega il padre tuo, Poseidone sovrano».

375. il palo: è il grosso ramo d'ulivo che Odisseo e i compagni hanno affilato e indurito al fuoco.
376. i compagni: sono stati estratti a sorte quattro compagni per compiere con Odisseo quest'impresa.
389. in giro: intorno.
395. n'urlò: riecheggiò.
400. cime ventose: sulle vette dei monti, colpite dai venti. I Ciclopi vivono isolati ma intervengono in aiuto gli uni degli altri in caso di necessità.
404. notte ambrosia: notte dolce.
407. gagliardo: forte, vigoroso; si tratta di un epiteto formulare.
412. Poseidone: Polifemo era figlio di Poseidone e della ninfa del mare Toosa. Dalla maledizione di Polifemo deriverà la persecuzione del dio nei confronti di Odisseo.

Così dicevano andandosene: e il mio cuore rideva,
come l'aveva ingannato il nome e la buona trovata.

[Polifemo, ormai cieco, si pone sulla soglia della grotta per tastare chi tenta di uscire, consentendo il passaggio delle pecore ma pronto ad afferrare gli uomini. Odisseo escogita allora un mezzo per sfuggire alla morte: lega insieme a tre a tre i montoni e le pecore e nasconde sotto ogni gruppo uno dei suoi compagni. Per sé sceglie l'ariete dal lungo vello e si aggrappa al ventre dell'animale, aspettando il momento propizio.]

Come, figlia di luce, brillò l'Aurora dita rosate,
allora balzarono al pascolo i maschi del gregge;
le femmine belavano intorno ai chiusi non munte,
le poppe eran gonfie, ma in preda a tormenti feroci,
il padrone tastava la schiena di tutte le bestie,
ch'eran già ritte; non sospettò lo stolto che gli uomini
eran legati sotto le pance delle bestie lanose.
Ultimo il maschio del gregge mosse verso la porta,
pesante della sua lana e di me, il molto accorto;
e gli diceva tastandolo Polifemo gagliardo:
«Caro montone, perché così m'esci dall'antro
per ultimo? di solito tu non vai dietro alle pecore,
ma primissimo pasci i teneri fiori dell'erba,
a gran balzi, per primo raggiungi le correnti dei fiumi,
per primo alla stalla vuoi tornare impaziente
a sera; e adesso sei l'ultimo. Forse del tuo padrone
piangi l'occhio, che un malvagio accecò
coi suoi tristi compagni, vinta la mia mente col vino,
Nessuno, il quale non credo che scamperà dalla morte.
Oh! se avessi intelletto, se diventassi parlante,
da dirmi dove colui si ripara dalla mia furia:
allora il suo cervello schizzerebbe qua e là per l'antro,
in terra, dalla testa spaccata; sollievo il mio cuore
avrebbe dalle torture, che questo Nessuno da nulla m'ha inflitto».

[Appena fuori dalla grotta, Odisseo abbandona l'ariete e scioglie i suoi compagni; essi corrono poi alle navi, portando con sé un gran numero di pecore. Quando le navi si allontanano dalla costa, Odisseo sfida il Ciclope con parole di scherno, dicendo che la cecità è la giusta punizione che Zeus riserva a chi non rispetta gli ospiti e i supplici. Polifemo scaglia rabbiosamente un masso nel mare, senza tuttavia riuscire a colpire i Greci. L'eroe, temerario, non rinuncia a provocare ancora il gigante, nonostante i compagni lo supplichino di essere prudente e di pensare alla fuga.]

437. dita rosate: è un epiteto formulare, che allude al colore del cielo al mattino.
439. le femmine: le capre e le pecore. • **chiusi:** sono i recinti.
442. lo stolto: nella narrazione, Odisseo insiste più volte sulla stoltezza del Ciclope, per sottolineare la vittoria dell'astuzia sulla forza bruta.
444. il maschio: l'ariete, il montone.
445. il molto accorto: l'epiteto formulare si riferisce naturalmente a Odisseo.
449. pasci i teneri fiori: ti nutri al pascolo brucando i fiori più teneri.
454. tristi: malvagi.
456-457. se ... furia: se tu potessi parlare e rivelarmi dove si nasconde per sfuggire alla mia ira.

Così dicevano, ma non persuasero il mio magnanimo cuore,
e gli parlai di nuovo con animo irato:
«Ciclope, se mai qualcuno dei mortali ti chiede
il perché dell'orrenda cecità del tuo occhio,
rispondi che il distruttore di rocche Odisseo t'ha accecato,
il figlio di Laerte, che in Itaca ha casa».
Così dicevo: e con un gemito mi rispose parola:
«Ahi! dunque un'antica profezia mi raggiunge.
Visse qui un indovino nobile e grande,
Tèlemo Eurimìde, che nel vaticinio eccelleva,
e vaticinando invecchiò tra i Ciclopi.
Lui mi predisse che tutto questo m'avverrebbe in futuro,
che da Odisseo sarei privato dell'occhio.
Ma sempre un eroe grande e bello aspettavo
che qui venisse, vestito di forza grandissima.
Invece un piccoletto, mingherlino, da nulla
m'accecò l'occhio, dopo che m'ebbe vinto col vino.
Ma vieni qui, Odisseo, che ti faccia il dono ospitale,
e di darti il buon viaggio preghi il glorioso Ennosìgeo.
Io sono suo figlio, d'essermi padre si vanta:
lui, se vorrà, potrà guarirmi, o nessuno
dei numi beati o delle creature mortali».
Diceva, e io replicai, rispondendogli:
«Così della vita e del fiato t'avessi potuto privare
e mandarti a finire nella casa dell'Ade,
come l'occhio non ti guarirà l'Enosìctono».
Così parlavo, allora a Poseidone sovrano
alzò voti, stendendo le mani al cielo ricco di stelle:
«Ascolta, o Poseidone che cingi la terra, chioma azzurra:
se davvero son tuo e mio padre ti vanti,
dammi che in patria non torni Odisseo distruttore di rocche,
il figlio di Laerte, che in Itaca ha casa.
Ma se è destino che egli riveda gli amici e che torni
alla solida casa e alla terra dei padri,
tardi, male ci arrivi, perduti tutti i compagni,
su nave altrui, trovi in casa sciagure».
Così diceva pregando, e l'udì il dio chioma azzurra.
Poi strappata una rupe ancora più smisurata,
la lanciò roteandola, vi applicò forza immensa,
e la fece cadere dietro la nave prua azzurra,
di poco, sfiorò quasi il timone.
Si gonfiò il mare al piombar della pietra:
avanti portò il flutto la nave, la spinse a raggiungere l'isola. ”

500. magnanimo: ardimentoso, temerario.
504. distruttore di rocche: in greco *ptolipòrthion*; è un epiteto formulare usato solo per Odisseo e per Achille, nell'*Iliade*.
505. Laerte: Odisseo era figlio di Laerte e di Anticlea.
509. vaticinio: è l'arte di profetizzare il futuro.
518. Ennosìgeo: o enosìctono (cfr. la nota al v. 283); è epiteto di Poseidone.
524. casa dell'Ade: è il regno dei morti.
528. chioma azzurra: è un altro epiteto di Poseidone.

ANALISI DEL TESTO

L'ospitalità negata

L'episodio di Polifemo è raccontato da Odisseo ai Feaci durante il banchetto offerto da Alcinoo. Come si è visto, l'ospitalità era un valore sacro per gli antichi: ospiti e supplici erano sotto la protezione degli dèi, tutelati da un rituale consolidato, non certificato da alcuna legge scritta ma garantito dalla tradizione. L'ospite chiedeva aiuto gettandosi ai piedi o abbracciando le ginocchia di colui al quale si rivolgeva; se ne era in grado, portava doni ospitali; veniva accolto, rifocillato, protetto e infine congedato con doni adeguati alla sua condizione sociale. Nell'episodio di Polifemo il rituale viene stravolto: in primo luogo manca il rispetto per gli dèi, di cui i Ciclopi si fanno beffe, credendosi, con un atto di *hỳbris*, più forti di Zeus; l'accoglienza e la protezione si tramutano in un incubo, perché i forestieri sono intrappolati e divorati; i doni ospitali, inoltre, sono offerti con un secondo fine (il vino di Odisseo serve a stordire il gigante, per colpirlo nel sonno) o in modo beffardo (Polifemo offre come dono il fatto che mangerà Nessuno per ultimo). L'accecamento, pertanto, è presentato da Odisseo come una vendetta di Zeus contro chi ha osato divorare gli ospiti nella propria casa: il tradimento delle consuetudini civili è un delitto che si ritorce sul colpevole.

Il mostro...

In questo episodio gli dèi non compaiono, se non sullo sfondo, evocati come garanti dell'ospitalità o testimoni della maledizione conclusiva. La sfida è tutta fra due creature opposte, eccezionali ciascuna nella propria categoria: un mostro e un uomo. Polifemo è un essere terribile che porta all'estremo le caratteristiche del suo popolo selvaggio: la dismisura fisica, la bestialità, l'empietà. Si tratta di un gigante pari *a picco selvoso d'eccelsi monti* (vv. 191-192) e, come gli altri Ciclopi, ha un solo occhio, non conosce l'agricoltura, né la tecnica, né le leggi, ma vive a stretto contatto con gli animali, tanto da spingersi fino a una sorta di confidenza patetica con l'ariete; l'isolamento, l'antropofagia, il disprezzo per gli dèi ne fanno l'archetipo dell'orco cannibale che riapparirà spesso nella tradizione folklorica.

... e l'uomo

Odisseo è invece *un piccoletto, mingherlino, da nulla* (v. 515), che riesce a supplire allo svantaggio fisico con la *mètis*, l'intelligenza unita all'astuzia: sa dominare la paura, ma anche l'impulso alla vendetta immediata, perché capisce che uccidere il Ciclope nel sonno significherebbe per sé e i compagni l'impossibilità di uscire dalla grotta, visto l'enorme masso che sbarra l'entrata; è padrone della *tèchne* e realizza un'arma efficace con quanto ha a disposizione; è accorto, poiché intuisce sin dall'inizio le cattive intenzioni del Ciclope e mente per proteggere il resto della flotta; sa dissimulare i propri scopi, offrendo come dono ospitale il vino che in realtà serve a ubriacare il nemico; infine, con una magistrale trovata, cela il proprio nome dietro un gioco di parole, cosa che lo mette al riparo dalla vendetta degli altri giganti e gli permette addirittura di ridere della stoltezza di Polifemo. L'esasperazione dei caratteri serve a garantire il diritto dell'eroe a vendicarsi in modo violento: l'accecamento, descritto con dovizia di particolari, è l'atto con cui la civiltà afferma la propria superiorità sulla barbarie, il modo in cui l'umano sconfigge il mostruoso.

La curiosità

Alcune caratteristiche umane, però, possono essere fonte di pericoli letali: la curiosità di Odisseo, che vuole esplorare la terra sconosciuta e restare nella grotta per conoscerne il gigantesco abitatore, costa la vita a sei compagni; allo stesso modo, la sfida conclusiva con cui l'eroe grida il proprio vero nome attirerà su di lui la vendetta di Poseidone. La curiosità è dunque pericolosa, diventa fonte di tensione tra il capo e i suoi uomini, ma è anche la qualità indispensabile per affrontare l'ignoto: simbolicamente, rappresenta lo spirito dei colonizzatori greci che sfidano il mare e si trovano a combattere con popoli stranieri e ostili.

ESERCIZI

COMPRENSIONE E ANALISI

1. Il narratore Il narratore dell'episodio è interno o esterno? Di primo o di secondo grado? Motiva la tua risposta.

2. Le strutture narrative Individua nel lungo brano proposto esempi di:
- prolessi o anticipazioni (il narratore anticipa fatti che avverranno in futuro)
- analessi o *flashback* (il narratore recupera fatti accaduti in precedenza)
- ellissi (il narratore omette di raccontare fatti che non ritiene importanti)
- scene dialogate (il testo, occupato da un dialogo, riproduce la durata reale degli eventi)
- sommari (rapidi riassunti dei fatti)
- pause descrittive (la narrazione è sospesa per lasciare spazio a similitudini e descrizioni)

Scrivi poi nel testo, accanto ai versi corrispondenti, il nome della struttura narrativa individuata.

3. La divisione in sequenze Dividi il brano, che ha un andamento quasi teatrale, in scene o parti e assegna a ciascuna un titolo.

4. Gli inganni di Odisseo Odisseo mette in atto tre inganni. Quali?

5. Gli altri Ciclopi Perché gli altri Ciclopi non intervengono ad aiutare Polifemo?

6. Odisseo e i compagni In quali momenti si crea un contrasto tra Odisseo e i suoi compagni? Perché? Come reagisce l'eroe?

7. Un cambiamento in Polifemo In quale circostanza Polifemo, crudele e spietato verso gli uomini, assume un tono patetico?

8. Il nome rivelato Perché, secondo te, alla fine Odisseo rivela il proprio nome?

9. La profezia Qual è il contenuto dell'antica profezia rivolta a Polifemo? Quale errore ha compiuto il Ciclope nell'interpretarla?

10. La preghiera a Poseidone Che cosa chiede Polifemo a Poseidone? Lo otterrà?

LESSICO E STILE

11. La rappresentazione del mostro Sottolinea tutti i termini e le espressioni da cui si deduce la dismisura del Ciclope.

12. *Terribilmente* Che significato attribuisci all'avverbio *terribilmente* (v. 353)?

13. *Nessuno da nulla* Perché Polifemo definisce il suo avversario *Nessuno da nulla* (v. 460)? Quale significato viene sottolineato?

14. Le similitudini artigianali e marinare Individua nel testo le similitudini presenti e spiega quelle che si riferiscono alle attività artigianali e marinare dei Greci.

SCRITTURA

15. Scrivi un testo espositivo: mondi a confronto Scrivi un testo espositivo in cui metti in luce le differenze tra il mondo dei Ciclopi e quello dei Feaci.

16. Scrivi un testo narrativo: Achille e Polifemo Se hai letto la sezione relativa all'*Iliade*, immagina che nella grotta di Polifemo si trovi Achille. Come affronterebbe la situazione? Riscrivi la parte centrale dell'episodio, tenendo presenti le caratteristiche del personaggio.

17. Scrivi un testo argomentativo: processo a Odisseo Odisseo è imputabile o no per la morte di sei compagni? Costruisci un testo argomentativo che abbia la forma di un discorso di accusa e di uno di difesa del personaggio.

18. Scrivi un testo narrativo-descrittivo: un finale diverso Ipotizza uno o più finali alternativi del brano. Puoi scegliere tra una versione comica, tragica, grottesca, patetica, romantica, enigmatica.

OMERO

CIRCE

Opera: *Odissea*, libro X, vv. 210-243; 307-344; 375-399

Continua il racconto di Odisseo ad Alcinoo: fuggiti dalla terra dei Ciclopi, l'eroe e i compagni giungono all'isola di Eolo, signore dei venti, che li accoglie benevolmente. Al congedo, Eolo dona a Odisseo un otre in cui ha racchiuso tutti i venti pericolosi per la navigazione: l'eroe tuttavia si addormenta e i compagni, aprendo l'otre che credono nasconda immense ricchezze, provocano uragani; la flotta è travolta nuovamente proprio quando è in vista di Itaca. Le peregrinazioni dunque riprendono: di fronte a una terra sconosciuta, undici navi si infilano in un porto tra rupi scoscese e i Lestrigoni, giganti antropofagi, le distruggono e ne divorano gli equipaggi; la sola nave di Odisseo, prudentemente rimasta fuori dall'insenatura, riesce a fuggire.
La tappa successiva è ancora un'isola misteriosa, dove Odisseo ritiene necessaria una perlustrazione. Un gruppo di ventidue uomini, sotto il comando di Euriloco, è designato dalla sorte per procedere alla ricerca di informazioni. Essi si addentrano nei boschi e giungono alla dimora della maga Circe.

Trovarono in un vallone la casa di Circe,
fatta di pietre lisce, in posizione scoperta.
E intorno c'erano lupi montani e leoni,
che lei stregò, dando farmachi tristi.
Questi non si lanciarono sugli uomini, anzi,
con le code diritte a carezzarli si alzarono.
Come i cani intorno al padrone, che dal banchetto ritorna,
si sfregano; perché porta sempre qualche dolce boccone;
così intorno a loro i lupi zampe gagliarde e i leoni
si sfregavano; allibirono quelli a veder mostri paurosi.
Si fermarono nell'atrio della dea trecce belle,
e Circe dentro cantare con bella voce sentivano,
tela tessendo grande e immortale, come sono i lavori
delle dee, sottili e splendenti e graziosi.
Fra loro prendeva a parlare Polìte capo di forti,

210. Trovarono: gli uomini scelti dalla sorte per andare in cerca di informazioni giungono alla dimora di Circe. Il loro capo è Euriloco. • **Circe:** figlia di Elios e di una ninfa marina, è una dea che conosce droghe (*phàrmaka*, in greco) e sa operare metamorfosi grazie alla sua bacchetta magica. L'isola in cui risiede, Eea, è collocata all'estremo oriente del mondo conosciuto dai Greci, non lontano dall'ingresso nel regno dei morti. Nella conclusione del libro X è proprio Circe ad ammonire Odisseo affinché visiti gli Inferi e interroghi l'ombra dell'indovino Tiresia. La figura della maga è ricordata anche nelle *Argonautiche* di Apollonio Rodio, poema che racconta l'impresa di Giasone alla ricerca del vello d'oro, e nelle *Metamorfosi* di Ovidio, in cui si dice che Circe avrebbe trasformato la giovane Scilla, sua rivale in amore, nell'orribile mostro che incombe sul canale di Sicilia. Qualcuno, infine, collega il nome di Circe al promontorio del Circeo: secondo la tradizione a cui si rifà Dante, ad esempio, essa aveva la sua dimora sul monte Circello, vicino a Gaeta – l'Ulisse dantesco dice che Circe lo trattenne *più di un anno là presso a Gaeta*: *Inferno*, canto XXVI, v. 92 –.
213. farmachi tristi: veleni malefici.
218. i lupi zampe gagliarde: i lupi dalle zampe robuste.
219. quelli: si tratta chiaramente di Euriloco e compagni.
220. trecce belle: è un epiteto formulare.
222. tela tessendo: questo particolare ha indotto alcuni studiosi a identificare Circe con una personificazione della Grande Madre, dea della fertilità (simboleggiata dalla tessitura) e della natura selvaggia (come indicato dalla presenza di leoni e lupi).
224. capo di forti: si tratta di un epiteto formulare; in realtà il capo della spedizione è Euriloco.

ch'era il più caro per me dei compagni e il più accorto:
«O cari, qui dentro una che tesse gran tela
soave canta, e tutto il paese ne suona;
o donna o dea. Su, presto, chiamiamo!».
Così disse e quelli gridarono chiamando.
Subito lei, uscita fuori, aperse le porte splendenti
e li invitava; e tutti stoltamente le tennero dietro.
Ma Eurìloco restò fuori, ché temeva un inganno.
Li condusse a sedere sopra troni e divani
e per loro del cacio, della farina d'orzo e del miele
nel vino di Pramno mischiò: ma univa nel vaso
farmachi tristi, perché del tutto scordassero la terra paterna.
E appena ne diede loro e ne bevvero, ecco che subito,
con la bacchetta battendoli, nei porcili li chiuse.
Essi di porci avevano testa, e setole e voce
e corpo: solo la mente era sempre quella di prima.
Così quelli piangenti furono chiusi; e a loro Circe
ghiande di leccio e di quercia gettava e corniole
a mangiare, come mangiano i porci che a terra si voltolano.

[Euriloco, sconvolto, torna alla nave e riferisce l'accaduto, pregando Odisseo di sciogliere le vele e fuggire. Ma l'eroe intende recuperare i compagni e avanza da solo verso la casa di Circe. Per sua fortuna il dio Ermes interviene, dandogli un'erba benefica e precise istruzioni per proteggerlo dagli incantesimi della maga.]

Ermete, quindi, se ne tornò all'alto Olimpo,
per l'isola folta; e io alla casa di Circe
andavo; e molto il mio cuore nell'andare batteva.
Mi fermai sulla porta della dea belle trecce,
e là fermo gridai; la dea sentì la mia voce.
Subito, uscita fuori, aperse le porte splendenti,
e m'invitava: e io la seguii sconvolto nel cuore.
Mi condusse a sedere su un trono a borchie d'argento,
bello, ornato: e sotto c'era lo sgabello pei piedi.
Fece il miscuglio per me, in tazza d'oro, perché bevessi,
e il veleno v'infuse, mali meditando nel cuore.

227. soave: soavemente, dolcemente; l'aggettivo ha valore avverbiale.
230. splendenti: probabilmente perché ricoperte di bronzo lucido.
232. restò fuori: l'atto di Euriloco è di una prudenza che rasenta la paura, come già visto nell'episodio dei Ciclopi. Una volta tornato alle navi, egli chiederà a Odisseo di fuggire, abbandonando i compagni nelle mani di Circe: qui sembra pertanto più preoccupato per la propria incolumità che per il buon esito della missione. • **ché:** poiché.
235. vino di Pramno: è un vino rosso, molto forte.
236. scordassero: il rischio costante per questi eroi, oltre a quello di morire, è l'oblio, il dimenticare la ragione del ritorno. Anche presso il popolo dei Lotofagi (libro IX, vv. 94-97), essi avevano dovuto sostenere una prova analoga.
239. setole: duri peli che ricoprono la cute dei suini.
242. corniole: sono bacche di colore rossastro.
243. si voltolano: si rotolano.
307. Ermete: Ermes o Mercurio, messaggero degli dèi, protettore dei mercanti e dei ladri. Ha dato a Odisseo un'erba in grado di rendere inefficaci gli incantesimi di Circe. • **Olimpo:** montagna della Grecia, considerata la sede degli dèi.
313. sconvolto: turbato.
316. miscuglio: intruglio, pozione.

Ma come me l'ebbe dato e bevvi – e non poté farmi incantesimo –
con la bacchetta colpendomi parlava parola, diceva:
«Va' ora al porcile, stenditi con gli altri compagni».
Così diceva; e io la spada acuta dalla coscia sguainando,
su Circe balzai, come deciso ad ucciderla.
Lei gettò un urlo acuto, mi corse ai piedi e m'afferrò le ginocchia,
e singhiozzando parole fugaci diceva:
«Chi e donde sei fra gli uomini? Dove la tua città e i genitori?
Stupore mi prende, perché, bevuto il veleno, non hai subìto incantesimo.
Nessuno, nessun altro uomo poté sopportare il veleno,
chiunque lo bevve, appena passata la siepe dei denti.
Ma forse nel petto hai mente refrattaria agli incanti;
oppure tu sei Odisseo, l'accorto, che doveva venire,
come mi prediceva sempre l'Argheifonte aurea verga,
tornando da Troia con l'agile nave nera.
Ma via, nel fodero la spada riponi, e noi ora
sul letto mio saliremo, che uniti
di letto e d'amore possiamo fidarci a vicenda».
Così parlava, ma io ricambiandola dissi:
«O Circe, come m'inviti a esserti amico,
tu che porci m'hai fatto nel tuo palazzo i compagni,
e me ora qui avendo, con inganno m'adeschi
a entrare nel talamo, a salire il tuo letto,
per farmi poi, così nudo, vile e impotente?
Non vorrò certo salire il tuo letto,
se non hai cuore, o dea, di giurarmi il gran giuramento,
che nessun sortilegio trami ancora a mio danno».

[Circe, come richiesto da Odisseo, pronuncia il giuramento e i due si abbandonano all'amore; quindi le ancelle si prendono cura dell'eroe, lavandolo e offrendogli cibi deliziosi. Tuttavia Odisseo non mangia, assorto in molti pensieri. La maga lo rassicura, convinta che egli tema nuovi inganni, ma la ragione del turbamento dell'uomo è un'altra.]

318. non poté farmi incantesimo: i sortilegi di Circe sono inefficaci perché Odisseo, secondo le indicazioni di Ermes, ha assunto il *molu*, erba benefica dalle radici nere e dal fiore bianco.
319. parlava parola: è una figura etimologica, come, al v. 343, *giurarmi il gran giuramento.*
321. acuta: affilata, appuntita. • **dalla coscia:** il fodero della spada, infatti, era solitamente legato alla coscia.
322. come ... ucciderla: Odisseo segue alla lettera le indicazioni che gli ha dato Ermes: *tu allora la spada affilata dalla coscia sguainando, / su Circe balza, come deciso ad ucciderla: / lei, spaventata, t'inviterà nel suo letto* (libro X, vv. 294-296).
323. acuto: stridulo. • **m'afferrò le ginocchia:** è il tipico gesto del supplice.
324. fugaci: rapide.
325. donde: di dove sei, da dove provieni.
328. passata ... denti: espressione metaforica da intendersi "appena superati i denti, che come una siepe bloccano l'accesso alla bocca".
329. refrattaria: resistente.
331. l'Argheifonte: si tratta di Ermes (▶ *Odisseo e Calipso*, nota al v. 145, p. 123). • **aurea verga:** è un altro epiteto di Ermes, dotato di bacchetta d'oro, con la quale conduceva all'Ade, faceva addormentare o ridestare i mortali.
332. nera: perché ricoperta di pece per renderla impermeabile.
339. me ... adeschi: ora avendo me qui, in casa tua, mi seduci per ingannarmi.
340. talamo: è la stanza nuziale.
343. giuramento: ancora un accorgimento suggerito da Ermes, che Odisseo segue prontamente. È il giuramento fatto su cielo, terra e Stige, uno dei fiumi infernali.

Circe, come s'accorse di me, che sedevo e sul cibo
non gettavo le mani, ma avevo troppo dolore,
vicino mi venne e parole fugaci parlava:
«Perché così, Odisseo, siedi simile a un muto,
il cuore mangiandoti, e cibo e vino non tocchi?
forse altro inganno sospetti? Non devi
temere: già l'ho giurato il gran giuramento».
Così parlava; e io rispondendole dissi:
«O Circe, chi è l'uomo, purché abbia giustizia,
il quale ardirebbe empirsi di cibo e di vino,
prima che sian liberati i compagni e li abbia visti con gli occhi?
Se con cuore sincero a bere e a mangiare m'inviti,
scioglili, che li veda con gli occhi, i fedeli compagni».
Così dicevo: e Circe uscì attraverso la sala,
la verga in mano tenendo, le porte aprì del porcile
e fuori li spinse, simili a porci grassi di nove stagioni.
Quelli le stavan davanti, e lei in mezzo a loro
andando, li ungeva a uno a uno con un altro farmaco.
E dalle loro membra le setole caddero, nate
dal veleno funesto, che diede loro Circe sovrana:
uomini a un tratto furono, più giovani di com'eran prima,
e anche molto più belli e più grandi a vedersi.
Mi conobbero essi, e ciascuno mi strinse la mano,
e in tutti, gradita, nacque la voglia di pianto: la casa
terribilmente echeggiava; la dea stessa provava pietà. ”

383-385. chi è ... occhi?: quale uomo onesto, dotato di un senso di giustizia, oserebbe riempirsi di cibo e di vino, prima che i suoi compagni siano stati liberati e lui li abbia visti con i propri occhi?
387. scioglili: libera i miei compagni dall'incantesimo.
389. verga: bacchetta.
390. di nove stagioni: di nove anni.
392. farmaco: si tratta di un unguento magico.
398. gradita: perché il pianto qui è uno sfogo, lo scioglimento della tensione e della paura.

ANALISI DEL TESTO

Il capo e i compagni

Odisseo, giunto sull'isola di Circe, ne ritiene necessaria l'esplorazione: per questo mette a repentaglio la vita di alcuni compagni, scelti dalla sorte, nonostante le disavventure precedenti inducano alla massima prudenza. Di fronte al pericolo mortale riferito da Euriloco, poi, Odisseo non pensa minimamente alla fuga: il suo dovere di capo lo spinge ad addentrarsi da solo nell'isola per affrontare la maga e salvare i suoi uomini. Una volta ottenuto il favore di Circe, l'eroe non dimentica la condizione dei compagni e ne chiede la liberazione (*chi è l'uomo, purché abbia giustizia, / il quale ardirebbe empirsi di cibo e di vino, / prima che sian liberati i compagni e li abbia visti con gli occhi?*, vv. 383-385). La maga acconsente e la scena in cui il capo e i compagni si ritrovano e si riconoscono è tale da suscitare la commozione persino di Circe (v. 399).

La magia

L'episodio di Circe è denso di elementi fiabeschi e soprannaturali: la maga con la dimora in mezzo alla foresta, i filtri e gli antidoti, la bacchetta, gli animali feroci incantati, la metamorfosi uomo-animale. Per affrontare con successo questa prova, dunque, a Odisseo non basta la *mètis* umana: è necessario l'ausilio di un dio. Chi interviene questa volta non è Atena, bensì Ermes, messaggero tra il mondo divino e quello terreno, nonché tramite fra i vivi e i morti, nella sua qualità di accompagnatore delle anime nell'Ade. Il dio è dunque la figura più adatta per mettere in guardia Odisseo da una maga-dea che può condurre alla morte oppure favorire la vita. Come scrive lo studioso Barry Powell (*Omero*, il Mulino, Bologna 2006, p. 171), «è lei che compare subito prima che Odisseo scenda negli Inferi ed è lei ad accoglierlo al suo ritorno di là; come donna e seduttrice è morte, ma poi diviene vita, profezia e speranza».

La doppia metamorfosi

I compagni di Odisseo, privati del desiderio di tornare a casa, diventano animali. Nell'aspetto sono porci che si rotolano nel fango e si nutrono di bacche, ma la loro mente è umana, per cui sono coscienti dell'abbrutimento e della prigionia in cui sono precipitati. L'intervento di Odisseo permetterà loro di tornare uomini, persino migliori di prima (*uomini a un tratto furono, più giovani di com'eran prima, / e anche molto più belli e più grandi a vedersi*, vv. 395-396); dunque il recupero della propria identità dopo la degradazione animale non è solo un "tornare indietro", ma comporta una crescita, è frutto del superamento di una prova.

L'altra metamorfosi è quella di Circe: da seduttrice fatale a vera e propria aiutante. Inizialmente la dea, che vive isolata, circondata da fiere rese mansuete dagli incanti, abile tessitrice, seduce con la bellezza e il canto, cui aggiunge l'offerta di una piacevole ospitalità. Il suo scopo è quello di catturare gli uomini e privarli della loro identità, costringendoli ad assumerne una bestiale. Con Odisseo, istruito da Ermes, le sue arti non hanno però effetto: ella depone allora le vesti di ammaliatrice per trasformarsi in ospite premurosa, restituendo l'identità ai prigionieri e invitando nella sua dimora anche gli uomini rimasti alle navi. A dire il vero, tuttavia, il pericolo per Odisseo e compagni non è del tutto scomparso, visto che la maga riuscirà per un anno a far dimenticare ai Greci il ritorno, trattenendoli non più con *farmachi tristi* (v. 236) ma con banchetti e delizie. Ella infatti è divenuta una donna innamorata, come Calipso (libro V), attratta dall'uomo che vuole tenere per sé, non più per dominarlo come un animale, ma perché lo ama. Odisseo tuttavia, scosso dai compagni, ritroverà in sé la certezza di dover tornare alla propria terra e saprà indurre Circe ad aiutarlo. La maga gli fornirà allora le indicazioni per l'ingresso al regno dei morti e poi per superare le Sirene, Scilla, Cariddi e tutte le insidie che ancora attendono l'eroe.

ESERCIZI

COMPRENSIONE E ANALISI

1. Il narratore Il racconto è in prima o in terza persona? Da che cosa ricavi la risposta?

2. Gli animali "domestici" di Circe Quali animali circondano la dimora di Circe? Elencali e descrivine il comportamento.

3. Le caratteristiche di Circe Presenta la figura di Circe: quali particolari del suo aspetto fisico sono messi in luce? Quali abilità? Quali atteggiamenti verso gli ospiti?

4. Un punto di vista L'avverbio *stoltamente* (v. 231) esprime il punto di vista di chi?

5. Odisseo e gli incantesimi Perché gli incanti di Circe non hanno effetto su Odisseo?

6. La tristezza di Odisseo Perché Odisseo non gusta il cibo e il vino, nonostante le rassicurazioni di Circe?

7. I compagni di Odisseo Descrivi l'aspetto e il comportamento dei compagni di Odisseo dopo l'annullamento degli incantesimi, facendo riferimento al testo.

LESSICO E STILE

8. Il vocabolario Con l'aiuto del dizionario, spiega le seguenti parole: *allibirono* (v. 219); *accorto* (v. 225); *v'infuse* (v. 317); *m'adeschi* (v. 339); *vile e impotente* (v. 341); *sortilegio* (v. 344); *ardirebbe* (v. 384); *funesto* (v. 394); *echeggiava* (v. 399).
Per ciascuna espressione costruisci poi una frase che funga da esempio.

9. La similitudine Individua la similitudine con cui sono presentati gli animali che circondano la dimora di Circe.

10. Una metafora L'espressione metaforica *il cuore mangiandoti* (v. 379) è particolarmente efficace e adatta alla situazione in cui si trova Odisseo. Perché?

SCRITTURA

11. Scrivi un testo narrativo: il passato di Circe Quale ragione, secondo te, spinge Circe a trasformare gli uomini in animali? Immagina il passato della donna e scrivi un testo in cui racconti un episodio che può averla indotta a comportarsi così (una delusione amorosa, la maledizione di una divinità rivale, il bisogno di nutrire i suoi amanti fino a farli ingrassare spaventosamente).

12. Scrivi un testo descrittivo: la metamorfosi I compagni di Odisseo divengono porci nell'aspetto, ma la loro mente resta umana. Scrivi un testo descrittivo in cui riporti i pensieri di uno di loro nel momento della metamorfosi, durante la prigionia, all'arrivo di Odisseo, al ritorno alla forma umana.

13. Scrivi un testo espositivo: la metamorfosi Nella mitologia greca vi sono molte storie in cui è presente una metamorfosi. Fai una ricerca sull'enciclopedia o su Internet per ricostruire le vicende di alcuni tra i personaggi più celebri e scrivi un testo espositivo in cui riassumi le informazioni trovate. Puoi documentarti su Narciso, Apollo e Dafne, Atlante, la ninfa Eco, Aracne.

OMERO

L'INCONTRO CON I MORTI: ANTICLEA, AGAMENNONE, ACHILLE

Opera: *Odissea*, libro XI, vv. 170-224; 405-456; 471-503

Odisseo narra ai Feaci anche il suo viaggio nell'Ade, il regno dei morti. La maga Circe, nel congedarlo, lo ha infatti sollecitato a interrogare l'ombra dell'indovino Tiresia in merito al proprio futuro. Giunto ai confini dell'Oceano, l'eroe compie perciò i riti stabiliti e una folla di morti gli si avvicina. Tutti vorrebbero accostarsi al sangue degli animali sacrificati e saziarsene, per poter acquisire coscienza e parola veritiera, ma Odisseo, seguendo le indicazioni di Circe, li tiene a distanza, finché non sopraggiunge Tiresia. Bevuto il sangue votivo, questi rivela all'eroe che l'ira di Poseidone è implacabile, ma che egli otterrà comunque il ritorno se eviterà di suscitare la vendetta del Sole, le cui vacche sacre, sull'isola di Trinacria, non devono essere uccise. A Itaca ci saranno poi nuovi dolori per colpa di uomini violenti, che Odisseo saprà punire. L'ira di Poseidone cesserà infine dopo un ultimo viaggio, nel quale l'eroe dovrà spingersi fino alla terra di uomini che non conoscono il mare. Compiuto qui un sacrificio, potrà finalmente tornare a casa senza più temere nulla: lo attende una vecchiaia tranquilla e una morte lieve. Dopo Tiresia, l'eroe incontra la madre, Anticlea, a cui rivolge domande accorate.

«Ma tu questo dimmi e parla sincero:
quale Chera di morte lungo strazio t'ha vinta?
forse un lento malore? o Artemide urlatrice
con le sue miti frecce è venuta a ucciderti?
e dimmi del padre, e del figlio che abbandonavo:
resta a loro il mio privilegio? o forse già un altro
dei nobili l'ha e non credono più ch'io ritorni?
Dimmi della mia donna il pensiero e la mente:
se resta col figlio e tutto mi serba fedele,
o l'ha già sposata il primo fra i nobili Achei».
Così chiedevo, e subito mi rispondeva la madre sovrana:
«Oh no! lei rimane con cuore costante
nella tua casa; e tristissimi sempre
le notti e i giorni le si consumano a piangere.
Nessuno ha il tuo bel privilegio: a sua voglia
Telemaco le tenute reali si gode, e ai banchetti comuni
banchetta come conviene a chi la giustizia amministra;

170. tu: il discorso è rivolto ad Anticlea, madre di Odisseo. La donna era figlia di Autolico e moglie di Laerte. • **sincero:** sinceramente; l'aggettivo ha valore avverbiale.

171. Chera: le Chere erano spiriti femminili della morte, simili alle Furie. Portavano dolore e distruzione, facendo invecchiare o morire coloro che incontravano. A volte – come in questo caso – il nome *Kèr* viene usato con l'accezione di "destino".

172. lento malore: una lunga malattia. • **Artemide urlatrice:** Artemide o Diana, dea della caccia, rappresenta qui la morte che sopraggiunge rapida, in contrapposizione alla morte lenta per malattia.

174. padre ... figlio: sono Laerte e Telemaco. Di loro Odisseo vuole sapere in primo luogo se detengono ancora il potere (*il mio privilegio*, v. 175) sull'isola.

177. il pensiero e la mente: altri traducono "il volere e il pensiero". In realtà Tiresia ai vv. 116-117 ha già presentato la situazione in cui si trova Penelope; Odisseo però è estremamente preoccupato su questo aspetto e vuole conferme dalla madre.

179. Achei: sono i Greci.

184. il tuo bel privilegio: la tua dignità regale. • **a sua voglia:** le conoscenze di Anticlea si riferiscono ad alcuni anni prima, quando Telemaco è ancora poco più che un ragazzo e i Proci non spadroneggiano senza ritegno.

tutti infatti lo chiamano. Ma il padre tuo resta là
tra i campi, non scende in città: non ha letto
né panni o mantelli o coperte splendenti:
l'inverno si stende dove gli schiavi dormono in casa,
nella cenere accanto al fuoco, e povere vesti ha sul corpo;
quando poi vien l'estate e l'autunno fecondo,
qua e là per la costa dell'orto ricco di viti,
in terra già pronto gli s'offre un letto di foglie cadute.
E lì giace afflitto, e grande in cuore la pena gli cresce,
il tuo ritorno bramando: triste vecchiaia l'opprime!
Così anch'io mi sono sfinita e ho seguito il destino;
no, non in casa la dea occhio acuto, urlatrice
con le sue miti frecce venne a uccidermi,
non male mi colse, che terribilmente
con odioso languore del corpo distrugge la vita,
ma il rimpianto di te, il tormento per te, splendido Odisseo,
l'amore per te m'ha strappato la vita dolcezza di miele...».
Così parlava: e io volevo – e in cuore l'andavo agitando –
stringere l'anima della madre mia morta.
E mi slanciai tre volte, il cuore mi obbligava a abbracciarla;
tre volte dalle mie mani, all'ombra simile o al sogno,
volò via: strazio acuto mi scese più in fondo,
e a lei rivolto parole fugaci dicevo:
«Madre mia, perché fuggi mentre voglio abbracciarti,
che anche nell'Ade, buttandoci al collo le braccia,
tutti e due ci saziamo di gelido pianto?
o questo è un fantasma che la lucente Persefone
manda perché io soffra e singhiozzi di più?».
Così dicevo e subito mi rispondeva la madre sovrana:
«Ahi figlio mio, fra gli uomini tutti il più misero...
non t'inganna Persefone figlia di Zeus;
questa è la sorte degli uomini, quando uno muore:
i nervi non reggono più l'ossa e la carne,

190. si stende: il suo giaciglio è la terra, accanto al fuoco, in inverno; un mucchio di foglie cadute, in autunno (cfr. *Odissea*, libro XXIV).
195-196. grande ... bramando: gli si accresce una grande pena nel cuore, mentre desidera ardentemente il tuo ritorno.
197. sfinita: consumata, logorata.
198. la dea occhio acuto: Artemide, arciera dalla vista infallibile (cfr. la nota al v. 172).
201. languore: indebolimento.
203. dolcezza di miele: è un epiteto formulare, riferito a *vita*.
204. l'andavo agitando: lo desideravo, ci pensavo ripetutamente, pur esitando.
206. tre volte: cfr. *Iliade*, libro XXIII, vv. 97 ss., dove Achille tenta di abbracciare l'anima di Patroclo. La stessa situazione si ripete nell'*Eneide*, tra Enea e Anchise (libro VI), e nel *Purgatorio* tra Dante e Casella (canto II). Pietro Citati (*La mente colorata. Ulisse e l'Odissea*, Mondadori, Milano 2002) identifica in questo gesto ripetuto la ferita dolorosa della perdita, l'impossibilità di ritrovare la fisicità e l'abbraccio perduto. La dimensione tragica risiede nella constatazione che passato e presente non si possono ricongiungere.
207-208. all'ombra ... via: svanì, inconsistente come un'ombra o un sogno.
208. più in fondo: sottintendi *al cuore, all'anima*.
209. fugaci: rapide; è un epiteto formulare.
211. che: affinché. • **Ade:** propriamente, Ade era il dio degli Inferi. Per estensione, il suo nome era usato per indicare il regno dei morti.
213. Persefone: è la dea degli Inferi. Figlia di Zeus e di Demetra, era stata rapita da Ade ed era divenuta sua sposa. Nota ai Romani come Proserpina, trascorreva sei mesi agli Inferi e sei mesi sulla terra; il suo ritorno alla luce annunciava l'inizio della primavera.

ma la forza gagliarda del fuoco fiammante
li annienta, dopo che l'ossa bianche ha lasciato la vita;
e l'anima, come un sogno fuggendone, vaga volando.
Ma tu cerca al più presto la luce; però tutto qui
guarda, per raccontarlo poi alla tua donna!».

[Dopo la scomparsa dell'ombra di Anticlea, si avvicina una schiera di donne, spose o figlie di eroi: Odisseo le lascia accostare al sangue, una ad una, e ne ascolta le storie. È il cosiddetto "catalogo delle eroine", al termine del quale Odisseo vorrebbe sospendere la narrazione, ma i Feaci lo pregano di continuare. Egli narra allora l'incontro con Agamennone.]

«Divino Laerzìade, accorto Odisseo,
né me sulle navi Poseidone travolse,
movendo degli implacabili venti l'orrenda procella,
né ci massacrarono a terra genti selvagge,
ma Egisto, che mi tramava morte e rovina,
m'uccise e la mia sposa funesta, chiamandomi in casa,
a banchetto, come s'uccide un toro alla greppia.
Così morii, della morte più triste; e intorno gli altri compagni
eran scannati senza pietà, come cinghiali candida zanna
in casa d'un ricco principe molto potente,
per nozze, o per cena in comune, o per lauto banchetto.
Già ti trovasti alla strage di molti guerrieri,
uccisi nel corpo a corpo, nella mischia violenta;
ma a quel massacro avresti pianto di cuore,
come intorno al cratere e alle tavole piene
giacevam per la sala, e il pavimento fumava tutto di sangue:
straziante udii il grido della figlia di Priamo,
Cassandra, che Clitemnestra uccideva, l'ipocrita,
vicino a me; e io, già in terra, alzando le braccia,

220-221. forza ... annienta: è il fuoco del rogo. La cremazione viene qui considerata la norma, mentre spesso i morti ricevevano sepoltura nella terra.
221. l'ossa ... vita: costruisci *la vita ha lasciato l'ossa bianche.*
222. l'anima: il greco usa tre parole diverse per indicare l'anima: lo *thumòs*, ossia l'organo degli affetti e delle emozioni; la *psychè*, o anima vera e propria, e l'*eìdolon*, l'immagine fallace, il fantasma. • **fuggendone:** staccandosi rapidamente da lì.
224. tua donna: secondo Rosa Calzecchi Onesti, ciò fa supporre che originariamente Odisseo rivolgesse il suo racconto non ai Feaci ma a Penelope, una volta tornato a casa.
405. Laerzìade: figlio di Laerte; è un patronimico.
406. me: chi parla è Agamennone, capo della spedizione contro Troia, insieme con il fratello Menelao.
407. procella: tempesta.
409. Egisto: è l'amante di Clitemnestra, moglie di Agamennone. Durante il banchetto egli uccise l'eroe a tradimento, trapassandolo con la spada. L'episodio è già stato accennato da Atena/Mente a Telemaco (libro I, vv. 298-300, ▸ p. 119).
410. funesta: portatrice di morte.
411. greppia: mangiatoia.
413-415. come ... banchetto: come vengono uccisi dei cinghiali dalle bianche zanne per un banchetto di nozze o per una cena tra amici, in casa di un signore ricco e potente.
417. nella mischia: negli scontri in battaglia.
419. cratere: si tratta di un vaso con larga imboccatura e due manici ricurvi, usato solitamente per mescolare l'acqua e il vino.
420. fumava: un'immagine cruda per rappresentare la violenza della strage appena compiuta: il pavimento era pregno del sangue appena versato.
422. Cassandra: è una delle figlie di Priamo, portata in Grecia da Agamennone come bottino di guerra. Qui non si accenna al suo ruolo di veggente destinata a non essere creduta, caratteristica di cui parla Eschilo nella tragedia *Agamennone* e Virgilio nel libro II dell'*Eneide*. • **ipocrita:** traditrice, falsa.

tentai di pararle, morente, contro il pugnale. La cagna
se n'andò via, non ebbe cuore, mentre scendevo nell'Ade,
di chiudermi gli occhi con le sue mani, e serrarmi la bocca.
Ah! non c'è niente di più odioso e più cane, di donna
che tali orrori nel cuore si metta,
come colei pensò orrendo delitto,
al legittimo sposo tramando la morte: e io credevo
che per la gioia dei figli e dei servi
sarei tornato. Quel perfido mostro
coprì se stessa d'infamia e tutte in futuro
le donne, anche se ce ne fosse di buone».
Parlava così; e io rispondendogli dissi:
«Ah! troppo il seme d'Atreo Zeus vasto tuono
paurosamente perseguitò con trame di donne
fin da principio: per Elena quanti perimmo!
E a te Clitemnestra ordì inganno mentr'eri lontano».
Così parlavo: e subito rispondendomi disse:
«Dunque anche tu con la donna non esser mai dolce,
non confidarle ogni parola che sai,
ma di' una cosa e lascia un'altra nascosta.
Pure, Odisseo, morte a te non verrà dalla tua sposa:
troppo è saggia e fidi pensieri sa in cuore,
la figlia d'Icario, la prudente Penelope!
Giovane sposa allora noi la lasciammo,
partendo in guerra; e al petto aveva un bambino
balbettante, che adesso siede certo tra gli uomini.
Fortunato! perché il padre caro lo vedrà ritornando,
e lui abbraccerà il padre: questa è giustizia!
Ma la mia sposa non ha permesso che gli occhi
m'empissi del figlio: prima m'ha ucciso.
Altro ti voglio dire e tu mettilo in cuore:
nascosta, non palese, alla terra dei padri
fa' approdare la nave: è un essere infido la donna».

[Agamennone vorrebbe notizie sul figlio, Oreste, che non ha potuto rivedere a causa della sciagurata moglie, ma Odisseo non ha informazioni da dargli e tronca bruscamente il discorso. Si avvicinano altri eroi, primo dei quali Achille.]

424. tentai ... pugnale: pur morente, tentai di frenare il suo pugnale con le braccia. • **cagna:** il termine greco *kỳon* era frequentemente usato come ingiuria, per criticare la mancanza di pudore.
426. chiudermi: Clitemnestra rifiuta allo sposo anche l'estremo servizio, ovvero il chiudere gli occhi e la bocca al morente.
428. tali orrori: si tratta dunque di tradimento, inganno, delitto e adulterio.
433. infamia: disonore, vergogna.
436. seme d'Atreo: secondo lo studioso Alfred Heubeck, Odisseo cerca qui di circoscrivere il duro giudizio sulle donne formulato da Agamennone, legandolo alla vendetta divina sulla casa di Atreo. Atreo, figlio di Pelope e Ippodamia, nutrì infatti un odio sfrenato verso il fratello Tieste e si macchiò di orrendi delitti, attirando maledizioni su di sé e sui propri figli, Agamennone e Menelao. • **vasto tuono:** è un epiteto di Zeus, signore dei tuoni e dei fulmini.
438. Elena: è la sposa di Menelao, re di Sparta, fuggita a Troia con Paride, figlio di Priamo, per opera di Afrodite. La spedizione greca contro Troia, capeggiata da Menelao e Agamennone, impresa che costò tante vite e tanti dolori, aveva appunto lo scopo di recuperare la donna e vendicare l'affronto.
456. infido: traditore, sleale.

E mi conobbe l'anima del piede rapido Eacìde,
e sospirando parole fugaci diceva:
«Divino Laerzìade, ingegnoso Odisseo,
ah pazzo! che altra fatica maggiore mediterai nell'animo?
Come osasti scendere all'Ade, dove fantasmi
privi di mente han dimora, parvenze d'uomini morti?».
Così parlava, e io rispondendogli dissi:
«O Achille, figlio di Peleo, fortissimo fra gli Achei,
venni per bisogno a Tiresia, se qualche consiglio
mi desse, come in Itaca petrosa verrò.
Perché non ho ancora toccato l'Acaia, la mia
terra non ho raggiunta, ma sempre ho travagli. Ma di te, Achille,
nessun eroe, né prima, né poi, più felice:
prima da vivo t'onoravamo come gli dèi
noi Argivi, e adesso tu signoreggi tra i morti,
quaggiù; perciò d'esser morto non t'affliggere, Achille».
Io dicevo così: e subito rispondendomi disse:
«Non lodarmi la morte, splendido Odisseo.
Vorrei esser bifolco, servire un padrone,
un diseredato, che non avesse ricchezza,
piuttosto che dominare su tutte l'ombre consunte.
Ma del mio splendido figlio dimmi parola:
se in guerra continua a esser capo, o non più.
E dimmi se di Peleo perfetto hai notizia:
se ancora ha l'onore fra i molti Mirmìdoni,
o lo disprezzano ormai nell'Ellade e a Ftia,
perché l'incatena mani e piedi vecchiezza.
Fossi io il suo aiuto sotto i raggi del sole,
tale essendo, quale un giorno nella Tròade spaziosa
facevo massacro di forti, difendendo gli Argivi!
Se tale tornassi almeno un momento al palazzo del padre,
amare e grevi farei la mia furia e le mani invincibili,
a quanti gli fanno violenza, lo privano dell'onore».

471. piede rapido: è un epiteto caratteristico di Achille. • **Eacìde:** è Achille, nipote di Eaco.
474. che: quale.
475. fantasmi: il termine traduce il greco *eìdola*, "ombre inafferrabili", "ombre evanescenti".
479. Tiresia: si tratta dell'indovino cieco che Odisseo ha interrogato prima dell'incontro con la madre. Nell'Ade solo lui possiede una *mente salda*, ossia coscienza, memoria e dono profetico.
481. Acaia: è la Grecia.
482. travagli: tormenti, affanni.
482-483. Ma ... felice: sottintendi *è da considerarsi*.
485. signoreggi: domini.
489. bifolco: povero contadino.
490. un diseredato: Achille preferirebbe essere schiavo di un poveraccio piuttosto che signore dei morti.
492. figlio: è Pirro Neottolemo, figlio di Achille e Deidamia.
494. Peleo: si tratta del padre di Achille.
495. Mirmìdoni: sono un popolo della Tessaglia. Secondo il mito, Zeus trasformò le formiche (*mỳrmekes*) in uomini ed Eaco, antenato di Achille, li chiamò Mirmidoni e ne divenne signore.
496. Ftia: è una città della Tessaglia.
497. l'incatena ... vecchiezza: la vecchiaia lo rende impotente, come una catena che paralizza mani e piedi.

ANALISI DEL TESTO

L'Oltretomba

Per Odisseo non si può parlare propriamente di "discesa agli Inferi", ma di incontro con le anime dell'Oltretomba. L'eroe, infatti, resta sulla soglia del regno dei morti, senza addentrarvisi: sono le anime ad accostarsi a lui, richiamate dai riti che Circe ha indicato. Sopraggiungono figure segnate da storie dolorose, che appaiono come fantasmi, immagini identiche alle persone che furono in vita ma prive di coscienza e memoria, e riacquistano consapevolezza solo se un vivo offre loro sangue sacrificale. Nell'Ade dunque non c'è traccia di luce, beatitudine o nuova vita: per i morti la sorte è priva di consolazioni ed essi sono consumati dalla nostalgia per la vita.

L'incontro con la madre

L'incontro di Odisseo con Anticlea è costituito da una fitta serie di domande e di risposte. L'eroe ignora il destino della madre: lo apprende vedendola sopraggiungere insieme con le altre ombre. Finché non beve il sangue del sacrificio, la donna non riconosce il figlio e tace; poi, ottenuto quanto desidera, recupera pensieri e sentimenti. Non possiede però il dono profetico, a differenza di Tiresia, e può raccontare solo quanto è successo finché era in vita. Odisseo le chiede le cause della sua morte, informazioni sulla sorte del proprio padre e di Telemaco, la interroga infine sulla fedeltà di Penelope. Le risposte seguono l'ordine inverso rispetto alle domande: in primo luogo ella lo rassicura sulla costanza della sposa, poi sul fatto che l'autorità regale a Itaca appartiene ancora alla loro famiglia, infine presenta i tristi effetti della lontananza di Odisseo sul genitore e su di sé. La stessa condizione che ha portato Laerte a trascinare una vita misera e senza speranze ha condotto lei alla morte. Il padre vive in campagna, in povertà, dormendo per terra come uno schiavo, mentre l'età e la nostalgia lo opprimono; Anticlea, dal canto suo, identifica la causa della propria morte, con una drammatica *climax*, proprio nel *rimpianto*, nel *tormento*, nell'*amore* per il figlio. Odisseo, sopraffatto dalla commozione, cerca più volte di abbracciarla e il fallimento del suo tentativo lo lascia amareggiato e stupito, tanto che egli pensa a un tranello di Persefone. È Anticlea a spiegargli mestamente che non v'è alcun inganno, ma *questa è la sorte degli uomini, quando uno muore* (v. 218): resta di loro appena un'ombra inconsistente e fugace.

Gli eroi di Troia

Odisseo ha la possibilità di parlare con altri defunti, tra i quali gli eroi di Troia Agamennone e Achille. L'Atride racconta la propria drammatica fine, causata dal tradimento di Clitemnestra. Il suo destino è opposto a quello di Odisseo: egli, infatti, muore in modo inglorioso e violento, proprio quando pensava di essere più al sicuro, ossia durante un banchetto nella propria dimora; Odisseo, invece, nonostante le lunghe peregrinazioni, tornerà a casa, dove la sua donna, leale, lo aiuterà a scacciare gli usurpatori, e per lui la morte, secondo la profezia di Tiresia, verrà *dolce* e in età avanzata. Clitemnestra è presentata come la personificazione del male, causa di vergogna per tutte le donne presenti e future; Agamennnone riconosce che Penelope, invece, è *saggia, prudente* (vv. 445-446) e madre amorevole. Tuttavia lo sdegno dell'uomo tradito è tale che egli esorta comunque Odisseo alla prudenza, perché *è un essere infido la donna* (v. 456).

All'avvicinarsi di Achille, il più forte e orgoglioso tra gli eroi greci, Odisseo prova un senso di ammirazione. Egli considera il Pelide beato perché sembra aver ottenuto il massimo bene per un uomo greco, ossia l'onore, l'essere riconosciuto come un capo, prima tra i vivi e ora tra i morti. La risposta di Achille è sorprendente: Odisseo non ha compreso la natura della morte, che annulla ogni potere e orgoglio. L'eroe che nell'*Iliade* ha tante volte detto di preferire l'onore alla vita, ora sarebbe disposto a barattare la sua condizione con quella di un bifolco, a divenire schiavo di uno schiavo pur di partecipare di nuovo alla vita. Come scrive lo studioso Pietro Citati (*La mente colorata. Ulisse e l'Odissea*, Mondadori, Milano 2002, p. 198), soltanto Achille, tra gli eroi Greci, ha il coraggio di «deridere e condannare la morte, strappando la bella immagine di cui l'aveva circondata la civiltà eroica. [...] Solo nella luce della vita la gloria conosce un senso».

ESERCIZI

COMPRENSIONE E ANALISI

1. Le domande e le risposte Individua nel testo le domande che Odisseo rivolge alla madre e le risposte di Anticlea. Scrivi poi accanto ai versi corrispondenti una frase che ne sintetizzi il contenuto.

2. L'abbraccio impossibile Perché Odisseo non riesce ad abbracciare la madre?

3. Il racconto di Agamennone Analizza il racconto di Agamennone.
- È in prima o terza persona?
- Si può parlare di narratore di primo, secondo o terzo grado? Perché?
- Che tipo di focalizzazione presenta il testo? Motiva la tua risposta.

4. I personaggi femminili Chi sono Clitemnestra e Cassandra?

5. Il giudizio su Penelope Quale opinione ha Agamennone in merito a Penelope?

6. La morte e la gloria Perché Odisseo e Achille hanno opinioni diverse in merito alla morte e alla gloria?

7. Parafrasi Fai la parafrasi dei vv. 498-503.

LESSICO E STILE

8. Le similitudini Individua e spiega le similitudini presenti nel racconto di Agamennone (vv. 405-434).

9. Un campo semantico Sottolinea, nel racconto di Agamennone, tutti i termini che ti pare conferiscano *pàthos* e drammaticità agli eventi narrati. A quale campo semantico appartengono?

10. *Parole fugaci* L'aggettivo *fugaci* (v. 209) è un epiteto formulare, di solito riferito al termine "parole", ma assume nel contesto una sfumatura particolare. Quale?

11. Gli epiteti formulari e i patronimici Nel testo sottolinea in blu i patronimici e in rosso gli epiteti formulari.

SCRITTURA

12. Scrivi un testo argomentativo: gli eroi nell'*Iliade* e nell'*Odissea* Se hai letto il percorso sull'*Iliade*, analizza in modo approfondito i personaggi di Agamennone e di Achille: quali caratteristiche hanno nell'*Iliade*? Vengono confermate in questo passo dell'*Odissea*? Scrivi un testo argomentativo.

13. Scrivi un testo argomentativo: in difesa delle donne Agamennone si abbandona a pesanti giudizi misogini, che non risparmiano neppure Penelope. Immagina di essere l'avvocato difensore del genere femminile e costruisci un discorso in difesa delle donne.

14. Scrivi un testo narrativo-descrittivo: il ritorno di Achille Immagina che Achille possa vedere esaudito il suo desiderio di tornare in vita. Racconta, in un testo narrativo-descrittivo, la sua esistenza di bifolco, servitore di un povero padrone.

OMERO

Incantatrici e mostri: le Sirene, Scilla e Cariddi

Opera: *Odissea*, libro XII, vv. 166-259

Dopo i drammatici incontri nel regno dei morti, Odisseo torna all'isola di Circe e riceve dalla maga cibo e conforto, ma soprattutto indicazioni per superare due nuove terribili prove: la navigazione lungo la rupe delle Sirene e il passaggio tra Scilla e Cariddi. Secondo Circe, solo Odisseo, purché legato saldamente all'albero della nave, può ascoltare il meraviglioso canto delle Sirene; i compagni, invece, devono turarsi le orecchie con la cera, perché la voce delle Sirene li farebbe precipitare nell'oblio e nella morte. L'ostacolo successivo è costituito da due terribili mostri, Scilla e Cariddi, che non lasciano scampo a chi osa attraversare il loro stretto.

Intanto rapidamente giunse la nave ben fatta
all'isola delle Sirene, ché la spingeva buon vento.
Ed ecco a un tratto il vento cessò; e bonaccia
fu, senza fiati: addormentò l'onde un dio.
Balzati in piedi i compagni la vela raccolsero,
e in fondo alla nave la posero; quindi agli scalmi
seduti, imbiancavano l'acqua con gli abeti politi.
Ma una gran ruota di cera col bronzo affilato
io tagliavo a pezzetti, li schiacciavo tra le mani gagliarde.
In fretta s'ammorbidiva la cera, ché la premeva gran forza
e la vampa del sole, del sire Iperìone;
così, in fila, gli orecchi a tutti i compagni turai.
Essi poi nella nave legarono me mani e piedi,
dritto sulla scarpa dell'albero, a questo le corde fissarono.
Quindi, seduti, battevano il mare schiumoso coi remi.
Ma come tanto fummo lontani, quanto s'arriva col grido,
correndo in fretta, alle Sirene non sfuggì l'agile nave
che s'accostava: e un armonioso canto intonarono.

166. Intanto: Odisseo ha appena riferito ai compagni le indicazioni di Circe e ha dato istruzioni per affrontare le Sirene. • **ben fatta:** è un epiteto formulare.
167. all'isola delle Sirene: sarebbe da identificare in un gruppo di scogli a sud della penisola di Sorrento. Secondo la tradizione più antica, le Sirene erano creature mostruose, con il corpo di uccello e il viso di donna, simili alle Arpie ma dotate di una straordinaria abilità nel canto. Solo più tardi furono raffigurate come creature acquatiche, per metà donne e per metà pesci, immagine di grande fortuna nel folklore, nell'arte e nella letteratura. • **ché:** perché.
168. bonaccia: l'improvviso cessare del vento è ritenuta opera di un dio che addormenta le onde (v. 169). Secondo alcuni interpreti, le Sirene stesse sono la trasposizione simbolica di uno dei pericoli della navigazione, ossia la calma eccessiva, la stasi che paralizza il mare e non gonfia le vele.
170. raccolsero: piegarono, riposero.
171. scalmi: sono i banchi dei rematori.
172. gli abeti politi: i remi, fatti dal legno d'abete levigato; si tratta di una metonimia.
173. col bronzo affilato: con la spada. È un'altra metonimia.
174. li schiacciavo: per ammorbidire i pezzetti di cera e renderli plasmabili. • **gagliarde:** forti.
176. vampa: il calore. • **Iperìone:** epiteto del Sole.
179. sulla scarpa dell'albero: ovvero alla base dell'albero della nave.
181. come ... grido: quando fummo alla distanza da cui si può sentire un grido.
182. non sfuggì: le Sirene si accorsero del passaggio della nave, per quanto questa cercasse di procedere velocemente.
183. armonioso canto: il vero pericolo rappresentato dalle Sirene è il loro canto melodioso, con cui attirano i navigatori, facendo perdere loro il controllo delle navi, che si schiantano sulle rupi.

«Qui, presto, vieni, o glorioso Odisseo, grande vanto degli Achei,
ferma la nave, la nostra voce a sentire.
Nessuno mai si allontana di qui con la sua nave nera,
se prima non sente, suono di miele, dal labbro nostro la voce;
poi pieno di gioia riparte, e conoscendo più cose.
Noi tutto sappiamo, quanto nell'ampia terra di Troia
Argivi e Teucri patirono per volere dei numi;
tutto sappiamo quello che avviene sulla terra nutrice».
Così dicevano alzando la voce bellissima, e allora il mio cuore
voleva sentire, e imponevo ai compagni di sciogliermi,
coi sopraccigli accennando; ma essi a corpo perduto remavano.
E subito alzandosi Perimède ed Eurìloco,
nuovi nodi legavano e ancora più mi stringevano.
Quando alla fine le sorpassarono, e ormai
né voce più di Sirene udivamo, né canto,
in fretta la cera si tolsero i miei fedeli compagni,
che negli orecchi avevo a loro pigiato, e dalle corde mi sciolsero.
Appena quell'isola noi lasciavamo, che a un tratto
fumo e onde vidi e un rombo sentii.
Ai compagni atterriti caddero via i remi di mano,
e con fracasso s'urtarono tutti giù in acqua: rimase di colpo
ferma la nave, ché i lunghi remi più non stringevan le mani.
Ma io, per la nave movendo, incoraggiavo i compagni
con parole di miele stando accanto a ciascuno.
«O amici, davvero non siamo inesperti di mali,
né questo è spavento peggiore di quando il Ciclope
ci chiuse nella profonda caverna con feroce violenza:
eppure anche di là, per mio valore, astuzia e prudenza,
fuggimmo; anche di questo credo che serberete memoria.

184. vanto: orgoglio.
185. la nostra ... sentire: è un'inversione: *a sentire la nostra voce*.
187. suono di miele: è un epiteto di *voce*; significa, evidentemente, "voce dolce come il miele".
188. conoscendo: le Sirene seducono dunque promettendo dolcezza, gioia e conoscenza.
190. Argivi e Teucri: sono rispettivamente i Greci e i Troiani.
191. nutrice: appellativo della terra, che produce frutti e nutre gli uomini.
194. coi sopraccigli: i compagni non possono sentirlo perché hanno le orecchie tappate con la cera; perciò Odisseo, legato, cerca di farsi capire con l'espressione del volto. • **a corpo perduto:** con tutte le loro forze.
195. Perimède ed Eurìloco: sono due compagni di Odisseo. Il secondo è già stato citato nell'episodio di Circe (▶ p. 142).
202. fumo e onde: si tratta di onde e frastuono provocati da Cariddi, mostro figlio di Poseidone e di Gea, che inghiotte e risputa l'acqua tre volte al giorno con tale violenza da far naufragare le navi al loro passaggio.
204. s'urtarono: i remi vengono abbandonati dai rematori per lo spavento e le estremità urtano le une contro le altre dentro l'acqua.
207. parole di miele: è il consueto epiteto formulare, che sottolinea in questa circostanza l'abilità retorica necessaria per convincere gli uomini ad andare incontro al pericolo anziché fuggirne terrorizzati.
209. Ciclope: si tratta di Polifemo (▶ p. 133).

Ora su, come io dico facciamo tutti d'accordo:
voi con i remi ben fondo il frangente del mare
battete, seduti sui banchi, se mai Zeus ci desse
scampo e salvezza da questa rovina.
A te poi, pilota, così comando, e tu bene in cuore
mettilo, poiché della concava nave reggi la barra:
fuori da questo fumo, fuori dal vortice tieni la nave
e bada allo scoglio, che non ti sfugga
la nave e vi cozzi e ci mandi in malora».
Così parlavo, e quelli subito alle mie parole ubbidirono.
Ma non dissi di Scilla, inesorabile male,
ché atterriti i compagni non mi lasciassero andare
i remi, e non si appiattassero in fondo alla nave.
Anzi in quel punto la dura ingiunzione di Circe
scordai, perché m'aveva proibito d'armarmi;
e io invece, vestite le armi gloriose e due lunghe
aste impugnando, sul ponte della nave salii,
a prora: di qui m'aspettavo che dovesse mostrarsi
Scilla petrosa, prima di massacrarmi i compagni:
ma in nessun luogo potevo scorgerla, e mi stancavano gli occhi
a scrutare da tutte le parti lo scoglio nebbioso.
Così per lo stretto navigavamo gemendo.
Da una parte era Scilla, dall'altra la divina Cariddi
paurosamente ingoiava l'acqua salsa del mare;
ma quando la vomitava, come su grande fuoco caldaia,
tutta rigorgogliava sconvolta: dall'alto la schiuma
pioveva giù, sulle cime d'entrambi gli scogli.
E quando ancora ingoiava l'acqua salsa del mare,
tutta sembrava rimescolarsi di dentro, e la roccia
rombava terribile; in fondo la terra s'apriva,
nereggiante di sabbia. Verde spavento prese i compagni.
Guardavamo Cariddi, paventando la fine.
E proprio in quel punto Scilla ghermì dalla concava nave
sei compagni, i più vigorosi per la forza del braccio.
Mi volsi all'agile nave e ai compagni,

214. il frangente: l'onda.
215. banchi: sono i posti dove sedevano i rematori.
217. pilota: timoniere, nocchiero.
218. la barra: quella del timone, che serve a governare la nave.
223. Scilla: Odisseo, su consiglio di Circe, si tiene lontano da Cariddi, che avrebbe distrutto completamente la nave; in questo modo, però, è costretto a passare accanto a Scilla, mostro con sei teste di cane nelle cui bocche spuntano tre file di denti. Secondo la leggenda, Scilla era in origine una bellissima ninfa, di cui s'innamorò il dio Glauco. Ella chiese a Circe un filtro d'amore, ma la maga, respinta in precedenza dallo stesso Glauco, la trasformò per gelosia in un mostro marino. Scilla si nascose allora in una grotta, da cui usciva per assalire i naviganti.
226. dura ingiunzione: Circe gli aveva detto infatti di evitare combattimenti inutili e di rassegnarsi alla perdita di sei compagni.
230. prora: è la parte anteriore della nave.
231. petrosa: Scilla è definita così perché stava acquattata nel profondo di una rupe.
236. salsa: salata.
237. come ... caldaia: come l'acqua ribolle in un recipiente, se messo sopra il fuoco.
240. quando ancora: al momento del risucchio, l'interno è tutto visibile e sconvolto, la roccia rimbomba e si può scorgere il suolo.
244. paventando: temendo.
247. Mi volsi: Odisseo era in piedi sulla prora, mentre Scilla attacca da dietro. Come aveva previsto Circe, non c'è possibilità di fermare il mostro.

ma potei solo scorgere braccia e gambe lassù,
sollevate nell'aria: mi chiamavan gridando
invocando il mio nome – per l'ultima volta – angosciati.
Così il pescatore su un picco, con la lenza lunghissima
insidia ai piccoli pesci l'esca gettando,
butta nel mare il corno di bove selvatico,
poi, preso un pesce, lo scaglia fuori guizzante;
come guizzavano quelli, tratti su per le rocce.
E sulla bocca dell'antro se li divorò, che gridavano
e mi tendevan le mani nell'orrendo macello:
fu quella la cosa più atroce ch'io vidi con gli occhi,
fra quanti orrori ho affrontato, le vie del mare cercando. ”

251. il pescatore: Odisseo, nel raccontare l'episodio ai Feaci, paragona il fatto atroce a una scena tranquilla di vita marinara: il pescatore, preso un pesce, lo tira fuori guizzante dall'acqua. • **picco:** scoglio ripido.
252. insidia: tende una trappola.
253. corno ... selvatico: materiale che protegge la lenza accanto all'amo, per impedire al pesce di reciderla e liberarsi.
256. bocca: è l'imboccatura della grotta dove Scilla abitualmente si nasconde.

ANALISI DEL TESTO

Le Sirene

Ogni volta che Odisseo sul suo percorso trova dei mostri, esseri prodigiosi che rientrano nel dominio della fiaba, sperimenta che di fronte a essi la *mètis* non è sufficiente: è necessario l'aiuto di qualcuno che, a vario titolo, appartenga al mondo soprannaturale. Ermes ha istruito l'eroe per affrontare Circe; la maga lo ha indirizzato verso il regno dei morti e ora lo mette in guardia dai rischi della navigazione. Il superamento della prova non consiste pertanto, come nell'*Iliade*, in una dimostrazione di eroismo individuale (*aristìa*), ma nella rinuncia a ogni atto di orgoglio (*hỳbris*) per seguire *la dura ingiunzione di Circe* (v. 226). Per questa ragione Odisseo non trasgredisce ai comandi: non permette ai compagni di ascoltare il canto delle Sirene, ben sapendo che essi in precedenza hanno dimostrato di non saper resistere alle seduzioni – lo attesta la loro metamorfosi in porci –; allo stesso modo non sopravvaluta se stesso e si abbandona alla dolcezza dell'ascolto solo dopo essersi fatto legare all'albero della nave.

Scilla e Cariddi

Cessato il pericolo, particolari inquietanti come *fumo e onde enormi ... e un rombo* (v. 202) anticipano la comparsa di mostri ancora più spaventosi. Odisseo sa qui incoraggiare i compagni, ricordando loro come abbiano superato prove altrettanto terribili, e formula ordini precisi con la sicurezza del capo. In realtà, egli è profondamente angosciato, perché sa che Scilla ghermirà sei uomini, ma l'alternativa è perdere l'intera nave nei gorghi di Cariddi: dunque, ancora una volta, indirizza la rotta come Circe ha suggerito. A questo punto, tuttavia, l'eroe scorda le parole della maga e agisce secondo il proprio impulso: si arma e attende sul ponte l'assalto di Scilla, deciso a proteggere i propri uomini, incapace di rassegnarsi a un destino già scritto. Ma il suo tentativo è vano: Scilla attacca all'improvviso, senza lasciare possibilità di difesa, e le armi di Odisseo appaiono patetiche di fronte all'immagine potente e grottesca di gambe e braccia di compagni che si dibattono chiedendo aiuto, ghermiti da sei teste di cane. Per Odisseo si tratta della *cosa più atroce* (v. 258) che abbia mai visto nel suo lungo viaggio, forse perché rappresenta l'impotenza dell'uomo di fronte al Fato, il suo tentativo disperato e inutile di impedire l'inevitabile; è, in fondo, la dimostrazione della distanza che separa il mondo fiabesco dell'*Odissea* da quello eroico dell'*Iliade*.

Le interpretazioni simboliche

Secondo gli studiosi, i mostri che Odisseo incontra rappresentano i pericoli della navigazione: le Sirene simboleggiano la bonaccia, l'assenza di vento che può paralizzare una nave, la calura che genera miraggi e fa perdere la rotta, in definitiva il non-ritorno; Scilla e Cariddi sono invece la personificazione mostruosa di gorghi, correnti insidiose e scogli affioranti all'improvviso. Occorre però tornare sulla funzione simbolica delle Sirene. Di questi mostri il poeta non dà alcuna descrizione fisica: fornisce invece alcuni dettagli sul loro modo di attrarre i viaggiatori e sul contenuto del canto. A differenza di Polifemo e di Circe, che scoprono l'identità di Odisseo solo dopo che egli ha superato la prova, le Sirene lo riconoscono subito, lo chiamano per nome e dimostrano di conoscere il suo punto debole: lo lusingano celebrandone il valore, gli promettono dolcezza e gioia, ma l'insidia più pericolosa sta nell'offerta della conoscenza. Si tratta di seduzioni mortifere, perché dietro la dolcezza del canto c'è il biancheggiare delle ossa di chi ha osato approdare (libro XII, vv. 45-46). Le Sirene incantano con il racconto delle imprese dei Greci e dei Troiani, cioè con la poesia epica: esse sono, per così dire, la versione funesta delle Muse. Se le Muse donano memoria e attribuiscono fama immortale, le Sirene sottraggono il ricordo, avvolgono la casa e la famiglia in un oblio che porta alla paralisi e alla morte. Le Sirene dunque incarnano il pericolo nascosto della poesia: un sapere che porta a dimenticare le proprie radici non costruisce l'identità, ma rischia di cancellarla e di celare morte dietro un velo di seduzione.

ESERCIZI

COMPRENSIONE E ANALISI

1. Il fascino delle Sirene In che modo le Sirene tentano di convincere Odisseo a fermarsi presso la loro isola?

2. Il valore simbolico delle Sirene Quali significati simbolici possono essere attribuiti alle Sirene?

3. Il discorso di Odisseo ai compagni Analizza il discorso che Odisseo rivolge al suo equipaggio (vv. 208-221): dividilo in sequenze e scrivi accanto a ognuna una frase che ne riassuma il contenuto.

4. Il silenzio di Odisseo Perché Odisseo non dice nulla ai compagni in merito a Scilla?

5. Le armi Perché Circe ha proibito a Odisseo di armarsi? Come si comporta l'eroe?

6. Le vittime di Scilla La morte di sei uomini conclude il brano riportato. Per quali aspetti questa morte risulta tragica e per quali grottesca? Rispondi facendo riferimento al testo.

LESSICO E STILE

7. Il "miele" *Suono di miele* (v. 187); *con parole di miele* (v. 207). Questi epiteti formulari sono riferiti a due situazioni diverse: quali? Riesci a cogliere differenti sfumature di significato nei due casi? Motiva la tua risposta.

8. Il vocabolario Con l'aiuto del dizionario, spiega i seguenti termini: *inesorabile* (v. 223); *si appiattassero* (v. 225); *ingiunzione* (v. 226); *nereggiante* (v. 243); *ghermì* (v. 245).

▶

9. *Verde spavento* Alla vista di Cariddi, i compagni di Odisseo sono presi da *verde spavento* (v. 243). Come spieghi la scelta dell'aggettivo?

10. Le figure retoriche Le espressioni della colonna di destra costituiscono delle figure retoriche. Servendoti del glossario, collega ciascuna con il proprio nome, scegliendolo dalla colonna di sinistra.

a. *con gli abeti politi*	**1.** litote
b. *davvero non siamo inesperti di mali*	**2.** similitudine
c. *la nostra voce a sentire*	**3.** similitudine
d. *fuori da questo fumo, fuori dal vortice*	**4.** inversione
e. *come su grande fuoco caldaia*	**5.** anafora
f. *così il pescatore...*	**6.** metonimia

SCRITTURA

11. Scrivi un testo argomentativo: Odisseo e le Sirene L'atteggiamento di Odisseo di fronte alle Sirene è stato fortemente criticato nel corso dell'Ottocento. Il protagonista è stato considerato un mediocre, perché gode dello spettacolo delle Sirene senza correre rischi e senza accettarne le conseguenze: in sostanza, desidera avere avventure piacevoli senza pagarne il prezzo, non è dunque un eroe tragico. Qual è la tua opinione? Scrivi un testo argomentativo in cui motivi la tua risposta.

12. Scrivi un testo argomentativo: un altro incontro con Scilla e Cariddi Odisseo affronta una seconda volta Scilla e Cariddi, dopo aver perduto tutti i compagni per la vendetta del Sole. Leggi il brano che segue, tratto ancora dal libro XII, vv. 429-446, poi riassumilo e confrontalo con il primo incontro con questi mostri. Che differenze rilevi? Quali aspetti sono simili dal punto di vista stilistico (tipo di similitudini ecc.)?

Tutta la notte fui trascinato, e al levarsi del [sole
giunsi allo scoglio di Scilla e all'atroce Cariddi.
Questa rumoreggiando ingoiava l'acqua salsa [del mare;
ma io verso l'altissimo fico presi lo slancio
e là stetti attaccato, come una nottola, perché [non potevo
né puntellarmi saldo coi piedi, né arrampicarmi [su in cima:
le radici lontane e altissimi erano i rami,
lunghi e grossi, e ombreggiavan Cariddi.
Così senza lasciar la presa, mi tenni, finché [vomitò fuori ancora
albero e chiglia; li sospiravo, e finalmente [tornarono
fuori; nell'ora che per la cena della piazza si [toglie
chi dirime le molte liti dei contendenti,
ecco che i legni fuori da Cariddi riapparvero.
E io staccai mani e piedi per cadere là sopra,
e in mezzo, fra le lunghe assi precipitai, con [fragore;
seduto su quelle, remai con le mani.
Scilla non volle il padre dei numi e degli uomini
che mi vedesse; non scampavo, se no, l'abisso [di morte.

432. l'altissimo fico: è un fico che cresceva sopra il terribile scoglio di Cariddi. Odisseo si aggrappa a un ramo, per non essere inghiottito insieme con l'acqua e con il relitto.
433. nottola: è il pipistrello.
436. ombreggiavan: facevano ombra.
437. vomitò: risputò fuori.
438. albero e chiglia: ciò che era rimasto della nave di Odisseo.
439. nell'ora: ovvero al tramonto.
440. chi dirime: colui che risolve le controversie, cioè il giudice.
441. i legni: i resti della nave, cioè l'albero e la chiglia legati insieme.
445-446. Scilla non volle ... vedesse: Zeus, il padre degli dèi e degli uomini, non volle che Scilla mi vedesse.

OMERO

I riconoscimenti imprevisti: il cane Argo e la nutrice Euriclea

Opera: *Odissea*, libro XVII, vv. 290-327; libro XIX, vv. 349-398; 467-493

Terminato il lungo racconto delle sue vicissitudini, Odisseo ha ottenuto dai Feaci una nave, che lo ha finalmente ricondotto a Itaca. Reso irriconoscibile dalla dea Atena, egli si presenta come un mendicante alla capanna del fedele porcaro Eumeo, dal quale ottiene ospitalità. Nel frattempo sopraggiunge Telemaco, tornato in patria e sfuggito a un'imboscata organizzata dai Proci: soltanto a lui Odisseo si rivela, in modo da concordare l'azione contro gli usurpatori. Su indicazione di Atena, l'eroe mantiene celata la propria identità a tutti gli altri personaggi fino al momento decisivo della vendetta. Tuttavia, in due casi il riconoscimento o agnizione avviene in maniera imprevista: il cane Argo riconosce il padrone mentre questi, accompagnato da Eumeo, sta per entrare nel palazzo reale a mendicare; analogamente, la vecchia nutrice Euriclea scopre l'identità del misterioso ospite grazie a un'inconfondibile cicatrice.

Così essi tali parole fra loro dicevano:
e un cane, sdraiato là, rizzò muso e orecchie,
Argo, il cane del costante Odisseo, che un giorno
lo nutrì di sua mano (ma non doveva goderne), prima che per Ilio sacra
partisse; e in passato lo conducevano i giovani
a caccia di capre selvatiche, di cervi, di lepri;
ma ora giaceva là, trascurato, partito il padrone,
sul molto letame di muli e buoi, che davanti alle porte
ammucchiavano, perché poi lo portassero
i servi a concimare il grande terreno d'Odisseo;
là giaceva il cane Argo, pieno di zecche.
E allora, come sentì vicino Odisseo,
mossa la coda, abbassò le due orecchie,
ma non poté correre incontro al padrone.
E il padrone, voltandosi, si terse una lagrima,
facilmente sfuggendo a Eumeo; e subito con parole chiedeva:
«Eumeo, che meraviglia quel cane là sul letame!
Bello di corpo, ma non posso capire
se fu anche rapido a correre con questa bellezza,

290. essi: sono Odisseo ed Eumeo. Il porcaro sta accompagnando quello che crede un mendicante alla reggia, come gli ha ordinato Telemaco. • **tali parole:** i due hanno discusso sul modo migliore per presentarsi a palazzo ed è prevalsa l'opinione di entrare separati, in due momenti distinti, dando la precedenza al porcaro.
291. là: accanto alla soglia del palazzo.
292. Argo: con lo stesso nome sono indicati una città del Peloponneso, un mostro con cento occhi ucciso da Ermes e la nave di Giasone, comandante degli Argonauti, alla ricerca del vello d'oro. • **costante:** è un epiteto formulare, che sottolinea qui la resistenza di Odisseo alle avversità. • **un giorno:** inizia un'analessi, che rievoca i tempi felici del cane e della reggia intera.
293. non doveva goderne: non avrebbe potuto godere la compagnia del fedele animale. • **Ilio:** è Troia.
300. zecche: sono parassiti che succhiano il sangue degli animali e trasmettono malattie.
303. non poté ... padrone: per la debolezza dovuta alla vecchiaia e al grave stato di abbandono.
304. voltandosi: Odisseo si volta per non tradire con l'emozione la sua identità. Eumeo, infatti, non lo ha riconosciuto. • **si terse:** si asciugò.

oppure se fu soltanto come i cani da mensa dei principi,
per splendidezza i padroni li allevano».
E tu rispondendogli, Eumeo porcaio, dicevi:
«Purtroppo è il cane d'un uomo morto lontano.
Se per bellezza e vigore fosse rimasto
come partendo per Troia lo lasciava Odisseo,
t'incanteresti a vederne la snellezza e la forza.
Non gli sfuggiva, anche nel cupo di folta boscaglia,
qualunque animale vedesse, era bravissimo all'usta.
Ora è malconcio, sfinito: il suo padrone è morto lontano
dalla patria e le ancelle, infingarde, non se ne curano.
Perché i servi, quando i padroni non li governano,
non hanno voglia di far le cose a dovere;
metà del valore d'un uomo distrugge il tonante
Zeus, allorché schiavo giorno lo afferra».
Così detto, entrò nella comoda casa,
diritto andò per la sala fra i nobili pretendenti.
E Argo la Moira di nera morte afferrò
appena rivisto Odisseo, dopo vent'anni.

[Odisseo entra nel palazzo reale come mendicante, è deriso e maltrattato dai Proci e deve affrontare una sanguinosa lotta con un altro accattone, Iro, scontro dal quale esce vittorioso. Al tramonto, usciti i Proci dalla sala, incontra finalmente Penelope e ne suscita la commozione con un racconto intriso di notizie false ma verosimili. La regina, secondo le regole dell'ospitalità, dispone che le ancelle si occupino di lui, lo lavino e gli procurino un giaciglio, ma il vecchio mendicante rifiuta, chiedendo le cure di una donna anziana che abbia sofferto e che non si prenda gioco della sua miseria. Penelope chiama allora la vecchia Euriclea, nutrice di Odisseo.]

E a lui di nuovo disse la saggia Penelope:
«Ospite caro, mai uomo altrettanto prudente,
fra gli stranieri lontani, o più caro entrò in casa mia,
come tu con sapienza dici parole tutte prudenti;
ce l'ho, sì, una vecchia ricca in cuore di senno,

309. cani da mensa: cani che rallegrano le mense, da compagnia e non da caccia.
310. per splendidezza: per lusso, perché diano eleganza alla casa con la loro bellezza.
311. E tu: si tratta di un'apostrofe.
312. morto lontano: Eumeo, pur continuando a desiderare il suo ritorno, crede Odisseo ormai morto in terre lontane.
317. usta: traccia. È l'odore caratteristico lasciato da un animale, che i cani sono in grado di seguire.
319. infingarde: svogliate, pigre.
322-323. metà ... afferra: il giorno in cui la condizione di schiavitù afferra un uomo, Zeus signore del tuono sottrae metà del valore a quella persona. È evidente la svalutazione che subisce un uomo nel momento in cui diventa schiavo, il che giustifica, in quest'ottica, la necessità della sorveglianza da parte dei padroni.
324. entrò: Eumeo, come concordato, entra per primo nella reggia.
326. Moira di nera morte: il destino di triste morte; *nera* è epiteto formulare. Le Moire, o Parche, erano le dee custodi del destino dei mortali, rappresentate comunemente come tre anziane filatrici. Il destino di Argo è quello di morire per l'emozione di aver rivisto dopo vent'anni l'amato padrone.
350. Ospite caro: il mendicante ha conquistato il favore di Penelope perché con il suo racconto le ha dimostrato di aver realmente conosciuto Odisseo; inoltre egli ha sofferto molto, destino simile a quello dello sposo.
352. prudenti: il mendicante ha rifiutato l'aiuto di serve giovani perché teme di essere deriso; in realtà, Odisseo non vuole correre il rischio di venire scoperto se non da una persona veramente fedele.

che quel misero curò e nutrì con amore,
tra le sue mani l'accolse, appena lo partorì la madre;
questa i piedi ti laverà, benché ormai malridotta.
Alzati, dunque, prudente Eurìclea, un coetaneo
del tuo signore lava; e certo Odisseo,
ormai è così nelle gambe, così nelle braccia;
in fretta nella sventura i mortali s'invecchiano».
Così parlava; e la vecchia nascose tra le mani la faccia,
lacrime calde versò, parlò parola gemente:
«Ah che per te sono impotente, creatura! Ahi troppo Zeus
t'ha odiato fra gli uomini, benché pio di cuore.
Certo nessun mortale a Zeus che scaglia la folgore
tante fiorenti cosce bruciò, tante scelte ecatombe,
quante tu gliene offrivi e pregavi di giungere
a dolce vecchiezza e crescere il figlio glorioso.
A te solo, invece, fu interamente distrutto il ritorno.
Così forse anche lui schernivan le donne
di lontani stranieri, se all'inclito palazzo ne giunse,
come te queste cagne scherniscono tutte,
e tu ora l'offesa loro e i molti insulti evitando,
non vuoi che ti lavino; me, dunque, con mio piacere invitava
a farlo la figlia di Icario, la sapiente Penelope.
Ti laverò i piedi, sì, per Penelope
e anche per te, perché batte, dentro, il mio cuore
d'angoscia. Ah! comprendi la parola che dico:
molti stranieri infelici e tapini qui giunsero,
ma nessuno, ti dico, così somigliante a vedersi,
come tu, corpo, voce, piedi, somigli a Odisseo».
E rispondendole disse l'accorto Odisseo:
«O vecchia, così dicono quanti ci han visti con gli occhi

354. quel misero: si tratta di Odisseo.
356. malridotta: come il termine *malconcio* (libro XVII, v. 318), usato per caratterizzare il cane Argo, l'aggettivo sottolinea la condizione di vecchiaia e di debolezza della serva.
357. Eurìclea: è un personaggio già apparso altre volte nel poema, sempre come figura saggia e accorta: è lei che procura le provviste per il viaggio di Telemaco, sostiene Penelope nei momenti di trepidazione per la sorte del figlio e accoglie con gioia il giovane al suo ritorno da Sparta e Pilo.
362. parlò parola gemente: pronunciò parole miste a gemiti.
363. te: la nutrice si rivolge a Odisseo lontano; dal v. 370 però, *te* passa a indicare il mendicante straniero, mentre Odisseo è designato con il pronome di terza persona, *lui*.
366. fiorenti cosce: grasse cosce di vittime sacrificali. • **ecatombi:** letteralmente "uccisioni di cento buoi", cioè sacrifici solenni.
371. inclito: famoso, glorioso.
372. cagne: sono le serve infedeli e sfrontate, che hanno deriso Odisseo. Per l'uso di questo appellativo, ▶ *L'incontro con i morti*, nota al v. 424, p. 151.
379. tapini: sventurati, miseri.

entrambi, che molto simili siamo fra noi,
come tu appunto, che sei molto saggia, dichiari».
Così parlava; intanto la vecchia aveva preso il lebete lucente,
per lavare i suoi piedi, e in abbondanza versava
acqua fredda, poi aggiunse la calda; Odisseo
al focolare sedeva, ma verso il buio si volse di scatto;
d'un tratto in cuore gli venne paura che ella toccandolo
la cicatrice riconoscesse, e tutto fosse scoperto.
Lei, dunque, lavava il suo re, standogli accanto: e davvero
la cicatrice conobbe, che gli fece un cinghiale con la candida zanna,
quando al Parnaso salì, con Autòlico e i figli,
col nobile padre della madre, che tra i mortali eccelleva
per ruberie e spergiuri: un dio gli fece simile dono,
Ermete, che a lui gradite cosce bruciava
d'agnelli e capretti; perciò lo aiutava, benigno.

[Il narratore onnisciente racconta il modo in cui Odisseo giovinetto si era procurato quella cicatrice: ospite dei nonni materni, aveva partecipato a una battuta di caccia al cinghiale, scagliandosi per primo contro l'animale. Era riuscito a ucciderlo, non prima però che questo con una zanna gli lacerasse la gamba sopra il ginocchio. La ferita, prontamente curata, era guarita, ma era rimasto il segno indelebile della prova affrontata.]

Ora la vecchia, toccando la cicatrice con le due mani aperte,
la riconobbe palpandola, e lasciò andare il piede.
Dentro il lebete cadde la gamba, risonò il bronzo
e s'inclinò da una parte: in terra si sparse l'acqua.
A lei gioia e angoscia insieme presero il cuore, i suoi occhi
s'empiron di lacrime, la florida voce era stretta.
Carezzandogli il mento, disse a Odisseo:
«Oh, sì, Odisseo tu sei, cara creatura! E non ti ho conosciuto
prima d'averlo tutto palpato il mio re!...».
Disse e a guardar Penelope si rivolse con gli occhi,
volendo dirle ch'era tornato il suo sposo.
Ma lei non poté vederla in viso né accorgersi,
perché Atena le distrasse la mente; e Odisseo

384. entrambi: l'eroe ha raccontato a Penelope di essere cretese e di aver ospitato per alcuni giorni Odisseo nella propria casa, mentre questi era in viaggio per Troia.
386. lebete lucente: è un recipiente che era usato per cuocere cibi o, come in questo caso, per lavarsi. Più avanti si dice che è fatto di bronzo; la lucentezza è dovuta, probabilmente, al riflesso del fuoco acceso sul bordo esterno del contenitore.
394. Parnaso: si tratta di un monte della Grecia centrale, a nord del golfo di Corinto. • **Autòlico:** nonno di Odisseo, padre di Anticlea. Il nome significa "lupo in persona", con allusione alle qualità di furbizia e spregiudicatezza caratteristiche del personaggio.
395-396. che ... spergiuri: che spiccava tra gli uomini per l'abilità nel compiere furti e formulare falsi giuramenti.
397. Ermete: Ermes, o Mercurio per i Romani, era messaggero degli dèi, protettore dei mercanti ma anche dei ladri e degli imbroglioni. • **che:** il soggetto è Autolico.
467. mani aperte: le palme.
468. il piede: di Odisseo, che la serva aveva sollevato per lavarlo.
472. florida ... stretta: la voce pronta a gridare era soffocata nella sua gola.
473. Carezzandogli il mento: si tratta di un gesto che, evidentemente, la nutrice aveva adoperato più volte nei confronti di Odisseo fanciullo.
479. Atena: la dea della guerra e dell'intelligenza, protettrice di Odisseo, interviene per ritardare il riconoscimento tra moglie e marito, che si avrà solo a vendetta compiuta.

la mano afferrò della vecchia, la strinse con la destra alla gola,
con l'altra la tirò a sé, le disse:
«Balia, perché mi vuoi perdere? eppure tu m'hai nutrito
al tuo petto; e ora, dopo aver sopportato gran pene,
arrivo dopo vent'anni alla terra dei padri.
Ma, giacché l'hai capito, un dio te l'ha messo nel cuore,
taci, che nessun altro nel palazzo lo sappia.
Perché questo ti dico, e certo avrà compimento:
se per mia mano un nume abbatta i pretendenti alteri,
neppure perché mi nutristi t'avrò riguardo, quando
massacrerò l'altre donne nel mio palazzo».
E gli rispose Eurìclea prudente:
«Creatura mia, che parola t'uscì dalla siepe dei denti!
Tu sai che il mio cuore è saldo e indomabile:
sarò come una dura roccia, come un pezzo di ferro».

482. perdere: tradire, rovinare.
483. gran: grandi.
488. un nume: una potenza divina. • **pretendenti alteri:** sono i Proci superbi.
489. t'avrò riguardo: ti risparmierò.
492. siepe dei denti: è un'espressione formulare. Cfr. ▶ *Circe*, nota al v. 328, p. 144.

ANALISI DEL TESTO

Il ritorno e il riconoscimento

Il ritorno di Odisseo sembra avverare la maledizione di Polifemo: l'eroe è solo, in miseria, ignoto a tutti, con la casa occupata da nemici. In realtà, Atena veglia su di lui: l'aspetto misero è frutto delle arti della dea e in un luogo sicuro sono celate le ricchezze donate dai Feaci; la reggia è nelle mani dei Proci, ma si profila la vendetta e la riconquista della dignità regale. Il mancato riconoscimento non è dunque un castigo divino per l'eroe, ma il frutto di una precisa scelta strategica e narrativa, che ritarda il riconoscimento fino al momento culminante. Odisseo ha sottovalutato, però, la grande sensibilità del cane Argo e la memoria di Euriclea, depositaria della storia familiare; in entrambi i casi, comunque, tutto si risolve sul piano poetico e simbolico, senza comportare mutamenti sul piano narrativo.

Il contrasto tra passato e presente

I versi dedicati ad Argo delineano la corruzione della reggia causata da vent'anni di abbandono e al tempo stesso tratteggiano un esempio di fedeltà assoluta. A un passato felice, in cui la presenza del padrone garantiva il rispetto delle regole e la cura per ogni creatura, in particolare per lo splendido cane da caccia, è subentrato un presente degenerato, con serve *infingarde* (libro XVII, v. 319) e servi privi di controllo, che trascurano i loro doveri, lasciando languire il vecchio cane tra i rifiuti, assalito dalle zecche. Tuttavia, in questo panorama desolato, Argo riesce a "sentire" Odisseo al di là degli incanti di Atena, affidandosi a una sensibilità superiore a quella umana, e dimostra il suo affetto come può, senza più le forze per trascinarsi fino all'amato padrone. Odisseo è turbato, ma cela la sua commozione e prosegue abilmente la recita, fingendo di non sapere di che animale si tratti; lo definisce, con una sorta di ossimoro, *meraviglia* [...] *sul letame* (libro XVII, v. 306) e chiede informazioni su di lui. La risposta di Eumeo è permeata dall'amarezza per il contrasto fra passato e presente, cui si aggiunge un duro giudizio sui compagni di servitù, che implicitamente suona come un invito a punire tanta incuria e insensibilità.

Il narratore onnisciente, che pure al v. 311 spezza con un'apostrofe l'oggettività epica per aumentare la drammaticità dell'episodio, non sente la necessità di sottolineare retoricamente la chiusa patetica del passo e affida a pochi versi la rappresentazione della morte del cane: conclusione scarna ed essenziale che è, però, la stessa usata nell'*Iliade* per segnare la fine degli eroi.

Il realismo e le digressioni

L'agnizione che ha per protagonista la vecchia Euriclea usa un elemento che sarà parte integrante del meccanismo di tante vicende d'avventura o di commedie, ossia il "segno", una sorta di "marchio" che identifica in modo inequivocabile un personaggio. Tuttavia, la nutrice fedele, turbata dalla lontananza del padrone, è sensibile quanto Argo, perché prima del segno vero e proprio coglie la somiglianza del misterioso ospite con Odisseo per destino, voce, età, fisico, tanto che sembra confondere l'interlocutore con un rapido scambio di pronomi (vv. 363-374). Quando poi la donna riconosce la cicatrice, il narratore onnisciente interrompe l'azione dando spazio a un lungo *flashback*, qui riportato in forma riassuntiva, che è stato variamente interpretato. Può avere la funzione di suscitare *suspense* in merito allo sviluppo della vicenda (il lettore, che già conosce l'identità di Odisseo, si domanda come reagirà la nutrice); può essere letto invece in chiave simbolica, poiché la caccia al cinghiale rappresenta una prova d'ingresso nell'età adulta e Odisseo, attraverso Euriclea, recupera una parte del proprio passato. Secondo il critico Erich Auerbach (*Mimesis. Il realismo nella letteratura occidentale*, Einaudi, Torino 1965, p. 3), infine, si tratta di un procedimento tipico della precisione epica: è la «fondamentale tendenza dello stile omerico a presentare le cose in una forma finita ed esatta, palpabili e visibili in tutte le loro parti e nelle loro relazioni di spazio e tempo»; è, insomma, una forma di realismo, che coinvolge anche gli aspetti interiori dei personaggi, dei quali nulla rimane sottinteso, che venga rivelato agli altri o confidato al proprio cuore. In questo realismo va ascritta anche la rappresentazione dei gesti di Euriclea, la concitazione emotiva in cui coesistono gioia e dolore, espressi da una serie di brevi frasi coordinate per asindeto (vv. 467-472), ma anche la capacità di autocontrollo dell'eroe, che assume toni addirittura violenti pur di tenere in piedi il suo piano.

ESERCIZI

COMPRENSIONE E ANALISI

1. Le reazioni di Argo e Odisseo Come reagisce Argo alla vista del padrone? E come si comporta Odisseo? Come spieghi il suo atteggiamento?

2. Il cane Perché Odisseo vuole sapere se il cane era da caccia o da compagnia?

3. Il narratore In che senso il v. 311 spezza l'oggettività epica?

4. Il giudizio di Eumeo sui servi Quale giudizio traspare dalle parole di Eumeo in merito agli altri servi e serve?

5. Il servizio di Euriclea Perché Euriclea accetta *con piacere* (v. 374) di lavare i piedi al viandante? Scegli la risposta corretta:
- **a.** perché teme una punizione da parte della padrona
- **b.** perché ha già capito che si tratta di Odisseo
- **c.** perché immagina che il suo padrone si trovi nelle stesse condizioni di bisogno
- **d.** perché spera di ottenere in questo modo la protezione di Zeus e favorire il ritorno del padrone

6. Il gesto di Odisseo Perché Odisseo si volta improvvisamente verso il buio?

7. La gioia e l'angoscia Perché Euriclea prova *gioia e angoscia insieme* (v. 471)?

8. Il silenzio con Penelope Perché Euriclea non rivela a Penelope la sua scoperta?

9. La reazione di Odisseo Come reagisce Odisseo alla commozione di Euriclea?

LESSICO E STILE

10. Il passato e il presente Sottolinea nel testo con colori diversi tutte le espressioni da cui si desume la condizione di Argo e quella della reggia nel passato e nel presente.

11. I pronomi personali Sottolinea nei vv. 363-381 i pronomi personali: usa il rosso ogni volta che Euriclea si riferisce al padrone lontano e il blu quando parla al viandante. Che cosa puoi notare?

12. La creatura e il re Euriclea si rivolge a Odisseo chiamandolo *cara creatura* (v. 474) e *il mio re* (v. 475). Trovi contraddittorie queste due espressioni? Che tipo di relazione indicano tra chi parla e la persona a cui sono indirizzate?

13. Le similitudini Con quali similitudini la nutrice rassicura Odisseo in merito alla propria fedeltà e costanza?

14. Il realismo Individua e spiega le espressioni che a tuo parere esprimono meglio il realismo della situazione.

SCRITTURA

15. Scrivi un testo espositivo: il riconoscimento Fai un confronto tra le due agnizioni, mettendo in luce le affinità e le differenze tra i due personaggi, le situazioni che si trovano a vivere, la loro reazione di fronte al padrone, il comportamento di Odisseo. Scrivi poi un testo espositivo.

16. Scrivi un testo narrativo-descrittivo: un animale caro Presenta un animale a te caro: descrivilo e poi racconta un episodio di cui è stato protagonista.

17. Scrivi un testo descrittivo: i pensieri di Penelope *Ma lei non poté vederla in viso né accorgersi / perché Atena le distrasse la mente* (vv. 478-479). A che cosa sta pensando Penelope quando avviene il riconoscimento tra Euriclea e Odisseo? Immagina e scrivi i suoi pensieri (un sogno notturno, un ricordo suscitato dallo straniero, una preoccupazione segreta...). Puoi scegliere di esporli come se fossi un narratore onnisciente oppure il personaggio stesso.

OMERO

PENELOPE RICONOSCE ODISSEO: LA PROVA DEL LETTO

Opera: *Odissea*, libro XXIII, vv. 85-116; 163-246

La vendetta è compiuta: dopo aver vinto la gara dell'arco voluta da Penelope, Odisseo, sostenuto da Atena e con Telemaco al fianco, ha fatto strage dei pretendenti e delle ancelle infedeli. All'eroe resta però ancora una prova da affrontare: riconquistare la sposa e farsi riconoscere da lei, che dopo vent'anni di speranze e disillusioni non riesce a credere di aver ritrovato il marito. Le parole di Euriclea non le bastano, nemmeno la menzione della cicatrice: ella accetta di scendere nella sala grande per vedere i pretendenti morti e colui che li ha uccisi, ma il suo animo è incerto di fronte all'uomo che dice di essere Odisseo.

Così detto scendeva dal piano alto; e il suo cuore
molto esitava, se di lontano al caro sposo parlasse,
o gli corresse vicino a baciargli il capo e le mani, stringendolo.
Ma come entrò, com'ebbe passato la soglia di pietra,
si mise a sedere in faccia a Odisseo, nel chiarore del fuoco,
presso l'altra parete: lui contro un'alta colonna
sedeva, guardando in giù, aspettando se gli direbbe qualcosa
la forte compagna, appena lo vedesse con gli occhi.
Ma lei muta a lungo sedeva, stupore il petto le empiva;
guardandolo a volte lo conosceva in modo evidente,
a volte non lo conosceva, così coperto di cenci.
Telemaco la biasimò e disse parola, diceva:
«Madre mia, trista madre, dal cuore insensibile,
perché resti lontana dal padre e non siedi
vicino a lui, non lo interroghi, non cerchi di udirlo?
Nessuna donna con cuore tanto ostinato
se ne starebbe lontana dall'uomo, che dopo molto soffrire,
tornasse al ventesimo anno nella terra dei padri.
Ma sempre il tuo cuore è più duro del sasso».
E gli rispose la savia Penelope:
«Creatura mia, il cuore nel mio petto è attonito:
non riesco né a dirgli parola né a interrogarlo,
né a guardarlo nel viso. Ma se è davvero

85. dal piano alto: Penelope, informata dell'accaduto da Euriclea, ha deciso di scendere dalle sue stanze al *mègaron*, la sala principale, dove la attende lo straniero che ha ucciso i pretendenti e dice di essere Odisseo.
86-87. di lontano ... vicino: l'animo di Penelope è turbato ed ella non sa se tenersi lontana e diffidare dell'uomo o avvicinarsi e accoglierlo immediatamente come sposo.
89. in faccia: di fronte.
95. coperto di cenci: Odisseo ha ancora l'aspetto di un mendicante. È lo stratagemma che ha usato per arrivare in incognito nel palazzo e sorprendere i nemici.
96. biasimò: criticò, giudicò negativamente.
97. trista: sciagurata, crudele.
102. ventesimo anno: dieci anni è durata la guerra di Troia e altri dieci il lungo viaggio di ritorno.
105. Creatura mia: con lo stesso appellativo materno si era rivolta Euriclea a Odisseo, dopo aver visto la sua cicatrice (libro XIX, v. 492, ▶ p. 165). • **attonito:** sbigottito, paralizzato.
106. dirgli: a Odisseo, evidentemente.

Odisseo che in patria è tornato, oh molto bene
e facilmente potremo conoscerci: abbiamo per noi
dei segni segreti, che noi sappiamo e non gli altri».
Così disse, e sorrise Odisseo costante, glorioso,
e a Telemaco subito parole fugaci parlava:
«Telemaco, lascia che qui, nella sala, la madre
mi metta alla prova; presto saprà riconoscermi meglio.
Adesso, perché son sporco, e brutte vesti ho sul corpo,
per questo mi disprezza e pensa che non sono io».

[Odisseo ordina di simulare una festa di nozze, per tenere momentaneamente nascosta la strage dei pretendenti alle famiglie di Itaca. Servi e ancelle fanno quanto richiesto, lasciando credere ai passanti che si stiano festeggiando le nuove nozze di Penelope. Nel frattempo l'eroe viene lavato e vestito di abiti regali e Atena gli dona splendore e bellezza.]

Dal bagno uscì simile agli immortali d'aspetto;
e di nuovo sedeva sul seggio da cui s'era alzato,
in faccia alla sua donna, e le disse parola:
«Misera, fra le donne a te in grado sommo
fecero duro il cuore gli dèi che han le case d'Olimpo;
nessuna donna con cuore tanto ostinato
se ne starebbe lontana dall'uomo, che dopo tanto soffrire,
tornasse al ventesimo anno nella terra dei padri.
Ma via, nutrice, stendimi il letto; anche solo
potrò dormire: costei ha un cuore di ferro nel petto».
E a lui parlò la prudente Penelope:
«Misero, no, non son superba, non ti disprezzo,
non stupisco neppure: so assai bene com'eri
partendo da Itaca sulle nave lunghi remi.
Sì, il suo morbido letto stendigli, Eurìclea,
fuori dalla solida stanza, quello che fabbricò di sua mano;
qui stendetegli il morbido letto, e sopra gettate il trapunto,
e pelli di pecora e manti e drappi splendenti».
Così parlava, provando lo sposo; ed ecco Odisseo
sdegnato si volse alla sua donna fedele:

110. segni segreti: Penelope sta già pensando alla prova cui vuole sottoporre l'uomo che dice di essere suo marito.
115. sporco: di sangue, perché ha portato a termine la strage dei Proci.
163. simile agli immortali: bello come un dio; Atena lo ha reso più grande e robusto e ha rinfoltito i suoi capelli *simili al fiore di giacinto* (libro XXIII, v. 158).
164. seggio: è il posto accanto al focolare, dove Penelope e Odisseo si sono a lungo guardati senza parlarsi.
166. fra ... sommo: a te più che a ogni altra donna.
167. Olimpo: è una montagna della Grecia, considerata sede degli dèi.
168-170. nessuna ... padri: sono le stesse parole pronunciate da Telemaco ai vv. 100-102. In quella circostanza Odisseo aveva giustificato la moglie, attribuendone l'esitazione al proprio aspetto dimesso e ai panni sporchi che alteravano i lineamenti. Dopo il bagno e l'intervento di Atena, l'eroe ha recuperato in pieno il suo aspetto e l'incertezza di Penelope suona per lui come un'offesa.
171. nutrice: si tratta di Euriclea. • **stendimi:** preparami. • **solo:** da solo.
175. non stupisco ... eri: a Penelope non basta riconoscere l'aspetto fisico, vuole qualcosa in più. Sa che gli dèi possono assumere facilmente le sembianze umane, perciò le è necessaria una prova d'altro genere, più intima e familiare.
179. trapunto: tessuto ornato.
181. provando: mettendo alla prova.

«O donna, davvero è penosa questa parola che hai detto!
Chi l'ha spostato il mio letto? sarebbe stato difficile
anche a un esperto, a meno che un dio venisse in persona,
e, facilmente, volendo, lo cambiasse di luogo.
Tra gli uomini, no, nessun vivente, neanche in pieno vigore,
senza fatica lo sposterebbe, perché c'è un grande segreto
nel letto ben fatto, che io fabbricai, e nessun altro.
C'era un tronco ricche fronde, d'olivo, dentro il cortile,
florido, rigoglioso; era grosso come una colonna:
intorno a questo murai la stanza, finché la finii,
con fitte pietre, e di sopra la copersi per bene,
robuste porte ci misi, saldamente connesse.
E poi troncai la chioma dell'olivo fronzuto,
e il fusto sul piede sgrossai, lo squadrai con il bronzo
bene e con arte, lo feci dritto a livella,
ne lavorai un sostegno e tutto lo trivellai con il trapano.
Così, cominciando da questo, polivo il letto, finché lo finii,
ornandolo d'oro, d'argento, d'avorio.
Per ultimo tirai le corregge di cuoio, splendenti di porpora.
Ecco, questo segreto ti ho detto: e non so,
donna, se è ancora intatto il mio letto, o se ormai
qualcuno l'ha mosso, tagliando di sotto il piede d'olivo».
Così parlò, e a lei di colpo si sciolsero le ginocchia ed il cuore,
perché conobbe il segno sicuro che Odisseo le diceva;
e piangendo corse a lui, dritta, le braccia
gettò intorno al collo a Odisseo, gli baciò il capo e diceva:
«Non t'adirare, Odisseo, con me, tu che in tutto
sei il più saggio degli uomini; i numi ci davano il pianto,
i numi, invidiosi che uniti godessimo
la giovinezza e alla soglia di vecchiezza venissimo.
Così ora non t'adirare con me, non sdegnarti di questo,
che subito non t'ho abbracciato, come t'ho visto.
Sempre l'animo dentro il petto mi tremava
che qualcuno venisse a ingannarmi con chiacchiere:
perché molti mirano a turpi guadagni.
Ah! no, Elena Argiva, la figlia di Zeus,
con l'uomo straniero non si sarebbe unita d'amore e di letto,
se avesse saputo che ancora i figli guerrieri dei Danai,

183. penosa: fonte di dolore, dura da accettare.
190. ricche fronde: dai folti rami.
192. murai: costruii i muri della stanza.
194. connesse: congiunte insieme.
195. troncai: tagliai. • **fronzuto:** dalle molte fronde.
196. sul piede: alla base. • **sgrossai:** tolsi le parti superflue. • **bronzo:** asce o utensili in bronzo; si tratta di una metonimia.
197. a livella: a filo di squadra.
198. trivellai: forai.
199. polivo: levigavo.
201. corregge: sono le cinghie.
217. mirano ... guadagni: ingannano vergognosamente, per ricavare denaro.
218. Elena: moglie di Menelao, re di Sparta. Penelope in questo passo scagiona la donna dall'accusa di essere stata la principale responsabile della guerra di Troia: la ragione va ricercata nell'accecamento da parte di un dio.
219. straniero: si tratta di Paride, figlio di Priamo, proveniente da Troia.
220. ancora: di nuovo. • **Danai:** sono i Greci.

dovevan menarla a casa, alla terra dei padri.
Ma un dio la travolse a compiere l'azione sfrontata;
la colpa triste non capì prima in cuore,
la colpa, da cui su noi pure s'è rovesciata sventura.
Ma ora il segno certo m'hai detto
del nostro letto, che nessuno ha veduto,
ma, soli, tu ed io, e un'unica ancella,
Attorìde, che il padre mi donò, quando venni,
quella che ci chiudeva le porte della solida stanza;
e il cuore m'hai persuaso, ch'è pur tanto ostinato».
Così disse, e a lui venne più grande la voglia del pianto;
piangeva, tenendosi stretta la sposa dolce al cuore, fedele.
Come bramata la terra ai naufraghi appare,
a cui Poseidone la ben fatta nave nel mare
ha spezzato, travolta dal vento e dalle grandi onde;
pochi si salvano dal bianco mare sopra la spiaggia
nuotando, grossa salsedine incrosta la pelle;
bramosi risalgono a terra, fuggendo la morte;
così bramato era per lei lo sposo a guardarlo,
dal collo non gli staccava le candide braccia.
E certo sul loro pianto sorgeva l'Aurora dita rosate,
se non pensava altra cosa la dea Atena occhio azzurro:
la notte sull'orizzonte allungò, trattenne sopra l'Oceano
l'Aurora aureo trono; i cavalli rapido piede
non le lasciava aggiogare, che luce agli uomini portano,
Lampo e Faètonte, i due cavalli che l'Aurora trasportano.

221. menarla: condurla.
222. l'azione sfrontata: ovvero il tradimento del marito. Elena aveva seguito Paride abbandonando Menelao.
224. su noi pure: perché Odisseo ha dovuto abbandonare Itaca per accompagnare Menelao nella spedizione punitiva contro Troia.
233. bramata: sospirata, desiderata.
234. Poseidone: dio del mare, ma anche principale oppositore del ritorno di Odisseo in patria.
241. Aurora dita rosate: l'alba era raffigurata come una fanciulla dalle dita rosee, in allusione al colore rosato del cielo al mattino. Essa, in compagnia del fratello Elios, portava la luce agli uomini percorrendo il cielo su un carro trainato da due cavalli, Lampo e Faetonte, citati poco oltre (v. 246).
242. pensava: avesse pensato.
244. aureo trono: dal trono dorato.
245. aggiogare: legare al cocchio.

ANALISI DEL TESTO

L'esitazione e la saggezza

L'aggettivo che accompagna sempre Penelope è *perìfron*, cioè "savia", "prudente". Esso indica una qualità che il narratore onnisciente sottolinea e apprezza, ma che in questo passo gli altri personaggi criticano, giudicandola ostinazione. Telemaco definisce *trista* (v. 97) la madre, che ostenta freddezza verso il marito finalmente tornato in patria; Odisseo sorride dapprima del turbamento di Penelope, sottovalutandolo: ne attribuisce infatti la causa al travestimento da mendicante ideato da Atena ed è convinto che sia sufficiente un bagno e un cambio d'abiti per sistemare tutto. Il disagio della donna è invece molto più profondo: gli anni e le delusioni hanno lasciato segni profondi in lei ed ella, seduta accanto al focolare, non sa quale condotta tenere di fronte all'uomo che ha ucciso i pretendenti. A tratti ritrova la familiarità dei suoi lineamenti, a tratti le appare estraneo. Esito di quest'incertezza è il silenzio, scambiato per freddezza. Ma Penelope ha capito che non può fidarsi del proprio cuore *attonito* (v. 105): esso può ingannarsi e credere vera una cosa solo perché l'ha molto desiderata. Dunque, la saggia regina ricorre alla *mètis* e pensa a segni precisi che possano avere per lei valore inequivocabile.

La prova

Quando Odisseo, dopo il bagno, ricompare *simile agli immortali d'aspetto* (v. 163), invece di una calorosa accoglienza ritrova il medesimo atteggiamento esitante di Penelope. L'eroe, ferito nell'orgoglio, si adombra e ripete le parole di biasimo di Telemaco; quindi si dice pronto a dormire da solo, perché non ha intenzione di supplicare la moglie per ottenerne le attenzioni.

A questo punto Penelope fa scattare la sua trappola, ordinando di trasportare il letto nella sala grande. Lo sdegno di Odisseo è forse la migliore conferma dell'identità – e insieme prova d'amore – che la donna attendeva: proprio l'accorto Odisseo, punto dalla gelosia, è caduto nel tranello. Egli non solo dimostra di conoscere i dettagli della casa, ma esprime il suo fastidio di marito per l'incuria della sposa, che ha lasciato distruggere il letto da lui costruito e l'ha sostituito con un altro trasportabile. L'atteggiamento e le parole di Odisseo commuovono Penelope, *le sciolgono le ginocchia e il cuore* (v. 205): ella abbraccia sicura il marito e spiega le ragioni della sua diffidenza. L'eroe, a sua volta, riconosce la sposa: Penelope ha compiuto un percorso simile a lui, divenendo accorta a causa di molti dolori e di una lunga attesa. La similitudine conclusiva sottolinea il *pàthos* del ritrovarsi, ma stabilisce anche un altro punto di contatto fra marito e moglie: come un naufrago brama la terra, così la regina ha tanto desiderato il ritorno dello sposo. Dunque l'esperienza del naufragio, reale per Odisseo, è metaforicamente anche quella di Penelope.

Gli dèi, che spesso ingannano i mortali, a volte li premiano: perciò Atena dona al suo protetto e alla sposa una notte interminabile, in cui i due possano finalmente amarsi, raccontarsi e ritrovarsi.

Il valore simbolico

Odisseo, riconosciuto come padre da Telemaco e come padrone dai servi, riconquista qui l'identità di marito. Nel libro XXIV completerà il suo percorso, tornando a essere figlio di Laerte, con l'incontro in campagna, e il signore di Itaca, attraverso i patti di pace con le famiglie più nobili. È significativo il fatto che la prova necessaria a ritrovare il ruolo di marito verta sul letto nuziale: si tratta infatti del segno dell'intimità familiare e questo, in particolare, nella sua inamovibilità simboleggia la costanza che Penelope ha saputo mantenere. Nella descrizione dell'oggetto, il narratore onnisciente lascia la parola al suo personaggio, che si abbandona a una digressione-*flashback* in cui racconta le fasi della costruzione. L'abbondanza di dettagli si spiega con la necessità di fornire la prova certa della propria identità, ma risponde anche alla funzione enciclopedica dei poemi omerici, che danno spesso informazioni su tecniche e strumenti di lavoro; è inoltre la cifra distintiva del realismo epico.

ESERCIZI

COMPRENSIONE E ANALISI

1. Penelope di fronte a Odisseo Qual è lo stato d'animo di Penelope di fronte a Odisseo? Da quali ragioni è determinato?

2. La reazione di Telemaco Perché Telemaco rimprovera la madre? Quali azioni avrebbe dovuto compiere secondo lui? Rispondi facendo riferimento al testo.

3. La reazione di Odisseo Perché Odisseo sorride dapprima alle parole di Telemaco e successivamente esprime lo stesso giudizio su Penelope? Che cosa è cambiato nel frattempo?

4. La prova del letto In che cosa consiste lo stratagemma di Penelope?

5. Il giudizio sugli dèi Quale giudizio sugli dèi emerge dalle parole di Penelope?

6. Odisseo di fronte a Penelope Come reagisce Odisseo quando la moglie finalmente lo riconosce?

7. Il dono di Atena In che modo Atena riesce a prolungare la notte e perché?

8. La digressione Individua la digressione-*flashback* presente nel testo e spiega le possibili interpretazioni. Quale parte del proprio passato recupera il protagonista con quel racconto?

LESSICO E STILE

9. L'esitazione e la saggezza Individua nel testo tutti i termini che esprimono l'incertezza di Penelope e gli epiteti formulari che caratterizzano la protagonista. Inseriscili poi nella tabella che segue.

Termini che esprimono incertezza	Epiteti formulari

10. La "durezza" di Penelope Telemaco dice a Penelope *Il tuo cuore è più duro del sasso* (v. 103). Cerca nel brano un'espressione analoga. Chi la pronuncia?

11. *Non son superba, non ti disprezzo, / non stupisco neppure* Spiega con parole tue il significato dei verbi con cui Penelope giustifica, ai vv. 174-175, la sua reazione apparentemente fredda.

12. La fedeltà della sposa Nell'espressione *donna fedele* (v. 182) l'epiteto formulare è particolarmente significativo. Perché?

13. La similitudine finale Individua i termini che vengono paragonati nella similitudine conclusiva e commentala.

SCRITTURA

14. Scrivi un testo argomentativo: la vendetta di Penelope Scrivi un testo argomentativo che sostenga o confuti la seguente tesi: tutto l'episodio è una piccola vendetta di Penelope, irritata perché Odisseo non si è svelato subito a lei.

15. Scrivi un testo narrativo-descrittivo: i racconti di Odisseo Nella parte restante del libro XXIII Odisseo racconta alla moglie le sue peregrinazioni. Scegli una delle avventure che hai letto e riassumila in 15 righe. Poi riscrivila sotto forma di testo narrativo-descrittivo, lavorando sullo stile: puoi assumere un tono comico o tragico o anche poetico.

SPUNTI PER LA DISCUSSIONE IN CLASSE

16. Ristabilire un legame Quali elementi sono indispensabili, secondo te, per ristabilire un legame profondo con una persona che non vedi da tanto tempo? Confronta le tue opinioni con quelle dei compagni e dell'insegnante.

SUL PICCOLO SCHERMO

Odissea

Titolo originale: *Odissea*
Regia: Franco Rossi, Mario Bava
Soggetto: dal poema di Omero
Sceneggiatura: Giampiero Bona, Vittorio Bonicelli, Fabio Carpi, Luciano Codignola, Mario Prosperi, Franco Rossi, Renzo Rosso
Fotografia: Aldo Giordani, Mario Bava
Musica originale: Carlo Rustichelli
Interpreti: Bekim Fehmiu (Ulisse), Irene Papas (Penelope), Renaud Verley (Telemaco), Roy Purcell (Alcinoo), Barbara Gregorini (Nausicaa)
Genere: mitologico, sceneggiato tv
Produzione: Italia/Francia/Germania/Jugoslavia 1968, colore
Durata: 370 minuti

Franco Rossi (1919-2000) si forma negli anni del Neorealismo come assistente alla regia di Camerini e Castellani ed esordisce come regista cinematografico negli anni Cinquanta. Per la televisione, dirige sceneggiati di successo, dall'*Odissea* (1968) all'*Eneide* (1971) a *Un bambino di nome Gesù* (1988), divulgando i classici della letteratura. **Mario Bava** (1914-1980), regista e direttore della fotografia, inizia come assistente del padre Eugenio, noto direttore della fotografia all'epoca del cinema muto. Maestro dell'horror e del thriller, si cimenta in molti generi cinematografi, mantenendo, anche da regista, il gusto per soluzioni visive particolari. Amato da Argento, Burton e Tarantino, è molto noto all'estero.

Il film racconta...

A dieci anni dalla caduta di Troia, l'eroe greco Ulisse, dopo il forzato esilio nella terra di Calipso, compie il suo ultimo viaggio, quello che per volere divino lo riporterà a Itaca, dove ristabilirà la sua autorità di re e si ricongiungerà con la moglie Penelope e il figlio Telemaco [foto 1]. Il ritorno all'isola natia è però ostacolato da Poseidone, che scatena una tempesta. Giunto stremato all'isola dei Feaci, Ulisse è accolto benevolmente alla reggia di Alcinoo [foto 2] e inizia il racconto delle sue peregrinazioni in mare: il passaggio nelle terre dei Lotofagi, l'accecamento di Polifemo, la sosta nella dimora del dio dei venti, la permanenza dalla maga Circe, la discesa all'Ade [foto 3], l'incontro con le Sirene, fino al nefasto sbarco nell'isola di Trinacria, al largo della quale perde in un naufragio i compagni di viaggio.

Guida all'analisi

Un breve prologo, girato tra le rovine dell'antica città dell'Asia Minore scoperta da Schliemann, spiega l'antefatto del poema, rappresentato dalla guerra di Troia, a cui Ulisse aveva partecipato dando prova di grande valore nelle fila dell'esercito acheo. Lo sceneggiato inizia, come il poema, *in medias res*, cioè nel momento in cui il concilio degli dèi stabilisce il ritorno a casa dell'eroe e Atena si presenta a Telemaco sotto mentite spoglie. La complessità del testo filmico riflette l'intreccio dell'opera omerica, caratterizzato dal frequente ricorso alla tecnica del racconto nel racconto, che altera l'ordine cronologico della narrazione rievocando dieci anni di eventi passati. La sceneggiatura, basata sulla traduzione in versi liberi di Rosa Calzecchi Onesti, interviene sul testo greco con piccole variazioni e tagli (come nel caso dei Lestrigoni o di Scilla e Cariddi) ma ricalca fedelmente la struttura dell'opera che, pur ruotando intorno alla figura dell'eroe greco, è formata da una pluralità di filoni narrativi (il viaggio di Telemaco, le peripezie di Ulisse, la situazione a Itaca) che procedono simultaneamente fino a

1

2

convergere, quando l'azione si restringe alle sale del palazzo nel quale si compirà la strage dei Proci.
La voce narrante introduce i personaggi sulla scena, commenta i passaggi significativi e lascia il posto ad altre voci a mano a mano che prende avvio il racconto in prima persona di qualche personaggio, oltre a quello centrale del protagonista. Non mancano soluzioni suggestive, come gli interventi del coro [foto 4] che, nel momento di massima tensione tragica, si sovrappongono alla voce del narratore.
Vista oggi, la miniserie tv rivela qualche incertezza nelle ricostruzioni degli ambienti (si veda la reggia di Eolo), un lavoro non sempre rigoroso su trucco e oggetti di scena (come le armi dei Proci o l'inverosimile arco ramificato di Ulisse) e l'ingenuità degli effetti speciali, ma incanta ancora per la recitazione degli attori, lo stile teatrale, l'atmosfera composta e solenne, l'essenzialità delle scenografie e la luce dei paesaggi mediterranei [foto 5].
Alla regia collaborò Mario Bava, autore anche della fotografia, a cui si deve la direzione del celebre episodio di Polifemo.

3

4

5

FOCUS

L'*Odissea* di Franco Rossi, prodotta da Dino De Laurentiis, costituì il primo grande esempio di coproduzione cine-televisiva europea, pensata per il mercato internazionale e realizzata con maggiori investimenti. I sette episodi furono trasmessi dalla Rai dal marzo al maggio 1968, con una media di sedici milioni di spettatori a puntata. La visione era introdotta di volta in volta dal poeta Giuseppe Ungaretti, che leggeva alcuni versi di Omero nella sua traduzione.

ESERCIZI

COMPRENSIONE E ANALISI

1. Il viaggio di Ulisse Spiega in quali circostanze Ulisse giunge all'isola di Scheria. Quanto tempo è trascorso da quando ha lasciato Itaca? Da quanti anni è in viaggio verso casa?

2. La voce narrante Perché nel corso dello sceneggiato muta la voce narrante? A chi appartiene di volta in volta?

IL LINGUAGGIO CINEMATOGRAFICO

3. Il riconoscimento Il riconoscimento di Ulisse da parte di Penelope segna lo scioglimento della vicenda. La scena, che nella riduzione televisiva è risolta con qualche licenza ma con grande sensibilità, si conclude con l'abbraccio finale. Prova ad analizzarla facendo attenzione a scenografia, recitazione degli attori, movimenti di macchina e inserimento di musica e voce fuori campo.

LABORATORIO

4. Le figure femminili Le donne, vittime in epoca omerica di una società misogina, hanno nell'*Odissea* un ruolo importante e sono caratterizzate nella loro individualità, con passioni e sentimenti validi in ogni tempo e luogo. Divisi in gruppi, provate ad attualizzarne i profili, confrontando la loro condizione con quella femminile odierna.

AUTORI MODERNI RISCRIVONO L'EPICA ANTICA

Itaca per sempre di Luigi Malerba

Odisseo, giunto finalmente a Itaca dopo mille avventure, mantiene nascosta la sua identità per proteggersi dagli usurpatori e saggiare la fedeltà di chi è rimasto a casa. Sceglie di palesarsi solo a Telemaco; viene riconosciuto dal cane e dalla vecchia nutrice, ma fino a vendetta compiuta tace con Penelope. Perché questo silenzio proprio con colei che lo ha atteso tanto e che lui stesso ha così desiderato nel suo errabondo vagare?

Luigi Malerba costruisce il suo romanzo partendo dall'idea che Penelope abbia riconosciuto il marito al primo sguardo e che, offesa dalla mancanza di fiducia da parte del suo uomo, abbia nascosto ogni sentimento, intraprendendo un pericoloso gioco il cui esito è quello di far vacillare ogni certezza in Euriclea, in Telemaco, in Odisseo-Ulisse stesso, fino allo scioglimento finale, per il quale non basta lo stratagemma omerico del letto, ma occorre altro: «Le verità del mondo sono tante, ma vale soltanto quella che tu hai scelto secondo i suggerimenti dell'amore e dei buoni spiriti» (p. 168).

Il lettore troverà in questo libro una rilettura personale e suggestiva delle pagine omeriche: gli stessi fatti sono raccontati e interpretati secondo il punto di vista di Ulisse e poi di Penelope e l'autore dimostra una grande sensibilità nel ricostruire la psicologia dei personaggi e la complessa dinamica della relazione uomo-donna.

Di seguito, ti proponiamo un breve estratto in cui Penelope espone i suoi pensieri dopo il primo incontro con il vagabondo; successivamente, le riflessioni di Ulisse di fronte alla gentile freddezza della regina.

Penelope

Le fatiche del viaggio dopo una guerra sanguinosa, la lotta contro l'oceano crudele, l'animo avventuroso battuto dal vento e dalla salsedine, le notti solitarie sotto il cielo ostile, la patria sconvolta da principi ingordi e malvagi che aspirano alla mano della sua sposa, nessuna mala sorte correggerà mai la diffidenza e il sospetto di cui si nutre il cuore dell'uomo nei confronti della donna amata?

Se in tanti anni di lontananza è rimasto vivo il sentimento che nominiamo come amore, se veramente Ulisse si illudeva di sentire la mia voce in una conchiglia, perché trasformare tutto questo in sofferenza e avvelenarlo con il sospetto? Quando ho sentito per la prima volta la voce di questo vagabondo e l'ho guardato negli occhi un solo istante, ho capito. [...] Così succede che dopo dieci anni passati da un capo all'altro del mondo, in un viaggio che poteva compiersi in un anno, ecco che Ulisse ritorna nella sua casa e mostra tanta diffidenza per la sua sposa che confida la sua identità a Telemaco, che infatti lo ha accolto subito come un amico, ma non si fa riconoscere da chi ha così tanto sofferto per la sua assenza. E Telemaco si comporta già come un uomo, così come gli insegna il padre Ulisse, e non ritiene degna di confidenza nemmeno sua madre.

Ulisse

Con tutti i rischi, avrei preferito che Penelope mi avesse riconosciuto. Segretamente lo speravo, e invece niente, mi tratta con la gentilezza un po' distaccata che si può concedere a un povero vagabondo e ha per me quei piccoli gesti protettivi che di solito si hanno per i vecchi. Sarà il travestimento che l'ha ingannata o sono veramente invecchiato così tanto? E perché non mi guarda mai negli occhi? Sono convinto che Euriclea mi ha riconosciuto anche prima di mettere le mani sulla cicatrice, mentre per Penelope sono soltanto un povero vagabondo che merita qualche attenzione perché è stato compagno di Ulisse sotto le mura di Troia. Tutto ciò mi rattrista fino alle lacrime, maledette lacrime. [...] Sono arrivato con l'idea straziata di riconquistare Itaca e di controllare la fedeltà di Penelope e mi trovo sperduto e confuso proprio come il vagabondo che ho messo in scena e che non ha strumenti per capire. Devo convenire che è più facile prevedere le mosse di un nemico in guerra che i pensieri dell'ingenua Penelope. Una volpe.

(L. Malerba, *Itaca per sempre*, Mondadori, Milano 1997)

Dicono di Odisseo di Imme Dros

Telemaco era ancora in fasce quando suo padre partì per Troia e di lui non ha ricordi. Lo conosce solo attraverso le storie che altri raccontano su di lui, celebrando la saggezza del re, l'astuzia dello stratega, il coraggio del navigatore e dell'eroe. Telemaco, dunque, è un figlio di eroe, ma di un eroe disperso, che forse è morto o forse un giorno tornerà a casa. L'unico modo per sentire vivo questo padre, per lui, è quello di cercare notizie, ascoltare e prepararsi per un incontro che il suo cuore non smette di attendere.

Il romanzo dell'olandese Imme Dros raccoglie le "voci" su Odisseo, ripercorrendo le vicende omeriche, dilatandole, riscrivendole con punti di vista e stili differenti, che accentuano i toni ora patetici, ora comico-grotteschi, ora squisitamente narrativi. I narratori si alternano, fino a formare un vero e proprio romanzo corale. Ascoltiamo il resoconto di amici di Odisseo come Mentore e Nestore, di aedi come Femio, dell'araldo Medonte, di Penelope, di Telemaco stesso, ma anche degli dèi: parlano Ermes, Atena, Afrodite, Zeus, Poseidone.

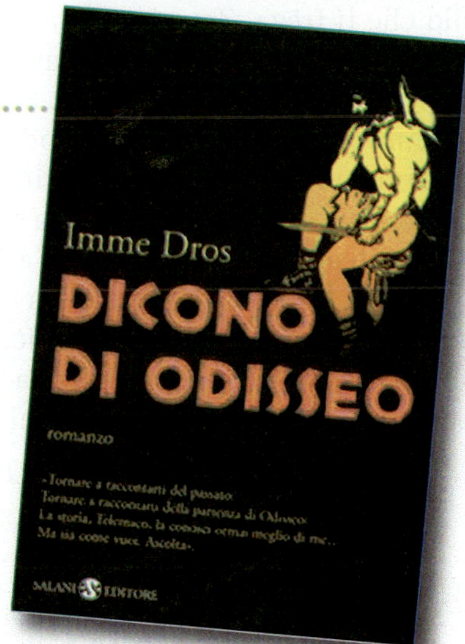

L'autrice, che ha tradotto in olandese l'*Odissea*, sa riproporre miti, particolari e situazioni del poema omerico con una provata abilità di scrittrice per ragazzi, grazie a un linguaggio contemporaneo permeato di umorismo.

Presentiamo di seguito l'inizio del brano in cui Penelope racconta a Telemaco il suo primo incontro con il giovane Odisseo.

Non so di quale pianta di limoni stai parlando. La prima volta che vidi Odisseo fu nella sala dei banchetti. Elena e io ci eravamo nascoste sul ballatoio in cima alle scale, e lei m'indicava i principi di sua conoscenza: Agamennone, Menelao, Idomeneo di Creta, il grande Aiace, il piccolo Aiace... Facevano tutti capannello intorno a un giovane dai capelli fulvi e ricciuti. Quel giovane non accompagnava il suo discorso con ampi gesti come Agamennone, e non parlava con voce sonora come Menelao, eppure tutti quei principi tendevano il collo per ascoltarlo, quasi inchinandosi davanti a lui. Elena non pronunciò il suo nome, e allora le chiesi:

- Chi è quel giovanotto dai riccioletti rossi?
- Oh, quello! È Odisseo figlio di Laerte - rispose lei.
- Quel furbo matricolato?
- Come lo sai?
[...]
- Raccontami piuttosto qualcos'altro di Odisseo.
- Non c'è gran che da raccontare. Viene da Itaca ed è un furbo di tre cotte [un uomo estremamente furbo, *n.d.r.*]. Ma perché lo guardi in quel modo? Cosa ci vedi, in lui?
Questo non lo sapevo; ma rimasi a lungo a sbirciare Odisseo da dietro una colonna.

(I. Dros, *Dicono di Odisseo*, trad. it. di L. Draghi, Salani, Milano 1996)

Il secondo passo che riportiamo è invece tratto dal capitolo in cui Poseidone si reca dal figlio Polifemo, ormai cieco a causa di Odisseo.

Non c'è da fidarsi di quelli là dell'Olimpo: è la tua stessa famiglia che ti frega, è il tuo stesso fratello che ti frega. Zeus ha aiutato di nascosto Odisseo mentre io mi trovavo temporaneamente presso gli Etiopi. Ho sbattuto quel miserabile furbastro giù dalla sua zattera, ma questo non mi ha affatto sollevato. Sono furioso.
Uno dei miei figli è là con il suo occhio bruciato e Zeus favorisce il colpevole. Sento improvvisamente nascere in me sentimenti paterni nei confronti di quel Ciclope che non ho mai visto. Volto i cavalli e li dirigo a gran carriera verso la dimora di Polifemo, quel povero, povero Polifemo. [...] Io non riesco a guardarlo, è di una bruttezza fuori del comune. Ma a chi somiglia? Eppure sua madre era una deliziosa ninfa, e io sono un dio. Possibile che sia questo il risultato di quell'indimenticabile notte d'amore? Questo figliolo è uno scherzo della natura, una mostruosità. Pazienza, succede anche nelle migliori famiglie. Efesto, il figlio di Zeus e Era, non merita neanche lui un premio di bellezza.

(I. Dros, *Dicono di Odisseo*, trad. it. di L. Draghi, Salani, Milano 1996)

*Vincenzo Cerami racconta l'*Odissea

La sintesi a servizio del testo omerico: a chi desidera leggere integralmente l'*Odissea*, ma si lascia intimorire da lunghezza e difficoltà, il romanziere e sceneggiatore Vincenzo Cerami offre un libro che seleziona scene ed episodi significativi nella pregevole traduzione di Giovanna Bemporad e sintetizza in prosa, in modo scarno e privo di retorica, le parti di raccordo tra una sezione e l'altra del testo, senza metterne a repentaglio l'organicità.

Ti presentiamo come esempio una parte della pagina in cui Euriclea annuncia a Penelope il ritorno di Ulisse.

Euriclea, dimentica della sua bella età, corre felice al piano alto della casa, si mette in piedi vicino al letto di Penelope e la sveglia. Le racconta, piena di emozione, che Ulisse finalmente è tornato e ha sterminato i proci.
Penelope crede che gli dèi abbiano fatto impazzire la nutrice, non vuole essere presa in giro. La rimprovera di averla svegliata per dirle delle frottole: da quando Ulisse se n'è andato alla conquista di Troia non ha mai dormito così placidamente. La regina ordina a Euriclea di scendere in sala: se fosse venuta da lei un'altra delle donne di casa dandole queste notizie, l'avrebbe punita. Ma lei è protetta dalla vecchiaia.
La nutrice insiste, e aggiunge che Telemaco era al corrente di tutto. Ha taciuto per portare a effetto il piano di vendetta ideato dal padre.
Penelope salta giù dal letto e, incredula, domanda come abbia potuto Ulisse, da solo, uccidere la folla di proci che invadeva la casa. Euriclea sa poco: dalle loro stanze le ancelle e lei, piene di apprensione, hanno solo udito urla e gemiti, perché le porte massicce erano chiuse. Telemaco è venuto a chiamarla solo alla fine, e lei si è ritrovata davanti Ulisse in piedi in mezzo ai corpi massacrati dei proci giacenti uno sull'altro. Il re sembrava un leone, sporco di sangue e fango. La nutrice racconta che ora, di sotto, è tutto in ordine e che Ulisse vuole vederla. È arrivato il momento di gioire dopo tante sofferenze.

(V. Cerami, *Vincenzo Cerami racconta l'*Odissea *tradotta da Giovanna Bemporad*, Einaudi Scuola, Milano 2003)

VERIFICA L'*Odissea*

Le vicende

1. Indica se le seguenti affermazioni sono vere o false.

1. Nel proemio sono anticipati i temi fondamentali del viaggio e della vendetta. V F

2. Odisseo è trattenuto per tre anni dalla ninfa Calipso. V F

3. Atena consiglia a Telemaco di andare a Sparta per sfuggire a un'imboscata dei Proci. V F

4. Calipso ritiene che l'ordine di Zeus di lasciar partire Odisseo sia dettato dall'invidia degli dèi. V F

5. Nausicaa accompagna Odisseo nel palazzo di suo padre Alcinoo. V F

6. L'episodio di Polifemo è raccontato da Odisseo stesso al re dei Feaci. V F

7. Nei suoi viaggi Odisseo è protetto dalla dea Afrodite. V F

8. Odisseo non accetta le bevande di Circe perché ne intuisce la potenza malefica. V F

9. La maga Circe offre a Odisseo indicazioni preziose per affrontare i Ciclopi. V F

10. Odisseo apprende il proprio destino dall'ombra dell'indovino Tiresia. V F

11. Odisseo riesce ad ascoltare senza danni il canto delle Sirene. V F

12. La nave e l'equipaggio di Odisseo superano indenni gli scogli di Scilla e Cariddi. V F

13. Odisseo perde tutti i compagni in una tempesta scatenata dall'ira del dio Sole. V F

14. A Itaca Odisseo, travestito da mendicante, non viene riconosciuto da nessuno. V F

15. Penelope non riconosce Odisseo finché egli non riesce a tendere l'arco. V F

I personaggi

2. Scegli l'affermazione corretta tra quelle che seguono.

1. La qualità caratteristica di Odisseo, la *mètis*, è:
- **a.** la capacità di parlare in modo raffinato
- **b.** l'astuzia, la capacità di escogitare piani
- **c.** la curiosità, la volontà di conoscere

2. La ninfa Calipso:
- **a.** lascia partire Odisseo perché è costretta da Ermes, ma vorrebbe vendicarsi e farlo naufragare
- **b.** si sente tradita da Odisseo perché lui le aveva promesso che sarebbe rimasto per sempre
- **c.** lascia partire Odisseo ma soffre perché è innamorata di lui

3. La maga Circe:
- **a.** è insieme antagonista e aiutante di Odisseo
- **b.** apparentemente lo aiuta, in realtà lo trattiene per tre anni
- **c.** è un'antagonista per Odisseo, ma un'aiutante per i suoi compagni

4. Atena:
- **a.** è la dea guerriera già presente nell'*Iliade*, che interviene direttamente solo nel momento della strage dei Proci
- **b.** è sempre al fianco di Odisseo: gli dà consigli nella grotta del Ciclope, gli offre antidoti contro le magie di Circe, modifica il suo aspetto in quello di un mendicante a Itaca
- **c.** protegge e guida Odisseo, ma ci sono momenti in cui l'eroe deve contare solo sulla propria *mètis*

5. Penelope:
- **a.** è incerta di fronte a Odisseo perché teme l'inganno di un dio
- **b.** è incerta di fronte a Odisseo perché teme di essere accusata di infedeltà
- **c.** è incerta di fronte a Odisseo perché ha le vesti di un mendicante, ma, appena Atena gli restituisce il suo aspetto, abbandona ogni esitazione

6. Telemaco:
- **a.** riconosce la saggezza e l'autorità della madre
- **b.** riconosce la saggezza della madre, ma in alcune occasioni la rimprovera e si rivolge a lei con autorità
- **c.** riconosce l'autorità della madre, ma non la sua saggezza, che considera ostinazione

7. Nausicaa è paragonata da Odisseo:
- **a.** a un giovane fusto di palma
- **b.** alla dea Afrodite
- **c.** alla schiuma leggera del mare

8. Scilla e Cariddi sono mostri che rappresentano:
- **a.** le insidie dei traditori

b. la punizione per gli atti di empietà
c. i pericoli della navigazione

9. Le Sirene rappresentano:
a. la seduzione femminile
b. la potenza del canto e della poesia
c. la forza violenta del mare

10. Durante l'incontro con i morti:
a. Odisseo considera fortunato Achille, ma questi si dice disposto a diventare uno schiavo pur di tornare alla vita
b. Odisseo compiange Achille per la sua sventura, ma questi dimostra di non aver perduto l'orgoglio che aveva in vita
c. Odisseo ascolta senza parlare il lungo racconto di Achille in merito alla sua fine

11. Euriclea può essere definita:
a. audace e generosa
b. impassibile e fredda
c. affezionata e fedele

Le tecniche poetiche e narrative

3. Rispondi alle domande che seguono.

1. Perché quello dell'*Odissea* può essere considerato un inizio *in medias res*?

2. Che cosa sono gli epiteti formulari? Dai una definizione e fornisci alcuni esempi.

3. Nel poema, *fabula* e intreccio coincidono? Perché?

4. Il narratore epico onnisciente interviene a commentare e a giudicare le vicende?

5. Tra gli episodi che hai letto, ce n'è uno in cui compare un narratore di secondo grado? Cita un esempio.

6. Che cosa si intende per agnizione? Rispondi fornendo almeno un esempio.

7. Perché le digressioni possono essere considerate come una forma di realismo epico?

I temi

4. Completa il brano che segue inserendo i termini scelti dall'elenco riportato di seguito (attenzione perché i termini dell'elenco sono sovrabbondanti).

carattere • riconoscimento • Proci • dimenticanza • percorso di formazione • gloria • nostalgia • meraviglioso • ospitalità • strage • vendetta • proprio figlio • perdono • potere • innocenza • Feaci • proprio ruolo • ritorno • lieto fine • invocazione alla Musa

Il poema si apre con alcuni libri dedicati a Telemaco, di cui si mette in luce il ......carattere......, attraverso il quale egli assume progressivamente un ruolo adulto. Il protagonista, Odisseo, entra in scena nel libro V e lo vediamo sulla spiaggia dell'isola di Calipso, divorato dalla ......nostalgia...... per la propria patria e la propria casa. Il desiderio del ......ritorno......, in greco *nòstos*, è uno dei motori delle azioni di Odisseo, insieme con la volontà di conoscere nuove terre e nuovi popoli. Attraverso il viaggio egli entra in contatto con l'elemento del ...., rappresentato da mostri come i Ciclopi, le Sirene, Scilla, Cariddi e dalla maga Circe. L'incontro con nuovi popoli è spesso associato al tema dell'......................: vi sono alcuni esseri selvaggi e incivili, come i Ciclopi, che divorano gli uomini, altri invece generosi e devoti, rispettosi delle leggi divine, come i .... L'altro tema centrale nel poema è quello della .... e del recupero del ....: il protagonista punisce nel sangue le offese arrecate alla sua casa e alla sua famiglia, ma deve sottostare ancora a una prova perché avvenga il .... da parte della sua sposa.

PERCORSO 3 Il Fato e la *pietas*: l'epica latina

Una violenta tempesta apre il libro I dell'*Eneide* del poeta latino Virgilio e un anonimo artista del V secolo d.C. ha voluto raffigurare l'episodio sulla pergamena del cosiddetto "Virgilio Romano", un codice latino oggi conservato presso la Biblioteca Apostolica Vaticana, assai pregevole per le ricche illustrazioni a colori di alcuni passi del poema.

Il contrasto tra le linee quasi infantili dei tratti e la situazione minacciosa che si intende rappresentare domina l'immagine. Il pericolo è immediatamente suggerito dal colore cupo del mare, violaceo con striature blu, e dalla presenza di pesci dalle fogge inquietanti: spiccano due creature simili a lunghi serpenti marini, uno dei quali sembra puntare decisamente in direzione della nave che occupa il centro della scena. Le due imbarcazioni, le cui estremità sagomate hanno forma di animali, paiono in difficoltà: in particolare, l'albero della nave in primo piano è spezzato dal vento, mentre quello della nave sullo sfondo è pericolosamente inclinato verso destra.

Dalle nubi emerge la dea Giunone, raffigurata qui con particolari appartenenti all'iconografia cristiana, come le ali angeliche; essa imperversa dall'alto, roteando scettri infuocati. Ai lati della divinità, le personificazioni dei venti gonfiano le gote e soffiano dentro strumenti simili a lunghi corni, da cui si dipartono raffiche minacciose rivolte verso i naviganti.

I guerrieri, armati di scudi e di lance, vestiti con tuniche e mantelli fermati da fibbie sulle spalle, sono rappresentati in una posa statica, con lo sguardo fisso e il volto inespressivo: sembrano dipendere dal loro capo Enea, l'unico che si distingue per le braccia aperte, le palme alzate verso il cielo e lo sguardo teso verso l'alto. È il momento in cui l'eroe si rammarica di non essere morto a Troia, sul campo di battaglia, perché teme di dover naufragare insieme con i compagni in un mare straniero, lontano dalla patria. Lunghe linee grigie, come segni di pioggia violenta, macchiano la parte superiore della miniatura, quasi a sottolineare ancora l'ostilità del cielo.

Il gesto di Enea non è un atto di ribellione, ma una dolente invocazione agli dèi: l'empietà, infatti, è un atteggiamento impensabile per questo personaggio, la cui caratteristica peculiare è la *pietas*, ovvero il rispetto per ciò che è più sacro, come il volere divino.

L'avventura per mare, la guerra, l'azione determinante della divinità sono temi fondamentali del poema che celebra le origini di Roma.

Enea e i compagni travolti dalla tempesta, miniatura dal codice *Vat. Lat.* 3867, detto "Virgilio Romano", V secolo d.C., Città del Vaticano, Biblioteca Apostolica Vaticana

Virgilio

Un autore molto apprezzato dai posteri

Virgilio fu un autore molto apprezzato sin dagli anni immediatamente successivi alla sua morte: fu studiato nelle scuole e le sue opere furono a lungo proposte come modello di stile e di poesia. Per questa ragione, nell'antichità circolavano numerosi riassunti o commenti ai suoi scritti, così come biografie dell'autore. Quella più famosa fu composta nel II secolo d.C. da Svetonio, all'interno di una raccolta di vite di poeti illustri (*De poetis*). Il testo non ci è giunto, ma possediamo la trascrizione che ne fece un grammatico di IV secolo d.C., Donato, *Vergilii vita secundum Donatum*, ed è appunto questa l'opera oggi più accreditata dagli studiosi per ricostruire le vicende biografiche di Virgilio.

I primi anni e la formazione filosofica

Publio Virgilio Marone nacque nel 70 a.C. nella cittadina di *Andes*, identificata con l'odierna Pietole, nei pressi di Mantova. La sua famiglia possedeva alcune terre vicino al fiume Mincio e, pur essendo di condizioni modeste, permise al figlio di studiare prima a Cremona, poi a Milano e quindi a Roma. Secondo la tradizione, Virgilio avrebbe dovuto completare gli studi di diritto e diventare avvocato, ma il suo carattere schivo gli impedì di dedicarsi alla professione forense ed egli si orientò piuttosto verso la poesia e la filosofia. Il luogo più importante per la sua formazione culturale fu Napoli, città da lui molto amata per il clima mite e per il legame con la cultura greca; qui studiò la filosofia epicurea presso il maestro Sirone e strinse amicizie, che sarebbero durate per tutta la vita, con Vario Rufo, Plozio Tucca e con il poeta Orazio.

La perdita delle terre mantovane e le *Bucoliche*

Gli anni più difficili per Virgilio furono quelli successivi al 42 a.C.: le sue terre mantovane, come quelle di molti altri cittadini romani, furono infatti espropriate e date come ricompensa ai veterani dell'esercito di Ottaviano, che a Filippi avevano sconfitto i responsabili della morte di Cesare. In un primo tempo, alcuni amici potenti (Asinio

Pollione e Cornelio Gallo) erano riusciti a esentare Virgilio dalle requisizioni forzate, ma ben presto anch'egli subì lo stesso destino di altri piccoli proprietari. La malinconia e il senso di precarietà provate dal poeta per tali eventi si riflettono appunto nell'opera che egli scrisse tra il 42 e il 39 a.C., le ***Bucoliche*** o ***Egloghe***. Si tratta una raccolta di dieci componimenti in versi esametri che hanno come protagonisti i pastori. I temi sono le sofferenze amorose e la vita dei campi, ma sono presenti in forma allegorica anche riferimenti ad argomenti politici e sociali, come l'esilio e le guerre civili. I luoghi sono reali (pascoli, fonti, boschi) ma trasfigurati e idealizzati (ad esempio elementi della campagna mantovana sono fusi insieme con particolari del paesaggio siciliano, perché l'iniziatore del genere bucolico cui si rifà Virgilio, cioè Teocrito, era siracusano).

L'incontro con Mecenate e la composizione delle *Georgiche*

Le ***Bucoliche*** ottennero un notevole successo e permisero a Virgilio di essere introdotto nel **circolo di Mecenate**. Questi era il potente segretario e consigliere di Ottaviano Augusto, che aveva radunato intorno a sé i più dotati intellettuali del tempo, come Livio, Orazio, Ovidio e Virgilio stesso e, da abile politico, consentiva loro un'adeguata libertà di pensiero e di espressione, ma stimolava anche una produzione in linea con la politica imperiale.

Mecenate insistette affinché Virgilio componesse le ***Georgiche***, un'opera didascalica in quattro libri, sempre in versi esametri, riguardante la coltivazione e l'allevamento. In essa Virgilio non volle fornire nozioni tecnico-pratiche a contadini e allevatori, ma celebrare la piccola proprietà e i valori della tradizione (*mos maiorum*), quali frugalità e laboriosità, messi in crisi dalle guerre civili.

L'*Eneide*, un poema incompiuto

Dal 29 a.C., anno in cui lesse con successo le *Georgiche* a Ottaviano Augusto, Virgilio lavorò all'***Eneide*** fino alla morte, avvenuta nel 19 a.C. Il carattere estremamente scrupoloso gli impediva di essere soddisfatto del proprio lavoro ed egli tornava spesso su episodi già scritti per correggerli e rielaborarli, leggendo di volta in volta alcuni passi a piccoli gruppi di ascoltatori. Secondo Donato, proprio per raccogliere materiali per la revisione del poema, Virgilio intraprese un viaggio in Grecia, restando vittima di un'insolazione nella città di Megara; durante il ritorno in Italia, sentendosi morire, chiese ripetutamente agli amici gli *scrinia* (i cofanetti) che contenevano il testo dell'*Eneide*, per distruggerlo in quanto incompiuto. Vario e Tucca si opposero alla richiesta e Virgilio affidò loro i versi chiedendo di rendere note solo le parti da lui stesso riviste. Per ordine di Augusto, invece, l'opera fu pubblicata integralmente, compresi i pochi versi incompiuti disseminati nel poema.

Virgilio morì a Brindisi e fu sepolto vicino a Napoli; secondo la tradizione, la sua tomba riportava un'epigrafe dettata da lui stesso: *Mantua me genuit, Calabri rapuere, tenet nunc Parthenope; cecini pascua rura duces*, "Mantova mi generò, i Calabri mi rapirono dalla vita, Napoli ora mi possiede: cantai i pascoli, i campi, i condottieri".

L'ETÀ AUGUSTEA

Gli anni in cui vive Virgilio costituiscono un periodo cruciale per la storia di Roma: è l'epoca delle guerre civili e del delicato **passaggio dalla repubblica al principato**.

Dopo la **morte di Giulio Cesare**, ucciso nel 44 a.C. da un gruppo di congiurati che speravano di arrestare il declino e la perdita di potere del Senato, le istituzioni repubblicane non furono in grado di mantenere la legalità e di garantire l'ordine. Emersero allora, come era accaduto qualche decennio prima con Pompeo e con Cesare, personalità che si imposero sulla scena politica e ne influenzarono fortemente le decisioni, potendo anche disporre di un solido apparato militare: **Antonio**, luogotenente di Cesare, e **Ottaviano**, nipote dello stesso Cesare e da lui designato erede e successore.

I rapporti tra Antonio e Ottaviano furono ambigui, caratterizzati da scontri, successivi accordi e collaborazioni (il secondo triumvirato, nel 43 a.C., e la spedizione contro gli assassini di Cesare, culminata nella battaglia di Filippi); oscillarono tra soluzioni di compromesso (l'Oriente ad Antonio, l'Occidente a Ottaviano) e guerra aperta. Ottaviano, con un'abile propaganda, riuscì infine a presentare Antonio come ormai asservito alla regina d'Egitto, Cleopatra, e a fare in modo che la spedizione contro di lui non fosse percepita come una nuova guerra civile, ma come un epico scontro tra il sobrio Occidente e l'Oriente corrotto. La battaglia decisiva, ad **Azio**, nel 31 a.C., segnò il trionfo di Ottaviano e la sconfitta di Antonio e Cleopatra, che si suicidarono poco dopo.

Negli anni successivi alla vittoria Ottaviano mantenne in vigore tutte le istituzioni repubblicane, ma le svuotò progressivamente di ogni valore e influenza effettiva. Evitò accuratamente appellativi che potessero favorire l'identificazione della sua figura con quella di un dittatore e assunse i titoli di ***imperator*** (capo dell'esercito), ***princeps senatus*** (primo e più importante fra i senatori) e ***Augustus*** (nome che evocava un'idea di grandezza e autorità senza tuttavia implicare un'aspirazione esplicita al regno). Di fatto Ottaviano aveva il diritto di pronunciarsi per primo in Senato, di convocare le assemblee per l'approvazione delle leggi e la nomina dei magistrati, di promulgare lui stesso nuove leggi tramite editti; inoltre era la suprema autorità religiosa, la sua persona era inviolabile, aveva diritto di veto ed era capo supremo dell'esercito. Il termine *imperator*, che in precedenza significava "comandante dell'esercito", divenne perciò con lui sinonimo di "sovrano".

Una volta raggiunto il potere, Ottaviano Augusto si impegnò in una **vasta opera di riforma**, che aveva come denominatore comune il mantenimento della pace all'interno dello stato e la difesa della romanità. Egli dedicò in primo luogo mezzi ed energie al rinnovamento urbanistico di Roma: secondo Svetonio, nel *De vita Augusti*, il principe seppe trasformarla da città di mattoni in città di marmo. Sotto il profilo culturale, grazie all'opera del suo abile segretario, **Mecenate**, egli riuscì a radunare intorno a sé letterati di altissimo livello. Essi avevano la garanzia di poter scrivere in un ambiente finalmente pacifico e tranquillo; il *princeps* ne otteneva a sua volta la collaborazione per costruire l'immagine culturale del principato e, per quanto possibile, per riaffermare i valori del *mos maiorum*: sobrietà, laboriosità, devozione, rispetto per la famiglia, amore per la patria, coraggio disinteressato, lealtà, giustizia, clemenza, capacità di sopportare le avversità.

L'*Eneide*

La struttura

L'*Eneide* è il più importante poema epico della letteratura latina e trae il proprio titolo dal nome del protagonista delle vicende narrate, l'eroe troiano Enea. È scritto in versi esametri e diviso in dodici libri: i primi sei hanno per tema il viaggio del protagonista da Oriente a Occidente e hanno come modello l'*Odissea*; gli altri sei libri si richiamano invece all'*Iliade* perché trattano la guerra che Enea deve affrontare una volta giunto nel Lazio.

La continuità e l'innovazione rispetto ai poemi omerici

Nel comporre l'*Eneide* Virgilio tiene sempre presente il modello omerico, ma lo rilegge e lo rinnova alla luce di una sensibilità nuova. I personaggi sono infatti più complessi rispetto a quelli dell'epica greca e gli eventi ruotano intorno a due elementi centrali:

- **il ruolo del Fato nella determinazione delle vicende**. Questo aspetto permette al poeta da un lato di innestare il motivo encomiastico, ossia la celebrazione della gloria di Roma e della *gens Iulia*, e, dall'altro, apre dubbi e interrogativi nei personaggi, dal momento che vengono messe in luce le sofferenze, le rinunce e le morti necessarie per il compimento dei piani del destino;
- **la *pietas* del protagonista**, ossia il rispetto e il senso del dovere verso la famiglia, gli dèi e la patria. Enea, capo di un popolo della cui sorte si sente fortemente responsabile, è un uomo spesso tormentato da dubbi e inquietudini, costretto a sacrificare i propri desideri personali per seguire la volontà del Fato. Egli non è perciò come gli eroi omerici, che cercano la gloria, il duello, la vendetta senza mai essere toccati da sensi di colpa o dal pensiero delle vittime.

L'argomento

Come si desume dal titolo, il poema narra le vicende di Enea, figlio di Anchise e della dea Venere, fuggito da Troia in fiamme per fondare una nuova città, secondo le profezie. L'eroe, con venti navi che trasportano pochi superstiti del suo popolo, affronta numerose difficoltà, prima di comprendere che la terra che il destino gli riserva è l'Italia. Il viaggio verso Occidente dura diversi anni, fino al naufragio sulle coste della Libia. Qui la regina cartaginese Didone accoglie Enea e si innamora di lui, ma l'eroe, richiamato dagli ordini di Giove, salpa nuovamente: la donna, disperata, si uccide. Dopo altre prove, Enea approda finalmente nel Lazio, dove è accolto con benevolenza dal re Latino, che gli promette in sposa la figlia Lavinia, fiducioso nelle profezie che annunciano l'unione con uno straniero. Ciò suscita lo sdegno di Turno, re dei Rutuli e pretendente di Lavinia: alimentata dalle Furie, l'ira di Turno si trasforma in volontà di guerra. Enea è costretto a cercare alleati (gli Arcadi e gli Etruschi), mentre Turno raduna attorno a sé gli stessi Latini e numerose genti italiche. Gli scontri sono feroci e vedono gesta eroiche e morti tragiche in entrambi gli schieramenti, finché i due antagonisti, Enea e Turno, si sfidano nel duello decisivo. La morte di Turno consentirà all'eroe troiano di sposare Lavinia e di fondare Alba Longa; dalla fusione fra Troiani e Latini deriverà la stirpe romana, e in particolare da Iulo, figlio di Enea, avrà origine la *gens Iulia*, la famiglia cui appartiene anche l'imperatore Ottaviano Augusto.

La *fabula* e l'intreccio

Le vicende narrate nell'*Eneide* non seguono un ordine cronologico lineare, ma sono caratterizzate dalla presenza di *flashback* e anticipazioni. Si può dire pertanto che la *fabula*, (la regolare successione degli eventi) non coincide con l'intreccio: il poeta inizia la trattazione della vicenda *in medias res*, senza informare il lettore su quanto è accaduto sino ad allora. Recupera poi l'antefatto in un secondo momento, facendo sì che il protagonista, rispondendo a una richiesta di Didone, renda noto anche al lettore tutto ciò che è avvenuto dalla fine di Troia al naufragio sulle coste della Libia. Nel poema sono presenti anche anticipazioni: a volte pochi versi fanno intuire il destino di un personaggio, altre volte passi più estesi profetizzano la nascita di Roma e lasciano intravedere le principali figure della storia romana. La stessa conclusione dell'opera è emblematica: il poema si chiude sulla morte di Turno, mentre le nozze di Enea e la fondazione della nuova città non sono raccontate e il lettore le ipotizza sulla base delle profezie del poema.

Lo spazio

Enea viaggia dall'Asia Minore all'Italia, toccando diverse coste e isole del Mediterraneo; il suo viaggio lo porterà però anche nei territori più irraggiungibili e mitici, come gli Inferi e i Campi Elisi.

A questi luoghi si aggiunge anche lo spazio mitologico dell'Olimpo e delle dimore divine, dove si svolgono i dialoghi tra gli dèi.

Il tempo

L'azione del poema occupa un arco cronologico di molti mesi, ma i riferimenti temporali restano vaghi e servono più a suscitare atmosfere e a sottolineare la psicologia dei personaggi che a scandire con precisione gli eventi.

La voce narrante

Il narratore esterno, onnisciente, interviene spesso a commentare i fatti, esprimendo una forte partecipazione emotiva e discostandosi dalla tradizionale oggettività dell'epica. La voce narrante tende a immedesimarsi nei personaggi oppure usa apostrofi, domande retoriche, esclamazioni per manifestare la propria commozione, esprimere giudizi o dubbi sulle vicende.

Nel libro IV, ad esempio, il narratore si rivolge direttamente alla regina Didone, disperata per l'abbandono da parte di Enea, con queste parole: *Quali pensieri avevi allora, o Didone, guar-*

dando questo, / quali gemiti davi scorgendo dall'alta rocca / fervere per largo tratto le rive e tutto vedendo / il mare turbarsi davanti agli occhi per gli alti clamori! / Crudele amore, a cosa non spingi i cuori umani? (vv. 408-412; trad. it. di L. Canali).

Lo stile

Sul piano stilistico la **formularità** è presente in maniera molto limitata nel poema virgiliano e riguarda per lo più l'espressione *pius Aeneas*, "il pio Enea", o alcune determinazioni temporali. Ciò dipende dal fatto che l'opera è concepita per la scrittura e la lettura, e non è legata alla trasmissione orale e alle esigenze di memorizzazione.

Dal punto di vista linguistico, il poema di Virgilio eccelle per la **ricchezza del lessico**, in cui si fondono termini del latino arcaico e della prosa contemporanea, derivazioni omeriche e sinonimi colti di parole di uso comune: per indicare il "mare", ad esempio, Virgilio usa di volta in volta *mare, altum, pelagus, pontus, aequor, marmor, gurges, undae, freta, vada*; ma rifugge sempre dagli eccessi, mantenendo uno stile alto ed equilibrato.

Le **similitudini**, figure retoriche tipiche del genere epico, sono spesso riprese da Omero o da altri autori greci e latini (Apollonio Rodio, Lucrezio o Catullo), ma vengono sempre presentate in maniera rinnovata e originale. Ecco un esempio: la similitudine del libro IX, che paragona la morte di Eurialo al languire di un fiore purpureo reciso da un aratro oppure ai papaveri che chinano il capo sotto il peso della pioggia, fonde e rielabora due immagini derivate da altri autori; la prima è tratta dal carme XI di Catullo, in cui il poeta parla della fine del suo amore per la donna che lo ha tradito; l'immagine dei papaveri è invece di derivazione omerica (*Iliade*, libro VIII, vv. 306-308) ed è usata per descrivere la morte di uno dei figli di Priamo, colpito da una freccia.

Il mito e la storia

Nell'*Iliade* Enea compare come personaggio secondario ma già caratterizzato dal fatto di essere caro agli dèi e destinato a un grande futuro: egli è infatti un giovane guerriero, audace ma sempre protetto dalla madre Afrodite, che interviene ogni volta che il figlio è in pericolo.

Nell'*Eneide* Virgilio intende stabilire una continuità tra il mito e la storia: collegandosi a leggende italiche e ripercorrendo la strada tracciata da poeti precedenti, come Nevio ed Ennio, egli fa di Enea un antenato e progenitore della stirpe romana. La vicenda del protagonista è perciò segnata costantemente dalla volontà degli dèi, quella di fondare una città dalla cui discendenza deriverà Roma, e l'età augustea è tratteggiata come il momento culminante di un disegno divino che abbraccia tutta la storia romana. In questo modo Virgilio dà il suo contributo al programma politico e culturale di Augusto che sostiene la centralità di Roma; il fatto poi che vengano sottolineate le sofferenze patite dai progenitori nel processo di realizzazione dell'impero permette indirettamente di celebrare la *pax* con cui l'imperatore ha posto fine alle guerre civili.

Le traduzioni

Una delle traduzioni più famose dell'*Eneide* è quella cinquecentesca di Annibal Caro, in versi endecasillabi. Tra le rese italiane moderne, in versi liberi, possiamo invece ricordare quelle di Ezio Cetrangolo, Cesare Viviani e Luca Canali, quest'ultima scelta per il nostro volume.

l'opera

Eneide

Libro I: l'ira di Giunone, la tempesta, l'approdo a Cartagine

La dea Giunone, ostile ai Troiani, scatena con l'aiuto di Eolo, re dei venti, una violenta tempesta. Enea e i compagni, che da sette anni vagano esuli da Troia, sono travolti e gettati sulla costa della Libia. Confortati i superstiti, Enea parte per esplorare la nuova terra insieme con Acate. Venere, madre dell'eroe, assunto l'aspetto di una vergine cacciatrice, appare loro e racconta la storia della donna che regna su quei luoghi, Didone. Fuggita da Tiro dopo l'assassinio del marito, la regina ha ottenuto per il suo popolo la terra necessaria per fondare una città, Cartagine. Venere avvolge poi Enea e Acate in una nube perché entrino in città senza essere visti. I due osservano così fervere i lavori di costruzione e si soffermano a contemplare il tempio, sulle cui pareti sono raffigurate scene della guerra di Troia. Giunge la regina Didone, che dà prova di abilità di governo e riceve con benevolenza alcuni Troiani che Enea credeva morti nella tempesta. La nube si dissolve ed Enea saluta i compagni ritrovati e poi ringrazia la regina. Didone invita gli stranieri a palazzo per un banchetto, durante il quale esorta l'ospite a raccontare la sua storia. Venere, per garantire ai Troiani un'accoglienza favorevole, fa assumere a Cupido le sembianze di Ascanio, il figlio di Enea, e accende di passione il cuore della regina.

Libro II: la fine di Troia

Enea rievoca l'inganno escogitato dai Greci per prendere Troia: essi lasciano sulla spiaggia un enorme cavallo di legno pieno di uomini armati e si nascondono a Tenedo, un'isola vicina. I Troiani pensano che la guerra sia finita, e alcuni propongono di portare l'oggetto in città, mentre altri vorrebbero distruggerlo. Interviene il sacerdote Laocoonte, che ammonisce i concittadini a diffidare del nemico, ma Sinone, un Greco che si presenta come supplice, persuade i Troiani a fidarsi. Un prodigio terribile sembra confermare le parole di Sinone: due serpenti marini uccidono Laocoonte e i suoi figli, acquattandosi poi ai piedi della statua di Minerva. I Troiani portano allora il cavallo dentro le mura, ma nella notte si consuma la tragedia: dal nascondiglio escono i Greci, che spalancano le porte ai compagni e conquistano la città. A Enea appare in sogno l'ombra di Ettore, che lo esorta a fuggire portando con sé i Penati di Troia, ma l'eroe si getta nella mischia, cercando di opporsi ai nemici. Egli assiste impotente alla fine di Priamo e, vedendo che tutto è perduto, torna dalla propria famiglia. Il vecchio padre Anchise inizialmente non vorrebbe andarsene, ma un prodigio divino gli fa capire che la sua discendenza è destinata a un glorioso futuro. Nella fuga Enea perde la moglie Creusa per volere divino.

Libro III: le peregrinazioni di Enea

Allestita una flotta, Enea salpa da Troia e giunge in Tracia: la terra è tuttavia maledetta perché il re Polinestore ha violato il vincolo dell'ospitalità, uccidendo il giovane figlio di Priamo, Polidoro, per impadronirsi del suo denaro. Lasciata la Tracia, gli esuli giungono a Delo e, interpretando erroneamente l'oracolo, credono che la loro patria futura sia Creta. Qui li attende una pestilenza e i Penati svelano in sogno a Enea che la terra da cercare è l'Italia. Una tempesta costringe i Troiani ad approdare presso le isole Strofadi, dove le Arpie insozzano le loro mense e li atterriscono con sinistre profezie; di qui si recano ad Azio e poi in Epiro, ove incontrano la vedova di Ettore, Andromaca, ora sposa di Eleno, re del paese. Gli esuli sono accolti con affetto ed Eleno, abile indovino, predice loro il seguito del viaggio. Attenendosi alle sue indicazioni, i Troiani navigano intorno alla Sicilia, sfuggendo a molte insidie. Fanno poi tappa a Drepano, dove Anchise muore. Appena ripartiti, sono travolti dalla tempesta suscitata da Giunone e gettati sulle coste della Libia.

Libro IV: Didone, la passione e la tragedia

La regina Didone, che ha ascoltato il racconto di Enea, si scopre profondamente turbata dalla presenza dell'eroe. La sorella Anna, a cui Didone confida il proprio stato d'animo, la invita ad abbandonarsi senza sensi di colpa all'amore. Le due donne implorano la benedizione degli dèi. Giunone e Venere si accordano per favorire il legame tra Enea e Didone e fanno in modo che i due, durante una battuta di caccia, si rifugino insieme in una grotta per ripararsi da un temporale. Si tratta dell'inizio del loro amore. La Fama, mostro incontrollabile, diffonde però la notizia. Ciò suscita lo sdegno dei pretendenti respinti, in particolare del re Iarba, che si lamenta con Giove per l'offesa subita. Il padre degli dèi invia pertanto Mercurio a Cartagine, affinché ricordi a Enea la sua missione. L'eroe è deciso a ripartire, ma non ha il coraggio di parlare a Didone. Sceglie così di allestire la flotta di nascosto, ritardando le spiegazioni, ma la regina si accorge di quanto accade e lo affronta. L'incontro non cambia le decisioni di Enea e ciascuno dei due amanti va verso il proprio destino. Il Troiano riparte verso l'Italia, Didone si suicida, scagliando prima una terribile maledizione: non potrà mai esserci pace tra i suoi discendenti e quelli del popolo troiano.

Libro V: l'ospitalità di Aceste in Sicilia e i giochi funebri per Anchise

Enea scorge un fuoco che si leva da Cartagine ed è colto da tristi presagi, ma prosegue il viaggio facendo rotta verso la Sicilia. Giunto a Segesta, è accolto dal re troiano Aceste e bandisce giochi funebri per celebrare l'anniversario della morte di Anchise. Compiuti i riti, si susseguono per più giorni diversi tipi di giochi. Nel frattempo le donne troiane, stanche per le continue peregrinazioni e istigate da Giunone, incendiano le navi per interrompere finalmente il viaggio. Enea, non riuscendo a spegnere le fiamme, implora l'intervento di Giove, che scatena un temporale. L'incendio è domato, ma quattro navi sono andate perdute. Enea pertanto affida al re Aceste le donne e tutti coloro che non sono in condizioni di riprendere il viaggio. In sogno, Anchise approva questa decisione e chiede a Enea di scendere negli Inferi per incontrarlo. Ripartiti finalmente per l'Italia, i Troiani subiscono un'ultima sventura: il timoniere Palinuro, nella notte, è assalito dal dio Sonno e precipita in mare.

Libro VI: la discesa agli Inferi

Enea, sbarcato a Cuma, consulta la Sibilla, che gli annuncia una nuova guerra. L'eroe chiede poi di poter scendere nell'Oltretomba per rivedere il padre Anchise e la profetessa acconsente. L'ingresso degli Inferi è presso il lago Averno e da lì si accede a un vestibolo, dove appaiono i mali che tormentano l'umanità, seguiti da spaventosi mostri. Enea e la Sibilla scorgono poi Caronte, che trasporta le anime oltre il fiume Acheronte. Nella folla l'eroe riconosce il proprio timoniere, Palinuro, il cui corpo attende sepoltura. Il Troiano e la Sibilla sono traghettati da Caronte e si trovano di fronte a Cerbero, mostruoso cane a tre teste, che la profetessa addormenta con una focaccia soporifera. Penetrano quindi nell'Antinferno, dove sono i neonati, i condannati ingiustamente e i suicidi. Tra questi Enea vede Didone e cerca di parlarle, ma la regina si allontana senza rispondere. Giungono poi al campo degli eroi ed Enea è turbato dal racconto del troiano Deifobo, che narra la sua terribile morte. Arrivano quindi ai piedi di una spaventosa città, Tartaro, in cui sono puniti i Giganti, i Titani e i Lapiti; di lì proseguono verso i Campi Elisi, ove risiedono le anime dei giusti. Qui Enea rivede il padre, che illustra al figlio il glorioso destino della discendenza troiana. Sulla sponda del Lete, il fiume dell'oblio, ci sono le anime destinate a reincarnarsi. Tra queste Enea scorge tanti futuri eroi romani ed è colpito dalla figura nobile e malinconica di Marcello, destinato a morte prematura. Anchise congeda il figlio e la Sibilla ed essi tornano alla luce.

Libro VII: la Furia scatena l'ira degli Italici

Partiti da Gaeta, Enea e i compagni giungono alla foce del Tevere. Virgilio, all'inizio della parte iliadica del poema, invoca Erato, Musa della poesia lirica amorosa, per indicare che proprio l'amore per una donna sarà causa della guerra imminente. Il re del Lazio, Latino, ispirato da prodigi e profezie, offre infatti la propria figlia Lavinia in sposa allo straniero, ma la moglie, la regina Amata, è contraria, perché in precedenza aveva concordato le nozze della fanciulla con Turno, re dei Rutuli. Giunone, irritata nel vedere i Troiani nel Lazio, invia la Furia Aletto a suscitare discordia: la creatura infernale stravolge dapprima la regina Amata, poi, sotto le spoglie di una vecchia sacerdotessa, si reca anche da Turno, che si mostra sdegnato per la situazione ma riluttante a intervenire. La Furia lo assale con tutta la sua potenza ed egli non desidera altro che la guerra contro lo straniero. Per un banale incidente, suscitato ancora una volta da Aletto, avviene un primo scontro fra Troiani e Italici. Il vecchio re Latino si rifiuta di dare inizio alla guerra che il suo popolo, istigato da Giunone, chiede, ma non può fare altro che ritirarsi nella reggia e abbandonare il comando. Segue una rassegna dei combattenti schierati con Turno.

Libro VIII: Evandro

Enea, turbato dai preparativi degli Italici, vede in sogno il dio Tiberino, che gli suggerisce di recarsi a Pallanteo e di chiedere alleanza al re di quella città, Evandro. Lasciato il campo troiano sotto il comando di Ascanio, Enea risale il Tevere e arriva a destinazione: incontra Evandro e il giovane figlio Pallante, intenti a celebrare riti in onore di Ercole. Evandro, memore dei legami di ospitalità con Anchise, accoglie con benevolenza Enea. È l'occasione, per Virgilio, di mostrare i luoghi ove sorgerà Roma e di celebrare la frugalità di costumi dei primi abitatori del Lazio. Evandro offre a Enea consigli e truppe, a capo delle quali pone il figlio Pallante. Al momento della partenza, però, il vecchio re è turbato da tristi presagi di morte che incombono sul giovane ed è travolto dall'emozione. Nel frattempo, Venere ottiene per il figlio armi divine, forgiate da Vulcano.

Libro IX: l'assalto al campo troiano e la vicenda di Eurialo e Niso

Turno attacca il campo nemico quando Enea è lontano e interpreta a proprio favore il prodigio per il quale le navi troiane, mutate in ninfe dalla dea Cibele, gli sfuggono senza che egli riesca a incendiarle. Anziché percepire in questo l'ostilità degli dèi, Turno vi vede una condanna per i Troiani e dispone quindi le truppe latine in assedio intorno al campo avversario. Nella notte due Troiani, Niso ed Eurialo, spinti dal desiderio di gloria e da una profonda amicizia, decidono di andare insieme a cercare Enea per avvertirlo della situazione. Usciti dal campo, i due amici colgono l'occasione favorevole per uccidere molti nemici addormentati. L'imprudenza però li tradisce: sorpresi da un drappello di soldati, muoiono dando prova di coraggio e di estrema amicizia. All'alba gli Italici attaccano, mentre i Troiani si difendono valorosamente; Turno penetra nel campo nemico e vi porta scompiglio; quindi è costretto a ritirarsi.

Libro X: Pallante e Lauso

Si apre lo scontro decisivo fra Troiani e Italici: le alleanze sono state stabilite e gli dèi decidono di non intervenire nel combattimento. La battaglia si scatena sulle sponde del Tevere, non appena Enea e gli alleati sono sbarcati. Gli episodi di valore sono molti e altrettante le morti tragiche. Tra queste, le vicende di Pallante e Lauso, due giovani che combattono negli opposti schieramenti e che muoiono entrambi per mano di un nemico più forte. Pallante, figlio di Evandro, è ucciso da Turno; Lauso, intervenuto a difendere il padre, cade per mano di Enea.

Libro XI: la tregua funebre; Camilla

Viene stabilita una tregua per consentire la sepoltura dei morti. Particolarmente toccante è il dolore di Evandro davanti al figlio Pallante, mentre nella città di Laurento si levano le prime critiche alle scelte di Turno, accompagnate da richieste di pace. Turno risponde furibondo, sostenendo che i Latini sono in grado di proseguire la guerra e di vincerla, anche grazie all'aiuto di nuovi alleati, quali Camilla con i suoi cavalieri Volsci. Enea nel frattempo attacca la città e gli Italici organizzano la difesa; Camilla affronta i nemici e dimostra il suo valore, ma viene tradita da un attimo di leggerezza: inseguendo un Troiano per impadronirsi delle sue armi, cade sotto un dardo nemico. I Volsci, perduta la loro regina, fuggono e gli Italici sono scoraggiati, mentre i Troiani incalzano. Sopraggiunge la notte e i due eserciti si accampano.

Libro XII: la morte di Turno

Turno si dichiara pronto ad affrontare in duello Enea e questi accetta la sfida. Giuturna, divinità dei fiumi e sorella di Turno, spinta da Giunone assume le sembianze dell'auriga del fratello e istiga i Rutuli a infrangere la tregua. Nella confusione l'eroe troiano è ferito e deve allontanarsi, mentre Turno si getta in battaglia. Venere interviene e guarisce Enea, che può tornare in campo. Turno decide allora di non rimandare più lo scontro, convinto che Giuturna lo assista, ma gli dèi hanno deciso diversamente. Giove persuade Giunone ad accettare il destino e invia una Furia, con l'aspetto di un gufo, a Giuturna, che comprende che tutto è perduto e abbandona il fratello. Lo scontro decisivo vede Turno soccombere: quando il Rutulo è ormai a terra, ferito e sconfitto, supplica Enea di risparmiarlo. Tuttavia l'eroe troiano, vedendo la cintura di Pallante portata da Turno, compie la sua vendetta e uccide il nemico.

VIRGILIO

IL PROEMIO E LA TEMPESTA

Opera: *Eneide*, libro I, vv. 1-33; 81-123

Il proemio, ossia l'introduzione del poema, è costituito da tre parti: la protasi o indicazione dell'argomento; l'invocazione alla Musa, la divinità che ha il potere di assistere e ispirare il poeta; la rievocazione delle cause che hanno generato gli eventi.

La narrazione vera e propria inizia invece *in medias res*, quando la dea Giunone, nemica dei Troiani, scatena una tempesta con l'aiuto di Eolo, re dei venti. Enea e i compagni, che da diversi anni vagano per mare esuli da Troia, sono travolti dalle onde e gettati sulle coste libiche.

“Canto le armi e l'uomo che per primo dalle terre di Troia
raggiunse esule l'Italia per volere del fato e le sponde
lavinie, molto per forza di dei travagliato in terra
e in mare, e per la memore ira della crudele Giunone,
e molto avendo sofferto in guerra, pur di fondare
la città, e introdurre nel Lazio i Penati, di dove la stirpe
latina, e i padri albani e le mura dell'alta Roma.
O musa, dimmi le cause, per quali offese al suo nume,
di cosa dolendosi, la regina degli dei costrinse un uomo
insigne per pietà a trascorrere tante sventure, ad imbattersi
in tanti travagli? Tali nell'animo dei celesti le ire?
Città antica fu, la tennero coloni tirii,
Cartagine, lontano di fronte all'Italia e alla foce
del Tevere, ricca di mezzi, fortissima di ardore guerriero;

1. le armi: le guerre. • **l'uomo:** si tratta di Enea. • **dalle terre di Troia:** Enea, figlio di Anchise e della dea Venere, era troiano e aveva sposato una delle figlie del re Priamo, Creusa. Dopo la distruzione di Troia ad opera dei Greci era fuggito con pochi compagni e poche navi.

2-3. sponde lavinie: sono le coste del Lazio. Si tratta della terra governata dal re Latino, signore della città di Lavinio e padre di Lavinia, che sarà la sposa italica di Enea.

3. per forza di dei: i tormenti del protagonista sono causati dal Destino, ma anche dalla precisa volontà degli dèi, in particolare di Giunone, a lui ostile.

4. memore ira: la rabbia della dea Giunone è duratura. Le cause di quest'ira saranno chiarite dal poeta a partire dal v. 12.

5. in guerra: Virgilio allude sia alla guerra di Troia, già conclusa, sia a quella che Enea dovrà affrontare dopo il suo arrivo nel Lazio.

6. i Penati: sono gli dèi custodi della famiglia e della città, in questo caso di Troia. Sono così chiamati perché le loro statuette erano collocate nella dispensa (*penus*) della casa. Enea, come si apprende nel libro II, fuggendo da Troia in fiamme ha portato con sé i Penati. La venerazione per queste divinità fu mantenuta anche a Roma e i simulacri dei Penati vennero conservati nel tempio di Vesta, sotto la cura delle sacerdotesse Vestali.

6-7. la stirpe latina: ovvero quella che nascerà dall'unione fra Troiani e Italici.

7. padri albani: secondo il mito, il figlio di Enea, Ascanio, fondò la città di Alba Longa e dalla sua discendenza ebbe origine Roma.

8. musa: è Calliope, la musa della poesia epica. • **nume:** potenza divina.

9. la regina degli dei: è Giunone (per i Greci Era), sorella e moglie di Giove, quindi regina degli dèi.

9-10. un uomo ... pietà: un uomo famoso per il suo rispetto e la sua devozione. Virgilio ritarda la menzione del nome del protagonista, ma ne introduce una qualità fondamentale, la *pietas*. Per i Romani la *pietas* si esprimeva verso gli dèi (*erga deos*), verso la patria (*erga patriam*) e verso la famiglia (*erga parentes*).

10. trascorrere: il verbo va inteso in senso etimologico: “passare attraverso” tante sventure.

11. Tali ... le ire?: è così implacabile l'ira degli dèi del cielo?

12. tirii: fenici. Cartagine, sulla costa della Libia, fu infatti fondata nell'814 a.C. da coloni provenienti dalla città di Tiro, in Fenicia. Secondo il mito, essa era una città cara alla dea Giunone, che conservava in questo luogo il carro e le armi.

13. di fronte: la contrapposizione tra Cartagine e Roma è totale: in primo luogo geografica, come si dice qui, ma Virgilio ha ben presente le guerre puniche, originate dalla rivalità economica e politica tra le due città. Nel 146 a.C., al termine della terza guerra punica, Cartagine fu rasa al suolo dai Romani.

che, sola, si dice Giunone prediligesse fra tutte
le terre, trascurata Samo; qui le sue armi,
qui il suo carro; che questa regni sui popoli,
se i fati permettano, la dea fin d'allora si prefigge e medita.
Tuttavia sapeva che sarebbe discesa da sangue troiano
una stirpe che un giorno abbatterebbe le rocche tirie;
di qui un popolo largamente sovrano e superbo in guerra
verrebbe a rovina della Libia: così filavano le Parche.
Temendo ciò la Saturnia, e memore della passata guerra
che aveva fatto per prima a Troia in favore della diletta
Argo – infatti non le erano ancora cadute dall'animo
le cause dell'ira e i crudeli dolori: rimane serrato
nel profondo del cuore il giudizio di Paride e l'offesa della spregiata
bellezza, e l'invisa stirpe, e gli onori a Ganimede rapito –,
adirata di queste cose teneva lontani dal Lazio,
travagliati per tutta la distesa delle acque, i Troiani, relitti
dei Danai e del feroce Achille; e già da molti anni
erravano, spinti dai fati, intorno a tutti i mari.
Tanto costava fondare la gente romana.

[In un risentito monologo, Giunone sottolinea il proprio diritto a perseguitare i Troiani, anche per non perdere prestigio, visto che altre dee hanno potuto spesso vendicarsi per le offese subite. Ella si reca dunque da Eolo, re dei venti, e gli promette in dono una graziosa ninfa, purché acconsenta a liberare i venti tempestosi, rinchiusi in una caverna, e a scatenare una tempesta.]

Appena detto ciò, capovolta la lancia, percosse
il cavo monte nel fianco: e i venti, quasi schierati,
per dove s'apre un varco, si slanciano e spazzano la terra
in un turbine. Irrompono sul mare e tutto dalle sedi profonde
insieme l'Euro e il Noto lo sconvolgono e l'Africo denso

16. Samo: è un'isola nel mar Egeo, di fronte alla costa anatolica, dove secondo il mito Giunone era nata e aveva poi sposato Giove.
21. di qui: ovvero dalla discendenza di Enea.
22. le Parche: in greco Moire, sono le dee custodi del destino dei mortali, rappresentate come tre anziane filatrici: Cloto, "la filatrice", filava dal fuso il filo della vita; Lachesi, "la misuratrice", assegnava a ciascuno il proprio destino legando il filato al fuso; Atropo, "colei che non si può evitare", infine lo recideva, segnando l'ineluttabilità della morte.
23. la Saturnia: epiteto di Giunone, figlia di Saturno.
27. il giudizio di Paride: Paride, figlio di Priamo, era stato scelto come arbitro nella contesa fra Giunone, Minerva e Venere e aveva assegnato a quest'ultima la palma della più bella tra le dee, ottenendo in cambio l'amore di Elena, moglie di Menelao re di Sparta. Proprio il rapimento della donna da parte di Paride è causa della guerra di Troia. Giunone ricorda l'offesa fatta alla sua bellezza ed è ostile a Enea anche perché questi è figlio di Venere.
28. l'invisa stirpe: la stirpe troiana era odiosa alla dea perché Dardano, il capostipite, era nato dall'unione clandestina tra Giove, marito appunto di Giunone, ed Elettra, una delle Pleiadi. • **Ganimede:** figlio del re troiano Troo, era stato amato da Giove per la sua bellezza e portato in cielo da un'aquila perché fungesse da coppiere degli dèi. In questa funzione sostituì Ebe, figlia prediletta di Giunone.
30-31. relitti dei Danai: Enea e i suoi compagni sono i "resti", ovvero gli scampati dopo la distruzione di Troia operata dai guerrieri Greci (*Danai*) e dai loro implacabili condottieri, come Achille. • **molti anni:** alla fine del libro I si viene a sapere che gli anni trascorsi dalla fuga da Troia sino a quel momento sono sette.
81. percosse: con un colpo di lancia sul fianco della montagna Eolo libera i venti dalla loro prigione, come gli ha chiesto Giunone.
82. quasi schierati: i venti si presentano come un esercito pronto ad assalire il nemico.
85. Euro: è lo scirocco, vento che soffia da sud-est. • **Noto:** è l'austro, che spira da sud. • **Africo:** si tratta del libeccio, vento che soffia da sud-ovest.

di bufere, e rovesciano vasti flutti sulle rive.
Segue un clamore di uomini e uno stridore di funi.
Le nubi d'improvviso strappano alla vista dei Teucri
il cielo e il giorno; grava una nera notte sul mare.
Tuona la volta del cielo e l'etere balena di fitte
folgori, e tutto minaccia agli uomini una morte imminente.
Subito ad Enea le membra si sciolgono con un brivido;
geme, e tendendo alle stelle le mani giunte,
dice così: «O tre e quattro volte beati
quelli che incontrarono la morte davanti allo sguardo
dei padri sotto le alte mura di Troia! o fortissimo
della stirpe dei Danai, Tidide!, non avrei potuto anch'io
cadere sui campi iliaci, e spirare per tua mano,
dove il terribile Ettore giace per il colpo dell'Eacide,
e il grande Sarpedone, e ghermiti sottacqua, il Simoenta
trascina tanti scudi e elmi e forti corpi di guerrieri!?».
A lui che gridava così, una stridula raffica d'Aquilone
squarcia la vela di fronte, e solleva i flutti alle stelle.
S'infrangono i remi, la prua si rigira ed espone
il fianco alle onde: incalza un monte d'acqua scosceso.
Alcune navi pendono sulla cresta del flutto; a quelle l'onda
spalanca la terra tra i flutti; infuria un ribollire di sabbia.
Il Noto afferra e travolge tre navi su scogli
nascosti – rocce, tra i flutti, che gli Italici chiamano Are,
immane dorso a fior d'acqua –; tre l'Euro sospinge
dal largo nelle secche delle dune, miserevole vista,
e caccia nei bassifondi e cinge d'un argine di sabbia.
Una, che trasportava i Lici e il fido Oronte,
davanti ai suoi occhi un enorme maroso colpisce
piombando a poppa: il nocchiero è sbalzato e precipita

87. stridore di funi: le corde con cui si manovrano le vele emettono un rumore sordo, sollecitate dalla tempesta e dagli sforzi degli uomini.
88. Teucri: sono i Troiani, chiamati così da Teucro, antico re della Troade.
89. grava: si stende, copre pesantemente.
90-91. l'etere ... folgori: il cielo è squarciato da frequenti lampi.
92. le membra ... brivido: Enea trema, la forza gli viene meno di fronte alla violenza della natura.
93. le mani giunte: il testo latino ha *duplicis palmas*, "le due mani". Le palme sono sollevate al cielo nel gesto proprio del supplice.
97. Tidide: si tratta di Diomede, figlio di Tideo, uno dei più forti tra i Greci (*Danai*). Nel libro V dell'*Iliade* si racconta che Enea aveva rischiato di morire proprio per mano di Diomede ed era stato salvato dalla madre Afrodite.
98. campi iliaci: nelle terre di Ilio, altro nome di Troia.
99. Eacide: è Achille, nipote di Eaco, che uccise Ettore.
100. Sarpedone: re della Licia, alleato dei Troiani e ucciso da Patroclo. • **Simoenta:** fiume che attraversa la regione attorno a Troia, insieme con lo Scamandro.
102. Aquilone: è anche detto Bòrea o tramontana ed è un vento che soffia da nord.
104. la prua: è la parte anteriore della nave, mentre la *poppa* (v. 115) è quella posteriore.
109. Are: si tratta di scogli prospicienti la costa libica. Qui Virgilio indica per la prima volta che la flotta di Enea è stata sbattuta dalla tempesta sulla costa africana, proprio dove sorge Cartagine.
113. Lici: alleati di Enea, originari dell'Asia Minore, avevano seguito il loro sovrano Sarpedone e, dopo la morte di costui, erano guidati dal *fido Oronte*. Si scoprirà più avanti che sono gli unici a perire nella tempesta. • **Oronte:** come *Ilioneo* (v. 120), *Acate* e *Abante* (v. 121) e *Alete* (v. 122), è uno dei compagni di Enea.
114. maroso: ondata.
115. il nocchiero: il timoniere.

a capofitto; l'ondata la fa mulinare tre volte
nel medesimo luogo, e un rapido vortice la inghiotte
nel mare. Appaiono pochi naufraghi che nuotano sul vasto gorgo,
e armi di guerrieri, e tavole, e i tesori troiani sulle onde.
Già la tempesta soverchia la robusta nave di Ilioneo,
e quella del forte Acate, e quella che portava Abante,
e quella del vecchio Alete; tutte, sconnesse le giunture
dei fianchi, imbarcano acqua nemica, e si schiudono in fessure. ”

116. tre volte: la nave di Oronte ruota su se stessa per tre volte e poi sprofonda. Dante nel canto XXVI dell'*Inferno* riprenderà questa descrizione per raccontare la fine della nave di Ulisse: *tre volte il fe' girar con tutte l'acque; / a la quarta levar la poppa in suso / e la prora ire in giù...* (*Inferno*, canto XXVI, vv. 139-141).
118. Appaiono ... gorgo: il verso latino è divenuto proverbiale: *Apparent rari nantes in gurgite vasto.*
119. tavole: sono le travi e le assi staccate dalle navi.

ANALISI DEL TESTO

Le armi e l'uomo

I primi versi dell'*Eneide* documentano da parte di Virgilio una ricercata vicinanza con il modello omerico. Il poeta, infatti, si collega all'*Iliade* là dove parla delle *armi* (v. 1) e della *guerra* (v. 5), anticipando che il protagonista è un guerriero, reduce da Troia, nel cui destino si profila un nuovo, lungo conflitto. Inoltre il termine *uomo* (v. 1) e l'allusione al faticoso viaggio per terra e per mare (vv. 3-4) rimandano all'*Odissea* e suggeriscono che ci si troverà di fronte a vicende avventurose e a incontri sorprendenti.
Emergono tuttavia novità significative. In primo luogo il poeta dichiara di voler cantare in prima persona (*Canto*, v. 1), mentre nei poemi omerici era la Musa a parlare (*Canta, o dea*, *Iliade*, libro I, v. 1; *raccontami, o Musa*, *Odissea*, libro I, v. 1); inoltre la Musa è qui invocata solo al v. 8, dopo che l'autore ha già indicato la materia che affronterà: alla dea dunque non è più chiesto di ispirare il poeta, ma di aiutarlo a ricordare le cause delle vicende. In secondo luogo, Virgilio enuncia il valore provvidenziale dei fatti narrati: le guerre e i viaggi tormentati del protagonista sono voluti dal *fato* (v. 2) perché necessari alla fondazione di una città e alla nascita di una nuova stirpe. A differenza di Odisseo, Enea non viaggia per motivi personali né per tornare alla propria patria: egli è mosso dal destino ed è alla ricerca di una terra che non conosce. La guerra che dovrà affrontare non si concluderà con la distruzione di una città, ma con un atto di fondazione: il figlio di Enea darà infatti origine ad Alba Longa e dalla sua discendenza sorgerà Roma.
Nel proemio viene infine tratteggiata una qualità distintiva del protagonista: l'eroe è un uomo *insigne per pietà* (v. 10), ossia una persona devota e rispettosa di tutti i valori condivisi. Tale dote non è però sufficiente a metterlo al riparo dall'ira divina: la dea Giunone infatti lo colpisce con molte sventure e non ha pietà per la sua condizione di esule. Questo sembra far vacillare il poeta: come è possibile che l'ira dei celesti sia così implacabile (v. 11)? È necessaria una spiegazione e la Musa può aiutare il poeta a ricordare.

Le cause dell'ira

Le ragioni per cui Giunone perseguita Enea sono quattro. Nella prima si percepisce l'intento del poeta di celebrare la storia di Roma (vv. 12-22). Giunone infatti predilige Cartagine, città fenicia segnata da un destino di rovina proprio a causa dei discendenti di Enea: è evidente l'allusione alle guerre puniche, al termine delle quali Cartagine sarà rasa al suolo dai Romani. Per questo la dea vorrebbe impedire il compimento del viaggio di Enea, pur consapevole che neppure i numi possono opporsi al Fato. Le altre tre ragioni appartengono invece alla sfera del mito: Giunone odia i Troiani da quando Paride, figlio di Priamo, assegnò a Venere la palma della più bella tra le dee (vv. 26-28); l'esistenza stessa della stirpe troiana le ricorda una delle tante infedeltà di Giove (v. 28); infine un altro Troiano, Ganimede, diede alla dea motivi per sentirsi offesa nella sua dignità (v. 28).

Si profila dunque un rapporto tra uomo e divinità più problematico rispetto al passato: il fatto che Enea agisca seguendo il Fato non annulla infatti la sofferenza che egli dovrà affrontare (*Tanto costava fondare la gente romana*, v. 33).

La tempesta

La vicenda inizia *in medias res*: mentre i Troiani sono in viaggio, Giunone scatena una tempesta per tenerli lontani dall'Italia. I venti scappano dalla caverna in cui erano rinchiusi, il cielo si copre di nubi e il mare è sconvolto. Gli uomini sentono la propria debolezza di fronte alle forze della natura e prorompono in grida e lamenti. Lo stesso Enea fa il suo ingresso nel poema con una dichiarazione di sconforto: egli reputa infatti molto più fortunati quanti sono già morti presso Troia, caduti per mano dei nemici. La descrizione della tempesta è drammatica: montagne d'acqua incombono sui malcapitati, voragini si spalancano tra le onde, navi si schiantano contro le rocce, mentre naufraghi, armi e tesori sono desolatamente sparsi sulla superficie del mare.

La tempesta è il primo dei *labores*, ossia delle fatiche, che il protagonista, per quanto *pius*, dovrà affrontare, ma è anche metafora della condizione umana, colpita dall'esperienza del dolore. Proprio gli oggetti dell'antica patria, indispensabili per mantenere la propria identità in una nuova terra, giacciono sparsi tra le onde, mentre quanto sopravvive è danneggiato. La forza dell'eroe sta però nella capacità di sopportazione: giunto a riva, Enea radunerà i compagni, cercherà i dispersi, si adopererà per ristorare tutti con cibo e parole di conforto.

ESERCIZI

COMPRENSIONE E ANALISI

1. La struttura del proemio Individua nel testo del proemio i versi che contengono l'enunciazione dell'argomento, l'invocazione alla Musa, le cause dell'ira di Giunone.

2. Un inizio *in medias res* Quello dell'*Eneide* può essere definito un inizio narrativo *in medias res*. Perché?

3. Le speranze di Giunone Che cosa desidera Giunone per Cartagine? Individua i versi in cui è contenuta la risposta a questa domanda.

4. *Tanto costava fondare la gente romana* Il v. 33, in latino *Tantae molis erat Romanam condere gentem*, è divenuto proverbiale e può essere considerato un efficace riassunto del proemio. Perché? Quali temi vi sono indicati?

5. La presenza del narratore Sottolinea nel testo le espressioni che indicano un intervento diretto del narratore (verbi in prima persona, espressioni o aggettivi che trasmettono un giudizio sui fatti narrati ecc.).

LESSICO E STILE

6. Le qualità dell'eroe Spiega le espressioni riportate di seguito e riferite a Enea: *esule* (v. 2); *travagliato* (v. 3); *molto avendo sofferto* (v. 5); *insigne per pietà* (v. 10). Quali caratteristiche del personaggio mettono in luce?

7. La *pietas* e la pietà In base a quello che hai letto nel testo, pensi che il termine latino *pietas* abbia lo stesso significato dell'italiano "pietà"? Usa il dizionario per rispondere in modo preciso alla domanda.

8. Il *monte d'acqua* L'espressione *monte d'acqua* (v. 105) costituisce una metafora ma anche un'iperbole. Ti pare che l'aggettivo che l'accompagna, *scosceso*, sia adatto? Quale aspetto dell'immagine viene potenziato?

SCRITTURA

9. Scrivi un testo espositivo: Cartagine Sin dai primi versi si intuisce che Cartagine sarà un luogo importante nel poema. Dopo esserti documentato, scrivi un breve testo espositivo che indichi le principali caratteristiche di questa città.

10. Scrivi un testo descrittivo: la grotta dei venti Immagina e descrivi in un breve testo la grotta in cui sono richiusi i venti prima che Eolo li liberi.

11. Scrivi un testo narrativo-descrittivo: la tempesta Ci sono descrizioni o rappresentazioni di tempeste che hanno colpito la tua immaginazione? Prendendo spunto da qualche libro o film, descrivi i dettagli di una scena di bufera in mare e racconta che cosa accade ai protagonisti.

VIRGILIO

LAOCOONTE E SINONE

Opera: *Eneide*, libro II, vv. 40-66; 145-234

Enea, accolto a Cartagine dalla regina Didone, durante il banchetto è invitato a raccontare gli eventi conclusivi della guerra di Troia. Egli acconsente, anche se i ricordi sono fonte di profondo dolore, e rievoca l'inganno escogitato da Ulisse e dagli altri Greci per prendere la città. Essi lasciano sulla spiaggia un enorme cavallo di legno, fingendo di tornare in patria; in realtà si nascondono presso la vicina isola di Tenedo e il cavallo è pieno di soldati. I Troiani, dopo anni d'assedio, si abbandonano a una gioia irrazionale e pensano che la guerra sia finita. Si dividono però sulla sorte da riservare al cavallo: alcuni propongono di portarlo in città, ritenendolo un dono votivo a Minerva, altri invece vorrebbero arderlo o gettarlo in mare. La folla è incerta, quando interviene il sacerdote Laocoonte, che ammonisce i concittadini a diffidare del nemico e li invita a distruggere il cavallo. Sopraggiunge però Sinone, un Greco che si presenta come supplice e narra un'abile storia per indurre i Troiani a fidarsi. Un prodigio terribile che segue questa scena pare confermare le parole del traditore.

Per primo accorre, davanti a tutti, dall'alto
della rocca Laocoonte adirato, seguito da una grande turba;
e di lungi: "Sciagurati cittadini, quale così grande follia?
credete partiti i nemici? o stimate alcun dono
dei Danai privo d'inganni? Così conoscete Ulisse?
O chiusi in questo legno si tengono nascosti Achei,
o questa macchina è fabbricata a danno delle nostre mura,
per spiare le case e sorprendere dall'alto la città,
o cela un'altra insidia: Troiani, non credete al cavallo.
Di qualunque cosa si tratti, ho timore dei Danai
anche se recano doni". Disse, e avventò con vigore
gagliardo la grande asta al fianco della fiera ed al ventre
dalle curve giunture. Quella s'infisse vibrando e dall'alvo
percosso risuonarono le cavità e diedero un gemito le caverne.
E se i fati degli dei, se la nostra mente non era funesta,
egli ci aveva sospinti a violare il nascondiglio argolico con il ferro;
oggi Troia si ergerebbe, e tu, alta rocca di Priamo, dureresti ancora.
Intanto dei pastori dardanidi traevano al re
con grande clamore un giovane,

41. rocca: è la parte alta della città, dove avevano sede il tempio e il palazzo reale. • **Laocoonte:** guerriero troiano, fratello di Anchise, era stato scelto come sacerdote di Nettuno.
42. di lungi: da lontano.
43-44. stimate … inganni?: pensate che un dono da parte dei Greci possa mai essere privo di insidie?
44. Così conoscete Ulisse?: in latino *Sic notus Ulixes?*. La fama dell'astuzia di Ulisse, la sua caratteristica di tessitore d'inganni è nota a tutti, anche ai Troiani. La domanda ha perciò un'intonazione sarcastica: conoscete forse Ulisse come persona abituata a offrire doni disinteressati?
45. Achei: i Greci.
49-50. ho timore … doni: in latino *Timeo Danaos et dona ferentes*. La frase è divenuta proverbiale ed è usata come invito a diffidare sempre e comunque del nemico. I *Danai* sono i Greci, così chiamati da Danao, antico re di Argo.
51. della fiera: della bestia, cioè del cavallo di legno.
52. s'infisse vibrando: si conficcò ondeggiando. • **alvo:** ventre.
53. risuonarono … caverne: il cavallo di legno è cavo all'interno e il colpo prodotto dall'asta rimbomba.
54. funesta: accecata dal Fato. Il testo latino ha *laeva*, cioè "leggera", "sconsiderata", "superficiale".
57. dardanidi: ovvero troiani, chiamati così da Dardano, il mitico progenitore, nato dall'unione tra Giove ed Elettra.
58. un giovane: si tratta del greco Sinone.

con le mani legate sul dorso, che ignoto s'era offerto
a chi veniva, per tramare proprio questo, aprire
Troia agli Achei, risoluto d'animo e pronto ad entrambe
le sorti, ordire inganni o incontrare sicura morte.
Per desiderio di vedere, la gioventù troiana s'affolla
ed accorre da tutte le parti, e gareggiano a schernire il prigioniero.
Ora ascolta le insidie dei Danai e dal crimine di uno solo,
conoscili tutti.

[Sinone, mentendo, racconta che Ulisse, a lui ostile, aveva spinto l'indovino Calcante a sceglierlo come vittima sacrificale per ottenere venti propizi al ritorno in patria. Egli tuttavia era riuscito a sottrarsi alla cerimonia già allestita, fuggendo tra le paludi. Il Greco conclude il suo racconto con un'appassionata richiesta di compassione per le proprie sciagure.]

A queste lagrime, gli concediamo la vita, e ci muoviamo a compianto.
Priamo ordina per primo di togliere all'uomo i ceppi
e gli stretti lacci alle mani, e parla con parole amiche:
"Chiunque tu sia, da ora dimentica i Greci abbandonati;
sarai dei nostri; e rispondi il vero alle mie parole:
perché collocarono la mole dell'enorme cavallo? chi fu
l'ispiratore? che vogliono? è un segno religioso o una macchina
di guerra?". Disse. Quello, esperto negli inganni e nell'astuzia
pelasga, sollevò liberate dai lacci le mani alle stelle:
"Chiamo a testimoni voi, eterni fuochi, e l'inviolabile
vostro nume", disse, "voi are e spade nefande
alle quali sfuggii, e bende divine
che portai in qualità di vittima: posso rivelare
le occulte decisioni dei Greci, e odiare quegli uomini
e portare alla luce tutti i loro segreti; non mi vincola legge
di patria. Purché tu mantenga le promesse, e salvata salvi,
o Troia, la fede, se dirò il vero, se renderò grande compenso.
Ogni speranza dei Danai e fiducia della guerra
intrapresa si fondò sempre sull'aiuto di Pallade.

59. che ignoto s'era offerto: uno sconosciuto che si era mostrato spontaneamente a quelli che arrivavano.
61. risoluto d'animo: coraggioso.
65-66. dal crimine ... tutti: tutti gli altri Greci si sarebbero comportati nello stesso modo, cioè tutti i Greci sono sleali e ingannatori. Questo naturalmente è il giudizio di Enea, che sta raccontando la fine di Troia a Didone.
145. compianto: le parole di Sinone hanno ottenuto l'effetto desiderato: i Troiani sono commossi e pronti non solo a risparmiargli la vita, ma addirittura a liberarlo e ad accoglierlo (v. 149: *sarai dei nostri*).
146. ceppi: come, più sotto, i *lacci* (v. 147), erano le corde che legavano le mani del prigioniero.
151-152. segno religioso ... guerra?: è un dono offerto agli dèi oppure uno strumento per assediare la città?
153. pelasga: greca. I Pelasgi, da Pelasgo, figlio di Giove e di Larissa, erano gli abitanti del nord della Grecia, dove aveva sede la città di Larissa.
155-156. voi are ... sfuggii: voi altari e voi spade crudeli del sacrificio a cui sfuggii. Sinone, nella parte non riportata, ha raccontato di essersi sottratto a un rito sacrificale di cui era vittima designata.
159. non mi vincola: il re Priamo ha detto a Sinone di dimenticare i Greci e di considerarsi un Troiano (vv. 148-149); perciò Sinone sostiene di essere pronto a rivelare i segreti della sua patria precedente. Naturalmente sta mentendo: non tradisce affatto i Greci, piuttosto inganna i Troiani per indurli a portare il cavallo dentro le mura.
160. salvata salvi: purché tu, o Troia, una volta salvata grazie alle mie informazioni, mantenga la parola data.
163. Pallade: è Atena, Minerva per i Romani, dea della guerra e dell'intelligenza e protettrice dei Greci.

Da quando l'empio Tidide e l'inventore di misfatti Ulisse,
accinti a strappare dal sacro tempio il fatale
Palladio, uccise le sentinelle del sommo della rocca,
rapirono la sacra effigie e con le mani insanguinate
osarono toccare le virginee bende della dea,
da allora la speranza dei Danai rifluì e si ritrasse
dileguando, infrante le forze, avversa la mente della dea.
Per mezzo d'indubbi prodigi la Tritonia ne diede segni.
Appena posero il simulacro nel campo, arsero fiamme
corrusche nei suoi occhi sbarrati, e un salso sudore
corse per le sue membra, e tre volte – mirabile a dirsi –
sobbalzò lampeggiando sul suolo, brandendo lo scudo e l'asta vibrante.
Subito Calcante vaticina che si deve fuggire per mare,
e che Pergamo non si può distruggere con armi argoliche,
se non ricerchino auspicî ad Argo e riportino il simulacro
trasportandolo con sé sulle acque e sulle curve carene.
Ed ora, poiché veleggiarono alla patria Micene,
si preparano armi e dei favorevoli, e rivarcato il mare
giungeranno improvvisi. Così interpreta gli auspicî Calcante.
Esortati da lui collocarono questa effigie in compenso del Palladio,
in compenso del nume offeso, affinché espiasse l'infausto
sacrilegio. Tuttavia Calcante ordinò di elevare l'immensa
mole con roveri conteste, e di erigerla fino al cielo,
perché non si potesse accogliere tra le porte o condurre tra le mura,
né proteggesse il popolo all'ombra dell'antica religione.
Infatti se la vostra mano violasse i doni offerti a Minerva,
allora – prima gli dei volgano l'auspicio su Calcante! –
una grande rovina accadrebbe all'impero di Priamo ed ai Frigi;
se invece per mano vostra ascendesse alla vostra città,

164. l'empio Tidide: il guerriero greco Diomede, figlio di Tideo, era dotato di grande forza ma si era mostrato più volte sacrilego: qui è ricordato il furto del Palladio, simulacro di Atena custodito a Troia, mentre nel libro V dell'*Iliade* si racconta che egli aveva addirittura osato ferire Afrodite e Ares.

166. Palladio: è una statuetta in legno che raffigurava la dea Pallade Atena. Secondo la leggenda era stata donata da Giove ai Troiani e il suo possesso rendeva invulnerabile la città. Il furto sacrilego era in effetti avvenuto, ma Sinone aggiunge fatti di sua invenzione.

167. effigie: simulacro.

168. bende: alle vittime dei sacrifici, così come ai sacerdoti, veniva avvolto il capo con panni leggeri, di tessuto bianco, detti anche *infule*. Alle vittime erano inoltre sparsi sul capo farina abbrustolita e sale.

169. la speranza ... rifluì: Sinone sostiene che Atena/Minerva è sdegnata perché Ulisse e Diomede hanno strappato il suo simulacro dal tempio e lo hanno macchiato con il sangue delle sentinelle uccise. Da allora la dea è ostile e ha rivelato la sua ira con molti segni. In realtà Atena vuole, come i Greci, la caduta di Troia e i prodigi che seguono sono tutte invenzioni di Sinone.

171. Tritonia: è un appellativo di Atena, derivato da una terra libica a lei cara, la palude Tritonide.

173. corrusche: splendenti di luce vivissima e improvvisa. • **salso:** salato.

176. Calcante: è l'indovino che accompagnava la spedizione greca. Egli era noto anche ai Troiani: la menzione del suo nome, evidentemente, serve ad avvalorare l'attendibilità di Sinone.

177. Pergamo: Troia.

178. ricerchino auspicî: per Calcante è necessario tornare ad Argo e celebrare riti di purificazione, in riparazione al sacrilegio di Ulisse e Diomede. Naturalmente tutto questo fa parte della menzogna di Sinone.

179. carene: scafi. È una sineddoche per indicare le navi.

180. Micene: città della Grecia, considerata, insieme con Argo, uno dei centri più importanti della confederazione achea.

183. questa effigie: il cavallo di legno.

186. roveri conteste: travi ricavate da legno di quercia e intrecciate tra loro.

189. violasse i doni: qualcuno fra i Troiani aveva proposto in precedenza di bruciare o gettare in mare l'enorme simulacro.

192. ascendesse: venisse trascinato verso l'alta rocca della città.

l'Asia verrebbe spontaneamente con grande guerra alle mura
di Pelope, e questi fati toccherebbero ai nostri nipoti".
Per queste insidie ed astuzia dello spergiuro Sinone
la cosa fu creduta, e presi con inganni e forzate lagrime
coloro che non furono domati dal Tidide,
dal larisseo Achille, da dieci anni, da mille navi.
Qui un nuovo avvenimento, più grande
e molto più orrendo, si offre agli sventurati, e turba i cuori
sorpresi. Laocoonte, sacerdote tratto a sorte a Nettuno,
immolava un grande toro presso le are solenni.
Ma ecco da Tenedo in coppia per le profonde acque tranquille
– inorridisco a raccontarlo – due serpenti con immense volute
incombono sul mare, e parimenti si dirigono alla riva;
i petti erti tra i flutti e le creste sanguigne
sovrastano le onde; tutta l'altra parte
sfiora il mare da tergo e incurva in spire gli enormi dorsi;
scroscia il gorgo schiumante. E già approdavano,
e iniettati di sangue e di fuoco gli occhi che ardevano,
lambivano con lingue vibrate le bocche sibilanti.
Fuggiamo esangui a quella vista. I serpenti con marcia sicura
si dirigono su Laocoonte; e prima l'uno e l'altro
serpente avvinghiano i piccoli corpi dei due figli
e li serrano, e a morsi si pascono delle misere membra;
poi afferrano e stringono in grandi spire
lui che sopraggiunge in aiuto e brandisce le armi;
avvintolo due volte alla vita, e attortisi al collo
due volte con le terga squamose, sovrastano con il capo
e con l'alte cervici. Egli si sforza di svellere
i nodi con la forza delle mani, cosparso le bende di sangue
corrotto e di nero veleno, e leva orrendi clamori
alle stelle: quali i muggiti d'un toro ferito che fugge
dall'ara, e scuote via dal collo la scure malcerta.
Strisciando in coppia i due draghi fuggono verso l'alto
santuario e muovono verso la rocca della crudele Tritonide;

193-194. l'Asia ... Pelope: la situazione si sarebbe capovolta: non più Troia, ma le città del Peloponneso (Argo, Micene ecc.) sarebbero state assediate da una coalizione, questa volta proveniente dall'Asia, dove sorge Troia.

194. nipoti: per qualche commentatore qui Virgilio allude sottilmente alla conquista della Grecia da parte dei Romani.

198. larisseo: Achille, originario di Ftia, città vicina a Larissa, nella Grecia settentrionale.

201. tratto a sorte: designato dalla sorte. Pur essendo un guerriero, Laocoonte era stato scelto per la funzione di sacerdote di Nettuno.

203. Tenedo: è un'isoletta di fronte a Troia, dietro la quale si è nascosta la flotta greca.

204. serpenti: si tratta di creature mostruose, dalle enormi proporzioni; provengono dal mare, sono dotate di creste color porpora e dorso coperto di squame. Stritolano, avvelenano e poi divorano le loro vittime. • **volute:** spire.

208. da tergo: da dietro.

209. il gorgo: l'onda piena di schiuma.

212. esangui: pallidi per il terrore.

220. svellere: sciogliere.

221-222. sangue corrotto: il sangue di Laocoonte è ormai pregno del veleno dei serpenti.

224. scure malcerta: si tratta di un'immagine particolarmente cruda: il colpo inferto alla vittima sacrificale è stato troppo debole, la scure si è conficcata nel collo senza decapitare il toro.

225. draghi: qui è sinonimo di serpenti marini, mostri.

si acquattano ai piedi della dea e sotto il cerchio dello scudo.
Allora a tutti s'insinua nei petti tremanti
un nuovo timore, e dicono che Laocoonte ha pagato
giustamente il delitto, poiché ha violato con la punta
il legno sacro, e avventato al fianco la lancia delittuosa.
Gridano che si deve condurre al tempio il simulacro
e pregare il nume della dea.
Apriamo una breccia nelle mura e spalanchiamo la cinta della città.

227. il cerchio dello scudo: Atena/Minerva era sempre rappresentata armata di lancia e di scudo. Si tratta di un'incongruenza, visto che il Palladio era stato rubato.
231. al fianco: Laocoonte aveva scagliato la sua lancia contro il cavallo (vv. 50-52).

ANALISI DEL TESTO

Il saggio Laocoonte

La figura di Laocoonte spicca per severità e saggezza ed è avvolta dalla tragedia. In quanto guerriero, l'uomo intuisce subito che la fuga dei nemici è simulata e che un dono da parte dei Greci non è mai disinteressato. L'assedio dura da dieci anni, tempo più che sufficiente per studiare gli avversari: dunque è una follia pensare che l'astuto Ulisse o gli altri nemici siano cambiati all'improvviso. Nella sua requisitoria (vv. 42-50), Laocoonte alterna sarcasmo e severità e formula un'ipotesi vicinissima al vero: il cavallo è infatti una macchina da guerra e il rumore prodotto dalla lancia contro il legno dimostra che il simulacro è cavo all'interno. Enea, narratore di secondo grado che racconta la vicenda a Didone, osserva amaramente che se i Troiani fossero stati più attenti avrebbero potuto salvare la patria. Ma essi, tragicamente, confondono le proprie speranze di pace con la realtà e non si accorgono di nulla.
Laocoonte è un devoto sacerdote di Nettuno, ma nessuna divinità interviene per salvarlo da una fine atroce. Anzi: proprio i segni della sua dignità sacerdotale, le bende, si macchiano di sangue e di veleno, mentre i due serpenti responsabili della strage si acquattano sotto lo scudo di Minerva, come per testimoniare che il fatto si è svolto per volontà della dea stessa. Di certo, il Fato ha stabilito la fine di Troia e chi si oppone diventa una vittima. Laocoonte paga con la propria vita e con quella dei figli le parole coraggiose che ha pronunciato, senza riuscire a salvare la città. I Troiani, impressionati dalla sua morte, interpretano infatti l'evento come un castigo divino e fanno il contrario di ciò che Laocoonte ha chiesto.

Il traditore Sinone

Sinone è un traditore e uno spergiuro, apertamente condannato dalla voce narrante (*dal crimine di uno solo*, v. 65; *per queste insidie ed astuzia dello spergiuro Sinone*, v. 195). Enea infatti soffre nel rievocare con un *flashback* la fine di Troia, domata non da dieci anni di guerra né da eroi possenti, ma presa *con inganni e forzate lagrime* (v. 196), e ripensa con dolore all'amicizia offerta da Priamo e così mal ripagata. Tuttavia, a ben guardare, Sinone non è un personaggio meschino, ma una figura più complessa: è, come Ulisse, un abilissimo costruttore di menzogne, sostenuto da un'eccellente recitazione. Si presenta inerme e smarrito e suscita una prima spontanea simpatia, lasciando intuire che è stato preso di mira dai Greci per un suo desiderio di pace. In tutto il discorso Sinone mescola sapientemente fatti reali e menzogne, a partire dal giuramento, in cui fonda la sua lealtà su qualcosa che non esiste, cioè sugli oggetti rituali del sacrificio cui dice d'essere sfuggito, ma che in realtà non è mai stato allestito. Promette di dire la verità se Troia, salvata, lo accoglierà come esule, ma egli sa che Troia non sopravviverà. Ancora: il furto del Palladio è un fatto reale, noto ai Troiani, ma alla verità egli aggiunge il racconto di funesti presagi, per provare che il cavallo è un dono lasciato a Minerva e che è di dimensioni enormi per impedire ai Troiani di appropriarsene e di rendere inespugnabile la città. Sinone, naturalmente, sa bene che presentare qualcosa come un divieto è il modo migliore per spingere i nemici a fare il contrario.

I prodigi

Due sono i prodigi richiamati nel passo. Uno è inventato da Sinone per avvolgere in un'aura sacra la sua menzogna (il Palladio rubato avrebbe preso vita lanciando sguardi fiammeggianti e muovendo le proprie armi), l'altro invece avviene sotto gli occhi dei Troiani. Qui l'*horror* non è solo lo stupore di fronte al *monstrum* (il prodigio), ma un vero e proprio terrore per ciò che accade. I due serpenti marini sono enormi, dotati di creste e occhi infuocati e il loro procedere inesorabile verso le vittime contrasta con la tranquilla superficie del mare e con il clima di pace sulla spiaggia senza più nemici. La tragicità della scena è amplificata dal fatto che i mostri prima si accaniscono su bambini inermi e poi ne straziano il padre, intervenuto a difenderli. Laocoonte lotta disperato con le armi e con le nude mani, finché, con urla terribili, non dichiara la propria sconfitta.

ESERCIZI

COMPRENSIONE E ANALISI

1. La struttura del brano Sottolinea fra i termini proposti di seguito quelli che possono applicarsi al brano riportato, in cui il narratore è Enea: racconto nel racconto; *flashback*; anticipazione; impersonalità; narratore onnisciente; narratore di secondo grado; focalizzazione zero.

2. L'accoglienza di Priamo In che modo Priamo accoglie Sinone?

3. Gli inganni di Sinone Che cosa racconta Sinone ai Troiani? Qual è il vero scopo delle sue parole?

4. La fine di Troia *Presi con inganno e forzate lagrime / coloro che non furono domati dal Tidide, / dal larisseo Achille, da dieci anni, da mille navi* (vv. 196-198). Spiega questi versi: a quale ragione è attribuita la rovina di Troia? Perché tale precisazione è importante anche per non svalutare il futuro destino glorioso di Roma?

5. La morte di Laocoonte e la reazione dei Troiani Come viene interpretata la morte di Laocoonte da parte dei Troiani? Che cosa scelgono di fare?

LESSICO E STILE

6. Il vocabolario Cerca sul dizionario il significato dei seguenti termini e trova dei sinonimi adeguati: *inviolabile* (v. 154); *nefande* (v. 155); *occulte* (v. 158); *accinti* (v. 165); *virginee* (v. 168); *rifluì* (v. 169); *indubbi* (v. 171); *brandendo* (v. 174); *ascendesse* (v. 192).

7. La descrizione dei serpenti Sottolinea nel testo i termini che descrivono i serpenti. Quali ti sembrano più minacciosi? Perché?

8. Le azioni compiute dai serpenti Sottolinea nel testo tutte le azioni compiute dai serpenti. Quale tempo verbale è usato? Perché? Considera anche il numero di verbi presenti in questi versi: che effetto produce?

9. Il *pàthos* Considera i vv. 214-215: quali parole producono un effetto patetico, ossia mirano a suscitare la commozione del lettore?

10. L'aggettivo *delittuosa* Al v. 231 la lancia di Laocoonte è definita *delittuosa*. Che cosa significa? In questo contesto l'aggettivo va inteso in senso letterale o allude ad altro?

SCRITTURA

11. Scrivi un testo narrativo: un altro punto di vista Riscrivi l'episodio proposto raccontandolo dal punto di vista di un Greco che si trova con Ulisse all'interno del cavallo di legno. Redigi un breve testo narrativo.

12. Scrivi un testo narrativo-descrittivo: il cavallo nella città Immagina e racconta con parole tue il seguito della vicenda: presenta i Troiani che abbattono parte delle mura per far entrare il cavallo in città, l'ebbrezza dei festeggiamenti notturni, l'azione audace di Ulisse e compagni sino alla strage. Scrivi un testo narrativo-descrittivo in cui potrai esporre i fatti dal punto di vista dei Greci oppure da quello dei Troiani.

SPUNTI PER LA DISCUSSIONE IN CLASSE

13. *Timeo Danaos et dona ferentes* Sei d'accordo, in linea di principio, con il monito di Laocoonte (vv. 49-50)? Oppure pensi che la diffidenza assoluta renda impossibile la riconciliazione e la pace? Discuti con i tuoi compagni e con l'insegnante.

VIRGILIO

La fuga da Troia: Anchise e Creusa

Opera: *Eneide*, libro II, vv. 707-804

Enea continua il suo racconto a Didone e ripercorre l'ultima tragica notte di Troia, a partire dal momento in cui, avvertito in sogno dall'ombra di Ettore, si precipita a combattere, mentre i Greci ormai dilagano nella città. Narra anche la morte di Priamo per mano di Pirro, figlio di Achille: il vecchio re, che si è invano rifugiato presso un altare, assiste impotente all'uccisione di uno dei suoi figli più giovani e poi viene lui stesso decapitato. A tale vista Enea capisce che Troia è perduta, pensa al proprio padre Anchise rimasto senza difesa e all'intera sua famiglia. Torna precipitosamente a casa, scortato da Venere, mentre gli altri dèi combattono a fianco dei Greci e travolgono ogni difesa troiana.
Anchise, disperato per la rovina della città, rifiuta di mettersi in salvo. Enea allora è pronto a morire, quando un prodigio – una fiamma sul capo del piccolo Ascanio – annuncia che la stirpe di Enea è destinata a grandi imprese; ciò induce il vecchio a seguire il figlio.
L'eroe carica sulle proprie spalle il padre e attraversa la città insieme con la moglie Creusa e con il figlioletto. Un triste fatto segna però questa fuga: Creusa scompare e non può essere ritrovata. L'ombra della donna annuncia poi mestamente a Enea la volontà degli dèi: gli profetizza un lungo viaggio e l'arrivo in una nuova terra, dove lo attende una sposa regale.

"Su dunque, diletto padre, salimi sul collo;
ti sosterrò con le spalle, e il peso non mi sarà grave;
dovunque cadranno le sorti, uno e comune sarà
il pericolo, una per ambedue la salvezza. Il piccolo Iulo
mi accompagni, e la sposa segua discreta i miei passi.
Voi, o servi, ascoltate quanto vi dico.
All'uscita della città v'è un colle e un vetusto
tempio di Cerere abbandonato, e accanto un antico cipresso
conservato per molti anni dalla devozione dei padri.
Da diverse direzioni verremo a quest'unico luogo.
Tu, o padre, prendi i sacri arredi e i patrii
Penati; io non posso toccarli appena uscito da tale
lotta e strage, finché non mi mondi a una viva
sorgente".

707. diletto padre: si tratta di Anchise.
709. dovunque ... sorti: dovunque ci porterà il destino. In questa espressione viene evocato il lancio di dadi o tavolette (in latino *sortes*), usate appunto per tirare a sorte.
710. Iulo: detto anche Ascanio, è il figlio di Enea. Dal nome Iulo deriva la denominazione della *gens Iulia*, ossia della stirpe di Ottaviano.
711. discreta: senza farsi notare.
713. vetusto: antico.
714. Cerere: dea della terra, protettrice della fertilità, sorella di Giove e madre di Proserpina. Per i Greci era la dea Demetra. L'albero a lei sacro era il cipresso (v. 714), che ricordava il dolore per la scomparsa della figlia, rapita da Ade, signore degli Inferi ▸ *Gli dèi dell'epica greca e romana*, p. 41.
718. Penati: sono le statuette che rappresentavano gli dèi protettori della patria e della stirpe. L'ombra di Ettore aveva raccomandato a Enea di portarle con sé, fuggendo, per fondare una nuova patria al di là del mare (libro II, vv. 293-295). Egli non può però toccarle, perché ha combattuto e ha le mani sporche di sangue, perciò le affida al padre.
719. mi mondi: mi pulisca, purificandomi.
720. sorgente: si tratta di uno dei pochi versi lasciati incompiuti dallo stesso Virgilio, come il successivo v. 767.

Detto così, distendo sulle larghe spalle
e sul collo reclino una coperta, la pelle d'un fulvo leone,
e mi sottopongo al peso; alla destra mi si stringe il piccolo
Iulo, e segue il padre con passi ineguali;
dietro viene la sposa. Muoviamo per oscure contrade;
e mentre poc'anzi non mi turbavano i dardi scagliati
né i Greci raccolti in avversa schiera, adesso
un alito m'atterrisce, un suono mi allarma, inquieto
e timoroso allo stesso modo per il compagno e per il peso.
E già mi avvicinavo alle porte, e mi sembrava di essere scampato
a tutto il percorso, quando d'un tratto mi parve
di udire un appressarsi di passi; il padre, scrutando
nell'ombra, "Figlio" esclama, "fuggi o figlio; s'avvicinano.
Vedo splendenti scudi e bronzi scintillanti".
Ignoro qual nume nemico mi confuse la mente
e me la tolse nello sgomento. Mentre seguo di corsa
sentieri remoti ed esco dalla zona delle vie
note, ahi me misero, strappata dal destino Creusa
si fermò, o uscì di via, o sedette stanca?
Lo ignoro; non riapparve più ai nostri occhi.
Non mi avvidi di averla perduta e non le prestai attenzione,
prima che fossimo giunti al colle e al tempio
dell'antica Cerere; qui infine, tutti raccolti,
ella sola mancò, e sfuggì ai compagni e al figlio e al marito.
Chi non accusai, dissennato, degli uomini e degli dei?
O cosa vidi di più crudele nella città distrutta?
Affido ai compagni Ascanio e il padre Anchise e i teucri
Penati, e li celo nella cavità della valle.
Ritorno in città e mi cingo delle fulgide armi. Decido
di riaffrontare tutti gli eventi, di ripercorrere l'intera
Troia e di esporre di nuovo la vita ai pericoli.
Da principio raggiungo le mura e le oscure soglie
della porta da cui ero uscito, e seguo a ritroso
nella notte ed esploro con lo sguardo i segni delle orme.
Dovunque orrore e silenzio atterriscono l'animo.
Poi ritorno a casa, se mai vi si fosse recata.
I Danai avevano invaso e occupavano tutto l'edificio.
Presto il fuoco vorace s'avvolge per il vento alla cima
dei tetti, le fiamme sovrastano, infuria all'aria la vampa.

722. reclino: piegato.
724. con passi ineguali: Iulo è un bambino, deve quindi affrettarsi per stare al passo con il padre.
725. contrade: vie, quartieri.
728. un alito m'atterrisce: basta un soffio di vento a spaventarmi.
729. per il compagno e per il peso: ovvero per Ascanio accanto a lui e per Anchise, che pesa sulle sue spalle.
735. qual nume: quale dio, quale potenza sovrannaturale.
739. uscì di via: sbagliò strada.
745. dissennato: sconvolto.
747. ai compagni: ai servi e agli altri che *da diverse direzioni* (v. 716) si erano radunati al tempio di Cerere. • **teucri:** troiani.
757. Danai: sono i Greci.
758. vorace: famelico, perché divora e consuma ogni cosa.
759. infuria ... vampa: l'aria alimenta il fuoco e favorisce la diffusione dell'incendio.

Procedo e torno a visitare il palazzo e la rocca di Priamo.
E già nei vuoti portici, asilo di Giunone,
scelti come custodi Fenice e il crudele Ulisse
facevano la guardia alla preda. Qui da tutte le parti
si ammucchia il tesoro troiano strappato agli arsi sacrari,
e le mense degli dei, e i crateri d'oro massiccio, e le vesti
predate. Fanciulli e donne atterrite in lunga fila
stanno d'intorno.
Osando persino lanciare grida nell'ombra
riempii di clamore le vie e mesto chiamai
invano ripetendo ancora ed ancora Creusa.
Mentre deliravo così e smaniavo senza tregua tra le case
della città, mi apparve davanti agli occhi l'infelice simulacro
e l'ombra di Creusa, immagine maggiore di lei.
Raggelai, e si drizzarono i capelli e la voce s'arrestò nella gola.
Allora parlò così confortando i miei affanni:
"Perché abbandonarsi tanto ad un folle dolore,
o dolce sposo? Ciò accade per volere divino;
non puoi portare via con te Creusa,
no, non lo permette il sovrano del superno Olimpo.
Lunghi esilii per te, e da solcare la vasta
distesa marina; in terra d'Esperia verrai,
dove tra campi ricchi d'uomini fluisce con placida
corrente l'etrusco Tevere; là ti attendono lieti
eventi, e un regno e una sposa regale. Raffrena
le lagrime per la diletta Creusa: non vedrò le superbe
case dei Mirmidoni o dei Dolopi, non andrò a servire donne
greche, io, dardana, e nuora della dea Venere;
la grande Madre degli dei mi trattiene in queste terre.
E ora addio, serba l'amore di nostro figlio".

760. il palazzo: dove Enea si era recato per portare soccorso e aveva visto il cadavere di Priamo (libro II, v. 554).
761. asilo di Giunone: la dea Giunone, nemica dei Troiani, si è installata nel palazzo ormai deserto di Priamo.
762. Fenice: nell'*Iliade* il personaggio che porta questo nome è il vecchio e saggio precettore di Achille. È improbabile che si tratti della stessa persona.
765. le mense degli dei: sono le tavole su cui erano poggiate le offerte votive. • **crateri:** sono grandi vasi usati per mescolare acqua e vino.
766. Fanciulli e donne: sono i prigionieri troiani, anch'essi bottino di guerra. Sono destinati a servire come schiavi i Greci vincitori.
768. nell'ombra: nelle vie buie, dove potevano essere in agguato i nemici.
772. simulacro: immagine, fantasma.
773. maggiore di lei: anche nei testi omerici le ombre dei defunti hanno una statura superiore ai vivi.
774. Raggelai ... gola: è la tipica reazione di *horror*, ossia di stupore di fronte al soprannaturale, dinanzi al *monstrum* (prodigio), anche quando questo non è ostile.
779. il sovrano: Giove, per i Greci Zeus.
781. Esperia: è l'Italia, chiamata così perché si trova a occidente (Vespero, da cui appunto *Hesperia*) rispetto alla Grecia e a Troia.
783. l'etrusco Tevere: il Tevere scorreva infatti attraverso il territorio degli Etruschi.
784. sposa regale: si tratta di Lavinia, figlia del re Latino.
786. Mirmidoni ... Dolopi: sono popoli della Tessaglia, ostili ai Troiani. Sono al seguito di Achille e di suo figlio Pirro, uccisore di Priamo.
787. dardana: troiana.
788. Madre degli dei: è Cibele, madre anche di Giove. Se ne deduce che Creusa è stata scelta come spirito custode del culto di Cibele.
789. serba ... figlio: il testo latino ha *nati serva communis amorem*, "continua ad amare il figlio che è nato da noi due, che ci è comune".

Com'ebbe parlato così, mi lasciò in lagrime,
desideroso di dirle molto, e svanì nell'aria lieve.
Tre volte tentai di cingerle il collo con le braccia:
tre volte inutilmente avvinta l'immagine dileguò
tra le mani, pari ai venti leggeri, simile a un alato sogno.
Così, consunta la notte, ritorno a vedere i compagni.
E qui trovo con meraviglia che era affluita
una moltitudine di nuovi compagni, donne e uomini,
popolo radunato all'esilio, miserevole turba.
Si raccolsero da tutte le parti, pronti d'animo e di forze,
in qualunque terra volessi condurli per mare.
E già Lucifero sorgeva dagli alti gioghi
dell'Ida, e portava il giorno; i Danai presidiavano
le porte, e non v'era speranza di aiuto; mi mossi,
e levato il padre sulle spalle mi diressi verso i monti. ”

792. Tre volte: ripetere vanamente il gesto per tre volte accentua il *pàthos* e l'atmosfera soprannaturale dell'episodio; così avviene anche nel libro VI, quando Enea cerca di riabbracciare Anchise nei Campi Elisi, e lo stesso accade già nei poemi omerici, ad esempio quando Odisseo, nel libro XI, tenta di stringere a sé l'ombra della madre (▸ p. 149). Il motivo sarà ripreso anche da Dante, nel canto II del *Purgatorio*, quando tenterà di abbracciare l'anima dell'amico Casella.
793. avvinta: abbracciata, stretta.
801. Lucifero: la stella del mattino, Venere. Per i fuggiaschi l'alba è segno di speranza e anche della protezione di Venere, madre di Enea.
801-802. alti ... Ida: le cime del monte Ida, a sud di Troia. Una stella cadente aveva indicato questa direzione di fuga a Enea e Anchise (libro II, vv. 695-696).
803. le porte: della città. È il segno della sconfitta definitiva di Troia: nessuno può più entrare o uscire dalla città, se non i Greci.

ANALISI DEL TESTO

La *pietas* di Enea verso il padre

Come guerriero, Enea preferirebbe affrontare la morte in battaglia, in un ultimo disperato scontro con gli invasori; tuttavia il pensiero del genitore e della famiglia lo trattiene dal proposito suicida e lo induce a considerare l'idea della fuga, suggeritagli dall'ombra di Ettore. Allontanarsi senza il padre, però, è per lui impensabile: se Anchise non è disposto a seguirlo, egli non ha motivo di sopravvivere, nemmeno per la moglie e per il figlio. Dopo il prodigio e la felice decisione di Anchise, Enea dimostra anche fisicamente la sua *pietas*, caricando il padre sulle proprie spalle e affidandogli il compito fondamentale di portare i Penati, che le mani dell'eroe non possono sfiorare, in quanto macchiate del sangue dei nemici. Per fuggire e cercare una nuova patria, dunque, è indispensabile avere con sé la figura emblematica del *pater*, custode della memoria e della tradizione, garante dell'identità.

Un errore di valutazione

Il personaggio di Creusa è avvolto in un'atmosfera di dolcezza e malinconia. Ella è legata al marito da un profondo affetto, che egli ricambia ma non esprime pienamente, se non quando ormai è troppo tardi. Enea, nel momento in cui progetta concretamente la fuga, pensa in primo luogo ai più deboli, cioè ad Anchise e Ascanio: Creusa viene *dietro* (v. 725), su sua precisa disposizione (*la sposa segua discreta i miei passi*, v. 711). Certo, può essere un atto di prudenza per non farsi notare, e sicuramente la collocazione di Creusa alle spalle degli uomini di famiglia è coerente con la considerazione della donna nelle società antiche; di fatto però alcuni indizi rivelano che Enea si cura di lei solo quando l'ha perduta. L'eroe, nel momento in cui ha con sé i suoi cari, trema a ogni rumore e a ogni ombra, *timoroso allo stesso modo per il compagno e per il peso* (v. 729), ossia per Ascanio, che tiene al suo fianco, e per Anchise, che reca sulle spalle; non fa cenno invece a Creusa, come se desse per scontata la sua presenza a una certa distanza. È proprio qui il punto: Enea non le presta attenzione e si accorge in ritardo di averla perduta.

Il dolore e la giustificazione

Enea, narratore di secondo grado che riferisce le vicende a Didone, esprime nel racconto il proprio dolore per la perdita della sposa attraverso esclamazioni e interrogative piene di *pàthos* (*ahi me misero*, v. 738; *cosa vidi di più crudele nella città distrutta?*, v. 746), aggettivi o verbi connotati in senso drammatico (*dissennato*, v. 745; *mesto*, v. 769; *deliravo e smaniavo*, v. 771). Tuttavia egli sembra in fondo volersi giustificare, ad esempio precisando che il fatto è sfuggito anche a tutti gli altri (v. 744) e che il colpevole va cercato tra gli uomini e gli dèi (*qual nume nemico mi confuse la mente*, v. 735). Enea sfida la morte tornando sui propri passi, ma il suo bisogno di discolparsi si percepisce nella precisione con cui assicura di aver fatto il possibile, di aver cercato ovunque, gridando il nome di Creusa senza timore dei nemici che hanno ormai violato la città. Quando la ricerca si sta trasformando in un delirio, appare infine l'ombra della sposa. Ella dimostra coscienza della propria dignità – è nuora di Venere, non finirà schiava dei Greci, servirà la dea Cibele – e profetizza allo sposo il lungo viaggio e il nuovo matrimonio in una terra lontana. Le sue parole danno così la legittimazione definitiva a ciò che l'eroe sta per fare: la fuga non è vile, bensì un atto che rispetta il volere divino, e il matrimonio in Italia non sarà tradimento della memoria di Creusa ma presupposto di una nuova stirpe. Tuttavia il congedo (*addio, serba l'amore di nostro figlio*, v. 789) contiene un'ultima, velata dichiarazione d'amore: gli dèi non vogliono che Enea la porti con sé, ma lui non deve dimenticarla del tutto e nell'amore per Ascanio deve conservare memoria di ciò che è stato comune tra loro. Enea vorrebbe esprimerle il proprio affetto, ma è troppo tardi: l'immagine svanisce, lasciandolo *desideroso di dirle molto* (v. 791) o almeno di abbracciarla.

ESERCIZI

COMPRENSIONE E ANALISI

1. Le sequenze del racconto Dividi il brano in sequenze e assegna a ciascuna un titolo.

2. Il narratore La vicenda è raccontata in prima o in terza persona? Perché?

3. La fuga da Troia In che ordine si dispongono i fuggiaschi? Perché poi iniziano a correre?

4. La sparizione di Creusa Quali ipotesi formula Enea in merito alla sparizione improvvisa della moglie?

5. La reazione di Enea alla scomparsa della moglie Quali azioni compie l'eroe quando si accorge che la moglie non l'ha seguito?

6. L'apparizione di Creusa Quale forma assume l'ombra di Creusa e come reagisce Enea?

7. Il discorso di Creusa Con quali argomentazioni Creusa cerca di confortare lo sposo?

8. Un nuovo ruolo per Enea Nei versi conclusivi dell'episodio (vv. 795-804) si assiste a un mutamento del ruolo di Enea. Quale nuova funzione assume l'eroe? Scegli la risposta corretta:
- **a.** guerriero privo di esitazioni
- **b.** padre e sposo fedele
- **c.** guida e capo di un popolo

LESSICO E STILE

9. L'inizio e la fine del racconto Considera i due versi iniziali del brano e quello conclusivo. Quale dato è ricorrente? Che valore può avere una simile ripetizione?

10. La città devastata Quali sostantivi o aggettivi esprimono meglio l'idea di una città in mano ai nemici? Individuali rileggendo i vv. 749-770, in cui Enea racconta il suo ritorno dentro le mura di Troia.

11. Una similitudine A che cosa è paragonato il dissolversi del fantasma di Creusa?

12. La morte di Creusa Nel brano la morte di Creusa non viene raccontata in modo esplicito, tuttavia appare indubitabile. Sottolinea le parole da cui si desume che il personaggio non appartiene più al mondo dei vivi.

13. La fuga di Ascanio Nel brano il personaggio di Ascanio appare solo di sfuggita, tuttavia Virgilio al v. 724 usa un'espressione che caratterizza in modo indimenticabile il carattere della fuga del bambino. Individuala e spiegala.

SCRITTURA

14. Scrivi un testo argomentativo: le responsabilità di Enea Il comportamento di Enea nei confronti di Creusa durante la fuga è da condannare o da assolvere? Scrivi un breve testo argomentativo per accusare o difendere il protagonista.

15. Scrivi un testo descrittivo: la fuga di Enea con Anchise e Iulo Enea fugge da Troia con il padre sulle spalle e il figlioletto accanto. Questa scena, emblematica della *pietas* dell'eroe, è stata scelta più volte come soggetto di rappresentazioni artistiche. Osserva il dipinto proposto, realizzato da Raffaello e Giulio Romano per le Stanze Vaticane, ed esponi, in un testo descrittivo, tutti i particolari che noti.

16. Scrivi un testo argomentativo: la separazione tra due personaggi Confronta l'addio di Creusa a Enea con l'ultimo saluto tra Ettore e Andromaca, raccontato nel libro VI dell'*Iliade* (▶ p. 69). Quale dei due ti sembra più poetico e struggente? Scrivi un testo argomentativo in cui metti in luce analogie e differenze tra i personaggi e le situazioni.

VIRGILIO

DIDONE: L'AMORE E LA TRAGEDIA

▶ **Opera:** *Eneide*, libro IV, vv. 1-55; 296-392

Nel libro IV la regina Didone, che ha ascoltato il racconto della fine di Troia e delle avventure di Enea, si scopre profondamente turbata dalle parole e dalla presenza stessa dell'eroe. La sorella Anna, cui la regina confida il proprio stato d'animo, la invita allora ad abbandonarsi senza sensi di colpa a un amore gradito, tenuto conto della nobiltà dell'ospite e dell'opportunità politica di una simile unione.

Ma già la regina, tormentata da un profondo affanno,
nutre una ferita nelle vene, e un cieco fuoco la divora.
Il grande valore dell'eroe, la grande gloria della stirpe
le ritornano in mente: non dileguano, impressi nel cuore, il volto
e le parole; l'affanno non concede alle membra la placida quiete.
L'Aurora seguente illuminava le terre con la luce
febea e aveva allontanato dal cielo l'umida ombra,
quando, già perturbata, parla alla concorde sorella:
«Anna, sorella, che sogni mi tengono sospesa e m'angosciano!
Che ospite straordinario è entrato nel nostro palazzo,
quale mostrandosi in volto! che forza nel cuore e nell'armi!
Credo davvero che sia – non è fede illusoria –
di stirpe divina. Il timore accusa gli animi ignobili.
Quali fati lo hanno agitato! Che guerre sofferte narrava!
Se non fosse decisione irremovibile e fissa nel cuore
di non volermi unire a nessuno con vincolo coniugale,
dopo che il primo amore m'ingannò e m'illuse con la morte,
se non avessi in odio il talamo e le fiaccole nuziali,
forse per questo solo potrei soccombere al peccato.

1. la regina: si tratta di Didone. Esule da Tiro, la donna aveva fondato la città di Cartagine sulle coste della Libia. Ella aveva ottenuto con scaltrezza da Iarba, re dei Getuli, il terreno ove far sorgere la nuova città: il re libico le aveva infatti concesso, per scherno, tanta terra quanta potesse essere contenuta da una pelle di bue, ma l'astuta regina aveva fatto tagliare la pelle in strisce sottilissime, con le quali aveva potuto cingere uno spazio sufficiente. Nel libro I Enea osserva con una sorta di invidia le mura in costruzione e il fervore dei lavori dei Cartaginesi, che, diversamente dai Troiani, hanno già una nuova patria.

2. nutre una ferita: anziché curarsi, Didone alimenta la propria ferita d'amore. Fuori di metafora, la regina non fa nulla per allontanare il turbamento suscitato in lei da Enea, ma anzi coltiva e intensifica questo stato d'animo.

3. eroe: Enea, che, concluso il racconto, si è congedato dalla sua ospite per andare a riposare.

5. affanno ... quiete: l'emozione non permette a Didone di dormire.

7. febea: del Sole. L'aggettivo viene da Febo, soprannome di Apollo, dio del Sole.

8. perturbata: agitata, non padrona di sé stessa. • **concorde:** fedele.

13. Il timore ... ignobili: la viltà tradisce, rivela le anime di poco valore.

14. sofferte: sopportate, subìte.

17. m'ingannò: il testo latino ha *fefellit*, "mi sfuggì".

18. talamo: il termine indica sia la stanza nuziale sia il letto sia le nozze stesse. • **fiaccole:** venivano usate nelle cerimonie nuziali per accompagnare la sposa nella casa dello sposo, con il rito della *deductio*.

19. per questo solo: per Enea soltanto.

Anna, lo confesso, dopo la morte del misero sposo
Sicheo, e la casa insanguinata da fraterna strage,
egli soltanto ha scosso i miei sensi, e m’ha fatto
vacillare l’animo. Riconosco i segni
[dell’antica fiamma.
Ma voglio che prima la terra mi s’apra in un abisso,
e il padre onnipotente mi spinga
[con il fulmine tra le ombre,
le ombre del pallido Erebo e la notte profonda,
prima che ti violi, o Pudore, o sciolga le tue leggi.
Quello che per primo mi unì a sé, mi rapì l’amore;
egli lo abbia con sé e lo serbi nel sepolcro».
Detto ciò, riempì la veste di dirotte lagrime.
Anna risponde: «O più cara della luce alla sorella,
ti consumerai sola e dolente per l’intera giovinezza,
e non conoscerai i dolci figli né i doni di Venere?
Credi che di ciò si curino le ceneri e i Mani sepolti?
Sia, un giorno nessun marito ti piegò affranta,
né in Libia, né prima in Tiro; hai spregiato Iarba
e gli altri capi che nutre l’Africa, terra
ricca di trionfi: resisterai anche a un amore gradito?
Non ti viene in mente nei campi di chi sei stanziata?
Da una parte città getule, stirpe invincibile in guerra,
e sfrenati Numidi ti attorniano, e le inospitali Sirti;
dall’altra una regione desolata dalla sete, e per largo tratto
i furenti Barcei. Che dire delle guerre che sorgono da Tiro
e delle minacce del fratello?
Penso davvero che, auspici gli dei e propizia Giunone,
le navi iliache seguirono questa rotta col vento.
Quale vedrai questa città, sorella, e quale regno
sorgere per tale connubio! Con l’aiuto delle armi dei Teucri
per quali grandi eventi si leverà la punica gloria!

20. Anna: è il nome della sorella di Didone.
21. Sicheo ... strage: Sicheo, marito di Didone, era stato ucciso dal fratello di lei, Pigmalione. La vicenda è narrata da Venere a Enea nel libro I, vv. 341-364. Pigmalione, re di Tiro, aveva eliminato Sicheo per impadronirsi del suo oro e aveva a lungo illuso la sorella, invitandola a sperare nel ritorno del marito scomparso. L’ombra di Sicheo, tuttavia, aveva svelato in sogno la verità a Didone, inducendola a fuggire dalla città con i tesori nascosti e con alcuni fidati compagni.
23. Riconosco ... fiamma: la frase, che è divenuta proverbiale, in latino suona: *Adgnosco veteris vestigia flammae.*
25. il padre onnipotente: è Giove/Zeus, re e padre degli dèi.
26. Erebo: dio delle tenebre, figlio del Caos. Per estensione, il nome indica anche l’Oltretomba, sede dei defunti.
28. Quello: ovvero Sicheo.
30. dirotte: irrefrenabili.
33. i doni di Venere: le gioie dell’amore.
34. i Mani: sono gli spiriti dei morti.
35. affranta: disperata. Anna allude allo stato d’animo di Didone dopo la morte del marito.
36. Iarba: re dei Getuli, popolo libico citato al v. 40.
39. di chi: di quali popoli ostili e bellicosi.
41. Sirti: sono due grandi insenature della Libia.
42. una regione desolata: si tratta del deserto libico.
43. Barcei: sono gli abitanti della Cirenaica.
44. minacce del fratello: se ne deduce che Pigmalione minaccia di portare guerra a Cartagine, per sopprimere esuli a lui ostili e per recuperare i tesori sottratti da Didone.
45. Giunone: oltre a essere la sposa di Giove, con l’appellativo di “pronuba” era celebrata come dea del matrimonio e della fertilità.
46. iliache: troiane.
48. Teucri: sono i Troiani.

Ma tu invoca il favore degli dei e, compiuti sacrifici,
prolunga l'ospitalità, e intreccia cause d'indugio,
mentre imperversa sul mare l'inverno e il piovoso Orione,
e le navi sono sconnesse, e il cielo è tempestoso».
Con queste parole infiammò l'animo ardente d'amore,
diede speranza alla mente dubbiosa, e dissolse il pudore.

[Didone e Anna implorano la benedizione degli dèi. Giunone e Venere, anche se per motivi opposti, si accordano per favorire il legame e fanno in modo che Enea e la regina, durante una battuta di caccia, si rifugino insieme in una grotta per ripararsi da un temporale. È l'inizio del loro amore, ma la Fama, mostro terribile con occhi, orecchi e lingue instancabili, immediatamente diffonde la notizia. Ciò suscita lo sdegno dei pretendenti in precedenza respinti, in particolare del re Iarba, che si lamenta con Giove per l'offesa subita. Il re degli dèi invia pertanto Mercurio a Cartagine perché ricordi a Enea la sua missione. L'eroe si dice pronto a partire, ma non sa come parlare a Didone. Decide così di allestire la flotta di nascosto, ritardando le spiegazioni con la regina, ma la donna si accorge di quanto accade e lo affronta per prima. L'incontro non servirà a cambiare le decisioni di Enea e ciascuno dei due amanti andrà incontro al proprio destino: per Enea il viaggio verso l'Italia, per Didone il suicidio.]

Ma la regina presentì – chi ingannerebbe un'amante? –
e colse per prima le trame e le mosse future,
già temendo perché troppo sicura. La stessa empia Fama
riporta alla furente che armavano la flotta, pronti a partire.
Infuria smarrita nell'animo e ardente delira
per tutta la città, come una Tiade eccitata
al destarsi dei riti, quando udito Bacco la stimolano
le orge triennali e la richiama con grida il notturno Citerone.
Infine si rivolge per prima ad Enea con queste parole:
«Speravi, o perfido, di poter dissimulare una tale
infamia, e di allontanarti senza parole dalla mia terra?
Non ti trattiene il nostro amore e la mano che un giorno
mi desti, e Didone ostinata a morire amaramente?
Sotto le stelle invernali prepari la flotta,
e ti appresti a prendere il largo in mezzo agli aquiloni,
o spietato? Se tu non cercassi terre straniere
e ignote dimore, e sopravvivesse l'antica Troia,
andresti a Troia con le navi sul mare tempestoso?

51. cause d'indugio: motivi per ritardare la partenza di Enea.
52. Orione: è una costellazione visibile nei mesi da novembre ad aprile, periodo di frequenti precipitazioni atmosferiche. Secondo la leggenda, Orione era un gigante cacciatore, ucciso da uno scorpione per aver offeso Diana (oppure, in un'altra versione, la madre Terra) e poi trasformato in costellazione. Le piogge e le nevi invernali erano spiegate come una vendetta di Orione sulla madre Terra.
53. sconnesse: danneggiate, a causa della tempesta raccontata nel libro I (▶ p. 195).
296. presentì: intuì.
298. già temendo … sicura: Didone apparentemente non ha motivo di timore, ma proprio l'eccessiva tranquillità del suo rapporto con Enea la rende inquieta e la riempie di presagi. • **Fama:** si tratta di un mostro orribile, che nasce piccolo e cresce poi fino a superare le nubi. Sotto ognuna delle piume di cui è ricoperta, la Fama possiede un occhio vigile, una lingua e un orecchio. Attiva di giorno e di notte, vola tra cielo e terra oppure spia le città dalla cima dei tetti e riferisce insieme fatti veri e falsi (cfr. libro IV, vv. 173-195).
299. furente: Didone, a queste notizie, è in preda al *furor*, ossia è fuori di sé.
301. Tiade: Baccante. Le seguaci di Bacco, dio del vino e dell'ebbrezza, ogni tre anni in preda a frenesia mistica si recavano sul monte Citerone, sopra Tebe, per abbandonarsi a orge ed eccessi.
310. aquiloni: sono i venti invernali.

Fuggi me? Ti prego per queste lagrime, per la tua destra
– poiché null'altro ho lasciato a me sventurata –,
per il nostro connubio, per l'iniziato imeneo, se bene
di te meritai, o qualcosa di me ti fu dolce,
abbi pietà della casa che crolla, e abbandona,
se ancora valgono le preghiere, questo pensiero.
Per te le libiche genti e i principi dei Numidi
mi odiano, sono ostili i Tirii; si estinse, sempre per te,
il pudore, e, sola per cui andavo alle stelle,
la fama di prima. A chi mi lasci morente, ospite?
(Questo è l'unico nome che mi resta dello sposo.)
Che cosa aspetto? forse che il fratello Pigmalione distrugga
le mie mura, o mi tragga prigioniera il getulo Iarba?
Almeno se stringessi fra le braccia un figlio avuto da te
prima della fuga, se giocasse per me nella corte
un piccolo Enea che almeno richiamasse te nel volto,
certo non mi sentirei sorpresa e abbandonata del tutto».
Disse. Egli teneva gli occhi immoti ai comandi di Giove,
e premeva con sforzo la pena nel cuore.
Infine rispose brevemente: «Per quanto tu possa
enumerare moltissimi meriti, giammai negherò
che li avesti, o regina, né mi dorrò di ricordare Elissa,
finché mi ricordi di me e lo spirito mi regga le membra.
Del fatto dirò brevemente. Non speravo,
non credere, tenerti nascosta la fuga, né mai
proffersi fiaccole nuziali o giunsi a questi legami.
Se i fati permettessero che io conducessi la vita
secondo i miei auspicî o placassi da me gli affanni,
prima sarei di nuovo nella città di Troia, con le dolci
reliquie dei miei, e l'alto palazzo di Priamo si ergerebbe,
e avrei ricostruito per i vinti Pergamo caduta due volte.
Ma ora Apollo Grineo e gli oracoli della Licia
mi ordinano di raggiungere la grande Italia;

316. imeneo: qui è sinonimo di matrimonio. Imeneo era propriamente il nome del canto con cui il coro accompagnava la sposa dalla sua casa a quella del marito, durante la cerimonia nuziale.
318. casa che crolla: il regno appena costruito da Didone vacilla con la partenza di Enea, è destinato alla rovina perché non sopravviverà allo scandalo. Si allude indirettamente anche al fatto che, a causa della passione per Enea, Didone ha smesso di seguire i lavori a Cartagine, che si sono interrotti (libro IV, vv. 86-89).
329. un piccolo Enea: un figlio, somigliante al padre.
335. Elissa: è il nome fenicio con cui era indicata Didone, quello solitamente usato nelle circostanze ufficiali.
339. proffersi: offrii.
344. Pergamo: Troia.
345. Grineo: della città di Grinio, in Misia, dove esistevano un famoso tempio e un oracolo di Apollo.

questo il desiderio, questa la patria. Se la rocca di Cartagine
e la vista d'una città libica trattiene te fenicia,
perché non vuoi che i Teucri si stanzino in terra ausonia?
Anche noi possiamo cercare regni stranieri.
L'immagine del padre Anchise, per quante volte la notte
ricopre con le umide ombre la terra, e sorgono gli astri
di fuoco, mi rimprovera in sogno e mi atterrisce adirata;
anche il fanciullo Ascanio, con l'offesa al suo caro
capo, che defraudo del regno d'Esperia e dei campi fatali.
Ora anche il messaggero degli dei, mandato da Giove
– lo giuro sul capo di entrambi –, mi porta comandi
per l'aria veloce; io stesso vidi il dio nella chiara luce
penetrare i muri, e ne accolsi con questi orecchi la voce.
Smetti d'inasprire me e te con il pianto:
l'Italia non spontaneamente io cerco».
Con sguardo ostile già da tempo lo guarda dire così,
girando gli occhi in qua e in là, e tutto
lo percorre con gli occhi silenziosi, e parla infocata:
«Non ti è madre una dea, o perfido, né fondatore
della stirpe Dardano, ma il Caucaso irto di dure
rocce, e ti porsero le mammelle tigri ircane.
Perché dissimulare o riservarmi ad affronti maggiori?
Forse gemette al mio pianto, o chinò gli occhi?
Forse vinto versò una lagrima, o commiserò l'amante?
Quale onta è peggiore di questa? Ormai la grande
Giunone e il padre Saturnio non guardano con giusti occhi.
La lealtà è dovunque malcerta. Naufrago, bisognoso di tutto,
ti accolsi e, folle, ti posi a parte del regno;
salvai la flotta perduta e i compagni dalla morte.
Ahi, l'ira mi arde e mi travolge! Adesso l'augure Apollo,
e gli oracoli della Licia, e il nunzio degli dei
mandato da Giove porta orribili comandi per l'aria.
Questo travaglia gli dei; un tale affanno conturba
la loro quiete. Ma non ti trattengo, non confuto
le tue parole. Va', insegui l'Italia nei venti,
cerca il regno sull'onde. T'auguro, se i numi pietosi
possono qualcosa, di scontare la pena tra gli scogli,

349. ausonia: italica. Ausonia era l'antico nome dell'Italia.
351. immagine: Enea ha raccontato l'episodio della morte di Anchise nel libro III. Il padre è stato sepolto in Sicilia, nella terra del re troiano Aceste.
355. Esperia: è un altro nome dell'Italia.
364. lo percorre: lo squadra.
365-367. né ... rocce: il progenitore della tua stirpe non è Dardano, ma il Caucaso con le sue rocce. Didone allude evidentemente alla durezza di cuore dimostrata da Enea.
367. ircane: l'Ircania è una regione del Caucaso.
369. gemette: il soggetto è Enea, di cui Didone parla sarcasticamente in terza persona, come rivolgendosi a ipotetici ascoltatori.
372. Saturnio: ovvero Giove, figlio di Saturno.
373. malcerta: insicura. La lealtà non è più rispettata in nessun luogo, sostiene Didone.
379-380. Questo ... quiete: in senso sarcastico: possibile che gli dèi si diano pensiero proprio di questo, che mobilitino oracoli e messaggeri divini solo per allontanare Enea da lei?
380. confuto: smentisco.
383. scontare ... scogli: ovvero di naufragare.

d'invocare spesso per nome Didone. T'inseguirò lontana
con neri fuochi, e quando la fredda morte avrà separato
le membra dall'anima, ti sarò fantasma dovunque.
Subirai il castigo, malvagio. Saprò, e la fama verrà
tra i Mani profondi». Con ciò interruppe il discorso;
affranta fugge la luce, e si volge, e si sottrae allo sguardo,
lasciandolo molto esitante nel timore e intento a dire
molto. Le ancelle la accolgono, e riportano sul talamo
marmoreo il corpo svenuto e lo adagiano sui cuscini.

385. neri fuochi: Didone allude alle fiaccole delle Furie, dee della vendetta, ma anche alle fiamme del rogo su cui lei stessa ha già deciso di morire.

388. Mani: sono gli spiriti dei morti. Nel libro VI, Enea, sceso agli Inferi, rivedrà Didone e tenterà vanamente di discolparsi, ma la donna non lo degnerà di risposta e si allontanerà insieme con Sicheo.

ANALISI DEL TESTO

Le resistenze del *pudor*...

Inizialmente Didone non riesce ad ammettere la vera natura del suo sentimento per Enea. Glielo impedisce il *pudor*, ossia il timore per il proprio buon nome, unito al rispetto per la memoria del marito ucciso. Ella è turbata dai racconti dell'eroe e dal suo fascino tanto che non riesce a dormire. Parla di lui alla sorella celebrandone la forza, la stirpe divina e il destino tormentato; in realtà è già innamorata e lo sa (*Riconosco i segni dell'antica fiamma*, v. 23), ma l'idea dell'amore viene ammessa solo come ipotesi comunque irrealizzabile, perché la regina si sente vincolata dal giuramento fatto sulle ceneri dello sposo. Il pianto irrefrenabile che segue nega la fermezza del proposito della donna o, comunque, tradisce il dolore che le costa.

... e i diritti dell'amore

La risposta della sorella ha una valenza liberatoria: Anna infatti rivendica i diritti della vita. La giovinezza non merita di essere consumata nella solitudine, bensì di gustare l'amore e di produrre frutti, i *dolci figli* (v. 33) che Didone non ha mai avuto. Il discorso si fa quasi dissacratorio: agli spiriti dei morti, sostiene Anna, non interessa alcuna offerta di castità. Se Didone ha rifiutato a buon diritto pretendenti sgraditi, perché dovrebbe ora negarsi le gioie di una relazione desiderata? Anna, inoltre, sa di parlare a una regina e inserisce un'argomentazione di opportunità politica, ossia la forza che deriva dall'unione di due popoli e dalla vicinanza di un compagno valoroso.

La donna innamorata e l'eroe epico

Il rapporto con Enea è vissuto da Didone come un vero matrimonio, nel quale la donna mette in gioco tutta se stessa; nella prospettiva dell'eroe troiano, invece, i fatti hanno un valore differente. Egli non abdica alla missione affidatagli dal Fato e, non appena gli dèi lo sollecitano, è pronto a riprendere il viaggio, pur consapevole del dolore che arrecherà a Didone. L'eroe epico infatti non può lasciare che motivazioni personali prendano il sopravvento sull'interesse collettivo. In un certo senso, anche lui è vittima del Fato e del proprio senso del dovere e deve reprimere i sentimenti per agire come la *pietas* richiede. Enea evidentemente non prova per Didone una passione altrettanto totalizzante, ma anche lui soffre: Virgilio usa per lui la parola *cura*, termine che in latino indica la pena d'amore, e spiega che Enea esegue i comandi degli dèi *molto gemendo e con l'animo vacillante per il grande amore* (v. 394). Tuttavia, come di fronte a Creusa, ancora una volta Enea non può – o non vuole – esprimere pienamente il suo sentimento: resta *esitante* e *intento a dire molto* (vv. 390-391). Tra di loro non c'è comunicazione possibile, perché le due figure seguono codici differenti, quello amoroso e quello epico.

Una struttura teatrale

Il brano ha una struttura quasi teatrale: non è composto da un vero e proprio dialogo, ma dal susseguirsi di lunghi monologhi, nei quali i personaggi rivelano i propri sentimenti. Quando Didone si rivolge a Enea alterna il rimprovero all'autocommiserazione, la preghiera al rimpianto per la mancanza di un figlio. Ella spera ancora di far cambiare idea all'amato e di ricondurlo a sé, anche con una sorta di ricatto affettivo, visto che accenna a quanto ha fatto per lui e ai danni arrecati a se stessa. La risposta di Enea è ben diversa dalle attese di Didone: il tono è freddo, razionale, controllato. Egli ringrazia la regina ma ristabilisce le distanze, tanto che la chiama con il nome ufficiale, Elissa (v. 335). Chi parla non è un amante, ma un uomo che, pur riconoscendo i meriti dell'interlocutrice, rivendica la propria estraneità, l'appartenenza a un altro destino. Le parole di Enea fanno precipitare Didone nel *furor*, ossia nella furia senza controllo. Ella prorompe allora in un'invettiva contro la durezza dell'uomo, cui aggiunge un sarcastico riferimento alla volontà degli dèi e infine sembra addirittura negare le basi della moralità e della giustizia. La maledizione conclusiva, che anticipa l'idea del suicidio, accentua la teatralità del passo e si adatta a una tragedia greca. È l'approdo estremo del *furor*: l'amore disprezzato si rovescia in furia autodistruttiva, inscindibile dalla morte.

ESERCIZI

COMPRENSIONE E ANALISI

1. Una frase ipotetica Considera il periodo ipotetico presente ai vv. 15-19. Di quale tipo di periodo ipotetico si tratta? Scegli la risposta corretta:

a. realtà
b. possibilità
c. irrealtà

2. Il primo discorso di Didone a Enea Rileggi con attenzione il primo discorso di Didone a Enea (vv. 305-330) e rispondi alle domande:

- Di che cosa lo accusa?
- Che cosa dice di aver fatto per lui?
- Quali conseguenze prevede dopo un abbandono da parte sua?
- Che cosa gli chiede?
- Che cosa renderebbe meno aspra la separazione dall'amato?

3. Le giustificazioni di Enea Come si giustifica Enea di fronte alle accuse? Individua nel testo:

- il riconoscimento dei meriti della regina
- la giustificazione al proprio comportamento
- il vero desiderio di Enea
- i nomi di chi sollecita la sua partenza e in che modo

4. Il secondo discorso di Didone Rileggi il secondo discorso Didone (vv. 365-388) e rispondi alle domande:
- Per quale atteggiamento di Enea Didone si infuria?
- Che cosa gli rinfaccia?
- Che cosa pensa della motivazione divina?
- Che cosa augura a Enea?

LESSICO E STILE

5. Lo stato d'animo di Didone Osserva la presenza della negazione ai vv. 15-19: che cosa suggerisce in merito allo stato d'animo di Didone una tale scelta stilistica? Scegli la risposta corretta:

a. la regina non desidera incontrare più Enea perché la fa soffrire
b. la regina vorrebbe non aver giurato fedeltà assoluta al marito defunto
c. la regina non vuole innamorarsi mai più

6. Le domande retoriche Anna, nel suo discorso, usa spesso delle domande retoriche, ossia delle domande che contengono implicitamente la risposta. Individuale nel testo e spiegane la funzione.

7. Le rappresentazioni dell'amore: ferita o fiamma? L'amore è spesso rappresentato come una ferita o come una fiamma. Individua e sottolinea nel testo con due colori diversi i vocaboli che fanno parte dei due differenti campi semantici.

8. L'idea del suicidio Da quali espressioni si intuisce che Didone medita il suicidio?

9. *Pio* Enea è definito *pio* (v. 393). L'uso di questo aggettivo, che risponde alla consuetudine dello stile formulare, assume qui un particolare valore. Quale?

SCRITTURA

10. Scrivi un testo argomentativo: il comportamento di Enea Ti pare che Enea si sia dimostrato insensibile alle pene di Didone? Secondo te, avrebbe dovuto essere più delicato nel comunicare la notizia della sua partenza oppure ha agito correttamente e la durezza si spiega con la necessità di non alimentare nel cuore della regina inutili speranze? Rispondi scrivendo un testo argomentativo in cui presenti le opportune argomentazioni desunte dal testo.

11. Scrivi un testo narrativo: una conclusione differente Didone, dopo la separazione da Enea, sceglie il suicidio. Immagina altri possibili seguiti della vicenda e raccontali in un testo narrativo. Puoi scegliere un finale comico, uno romantico, uno apocalittico, uno surreale.

12. Scrivi un testo argomentativo: Creusa e Didone Sia Creusa sia Didone sono costrette a separarsi da Enea. Confronta le due figure e le loro diverse reazioni alla medesima situazione in un testo argomentativo.

VIRGILIO

La discesa agli Inferi: Caronte e Cerbero

Opera: *Eneide*, libro VI, vv. 295-336; 384-425

Enea, sbarcato a Cuma, si reca al tempio di Apollo e consulta la Sibilla per conoscere il proprio futuro e invocare pace per la sua gente. La profetessa annuncia una guerra contro un novello Achille, causata ancora una volta dalla contesa per una donna, ma rivela che la vittoria verrà a Enea grazie all'aiuto di una città greca. A questo punto l'eroe chiede di scendere nell'Oltretomba per rivedere il padre Anchise e la Sibilla acconsente, purché Enea si procuri un ramo d'oro, segno del favore degli dèi, da portare in dono alla regina degli Inferi, Proserpina; inoltre dovrà dare sepoltura a un compagno, il trombettiere Miseno, caduto inavvertitamente dagli scogli. L'eroe esegue quanto richiesto e intraprende il viaggio nel regno dei morti con la Sibilla. L'ingresso dell'Oltretomba è presso il lago Averno e da lì si accede a un vestibolo, ove appaiono i mali che tormentano l'umanità (malattie, vecchiaia, fame), seguiti da spaventosi mostri, tra cui la Chimera e le Arpie. A questo punto Enea e la Sibilla si trovano dinanzi al fiume Acheronte.

Di qui la via che porta alle onde del tartareo Acheronte.
Qui un gorgo torbido di fango in vasta voragine
ribolle ed erutta in Cocito tutta la sabbia.
Orrendo nocchiero, custodisce queste acque e il fiume
Caronte, di squallore terribile, a cui una larga canizie
incolta invade il mento, si sbarrano gli occhi di fiamma,
sordido pende dagli omeri annodato il mantello.
Egli spinge la barca con una pertica e governa le vele,
e trasporta i corpi sullo scafo di colore ferrigno,
vegliardo, ma dio di cruda e verde vecchiezza.
Qui tutta una folla dispersa si precipitava alle rive,
donne e uomini, i corpi privati della vita
di magnanimi eroi, fanciulli e intatte fanciulle,
e giovani posti sul rogo davanti agli occhi dei padri:
quante nelle selve al primo freddo d'autunno

295. tartareo: infernale. Nell'Oltretomba virgiliano, Tartaro è propriamente l'immensa città in cui sono puniti i Giganti e i Titani, sotto la sorveglianza del giudice Radamanto e della furia Tisifone. Per estensione, Tartaro designa in genere il regno dei morti. Altri nomi degli Inferi sono Ade, Averno, Orco, Erebo. • **Acheronte:** "fiume del dolore", è affluente del Cocito, "fiume delle lacrime". Più avanti Enea vedrà il Flegetonte, "fiume di fiamme", e lo Stige, la palude "dell'odio".

297. erutta: rovescia, scarica violentemente.

298. nocchiero: traghettatore.

299. Caronte: figura di origine etrusca, non presente nei poemi omerici, ricomparirà nella *Divina Commedia* (*Inferno*, canto III) di Dante.

299-300. una larga canizie incolta: un'abbondante peluria bianca, non curata.

300. occhi di fiamma: occhi iniettati di sangue, rossi come fiamme.

301. dagli omeri: dalle spalle.

303. ferrigno: grigiastro, bruno.

304. vegliardo ... vecchiezza: Caronte è un vecchio, ma pur sempre una divinità infernale, per cui nella sua vecchiaia è aspro e vigoroso.

305. una folla: sono le anime dei morti che si affollano sulla riva dell'Acheronte: solo quelli che hanno ricevuto sepoltura sono però ammessi sulla barca di Caronte; gli altri sono respinti e costretti a vagare per cento anni prima di poter attraversare il fiume. La Sibilla spiegherà tutto ciò a Enea ai vv. 325-330.

307. intatte: pure.

cadono scosse le foglie, o quanti dall’alto mare
uccelli s’addensano in terra, se la fredda stagione
li mette in fuga oltremare e li spinge nelle regioni assolate.
Stavano eretti pregando di compiere per primi il traghetto
e tendevano le mani per il desiderio dell’altra sponda.
Ma lo spietato barcaiolo accoglie questi o quelli,
gli altri sospinge lontano e scaccia dalla spiaggia.
Enea allora, meravigliato e turbato dal tumulto,
«Dimmi, o vergine» esclama, «che vuole la folla sul fiume?
che chiedono le anime? e per quale differenza le une
lasciano le rive, le altre solcano coi remi le livide acque?».
Così gli parlò brevemente l’annosa sacerdotessa:
«Figlio d’Anchise, certissima prole di dei,
vedi i profondi stagni di Cocito e la palude stigia,
sulla potenza dei quali temono di spergiurare gli dei.
Tutta questa che scorgi è una misera turba insepolta;
il nocchiero è Caronte; questi, che porta l’onda, sono i sepolti.
Non si possono attraversare le rive paurose e la rauca
corrente, prima che le ossa riposino nella tomba.
Errano cento anni e s’aggirano su queste sponde:
allora, infine ammessi, rivedono gli stagni bramati».
Ristette il figlio d’Anchise e fermò i passi,
assorto, con l’animo impietosito dall’ingiusta sorte.
Scorge lì mesti e privi dell’onore della morte
Leucaspi e il condottiero della flotta licia Oronte,
che mentre navigavano da Troia nel mare ventoso
l’Austro inabissò insieme, travolgendo in acqua la nave e gli uomini.

310-312. quanti ... assolate: [le anime erano tante] quanti gli uccelli che si radunano a terra dall’alto mare, quando l’inverno li induce a migrare al di là del mare nelle zone calde e illuminate dal sole.
313. il traghetto: il passaggio all’altra riva dell’Acheronte.
318. vergine: è la Sibilla di Cuma, che accompagna Enea nel viaggio agli Inferi.
320. lasciano le rive: sono gli insepolti, che vengono respinti e tornano indietro, allontanandosi dalla riva del fiume. • **livide:** grigie, opache.
321. annosa: anziana. Secondo leggende riportate dal poeta Ovidio e dal commentatore latino Servio, la Sibilla aveva settecento anni, per altri addirittura mille. Il dio Apollo, innamorato di lei, le aveva concesso di vivere tanti anni quanti erano i granelli di polvere racchiusi nella sua mano, ma non le aveva donato né l’immortalità né l’eterna giovinezza, perché si era rifiutata di cedere ai suoi desideri. Secondo Ovidio, la fama della straordinaria longevità della sacerdotessa era tale che durante la festa della dea Anna Perenna i Romani erano soliti augurarsi di raggiungere gli anni della Sibilla.
327-328. rauca corrente: le acque, scorrendo, producono un sordo brontolìo.
330. bramati: desiderati. Le anime desiderano infatti raggiungere i luoghi infernali perché sono spinte dal bisogno di recarsi alla loro sede definitiva.
334. Leucaspi: il personaggio è citato solo in questo punto. • **Oronte:** è il capo dei Lici che facevano parte della flotta di Enea, perito nella tempesta raccontata nel libro I ▶ p. 196.
336. l’Austro: chiamato anche Noto, è un vento che soffia da sud.

[Tra le anime che si affollano sulla riva, Enea riconosce il suo timoniere, Palinuro, caduto in mare e ucciso da genti ostili dopo essere arrivato a nuoto sulle coste campane. Il suo corpo giace insepolto, perciò egli non può essere ammesso sulla barca di Caronte, nonostante tenti con preghiere di ottenere aiuto da Enea. La Sibilla rivela che presto qualcuno, turbato da prodigi, eleverà una tomba per lui e Palinuro troverà così pace. Lo stesso luogo della sepoltura prenderà da lui il nome.]

Essi proseguono il cammino intrapreso e s'avvicinano al fiume.
Quando il barcaiolo dall'onda stigia li scorse avviarsi
di lì per il bosco silente e rivolgere il passo alla riva,
per primo li apostrofa così, e li rampogna:
«Chiunque tu sia che ti dirigi armato al nostro fiume,
di' perché vieni, di lì, e ferma il passo.
Questo è il luogo delle Ombre, del Sonno e della soporifera Notte;
il battello stigio non può trasportare viventi,
e non mi rallegrai mai di avere ricevuto sul lago
l'Alcide che scendeva, né Teseo e Piritoo,
sebbene fossero generati da dei e invitti di forze.
Quello scovò dal trono stesso del re e mise in catene
il guardiano tartareo e lo trasse tremante;
questi tentarono di strappare dal talamo la sposa di Dite».
Rispose in breve l'anfrisia veggente:
«Qui non vi sono tali insidie; cessa di adirarti;
le armi non portano violenza; l'immane portinaio nell'antro
atterrisca latrando in eterno le ombre esangui,
serbi Proserpina, casta, la soglia dello zio.
Il troiano Enea, insigne di pietà e d'armi,
discende al padre, tra le profonde ombre dell'Erebo.
Se non ti muove l'immagine di tanta pietà, almeno
riconosci il ramo» e mostra il ramo che celava nel mantello.

384. fiume: si tratta dell'Acheronte.

386. bosco silente: Enea e la Sibilla hanno attraversato il vestibolo, pieno di mostri che rappresentano le paure dell'uomo, e hanno poi camminato all'interno di un bosco silenzioso, spingendosi verso la riva del fiume.

387. rampogna: rimprovera aspramente.

388. armato: Enea aveva sfoderato la spada alla presenza dei mostri del vestibolo infernale.

390. Ombre ... Sonno ... Notte: le Ombre sono gli spiriti dei morti; il Sonno o Ipno era figlio della Notte, madre anche delle Furie e di Morte (Thanatos) e Vendetta (Nemesi).

392. non mi rallegrai: perché Caronte era stato punito da Ade per aver traghettato Eracle e incatenato per un anno.

393. Alcide: Ercole, nipote di Alceo; tra le sue fatiche il mito annovera la discesa agli Inferi, durante la quale aveva trascinato per un po' di tempo fuori dall'Oltretomba il mostro Cerbero, su ordine del re Euristeo, e poi aveva liberato Teseo, incatenato alla sedia dell'oblio dal giorno in cui aveva tentato di rapire Proserpina. Il destino di Piritoo, compagno di Teseo nell'impresa, non poté invece essere modificato. • **Teseo:** mitico re di Atene, si recò negli Inferi con Piritoo, re dei Lapiti, per cercare di rapire Proserpina/Persefone, sposa di Ade.

394. invitti di forze: imbattibili.

396. il guardiano tartareo: si tratta di Cerbero, mostruoso cane a tre teste.

397. Dite: il dio degli Inferi era chiamato Ade o Dite o Plutone.

398. anfrisia: di Apollo. L'epiteto fa riferimento al fiume Anfriso, in Tessaglia, dove il dio aveva per qualche tempo pascolato le greggi del re Admeto.

400. l'immane portinaio: lo smisurato guardiano, ossia Cerbero.

401. esangui: pallide, evanescenti.

402. zio: Ade era infatti insieme marito e zio di Proserpina, perché era fratello di Giove, padre della dea.

404. Erebo: dio delle tenebre, figlio del Caos. Per estensione, il suo nome era usato per indicare il regno dei morti.

406. il ramo: è il ramo d'oro raccolto da Enea su indicazione della Sibilla, che l'eroe porta in dono alla regina degli Inferi, Proserpina. È il segno della benevolenza divina: se infatti i fati fossero stati avversi al suo viaggio, l'eroe non avrebbe potuto reciderlo nemmeno con la spada. Enea lo ha trovato su un albero vicino al lago Averno e lo ha colto facilmente (cfr. libro VI, vv. 140-148; 190-211).

Allora si placa il cuore gonfio d'ira.
Non fu detto nulla di più. Quegli, ammirando il venerabile dono
del fatale virgulto, veduto dopo lungo tempo,
volge la livida poppa, e accosta alla riva.
Indi scaccia le altre anime, che sedevano sui lunghi
banchi, e sgombra la tolda; insieme accoglie nello scafo
il grande Enea. Gemette sotto il peso la barca
intessuta di giunchi, e ricevette molta acqua dalle fessure.
Infine depose incolume al di là del fiume la veggente
e l'eroe sull'informe fanghiglia e tra la glauca erba palustre.
L'enorme Cerbero col latrato di tre fauci rintrona
i regni infernali, giacendo immane di fronte in un antro.
La profetessa, vedendo i colli arruffarsi di serpi,
gli getta un'offa soporosa di miele e di farina affatturata.
Quello con fame rabbiosa spalancando le tre gole
la afferra a volo, e rilassa le immani terga
sdraiato al suolo, ed enorme si estende per l'antro.
Enea varca l'entrata, sepolto il guardiano nel sonno,
e lascia rapido la riva dell'onda da cui non si torna. ”

409. virgulto: ramoscello, germoglio.
412. banchi: sedili, panche. • **tolda:** qui indica la parte centrale dell'imbarcazione.
413. sotto il peso: Enea e la Sibilla sono ancora vivi, perciò il peso del loro corpo fa abbassare lo scafo e un po' d'acqua entra nella barca attraverso le fessure.
416. glauca: azzurrognola.
419. i colli ... serpi: i peli dei tre colli di Cerbero sono costituiti da serpi; analogamente, le Furie erano rappresentate come mostri con serpenti al posto dei capelli.
420. offa: focaccia, fatta solitamente con farina, miele e semi di papavero.
422. le immani terga: la schiena enorme.

ANALISI DEL TESTO

Il viaggio agli Inferi

I primi sei libri dell'*Eneide* sono caratterizzati dal tema del viaggio, finalizzato alla ricerca di una nuova patria promessa dal Fato. Al viaggio in superficie si aggiunge ora quello sotterraneo nel mondo dei morti: Enea desidera infatti rivedere il padre e questi gli mostrerà le anime dei discendenti, illustri personaggi della futura storia romana. Funzione del viaggio è dunque quella di permettere un legame tra figure del passato e del futuro e di riaffermare il fine encomiastico dell'opera, pur avvolgendolo in un'atmosfera malinconica, perché nemmeno la gloria annunciata è esente dalla sofferenza: tra gli altri, Enea vedrà difatti Marcello, nipote prediletto di Augusto ma destinato a una morte prematura (libro VI, vv. 854-887).

Il viaggio agli Inferi costituisce per Enea la prova decisiva, che lo assimila ai pochi eroi cui è stato concesso un percorso analogo: Ercole, Teseo, Piritoo, Odisseo/Ulisse (▶ p. 148). Tuttavia, l'aspetto avventuroso è ancora una volta messo in ombra dalla *pietas*, che induce il protagonista a partecipare alle sofferenze delle anime che incontra. I morti che si affannano sulla riva dell'Acheronte, come foglie smosse dai venti autunnali o uccelli migratori in fuga dall'inverno, sono contemplati con sguardo malinconico da Enea, che tra loro riconosce amici periti in mare e rimasti insepolti e che si sofferma a compiangerne il destino.

La struttura spaziale

Nella rappresentazione virgiliana, a differenza di quanto avverrà nei racconti di viaggi oltremondani dopo l'avvento del cristianesimo, il mondo sotterraneo contiene sia i luoghi spaventosi e pieni di tormenti, sia quelli sereni e luminosi dove si trovano eroi, poeti e uomini giusti. Enea, pertanto, scende nelle viscere della terra, attraversando fiumi e paludi infernali, per poi muoversi in orizzontale verso i lieti Campi Elisi. Dante, che si ispira largamente a questo libro dell'*Eneide* nella *Divina Commedia*, compirà il suo viaggio nell'Aldilà non solo attraverso una discesa, ma anche con una successiva risalita, fino a visitare i diversi cieli ove sono collocati i beati. Inoltre nell'opera dantesca l'alternativa netta fra tormento e beatitudine che appare nell'*Eneide* è attenuata dalla rappresentazione di un regno intermedio, il Purgatorio.

La guida, i guardiani e gli oggetti rituali

Nella sua discesa Enea è accompagnato da una profetessa, la Sibilla Cumana, cui si rivolge per avere informazioni sulla condizione delle anime e per farsi guidare nel difficile cammino. Ella è la mediatrice necessaria per accostarsi alle realtà sotterranee: è lei che parla ai guardiani delle diverse zone per superare gli ostacoli che essi pongono. A Caronte, vecchio e iroso traghettatore delle anime, spiega le ragioni del viaggio e mostra una sorta di talismano, il ramo d'oro (vv. 405-406); è lei ugualmente ad affrontare Cerbero, mostruoso cane a tre teste, e a renderlo innocuo con una focaccia *affatturata* (v. 420); sarà lei a spiegare i misteri del Tartaro a Enea e ad ammonirlo quando la pietà rischia di sovrastarlo e di rallentare il viaggio. La Sibilla abbandonerà il ruolo di guida solo di fronte ad Anchise, cui spetta il compito profetico, nonché quello di mostrare la via del ritorno.

Sia con Caronte, sia con Cerbero, la Sibilla usa un oggetto per superare lo sbarramento e procedere: nel primo caso un ramo d'oro, che rappresenta il favore degli dèi al viaggio di Enea, una focaccia soporifera invece per il mostro a tre teste. Tra i due oggetti, quello che più ha suscitato l'attenzione degli studiosi è il primo, comunemente identificato con il vischio. L'antropologo inglese J. G. Frazer, nella sua opera intitolata appunto *Il ramo d'oro* (1890), individua una linea di continuità tra riti magici dei popoli primitivi, miti greci e folklore moderno. La tradizione del vischio come talismano ripresa in questo passo dell'*Eneide*, infatti, è presente nelle antiche credenze del Lazio e in quelle del mondo celtico e lo studioso ne ritrova tracce anche nella cultura dei contadini bretoni a lui contemporanei. Ancora oggi il dono del vischio nelle festività natalizie ha valore beneaugurante.

ESERCIZI

COMPRENSIONE E ANALISI

1. L'immagine di Caronte Come viene descritto Caronte? Individua nel testo i particolari relativi al suo aspetto fisico, all'abbigliamento, al modo in cui agisce.

2. Le anime sulla riva Come si comportano le anime sulla riva dell'Acheronte? Perché alcune riescono a salire sulla barca di Caronte e altre no?

3. Lo stato d'animo di Enea Considera i vv. 331-332: che cosa rivelano in merito allo stato d'animo di Enea?

4. I volti noti Quali personaggi riconosce Enea nella folla delle anime?

5. L'ostilità di Caronte Perché Caronte si mostra così ostile verso Enea e la Sibilla?

6. Il discorso della Sibilla In che modo la Sibilla convince Caronte a lasciarli salire sulla sua imbarcazione? Spiega in particolare quale immagine di Enea emerge dalle parole della profetessa.

7. Cerbero Chi è Cerbero? In che modo viene ammansito dalla Sibilla?

LESSICO E STILE

8. I colori degli Inferi Sottolinea nel testo gli aggettivi che descrivono il paesaggio infernale. Quali colori prevalgono?

9. *Giovani posti sul rogo davanti agli occhi dei padri* Per quale ragione il v. 308 assume una valenza patetica? Quale tra le espressioni che seguono ti pare esprima lo stesso concetto? Scegli la risposta corretta:

- **a.** giovani morti di morte violenta
- **b.** giovani di famiglia regale
- **c.** giovani morti prematuramente

10. Un "cerbero" Che cosa significa in italiano l'espressione "è un cerbero"? Cerca il termine sul dizionario e confronta la definizione con le caratteristiche del personaggio mitologico citato nell'*Eneide*.

11. Le similitudini Ai vv. 305-312 compaiono due similitudini. Individua i termini che vengono paragonati e riportali nello schema come se si trattasse di una proporzione matematica.

.... : .... =

.... : .... =

.... : ....

SCRITTURA

12. Scrivi un testo espositivo: le discese agli Inferi Nel brano proposto si allude ad alcuni personaggi discesi vivi agli Inferi prima di Enea: Ercole, Teseo, Piritoo. Cerca notizie su uno di questi eroi ed esponi la sua storia in un testo espositivo.

13. Scrivi un testo argomentativo: Caronte Nella *Divina Commedia* Dante presenta il personaggio di Caronte in modo molto simile a quanto fa Virgilio. Leggi il passo che segue, tratto dal canto III dell'*Inferno*, e scrivi un testo argomentativo in cui rilevi analogie e differenze.

Ed ecco verso noi venir per nave
un vecchio, bianco per antico pelo,
gridando: «Guai a voi, anime prave!

Non isperate mai veder lo cielo:
i' vegno per menarvi a l'altra riva
ne le tenebre etterne, in caldo e in gelo.

E tu che se' costì, anima viva,
pàrtiti da cotesti che son morti».
[...]

Quinci fuor quete le lanose gote
[al nocchier de la livida palude,
che 'ntorno a li occhi avea di fiamme rote.

(Dante, *Inferno*, canto III, vv. 82-89; 97-99)

Ed ecco venire verso di noi, su una barca, un vecchio canuto per l'età avanzata, che gridava: «Guai a voi, anime malvagie! Non sperate di poter mai vedere il cielo, perché io vengo per portarvi all'altra riva del fiume, nell'eterno buio infernale, tra le fiamme oppure al gelo. E tu che sei lì, anima di un vivente [Dante], allontanati da questi che sono morti». [...] Da questo momento le guance coperte da una barba simile a lana si calmarono, al traghettatore della grigia palude, che aveva come dei cerchi di fuoco attorno agli occhi.

VIRGILIO

EURIALO E NISO

Opera: *Eneide*, libro IX, vv. 176-223; 355-449; 473-502

I Troiani sono finalmente giunti nel Lazio, dove sono stati accolti con benevolenza dal re Latino, che ha offerto a Enea la figlia Lavinia in sposa; come annunciato dalla Sibilla, essi devono tuttavia affrontare una nuova guerra per l'ostilità di Turno, re dei Rutuli, al quale la ragazza era stata promessa in precedenza. Nel libro IX, il primo davvero vicino all'*Iliade* per tono e argomenti, Enea non compare. Egli si è allontanato per cercare alleanze per la guerra imminente e non è ancora rientrato al campo; l'attenzione si concentra pertanto sul principale nemico, Turno, e su due audaci ma sfortunati Troiani, Eurialo e Niso.
Turno si rivela un abile comandante: attacca quando Enea è lontano e soprattutto interpreta a proprio favore il prodigio per il quale le navi troiane, mutate in ninfe dalla dea Cibele, gli sfuggono dinanzi agli occhi ed egli non riesce a incendiarle. Anziché percepire nel fatto l'ostilità degli dèi, Turno vi vede una condanna per i Troiani e dispone quindi le truppe latine in assedio attorno al campo nemico.
Nella notte due giovani Troiani, spinti dal desiderio di gloria e da una profonda amicizia, decidono di andare insieme a cercare Enea per avvertirlo della situazione.

Niso custodiva la porta, fortissimo in armi,
figlio di Irtaco, che ad Enea aveva mandato compagno
l'Ida folto di cacce, veloce con l'asta e con le lievi frecce;
e vicino, amico, Eurialo del quale nessuno
vi fu più bello tra gli Eneadi né vestì armi troiane,
ragazzo che adornava il volto di imberbe giovinezza.
Avevano un solo amore, e uniti correvano in guerra;
anche allora in guardia comune presidiavano la porta.
Niso dice: «Gli dei infondono questo ardore nell'animo,
Eurialo, o a ciascuno diviene un dio la propria smania crudele?
Da tempo il cuore mi sprona a gettarmi nella battaglia
o in qualcosa di grande, e non s'appaga della placida quiete.
Vedi quale fiducia degli eventi possieda i Rutuli.
Guizzano rari fuochi; giacciono snervati

176. Niso: il personaggio è già apparso nel libro V, durante le gare in occasione dei giochi funebri per Anchise. Niso aveva partecipato alla corsa e l'amico Eurialo aveva vinto proprio grazie al suo aiuto. L'episodio di Eurialo e Niso trae spunto dalla *Doloneia* raccontata nell'*Iliade*, ossia l'avventura notturna di Odisseo e Diomede che sorprendono il troiano Dolone e, dopo aver fatto strage di nemici, tornano trionfalmente al proprio campo (▶ p. 75); nell'*Eneide*, tuttavia, l'avventura non è portatrice di trionfi ma di tragedia. All'episodio virgiliano si ispireranno Ludovico Ariosto per la vicenda di Cloridano e Medoro nell'*Orlando furioso* e Torquato Tasso per la sortita di Argante e Clorinda nella *Gerusalemme liberata*.
178. Ida: è un monte della Troade, nota come zona di caccia; per altri traduttori *Ida venatrix* indica la madre di Niso, una ninfa cacciatrice che aveva lo stesso nome del monte.
181. imberbe: senza barba. Eurialo infatti è appena un adolescente.
182. Avevano un solo amore: si tratta di un profondo affetto, di un'amicizia che non ha alcuna implicazione omosessuale, a differenza di quanto avviene ad esempio nel legame tra Achille e Patroclo. Luca Canali, di cui si riporta la traduzione, rileva che Virgilio nel libro V definisce "casto amore" l'affetto tra i due proprio per sottolineare l'austerità dei costumi troiani e per distinguere la *pietas* latina dalla *philìa* greca, che poteva anche implicare il coinvolgimento dell'eros.
184-185. Gli dei ... crudele?: la smania di gloria è ispirata dagli dèi oppure viene da noi stessi e si trasforma in un'ossessione, fino a trascinarci come se fosse lei stessa una divinità?
188. Rutuli: è il popolo guidato da Turno, principale avversario di Enea.
189. rari fuochi: significa che i nemici si sentono al sicuro, non temono attacchi, per cui i fuochi accesi sono pochi e senza sorveglianza.

dal sonno e dal vino; tacciono i luoghi d'intorno.
Senti che cosa io progetti, e cosa mi sorga nell'animo.
Tutti, il popolo e i padri, chiedono che si richiami Enea,
e che si mandino uomini a riportare notizie certe.
Se possono promettere ciò che chiedo per te – a me basta
la gloria dell'impresa –, sotto quel colle credo
di poter trovare la via per le mura e la città pallantea».
Eurialo stupì, turbato dal gran desiderio di gloria;
e insieme parla così all'ardente amico:
«Non vuoi dunque, o Niso, prendermi per compagno
nelle imprese più nobili? manderò solo te nei maggiori pericoli?
Non m'insegnò questo il padre Ofelte, avvezzo alle battaglie,
allevandomi tra il terrore argolico e il travaglio
di Troia; né con te mi comportai così,
seguendo gli estremi fati del magnanimo Enea;
v'è qui un animo che non si cura della luce, e crede
si paghi equamente con la vita l'onore cui tendi».
E Niso: «Certo non temevo questo di te,
sarebbe ingiusto: così il grande Giove a te mi renda
in trionfo, o chiunque guarda l'impresa con giusti occhi.
Ma se alcuno (tante sono le alternative che vedi in questo frangente),
se il caso o un dio mi travolgesse nella rovina,
vorrei che tu sopravvivessi; la tua età è più degna di vita.
Se io fossi ucciso in battaglia o riscattato a prezzo, vi sarebbe
chi m'affidi alla terra, o se la consueta Fortuna lo vieta,
chi mi renda, da lontano, le esequie ed onori il mio sepolcro.
Non vorrei essere la causa di tanto dolore a tua madre
sventurata, che sola osò seguirti fra tante madri,
ragazzo, e non si curò della città del grande Aceste».
Ma quello: «Intessi inutilmente vane ragioni,

190. sonno ... vino: è la figura retorica dell'*hysteron-pròteron*, in cui si ha un'inversione dell'ordine logico tra causa ed effetto: i Rutuli sono ubriachi e quindi immersi nel sonno.
192. si richiami: Enea era andato a cercare alleanze presso Evandro, re della città di Pallanteo (v. 196); si era poi recato ad Agilla, dal re Tarconte.
194. per te: Niso evidentemente intende offrire all'amico le ricompense che otterrà, mentre desidera per sé solo la gloria.
198. ardente: appassionato, pieno di slancio.
201. Non ... questo: cioè a restare in disparte, a evitare i pericoli.
202. terrore argolico: i pericoli e le paure derivanti dalla guerra contro i Greci.
205. luce: vita.
215. chi ... sepolcro: Niso spera che l'amico si occupi della sua sepoltura in caso di fallimento.
217. sola: la madre di Eurialo era una delle pochissime donne che avevano scelto di seguire Enea anziché stabilirsi a Segesta, in Sicilia, presso il re Aceste (libro V); qui si erano fermati invece tutti coloro che non avevano avuto la forza di proseguire il viaggio. Nel libro XI si parlerà di altre donne, presenti alle esequie del giovane Pallante.

ormai la mia decisione non muta ed è irremovibile.
Affrettiamoci» disse. E subito desta le sentinelle.
Quelli subentrano e osservano i turni; lasciata la guardia,
egli s'incammina in compagnia di Niso, e cercano il re.

[Niso ed Eurialo espongono a Iulo e ai capi troiani la loro proposta, accolta con riconoscenza. Iulo assicura ricchi doni ed è colpito in particolare dalla giovane età di Eurialo, cui promette che si occuperà della madre come se fosse la propria.
Segue il racconto della strage nel campo nemico: i due amici, anziché precipitarsi alla ricerca di Enea, decidono di cogliere l'occasione favorevole per uccidere molti nemici ignari, ubriachi e addormentati. Li assale però come un delirio di sangue, che li fa agire in modo imprudente e indugiare troppo.]

«Smettiamo» disse, «poiché s'avvicina la luce nemica;
ci siamo vendicati abbastanza; s'apre la via tra i nemici».
Lasciano numerose armi di guerrieri, forgiate
in argento massiccio, e crateri e bei tappeti.
Eurialo afferra, adattandole alle spalle inutilmente forti,
le borchie di Ramnete e la tracolla a placche d'oro,
che un tempo il ricchissimo Cedico mandò in dono
a Remulo tiburte, stringendo amicizia da lontano;
quegli morendo la dà in possesso al nipote; dopo la morte
i Rutuli se ne impadroniscono guerreggiando in battaglia.
Poi indossa l'elmo di Messapo, agevole e adorno
di creste. Escono dal campo, e prendono vie sicure.
Frattanto cavalieri mandati in avanscoperta dalla città latina,
mentre il grosso dell'esercito indugia schierato nella pianura,
andavano e portavano a Turno risposte del re:
trecento, tutti armati di scudi, guidati da Volcente.
E già s'avvicinavano al campo, e arrivavano al muro,
quando li scorgono lontano piegare in un sentiero a sinistra;
l'elmo tradì l'immemore Eurialo nell'ombra
luminescente della notte, e rifulse percorso dai raggi.
Non passò inosservato. Grida dalla schiera Volcente:
«Fermatevi, uomini; che ragione all'andare? che soldati
siete? dove vi dirigete?». Essi non si fecero incontro,
ma fuggirono veloci nel bosco e s'affidarono alla notte.
Da tutte le parti i cavalieri si slanciano nei noti
bivii e circondano di guardie tutti gli sbocchi.

355. Smettiamo: è Niso a parlare, il più maturo e assennato tra i due. • **nemica:** perché l'alba svelerebbe le loro azioni ai Rutuli: sta venendo meno la protezione fornita dal buio della notte.
358. crateri: si tratta di vasi con l'imboccatura molto larga, usati nei banchetti per mescolare vino e acqua.
360. Ramnete: è un indovino ucciso da Niso nel sonno.
361-364. che ... battaglia: l'inserimento di aneddoti sugli oggetti di guerra è tipico anche dell'epica omerica.
362. tiburte: di Tivoli.
365. agevole: facile da indossare.
367. città latina: si tratta di Laurento, patria di Latino, che è stato costretto a schierarsi al fianco di Turno.
369. re: è Latino.
373. immemore: qui ha il significato di "incauto", "stolto". Eurialo per leggerezza giovanile ha indossato l'elmo di Messapo, che riflette la luce della luna.
374. luminescente: indica la luce pallida della luna.
379-380. nei noti bivii: nei sentieri intricati che i nemici conoscevano bene.

Era una vasta selva irta di cespugli e di nere
elci, e dovunque la riempivano fitti rovi;
lucevano radi sentieri tra piste occulte.
Ostacolano Eurialo le tenebre dei rami e la pesante preda,
e il timore lo trae in inganno con la direzione delle vie.
Niso s'allontana. Incauto, oltrepassa il nemico,
e i luoghi che dal nome di Alba si chiamarono Albani
– allora, alte pasture, li deteneva il re Latino –,
quando si ferma e si volge inutilmente all'amico scomparso:
«Eurialo, infelice, dove mai ti ho lasciato?
E per dove seguirti?». Ripercorrendo tutto l'incerto cammino
della selva ingannevole, e insieme scrutando le orme,
le percorre a ritroso, ed erra tra i cespugli silenti.
Ode i cavalli, ode lo strepito e il richiamo degli inseguitori:
non passa lungo tempo, quando gli giunge agli orecchi
un clamore, e vede Eurialo; già tutta la torma,
con improvviso tumulto impetuoso, trascina lui oppresso dall'inganno
della notte e del luogo, lui che tenta invano ogni difesa.
Che fare? con quali forze ed armi oserà salvare
il giovane? o si getterà per morire sulle spade
nemiche, e affretterà con le ferite la bella morte?
Rapidamente ritratto il braccio vibrando l'asta,
e guardando l'alta Luna, prega così:
«Tu, o dea, favorevole soccorri la nostra sventura,
bellezza degli astri, latonia custode dei boschi.
Se mai per me il padre Irtaco portò doni
alle tue are, e io li accrebbi con le mie cacce,
o li appesi alla volta del tempio, o li affissi al santo fastigio,
fa' che sconvolga quella schiera, e guida l'arma nell'aria».
Disse, e con lo sforzo di tutte le membra scagliò il ferro:
l'asta volando flagella le ombre della notte,
e di fronte colpisce lo scudo di Sulmone, e ivi
s'infrange, e attraversa i precordi col legno spezzato.
Quello rotola gelido vomitando dal petto
un caldo fiotto, e batte i fianchi in lunghi singulti.

382. elci: lecci, alberi simili alle querce, con corteccia e foglie molto scure.
383. lucevano ... occulte: pochi tratti di sentiero spiccavano illuminati dalla luna, mentre il resto era nascosto tra alberi e rovi.
384. preda: bottino.
385. lo trae in inganno: gli fa sbagliare strada.
386. Incauto: inconsapevole, temerario; senza saperlo, Niso riesce a superare i nemici, ma lascia dietro di sé anche Eurialo.
387. Alba: in quei luoghi sarebbe sorta la città di Alba Longa.
388. alte pasture: pascoli su colli.
392. ingannevole: perché piena di biforcazioni, quasi come un labirinto.
393. silenti: silenziosi.
396. torma: schiera.
403. Luna: divinità identificata con Artemide o Diana, dea della caccia e dei boschi.
405. latonia: Diana era detta così in quanto figlia di Latona.
406-409. Se ... aria: Niso, come era consuetudine per gli antichi, formula la sua preghiera ricordando le offerte votive fatte dal padre e da lui stesso per ottenere aiuto e protezione dalla dea.
406. Irtaco: è il padre di Niso, già citato al v. 177.
408. santo fastigio: è il tetto decorato da fregi a cui venivano appesi i doni per la dea.
411. flagella: ferisce, ma è come se frustasse l'aria della notte, producendo un sibilo.
413. precordi: il petto, il punto vicino al cuore.
415. fiotto: zampillo di sangue. • **singulti:** sussulti, tremiti. Sono gli spasmi della morte.

Scrutano intorno. Imbaldanzito, ecco Niso
scagliare una lancia dalla sommità dell'orecchio.
E mentre s'affannano, l'asta attraversa le tempie di Tago,
stridendo, e tiepida rimase nel cervello trafitto.
Infuria atroce Volcente, e non scorge in nessun luogo
l'autore del colpo, né dove possa scagliarsi rabbioso.
«Ma tu intanto mi pagherai con caldo sangue
la pena di entrambi» disse; e snudata la spada,
si gettò su Eurialo. Allora sconvolto, impazzito
Niso grida – non seppe celarsi più a lungo
nelle tenebre, o sopportare un tale dolore –:
«Io, io, sono io che ho colpito, rivolgete contro di me il ferro,
Rutuli! l'insidia è mia; costui non osò e non poté
nulla (lo attestino il cielo e le consapevoli stelle);
soltanto amò troppo lo sventurato amico».
Così diceva; ma la spada vibrata con violenza
trafisse il costato e ruppe il candido petto.
Eurialo cade riverso nella morte, il sangue scorre
per le belle membra, e il capo si adagia reclino sulla spalla:
come un fiore purpureo quando, reciso dall'aratro,
languisce morendo, o come i papaveri che chinano il capo
sul collo stanco, quando la pioggia li opprime.
Ma Niso s'avventa sul folto e cerca fra tutti
il solo Volcente, contro il solo Volcente si ostina.
I nemici, addensatisi intorno a lui da tutte le parti,
lo stringono da presso; egli incalza ugualmente
e ruota la spada fulminea, finché non la immerse
nella bocca del rutulo urlante, e morendo tolse la vita
al nemico. Allora, trafitto, si gettò sull'amico
esanime, e alfine riposò in una placida morte.
Fortunati entrambi! Se possono qualcosa i miei versi,
mai nessun giorno vi sottrarrà alla memoria del tempo,
finché la casa di Enea abiti l'immobile rupe
del Campidoglio, e il padre romano abbia l'impero.

[I Latini, all'alba, vedendo la strage compiuta nel loro campo, tagliano le teste di Eurialo e Niso e le conficcano su pali, per mostrarle ai Troiani. La notizia giunge alla madre di Eurialo, che si abbandona alla disperazione.]

420. Volcente: è il capo del drappello, nominato al v. 370.
428. insidia: agguato.
430. soltanto ... amico: l'unica colpa di Eurialo, secondo Niso, è quella di averlo seguito per troppo affetto. Egli dice di essere l'unico vero colpevole.
432. candido: ancora un particolare che rimanda alla giovinezza e alla bellezza di Eurialo.
434. reclino: piegato.
435-437. come ... opprime: come un fiore rosso quando, tagliato dall'aratro, secca e muore o come i papaveri che piegano la corolla sullo stelo debole, quando la pioggia li colpisce. Virgilio trae la prima similitudine da un carme del poeta latino Catullo, che usa la stessa immagine per descrivere la fine del suo amore *caduto come fiore / sul ciglio del prato, reciso dopo che sopra / è passato l'aratro* (carme XI, vv. 22-24). La similitudine dei papaveri è tratta invece dall'*Iliade*, libro VIII, vv. 306-308.
439. il solo Volcente: l'anafora esprime la concitazione di Niso, accerchiato dai nemici ma deciso a vendicarsi.
443. rutulo: si tratta di Volcente.
445. esanime: senza vita.
448-449. finché ... impero: finché i discendenti di Enea abiteranno sul Campidoglio e il Senato avrà il comando.

Frattanto volando la Fama, messaggera alata, corre
per la città impaurita e giunge agli orecchi della madre
di Eurialo: subito il calore abbandona le ossa della sventurata.
La spola le balza di mano, e il gomitolo si svolge.
L'infelice si precipita fuori, e con urla femminee
strappandosi i capelli, corre forsennata alle mura
e alle prime schiere, non dei guerrieri, non del pericolo
memore o dei dardi; e riempie il cielo di lamenti:
«Così ti rivedo, Eurialo? Tu, tardo riposo
della mia vecchiaia, hai potuto lasciarmi sola,
o crudele? e non permisero alla madre infelice di parlarti
per l'ultima volta, prima di mandarti in tali pericoli?
Ahi, giaci in una terra ignota, abbandonato in preda
alle cagne latine e agli uccelli; né, madre, io guidai
le tue esequie, o ti chiusi gli occhi, o ti lavai le ferite,
coprendoti della veste che in fretta tessevo di notte
e di giorno, e con la tela consolavo le pene senili.
Dove cercarti? che suolo ora possiede le membra
e il corpo mutilato e la lacera salma? questo mi riporti
di te, o figlio? questo seguii per terra e per mare?
Trafiggetemi, o Rutuli, se v'è pietà, scagliatemi
tutti i dardi, sopprimete me per prima col ferro;
oppure commisera tu, grande padre degli dei, e sprofonda
nel Tartaro con un fulmine questo mio capo odioso;
poiché non posso spezzare altrimenti la crudele vita».
Gli animi si turbarono a questo pianto, e andò fra tutti
un mesto gemito; le forze s'infrangono torpide alla lotta.
Lei che infiammava il pianto, Ideo e Attore
prendono tra le braccia, per ordine di Ilioneo e di Iulo
che versava molte lagrime, e la riportano nella casa. ”

473. Fama: è un mostro alato, con occhi, orecchi e lingue instancabili, ▸ p. 214.
474. la città impaurita: non si tratta propriamente di una città ma del campo troiano, in cui serpeggia la paura.
476. spola ... gomitolo: la notizia raggiunge la madre di Eurialo mentre sta tessendo una veste per il figlio.
479-480. non ... dardi: senza badare ai guerrieri, al pericolo, alle frecce.
481. tardo riposo: consolazione tardiva. Evidentemente la donna aveva avuto questo figlio in età piuttosto avanzata.
482-484. hai ... pericoli?: la domanda accorata è come un rimprovero al figlio per averla lasciata sola, per essere morto prima di lei, per essere partito senza salutarla. Eurialo aveva evitato di incontrarla per risparmiare a se stesso e a lei lo strazio dell'addio. Il lamento della madre del giovane è ispirato in alcuni punti (ad esempio ai vv. 485-489) al passo dell'*Iliade* in cui Andromaca, dall'alto delle Porte Scee, vede lo strazio del corpo del marito Ettore da parte di Achille (cfr. *Iliade*, libro XXII, vv. 508-514).
491. lacera: straziata, piena di ferite. • **questo:** questi miseri resti.
495. commisera: abbi pietà. • **grande padre degli dei:** si tratta di Giove.
496. nel Tartaro: negli Inferi.
499. le forze ... lotta: di fronte alla disperazione di questa madre i guerrieri perdono l'ardore e la voglia di combattere.
500. Ideo e Attore: due Troiani, su comando di Iulo e del saggio Ilioneo, riportano in casa la donna, la cui disperazione inevitabilmente prostra l'animo degli assediati.

ANALISI DEL TESTO

Due sconosciuti alla ribalta

Protagonisti dell'episodio non sono eroi già noti di cui il poeta celebra l'*aristìa* (prova di valore), come avviene nei poemi omerici, ma due semplici soldati troiani che conquistano la ribalta per il profondo legame che li unisce e per l'esito tragico del loro generoso slancio. Si tratta di due amici che hanno l'abitudine di affrontare insieme ogni cosa, dalle gare di corsa (libro V) alla battaglia, dai turni di guardia alle conversazioni. Niso, il più maturo, dimostra di possedere un animo nobile, incapace di abbandonarsi a un'attesa passiva di fronte alle insolenze dei nemici: il bisogno di uscire dalla mediocrità lo induce infatti a progettare una sortita per cercare Enea. Non vorrebbe Eurialo con sé nell'impresa, non perché ne sottovaluti il coraggio, ma per non esporlo a gravi rischi; tuttavia non può fare a meno di confidargli i suoi progetti e, di fronte alla risolutezza dell'amico, gli permette di accompagnarlo.

Eurialo è poco più che un adolescente, di grande bellezza, dotato di coraggio ma anche imprudente. L'amicizia e l'onore vengono per lui prima di tutto: per non lasciare l'amico solo nell'impresa è disposto a correre ogni rischio, anche quello di dare un terribile dolore alla madre con la sua morte. Teme però di non essere abbastanza forte per affrontare il distacco, per cui non la saluta direttamente, ma la affida a Iulo, giovane come lui.

La tragedia...

Nel momento dell'azione, Eurialo si mostra risoluto finché è in condizione di superiorità sui nemici, addormentati o ubriachi; un eccesso di sicurezza lo spinge però a sottovalutare i pericoli e a perdere tempo prezioso, così come l'orgoglio giovanile gli fa conquistare il bottino, peso inutile che lo tradirà; di fronte al rischio reale, poi, la paura gli fa sbagliare strada e lo paralizza.

Niso, invece, sa riconoscere il pericolo e mantiene un notevole sangue freddo nelle situazioni più drammatiche: capisce quando è il momento di fuggire, sa scegliere le vie migliori nella foresta, nonostante l'incalzare dei nemici. Un solo fatto è in grado di sconvolgerlo: la scoperta che l'amico non gli è più accanto. A quel punto per lui tutto è perduto, dimentica il suo dovere verso la patria, quello di cercare Enea, e segue le proprie motivazioni personali. Torna indietro e, consapevole, affronta la morte: scaglia lance con l'esile speranza di consentire a Eurialo di salvarsi; grida, fuori di sé, quando vede che l'amico sta per essere colpito, e con le sue parole cerca vanamente di sostituirsi a lui; infine si vendica con ferocia, prima di cadere sotto i colpi dei Rutuli.

Quando scopre la morte del figlio, la madre di Eurialo implora i nemici o lo stesso Giove di trafiggerla, perché le è impossibile sopportare la vita. Ancora una volta, Virgilio dimostra la sua sensibilità nel ritrarre le sofferenze umane: nel grido di Niso e nel suo gettarsi fra i nemici in un gesto suicida, come nella disperazione della madre di Eurialo, si coglie l'incapacità di accettare la morte di una persona cara e soprattutto di sopravviverle. Il lamento della donna si allontana dall'epica per sconfinare nell'ambito della tragedia classica.

... e la celebrazione

Il tema della gioventù stroncata dalla morte sarà sviluppato da una serie di episodi drammatici, come quello di Pallante, figlio del re Evandro alleato di Enea, e quello di Lauso, che milita invece nell'esercito di Turno. Cantare un fatto così innaturale e difficile da accettare come la morte di un ragazzo sortisce l'effetto di preservarlo dall'oblio attraverso la poesia e di rendere in un certo senso immortale il giovane. Il bisogno adolescente di dimostrare il proprio valore riceve così una sorta di riconoscimento dalla voce del poeta, che indirizza un'apostrofe ai due Troiani promettendo loro la gloria: *Fortunati entrambi! Se possono qualcosa i miei versi, / mai nessun giorno vi sottrarrà alla memoria del tempo* (vv. 446-447).

ESERCIZI

COMPRENSIONE E ANALISI

1. L'argomentazione di Eurialo Quali argomenti usa Eurialo per convincere Niso a portarlo con sé?

2. Le perplessità di Niso Individua le tre ragioni per cui Niso non vorrebbe che Eurialo lo accompagnasse.

3. La luna In che senso si può dire che la luna tradisce Eurialo e aiuta invece Niso?

4. L'intervento di Niso In che modo Niso cerca di difendere Eurialo? Chiarisci il senso della frase *soltanto amò troppo lo sventurato amico* (v. 430).

5. Gli interventi del narratore Individua nel testo alcuni punti in cui il narratore rivela la propria partecipazione alle vicende narrate e la propria simpatia per i due giovani. Considera in particolare l'apostrofe presente ai vv. 446-449 e spiega perché Virgilio definisce Eurialo e Niso *fortunati* proprio nel momento della loro morte.

6. La madre di Eurialo Come reagisce la madre di Eurialo alla notizia della morte del figlio? Individua nel testo i diversi momenti dello strazio della donna.

7. La gloria Il tema della gloria è presente nel lamento della madre di Eurialo? Perché?

LESSICO E STILE

8. *Inutilmente forti* Perché le spalle di Eurialo sono dette *inutilmente forti* (v. 359)? Quale significato ha l'avverbio e quale effetto produce in questo contesto?

9. La selva La selva attraverso cui tentano di fuggire i due amici è presentata quasi come un labirinto. Individua nel testo tutti gli aggettivi che la caratterizzano e trova per ciascuno un sinonimo.

10. Le similitudini Spiega le due similitudini presenti ai vv. 433-437.

11. La rappresentazione della morte Nel brano si parla della morte di Sulmone, Tago e Volcente e poi di Eurialo e Niso. Quali differenze noti nello stile? Scegli la risposta corretta:

- **a.** la morte di Sulmone, Tago e Volcente è rappresentata con crudezza e realismo, quella di Eurialo e Niso con *pàthos* e immagini poetiche
- **b.** la morte di Sulmone, Tago e Volcente è rappresentata come ingiusta, quella di Eurialo e Niso come giusta perché causata dall'imprudenza
- **c.** la morte di Sulmone, Tago e Volcente è rappresentata con commozione e delicatezza, quella di Eurialo e Niso con forte realismo

SCRITTURA

12. Scrivi un testo espositivo: Eurialo e Niso Presenta in un testo espositivo i personaggi di Eurialo e Niso, senza esprimere commenti personali ma traendo tutte le informazioni dal testo: età, situazione familiare, aspetto fisico, carattere, desideri, reazione di fronte al pericolo.

13. Scrivi un testo argomentativo: rappresentazioni dell'amicizia Scrivi un testo argomentativo prendendo spunto da una canzone, da un film o da un libro che ti pare rappresentino l'amicizia nel modo più completo.

SPUNTI PER LA DISCUSSIONE IN CLASSE

14. L'amicizia Per Eurialo e Niso l'amicizia consiste nella condivisione di ogni cosa, sino all'estremo sacrificio. Ti pare una rappresentazione reale oppure troppo idealizzata? Confronta la tua opinione con quella dei compagni e dell'insegnante.

VIRGILIO

LAUSO E MEZENZIO

▶ **Opera:** *Eneide*, libro X, vv. 789-858; 895-908

Con il libro X si apre lo scontro decisivo fra Troiani e Italici: le alleanze sono state decise – da un lato Enea con i Troiani e gli Arcadi di Evandro, dall'altro Turno con i Rutuli e numerose genti italiche – e le divinità a concilio stabiliscono di non intervenire nel combattimento, ma di lasciare che ciascuno dei contendenti affronti la propria sorte. La battaglia si scatena così sulle sponde del Tevere non appena Enea e gli alleati sono sbarcati.
Il libro X vede anche il compiersi parallelo di due destini tragici. Pallante e Lauso, due giovani simili per età, bellezza e coraggio, combattono infatti con valore negli opposti schieramenti e muoiono entrambi per mano di un nemico più forte: Pallante, figlio di Evandro, è ucciso da Turno, Lauso cadrà invece per mano di Enea.
L'uccisione di Pallante scatena la furia di Enea: l'eroe *pius*, coraggioso ma devoto e sempre pronto alla moderazione, si trasforma in un guerriero *ardens*, ossia furente, che non riconosce più nulla di sacro. Il dolore e il desiderio di vendetta lo inducono a compiere stragi ovunque; vorrebbe raggiungere l'assassino di Pallante, ma la dea Giunone, ottenuto da Giove di ritardare il destino del suo protetto, ha allontanato Turno con l'inganno dal campo di battaglia. Enea ferisce allora Mezenzio, re cacciato dalla città etrusca di Agilla per la sua efferatezza e accolto tra le schiere di Turno. Il figlio Lauso, intervenuto per soccorrerlo, va incontro alla propria rovina.

Gemette gravemente per amore del caro padre,
appena lo vide, Lauso, e lagrime gli rigarono il volto.
Qui non tacerò di certo il caso di una dura morte,
e le tue gloriose gesta, e te, o giovane memorabile,
se pure i posteri accorderanno fede a una così grande impresa.
Mezenzio, ritraendo il piede, si allontanava indebolito
e impacciato, e cercava di strappare la lancia nemica dallo scudo.
Il giovane irruppe e si gettò in mezzo alle armi,
e sottentrò alla lama di Enea che già si ergeva
con la destra e vibrava il colpo e, facendogli ostacolo,
lo trattenne. I compagni lo assecondano con grande clamore,
finché il padre s'allontani protetto dal piccolo scudo del figlio,
e lanciano dardi, e respingono da lontano il nemico
con proiettili. Infuria Enea, e si tiene coperto.
Come talvolta precipitano nembi a rovesci
di grandine, ed ogni aratore si disperde nei campi,
ed ogni contadino e viandante si nasconde al sicuro
sotto la ripa d'un fiume o l'arco d'un alto macigno,
finché piove sulla terra, per potere, riapparso il sole,
impiegar la giornata: così Enea, avvolto di dardi
da tutte le parti, sostiene la nube di guerra, aspettando

793. se ... impresa: se i posteri vorranno credere a un'impresa così eroica.
795. la lancia nemica: l'asta di Enea ha perforato lo scudo di Mezenzio e lo ha ferito all'inguine, rimanendovi conficcata.
796. Il giovane: si tratta di Lauso.
797. sottentrò: si gettò sotto. Lauso blocca con il suo intervento la spada di Enea, impedendogli di sferrare il colpo decisivo contro il padre.
799. lo assecondano: lo imitano, ossia intervengono insieme contro Enea per consentire a Mezenzio di allontanarsi.
802. proiettili: sono le frecce.
803-804. precipitano ... grandine: cade violentemente dal cielo pioggia mista a grandine.
808. impiegar la giornata: riprendere attivamente il lavoro.

che tutta si scarichi, e grida a Lauso e minaccia Lauso:
«Dove corri a morire, e osi oltre le forze?
T'insidia incauto l'amore». Ma quello, ugualmente,
esulta, folle; e già al condottiero dardanio
crescono crudeli le ire; le Parche raccolgono
gli ultimi fili di Lauso: infatti Enea vibra
la valida spada sul corpo del giovane, e tutta l'affonda.
La punta attraversa lo scudo, leggera arma all'audace,
e la tunica, che la madre aveva tessuto con flessibile oro,
e colma le pieghe di sangue; allora la vita per l'aria
fuggì mesta ai Mani, e abbandonò il corpo.
Ma appena l'Anchisiade vide lo sguardo e il volto
del morente, il volto pallido in mirabile modo,
gemette gravemente, pietoso, e tese la destra,
e gli strinse il cuore il pensiero dell'amore paterno.
«Che cosa, o miserando fanciullo, per questa tua gloria,
il pio Enea ti darà, degno di tale cuore?
Le armi di cui ti allietavi, abbile tue. Ti rimando
ai Mani e al cenere degli avi, se di ciò ti curi.
Questo tuttavia, o infelice, consolerà la sventurata morte:
cadi per la destra del grande Enea». Rimprovera
per primo i compagni esitanti, e solleva Lauso da terra,
mentre questi deturpa di sangue i capelli bene acconciati.
Intanto il padre, vicino all'onda del Tevere,
stagnava la ferita con l'acqua, e riposava il corpo
appoggiato al tronco d'un albero. In disparte pende dai rami
l'elmo di bronzo, e le pesanti armi riposano sul prato.
Lo circondano giovani scelti; egli sofferente, affannato,
appoggia il collo, sparsa sul petto la barba fluente;
spesso chiede di Lauso, e spesso manda qualcuno
a richiamarlo, e a recargli i messaggi del mesto padre.
Ma i compagni portavano Lauso esanime sulle armi,
piangendo, quel grande vinto da una grande ferita.

812. T'insidia ... l'amore: l'affetto verso il padre rende Lauso imprudente e lo espone al pericolo.
813-814. al condottiero ... le ire: Enea è in preda alla furia perché poco prima è stato ucciso il suo giovane alleato Pallante.
814. le Parche: sono le dee custodi del destino dei mortali.
816. valida: robusta.
817. leggera ... audace: arma troppo facilmente perforabile per un giovane così temerario. Lo scudo di Lauso è inadatto all'impresa che ha voluto intraprendere, quella di sfidare Enea.
820. Mani: sono le divinità romane per gli spiriti dei morti. In senso lato il termine indica anche il regno degli Inferi.
821. Anchisiade: patronimico per indicare Enea, figlio di Anchise.
824. il pensiero ... paterno: il testo latino ha *imago pietatis patriae*, variamente interpretato: Enea pensa al proprio padre Anchise oppure, come padre lui stesso, al proprio figlio Ascanio.
825. miserando: degno di essere compianto, infelice.
827. Le armi ... allietavi: le armi di cui andavi fiero.
828. al cenere degli avi: Enea gli concede di essere sepolto tra la sua gente.
833. il padre: si tratta di Mezenzio.
834. stagnava: tamponava, frenava il flusso del sangue.
838. sparsa ... fluente: costrutto particolare, detto accusativo di relazione: con la lunga barba che copriva il petto.
841. esanime: senza vita. • **sulle armi:** la consuetudine era quella di trasportare sullo scudo il cadavere del guerriero caduto in battaglia. La tradizione è fatta derivare dall'atto con cui le donne spartane consegnavano lo scudo ai figli in partenza per la guerra, pronunciando la frase «o con questo o sopra questo», come monito a combattere con coraggio per la patria e a preferire la morte a una fuga vile, che comportasse l'abbandono dello scudo.

L'animo presago della sventura riconobbe da lontano i lamenti;
deturpa la canizie con molta polvere, e tende
entrambe le mani al cielo e si stringe alla salma.
«Tanta cupidigia di vivere, o figlio, mi tenne,
da permettere che tu subentrassi in vece mia alla mano ostile,
tu che generai? Ed io, genitore, mi salvo per queste tue ferite,
vivendo della tua morte? Ahi, infine ora sento, o misero,
l'infelice esilio, ora sento nel profondo la ferita!
Io, o figlio, ho macchiato di colpe il tuo nome,
io che l'odio ha scacciato dal trono e dallo scettro paterni.
Dovevo la pena alla patria e agli odii dei miei:
avessi data io in mille morti la mia vita colpevole!
Ora vivo, e ancora non lascio gli uomini e la luce.
Ma li lascerò». Dicendo questo, si leva
sulla gamba dolorante, e sebbene la forza indugi
per la grave ferita, ordina indomito che gli si porti il cavallo.

[Mezenzio, armatosi, monta a cavallo per la sfida mortale con Enea. Prima dello scontro si rivolge all'eroe troiano con parole orgogliose e disperate, rifiutando di supplicare gli dèi, coerente con se stesso fino alla fine. Enea uccide prima il cavallo, che crolla a terra imprigionando Mezenzio con il suo peso; poi si accinge a sferrare il colpo mortale al nemico, invitandolo sarcasticamente a mostrare ancora una volta la sua famigerata crudeltà. La risposta di Mezenzio, però, è di tutt'altro tono.]

I Troiani e i Latini incendiano il cielo con un grido:
vola Enea, e strappa la spada dalla guaina,
e dall'alto: «Dov'è ora l'aspro Mezenzio
e quell'efferato coraggio?». Di rimando l'Etrusco, appena
respirando, bevve il cielo con gli occhi e riacquistò i sensi:
«O amaro nemico, perché gridi e minacci la morte?
Non è delitto l'uccidermi; non venni così alla battaglia,
né il mio Lauso strinse con te per me questo patto.
Solo ti chiedo, se v'è pietà per i nemici vinti:
fa' che la terra ricopra il mio corpo. So che mi circondano
i crudeli odii dei miei: allontana, ti prego, questo furore;
e concedimi al sepolcro, compagno del figlio».
Così dice, e consapevole riceve la spada nella gola,
e con l'onda del sangue versa sulle armi la vita.

843. presago della sventura: Mezenzio, angosciato, intuisce da lontano la morte di Lauso.
844. deturpa ... polvere: in segno di lutto, Mezenzio si cosparge il capo di polvere e i capelli bianchi si sporcano di terra e sabbia.
846. cupidigia: desiderio, bramosia.
852. che ... scacciato: Mezenzio era stato scacciato dagli Etruschi per la sua eccessiva crudeltà.
853. Dovevo la pena: la pena della morte sarebbe dovuta toccare a me.
857. indugi: esiti, vacilli.
858. indomito: fiero.
896. guaina: fodero.
898. efferato: spietato, crudele. • **l'Etrusco:** si tratta di Mezenzio.
899. bevve ... occhi: con gli occhi cercò la luce, come per saziarsene.
901. non venni ... battaglia: non sono venuto allo scontro pensando di aver salva la vita.
902. né ... patto: Lauso ha combattuto per permettere al padre di fuggire, ma non ha stipulato un patto con Enea chiedendogli di risparmiarlo.
904. fa' ... corpo: concedimi la sepoltura.
905. miei: ovvero gli Etruschi.

ANALISI DEL TESTO

Enea e Mezenzio, personaggi complessi

Gli eroi omerici appaiono in genere professionisti della guerra privi di esitazioni, mentre quelli virgiliani si rivelano personaggi complessi, difficilmente catalogabili in rigide categorie. Enea, l'eroe sensibile e moderato, quando è sconvolto dal dolore può infatti trasformarsi in un guerriero implacabile, dominato dalla sete di vendetta. Tale cambiamento non è però definitivo: la visione di Lauso morente lo riconduce alla *pietas*, alla compassione per una giovane vita spezzata.

Anche Mezenzio si dimostra personaggio più complesso di quanto potrebbe sembrare. Cacciato dal suo regno per l'eccessiva crudeltà, è un guerriero empio, che non ha rispetto per gli dèi e che prima di scagliare la lancia invoca la sua mano destra, ossia ha fiducia solo in se stesso e nelle proprie armi. Tuttavia l'amore per il figlio consente al bestemmiatore cinico e sprezzante di acquisire una dimensione umana, patetica. Dopo il suo ferimento e il sopraggiungere di Lauso emerge l'ansia di un padre che vuole avere notizie del figlio e poi la disperazione di chi ha perso l'unica vera ragione della sua esistenza.

La paternità

L'amore paterno trasforma dunque Mezenzio: dal v. 833 egli non è infatti più indicato con il nome proprio né come guerriero, ma come *il padre*. Di un padre ha l'ansia (pone continuamente domande sul destino del figlio, manda messaggeri a chiedere notizie, intuisce da lontano l'esito fatale del combattimento); paterno è anche l'aspetto fisico, come evoca la *canizie* del personaggio (v. 844); straziante è infine la disperazione alla vista del cadavere del figlio. Per la prima volta Mezenzio sa assumere le proprie responsabilità: riconosce la legittimità dell'esilio a cui è stato costretto e si rende conto di come i suoi errori abbiano pesato sul destino di Lauso. Se al guerriero crudele l'odio altrui e le sanzioni umane o divine non importavano, al padre invece pesano, perché costano la vita al figlio.

Mezenzio, pur ferito, sale a cavallo per affrontare Enea: vuole la vendetta, ma più ancora desidera la morte in modo *consapevole* (v. 907), perché gli è insopportabile sopravvivere al figlio. Quando chiede umilmente di essere sepolto con Lauso, mostra che all'empio negatore degli dèi e dell'immortalità dell'anima si è sostituito un padre capace di sentimenti che vanno oltre la morte.

Il sacrificio di Lauso risveglia il sentimento paterno anche in Enea: lo sguardo, l'espressione del viso e il pallore del giovane costringono l'eroe troiano a recuperare un atteggiamento di pietà, poiché Enea è turbato pensando all'eventuale morte di Ascanio. Secondo altri commentatori, in quel momento l'eroe ricorda invece la propria devozione di figlio verso Anchise, per il quale sarebbe stato altrettanto pronto a offrire la vita; oppure, essendo lui padre, intuisce il dolore che proverà Mezenzio. In ogni caso Enea, colpito dalla vicenda, è disposto a rinunciare al diritto di spogliare il vinto delle armi e gli concede l'onore della sepoltura tra i suoi.

La forma al servizio del *pàthos*

L'episodio ha dunque al centro la morte di un giovane, come già accaduto per Eurialo e Niso (▶ p. 226) e per Pallante (libro X, v. 507). Lo stile sottolinea la gravità di quanto sta per accadere, con interventi diretti del narratore (apostrofe, vv. 792-794), aggettivi connotati in modo patetico (*il piccolo scudo*, v. 800; *folle*, v. 813), anafore (*Lauso*, v. 810), l'evocazione indiretta della figura materna attraverso la tunica ricamata che viene tinta di sangue (v. 818). Il tema della morte precoce, nella prima giovinezza (Lauso è definito *fanciullo* da Enea al v. 825) si accompagna al monito di non tacere un gesto di generosità e di coraggio, sia pure temerario. È anche occasione per riflettere sull'assurdità della guerra, che capovolge i rapporti fra le generazioni, facendo in modo che siano i padri a seppellire i figli e non viceversa. Enea, quando vede Lauso morente e ritorna padrone di se stesso, sembra testimoniare con il suo turbamento l'assurdità della morte di un uomo per mano di un altro uomo.

ESERCIZI

COMPRENSIONE E ANALISI

1. Le sequenze Dividi il brano in sequenze e assegna a ciascuna un titolo.

2. La posizione del narratore Sottolinea nel testo tutti gli interventi del narratore, ricordando che anche le scelte lessicali ne evidenziano il pensiero. Quale giudizio emerge sui fatti raccontati e sui personaggi presentati?

3. La provocazione di Lauso Quale atteggiamento di Lauso induce Enea a colpirlo, dopo una prima esitazione?

4. Il cambiamento di Enea In che modo cambia il comportamento di Enea nel brano letto?

5. Gli onori a Lauso Quali onori concede Enea a Lauso? Quale motivo di consolazione viene suggerito?

6. Le colpe di Mezenzio Indica le ragioni per cui Mezenzio si sente responsabile della morte del figlio ed è oppresso, oltre che dal dolore, dal senso di colpa.

7. Il protagonista Chi è secondo te il vero protagonista dell'episodio? Enea, Lauso, Mezenzio? Perché?

LESSICO E STILE

8. Le armi di Lauso Confronta le armi di Lauso con quelle di Enea e di Mezenzio. Con quali aggettivi sono indicate? Quale effetto ne deriva?

9. La rappresentazione della guerra La violenza e l'intensità dell'attacco contro Enea sono rappresentate nel passo riportato con la metafora *nube di guerra* (v. 809). Con quali immagini indicheresti tu la guerra o un momento di concitata battaglia? Prova a formulare alcune espressioni che rendano con efficacia tale condizione.

10. *Vivendo della tua morte* L'espressione *vivendo della tua morte* (v. 849) è una figura retorica che unisce due termini in contrapposizione tra loro. Ricordi come si chiama questa figura?

11. *Amaro nemico* Considera l'espressione *amaro nemico* (v. 900) e soffermati sulla scelta dell'aggettivo. Quale sfumatura di significato aggiunge? Sarebbe stato lo stesso se Mezenzio avesse definito il suo nemico "odioso" o "crudele"? Perché?

12. Una similitudine Ai vv. 803-810 è presente una similitudine. Individua i termini messi a confronto e riportali nello schema come se si trattasse di una proporzione matematica.

.... : ....
=
.... : ....

SCRITTURA

13. Scrivi un testo espositivo: la figura di Lauso Sottolinea nel passo riportato tutti gli elementi che caratterizzano Lauso (età, aspetto fisico, abbigliamento, carattere, sentimenti verso il padre) e scrivi poi un breve testo espositivo per presentare il personaggio. Cerca di non inventare nulla ma di usare le informazioni che puoi ricavare dal testo.

14. Scrivi un testo narrativo: il coraggio temerario Enea ammonisce Lauso dicendogli: *T'insidia incauto l'amore* (v. 812). L'affetto per un'altra persona può spingere a gesti di coraggio generosi, che fanno trascurare il pericolo cui ci si espone. Ti è già capitato di vivere o di assistere a una situazione del genere? Racconta la tua esperienza in un testo narrativo.

▶ **Opera:** *Eneide*, libro XII, vv. 887-952

VIRGILIO

IL DUELLO FINALE E LA MORTE DI TURNO

I Latini e gli Italici hanno subito numerose perdite e sono scoraggiati. Turno si dichiara pertanto pronto ad affrontare in duello Enea, nonostante il re Latino, la regina Amata e Lavinia stessa cerchino di trattenerlo. L'eroe accetta la sfida e si compiono i preparativi, ma Giuturna, divinità dei fiumi e sorella di Turno, sotto mentite spoglie istiga i Rutuli a infrangere la tregua. Nella confusione Enea è ferito e deve allontanarsi, mentre il Rutulo si getta con la consueta furia nella battaglia. La dea Venere interviene e guarisce il figlio, che può tornare a far strage di nemici. Turno decide allora di non rimandare più lo scontro, convinto che Giuturna lo assista e lo conduca alla vittoria. Gli dèi hanno invece deciso diversamente. Giove persuade Giunone ad accettare finalmente il compiersi del destino e una Furia, con l'aspetto di gufo, è inviata a Giuturna come monito e presagio funesto. La ninfa comprende allora che tutto è perduto e abbandona Turno, constatando il contrasto fra la propria immortalità e la fine imminente del fratello. Intanto Enea avanza minaccioso, pronto allo scontro decisivo.

Enea di contro incalza e vibra la lancia,
enorme, simile a un tronco, e parla con animo feroce:
«Ora cos'è quest'indugio? Perché ti attardi, o Turno?
Non con la corsa, con l'armi crudeli si deve combattere
da presso. Trasfòrmati in tutti gli aspetti, raduna quanto
vali con l'animo e con l'astuzia; desidera di volare
sulle alte stelle, e di racchiuderti nel cavo della terra...».
Quello, scuotendo il capo: «Non le tue superbe parole m'atterriscono,
o arrogante; gli dei mi atterriscono e Giove nemico».
E senza dire null'altro, rivolge lo sguardo a un grande macigno,
a un grande, antico macigno che giaceva sul campo,
posto come confine al terreno, per dirimere le agresti contese.
Lo porterebbero a stento sul collo dodici uomini scelti,
quali di membra attualmente produce la terra;
l'eroe, afferratolo con mano ansiosa, cercò di scagliarlo
sul nemico, ergendosi in alto e preso di corsa l'abbrivio.
Ma non si riconobbe nel correre, nel muoversi,
nell'alzare con la mano e nel librare il possente macigno;
le ginocchia vacillano, si rapprende gelido il sangue.
Allora la pietra, lanciata dal guerriero nel vuoto,
non percorse tutto lo spazio, né portò a termine il colpo.

890. Non con la corsa: Turno ha un momento di esitazione perché la sorella Giuturna lo ha abbandonato, per ordine di Giove, e in fretta si allontana di qualche passo da Enea per guadagnare tempo.
891-893. Trasfòrmati ... terra: Enea rivolge parole sprezzanti al nemico. Insinua che Turno voglia sfuggire al duello trasformandosi in una creatura alata oppure in un essere che si rinchiude in una grotta sotterranea. L'allusione è al mito di Proteo, dio marino che era in grado di assumere qualsiasi forma per sfuggire a chi voleva catturarlo.
898. confine: si tratta di un masso che serve come cippo di confine tra campi di proprietari diversi.
901. l'eroe: si tratta di Turno.
902. abbrivio: slancio, spinta.
904. librare: il verbo letteralmente significa "soppesare". Qui ha il valore di "scagliare calibrando il peso".

E come in sogno, di notte, quando una languida quiete
grava sugli occhi, ci sembra di voler inutilmente intraprendere
avide corse, e durante il tentativo cadiamo sfiniti;
la lingua impotente, le forze consuete del corpo
svaniscono, e non escono voce o parole:
così a Turno, con qualunque sforzo tenti la via,
l'orribile dea nega il successo. Allora volge
nel cuore sentimenti diversi: guarda i Rutuli e la città,
e indugia nel timore, e trema all'arrivo del colpo;
non sa dove scampare, come assalire il nemico,
e non vede in nessun luogo il carro e la sorella auriga.
Mentre esitava, Enea brandisce l'asta fatale,
calcolando la sorte con gli occhi, e la vibra da lontano
con lo slancio di tutto il corpo. Non rombano mai
così le pietre scagliate da una macchina murale,
o col fulmine scoppiano simili tuoni. L'asta vola a guisa
di nero turbine, portando sinistra rovina, e squarcia
l'orlo della corazza, e l'ultimo cerchio del settemplice scudo.
Trapassa stridendo la coscia. Il grande Turno
cadde in terra, colpito, con le ginocchia piegate.
Balzano con un grido i Rutuli, e tutto rimbomba
il monte d'intorno, e ampiamente i profondi boschi riecheggiano.
Egli da terra, supplice, protendendo lo sguardo e la destra
implorante: «L'ho meritato» disse «e non me ne dolgo;
profitta della tua fortuna; tuttavia, se il pensiero d'un padre
infelice ti tocchi, prego – anche tu avesti un padre,
Anchise –, pietà della vecchiaia di Dauno,
e rendi me, o se vuoi le membra prive di vita,
ai miei. Hai vinto e gli Ausonî mi videro sconfitto
tendere le mani; ora Lavinia è tua sposa;
non procedere oltre con gli odii». Ristette fiero nell'armi
Enea, volgendo gli occhi, e trattenne la destra;
sempre di più il discorso cominciava a piegarlo
e a farlo esitare: quando al sommo della spalla apparve
l'infausto balteo e rifulsero le cinghie delle note borchie

908. languida quiete: indolente stanchezza.
910. avide: desiderate, bramate.
914. l'orribile dea: è la Furia, che Giove ha mandato sotto forma di uccello notturno ad annunciare l'ostilità degli dèi e la morte imminente di Turno.
915. guarda: il duello si svolge davanti alla città di Laurento, alla presenza degli eserciti schierati.
918. la sorella auriga: Giuturna fino a poco prima aveva protetto e accompagnato il fratello, poiché aveva assunto l'aspetto del suo auriga e ne guidava il carro.
920. calcolando ... occhi: calcolando con lo sguardo dove colpire e come. • **la vibra:** la scaglia.
922. macchina murale: si tratta di una sorta di catapulta, usata durante gli assedi per scagliare massi nelle città nemiche. Era chiamata *balista*.
925. settemplice scudo: scudo composto da sette strati di cuoio sovrapposti.
931. non me ne dolgo: non mi pento delle mie azioni.
934. Dauno: è il padre di Turno.
935. rendi: restituisci. • **le membra ... vita:** il mio cadavere.
936. Ausonî: gli Italici. Ausonia era l'antico nome dell'Italia.
937. Lavinia: è la figlia di Latino, contesa fra Turno ed Enea.
942. l'infausto balteo: si tratta della cintura decorata di Pallante, portatrice di morte. Il balteo era una sorta di cintura portata a tracolla, alla quale si fissava la spada.

del giovane Pallante, che Turno aveva vinto e abbattuto
con una ferita, e portava sulle spalle il trofeo nemico.
Egli, fissato con gli occhi il ricordo del crudele dolore,
e la preda, arso dalla furia, e terribile
nell'ira: «Tu, vestito delle spoglie dei miei,
vorresti sfuggirmi? Pallante con questa ferita,
Pallante t'immola, e si vendica sul sangue scellerato».
Dicendo così, gli affonda furioso il ferro in pieno petto;
a quello le membra si sciolgono nel gelo,
e la vita con un gemito fugge sdegnosa tra le ombre. ”

943. Pallante: è il figlio del re Evandro. Quest'ultimo era il re degli Arcadi, che aveva accolto con amicizia Enea e gli aveva fornito sostegno e truppe, guidate appunto da suo figlio (libro VIII). Il giovane Pallante era stato ucciso con brutalità e disprezzo da Turno, che ne aveva preso la preziosa cintura come bottino e se ne era ornato (libro X).
947-948. Tu ... sfuggirmi?: tu che hai ucciso e spogliato i miei compagni e amici vorresti avere salva la vita?
949. t'immola: ti sacrifica. L'uso di questo termine, proprio del linguaggio religioso, conferisce una connotazione sacra al gesto di Enea e ne attenua in parte la crudeltà, come se si trattasse del compimento di un sacrificio indispensabile.
951. le membra ... gelo: il gelo della morte avvolge subito tutto il suo corpo.
952. sdegnosa: altera, amareggiata. In questo termine è implicita la fierezza di chi deve piegarsi a qualcosa che non può evitare ma che non ritiene giusto.

ANALISI DEL TESTO

L'ira e la moderazione

Il duello tra Enea e Turno si ispira a quello fra Ettore e Achille raccontato nell'*Iliade* (▶ p. 87), ma presenta una serie di novità. Turno, come Achille, è un eroe di nobile stirpe, forte e coraggioso, facile preda di passioni eccessive: si abbandona all'ira e da essa si lascia trascinare nelle sue scelte. L'ira in Achille tuttavia è un tratto costitutivo del carattere, mentre in Turno essa è causata dagli dèi: ne è responsabile la furia Aletto, che lo ha aggredito e sconvolto (libro VII). Achille sazia con la vittoria la sua sete di vendetta, Turno invece va incontro alla rovina. L'eroe che è presentato come *turbidus*, cioè "burrascoso" (libro XII, v. 10), dominato da rabbiosa passione, nella sconfitta comprende la follia che lo ha travolto e sa di meritare la morte. La figura di Turno ferito si allontana dunque da quella di Achille per assumere i tratti di quella di Ettore: diventa un *supplice* (v. 930), riconosce di essere stato battuto e accetta le conseguenze, fa appello alla pietà filiale menzionando Anchise e il proprio vecchio padre, invita infine ad abbandonare l'odio per favorire la riconciliazione. C'è come una metamorfosi dopo la sconfitta: il guerriero orgoglioso, che considerava Enea un vile fuggiasco da Troia e non concepiva accordi possibili con l'usurpatore, diventa portavoce di un invito alla pace e alla moderazione.

La *pietas* e la vendetta

Enea, inizialmente sprezzante nei confronti dell'avversario, non rimane insensibile alle parole accorate di Turno. Eroe atipico, cui basta poco per comprendere le ragioni dell'altro e mettere da parte il furore guerriero, Enea è trattenuto dalla *pietas* e non sferra subito il colpo mortale. Tuttavia, la vista della cintura di Pallante – il giovane alleato ucciso crudelmente da Turno – gli ricorda che ha di fronte un nemico responsabile di delitti che chiedono giustizia. La ferocia con cui Enea affonda la spada nel petto di Turno rimanda per analogia alla rabbiosa vendetta di Achille per l'uccisione di Patroclo. Ma Virgilio chiarisce che la *furia* può convivere con la *pietas* (v. 946): con la morte di Turno Enea realizza la vendetta di Pallante ed egli, ancora una volta, non è che uno strumento del destino: *Pallante con questa ferita, / Pallante t'immola, e si vendica sul sangue scellerato!* (vv. 948-949).

La focalizzazione sui personaggi

Vero regista dell'episodio, ma in fondo dell'intero poema, è il Fato, che per compiere il proprio disegno chiede il sacrificio dei singoli. Come era già successo a Didone, così accade ora a Turno: qualunque ostacolo impedisca l'unione fra Troiani e Italici e la successiva nascita di Roma viene rimosso senza esitazioni. Poiché dunque il Fato si realizza a prezzo di lutti e lacerazioni, il poeta sottolinea nel duello finale non tanto gli atti di eroismo, quanto la dimensione psicologica dei protagonisti, e ricorre per questo a una narrazione focalizzata sui personaggi. Il narratore onnisciente assume il punto di vista di Turno, per mostrarne l'ansia e lo smarrimento (*non si riconobbe*, v. 903; *volge / nel cuore sentimenti diversi: guarda i Rutuli e la città, / e indugia nel timore*, vv. 914-916), ma anche la fierezza e la malinconia con cui affronta lo scontro. Si sposta poi accanto a Enea, per metterne in luce la risolutezza (*calcolando la sorte con gli occhi*, v. 920), l'esitazione di fronte al supplice (*sempre di più il discorso cominciava a piegarlo*, v. 940) e poi l'ira vendicatrice (*fissato con gli occhi il ricordo del crudele dolore*, v. 945). Il poema tuttavia si chiude non sul vincitore ma sul vinto: lo sguardo si concentra ancora una volta su Turno, la cui vita *fugge sdegnosa tra le ombre* (v. 952). Nell'aggettivo *sdegnosa*, che richiama il silenzio altero con cui l'anima di Didone (libro VI) ascolta negli Inferi le vane giustificazioni di Enea, si sente la fatica di accettare un destino ingiusto: la morte violenta resta un affronto che nessuna motivazione divina riesce a giustificare del tutto.

ESERCIZI

COMPRENSIONE E ANALISI

1. Le sequenze Dividi il brano in sequenze e assegna a ciascuna un titolo.

2. Il "vanto" di Enea Le prime parole che Enea rivolge a Turno sono sprezzanti e contengono suggerimenti volutamente irrealizzabili: quali?

3. L'esitazione di Turno A che cosa è dovuta l'esitazione di Turno di fronte all'avversario? Quali segni tradiscono la sua incertezza?

4. Il fisico di Turno Quale caratteristica fisica di Turno si deduce dall'immagine presente ai vv. 899-900?

5. Il sogno angoscioso Perché il duello assume per Turno la dimensione di sogno angoscioso?

6. I sentimenti contrastanti Considera i vv. 914-918. Quali sono i sentimenti contrastanti presenti nell'animo di Turno?

7. La durezza di Enea Perché Enea si rifiuta di risparmiare Turno?

8. La conclusione del poema L'*Eneide* si chiude sulla morte di Turno. Perché, secondo te, Virgilio non racconta il seguito (la riconciliazione tra i popoli e le nozze con Lavinia)? Quale concezione della vita e della storia emerge da una scelta del genere?

LESSICO E STILE

9. L'immagine di Enea Sottolinea nel testo tutti gli aggettivi che caratterizzano Enea. Quale immagine dell'eroe viene delineata?

10. *Con mano ansiosa* Nell'espressione *con mano ansiosa* (v. 901) l'aggettivo viene usato in modo improprio. Perché?

11. Una similitudine Spiega la similitudine presente ai vv. 908-914.

12. *L'asta fatale* Al v. 919 l'asta di Enea è definita *fatale*. Come può essere interpretato questo aggettivo?

SCRITTURA

13. Scrivi un testo argomentativo: il Fato Il Fato è il vero protagonista dell'*Eneide*. Scrivi un testo argomentativo in cui sostieni (o eventualmente confuti) la tesi enunciata, facendo opportuni riferimenti ai brani letti.

14. Scrivi un testo argomentativo: Turno Quali impressioni suscita in te la figura di Turno? Scrivi in merito un breve testo argomentativo.

15. Scrivi un testo narrativo-descrittivo: un altro finale Riscrivi il finale del poema, immaginando esiti alternativi (Enea risparmia Turno; Turno riesce a sconfiggere Enea; Lavinia, la donna contesa, interviene e pone fine al duello, dichiarando la propria scelta).

SPUNTI PER LA DISCUSSIONE IN CLASSE

16. La pietà e la giustizia Per un eroe epico, la pietà non può mai mettere a tacere il giusto desiderio di vendetta. Secondo te la pietà e la giustizia si escludono a vicenda o no? Rispondi facendo riferimento alle tue conoscenze o esperienze. Discuti con i compagni e con l'insegnante.

AUTORI MODERNI RISCRIVONO L'EPICA ANTICA

*Luca Canali racconta l'*Eneide

L'*Eneide* è un poema da leggersi integralmente per la ricchezza della trama, la profondità dell'analisi psicologica e la raffinatezza dello stile. Tuttavia, affrontare un'intera opera in versi può suonare arduo per chi abbia ancora poca dimestichezza con la letteratura classica. Luca Canali, già autore della traduzione completa del poema, sceglie per questo di presentare una selezione di passi in poesia e di sintetizzare in prosa i raccordi tra un brano e l'altro, in una forma semplice ma sempre rispettosa del contenuto originale. L'intento dello studioso è quello di offrire un "servizio" per i giovani che intendano avvicinarsi «a tanta altezza, drammaticità e complessità di sentimenti e di eventi, oltre che a tanta limpidezza, armonia, raffinatezza di espressione linguistica». Il risultato è un vero e proprio romanzo, impeccabile nella forma, ma anche in grado di interessare e coinvolgere il lettore.

Presentiamo di seguito un passo in prosa tratto dal libro VII, in cui la furia Aletto, mandata da Giunone, suscita una reazione violenta nell'animo di Turno per spingerlo alla guerra contro Enea. La divinità infernale ha già sconvolto la regina Amata, madre di Lavinia, e le donne di Laurento.

Ma la Furia non è ancora appagata. Raggiunge a volo la città di Ardea[1] e penetra nella reggia di Turno per suscitare anche fra quelle mura odio e desiderio di violenza. Assume perciò l'aspetto della vecchia custode del tempio di Giunone, Calibe, e si appressa a Turno che giace profondamente addormentato. Lo scuote per destarlo e fomentarne l'ira annunciando di parlare per ordine di Giunone. Al giovane re dei Rutuli, svegliato di soprassalto, ricorda con quanto valore egli ha combattuto contro gli Etruschi in difesa dei Latini: ebbene proprio i Latini, ingrati, vogliono affidare il loro regno a uno straniero, e coronare il loro tradimento offrendo Lavinia in sposa al capo di quegli invasori, il predone Enea. Turno non si sente minacciato dall'arrivo dei Troiani, fidando nella protezione di Giunone e nella lealtà di Latino; risponde perciò con pacatezza, e persino con ironia, di considerare i timori della vecchia come vaneggiamenti senili. Colma d'ira, la terribile divinità infernale, abbandonata la finzione e ripreso il suo vero orribile aspetto, si avventa contro Turno con tutti i suoi poteri malefici, gli occhi roteanti, le serpi del suo capo sibilanti, la bocca schiumante di rabbia. E urla: «Guardami, o Turno, io vengo dalla dimora delle sorelle infernali, io porto guerra e morte!». Poi scaglia nella stanza una torcia fumigante[2] che ottenebra la mente di Turno e infonde nel suo animo ira e sdegno. Ora il giovane re è assalito da un tremito improvviso, una sorta di delirio sconvolge la sua mente. Anch'egli furente, chiede e cerca le armi, e dà ordini perentori: tutti i giovani si armino contro il nemico e portino guerra anche al re Latino, se davvero intende infrangere il patto di alleanza con i Rutuli.

(L. Canali, *Luca Canali racconta l'*Eneide, Einaudi, Milano 2003)

1. **Ardea:** è la capitale del regno dei Rutuli, ove risiede Turno.
2. **fumigante:** fumante.

VERIFICA L'epica latina

Le vicende

1. Indica se le seguenti affermazioni sono vere o false.

1. Nel proemio il poeta dichiara di voler cantare in prima persona le vicende di un uomo che ha molto sofferto. V F
2. La dea Giunone protegge i Troiani. V F
3. Enea e i compagni scelgono di approdare nella terra di Didone per stabilire un'alleanza. V F
4. La fine di Troia è raccontata da Enea a Didone. V F
5. Laocoonte suggerisce di trasportare il cavallo in città per non irritare gli dèi. V F
6. I Penati di Troia sono portati da Anchise durante la fuga dalla città. V F
7. Enea visita gli Inferi guidato da Caronte. V F
8. Nel Lazio Enea deve affrontare una guerra a causa di una donna. V F
9. Eurialo riesce a fuggire, ma decide di tornare indietro per salvare Niso. V F
10. In entrambi gli schieramenti muoiono dei giovani. V F
11. Enea vendica la morte di Pallante. V F
12. Il poema si chiude con le nozze tra Enea e Lavinia. V F

I personaggi dell'*Eneide*

2. Scegli l'affermazione corretta tra quelle che seguono.

1. La qualità caratteristica di Enea, la *pietas*, è:
- **a.** la dignità sacerdotale
- **b.** il rispetto verso la famiglia, la patria e gli dèi
- **c.** la commozione, a causa della quale Enea risparmia sempre la vita ai nemici

2. Enea è un eroe:
- **a.** coraggioso, privo di esitazioni perché conosce la sua missione
- **b.** coraggioso ma tormentato da dubbi e inquietudini
- **c.** coraggioso e impulsivo, che si ribella al destino

3. Sinone è un:
- **a.** Greco traditore ma non è privo di coraggio
- **b.** uomo vile che ha tradito i suoi compagni greci
- **c.** Troiano traditore

4. Creusa:
- **a.** accusa Enea di non essersi occupato di lei nella fuga
- **b.** è adirata con gli dèi, perché il destino riserva nuove nozze a Enea
- **c.** è una figura dolce e malinconica, che ama Enea ma sa di doversi piegare al destino

5. Didone è combattuta:
- **a.** tra il *pudor* e l'amore
- **b.** tra la *pietas* e l'amore
- **c.** tra il *pudor* e la vendetta

6. Enea, quando deve abbandonare Didone:
- **a.** dimostra di essere un amante appassionato
- **b.** pronuncia un discorso freddo e controllato
- **c.** si lascia travolgere dalla commozione e tace durante tutto il colloquio

7. Cerbero:
- **a.** si placa vedendo il ramo d'oro portato da Enea
- **b.** è un feroce traghettatore delle anime
- **c.** è un mostro con tre teste

8. Niso compie la sortita notturna:
- **a.** per non abbandonare Eurialo
- **b.** perché sente il desiderio di compiere un'impresa audace
- **c.** per acconsentire a una precisa richiesta di Enea

9. La madre di Eurialo:
- **a.** esprime il proprio dolore ma celebra anche la gloria del figlio
- **b.** pronuncia un lamento denso di *pàthos*, adatto a una tragedia
- **c.** accusa chi ha trascinato il figlio in un'impresa disperata

10. Mezenzio è un uomo:
- **a.** crudele ma capace di affetto verso il figlio
- **b.** violento con tutti, che non si cura né degli dèi, né degli uomini, né del proprio figlio
- **c.** crudele ma vile, che ha paura di morire e supplica Enea di risparmiarlo

11. Turno, il rivale di Enea:
- **a.** può essere accostato tanto a Odisseo quanto a Ettore

b. è irascibile di natura come Achille
c. nel duello conclusivo può essere accostato tanto ad Achille quanto a Ettore

La struttura narrativa e le tecniche poetiche

3. Rispondi alle domande che seguono.

1. In quanti libri è divisa l'*Eneide* e da che tipo di versi è composta?

2. Perché quello dell'*Eneide* può essere considerato un inizio *in medias res*?

3. Nel poema *fabula* e intreccio coincidono? Perché?

4. In che modo il narratore onnisciente interviene a commentare e giudicare le vicende? Fai alcuni esempi.

5. Nell'*Eneide* è presente talvolta un narratore di secondo grado? Cita almeno un episodio per argomentare la tua risposta.

6. Epiteti formulari e ripetizioni di versi compaiono in misura molto limitata nel poema. Perché?

7. Il poema ha anche un fine encomiastico. Quale? Quali espedienti usa il poeta per farlo emergere?

I temi

4. Scrivi brevi testi argomentativi per sostenere o confutare le seguenti tesi.

1. Il Fato è il vero protagonista del poema: Enea è un eroe passivo, che si limita a eseguire quanto il destino ha stabilito, senza opporsi.

2. L'*Eneide* è un poema in cui l'attenzione per la psicologia dei personaggi prevale sulla celebrazione delle imprese eroiche.

3. Le figure femminili sono tratteggiate in modo approssimativo rispetto a quelle maschili.

4. Il debito dell'*Eneide* nei confronti dei poemi omerici è evidente per molti aspetti, ma altrettanto evidenti sono le novità tematiche introdotte da Virgilio.

PERCORSO 4 Cavalieri, castelli e giullari: l'epica medievale

Il combattimento tra Carlo Magno e i Saraceni è una delle miniature che decorano le *Cronache del Mondo* di Rodolfo di Ems, manoscritto del secolo XIII, conservato nella Biblioteca Conventuale del monastero di San Gallo, in Svizzera. Su uno sfondo luminoso sono ritratti con colori brillanti alcuni guerrieri medievali, vestiti in modo simile anche se appartenenti a popoli nemici: portano cotte di maglia di ferro, sopravvesti drappeggiate, scudi triangolari ed elmi.

Due momenti del drammatico duello sono rappresentati alla maniera di due fotogrammi. Nell'immagine superiore entrambi i combattenti hanno il volto coperto dall'elmo e brandiscono pesanti spade; Carlo Magno ha le braccia sollevate, pronte a sferrare un colpo micidiale all'avversario, il quale sta in guardia, si protegge con lo scudo e protende l'arma; il peso del suo corpo è tuttavia leggermente sbilanciato all'indietro, come se stesse arretrando. Alle spalle dei contendenti si distinguono i due schieramenti opposti, che seguono con apprensione le sorti del duello: a sinistra i Franchi, con elmi di foggia tondeggiante, a destra i Saraceni, dalle lunghe barbe e dai copricapi a punta. L'immagine inferiore rappresenta invece il momento conclusivo dello scontro: il re nemico è a terra, colpito mortalmente da Carlo Magno, e i suoi uomini sono in fuga. I cavalli sono rivolti a destra, ma i Saraceni non possono fare a meno di voltare ancora il capo per seguire gli eventi. Il miniaturista sembra aver omesso le fasi intermedie del duello, durante le quali Carlo Magno ha perso il suo elmo e la cintura che gli legava la sopravveste. Qualcosa è cambiato anche nel paesaggio: l'albero, tipico elemento decorativo che qui divide simmetricamente la scena in due parti, ha mutato foggia e la chioma inclinata a destra sottolinea la fuga dei vinti. In cielo si vede anche una presenza divina, che rivolge il proprio sguardo verso il re dei Franchi, come a garantire approvazione e sostegno.

La violenza con cui è rappresentata l'uccisione del re saraceno è tuttavia il particolare che colpisce maggiormente: la spada di Carlo Magno taglia in due l'elmo e il volto del nemico, spargendo una grande quantità di sangue. La celebrazione del vincitore si accompagna comunque a un tributo d'onore per il vinto: se nella prima immagine sul capo del Saraceno non compariva una vera e propria corona, questa volta la sua insegna regale è rappresentata con cura, come a sottolineare che egli non è un vile perché, a differenza dei suoi, affronta la morte senza fuggire e sino all'ultimo impugna la spada, protesa verso l'alto.

Idealizzazione e realismo sono gli elementi antitetici di cui si nutre l'epica medievale. Il protagonista delle canzoni di gesta è infatti un eroe forte e coraggioso, che lotta per il proprio regno e in difesa del Dio cristiano, ma la sua tensione verso la perfezione spirituale si accompagna ad azioni crude e violente, di cui è, di volta in volta, protagonista o vittima.

Carlo Magno combatte contro i Saraceni, miniatura del XIII secolo dalle *Cronache del Mondo* di Rodolfo di Ems, San Gallo, Biblioteca Conventuale

Le caratteristiche dell'epica medievale

I valori della società medievale

I poemi epici narrano in versi le imprese di un eroe e tramandano la memoria delle vicende fondamentali e dei valori in cui un intero popolo riconosce la propria identità.

Nel Medioevo, e in particolare nei secoli XI e XII, tale genere letterario vive una nuova grande fioritura. Sono ripresi i temi e i motivi del mondo greco-romano, ma a essi si aggiungono anche:

- **I valori delle popolazioni germaniche**. I popoli provenienti dal nord Europa penetrano infatti in ciò che resta dell'impero romano d'Occidente e contribuiscono al suo definitivo tracollo, dando origine a nuove organizzazioni politico-sociali, in cui trovano spazio le tradizioni, i miti e i valori tipici dell'antico mondo germanico. Nell'epica germanica, in particolare, viene dato grande risalto all'elemento della guerra e della vendetta personale, agli elementi magici e meravigliosi, alle divinità nordiche come Odino, Thor, le Valchirie e così via.
- **I valori del cristianesimo**. Essi sono legati alla penetrazione profonda della religione cristiana nella società e alla sua capacità di produrre una nuova visione del mondo, in cui la dimensione terrena e quella spirituale sono strettamente legate da un sistema di simboli e di corrispondenze. Il Medioevo è l'epoca in cui il papato conquista un ruolo sempre più rilevante, anche sul piano politico ed economico; inoltre si diffonde il monachesimo, cioè un sistema di vita religiosa in cui uomini (o donne) vivono insieme in un luogo protetto, abbazia o monastero, sotto il legame della "regola" di un fondatore (ad esempio Benedetto da Norcia, da cui derivò l'ordine dei benedettini). La presenza di temi e riferimenti cristiani nell'epica medievale, soprattutto nelle opere nate in Francia e in Spagna, si spiega anche con la necessità di contrastare la diffusione dell'Islam, conseguente alle invasioni arabe del nord Africa e della penisola iberica, che arrivano a interessare anche il sud della Francia. In Spagna, inoltre, a partire dal secolo XI ha inizio la cosiddetta *Reconquista*, un movimento con cui i regni cristiani mirano ad abbattere quelli moreschi e ad allontanare gli Arabi dall'Europa. Dal 1095, infine, sono allestite le crociate, spedizioni militari in Terrasanta che uniscono fervore evangelico a motivazioni socio-economiche, quali la ricerca di bottino, il controllo delle rotte commerciali e la necessità di dirottare verso Oriente le tensioni causate da avventurieri rissosi.
- **I valori caratteristici della società feudale**. Carlo Magno (742-814 d.C.) ristabilisce per un breve periodo l'antica unità dell'Europa, perduta dopo la disgregazione dell'impero romano: il Sacro Romano Impero da lui fondato si estende dai Pirenei

al fiume Elba, dal mare del Nord all'Italia centrale, nel nome del cristianesimo e sotto la benedizione del papa, di cui i Franchi si dichiarano difensori. Per amministrare questo vasto territorio, l'imperatore crea una rete complessa di relazioni personali, in cui alcuni uomini (laici o religiosi) ricevono un appezzamento di terreno (beneficio o feudo) in cambio del giuramento di intervenire con uomini e armi alla richiesta del sovrano; si impegnano cioè a una fedeltà assoluta come vassalli e promettono di restituire il feudo alla propria morte. Tuttavia, dopo la scomparsa di Carlo Magno, tale sistema di relazioni personali porta alla disgregazione dell'impero, alla sua frammentazione in porzioni più o meno grandi: con il tempo i feudi diventano proprietà personale dei vassalli e sono trasmessi in eredità ai discendenti. Dopo la divisione dell'impero carolingio i singoli signori continuano a esercitare la loro autorità sui feudi e il legame di fedeltà personale tra il vassallo e il suo signore resta vivo anche su scala locale, ragione per cui nell'epica il tradimento o fellonia è considerato un male assoluto, una colpa imperdonabile contro la quale riversare una condanna senza appello.

Il cavaliere

L'eroe che incarna i valori della fedeltà a un signore (il **re** o il **feudatario**) e a un ideale religioso (il cristianesimo) è il **cavaliere**. Storicamente i cavalieri erano i figli cadetti (cioè non primogeniti) delle grandi famiglie aristocratiche, educati fin da bambini all'uso delle armi attraverso la caccia, i tornei e la partecipazione alle battaglie come scudieri. Un giovane diventava cavaliere con una cerimonia molto solenne, detta **investitura**, che prevedeva una notte di meditazione e di preghiera (veglia d'armi) e un successivo rituale di benedizione da parte di un vescovo o di un altro rappresentante del clero. Il futuro cavaliere, in ginocchio, giurava di difendere la religione cristiana, di essere leale verso il proprio signore e di accorrere in aiuto dei più deboli. Le virtù richieste erano dunque la fedeltà e la generosità, che si aggiungevano a quelle tipiche dell'eroe del mondo classico, ovvero il coraggio, la forza e lo sprezzo per il pericolo.

Le corti e i giullari

Il **castello**, insieme con l'abbazia, è il luogo simbolo della nuova dimensione sociale, basata sul localismo e sulla necessità di difendersi dalle invasioni e di affermare il controllo sul territorio circostante. Si tratta di un mondo chiuso, alla cui autosufficienza contribuiscono con i propri prodotti artigiani, venditori, agricoltori e in cui trovano spazio i trovatori e i giullari. I **trovatori** (da *trobar*, "comporre in musica e in versi") si diffondono soprattutto nelle corti del sud della Francia (Provenza) e si specializzano in componimenti brevi di carattere amoroso, di cui spesso sono anche autori. I **giullari** invece sono gli eredi degli aedi del mondo classico: essi recitano leggende e storie trasmesse oralmente, che successivamente saranno messe per iscritto, ma di cui non sono giunte notizie certe sugli autori. Si tratta di racconti in versi per divertire il pubblico popolare e analfabeta nelle piazze e sui sagrati delle chiese oppure per intrattenere gli aristocratici nelle corti. I giullari sono sempre accompagnati dalla musica, per cui le opere da loro recitate sono indicate con il termine "canzoni": *chansons de geste* in Francia, *cantari* in Spagna, *Lieder* nell'area tedesca. Motivo ricorrente delle "canzoni di gesta" nelle varie aree nazionali è la **guerra**, che può essere contro gli Arabi invasori oppure contro nemici sleali e traditori.

L'affermazione dei volgari nazionali

I giullari cantavano per un pubblico che non parlava né capiva più il latino, usato soltanto dai dotti e dagli ecclesiastici; essi pertanto si esprimevano nei "volgari" locali, cioè nelle lingue parlate dal *vulgus*, il "popolo", nate dalla trasformazione del latino nel corso dei secoli (lingue neolatine o "romanze", ovvero originatesi dalla lingua parlata dai Romani) oppure derivate dalle antiche lingue germaniche.

I poemi epici medievali sono dunque composti in lingue diverse a seconda delle zone:

- nel nord della Francia sono in **lingua d'oïl** (da cui deriverà il francese moderno). In questa lingua sono scritte le *chansons de geste* (canzoni di gesta), dedicate in particolare alle imprese di Carlo Magno e dei suoi paladini. La più nota è la *Chanson de Roland*, che ha per protagonista l'eroe Orlando. Sempre in lingua d'oïl sono composti anche i romanzi bretoni, storie in versi d'amore e d'avventura, legate al leggendario re Artù e ai cavalieri della Tavola Rotonda: ricordiamo in particolare le opere di Chrétien de Troyes, come il *Lancillotto*, ma anche i romanzi in versi, scritti da vari autori, dedicati al mito di Tristano e Isotta;
- in Spagna è scritto in **castigliano** (futuro spagnolo) il *Cantare del Cid*, imperniato sulle vicende del condottiero Rodrigo Dìaz de Vivar durante la *Reconquista* contro i Mori nella Penisola iberica;
- in Germania in **tedesco medievale** è giunto il *Cantare dei Nibelunghi*, che trasfigura le lotte tra Svevi e Burgundi concentrandosi sulle avventure dell'eroe Sigfrido, nelle quali elemento meraviglioso, barbarie e civiltà si mescolano in maniera irrisolta.

I soldati cristiani della prima crociata assediano Nicea, tenuta dai Turchi, miniatura del XIII secolo da un manoscritto francese, Parigi, Bibliothèque Nationale

L'epica **medievale**

L'*epos* nazionale e religioso: la *Chanson de Roland*

L'epica della Francia feudale

Le ***chansons de geste*** ("canzoni di gesta" o "cantari") sono poemi epici che si diffondono in Francia tra l'XI e il XIII secolo e raccontano le imprese eroiche compiute in guerra da personaggi di ceto sociale aristocratico. Esse sono scritte in lingua d'oïl, ossia nella lingua allora parlata nel nord della Francia, da cui deriverà il francese moderno. Si tratta di testi in versi, composti molto probabilmente da autori colti in ambienti feudali, di cui rispecchiano e idealizzano i valori, ma diffusi e cantati dai giullari davanti a un pubblico popolare, con l'accompagnamento della musica.

Il ciclo carolingio

Durante il Medioevo si formano in Francia alcuni gruppi o "**cicli**" di narrazioni epiche in versi, il più famoso dei quali è senza dubbio quello che riguarda le vicende di Carlo Magno e dei suoi cavalieri. Tra i cantari del ciclo carolingio spicca la *Chanson de Roland*, che si concentra sulle imprese del paladino Roland (Orlando, in italiano) durante la guerra di Carlo Magno contro i Saraceni di Spagna. La storia di Roland ha avuto una straordinaria diffusione, sia a livello colto sia a livello popolare, ed è stata ripresa, imitata e riletta da molti autori successivi.

La *Chanson de Roland*: la struttura metrica, l'autore e l'epoca

La ***Chanson de Roland*** è un'opera di circa 4000 decasillabi (versi composti da dieci sillabe ciascuno), suddivisi in lasse (strofe) di diversa lunghezza. All'interno della medesima strofa, nella lingua originale del testo, le parole finali di ogni verso sono legate tra loro da rime o assonanze.

Il manoscritto più antico che è giunto a noi, conservato a Oxford, presenta alla fine il nome di un certo Turoldus, ma è impossibile dire se si tratti dell'autore effettivo o di un semplice copista, ossia di colui che ha trascritto manualmente il testo. Il manoscritto appartiene alla prima metà del XII secolo, ma secondo gli studiosi l'opera è stata composta diversi decenni prima, intorno al 1080, quando le prime crociate suscitarono un nuovo interesse per lo scontro fra cristiani e musulmani.

Realtà e leggenda, personaggi storici ed eroi idealizzati

Alla base della *Chanson de Roland* c'è un **episodio reale** avvenuto durante il tentativo di Carlo Magno di sottomettere i Saraceni in Spagna: nel 778 la retroguardia dell'esercito franco fu infatti annientata in un agguato da parte di alcuni briganti baschi nelle gole dei Pirenei, a Roncisvalle. Il poema dilata questa vicenda, facendone il centro dello scontro tra i Franchi e i Mori di Spagna, e rappresenta Carlo come il precursore delle crociate. A tale scopo, non esita ad **alterare la verità storica**: trasforma Carlo – all'epoca piuttosto giovane – in un saggio e vecchio sovrano e attribuisce un ruolo fondamentale al personaggio di Roland/Orlando, che nella realtà era forse semplicemente uno dei cavalieri del seguito, ma che diviene in questa canzone il prototipo dell'eroe cristiano, difensore della fede e della terra di Francia.

Lo stile

La vicenda è raccontata da un narratore onnisciente che usa una serie di accorgimenti per catturare l'interesse dell'uditorio: **discorsi diretti** dei personaggi (*Ch'io sappia, tu non sei dei nostri!*), **appelli** all'attenzione del pubblico (ad esempio *là vedreste sì gran dolore di gente!*), **iperboli** (ad esempio l'esagerazione del numero dei caduti, per conferire un alone leggendario all'episodio), ma soprattutto la **formularità**, ossia la ripresa di porzioni di testo con minime variazioni. L'artificio della ripetizione, già presente nella tradizione epica classica, è assai rilevante nella *Chanson de Roland* e riguarda epiteti (ad esempio Carlo *dalla barba canuta*), parti di versi (come *Orlando sente che*), versi interi (ad esempio *stride l'acciaio, ma non si scheggia o spunta*). Spesso i versi iniziali di una strofa riprendono quelli finali della strofa precedente, con poche aggiunte; ciò conferisce una certa unità a ogni singola lassa, permettendo al poeta-giullare di interrompere a piacere la narrazione oppure di riprenderla richiamando agli ascoltatori gli elementi essenziali dell'episodio. La sintassi è prevalentemente paratattica, costituita cioè da brevi frasi coordinate tra loro.
Questi aspetti stilistici sono dovuti al fatto che i cantari, pur essendo redatti in forma scritta, erano destinati alla **recitazione orale**: la struttura lineare e ripetuta delle frasi favoriva dunque l'ascolto e la comprensione da parte del pubblico.

l'opera

Chanson de Roland

Il re pagano Marsilio, a cui dopo anni di guerra contro Carlo Magno è rimasta soltanto la città spagnola di Saragozza, invia al sovrano nemico un'ambasceria per annunciare che ha deciso di sottomettersi se i Franchi lasceranno la Spagna. Carlo Magno accetta la proposta e invia anch'egli un'ambasceria, a capo della quale Orlando suggerisce di porre il suo patrigno, Gano di Maganza. Quest'ultimo, fraintendendo le intenzioni di Orlando, si crede esposto di proposito a un grave pericolo e per vendicarsi trama un'insidia con Marsilio. Induce perciò Carlo ad affidare a Orlando il comando della retroguardia, costituita da un piccolo drappello di soldati e da dodici nobili cavalieri. Quando l'esercito del re ha ormai iniziato la marcia di ritorno in Francia, Marsilio, su consiglio di Gano, attacca le truppe di Orlando nella gola di Roncisvalle con uno sterminato esercito. Il paladino Oliviero suggerisce a Orlando di suonare un prodigioso corno, l'olifante, per richiamare indietro il re, ma il protagonista, per orgoglio e ostinazione, si rifiuta e affronta i nemici. Quando è ormai troppo tardi – i paladini sono morti e lui stesso giace gravemente ferito – Orlando acconsente a lanciare il richiamo. Sentendo il suono del corno, Carlo si appresta a tornare indietro, ma Gano tenta di trattenerlo. Il saggio duca Naimes svela il tradimento e il re si precipita inutilmente in soccorso: Orlando è già morto, dopo aver spezzato la sua spada per impedire che finisse in mano pagana. Carlo, sconvolto, insegue furiosamente l'esercito nemico e ne fa strage; tornato ad Aquisgrana, sottopone Gano a processo. Niente può salvare il traditore dalla pena di morte: egli viene legato a quattro cavalli e squartato. Nella conclusione, l'arcangelo Gabriele comanda a Carlo nuove imprese contro i pagani.

ANONIMO

La morte di Orlando

Opera: *Chanson de Roland*, lasse CXXXIII-CXXXIV; CLXVII-CLXX; CLXXII-CLXXV

A causa del tradimento di Gano, la retroguardia dell'esercito franco, guidata dal paladino Orlando, è stata assalita dalle schiere del re saraceno Marsilio e, nonostante il valore, i cavalieri cristiani hanno avuto la peggio. Orlando, che teme di recare danno al proprio onore, esita fino all'ultimo a suonare il corno per chiamare i rinforzi. Alla fine si decide, ma Gano riesce a ritardare ancora con futili pretesti l'intervento di Carlo, finché il duca Naimes non denuncia apertamente il traditore.

CXXXIII
Il conte Orlando con grande pena e affanno,
dolorosamente suona l'olifante.
Dalla bocca gli zampilla il sangue chiaro:
gli si rompe la tempia del cervello.
La voce del corno si spande lontano:
la sente Carlo che sta passando i valichi,
l'ascolta Naimes, l'ascoltano i Franchi.
Dice il re: «Sento il corno d'Orlando!
Mai lo suonerebbe, se non stesse combattendo».
Gano risponde: «Non c'è battaglia!
Siete ormai vecchio e fiorito e bianco;
con simili parole somigliate a un bimbo.
Ben conoscete il grande orgoglio d'Orlando;
mi meraviglio che Dio lo soffra tanto.
Già prese Noples senza vostro ordine;
fuori dalla città i saraceni uscirono,
diedero battaglia al buon vassallo Orlando.
Poi lavò con l'acqua i prati dal sangue:
per questo lo fece: perché non si vedesse.
Per una lepre suona il corno un intero giorno.
Davanti ai pari vuole oggi esibirsi:
non c'è gente al mondo che osi dargli battaglia.
Cavalcate, dunque! Perché mai fermarsi?
La Terra degli Avi è ancora lontana davanti a noi».

2. olifante: è un corno d'avorio, ricavato dalla zanna di un elefante. Orlando sapeva che Carlo Magno, ovunque si trovasse, al suono dell'olifante sarebbe accorso in suo aiuto.
3-4. Dalla bocca … del cervello: Orlando, nonostante sia mortalmente ferito, suona il corno con grande energia fino a farsi scoppiare le vene.
6. Carlo: si tratta di Carlo Magno, che sta riconducendo l'esercito in Francia.
7. Naimes: o Namo; è il vecchio e saggio consigliere del re.
10. Gano: Gano di Maganza, il traditore, responsabile dell'imboscata in cui è caduta la retroguardia dell'esercito.
11. fiorito: avvizzito.
14. lo soffra: lo tolleri.
15. Noples: è una città spagnola, conquistata da Orlando. • **senza vostro ordine:** per l'invidioso Gano, Orlando ha sempre agito spinto da orgoglio, senza neppure aspettare gli ordini del re.
16. saraceni: Musulmani o Mori, che tra il VII e l'VIII secolo d.C. si erano insediati in Spagna creando un proprio regno.
20. Per una lepre: per qualcosa di insignificante come una lepre, ovvero solo per attirare attenzione su di sé.
21. ai pari: ovvero ai nobili come lui.
24. La Terra degli Avi: la Francia.

CXXXIV
Il conte Orlando ha la bocca sanguinante,
dalla sua testa scoppiano le tempie.
Suona l'olifante con dolore e pena.
Lo sente Carlo e lo sentono i Francesi.
Dice il re: «Quel corno ha il fiato lungo!».
Risponde Naimes il duca: «Un prode lo suona!
Egli ha battaglia, io ne son sicuro.
L'ha tradito colui che vuol farvi mancare l'impresa.
Armatevi e urlate il vostro grido di guerra,
soccorrete la vostra bella schiera!
Ben lo sentite che Orlando si dispera!».

[Carlo consegna il traditore ai garzoni della cucina, che lo percuotono e lo incatenano con disprezzo, mentre egli si precipita in soccorso di Orlando. Nel frattempo il paladino, pur agonizzante, ha ancora la forza di difendere le proprie armi e di impedire che cadano nelle mani dei pagani; infine si prepara a morire affidandosi a Dio.]

CLXVII
Orlando sente che la morte gli è vicina:
dalle orecchie esce fuori il cervello.
Prega Dio che chiami a sé i suoi pari,
e poi per sé l'angelo Gabriele.
Prende l'olifante, che offesa non abbia,
e Durendal, la spada, nell'altra mano.
Poco più lungi d'un tiro di balestra,
verso la Spagna si inoltra in un maggese,
sale su un poggio, sotto due alberi belli,
quattro pietre son là, fatte di marmo;
sull'erba verde è caduto riverso,
là è svenuto, ché la morte gli è vicina.

CLXVIII
I monti sono alti e altissime le piante;
quattro pietre son là di marmo risplendente.
Sull'erba verde sviene il conte Orlando.
Un saraceno tuttavia lo spia,
si finge morto e giace in mezzo agli altri;
ha sporcato di sangue il corpo e il viso,
s'alza in piedi e di corsa s'avventa.

29. Quel corno: chi suona quel corno. Si tratta di una metonimia (lo strumento per chi se ne serve).
32. farvi mancare l'impresa: dissuadervi dall'intervenire.

5. offesa: danno, oltraggio. Orlando non può tollerare che il suo corno o la preziosa spada finiscano nelle mani dei nemici.
6. Durendal: nome tradotto anche come "Durendala", "Durlindana" o "Durindarda". È la spada che Carlo aveva donato a Orlando, considerandolo il migliore dei suoi paladini. Nell'elsa erano incastonate preziose reliquie di santi.
7. balestra: è un'antica arma per lanciare frecce.
8. in un maggese: in un terreno incolto.
9. poggio: colle.
11. riverso: supino.
12. ché: perché.

Bello era e forte e di gran valore;
per orgoglio commette follia mortale:
afferra Orlando e il suo corno e le sue armi,
e dice solamente: «È vinto il nipote di Carlo!
Questa spada porterò in Arabia».
A quel tirare il conte si riprende un poco.

CLXIX
Orlando sente che gli sottrae la spada.
Apre gli occhi e dice solamente:
«Ch'io sappia, tu non sei dei nostri!».
Stringe l'olifante, che non volle perder mai,
lo colpisce sull'elmo ch'era gemmato e d'oro:
spezza l'acciaio e la testa e le ossa,
gli occhi gli fa schizzare fuori dal capo,
giù ai suoi piedi l'ha abbattuto morto.
Quindi gli dice: «Vile, come fosti così temerario
d'afferrarmi, né a torto né a ragione?
Chi lo saprà, ti prenderà per folle.
S'è spezzato il padiglione del mio olifante,
caduti sono il cristallo e l'oro».

CLXX
Orlando sente che la vista ha perduto;
si drizza in piedi, si sforza quanto può;
il suo viso ogni colore ha perduto.
Davanti a lui c'è una pietra bruna:
vibra dieci colpi con dolore ed ira;
stride l'acciaio, ma non si spezza o spunta.
«Ah!» – dice il conte «Santa Maria, aiuto!
Ah! mia buona Durendal, pietà di voi!
Poiché io muoio, di voi non ho più cura.
Tante battaglie sul campo con voi ho vinto
e tante vaste terre ho conquistato,
che tiene Carlo, dalla barba canuta!
Non v'abbia mai chi per un altro fugge.
Un buon vassallo vi ha tenuto a lungo:
Francia la libera mai ne avrà uno simile».

30. lo colpisce: colpisce il Saraceno che tentava di sottrargli le armi.
34. temerario: troppo ardito, incauto.
37. il padiglione: la parte centrale del corno.
38. il cristallo e l'oro: le pietre preziose incastonate nello strumento.
50. dalla barba canuta: è un esempio di epiteto formulare, riferito a Carlo.
51. chi per un altro fugge: che fugge davanti a un nemico, cioè un vigliacco.
52. vassallo: in epoca feudale, il vassallo era colui che si legava a un signore con un giuramento di fedeltà e riceveva da lui un beneficio, ovvero terre e possedimenti.

[Orlando tenta ripetutamente di spezzare la spada ed elenca le tante imprese compiute grazie a lei.]

CLXXII
Orlando sferra colpi su una pietra grigia:
più ne frantuma di quanto io sappia dire.
Stride la spada, non si scheggia o spezza,
rimbalza in alto contro il cielo.
Quando il conte vede che non può spezzarla,
dolcissimamente la piange dentro sé:
«Ah! Durendal, come sei bella e santa!
Il tuo pomo d'oro è colmo di reliquie:
il dente di san Pietro, il sangue di san Basilio,
e i capelli del signor mio san Dionigi;
e un lembo della veste di santa Maria.
Non è giusto che t'abbiano i pagani;
dai cristiani dovete esser servita.
Non v'abbia mai chi faccia codardia!
Con voi avrò conquistato tante vaste terre,
che tiene Carlo dalla barba fiorita,
e così l'imperatore è potente e ricco».

CLXXIII
Orlando sente che la morte lo invade,
dalla testa sul cuore gli discende.
Sotto un pino se ne va correndo,
sull'erba verde s'è coricato prono,
sotto di sé mette la spada e il corno.
Ha rivolto il capo verso la pagana gente:
l'ha fatto perché in verità desidera
che Carlo dica a tutta la sua gente
che da vincitore è morto il nobile conte.
Confessa la sua colpa rapido e sovente,
per i suoi peccati tende il guanto a Dio.

CLXXIV
Orlando sente che il suo tempo è finito.
Sta sopra un poggio scosceso, verso Spagna;
con una mano s'è battuto il petto:
«Dio! mea culpa, per la grazia tua,

8. reliquie: molto ricercate e venerate nel Medioevo, le reliquie erano resti del corpo dei santi o parti di oggetti appartenuti a loro.
14. codardia: viltà.
16. dalla barba fiorita: dalla barba bianca. Si tratta di un altro epiteto formulare.
21. prono: disteso sulla pancia.
22. sotto di sé: come estremo gesto di protezione per gli oggetti a lui cari.
23. verso la pagana gente: verso i nemici, per indicare che egli non è fuggito dinanzi a loro.
28. tende il guanto: si tratta di un gesto tipico del rito feudale, con cui il vassallo giurava sottomissione e fedeltà al proprio signore.
30. scosceso: ripido.
32. mea culpa: formula liturgica, in latino ("colpa mia"), per esprimere il pentimento per i propri peccati.

dei miei peccati, dei piccoli e dei grandi,
che ho commesso dal giorno che son nato
fino a questo giorno in cui sono abbattuto!».
Il guanto destro ha teso verso Dio.
Angeli dal cielo sino a lui discendono.

CLXXV
Il conte Orlando è disteso sotto un pino,
verso la Spagna ha rivolto il viso.
Di molte cose comincia a ricordarsi,
di tante terre che ha conquistato, il prode,
della dolce Francia, della sua stirpe,
di Carlomagno, suo re, che lo nutrì;
non può frenare lacrime e sospiri.
Ma non vuol dimenticar sé stesso,
proclama la sua colpa, chiede pietà a Dio:
«O padre vero, che giammai mentisci,
tu che resuscitasti Lazzaro da morte
e Daniele salvasti dai leoni,
salva l'anima mia da tutti i pericoli
per i peccati che in vita mia commisi!».
A Dio ha offerto il guanto destro:
san Gabriele con la sua mano l'ha preso.
Sopra il braccio teneva il capo chino;
con le mani giunte è andato alla sua fine.
Dio gli manda l'angelo Cherubino
e san Michele del Pericolo del mare;
insieme a loro venne san Gabriele:
portano in paradiso l'anima del conte.

(*Chanson de Roland*, trad. it. di G. Ruffini, Guanda, Milano 1986)

48. Lazzaro: si allude alla resurrezione di Lazzaro a opera di Gesù, citata nei *Vangeli*.
49. Daniele: l'episodio è narrato nella *Bibbia*: il profeta Daniele era stato posto dal re persiano Dario in una fossa piena di leoni, ma il mattino dopo era stato trovato incolume, grazie alla protezione di Dio.
53. san Gabriele: è l'arcangelo Gabriele.
56. Cherubino: il nome proprio rappresenta l'intera schiera degli angeli cherubini.
57. san Michele: l'arcangelo Michele.

ANALISI DEL TESTO

Un eroe leale e cristiano

Il conte Orlando rappresenta il modello ineccepibile dell'eroe secondo il sentire feudale: ha alcuni tratti in comune con il guerriero dell'epica omerica, perché combatte fino allo stremo, preferisce la morte all'accusa di viltà, rifiuta di cedere le proprie armi al nemico, ma in lui assume particolare rilevanza la lealtà, anche in contrapposizione con il personaggio del vile traditore, Gano. La società feudale, infatti, ha il suo fondamento soprattutto nei legami di fedeltà personale tra i vassalli e i signori e, di conseguenza, celebra la lealtà e depreca il tradimento come la più atroce delle colpe: nell'epoca in cui la *Chanson* è stata scritta (XI secolo), le basi del potere feudale dovevano essere rafforzate e il richiamo all'età carolingia permetteva di rappresentare quei valori nella loro piena affermazione.
Orlando è però anche un eroe cristiano: la sua spada contiene sacre reliquie, egli combatte contro i musulmani nemici della fede, le sue parole in punto di morte sono pregne di formule liturgiche (ad esempio *mea culpa*, lassa CLXXIV, v. 32) e di invocazioni a Dio. Quasi in maniera iconografica, il poema presenta il momento del trapasso attraverso una processione di angeli, che scendono in terra a ricevere l'eroe per sollevarlo al cielo. Tuttavia, anche nei confronti di Dio, Orlando è in primo luogo un fedele vassallo. Il gesto che sintetizza la sua condizione di eroe feudale e insieme di paladino della fede è l'offerta del guanto a Dio, ossia l'uso in ambito religioso di un atto tipico della cerimonia di vassallaggio.

Tra realismo e idealizzazione

Accanto all'idealizzazione del perfetto cavaliere, fedele a Dio e al proprio re fino alla morte, compaiono nel poema elementi di crudo realismo (*Dalla bocca gli zampilla il sangue chiaro*, lassa CXXXIII, v. 3; *dalle orecchie esce fuori il cervello*, lassa CLXVII, v. 2; *gli occhi gli fa schizzare fuori dal capo*, lassa CLXIX, v. 32). Ciò risponde a una duplice funzione: da un lato il poeta-giullare cattura l'attenzione del pubblico popolare soffermandosi su particolari truculenti, spesso ripetuti come versi formulari; d'altro lato presenta la violenza come un dato ineliminabile e necessario, che non ha alcuna contraddizione ideologica con la sacralità che avvolge il protagonista. Si sottolinea cioè la commistione medievale tra l'elemento religioso e quello bellico, che si riproporrà nelle crociate.
Poco realistica è invece la rappresentazione semplificata dei personaggi, nettamente divisi tra positivi e negativi. Al modello ideale di Orlando si affianca infatti quello opposto di Gano, il traditore da condannare: egli manca di rispetto a Carlo Magno, perché lo tratta come un povero vecchio, denigra apertamente Orlando, presentandolo come un uomo dall'orgoglio smisurato, e costringe il re a indugiare, perché vuole che si compia fino in fondo la sua trama malvagia. Anche il Saraceno che osa aspirare alle armi di Orlando è tratteggiato in maniera prevalentemente negativa: il poeta ne sottolinea la forza per accrescere il valore del protagonista, che, pur agonizzante, riesce a massacrare l'audace nemico; tuttavia, attraverso le parole di Orlando, non manca di esprimere disprezzo su di lui, definendolo *vile*, *temerario*, *folle* (lassa CLXIX, vv. 34-36).

Le tecniche della narrazione orale

Per quanto riguarda le tecniche narrative, il legame di quest'opera con l'oralità si percepisce nella struttura paratattica, ossia nella collocazione successiva e lineare di frasi e di interi episodi; nella ripetizione di epiteti e versi formulari, utili a sostenere la memoria del giullare e dell'uditorio e a sottolineare il legame del testo con la tradizione epica; infine, nel frequente inserimento di discorsi diretti da parte del narratore onnisciente (il dialogo tra Carlo e Gano, l'intervento del duca Naimes, l'allocuzione di Orlando alla sua spada, le frasi rivolte al Saraceno, la preghiera finale a Dio).
Le parole dei personaggi restituiscono la concitazione della circostanza e concorrono, in maniera quasi teatrale, a tenere desta l'attenzione dell'uditorio.

ESERCIZI

COMPRENSIONE E ANALISI

1. Il suono del corno Come reagiscono Carlo, Gano e Naimes al suono dell'olifante?

2. Il dolore di Orlando Perché Orlando suona *dolorosamente* (lassa CXXXIII, v. 2) il corno? Quali motivazioni, fisiche e psicologiche, puoi individuare?

3. La *follia* del Saraceno In che modo il Saraceno tenta di sottrarre le armi a Orlando? Perché fallisce?

4. Il corno e la spada Quali sono le caratteristiche del corno e della spada di Orlando? Perché l'eroe tenta di distruggerli? Con quali risultati?

5. Il viso rivolto verso la Spagna Perché Orlando si prepara a morire tenendo il viso rivolto verso la Spagna? Scegli la risposta corretta:

- **a.** perché vuole comunicare a Carlo Magno che il traditore è uno spagnolo
- **b.** per motivi religiosi, per collocarsi lungo la via del pellegrinaggio in Spagna
- **c.** per dimostrare che non teme i nemici e muore guardando verso di loro

6. La preghiera di Orlando Quali sono i pensieri di Orlando in punto di morte? Che cosa ricorda? Che cosa chiede a Dio?

7. Tendere il guanto Perché il gesto di tendere il guanto assume un ruolo simbolico decisivo nell'episodio?

8. Il paesaggio Come definiresti il paesaggio in cui avviene la scena? Scegli la risposta corretta:

- **a.** concreto e realistico
- **b.** generico e idealizzato
- **c.** fantastico ma ricco di particolari

9. Il soprannaturale Quali fatti denunciano la presenza di elementi soprannaturali?

LESSICO E STILE

10. *Un buon vassallo* Perché Orlando usa l'espressione *un buon vassallo* (lassa CLXX, v. 52) per definire se stesso?

11. La struttura delle lasse Leggi la lassa CLXX e individua alcuni esempi di stile paratattico; un epiteto formulare; un intero verso formulare.

12. Il vocabolario Con l'aiuto del dizionario, spiega le parole che seguono: *zampilla*; *si spande*; *valichi*; *esibirsi*; *un prode*; *si inoltra*; *s'avventa*; *gemmato*; *stride*; *sovente*.

13. Le anafore Individua nel testo alcuni esempi di anafore.

SCRITTURA

14. Scrivi un testo espositivo: la cerimonia del vassallaggio Fai una ricerca sul libro di storia, sull'enciclopedia o in Internet per raccogliere informazioni a proposito della cerimonia di investitura a vassallo. Poi scrivi un breve testo espositivo che presenti le caratteristiche e le ragioni di questo rituale.

15. Scrivi un testo narrativo: un punto di vista diverso Immagina di essere un cavaliere del seguito di Orlando oppure un Saraceno e racconta dal tuo punto di vista la battaglia di Roncisvalle e la morte dell'eroe in un testo narrativo.

SPUNTI PER LA DISCUSSIONE IN CLASSE

16. Il tradimento Nell'epica medievale il tradimento o fellonia era un male imperdonabile e tale resterà in tutta l'epica cavalleresca. Come viene giudicato il tradimento nella nostra società? È accettabile o persino considerato un valore in qualche circostanza?
Leggi il brano dello scrittore israeliano Amos Oz, riportato di seguito, e poi confronta le tue opinioni con i compagni e l'insegnante.

Il tradimento non è il contrario dell'amore, è una delle sue tante opzioni. Traditore è colui che cambia agli occhi di coloro che non possono cambiare e non cambierebbero mai e odiano cambiare e non lo concepiscono, a parte il fatto che vogliono continuamente cambiare te: così la penso io. In altre parole agli occhi del fanatico il traditore è chiunque cambi.

(A. Oz, *Contro il fanatismo*, Feltrinelli, Milano 2004, p. 40)

L'*epos* nazionale e religioso: il *Cantare del Cid*

L'epica della *Reconquista* spagnola

All'inizio dell'XI secolo il nord della Spagna era diviso in alcuni regni cristiani: Navarra, Asturie, Leòn, Aragona, Catalogna e Castiglia. Il sud-est della penisola era invece sotto il dominio arabo: si erano infatti creati alcuni territori ispano-arabi, detti anche moreschi. Tra l'XI e il XIII secolo gli stati cristiani, grazie anche all'appoggio finanziario dei monaci cluniacensi e all'intervento militare di avventurieri francesi, intrapresero una lotta contro i possedimenti arabi. È la cosiddetta ***Reconquista***, "riconquista", che portò alla cacciata definitiva degli Arabi da tutta la penisola, a eccezione del territorio di Granada, destinato a resistere fino alla fine del XV secolo. Lo scontro tra cristiani e Arabi è lo sfondo del *Cantare del Cid*, poema epico imperniato attorno alla figura di uno dei protagonisti della lotta contro i Mori, Rodrigo Dìaz de Vivar.

La struttura metrica, l'autore, l'epoca

Il ***Cantare del Cid*** è un poema anonimo, composto da circa 4000 versi, divisi in strofe (lasse) di varia lunghezza, legate tra loro da rime e assonanze liberamente disposte; è scritto in lingua castigliana medievale.
L'unico manoscritto conservato è incompleto: mancano tre fogli, tra cui quello iniziale. È presente un'annotazione con la data 1207 e il nome di Per Abat, ma non è possibile definire se si tratti del giullare che ha messo per iscritto l'opera oppure del copista che si è limitato a trascriverla. L'epoca a cui far risalire la composizione è oggetto di discussione tra gli studiosi: secondo alcuni il cantare, recitato prima oralmente dai giullari, assunse la forma attuale a metà del XII secolo (verso il 1140), mentre secondo altri l'opera è posteriore, perché contiene riferimenti a norme giuridiche e a consuetudini militari entrate in vigore nella seconda metà del XII secolo: la data di composizione andrebbe perciò spostata intorno al 1200.

Realtà e leggenda, personaggi storici ed eroi idealizzati

Rodrigo Dìaz è un personaggio realmente esistito, nato a Vivar, vicino a Burgos, nel 1043 e morto nel 1099. Ricoprì ruoli di prestigio alla corte di Sancho II di Castiglia, ma con il successore Alfonso VI non riuscì a stabilire un analogo rapporto di fiducia e di collaborazione. Egli apparteneva alla bassa nobiltà di Castiglia, che in quegli anni si scontrava con l'alta aristocrazia di corte per affermare il proprio ruolo. Nonostante il matrimonio con una parente del re, i rapporti fra Rodrigo Dìaz e il sovrano si deteriorarono ed egli dovette subire l'esilio a partire dal 1081. Si recò dunque come mercenario nelle terre dei Mori, dove gli fu attribuito l'appellativo di Cid (dall'arabo *sayyddī*, "mio signore"), e le sue imprese militari ebbero successo, in particolare contro il conte di Barcellona. Successivamente, però, egli iniziò un proprio piano personale di conquista ai danni delle terre del Levante, giungendo a sottrarre Valencia agli Arabi e a stabilirvi il proprio dominio. Le sue figlie sposarono i principi di Navarra e di Barcellona. Alla sua morte, la moglie trasferì la salma nel monastero di San Pedro, che divenne presto meta di pellegrinaggi. Qui iniziarono ad accumularsi molti racconti, cronache, canzoni e leggende, in latino e in volgare, dedicate alle imprese del condottiero, tanto da creare una sorta di culto intorno al personaggio. La figura storica di Rodrigo Dìaz subì così una **trasfigurazione eroica** e il Cid Campeador (dal latino *campidoctor*, "condottiero") divenne l'emblema della riscossa cristiana contro gli Arabi.

Lo stile

Nel *Cantare del Cid* confluiscono **due trame distinte** (quella che riguarda l'esilio, l'ascesa e la riabilitazione del Cid da un lato; quella che narra l'oltraggio dei conti di Carriòn, il processo e il trionfo finale della famiglia del Cid dall'altro), ma l'opera mostra una profonda unità grazie alle scelte stilistiche, costanti in tutta il poema. Il **narratore onnisciente** è, dall'inizio alla fine, a favore del protagonista, di cui mette sempre in evidenza i lati positivi; i personaggi sono raramente descritti in terza persona, ma piuttosto presentati attraverso le loro stesse parole, riportate in discorsi diretti; compaiono inoltre **espressioni formulari**, cioè epiteti fissi o blocchi di versi ripetuti più volte, come nell'epica omerica e nella *Chanson de Roland*, e le formule sono simili e attestate in pari proporzioni in tutte le parti del cantare. Il linguaggio dell'opera è sempre concreto, realistico, e spesso si fa riferimento a parti del corpo, il che fa supporre che quei versi fossero accompagnati da un gesto del giullare che recitava. Anche la presenza di ridondanze (ad esempio *piangere dagli occhi*) serviva a rendere più concreta la rappresentazione degli stati d'animo.

l'opera

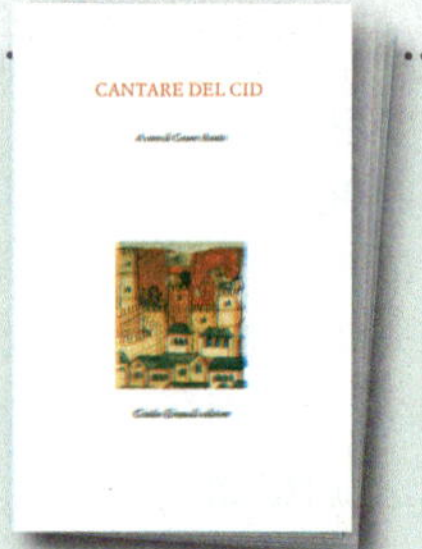

Cantare del Cid

Sin dalle prime edizioni, l'opera fu suddivisa in tre parti.

Cantare primo o *cantar del destierro* ("cantare dell'esilio")

Il protagonista, Rodrigo Dìaz, detto Cid Campeador, è accusato ingiustamente da nobili invidiosi ed è costretto a lasciare la sua casa di Vivar; non trova ospitalità in nessun luogo, perché il re minaccia gravi pene per chi osi dargli accoglienza. Con un gruppo di fedeli compagni, il Cid inizia dunque a predare le terre dei Mori per procurarsi i rifornimenti necessari; con l'astuzia e con la forza conquista molte città, fino a sottomettere l'intera regione che va da Teruel a Saragozza. Nelle sue incursioni attraversa le terre del conte di Barcellona, cristiano, che, temendo un assalto, raduna contro di lui un enorme esercito. Il Cid ha il sopravvento e il conte di Barcellona, prigioniero, intende lasciarsi morire di fame per non sopravvivere all'affronto subito. La cortesia del Cid, tuttavia, lo induce ad abbandonare il suo proposito: il cantare si chiude con l'immagine del conte di Barcellona che, dopo tre giorni di digiuno, si getta sul cibo offertogli dal Campeador.

Cantare secondo o *cantar de las bodas* ("cantare delle nozze")

Il Cid prosegue nella sua conquista delle terre dei Mori e pone sotto assedio la città di Valencia, che alla fine si arrende. I vincitori si appropriano di enormi ricchezze e il Cid decide di inviare un ricco dono al re Alfonso VI, per dimostrargli di non essere mai venuto meno alla propria lealtà, nonostante l'ingiusto esilio. Il re apprezza gli omaggi, ma a corte nascono nuove invidie e nuove trame da parte di chi vorrebbe impadronirsi della ricchezza del Cid. Tra questi individui, i due conti di Carriòn, Diego e Fernando, aspirano a sposare per interesse le figlie del Campeador; il re approva la proposta di matrimonio e ordina di riferirla al Cid, il quale, invece, conoscendo l'indole orgogliosa e subdola dei due conti, preferirebbe rifiutare. Tuttavia, quando il re Alfonso ritira il bando e riabilita l'eroe, il Cid acconsente alle nozze, celebrate a Valencia.

Cantare terzo o *cantar de la afrenta de Corpes* ("cantare dell'oltraggio di Corpes")

Come il Cid aveva previsto, Diego e Fernando si rivelano uomini di scarso valore. La loro viltà è spesso oggetto di beffe a corte ed essi meditano di vendicarsi sulle mogli: dopo averle trascinate nel bosco di Corpes, le frustano e le picchiano selvaggiamente, ma il nipote del Cid le soccorre e le porta in salvo. Quando il Campeador apprende l'accaduto, chiede giustizia al re. Durante il processo, i due conti sono costretti a restituire beni e ricchezze, ma si giustificano vantando la propria superiorità nobiliare rispetto alle mogli, di rango inferiore. A quel punto, però, giungono alcuni ambasciatori dei principi di Navarra e Aragona, che chiedono di sposare le due donne. I conti di Carriòn, sfidati in duello, sono sconfitti e considerati per sempre infami traditori, mentre le figlie del Cid si uniscono in seconde nozze ai due principi. In questo modo il Cid entra a pieno diritto nella famiglia reale.

ANONIMO

UN EROE COSTRETTO ALL'ESILIO

Opera: *Cantare del Cid*, cantare I, lasse 1-5, vv. 1-78

Il *Cantare del Cid* si apre con la scena in cui il protagonista, Rodrigo Dìaz (il Cid), è costretto ad abbandonare la sua terra, Vivar. Egli scopre drammaticamente l'asprezza dell'esilio: nessuno, nella vicina città di Burgos, è disposto ad accoglierlo, perché il re ha minacciato pesanti ritorsioni contro chiunque offra aiuto all'esule.

1

Dagli occhi suoi così forte piangendo,
volgeva la testa e indugiava guardando.
Vide le porte aperte, gli usci senza lucchetto,
le pertiche spoglie, senza pelli né manti
e senza falconi, senza più astori mudati.
Sospirò il Cid, ché aveva grande affanno.
Parlò il Cid, bene e con tanto senno:
«Ti dico grazie, Dio, Padre che sei in alto!
Questo han fatto di me i miei nemici malvagi».

2

Già iniziano a spronare, già allentano le redini.
All'uscita di Vivar ebbero la cornacchia a destra
e nell'entrare a Burgos l'ebbero alla sinistra.
Il Cid scosse le spalle e poi scrollò la testa:
«Buone nuove, Àlvar Fàñez, siamo cacciati dalla nostra terra!».

3

Il Cid Ruy Dìaz a Burgos entrava;
al seguito aveva sessanta pennoni.
Uscivano a vederlo gli uomini e le donne:
le genti di Burgos alle finestre stanno

4. le pertiche: si tratta di aste che abitualmente reggevano mantelli e vesti oppure uccelli adoperati per cacciare.

5. astori mudati: sono rapaci addestrati per la caccia, come i falconi; gli astori erano *mudati* perché avevano già subito la muta stagionale delle penne.

6. il Cid: il soprannome di Rodrigo Dìaz era Cid Campeador, derivato dall'arabo *sayyddī*, "signore", e dal latino *campidoctor*, "condottiero". • **ché:** perché.

9. i miei nemici malvagi: sono coloro che hanno ingiustamente accusato il Cid. Il re Alfonso VI ha dato credito alle loro accuse e ha decretato un bando contro il protagonista.

11. Vivar: è il feudo di Rodrigo Dìaz; si trova a nord di Burgos, in Castiglia.

11-12. la cornacchia a destra ... alla sinistra: come nella tradizione antica, il volo degli uccelli era interpretato come un segno del destino. Le cornacchie dalla parte destra rappresentavano un presagio favorevole (nell'esilio il Cid troverà fortuna), dalla parte sinistra annunciavano invece sventure (il Cid a Burgos avrà una cattiva accoglienza).

14. Àlvar Fàñez: si tratta del nipote e compagno del Cid. È un personaggio effettivamente esistito.

15. Ruy: è il diminutivo di Rodrigo.

16. pennoni: ovvero cavalieri armati di lance da cui pendevano *pennoni*, cioè stendardi. Si tratta di una figura retorica chiamata metonimia (lo strumento per chi lo adopera).

piangendo dagli occhi per il grande dolore;
e con la bocca sua diceva ognuno le stesse parole:
«Dio, quale buon vassallo! Se avesse un buon signore!».

4

Lo farebbero entrare, ma non c'era chi osava:
del re don Alfonso troppo grande era l'ira.
Il giorno prima, a notte, una lettera era arrivata
a Burgos per avviso, fortemente sigillata:
che al Cid Ruy Dìaz nessuno aprisse la casa;
chi mai osasse farlo sapesse, per ordinanza,
che perderebbe i beni, gli occhi della sua faccia
ed ancora di più: perderebbe corpo e anima.
Grande duolo ne avevano le genti cristiane;
si nascondono dal Cid, non osano dirgli una parola.
Il Campeador cavalcò alla sua casa,
ma quando fu alla porta la trovò ben serrata.
Per paura del re Alfonso tutti erano d'intesa
che se non l'abbatteva nessuno avrebbe aperto.
Quelli del Cid a grandi voci chiamano;
quelli di dentro rispondere non volevano.
Diede di sprone il Cid, davanti all'uscio arrivava.
Cavò il piede dalla staffa, un gran colpo gli dava;
ma non s'apre la porta, che era bene serrata.
Una fanciulla di nove anni innanzi si portava:
«Ah, Campeador, buona fu l'ora in cui cingeste spada!
Il re lo ha vietato, una lettera ieri è arrivata
in città per avviso fortemente sigillata.
Per nulla al mondo oseremmo aprirvi, né farvi entrare,
ché se no perderemmo i beni e anche la casa,
ed ancora di più: gli occhi di questa faccia.
O Cid, dal nostro male voi nulla guadagnate:
che il Creatore vi assista con tutte le sue virtù sante».
Questo la fanciulla disse e se ne tornò in sua casa.
Vede bene, ora, il Cid, che dal re non ha grazia.
Si scostò dalla porta, per Burgos cavalcava;
giunse a Santa Maria, dalla sella smontava;
mise i ginocchi a terra e di cuore pregava.
Fatta la sua orazione riprese a cavalcare;
è uscito dalla porta, l'Arlanzòn traversava.

21. vassallo: feudatario, legato al suo signore da un giuramento di fedeltà.
23. don Alfonso: è Alfonso VI di Castiglia, re di Leòn dal 1065 al 1072 e di Castiglia e Leòn dal 1072 al 1109.
26-29. nessuno ... anima: la pena prevista per coloro che oseranno dare ospitalità al Cid è la privazione di tutti i beni, l'accecamento e la morte senza possibilità di confessione.
30. duolo: dolore.
42. buona ... spada!: felice il momento in cui diventaste cavaliere! Si tratta di una formula di saluto riservata a un personaggio di valore.
53. Santa Maria: è la cattedrale, fatta costruire a Burgos da Alfonso VI.
56. Arlanzòn: si tratta di un piccolo fiume nei pressi di Burgos.

Poco fuori città sul greto si fermava;
piantavano la tenda, da cavallo smontava.
Il Cid Ruy Dìaz, quel che in buon'ora cinse spada,
riposò presso il fiume, nessuno lo voleva in sua casa:
a lui d'intorno compagnia numerosa.
Così si accampò il Cid, come fosse in montagna.
Gli han vietato di comprare, a Burgos, nelle case,
qualunque provvista per il viaggio che hanno da fare.
Nessuno ha osato vendergliene, neanche per un denaro.

5
Martìn Antolìnez, burgalese compito,
al Cid ed ai suoi procura pane e vino.
Non li deve comprare perché ne è ben provvisto,
e di ogni vettovaglia la compagnia ha fornito.
Si allegrarono il Cid e quanti si son posti al suo servizio.
Parlò Martìn Antolìnez, quello che ha detto udite:
«Oh Campeador, alla buon'ora siete nato!
Dormiamola qui, questa notte, ma andiamo via a mattino,
poiché mi accuseranno per quello che vi ho dato:
in disgrazia del re Alfonso sarò caduto anch'io.
Ma se con voi troverò scampo, se ne uscirò sano e vivo,
un giorno, prima o poi, il re mi vorrà ancora per amico.
E se no, tutto quanto ora lascio per me non vale un fico».

(*Il Cantare del Cid*, trad. it. di C. Acutis, Einaudi, Torino 1986)

66. burgalese: ovvero abitante di Burgos.

72. alla buon'ora siete nato!: ancora una formula di saluto che esprime rispetto e ammirazione.

ANALISI DEL TESTO

L'amarezza dell'esilio

Il manoscritto che conserva l'opera è privo del primo foglio, nel quale, probabilmente, era contenuta la motivazione dell'esilio del Cid. Di fatto, il poema a noi giunto inizia *in medias res*: il protagonista è davanti alla propria casa e, con gli occhi pieni di lacrime, contempla i segni della desolazione e della violenza. Qualcuno ha forzato le porte e la dimora è abbandonata, priva di tracce che dimostrino uno scorrere regolare della vita (*le pertiche spoglie*, lassa 1, v. 4). Nulla sarà più come prima per lui: chi è costretto all'esilio perde infatti la propria casa e non ha alcuna certezza di trovare altrove ospitalità o appoggio. Il Cid, in realtà, nel seguito dell'opera fa in modo di non dipendere da nessuno e di procurarsi da sé i mezzi necessari, con incursioni e assalti; tuttavia l'apertura del cantare pone l'accento proprio su ciò che si perde, sulla dimensione concreta dell'esilio: il reietto è destinato a bussare inutilmente a porte che restano serrate. Gli abitanti di Burgos infatti, pur commiserando la sua condizione, non hanno il coraggio di intervenire, perché temono le ritorsioni del re. Essi non dubitano della lealtà di Rodrigo Dìaz e sanno che il sovrano lo ha condannato a torto (*Dio, quale buon vassallo! Se avesse un buon signore!*, lassa 3, v. 21); ma si limitano a guardare addolorati dalle finestre, senza offrire aiuto. Tra questi uomini pieni di vergogna per la propria viltà non c'è nessuno che osi spiegare la situazione a Rodrigo Dìaz: di ciò è incaricata una bambina di nove anni, che riferisce le pesanti minacce del re.

Chi decide di sostenere l'esule, come Martìn Antolìnez, fa una scelta senza ritorno: offrire vettovaglie al Cid significa infatti essere disposto a condividere il suo destino nella cattiva sorte e un giorno, forse, nella fortuna.

La forza morale di un uomo di valore

Il protagonista delle vicende è un eroe che soffre: piange, sospira, osserva i segni concreti della rovina. Rodrigo Dìaz, tuttavia, fin dalla prima strofa si dimostra capace di sopportare le avversità con spirito di rassegnazione cristiana, senza rabbia o propositi di vendetta: egli si rivolge a Dio, invocandolo come testimone dell'ingiustizia subita. Anche di fronte alla mancanza di aiuto da parte dei cittadini di Burgos, il Cid agisce in modo magnanimo, pur nella sventura: non sottrae con la violenza quanto gli serve né espone gli abitanti all'ira del re. Si reca alla cattedrale per pregare nuovamente Dio, poi lascia la città. Nell'aiuto insperato da parte del ricco Martìn Antolìnez, il Cid sperimenta finalmente un primo segno della benevolenza divina. L'aspetto religioso, tuttavia, è molto diverso da quello della *Chanson de Roland*, dove il sovrannaturale compariva come elemento costante e imprescindibile: nel *Cantare del Cid* quello che conta veramente è l'intraprendenza personale, tanto che perfino la lotta contro i Mori, non è un vero scontro tra cristiani e pagani, ma un'occasione per il condottiero di costruirsi un patrimonio e un prestigio personale, per riscattarsi attraverso la lotta. Mentre Orlando è proposto come eroe da ammirare, il Cid è soprattutto un uomo, le cui vicende suscitano commozione.

La concretezza e la partecipazione

È evidente la simpatia del narratore onnisciente per il protagonista, verso il quale intende suscitare sia pietà (con il riferimento al pianto di Rodrigo e alla solitudine in cui si trova), sia ammirazione per le qualità positive (la capacità di sopportazione cristiana, la fiducia in Dio, la clemenza verso i persecutori). Il linguaggio è concreto, meno solenne rispetto a quello dei cantari francesi (*si accampò il Cid come fosse in montagna*, lassa 4, v. 62; *tutto quanto ora lascio per me non vale un fico*, lassa 5, v. 78). Si nota inoltre la presenza dello stile formulare, nella forma sia di epiteti riferiti al Cid sia di interi blocchi di versi ripetuti.

ESERCIZI

COMPRENSIONE E ANALISI

1. La solitudine del Cid Rodrigo Dìaz non è completamente solo nel suo esilio. Chi rimane al suo fianco o si unisce a lui?

2. Il bando del re Quali pene prevede il re per chi offre aiuto al Cid?

3. La condizione dell'esule Il narratore insiste sulla solitudine del protagonista. Quale effetto intende perseguire? Scegli la risposta corretta:

- **a.** denunciare la crudeltà degli abitanti di Burgos
- **b.** suscitare compassione per il protagonista
- **c.** evidenziare la colpa che ha causato l'esilio di Rodrigo

4. La concretezza dell'esilio Rileggi il brano riportato e metti in evidenza gli aspetti concreti della condizione dell'esule: che cosa ha perduto il Cid? Di che cosa ha bisogno?

5. *Dal nostro male voi nulla guadagnate* Perché la bambina rivolge questa frase al Cid nella lassa 4, v. 48? Che cosa gli sta chiedendo?

LESSICO E STILE

6. Lo stile formulare Individua nel testo gli epiteti ricorrenti e i versi formulari.

7. Il vocabolario Spiega con parole tue i seguenti termini: *senno*; *spronare*; *serrata*; *staffa*; *cingeste*; *orazione*; *greto*; *compìto*; *vettovaglia*.

8. Le ridondanze Individua nel testo alcuni esempi di ridondanze stilistiche.

9. I tempi verbali Una caratteristica dello stile del *Cantare del Cid* è la disinvolta alternanza dei tempi verbali. Individua un esempio.

SCRITTURA

10. Scrivi un testo narrativo-descrittivo: l'addio alla propria terra Immagina un personaggio che, ai giorni nostri, debba lasciare per sempre la propria terra: descrivi il suo stato d'animo e racconta la sua storia in un testo narrativo-descrittivo.

11. Scrivi un testo argomentativo: Rodrigo Dìaz e Orlando Se hai letto il brano tratto dalla *Chanson de Roland*, esamina somiglianze e differenze tra i due personaggi.

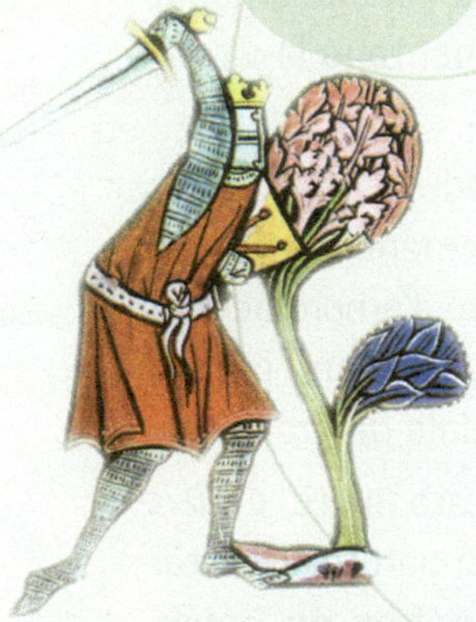

Il ciclo bretone: la vicenda d'amore di Tristano e Isotta

I "romanzi" bretoni

Nelle corti della Francia settentrionale, a partire dal XII secolo, si diffondono testi che raccontano in versi storie d'amore e d'avventura. Essi sono detti "romanzi" perché sono le composizioni più diffuse in lingua romanza, cioè nell'antico francese o lingua d'oïl; trattandosi di narrazioni, il termine "romanzo" passa poi con il tempo a indicare un genere letterario narrativo, non più in versi ma in prosa.

I romanzi bretoni, in versi ottosillabi a rima baciata, fondono elementi della tradizione classica latina e greca con le leggende celtiche, tra cui quelle legate alle figure di Artù, re del Galles nel VI secolo d.C., e dei suoi guerrieri, i cavalieri della Tavola Rotonda, cantati in particolare dal poeta Chrétien de Troyes (▶ p. 275).

I principali temi dei romanzi bretoni sono:

- **L'avventura individuale**. Le imprese del singolo eroe prevalgono infatti sulla dimensione nazionale o collettiva tipica delle *chansons de geste*;
- **L'amore come forza violenta e insopprimibile**. In genere si tratta di un amore adultero e impossibile, come quello fra Tristano e Isotta o Lancillotto e Ginevra;
- **Gli elementi fiabeschi e meravigliosi**. Creature fantastiche come draghi e giganti, filtri d'amore, magie ecc. popolano questi poemi.

Il mito di Tristano

All'interno dei romanzi bretoni uno spazio particolare spetta anche alla vicenda di Tristano e di Isotta. Il mito di Tristano si basa su alcune leggende celtiche, diffuse oralmente in Irlanda e in Cornovaglia, poi riprese e rielaborate da molti autori. Si tratta di una storia che unisce in modo indissolubile amore e morte: racconta infatti una passione fortissima, reciproca, ma impossibile, fra il giovane Tristano e la bella Isotta.

Tra le versioni pervenute, tutte frammentarie, possiamo ricordare:

- ***Le roman de Tristan*** del chierico **Thomas d'Angleterre**, scritto in lingua anglo-normanna alla fine del XII secolo (probabilmente nel 1170) e destinato al raffinato ambiente della corte di Eleonora d'Aquitania e del marito Enrico II Plantageneto. Possediamo circa 3000 versi di quest'opera, tra cui la conclusione del poema con la descrizione della morte dei due protagonisti;

– Il ***Roman de Tristan*** del normanno **Béroul**. I circa 4000 versi conservati testimoniano un gusto più realistico, a volte persino crudo, nel tratteggiare la dolorosa passione dei due amanti; allo stesso tempo, viene dato ampio spazio agli elementi fiabeschi che influenzano la vicenda. Il testo è privo della parte iniziale e di quella finale;

– Il ***Tristan und Isolde*** di **Goffredo di Strasburgo**. Scritto intorno al 1210 in tedesco medievale, concede meno spazio alla narrazione di avventure e alla presentazione di elementi magici per concentrarsi piuttosto sulla caratterizzazione psicologica dei personaggi: il filtro d'amore bevuto per caso da Tristano e Isotta è presentato, ad esempio, come una semplice occasione per far venire alla luce i sentimenti che i protagonisti fino a quel momento hanno celato dentro di sé.

Si possono ancora menzionare il ***Tristan*** di **Eilhart von Oberge**, sempre in tedesco antico, e i *lais* (brevi componimenti in versi, dedicati a singoli episodi) di **Maria di Francia**, in particolare il ***Lai del Caprifoglio***. Abbiamo infine notizia di un romanzo in versi, perduto, di **Chrétien de Troyes** (▸ p. 275). Tra le riprese moderne del mito di Tristano spiccano poi il ***Tristano e Isotta***, opera lirica in tre atti del tedesco **Richard Wagner**, composta nel 1859 e rappresentata per la prima volta a Monaco nel 1865, e ***Il romanzo di Tristano e Isotta*** di **Joseph Bédier**, pubblicato nel 1900 (▸ p. 283).

La versione della vicenda proposta alla lettura in queste pagine è quella dell'anglo-normanno Thomas, scritta nel XII secolo.

Lo stile

Il testo di Thomas, che abbiamo scelto di riportare, spicca per la profonda analisi psicologica dei personaggi, affidata sia alle parole de! narratore onnisciente, sia a quelle dei personaggi, che nei discorsi diretti rappresentano con evidenza l'intensità delle diverse emozioni. Vi sono alcuni interventi diretti della voce narrante, che rivolge ad esempio un appello ai lettori per invitarli ad ascoltare vicende straordinarie e dolorose. Le frasi sono in genere brevi e paratattiche, ricche di anafore, iterazioni e parallelismi.

l'opera

Le roman de Tristan

Nelle diverse redazioni, la trama ha avuto alcuni sviluppi differenti. Gli elementi che si mantengono invariati, comunque, sono quelli che seguono: Tristano, principe di Lonnois (in Bretagna), si reca in Irlanda per ordine dello zio Marco, re di Cornovaglia. Egli ha il compito di prelevare la principessa Isotta la Bionda, promessa sposa del re; i due giovani tuttavia, mentre si trovano sulla nave in viaggio verso la Cornovaglia, bevono per errore un filtro magico che scatena tra loro una fortissima passione. L'amore è però impossibile, perché entrambi non possono tradire la fiducia del re Marco. Isotta sposa dunque il sovrano, ma il sentimento per Tristano non si placa e i due intrecciano una relazione clandestina. Scoperti, riescono fortunosamente a sfuggire all'ira del re e vivono per qualche tempo nella foresta di Mourois. Tuttavia il peso della colpa in cui vivono li tormenta e, dopo qualche tempo, Isotta si riconcilia con il marito, mentre Tristano intraprende molti viaggi e sposa una nobile donna bretone, dal nome simile a quello della sua amata: Isotta dalle Bianche Mani. Pur separati, i due amanti continuano a struggersi l'uno per l'altra, finché Tristano, ferito mortalmente, manda un amico fidato a chiamare Isotta per vederla un'ultima volta. Isotta risponde alla richiesta dell'amato e parte immediatamente per raggiungerlo, ma la moglie di Tristano, per gelosia, con una menzogna induce lo sposo a credere che la sua attesa sia vana e il protagonista muore senza alcuna consolazione. Quando Isotta finalmente giunge da Tristano è ormai troppo tardi e anch'essa muore disperata. Alcune versioni della storia aggiungono che i due sfortunati amanti saranno sepolti l'uno accanto all'altra e una pianta, germogliata dal sepolcro di Tristano, unirà le due tombe in un ultimo, eterno abbraccio.

THOMAS D'ANGLETERRE

▶ **Opera:** *Roman de Tristan*, vv. 1-135

LA CONCLUSIONE DI UN AMORE IMPOSSIBILE

È la scena conclusiva del poema di Thomas: Tristano, gravemente ferito, è tenuto in vita solo dalla speranza di rivedere un'ultima volta la donna che ha sempre amato, Isotta la Bionda. Il destino, tuttavia, ancora una volta si mostra ostile e nega ogni consolazione al protagonista, perché le condizioni del vento e del mare ritardano a lungo l'arrivo della nave attesa e la moglie di Tristano, Isotta dalle Bianche Mani, sfoga la sua gelosia con una crudele menzogna. L'esito sarà tragico: l'amore che i due protagonisti non hanno potuto né respingere né soddisfare trova compimento soltanto nella morte di entrambi.

La Bretagna! Compare all'orizzonte
la terra di Bretagna, nella luce
incerta del mattino! E balza il cuore
in petto a Kaerdin: un grido i marinai
lanciano per la gioia! La Bretagna
è bene in vista! La terra è vicina!
Alta la vela bianca contro il cielo
risplende: da lontano, dalla costa
si vede bene. È l'ultimo dei giorni
concessi a Tristano. E sono in vista
della riva. Ma il vento ora è scomparso.
La nave in mezzo al mare adesso è ferma
immobile, nell'aria fresca, senza
un soffio. Va con la corrente, rotta,
in più parti; perduta alla deriva
come una nave morta dopo un duro
uragano. Come in un sogno sono
pieni d'angoscia vedendo la terra

1. La Bretagna!: la nave di Isotta viene dalla Cornovaglia e finalmente è giunta in vista della terra in cui si trova Tristano: la Bretagna, nel nord della Francia.
4. Kaerdin: è il fratello di Isotta dalle Bianche Mani e amico fraterno di Tristano. A lui il principe ha affidato la missione di chiedere a Isotta la Bionda di tornare un'ultima volta.
7. la vela bianca: Tristano aveva concordato con l'amico Kaerdin che le vele sarebbero state bianche se Isotta avesse accettato di venire, nere in caso contrario. Questo particolare ricorda il mito di Teseo: il padre Egeo aveva chiesto all'eroe di issare vele bianche se la spedizione contro il Minotauro avesse avuto successo; le vele nere avrebbero invece indicato la morte del figlio. Teseo dimenticò di sostituire le vele e il padre, disperato, si gettò nel mare, che da lui prese nome.
11. ora è scomparso: poco prima la nave di Isotta ha dovuto affrontare una tempesta e ha rischiato di fare naufragio. A questo punto invece il vento cessa e la nave non avanza. Anche gli elementi naturali sembrano agire contro i due amanti.
14. rotta: a causa dei venti e delle onde violente della tempesta.

vicinissima. E il vento non si leva!
Non ci si sposta indietro, né avanti.
Scivolando, con la corrente ondeggia
la nave senza muoversi. Ed Isotta
ha la morte nel cuore: con la veste
a brandelli, i capelli scarmigliati,
sconvolta, vede la riva vicina,
che profuma. Che sembra di potere
toccare con la mano. E resta ferma,
immobile la nave! E sulla riva
guardano il mare, ansiosi. Si trascina
stremato, con il volto dalle lacrime
scavato, con il cuore arso per sempre,
dal desiderio, Tristano morente.
È sfinito; la conoscenza perde
a momenti. Sospira senza pace.
Ed Isotta, crudele, si avvicina
a quell'uomo che spasima e gli dice:
«La nave da lontano sta tornando!
È lei, sono sicura! L'ho osservata
a lungo, prima di venire! Il cielo
mi conceda di darti la notizia
che ti darà la vita!». Ed ha un sussulto
il corpo di Tristano e dal profondo
della gola esce un grido: «E la sua vela?
Com'è la vela? Dimmi! Che colore
ha la vela?». E la donna gli risponde
senza pietà: «Nera come la notte.
La brezza è scarsa e l'hanno tesa molto.
È alta e brilla nell'aria senza vento».
Si volta contro il muro per morire
Tristano, mormorando le parole
più tremende: «Mi salvi Dio! Ed Isotta
salvi. Io muoio per amore. Fino
all'ultimo respiro ti ho chiamata.
La vita mia è scomparsa! Della morte
ti chiedo compassione. Io ti domando

19. non si leva: non si alza, dunque la nave rimane immobile e non raggiunge la Bretagna, pur essendo ormai vicinissima.
26-27. sembra ... mano: la scena ricorda il supplizio di Tantalo, raccontato anche nell'*Odissea*. Nell'Oltretomba Tantalo era divorato da una sete e da un fame atroci, ma appena tentava di raggiungere l'acqua o il cibo, molto vicini a lui, questi si ritraevano, lasciando il suo desiderio perennemente inappagato.
29. guardano il mare: Tristano, morente, ha fatto porre il suo letto sulla costa, per scorgere l'arrivo della nave tanto attesa.
30. stremato: sfinito, spossato.
35. Isotta: si tratta di Isotta dalle Bianche Mani, la moglie che Tristano non ha mai amato.
36. spasima: soffre per l'affanno.
44. Com'è la vela?: il colore della vela è infatti il segnale convenuto fra Kaerdin e Tristano, (▶ nota al v. 7).
47. brezza: il vento.
53. ti ho chiamata: nel suo discorso Tristano alterna parti rivolte a Dio a lamenti destinati all'amata.
55. compassione: Tristano crede che Isotta non sia venuta e dunque non lo ami più. Per questo esprime il desiderio che lei si impietosisca almeno alla notizia della sua morte.

pietà per il dolore. Alla mia fine
unica gioia». E Isotta, grida, Isotta,
Isotta per tre volte! E grida e rende
lo spirito ed immobile ricade.
Alto si leva il pianto nella casa,
il grido delle donne ed il dolore
degli uomini, tutti senza freno
in tumulto. Ed in alto vien portato
il corpo di Tristano, sulle braccia
di vassalli, di molti cavalieri:
lo depongono dolcemente sopra
un lenzuolo e ricoprono il corpo
con un velo di pallida seta.
Si alza il vento sul mare. Per incanto,
la vela bianca, gonfia, si avvicina
a terra: in un momento è a terra. E a terra
balza Isotta, correndo! Sulla sabbia
corre senza fermarsi: e da lontano
le giungono le voci. Da lontano
sente grida, ed il pianto e le campane
lentamente, sonore, dalla chiesa
rintoccano. Si arresta: chiede invano
agli uomini che passano col capo
chino, cogli occhi bassi. Le risponde
un vecchio, stanco, triste: «Dolorosa
sarà per sempre questa lunga, cupa
giornata. Che il Signore ci consoli!
È morto il nostro principe! Tristano
il prode, il forte, il più perfetto e ardito
cavaliere di tutto questo regno.
È morto! Morto! A tutti era nel cuore.
Era prodigo con i bisognosi,
con i poveri, con tutti coloro
che soffrono. Ed è morto dopo giorni
e giorni, senza fine, in agonia:
per una spada avvelenata. È morto
nel suo letto per atroci ferite.
Sventura a noi! Sventura a noi! Sventura!».
Ed Isotta è impietrita. E rimane
in silenzio, le manca la parola.
Poi corre via, impazzita dal dolore,

57. unica gioia: il pensiero della pietà di Isotta è l'unico conforto nel momento della morte.

69. Si alza il vento: il destino si accanisce contro i due sfortunati amanti: il vento, con la sua violenza prima, con la sua assenza poi, ha ostacolato il viaggio di Isotta; quando ormai Tristano è morto e tutto è inutile, il vento riprende e sospinge rapidamente la nave verso le coste della Bretagna.

87. prodigo: generoso.

94. impietrita: paralizzata dal dolore, come se fosse divenuta una pietra.

verso il palazzo, nella strada piena
del popolo che piange. Corre ed urta
la gente, con la veste a pezzi e gli occhi
sconvolti. E mai nessuna così bella,
così maestosa, i Bretoni hanno visto
passare per la via. Ed un mormorio
si leva, di stupore per la donna
che nessuno conosce. E dove è il corpo
arriva Isotta. Apre le braccia a Oriente,
si volta e prega Dio: «Tristano, amico!
Per te prego! Oramai non ho motivo
di vivere. La morte per amore
hai avuto in dono ed ora io ti seguo
per tenerezza. La salvezza invano
ho cercato di darti. Troppo tardi
sono giunta! Io non ho più la pace!
La tempesta nel mare ha inghiottito
il tempo e la speranza. La tua vita
è perduta! La mia è ferma. Senza tempo.
Ti parlo con dolcezza, caro, dolce
amico, dell'amore, della gioia
lontana. Delle pene senza pace
tanto lontane. Ogni cosa è lontana.
Ogni cosa ricordo. Ed ogni cosa
è scomparsa. Ti bacio sulle labbra.
Ti sfioro con la mano, caro, dolce
amico. Se con te non ho la vita
insieme a te la morte posso avere!
La morte mi consola del dolore.
La vita per amore hai perso ed ora
perdo la vita per amore. Sono
fedele nella morte come sono
stata fedele nell'amore, sempre.
Io ti sarò vicina!». E sulla bocca
lo bacia e tra le braccia prende il corpo,
cuore sul cuore, petto contro petto,
le labbra sulle labbra. In gran silenzio
come Tristano è immobile. La quiete
della morte per sempre l'addormenta.

(Thomas, *Tristano e Isotta*, trad. it. di F. Troncarelli, Garzanti, Milano 1988)

105. a Oriente: l'Oriente è il simbolo del sorgere del sole, della vita, di Dio.
117-118. della gioia lontana: Isotta allude ai brevi momenti in cui il loro amore ha potuto essere appagato.

ANALISI DEL TESTO

L'amore e la morte

Il mito di Tristano e Isotta fonde in modo inestricabile l'amore e la morte, perché i due protagonisti sono tormentati da un sentimento impossibile ma insopprimibile: non è loro concesso vivere uniti, ma ciascuno senza l'altro conduce un'esistenza priva di significato. Al centro della storia vi è un adulterio, sanzionato negativamente sia dalla coscienza religiosa, in quanto violazione del vincolo familiare, sia dall'ottica feudale, come tradimento nei confronti del re Marco. Coscienti della colpevolezza del loro amore, i due protagonisti si separano, ma il legame che li unisce è più forte dei doveri morali. Essi appartengono l'una all'altro e, se la loro unione non si può realizzare in vita, sarà la morte a legarli per sempre. La fine di Tristano è anticipata dall'intervento del narratore (*È l'ultimo dei giorni / concessi a Tristano*, vv. 9-10) e da molti segni negativi, come l'ostilità del vento, che ritarda il procedere della nave, e la crudeltà di Isotta dalle Bianche Mani. La vendetta della moglie mai amata si compie: ella riferisce una falsa notizia a Tristano e lo addolora fino alla morte. L'eroe, credendo che Isotta lo abbia dimenticato, si volge verso il muro per morire, gesto che indica una fine assolutamente solitaria e disperata. L'ultima consolazione è sognare di entrare ancora una volta nel cuore dell'amata per suscitare un sentimento di dolce pietà per la propria morte. Isotta non solo non lo ha scordato, ma lo ama più che mai, tanto da non poter proseguire la propria vita se quella di Tristano si è spezzata. La fine tuttavia porta pace e il ricordo delle gioie e delle colpe si fa dolce perché avvolto ormai dal velo della lontananza nel tempo. La morte diventa una consolazione per Isotta, una definitiva conquista di quell'unione che la vita ha sempre negato ai due amanti: *Se con te non ho la vita / insieme a te la morte posso avere!* (vv. 123-124).

Una nuova figura di eroe

In altri passi del poema sono citate le imprese del protagonista, tra cui l'uccisione di un drago e il superamento di molte prove: tutte abilità specifiche di un perfetto cavaliere medievale. Qui un vecchio, a nome dei sudditi, riconosce la forza di Tristano, il suo coraggio e la sua generosità con i deboli. Tuttavia, a differenza di Orlando o di Rodrigo Dìaz, Tristano acquista una dimensione eroica soprattutto attraverso la sofferenza amorosa, la capacità di sopportare dolori e di mantenersi fedele a un amore infelice e diventa a tutti gli effetti una figura tragica, insieme con l'amata. Anche Isotta, infatti, è *bella* e *maestosa* (vv. 100-101) proprio nel momento in cui è più sconvolta dalla tragedia e corre *impazzita dal dolore* (v. 96) con gli abiti stracciati e lo sguardo folle: i Bretoni la osservano turbati e ammirati insieme, intuiscono di trovarsi di fronte a qualcuno che sta vivendo un'esperienza fuori dal comune, appunto un amore grande e terribile. L'eroe è perciò colui (o colei) che trascende la condizione umana e sperimenta qualcosa che supera la comune umanità: così è per Isotta che, dopo aver vissuto un sentimento straordinario, muore d'amore, in modo fiabesco, semplicemente abbandonandosi sul corpo di Tristano.

L'espressione degli stati d'animo

Per far emergere in modo diretto i sentimenti dei personaggi, nel testo si alternano molte voci, come in uno spettacolo teatrale: il breve dialogo tra Isotta dalle Bianche Mani e Tristano, il monologo disperato del protagonista, il compianto dolente del vecchio che annuncia la tragedia, l'estremo addio alla vita della donna. Le parti narrate in terza persona contengono l'esposizione dei fatti, ma più spesso la descrizione dello stato d'animo dei personaggi, espressa in frasi brevi ricche di *pàthos* e di figure retoriche: iterazioni (*Isotta, grida, Isotta, / Isotta per tre volte!*, vv. 57-58; *Sventura a noi! Sventura a noi! Sventura!*, v. 93), metafore (*Isotta / ha la morte nel cuore*, vv. 22-23; *con il cuore arso per sempre*, v. 31), similitudini (*Come in un sogno sono / pieni d'angoscia*, vv. 17-18). Anche la punteggiatura ha una valenza emotiva: la presenza insistita di punti esclamativi riproduce infatti la concitazione e la drammaticità dei sentimenti.

ESERCIZI

COMPRENSIONE E ANALISI

1. Le sequenze Dividi il brano in sequenze e assegna a ciascuna un titolo.

2. L'ambientazione della scena Dove è ambientata la scena che hai letto?

3. Il vento Quale ruolo ha il vento nella vicenda?

4. Tristano morente Come sono descritti l'aspetto fisico e l'animo di Tristano?

5. L'inganno di Isotta Qual è la menzogna detta da Isotta dalle Bianche Mani? Perché le sue parole feriscono profondamente Tristano?

6. La vendetta della moglie Da quali parole puoi dedurre l'intenzione esplicita della vendetta da parte di Isotta dalle Bianche Mani?

7. La reazione dei sudditi Qual è la reazione dei sudditi alla notizia della morte di Tristano?

8. La disperazione di Isotta Come viene rappresentata la disperazione di Isotta?

9. L'addio alla vita di Isotta Quali sono i contenuti dell'ultimo discorso di Isotta?

10. La morte di Isotta Perché la morte di Isotta ha un carattere fiabesco?

LESSICO E STILE

11. La sintassi Nel testo prevalgono frasi brevi e coordinate o lunghe e articolate? Rispondi facendo alcuni esempi.

12. *La tempesta nel mare ha inghiottito / il tempo e la speranza* Spiega l'immagine dei vv. 113-114.

13. La rappresentazione della morte Quale immagine è usata negli ultimi due versi per rappresentare la morte? Quale sensazione trasmettono queste parole?

14. Una figura retorica *Ogni cosa è lontana. / Ogni cosa ricordo. Ed ogni cosa / è scomparsa* (vv. 119-121). In questi versi è presente la figura retorica detta:

a. similitudine
b. ossimoro
c. iterazione

SCRITTURA

15. Scrivi un testo narrativo-descrittivo: un finale diverso Immagina un finale diverso per la vicenda e raccontalo in un testo narrativo-descrittivo.

16. Scrivi un testo argomentativo: un amore Secondo lo studioso Denis de Rougemont, i poeti europei hanno saputo individuare la natura specifica del grande amore, quella di amore reciproco infelice. Tu che cosa ne pensi? L'amore più grande è quello impossibile? Secondo te quali caratteristiche deve avere un amore per essere straordinario? Scrivi un testo argomentativo.

Il ciclo bretone: il *Lancillotto* di Chrétien de Troyes

L'opera di Chrétien de Troyes

Chrétien de Troyes è comunemente considerato il maggior poeta medievale vissuto prima di Dante Alighieri. Abbiamo poche notizie su di lui: forse era originario della città di Troyes, nella Champagne (regione della Francia nord-orientale), in cui due importanti fiere annuali fornivano l'occasione per incontri, esperienze, scambi di merci e di racconti. Visse nella seconda metà del XII secolo alla corte di Maria d'Aquitania e poi in Fiandra presso Filippo d'Alsazia. Scrisse cinque romanzi in versi ottosillabi, in lingua d'oïl: *Erec ed Enide, Cliges, Ivano, Lancillotto, Perceval.* Gli ultimi due sono incompiuti: Chrétien de Troyes affidò infatti il completamento del *Lancillotto* al poeta Goffredo di Lagny, mentre il *Perceval,* interrotto a causa della morte dell'autore, rimase incompleto. Un poema romanzesco su Tristano e Isotta è invece andato completamente perduto.

Le opere di Chrétien de Troyes sono dominate dai temi dell'amore e dell'avventura: affrontano il contrasto fra i doveri verso la donna amata e quelli della cavalleria (*Lancillotto, Ivano*), riflettono sull'opposizione tra amore adultero e amore coniugale (*Cliges, Erec ed Enide*), seguono la formazione spirituale e umana del perfetto cavaliere (*Perceval*). **L'attenzione per la psicologia dei personaggi** e la **riflessione su temi morali** sono gli aspetti caratteristici della poesia di questo autore.

L'influenza della poesia cortese

Nei romanzi bretoni di Chrétien de Troyes, e nel *Lancillotto* in particolare, si possono individuare alcuni temi e motivi sviluppati dalla lirica cortese o provenzale, un genere letterario diffuso dall'inizio del XII secolo soprattutto nelle regioni meridionali della Francia (Provenza). I **trovatori** (da *trobar,* "comporre musica e versi") cantavano l'amore per la donna, solitamente la moglie del feudatario. I componimenti, piuttosto brevi e recitati con accompagnamento musicale, esaltavano la donna come un essere perfetto, degno

di ammirazione e quasi di vera e propria adorazione, compiuta a distanza (tema dell'*amor de lohn* o "amore di lontano"). Il cavaliere si dichiarava servo d'amore e con la totale sottomissione all'amata riproduceva simbolicamente il rapporto di sudditanza del vassallo verso il signore. Tra i trovatori più celebri possiamo citare Guglielmo IX d'Aquitania, Jaufré Rudel, Arnaud d'Aniel, Bernard de Ventadorn.

I temi del *Lancillotto*

Lancillotto o il cavaliere della carretta fu scritto su invito della contessa Maria d'Aquitania, come precisa l'autore nel prologo. Se in *Erec ed Enide* e in *Ivano* l'autore celebra l'amore coniugale, in quest'opera dà invece spazio a un amore assoluto ma adultero, quello del cavaliere Lancillotto del Lago per la regina Ginevra, moglie di re Artù. L'autore fonde dunque le **leggende bretoni** con i **temi provenzali**, ma, secondo alcuni studiosi, Chrétien de Troyes presenta qui con intento polemico gli eccessi dell'amor cortese, ossia invita a prendere le distanze da un amore contraddittorio, che, da un lato sembra favorire il perfezionamento spirituale del cavaliere attraverso prove successive, dall'altro è un esempio di amore adultero, non solo spirituale ma anche fisico, che viola tanto il vincolo del matrimonio quanto quello della fedeltà al re.

Lo stile

Nel *Lancillotto* il narratore è esterno, onnisciente, ma cede spesso la parola ai personaggi, con le forme del dialogo e del monologo; talvolta interviene per fornire spiegazioni, anticipazioni e commenti di carattere generale.
Infine, anche se si parla di "romanzo" e la traduzione fornita nelle pagine seguenti è in prosa, non va dimenticato che il *Lancillotto* è di un'**opera in versi** ottosillabi, legati a due a due dalla rima.

l'opera

Lancillotto

Lancillotto è un valoroso cavaliere disposto a sopportare qualunque prova o umiliazione pur di raggiungere e compiacere Ginevra, la moglie di re Artù rapita dal perfido Meleagant. Il protagonista, travolto da una passione senza limiti per la regina, accetta il disonore di salire sulla carretta che solitamente trasporta i ladri e i briganti, percorre l'affilato Ponte della Spada ricoprendosi di ferite, affronta belve feroci e temibili avversari, fino a giungere nel misterioso regno di Gorre, dove Ginevra è tenuta prigioniera. Qui sconfigge Meleagant in duello e libera la regina e altri ostaggi. La donna si mostra inizialmente fredda nei confronti del suo salvatore, perché gli rimprovera la lieve esitazione avuta nel salire sull'infamante carretta; tuttavia, dopo che si diffonde la falsa notizia della morte di Lancillotto, la regina è turbata e, quando lo rivede sano e salvo, gli concede segretamente una notte d'amore. Poi, mentre ella fa ritorno alla reggia di Camelot da re Artù, Lancillotto viene slealmente catturato da Meleagant. In prigione il cavaliere si strugge d'amore; con la promessa di far ritorno alla cella ottiene dal carceriere il permesso di partecipare in incognito a un torneo per rivedere la regina. Ginevra lo riconosce e gli impone nuove prove di dedizione: a un suo comando Lancillotto dovrà agire da vile durante la gara, successivamente dovrà distinguersi per il valore. Il cavaliere asseconda ancora una volta i desideri della regina e, al termine del torneo, mantiene la parola data, tornando alla torre per esservi nuovamente rinchiuso. L'opera di Chrétien de Troyes termina qui; il seguito, raccontato da Goffredo di Lagny, mostra la liberazione di Lancillotto a opera di una fanciulla, la sfida decisiva contro Meleagant e l'uccisione del nemico.

CHRÉTIEN DE TROYES

LANCILLOTTO, IL CAVALIERE SERVO D'AMORE

Opera: *Lancillotto*

Proponiamo di seguito due brani tratti dal *Lancillotto*. Il primo riguarda l'episodio della carretta, disonore a cui il cavaliere, dopo una breve lotta interiore tra Amore e Ragione, si sottopone per ottenere notizie sul luogo in cui è rinchiusa Ginevra; nel secondo invece il cavaliere, chiamato con il nome di Lancillotto del Lago, è giunto a destinazione e affronta il violento Meleagant per liberare l'amata regina.

A quei tempi le carrette facevano il servizio ora riservato alle gogne[1], e in ogni città dove adesso se ne trovano più di tremila, allora non ve ne era che una. Come la gogna, la carretta veniva usata per gli assassini e i briganti, per quanti uscivano sconfitti dai combattimenti giudiziari[2] e per i ladri che si erano impadroniti degli averi altrui con l'astuzia o che li avevano rapinati con la forza per le strade. Chi era colto sul fatto, veniva fatto salire sulla carretta e trascinato di cammino in cammino[3], perdeva ogni merito, non veniva più ricevuto a corte, né onorato o ben accolto. E poiché per questo uso crudele le carrette erano molto temute, si prese a dire: «Quando vedrai e ti imbatterai in una carretta, segnati[4] e ricordati di Dio, perché non te ne derivi sventura».

Il cavaliere[5] avanzava appiedato e senza lancia dietro quella carretta sulle cui stanghe era un nano che, come un carrettiere, impugnava una lunga verga[6].

Il cavaliere gli chiede:

«Nano, dimmi in nome di Dio se hai visto passare per di qua madama la regina[7]».

Ma quel nano, vile e di ignobili origini, non vuole dargli notizie e dice invece:

«Se vorrai montare sulla carretta che conduco, prima di domani potrai sapere cosa è avvenuto della regina».

Il cavaliere esita, e prosegue per la propria strada senza accettare l'invito.

E fu per sua sventura e vergogna che non vi salì subito, perché più tardi avrebbe avuto a pentirsene[8] e avrebbe giudicato di avere agito male. Ma Ragione, in disaccordo con Amore, gli suggeriva di guardarsi dal montarvi, e lo esortava e lo ammaestrava a non intraprendere un'azione che gli sarebbe forse tornata a onta e a biasimo[9]. Ragione non ha posto nel cuore, ma nella bocca: per questo osava parlargli in tal modo. Ma Amore, che era rinchiuso nel suo cuore, gli ordinava e lo ammoniva di montare subito.

Poiché lo vuole Amore, il cavaliere sale sulla carretta e non si cura di provare vergogna: è Amore che comanda e vuole.

[...]

1. **gogne:** sono collari di ferro che si ponevano attorno alla gola dei condannati, per esporli alla derisione dei passanti.
2. **combattimenti giudiziari:** processi.
3. **di cammino in cammino:** per le strade.
4. **segnati:** fai il segno della croce.
5. **Il cavaliere:** nella prima parte del poema, Lancillotto non viene citato per nome, ma indicato semplicemente come *il cavaliere*.
6. **verga:** ramoscello, bacchetta.
7. **la regina:** si tratta di Ginevra, moglie di re Artù, rapita da un misterioso cavaliere.
8. **pentirsene:** la regina, effettivamente, si mostrerà ostile a Lancillotto per questa esitazione: *«Come? Non provaste dunque vergogna e non temeste la carretta?» disse allora la regina «Vi montaste solo contro voglia, poiché esitaste per lo spazio di due passi. Ecco la verità: per questo non volli parlarvi né rivolgervi il mio sguardo»* (Chrétien de Troyes, *op. cit.*, p. 73).
9. **a onta e a biasimo:** a disonore e a vergogna.

Senza altro indugio, i contendenti[10] fanno trarre indietro la folla, urtano gli scudi con i gomiti, imbracciano le corregge[11] e pungolano di speroni[12] in tal modo che si conficcano negli scudi due braccia di lancia[13], sì che le armi si spezzano e si sbriciolano come legna minuta[14]. E i cavalli si scagliano l'uno contro l'altro a tutta forza, e si urtano fronte contro fronte e petto contro petto; gli scudi cozzano insieme, e anche gli elmi, sì che, dal fragore che hanno provocato, sembra che abbia tuonato forte. Non rimane né cinghia né pettorale, né staffa né redine, né pezzo di bardatura[15] che non si rompa; spezzano anche gli arcioni della sella, che pure erano molto resistenti. E poiché è venuta loro a mancare ogni cosa, non è certo grande vergogna se sono caduti in terra.

Subito si alzano in piedi e, senza gridare e scambiarsi vanterie[16], nuovamente si scontrano con più ferocia di due cinghiali; non si rivolgono minacce, ma si scambiano potenti assalti con le spade d'acciaio come avversari che provano grande odio uno per l'altro. Spesso si percuotono gli elmi e i giachi[17] bianchi con tale asprezza che, al ritrarre il ferro[18], ne sprizza il sangue. Servono molto bene la battaglia, e si stordiscono e si danneggiano con colpi crudeli e pesanti. Sono pari negli assalti ripetuti, fieri, aspri e di lunga durata, e quanti li guardano non sanno decidere quale dei due abbia il sopravvento e quale sia inferiore.

Ma era fatale che colui che aveva superato il ponte[19] sentisse debolezza nelle mani piagate[20]. Quelli che temevano per lui, ne sono spaventati, perché vedono che i suoi colpi si fanno sempre più deboli e temono che possa avere la peggio. Credono che egli perderà, e che Meleagant ne uscirà vincitore, e già ne parlano tutto all'intorno.

Ma alla finestra della torre era affacciata una pulzella[21] molto assennata, che pensa e dice tra sé che il cavaliere non si è ingaggiato in quella battaglia per lei né per il popolo minuto[22] che è accorso ad assistervi: non si sarebbe mai impegnato in tale impresa per altri che per la regina; ella ritieni che, se egli sapesse che la sua dama si trova alla finestra e lo guarda e lo vede, ne trarrebbe forza e ardore. Se ella ne conoscesse bene il nome, gli direbbe volentieri di guardarsi un poco intorno. Allora si avvicina alla regina e dice:

«Signora, per l'amore di Dio, e per il nostro e il vostro vantaggio, vi chiedo di dirmi il nome di quel cavaliere. Rivelatemelo, se lo sapete, perché gli potrebbe essere di aiuto».

«Damigella, mi chiedete una cosa nella quale non scorgo né odio né malvagità: non vi vedo che del bene. A quanto credo, il cavaliere ha nome Lancillotto del Lago».

10. i contendenti: si tratta di Lancillotto e Meleagant.
11. corregge: cinghie di cuoio.
12. pungolano di speroni: colpiscono (i cavalli) con gli speroni.
13. due braccia di lancia: le lance penetrano negli scudi per la lunghezza di due braccia.
14. minuta: sottile.
15. bardatura: l'insieme degli oggetti che servono per sellare un cavallo.
16. vanterie: il "vanto" era una pratica diffusa nel corso dei duelli: i contendenti dichiaravano il proprio valore e la propria superiorità sull'avversario, accusando il nemico di viltà e rivolgendogli minacce. Questa volta, però, i due combattenti non lasciano spazio alle parole e lottano furiosamente, senza interrompersi.
17. giachi: cotte di maglia d'acciaio, indossate per proteggere il corpo.
18. il ferro: la spada; si tratta di una metonimia.
19. colui ... ponte: Lancillotto aveva dovuto superare il Ponte della Spada, un ponte costituito da una lama affilatissima, e per questo si era ferito alle mani.
20. piagate: ferite.
21. pulzella: fanciulla.
22. popolo minuto: qui indica la gente comune.

«Dio» esclama la damigella «come ne è lieto, ridente e risanato il mio cuore!».
Poi si sporge dalla finestra e lo chiama a voce molto alta, sì che tutti la sentano: «Lancillotto! Voltati, e guarda chi si prende cura di te!».
Appena Lancillotto si sente chiamare, non esita: si gira e scorge, seduta in alto alle logge[23] della torre, colei che desiderava di vedere più di ogni altra al mondo. E, dal momento in cui se ne è accorto, non allontana né storna[24] da lei gli occhi o il viso, e si difende combattendo all'indietro.
Meleagant tuttavia lo incalza più che può, ed è ben lieto, poiché pensa che ora il cavaliere non sia più in grado di difendersi da lui. Anche quelli del paese se ne rallegrano; ma gli stranieri[25] sono così tristi che non possono più tenersi in piedi, così che molti, disperati, devono cadere a terra, in ginocchio o distesi. In tal modo vi era a un tempo molta gioia e grande dolore.
«Ah, Lancillotto!» grida di nuovo la pulzella dalla finestra. «Com'è possibile che ti comporti così da folle? Un tempo in te albergavano ogni virtù e prodezza: penso e credo che Dio non abbia mai creato un cavaliere che ti sia pari per valore e per rinomanza[26], e ora ti vediamo smarrito. Voltati sì da guardare da questa parte, senza lasciare con gli occhi la bella torre, ché è cosa buona che tu la veda».
Lancillotto allora prova vergogna, considera grande onta di avere avuto per così lungo tempo la peggio, e per questo si odia; ne è ben consapevole egli stesso, come del resto tutti i presenti, uomini o donne che siano. Balza indietro e compie un giro per far voltare Meleagant in modo da costringerlo di forza tra sé e la torre. Meleagant si sforza come può per riportarsi dall'altra parte; ma Lancillotto, ai ripetuti tentativi dell'avversario, gli si getta contro e lo urta con tutto il peso del corpo e con l'intero scudo con tale violenza che, suo malgrado, lo fa barcollare due volte o più.
In Lancillotto la forza e il coraggio si accrescono: gli porta grande aiuto Amore, unito al fatto che egli non odia nulla al mondo quanto colui contro cui si sta battendo. Amore e odio mortale, il più vivo che fu mai provato, lo rendono sì fiero e coraggioso che Meleagant non prende affatto in scherzo i suoi assalti; anzi, molto li teme, perché non ha mai incontrato né conosciuto un cavaliere tanto valoroso, né mai un avversario gli ha recato così grave danno e pena quanto quello.
Si ritrae da lui di buon grado, lo schiva e si tiene in disparte: odia i suoi colpi, e li rifiuta. Lancillotto non gli rivolge minacce, ma, battendosi, lo ricaccia verso la torre alla quale è affacciata la regina. Egli l'ha spesso servita e lodata; così, ora ha sospinto l'avversario vicino a quella torre, nel punto esatto in cui è costretto a fermarsi perché, se avanzasse di un solo altro passo, non potrebbe più vedere la propria dama. Più volte Lancillotto lo ha fatto andare avanti e indietro come gli è piaciuto, e ogni volta si è fermato davanti a madama la regina che gli ha posto nel cuore quella fiamma che lo spinge a guardarla senza posa. E quel fuoco lo fa sì ardente nei confronti di Meleagant, che lo rende capace di condurlo e ricacciarlo a proprio talento! Suo malgrado, lo trascina come fosse cieco o sciancato[27].
Il re[28] vede che il figlio è giunto al punto di non difendersi né di resistere più. Se ne affligge e prova compassione: se potrà, vi porterà rimedio. Ma se intende farlo, deve prima pregarne la regina. Allora prende a parlare così:

23. logge: colonnati con arcate.
24. storna: distoglie.
25. gli stranieri: gli ostaggi, uomini e donne che Meleagant aveva portato via dalla terra di Artù.
26. rinomanza: fama.
27. sciancato: zoppo, storpio.
28. Il re: il padre di Meleagant.

«Signora, da quando mi foste affidata, vi ho servita e onorata con grande affetto. Non vi è stata cosa per cui potessi adoprarmi che non abbia fatto di buon grado, se ho visto che ve ne sarebbe derivato onore. Ora dovete ricompensarmene: voglio richiedervi un dono che non mi dovreste concedere, se non per l'amore che provate per me. Vedo bene, e non ho alcun dubbio, che in questa battaglia mio figlio sta avendo la peggio. Pure non vi prego perché ciò mi dia pena, ma solo perché Lancillotto, che ne ha la possibilità, non lo uccida. E non dovete volerlo neanche voi, non già perché egli non abbia agito da malvagio sia con voi sia con lui, ma per amor mio e per la vostra pietà. Ditegli, vi prego, che si astenga dall'infliggergli il colpo decisivo. Se consentirete, potrete in tal modo ricambiare i miei servigi».

«Bel signore» risponde la regina «lo farò di buon grado, poiché siete voi a pregarmene. Anche se provassi per vostro figlio un odio mortale, e certo non lo amo affatto, voi mi avete sì ben servita che, per arrecarvi piacere, voglio quanto voi che Lancillotto si astenga dal colpirlo».

Tali parole non furono affatto sussurrate, così che le udirono anche Lancillotto e Meleagant. Colui che ama è pronto all'ubbidienza e, se si è interamente votato[29] all'amica, si affretta a compiere di buon grado quanto può arrecarle piacere. Doveva forse condursi altrimenti Lancillotto, che amava più di quanto avesse amato Piramo[30], se mai un uomo poté amare di più?

Lancillotto udì dunque quel discorso e, appena le ultime parole furono uscite dalla bocca della regina, poiché ella aveva detto «dacché[31] volete che lo risparmi, lo voglio anch'io», da quell'istante egli per nulla al mondo avrebbe toccato Meleagant né si sarebbe più mosso, anche se l'altro l'avesse ucciso.

Così non lo sfiora e rimane immobile, mentre Meleagant lo colpisce più che può, fuori di senno per l'ira e la vergogna di aver sentito che si dice che egli è giunto al punto che per lui si deve implorare pietà.

Il re, per muovere rimprovero al figlio, è sceso dalla torre, si è avvicinato al luogo della battaglia, e ora gli dice:

«Come? È forse degno[32] che egli non ti tocchi e tu lo colpisca? Ora sei troppo crudele e feroce, e troppo valoroso fuor di proposito[33]! Sappiamo per certo che egli ti è superiore».

Ma Meleagant, sconvolto dalla vergogna, dice al re:

«Siete forse cieco? A quanto so, voi non vedete nulla. Ha perso la vista colui che mette in dubbio che non sia io superiore a lui!».

«Allora» dice il re «cerca uno che ti creda! Quanti sono qui sanno bene se dici il vero o se menti. Conosciamo tutti dov'è la verità!».

29. votato: promesso, dedicato.

30. Piramo: è un personaggio citato dal poeta latino Ovidio (I sec. d.C.) nella sua opera intitolata *Metamorfosi*. Piramo, innamorato perdutamente di Tisbe, si uccise, credendo morta la sua amata.

31. dacché: dal momento che.

32. È forse degno: è forse un'azione onorevole.

33. fuor di proposito: inopportunamente.

Poi comanda ai baroni di trarre indietro il figlio. Quelli non si attardano, ed eseguono in fretta l'ordine: Meleagant è così allontanato, ma per tirare indietro Lancillotto non era necessario compiere grandi sforzi: l'avversario avrebbe potuto causargli ancora molti danni prima che egli fosse indotto a toccarlo!

(Chrétien de Troyes, *Lancillotto*, trad. it. di G. Agrati e M. L. Magini, Mondadori, Milano 1997)

ANALISI DEL TESTO

Il servizio d'amore

Lancillotto possiede tutte le principali virtù di un eroe epico: è bello e valoroso, disprezza il pericolo, è capace di sopportare il dolore e la fatica. Tuttavia in lui agiscono due forze contrastanti, oggettivate attraverso la personificazione di Ragione e Amore. Ragione simboleggia il primo dovere di un cavaliere, quello di difendere il proprio onore e di non commettere azioni da cui possano derivargli onta e biasimo, come salire sull'infamante carretta che di solito espone i malfattori al disprezzo dei passanti; Amore rappresenta invece la legge propria dell'amor cortese, ossia la sottomissione incondizionata: un cavaliere che ama deve essere pronto a sopportare tutto, perfino a disprezzare la propria onorabilità e a coprirsi d'infamie, se ciò è utile a raggiungere l'amata e a compiacerla. Nella lotta tra Amore e Ragione è il primo a prevalere nell'animo di Lancillotto: il cavaliere sale dunque sulla carretta e, nel secondo brano, non solo risparmia l'avversario, ma resta immobile di fronte ai suoi colpi, perché così vuole Ginevra; sarebbe addirittura pronto a lasciarsi uccidere, se il re non intervenisse a interrompere il duello. Lancillotto è perciò, a tutti gli effetti, un "servo d'amore", che vive in uno stato di perenne adorazione e di dedizione assoluta e acritica nei confronti della donna: non si interroga sulle ragioni delle scelte di Ginevra, gli basta che l'amata esprima un desiderio per adeguarvisi subito (*appena le ultime parole furono uscite dalla bocca della regina* [...] *da quell'istante egli per nulla al mondo avrebbe toccato Meleagant né si sarebbe più mosso, anche se l'altro l'avesse ucciso*, rr. 124-127).

Gli effetti straordinari dell'amore

L'amor cortese è una fonte di elevazione spirituale per il cavaliere: egli, attraverso le prove, tempra la propria resistenza e si purifica, fino a dipendere totalmente dalla donna. In simili condizioni, la semplice possibilità di contemplare l'amata e di ottenerne uno sguardo conferisce al cavaliere una forza straordinaria, tanto che egli non sente più né la stanchezza né il dolore per le ferite e riesce a risollevarsi da una situazione di evidente difficoltà. L'immagine di Lancillotto che, folgorato dalla visione dell'amata, *non allontana né storna da lei gli occhi o il viso, e si difende combattendo all'indietro* (rr. 61-62) rappresenta in modo emblematico e quasi paradossale la forza che l'amore può infondere in chi ama senza riserve. Nel proseguimento del duello, il cavaliere dà prova di valore e coraggio, ma ha sempre l'accortezza di porsi in una posizione da cui rimirare l'amata: solo da lei infatti può trarre quel fuoco che lo induce a combattere senza posa e gli consente di mettere in difficoltà l'avversario.
Tutto dipende dunque dalla donna: per questo il re, preoccupato per la sorte di Meleagant, si rivolge non a Lancillotto ma a lei, per ottenere che il figlio venga risparmiato. La benevolenza di Ginevra diventa immediatamente un ordine per Lancillotto, che agisce quasi a comando.

Gli interventi del narratore

Il narratore onnisciente interviene per spiegare dettagli (ad esempio il significato della carretta), fornire anticipazioni (*più tardi avrebbe avuto a pentirsene e avrebbe giudicato di avere agito male*, rr. 18-19), inserire considerazioni di carattere generale (*Colui che ama è pronto all'ubbidienza e, se si è interamente votato all'amica, si affretta a compiere di buon grado quanto può arrecarle piacere*, rr. 120-121). A volte cede la parola ai personaggi, dando spazio a discorsi diretti da cui emergono i caratteri dei protagonisti e le relazioni tra loro.
Si nota anche un uso disinvolto dei tempi verbali, con passaggi improvvisi dal passato al presente o viceversa: ciò può essere interpretato come un modo per rendere più vivace e varia la narrazione.

ESERCIZI

COMPRENSIONE E ANALISI

1. La carretta Perché salire sulla carretta era motivo di disonore?

2. Amore e Ragione Perché Amore e Ragione sono in disaccordo? Quale dei due prevale?

3. L'azione di Ragione Come interpreti la frase *Ragione non ha posto nel cuore, ma nella bocca* (rr. 21-22)?

4. I personaggi Quali personaggi agiscono nel secondo brano riportato? Individuali e precisa le relazioni che si stabiliscono tra loro.

5. Le figure femminili Perché il ruolo dei personaggi femminili è decisivo nel secondo brano?

6. Il luogo del duello Dove si svolge il duello? Ti pare un luogo realistico o indeterminato?

7. Lo svantaggio di Lancillotto Perché Lancillotto, pur combattendo valorosamente, si trova in una condizione di svantaggio rispetto a Meleagant?

8. Il vantaggio di Lancillotto A un certo punto la situazione si rovescia e Lancillotto appare in una posizione di superiorità. Quando avviene il cambiamento?

9. La rinuncia a combattere Perché a un certo punto Lancillotto smette di reagire agli attacchi di Meleagant?

10. L'esito del duello Come si conclude il duello?

LESSICO E STILE

11. Le similitudini Individua tutte le similitudini presenti nei due brani riportati.

12. Una figura retorica Nella frase *Ma Ragione, in disaccordo con Amore, gli suggeriva...* (rr. 19-20) è presente una figura retorica detta:
- **a.** personificazione
- **b.** iperbole
- **c.** metafora

13. Il cuore della damigella Spiega gli aggettivi *lieto, ridente e risanato* (r. 56) con cui la fanciulla definisce il proprio cuore.

14. *Di buon grado* Che cosa significa l'espressione *di buon grado* (r. 86)? Spiegalo con parole tue e poi costruisci una frase in cui usi opportunamente l'espressione.

SCRITTURA

15. Scrivi un testo argomentativo: il "servizio d'amore" Il rapporto tra Lancillotto e Ginevra è quello di un vassallo pronto a compiacere senza limiti la sua signora. Che cosa pensi di questo genere di legame? Ti pare che un simile atteggiamento possa esistere solo nei libri oppure rispecchia una condizione reale? Quali sono i rischi di una situazione di questo tipo? Scrivi un testo argomentativo.

16. Scrivi un testo argomentativo: il duello Confronta il duello tra Lancillotto e Meleagant con altri duelli di eroi epici che hai letto. Scrivi poi un testo argomentativo in cui metti in luce analogie e differenze.

17. Scrivi un testo descrittivo: lo stato d'animo di Lancillotto Scegli una fase precisa del duello e descrivi, in un breve testo, lo stato d'animo di Lancillotto in quel momento.

AUTORI MODERNI RISCRIVONO L'EPICA ANTICA

Il romanzo di Tristano e Isotta
di Joseph Bédier

Joseph Bédier (1864-1938) è uno studioso francese specializzato in letteratura medievale, che nel 1900 ha elaborato una versione in prosa della vicenda di Tristano, con una scrupolosa ricostruzione delle fonti dei secoli XII-XIII. Basandosi in particolare sui poemi di Thomas, Béroul, Goffredo ed Eilhart, l'autore ha costruito un vero e proprio romanzo, con una trama coerente e completa, ma ha rispettato dove possibile i modelli della tradizione.

Come invito alla lettura integrale del romanzo proponiamo il celebre passo in cui Tristano e Isotta bevono per errore il filtro d'amore.

Isotta ha appreso con dolore che non Tristano, ma il re Marco è il suo promesso sposo: Tristano ha infatti agito e duellato per conto dello zio, al quale intende consegnare la giovane. Al momento della partenza per la Cornovaglia, la madre di Isotta affida alla serva Brangien un magico filtro d'amore, per garantire agli sposi un'unione indissolubile e felice. Sulla nave, tuttavia, a causa di una sete improvvisa, Tristano e Isotta bevono inconsapevolmente la pozione e il loro destino cambia per sempre.

Un giorno il vento cadde e le vele pendevano flosce lungo l'albero. Tristano ordinò di approdare a un'isola e, stanchi del mare, i cento cavalieri di Cornovaglia e i marinai scesero a riva. Solo Isotta era rimasta sulla nave insieme con una giovane serva. Tristano si avvicinò alla futura regina per cercare di rasserenarla. Poiché il sole bruciava e avevano sete, chiesero da bere. La servetta cercò qualche bevanda, finché scoprì l'ampolla affidata a Brangien dalla madre di Isotta:

«Ho trovato del vino!» gridò loro.

No, non era vino: era la passione, era l'aspra gioia, l'angoscia senza fine e la morte. La ragazzina riempì una coppa e la presentò alla sua padrona: ella ne bevve a lunghi sorsi, poi la tese a Tristano che la vuotò.

In quel momento Brangien entrò e li vide che si guardavano in silenzio, perduti e rapiti. Vide davanti a loro l'ampolla quasi vuota e la coppa. Afferrò l'ampolla, corse a poppa, la lanciò tra le onde e gemette:

«Infelice! Maledetto il giorno in cui sono nata e maledetto il giorno in cui sono salita su questa nave! Isotta, amica mia, e voi, Tristano, avete bevuto la vostra morte!».

La nave faceva vela di nuovo verso Tintagel[1]. A Tristano sembrava che un rovo tenace, con

1. **Tintagel:** è il nome del castello in Cornovaglia dove risiede il re Marco.

spine aguzze e i fiori odorosi, spingesse le radici nel profondo del suo cuore e unisse, con vincoli stretti, il suo corpo, il suo pensiero e tutto il suo desiderio al bel corpo di Isotta. Pensava: «[...] perché, caro zio[2], non avete cacciato fin dal primo giorno il ragazzo errante venuto a tradirvi? Ah! Che cosa mi è venuto in mente? Isotta è vostra moglie ed io il vostro vassallo. Isotta è la vostra sposa ed io vostro figlio. Isotta è vostra e non può amarmi».

Isotta l'amava e tuttavia voleva odiarlo: non l'aveva forse disprezzata vilmente[3]? Voleva odiarlo e non riusciva, irritata in cuor suo per questa tenerezza più dolorosa che l'odio.

Brangien li osservava con angoscia, ancora più tormentata, poiché lei sola conosceva il male che aveva causato. Per due giorni li spiò, li vide rifiutare qualsiasi cibo, bevanda e conforto, cercarsi come due ciechi che camminano a tentoni uno verso l'altro, li vide infelici quando languivano separati, e ancor più infelici quando, una volta riuniti, tremavano davanti all'orrore di quell'amore ormai dichiarato.

(J. Bédier, *Il romanzo di Tristano e Isotta*, trad. it. di A. Mangone, Il Capitello, Torino 2000)

2. zio: il re Marco era fratello di Biancofiore, madre di Tristano. Il giovane era stato accolto e cresciuto dallo zio, perché la madre era morta nel darlo alla luce. Per questo poco oltre Tristano si definisce *figlio* di Marco.

3. disprezzata vilmente: Isotta ha un forte risentimento verso Tristano perché il giovane l'ha conquistata per consegnarla a un altro.

VERIFICA L'epica medievale

Le vicende

1. Indica se le seguenti affermazioni sono vere o false.

1. Prima di morire Orlando tenta di spezzare la sua spada perché non cada in mano pagana. V F

2. Rodrigo Dìaz è mandato in esilio ma non viene meno alla fedeltà al suo signore. V F

3. Tristano si innamora di Isotta a causa di un filtro magico bevuto per errore. V F

4. Lancillotto è disposto a tutto pur di compiacere Ginevra, ma non a perdere l'onore. V F

5. Orlando morente suona il corno per richiamare l'attenzione di Carlo Magno. V F

6. Il Cid, non trovando accoglienza, scatena la sua ira contro gli abitanti di Burgos. V F

7. La nave che riporta Isotta in Bretagna ha issato vele nere. V F

I temi

2. Scegli l'affermazione corretta tra quelle che seguono.

1. La morte di Orlando:
- **a.** è un fatto tragico che resta senza spiegazioni
- **b.** è presentata come una punizione per i peccati commessi
- **c.** testimonia la lealtà del vassallo al suo re e a Dio

2. La lotta contro i Mori nel *Cantare del Cid*:
- **a.** è vista come una tragica necessità, perché è fonte di molto dolore
- **b.** consente al protagonista di costruirsi un prestigio personale e di accumulare ricchezze
- **c.** prescinde da qualunque considerazione economica: è un'occasione per celebrare la forza del cristianesimo

3. L'eroismo di Tristano si rivela soprattutto:
- **a.** attraverso la sofferenza d'amore
- **b.** come difesa del cristianesimo
- **c.** come abilità nel duello

4. Con il "servizio d'amore" il cavaliere:
- **a.** offriva i suoi servigi a ogni dama in difficoltà
- **b.** sottometteva totalmente la sua volontà a quella della donna amata
- **c.** dopo una prova, otteneva in sposa la donna amata

Le opere

3. Scrivi un breve testo espositivo per presentare gli elementi essenziali di ogni opera affrontata in questo percorso. Precisa per ciascun testo: la lingua in cui è scritto; il nome dell'autore (se noto); i personaggi principali; il luogo in cui si svolge il brano letto.

Le tecniche poetiche/narrative e lo stile

4. Rispondi alle domande che seguono.

1. Come definiresti il narratore nei poemi epici medievali e nei romanzi bretoni?

2. Quali aspetti tipici della trasmissione orale sono visibili nella *Chanson de Roland*?

3. Nel *Tristano* sono presenti discorsi diretti o no? Per quale ragione?

4. Quale tra le opere che hai letto è la più realistica, cioè la più attenta ai particolari concreti, anche economici?

5. Le frasi dei poemi epici medievali sono in genere brevi e paratattiche o ampie e ricche di subordinate?

6. Il *Lancillotto* è un testo composto in versi o in prosa? Perché è definito "romanzo bretone"?

Storia e mito

5. Rispondi alle domande che seguono.

1. Quali sono i valori che distinguono l'epica medievale da quella antica?

2. Chi erano i vassalli?

3. In che modo un giovane diventava cavaliere?

4. Che cosa si intende per *Reconquista*?

5. In che epoca sono stati composti i romanzi bretoni e a quali leggende si ispirano?

PERCORSO 5 La metamorfosi del cavaliere: l'epica rinascimentale

Un affresco del pittore Giovanni Boulanger, realizzato fra il 1650 e il 1652 nel Palazzo Ducale di Sassuolo, ritrae un uomo dallo sguardo irato, i cui muscoli possenti affiorano dalle vesti stracciate, mentre attorno giacciono frammenti della sua armatura. Può sembrare singolare la scelta di un simile soggetto per quella che nel Palazzo è designata come *Camera dell'Amore*; in realtà, proprio la forza sconvolgente della passione amorosa è celebrata in quest'immagine, che raffigura il prode cavaliere Orlando impazzito per amore.

L'evento tragico si consuma in un ambiente apparentemente idilliaco (una radura illuminata da un cielo azzurro, con una fontana monumentale sullo sfondo): al centro della scena il paladino Orlando è rappresentato nel momento in cui cede alla follia e si straccia di dosso armi e vesti, perdendo progressivamente la coscienza di sé. La vicenda è raccontata da Ludovico Ariosto (1474-1533) nell'*Orlando furioso*: l'eroe, dopo aver inutilmente mentito a se stesso, capisce che la donna amata, cercata e servita lo ha tradito scegliendo un umile soldato come sposo, e questo fatto lo spinge alla pazzia.

La torsione è l'elemento visivo che meglio esprime il tormentato passaggio dall'identità di cavaliere a quella di bruto senza senno. Si contrappongono più direzioni: una gamba, ancora protetta dall'armatura e dalla tela dei calzoni, poggia stabilmente in posizione frontale, come a difendere ostinatamente il decoro proprio di un cavaliere; l'altra gamba, nuda, è protesa all'indietro e il tallone sollevato trasmette una forza che orienta il corpo verso sinistra; il muscoloso braccio in primo piano traccia un semicerchio che accentua la torsione del petto e delle spalle. Il volto, tuttavia, è girato in senso opposto, a destra, e lo sguardo torvo, segnato dalla fronte corrugata, è rivolto verso l'alto, come richiamato da qualcosa. Nell'insieme la figura trasmette un'idea di contrazione rabbiosa, pesante, cui si contrappone il movimento più leggero suggerito dai capelli ricci scomposti e dai brandelli della camicia che oscillano al vento.

Amore, soddisfatto, compare in basso a sinistra: in una mano reca l'arco da cui ha scoccato la freccia che ha trafitto il cuore di Orlando, mentre nell'altra impugna la pesante spada del cavaliere, quella che il protagonista delle *Chansons de geste* medievali non avrebbe abbandonato neppure in punto di morte e di cui ora il guerriero non si cura affatto. Allo stesso modo il paladino ha gettato a terra in modo disordinato l'elmo, un guanto di ferro, il pettorale, gli elementi che ricoprono le giunture.

Si sgretola definitivamente l'immagine tradizionale del cavaliere: il paladino non è più l'eroe severo e inflessibile, dedito alla difesa della patria e dell'onore, ma un uomo soggetto a debolezze e dominato da contraddizioni. L'amore, che secondo l'epica medievale poteva nobilitare l'uomo e addirittura renderlo imbattibile, si manifesta ora come forza devastante, che trascina alla follia e può trasformare in bestia.

G. Boulanger, *Orlando impazzito per amore*, affresco, 1650-1652, Sassuolo, Palazzo Ducale
(su concessione del Ministero per i Beni e le Attività Culturali, archivio fotografico SBSAE di Modena e Reggio Emilia)

L'epica rinascimentale

La metamorfosi del cavaliere

L'Umanesimo e il Rinascimento

Nel corso del Quattrocento e del Cinquecento in Europa si diffonde una nuova visione del mondo e dell'uomo, differente da quella medievale. A una prospettiva teocentrica (in cui cioè Dio era il centro dell'universo e la religione permeava tutti gli aspetti della vita umana) si sostituisce una **visione antropocentrica**, che, senza negare il valore di Dio, afferma la dignità dell'uomo, la sua capacità di controllare le forze della natura attraverso la scienza e la tecnica, la possibilità per ciascuno di costruire il proprio destino. Si parla di **Umanesimo** perché alla base di tale cambiamento c'è la riscoperta delle *humanae litterae* (ovvero della letteratura), non più lette in chiave simbolica ma esaminate con scrupolo critico. Scompare la preoccupazione di rendere compatibili tutti i contenuti degli scritti antichi con i dogmi del cristianesimo e i testi sono studiati nella loro autonomia. Nasce la **filologia**, ossia la scienza che cerca di ricostruire la forma autentica delle opere del passato, eliminando correzioni o errori dovuti a interventi compiuti nei secoli. Si diffonde tra gli intellettuali del **Rinascimento** la convinzione di essere gli eredi di una tradizione altissima di valori, quelli dell'antichità latina e greca: in questa sorta di "rinascita" dopo la "barbarie" medievale, i classici sono modelli da imitare e si cerca di riprodurre nella letteratura e nelle arti gli stessi risultati di armonia, equilibrio e perfezione del passato (**classicismo**). La cultura non ha più lo scopo di condurre alla salvezza dell'anima, come nel Medioevo, ma piuttosto di contribuire alla formazione dell'uomo.

Le signorie e gli intellettuali cortigiani

A partire dalla fine del XIV secolo alcune famiglie giungono al potere in diverse importanti città italiane e nei territori circostanti; esse mantengono stabilmente il dominio e lo trasmettono ai discendenti per via ereditaria, dando vita alle **signorie**. Si tratta di corti in cui il controllo del potere politico è accompagnato da una straordinaria **attenzione per la vita artistica e culturale**. Il modello è quello del principato augusteo: come Mecenate, il potente segretario di Augusto, seppe circondarsi dei migliori poeti e artisti della sua epoca per dare splendore a Roma e all'imperatore, così i vari signori (gli Este a Ferrara, i Medici a Firenze, gli Sforza a Milano ecc.) offrono protezione agli intellettuali affinché questi ritraggano la corte come una società ideale regolata da armonia, bellezza ed eleganza; i poeti e gli artisti cortigiani celebrano inoltre il casato e le imprese della famiglia che li ospita e offrono intrattenimenti piacevoli e raffinati a tutta la corte. Autori come Ludovico Ariosto e Torquato Tasso vivono tale esperienza e ne percepiscono le contraddizioni: apprezzano la tranquillità economica, il prestigio e la ricchezza di stimoli culturali della vita a corte, ma sono critici contro i vizi diffusi del servilismo e dell'adulazione e contro le inevitabili limitazioni della libertà insite nella condizione di cortigiano.

L'età della Controriforma

Nel corso del Cinquecento lo spirito rinascimentale entra in crisi. Al movimento di **riforma religiosa** guidato in area tedesca da Martin Lutero (1517), tendente a eliminare la mediazione della chiesa tra Dio e i fedeli, la Chiesa di Roma risponde con il **Concilio di Trento** e con la **Controriforma**, ossia con la riaffermazione dei dogmi, la creazione di nuove strutture organizzative e la repressione dell'autonomia di pensiero, attraverso il rigido controllo del Tribunale dell'Inquisizione. La letteratura diventa di conseguenza **manieristica**, riproduce cioè modelli precedenti con minime variazioni, e reputa un valore qualificante l'uniformità rigorosa a norme prestabilite. Sul piano stilistico il punto di riferimento è la *Poetica* del filosofo greco Aristotele, che costituiva un modello già nel Medioevo per la classificazione dei generi letterari e della forma dei testi; per quanto riguarda le scelte linguistiche sono fondamentali invece le *Prose della volgar lingua* (1525) di Pietro Bembo, un'opera che indica come modelli per la lingua letteraria gli autori italiani del Trecento: Boccaccio per la prosa, Petrarca per la poesia.

A. Mantegna, *La corte dei Gonzaga*, 1465 circa, Mantova, Castel San Giorgio

La trasformazione della figura del cavaliere

In epoca umanistico-rinascimentale il cavaliere cambia volto. Il modo stesso di combattere subisce una profonda trasformazione per l'introduzione delle **armi da fuoco** e la creazione di **eserciti permanenti e mercenari**. Se i valori della cavalleria non sono riproducibili nella realtà storico-culturale, il mondo delle corti cerca comunque di recuperarli al proprio interno, coltivando il gusto per il poema cavalleresco. Gli autori non sono però più giullari anonimi, ma artisti noti e colti, che scrivono per intrattenere un signore e una corte raffinata, cui rivolgono una dedica. I protagonisti dei poemi umanistico-rinascimentali non sono eroi austeri che combattono per la fede cristiana e per la patria, come quelli delle *Chansons de geste*, ma **uomini vulnerabili**, che vivono esperienze di guerra, di avventura e d'amore, spesso lacerati da contraddizioni. Nell'opera di Ariosto, ad esempio, sentimenti umani come l'amore e la gelosia fanno precipitare il cavaliere Orlando nella follia, senza che la ragione possa tenere a freno gli impulsi più distruttivi della sua personalità. Nel poema eroico di Tasso, allo stesso modo, guerrieri che lottano per la liberazione di Gerusalemme sono distolti dal loro compito da debolezze umane: Tancredi è trascinato dal vano amore per una donna nemica, mentre Rinaldo e altri eroi sono facile preda della sensualità della maga Armida.

Nei poemi cavallereschi si coglie lo slancio rinascimentale grazie al quale l'uomo può inseguire la felicità e costruire il proprio destino, ma si percepisce anche l'incrinarsi di tale fiducia: il mondo di Ariosto è un labirinto in cui inevitabilmente ci si perde, quello di Tasso è popolato da cavalieri che smarriscono la via per inseguire sogni pieni di fascino, ma che talora uccidono l'oggetto dei propri desideri.

Il tramonto del poema epico

Con il *Don Chisciotte* di Miguel de Cervantes i miti dei poemi cavallereschi sono svuotati dall'interno per mezzo dell'**ironia**: il protagonista, infatti, è un nobile che impazzisce proprio a causa della lettura delle imprese cavalleresche e che tenta di riproporle nella società spagnola di inizio Seicento, con esiti disastrosi. Le vicende di Don Chisciotte sono narrate in un romanzo, quasi a testimoniare la fine del poema epico come genere letterario. Tuttavia, se l'ironia di Cervantes segna il tramonto del poema cavalleresco, l'epica in quanto tale non muore, ma ricompare sotto forme diverse, accomunate dall'intento di rappresentare i valori di un popolo o di una categoria sociale con il racconto delle imprese di un eroe positivo, spesso costretto alla lotta solitaria con avversari implacabili (▶ p. 330).

L'epica **rinascimentale**

Ludovico Ariosto e l'*Orlando furioso*

Ludovico Ariosto: le vicende biografiche

Ludovico Ariosto nasce nel 1474 a Reggio Emilia. Il padre, a servizio presso la corte estense a Ferrara, gli impone studi di tipo giuridico, per i quali il giovane non si sente portato. Dopo anni di contrasti, Ariosto può finalmente dedicarsi a una formazione letteraria; ben presto, tuttavia, il trasferimento del suo maestro e la morte improvvisa del padre lo costringono a interrompere gli studi e a entrare al servizio del cardinale Ippolito d'Este, nel 1503. Le mansioni che deve svolgere presso il suo signore sono varie e poco gradite: gli viene chiesto di lavorare come segretario, a volte come consigliere diplomatico presso altre corti, ma spesso come servo (Ariosto racconta di aver dovuto aiutare Ippolito a vestirsi e a spogliarsi, di aver curato l'allestimento dei banchetti e provveduto a organizzare i divertimenti). Come molti intellettuali del suo tempo, egli prende gli Ordini minori per garantirsi la rendita di alcuni benefici ecclesiastici, pur senza avere mansioni religiose. Durante i viaggi per conto del cardinale conosce a Firenze Alessandra Benucci, la donna che amerà per tutta la vita e che sposerà molti anni dopo, in segreto, per non perdere il diritto alle rendite da parte della Chiesa. Ariosto rimane al servizio del cardinale Ippolito sino al 1517, quando questi si trasferisce in Ungheria e il segretario si rifiuta di seguirlo. L'anno successivo passa alle dipendenze del duca Alfonso II d'Este, che gli concede più tempo per dedicarsi ai suoi interessi letterari; nel 1521, però, il duca lo incarica di occuparsi stabilmente della Garfagnana, una zona in cui regnano i contrasti tra le famiglie nobili e imperversano i briganti. Ariosto si rivela in questa circostanza un abile governatore. Dopo alcuni anni, rientrato a Ferrara, è finalmente in grado di acquistare una casa propria e di dedicarsi alla famiglia e alla scrittura; mantiene soltanto l'incarico di sovrintendente agli spettacoli di corte. Muore nel 1533.

Ariosto scrive sette satire, in cui affronta con tono ironico vari temi legati alla vita di corte e al comportamento umano; compone inoltre commedie in versi, alcune delle quali rappresentate a corte; ma soprattutto si dedica all'***Orlando furioso***, poema iniziato nel 1505 e rielaborato più volte. Una prima edizione, in 40 canti, è del 1516; la seconda esce nel 1521, mentre la terza, in 46 canti, è portata a termine nel 1532.

Il poema cavalleresco prima di Ariosto

Nel corso del Medioevo e poi nell'età umanistica e rinascimentale fu molto praticata l'attività dei giullari o *canterini*, che nelle corti o nelle piazze cantavano storie i cui protagonisti erano cavalieri e dame. Attraverso le narrazioni dei giullari conobbero notevole diffusione in Italia le vicende del ciclo carolingio, legate alla figura di Carlo Magno e dei suoi paladini (▶ p. 251), in particolare del valoroso Orlando, e quelle del ciclo bretone, che avevano al centro vicende d'amore e d'avventura, intrise di elementi fiabeschi (▶ p. 267). I giullari operavano spesso fusioni originali tra gli elementi dell'uno e dell'altro ciclo: le loro composizioni, dette "**cantari**", erano organizzate in strofe di otto versi (ottave). Fu così che il personaggio di Orlando, che nella *Chanson de Roland* rappresentava l'eroe pio e inflessibile, dedito unicamente alla difesa della propria terra, di Carlo Magno e della fede cristiana, acquisì caratteri nuovi e divenne sensibile al fascino femminile. Il conte **Matteo Maria Boiardo** (1440-1494) attinse al vasto materiale dei cantari popolari per comporre il suo poema cavalleresco, l'***Orlando innamorato***, in cui l'austero paladino si innamora perdutamente della bella Angelica. In realtà la fanciulla, che è pagana, è giunta alla corte di Carlo Magno per seminare scompiglio con la sua bellezza e alimentare la rivalità fra i cavalieri cristiani. In particolare, Rinaldo e Orlando dimenticano i loro doveri e inseguono Angelica, fuggita verso Oriente; dopo molte peripezie la fanciulla è riportata in Francia e affidata da Carlo Magno al duca Namo, affinché Orlando, Rinaldo e tutti gli altri guerrieri combattano con il massimo ardore contro i Mori. Il poema di Boiardo si interrompe lasciando aperte molte vicende: sarà Ariosto a riprenderle e a portarle a compimento.

L'*Orlando furioso*: la metrica e la lingua

L'*Orlando furioso* è un poema composto da 46 canti, di lunghezza variabile, ed è scritto in ottave, ossia in strofe di otto versi endecasillabi rimati tra di loro secondo lo schema ABABABCC. Per quanto riguarda la lingua, sappiamo che Ariosto lavorò per molti anni alla rielaborazione della sua opera per conformarsi alle indicazioni di Pietro Bembo, uno degli intellettuali più noti del Cinquecento e suo amico, che poneva come modello imprescindibile per la letteratura il volgare toscano illustre.

La struttura narrativa e lo stile

Nell'*Orlando furioso* la trama procede attraverso continue interruzioni e riprese: è la cosiddetta tecnica dell'***entrelacement*** (intreccio), con la quale il narratore onnisciente porta avanti più storie parallele, passando dall'una all'altra attraverso nessi spesso casuali. Questo meccanismo comunica l'impressione di un movimento incessante e di estrema varietà: nessuna vicenda sembra mai pienamente conclusa, da ciascuna possono scaturire altre storie. Il narratore onnisciente appare come un regista che, dall'alto, manovra i personaggi e garantisce ordine e coerenza all'opera nel suo insieme, di fronte al moltiplicarsi delle singole vicende. La voce narrante non mantiene però l'oggettività propria dell'epica omerica, ma interviene con **commenti ironici** che ridimensionano i personaggi, come a negare loro ogni prospettiva eroica. Allo stesso tempo viene però evitata la dimensione troppo realistica e bassa: Ariosto sceglie infatti per il suo poema un **lessico** e uno **stile medio**, né tragico né comico, basato sull'ironia.

L'*Orlando furioso* è l'opera che meglio rappresenta i valori delle corti rinascimentali, ma al tempo stesso mostra la precarietà di quei valori, il loro essere costantemente in bilico per l'azione della fortuna: l'equilibrio armonioso della civiltà è fragile di fronte all'emergere delle forze irrazionali. Per questo la voce narrante, con i suoi interventi ironici, impedisce di immedesimarsi nei personaggi, per costringere i lettori a riflettere invece sulla condizione umana, sul potere del caso, sulla forza dell'arte e della letteratura.

l'opera

Orlando furioso

Ariosto riprende la vicenda di Orlando e Angelica dal punto in cui l'aveva lasciata Boiardo: la donna è destinata da Carlo Magno al paladino che in quella giornata ucciderà il maggior numero di nemici. L'imprevista sconfitta cristiana offre però alla fanciulla l'occasione per scappare ancora una volta e qui inizia il primo filone narrativo, ossia la fuga incessante di Angelica, inseguita non solo da Orlando ma anche da altri guerrieri, cristiani e pagani. La donna, emblema del desiderio e della bellezza, seducente ma anche abile calcolatrice, riesce a sfuggire a tutti e non stima alcuno degno di lei, fino a che non cade lei stessa vittima dell'amore per l'umile soldato pagano Medoro, con il quale si unisce in matrimonio. Il prode Orlando, che l'ha vanamente inseguita per tanto tempo, appresa la notizia è devastato dal dolore e perde il senno, trasformandosi in un bruto. Solo l'intervento del cugino inglese Astolfo, che a cavallo dell'Ippogrifo si reca sulla Luna e recupera l'ampolla contenente il senno del paladino, potrà restituire a Orlando la perduta dignità di cavaliere.

A questa vicenda si intrecciano altri due filoni narrativi principali: quello legato agli scontri tra i Mori e i cristiani alle porte di Parigi e poi in Africa e quello imperniato sull'amore tra la guerriera cristiana Bradamante e il pagano Ruggiero. Il mago Atlante si oppone ai desideri dei due giovani perché teme una profezia secondo la quale Ruggiero, suo protetto, dopo essersi convertito al cristianesimo e aver sposato Bradamante, morirà. Dopo molte peripezie i due innamorati si ricongiungono e dalla loro unione ha origine la stirpe degli Este.

L'*Orlando furioso*, infine, è arricchito da numerosi personaggi e fatti secondari, spesso legati a oggetti magici e a creature fantastiche.

LUDOVICO ARIOSTO

IL PROEMIO

Opera: *Orlando furioso*, canto I, ottave 1-4

Il proemio occupa le prime quattro ottave dell'*Orlando furioso* ed è costituito da tre parti: l'enunciazione dell'argomento e la menzione del protagonista; l'invocazione (non più rivolta alla Musa, ma alla donna amata); la dedica al cardinale Ippolito d'Este.

1.
Le donne, i cavallier, l'arme, gli amori,
le cortesie, l'audaci imprese io canto,
che furo al tempo che passaro i Mori
d'Africa il mare, e in Francia nocquer tanto,
seguendo l'ire e i giovenil furori
d'Agramante lor re, che si diè vanto
di vendicar la morte di Troiano
sopra re Carlo imperator romano.

2.
Dirò d'Orlando in un medesmo tratto
cosa non detta in prosa mai né in rima:
che per amor venne in furore e matto,
d'uom che sì saggio era stimato prima;
se da colei che tal quasi m'ha fatto,
che 'l poco ingegno ad or ad or mi lima,
me ne sarà però tanto concesso,
che mi basti a finir quanto ho promesso.

1, **1-2. Le donne ... imprese:** i due versi formano un doppio chiasmo, perché i termini sono disposti non in modo parallelo ma incrociato, come a formare la lettera greca "chi": *donne* - *cavallier* / *arme* - *amori* / *cortesie* - *audaci imprese*. In particolare, si nota la commistione tra gli elementi del ciclo carolingio (la guerra e le gesta dei cavalieri) e quelli del ciclo bretone (l'amore e la cortesia).
3-4. che furo ... mare: che ci furono al tempo in cui i Mori passarono il mare d'Africa.
4. nocquer tanto: arrecarono tanti danni.
6. Agramante: re d'Africa, figlio di *Troiano* (v. 7), ucciso da Orlando in Borgogna.
8. re Carlo ... romano: Carlo Magno, proclamato imperatore dei Romani da papa Leone III nell'800. In realtà lo scontro fra Arabi e Franchi avvenne sotto Carlo Martello, nel 732, a Poitiers.
2, **1. in un medesmo tratto:** insieme.
2. mai: nell'epica medievale, Orlando/Roland è il più valoroso cavaliere di Carlo Magno; muore a Roncisvalle per un tradimento e sino all'ultimo si mostra fedele al suo re, alla Francia e a Dio (▶ p. 253). Nel poema quattrocentesco di Matteo Maria Boiardo, invece, Orlando perde la sua austerità perché è travolto dall'amore per la bella Angelica e si avvicina per tale ragione ai protagonisti dei romanzi bretoni, che vivono travagliate vicende d'amore e d'avventura. Ariosto si spinge ancora più in là: nella sua opera Orlando diventa addirittura *matto* per amore.
4. d'uom ... prima: da uomo che prima era considerato così saggio.
5. colei: si tratta di Alessandra Benucci, la donna amata da Ariosto. • **tal:** pazzo. Anche il poeta, come il suo personaggio, ha sperimentato il tormento d'amore ed è *quasi* impazzito.
6. che ... lima: che consuma lentamente quel poco ingegno di cui sono dotato. *Poco* è evidentemente una dichiarazione di modestia, fatta con ironia.
7-8. tanto ... promesso: quella quantità di ingegno sufficiente a terminare la mia opera.

3.
Piacciavi, generosa Erculea prole,
ornamento e splendor del secol nostro,
Ippolito, aggradir questo che vuole
e darvi sol può l'umil servo vostro.
Quel ch'io vi debbo, posso di parole
pagare in parte, e d'opera d'inchiostro;
né che poco io vi dia da imputar sono;
che quanto io posso dar, tutto vi dono.

4.
Voi sentirete fra i più degni eroi,
che nominar con laude m'apparecchio,
ricordar quel Ruggier, che fu di voi
e de' vostri avi illustri il ceppo vecchio.
L'alto valore e' chiari gesti suoi
vi farò udir, se voi mi date orecchio,
e vostri alti pensier cedino un poco,
sì che tra lor miei versi abbiano loco.

(*Orlando furioso*, a cura di L. Caretti, Einaudi, Torino 1992)

3, **1. Erculea prole:** discendente di Ercole. Ariosto si rivolge al cardinale *Ippolito* (v. 3), figlio di Ercole I d'Este, duca di Ferrara.
3. aggradir: gradire. Dipende da *Piacciavi* (v. 1), cioè "spero vi faccia piacere gradire".
4. sol: soltanto. • **l'umil servo vostro:** Ariosto rimase per molti anni a servizio del cardinale Ippolito, ma fu da lui impiegato per servizi diplomatici, contabili e burocratici, mentre egli avrebbe desiderato dedicarsi alla letteratura.
5-6. posso ... inchiostro: posso pagarvi in parte con parole e con testi scritti.
7. imputar: accusare.

4, **2. m'apparecchio:** mi preparo.
3. Ruggier: già nel poema di Boiardo, Ruggiero è presentato come il capostipite della famiglia d'Este. Ruggiero era un guerriero pagano, protetto dal mago Atlante: secondo un'antica profezia egli si sarebbe convertito al cristianesimo, avrebbe sposato la guerriera Bradamante e dalla loro discendenza sarebbe derivata la casata estense.
4. il ceppo vecchio: l'antenato, il capostipite.
5. chiari gesti: gloriose imprese.
7. cedino: cedano, cioè si ritirino, si mettano in disparte.
8. abbiano loco: trovino spazio.

ANALISI DEL TESTO

Lo sfondo...

L'enunciazione dell'argomento del poema occupa la prima ottava e metà della seconda: Ariosto presenta con una lunga enumerazione la materia del canto, ossia storie di guerra (come suggeriscono le parole *cavallier*, *arme*, *audaci imprese*) e d'amore (cui fanno riferimento i termini *donne*, *amori*, *cortesie*). Queste vicende sono ambientate in un passato fantastico, in cui la lotta in Francia tra Mori e cristiani è collocata all'epoca di Carlo Magno e dilatata con fatti e personaggi d'invenzione.

La struttura delle frasi è elaborata e vi compaiono figure retoriche che rendono solenne l'esordio: il chiasmo (ottava 1, vv. 1-2) e l'inversione di soggetto e verbo (*io* e *canto* sono collocati a fine verso, dopo l'ampio complemento oggetto). Un inizio del genere potrebbe far pensare che il poema intenda mettere in scena un epico scontro fra civiltà o l'eterna lotta fra il bene e il male. In realtà la guerra è soltanto lo sfondo su cui si innesteranno le storie dei singoli cavalieri e le vicende belliche sono osservate con un intento tutt'altro che celebrativo, come rivela l'allusione ai danni del conflitto (*nocquer tanto*, ottava 1, v. 4) e alle sue futili motivazioni (le ragioni di vendetta del re Agramante sono definite infatti *l'ire e i giovenil furori*, ottava 1, v. 5).

... e il protagonista

Dal v. 1 dell'ottava 2 compare il protagonista, Orlando, eroe sul quale è già stato scritto molto *in prosa* e *in rima*, ma su cui l'autore annuncia di avere novità straordinarie da raccontare. Non si tratta della sua ennesima impresa epica, bensì di una sconfitta, della trasformazione da uomo *saggio* in *matto* a causa dell'amore (ottava 2, vv. 3-4). Il cavaliere che nella *Chanson de Roland* difende sino all'estremo la Francia, il suo re, la fede cristiana, qui non solo perde la sua austerità perché si innamora, come già era avvenuto nel poema di Boiardo, ma addirittura smarrisce la ragione e si lascia travolgere dalla follia.

L'invocazione

Orlando dunque non è più un eroe irraggiungibile, ma un uomo con limiti e debolezze, come il poeta, che ben conosce la sofferenza d'amore e il lento logorio (la *lima*, ottava 2, v. 6) che essa procura. Con l'introduzione dell'elemento autobiografico si compie un evidente abbassamento di tono, al quale contribuiscono la scelta di un lessico più semplice e la disposizione lineare delle frasi, che si avvicinano alla prosa. Di conseguenza, se l'eroe è messo sullo stesso piano di un uomo comune, la Musa da invocare per ricevere ispirazione non sarà più una divinità, ma una donna concreta, quella amata dal poeta. A lei Ariosto non si rivolge direttamente per chiedere aiuto, limitandosi a formulare un desiderio: l'auspicio è che ella cessi di essere un ostacolo e benevolmente conceda al poeta di dedicare all'opera, anziché a lei – come evidentemente avviene sempre – quel poco d'*ingegno* che egli possiede. In questo modo Ariosto dichiara indirettamente che la donna è il centro di ogni suo pensiero e che l'amore per lei lo ha portato sull'orlo della follia. Ciò, tuttavia, non è detto in modo tragico ma ironico: la capacità di sorridere di sé che Ariosto dimostra renderà il suo destino diverso da quello di Orlando, che invece si prende terribilmente sul serio; mentre il paladino, travolto dalla follia, sprofonderà in una condizione bestiale, il poeta si salverà con l'ausilio dell'ironia.

La dedica

Le ottave 3 e 4 contengono la dedica dell'opera: il destinatario è il cardinale Ippolito d'Este, di cui sono celebrate la stirpe, la personalità e le azioni. Ariosto lo accosta a figure eroiche: nell'appellativo *Erculea* (ottava 3, v. 1) si allude al padre del cardinale, ma è implicito il collegamento al personaggio mitologico di Ercole; inoltre dal v. 3 dell'ottava 4 si stabilisce direttamente la discendenza della casata degli Este dall'eroe pagano Ruggiero. Ippolito è poi presentato in modo iperbolico come colui che dà *ornamento e splendor* a un secolo intero (ottava 3, v. 2) e i suoi pensieri sono definiti *alti* (ottava 4, v. 7). Tra tali "altezze" Ariosto viene umilmente a offrire il proprio poema come una semplice distrazione. Proprio per questa ragione alcuni lettori interpretano in chiave ironica l'intera celebrazione di Ippolito, perché eccessivamente elogiativa; per altri invece è poco probabile che un cortigiano carichi di ironia una dedica rivolta al proprio signore. Di fatto l'autore, in queste ottave, mentre compie una dichiarazione di modestia, rivendica in realtà il proprio valore di scrittore: egli riconosce di dipendere da un signore, con il quale è in debito (*vi debbo ... pagare*, ottava 3, vv. 5-6) e a cui deve prestare servizio; tuttavia sembra ricordare al cardinale che il suo talento non sta nelle incombenze pratiche e amministrative, al quale solitamente Ippolito lo destina, ma nell'arte letteraria (*questo che vuole / e darvi sol può l'umil servo vostro*, ottava 3, vv. 3-4; *quanto io posso dar, tutto vi dono*, ottava 3, v. 8).

ESERCIZI

COMPRENSIONE E ANALISI

1. I temi Quali argomenti vengono presentati nell'ottava 1?

2. L'epoca In che epoca sono ambientate le vicende?

3. La novità della materia Quale novità è annunciata in merito al protagonista? In quali versi?

4. I tratti in comune tra protagonista e autore Che cosa accomuna Orlando e Ariosto?

5. L'invocazione Nell'invocazione Ariosto non cita la Musa, ma la donna amata. Con quale effetto sul tono dell'opera?

6. Il destinatario Come viene presentato Ippolito d'Este?

7. L'elemento encomiastico Perché, secondo il poeta, cantare le vicende dei paladini è un modo per dare lustro alla casata degli Este?

LESSICO E STILE

8. Il tono alto e il tono basso Tra la prima e la seconda ottava c'è un'evidente differenza di tono. Individua nel testo le parole in posizione di rima nella prima strofa e nella seconda: quali ti paiono più elevate e quali più vicine al linguaggio parlato?

9. *Mi lima* Quale aspetto della sofferenza d'amore è sottolineato dalla metafora *mi lima* (ottava 2, v. 6)?

10. *Opera d'inchiostro* L'espressione *opera d'inchiostro* (ottava 3, v. 6), usata da Ariosto per indicare il suo poema, esalta o minimizza il valore dell'opera? Perché?

11. *Il ceppo vecchio* Spiega la metafora: perché Ruggiero è definito *il ceppo vecchio* (ottava 4, v. 4)?

SCRITTURA

12. Scrivi un testo argomentativo: gli *alti pensieri* Secondo te, in questo proemio Ariosto carica di ironia l'elogio di Ippolito o intende celebrare sinceramente il suo signore? Rispondi in un testo argomentativo, dopo aver riletto il brano con attenzione e aver studiato la biografia di Ariosto.

13. Scrivi un testo descrittivo: le doti personali Immagina di essere un cortigiano dell'epoca di Ariosto e di giungere alla corte di Ippolito d'Este. Che cosa potresti offrire al signore in cambio della sua protezione? Scrivi un testo descrittivo in cui presenti a Ippolito le tue capacità, cercando di parlare di doti che realmente possiedi (ad esempio abilità musicali, di danza, di poesia, di disegno, di giocoleria) e prevedine una possibile applicazione in una corte del Cinquecento.

LUDOVICO ARIOSTO

La follia di Orlando

▶ **Opera:** *Orlando furioso*, canto XXIII, ottave 129-136; canto XXIV, ottave 1-6

Orlando, nella sua incessante ricerca di Angelica, è giunto proprio nella selva dove la fanciulla ha incontrato Medoro ferito, si è presa cura di lui e se ne è innamorata. I due, sposi novelli, sono ormai lontani da quel luogo di gioia, ma hanno lasciato dietro di sé molti segni della loro felicità. Orlando tenta in tutti i modi di negare a se stesso l'evidenza dei fatti, perché non può concepire che Angelica gli abbia preferito un altro uomo, uno sconosciuto soldato saraceno: si vuole convincere dunque che tali segni siano menzogne senza fondamento e che qualche malvagio abbia scritto i nomi di Angelica e Medoro sulle rocce e sugli alberi soltanto per provocarlo. Tuttavia un pastore, che è stato testimone della passione tra i due giovani, racconta a Orlando la verità, con dovizia di particolari, e mostra prove inconfutabili. Il paladino vede crollare i suoi deboli autoinganni e si allontana nella selva per sfogare il proprio dolore.

129.
Pel bosco errò tutta la notte il conte;
e allo spuntar della diurna fiamma
lo tornò il suo destin sopra la fonte
dove Medoro insculse l'epigramma.
Veder l'ingiuria sua scritta nel monte
l'accese sì, ch'in lui non restò dramma
che non fosse odio, rabbia, ira e furore;
né più indugiò, che trasse il brando fuore.

130.
Tagliò lo scritto e 'l sasso, e sin al cielo
a volo alzar fe' le minute schegge.
Infelice quell'antro, ed ogni stelo
in cui Medoro e Angelica si legge!
Così restar quel dì, ch'ombra né gielo
a pastor mai non daran più, né a gregge:
e quella fonte, già sì chiara e pura,
da cotanta ira fu poco sicura;

129, **1. il conte:** si tratta di Orlando.
2. allo ... fiamma: all'alba. La *diurna fiamma* è il sole, che porta la luce del giorno.
3. lo tornò: lo ricondusse. Il verbo *tornare* è qui usato transitivamente.
4. dove ... epigramma: dove Medoro aveva scolpito l'epigramma. Il giovane Medoro, colmo di felicità per l'amore della bella Angelica, aveva inciso sulla roccia una poesia per lodare la natura che aveva fatto da sfondo ai loro incontri amorosi.
5-8. Veder ... fuore: vedere scritta su una roccia l'offesa a lui arrecata lo infiammò al punto che in lui non rimase neppure una minima parte che non fosse odio, rabbia, ira e furore; senza esitare, estrasse la spada.
130, **2. fe':** fece. • **minute:** piccole.
3. quell'antro: quella grotta.
4. in ... legge!: in cui si leggono i nomi di Angelica e Medoro. Orlando distrugge ogni cosa che serbi traccia dei nomi dei due amanti.
5-6. Così ... gregge: rimasero così (distrutti) quel giorno, che non avrebbero mai più dato né ombra né fresco ad alcun pastore o ad alcun gregge.

131.
che rami e ceppi e tronchi e sassi e zolle
non cessò di gittar ne le bell'onde,
fin che da sommo ad imo sì turbolle
che non furo mai più chiare né monde.
E stanco al fin, e al fin di sudor molle,
poi che la lena vinta non risponde
allo sdegno, al grave odio, all'ardente ira,
cade sul prato, e verso il ciel sospira.

132.
Afflitto e stanco al fin cade ne l'erba,
e ficca gli occhi al cielo, e non fa motto.
Senza cibo e dormir così si serba,
che 'l sole esce tre volte e torna sotto.
Di crescer non cessò la pena acerba,
che fuor del senno al fin l'ebbe condotto.
Il quarto dì, da gran furor commosso,
e maglie e piastre si stracciò di dosso.

133.
Qui riman l'elmo, e là riman lo scudo,
lontan gli arnesi, e più lontan l'usbergo:
l'arme sue tutte, in somma vi concludo,
avean pel bosco differente albergo.
E poi si squarciò i panni, e mostrò ignudo
l'ispido ventre e tutto 'l petto e 'l tergo;
e cominciò la gran follia, sì orrenda,
che de la più non sarà mai ch'intenda.

134.
In tanta rabbia, in tanto furor venne,
che rimase offuscato in ogni senso.
Di tor la spada in man non gli sovenne;
che fatte avria mirabil cose, penso.

131, 1-4. che ... monde: Orlando non smise di gettare nella bella fonte rami, ceppi, tronchi, sassi, zolle d'erba finché non l'ebbe resa torbida dalla superficie sino in profondità, a tal punto che le acque non sarebbero mai più tornate trasparenti e pulite.
6-7. poi ... ira: poiché la sua forza indebolita non corrisponde allo sdegno, all'odio profondo, all'ira che lo infiamma.
132, 2. non fa motto: non parla.
3. così si serba: resta così.
4. che ... sotto: ossia trascorrono tre giorni.
7. commosso: sconvolto.
8. maglie e piastre: la sottile maglia di ferro che veniva indossata sotto l'armatura, a sua volta composta da lamine di metallo.
133, 2. gli arnesi: le altre parti dell'armatura. • **l'usbergo:** lo scudo.
4. avean ... albergo: erano sparse per il bosco.
6. ispido: villoso, irsuto. • **tergo:** la schiena.
7-8. sì ... intenda: così orribile che non sarà possibile sentire parlare di una (follia) più grande.
134, 2. offuscato: annebbiato. Orlando perde cioè il contatto con la realtà, i suoi sensi non funzionano più, le percezioni sono deformate.
3. tor: prendere. • **non gli sovvenne:** non gli venne in mente.
4. che ... penso: che avrebbe compiuto azioni incredibili con quella (la spada), io credo.

Ma né quella, né scure, né bipenne
era bisogno al suo vigore immenso.
Quivi fe' ben de le sue prove eccelse,
ch'un alto pino al primo crollo svelse:

135.
e svelse dopo il primo altri parecchi,
come fosser finocchi, ebuli o aneti;
e fe' il simil di querce e d'olmi vecchi,
di faggi e d'orni e d'illici e d'abeti.
Quel ch'un ucellator che s'apparecchi
il campo mondo, fa, per por le reti,
dei giunchi e de le stoppie e de l'urtiche,
facea de cerri e d'altre piante antiche.

136.
I pastor che sentito hanno il fracasso,
lasciando il gregge sparso alla foresta,
chi di qua, chi di là, tutti a gran passo
vi vengono a veder che cosa è questa.
Ma son giunto a quel segno il qual s'io passo
vi potria la mia istoria esser molesta;
et io la vo' più tosto diferire,
che v'abbia per lunghezza a fastidire.

1.
Chi mette il piè su l'amorosa pania,
cerchi ritrarlo, e non v'inveschi l'ale;
che non è in somma amor, se non insania,
a giudizio de' savi universale:
e se ben come Orlando ognun non smania,
suo furor mostra a qualch'altro segnale.
E qual è di pazzia segno più espresso
che, per altri voler, perder se stesso?

5-6. Ma ... immenso: ma la sua forza smisurata non aveva bisogno né di spada, né di scure, né di ascia a doppio taglio (*bipenne*).
7. prove eccelse: imprese straordinarie.
8. ch'un ... svelse: perché sradicò un pino al primo tentativo.
135, 2. ebuli o aneti: caprifogli o pianticelle erbacee.
3. fe' il simil: fece la stessa cosa.
4. orni: una varietà dei frassini. • **illici:** elci. Sono tutti alberi particolarmente robusti.
5-8. Quel ... antiche: quello che fa un cacciatore di uccelli per sistemare le reti, il quale pulisce il campo da giunchi, stoppie e ortiche, la stessa cosa faceva Orlando togliendo cerri e altri alberi secolari.
136, 5-8. Ma ... fastidire: ma sono arrivato a un punto tale che, se io lo superassi, la mia storia potrebbe risultare fastidiosa a voi: e preferisco rimandare (il seguito) piuttosto che infastidirvi per la lunghezza del mio racconto. Il narratore annuncia cioè la fine del canto.

1, 1-4. Chi ... universale: chi mette il piede sulla colla sparsa da Amore, cerchi di toglierlo subito e non si lasci invischiare le ali, perché l'amore, insomma, non è altro che follia, secondo il giudizio condiviso da tutti i saggi. La *pania* era una sostanza vischiosa usata per catturare gli uccelli.
5. se ben: sebbene. • **non smania:** non si abbandona a gesti insensati.
6. qualch'altro segnale: con qualche altro sintomo.
7-8. E ... stesso?: e quale è il segno di follia più esplicito che perdere (il controllo di) sé perché si desidera un altro?

2.
Varii gli effetti son, ma la pazzia
è tutt'una però, che li fa uscire.
Gli è come una gran selva, ove la via
conviene a forza, a chi vi va, fallire:
chi su, chi giù, chi qua, chi là travia.
Per concludere in somma, io vi vo' dire:
a chi in amor s'invecchia, oltr'ogni pena,
si convengono i ceppi e la catena.

3.
Ben mi si potria dir: «Frate, tu vai
l'altrui mostrando, e non vedi il tuo fallo».
Io vi rispondo che comprendo assai,
or che di mente ho lucido intervallo;
et ho gran cura (e spero farlo ormai)
di riposarmi e d'uscir fuor di ballo:
ma tosto far, come vorrei, nol posso:
che 'l male è penetrato infin all'osso.

4.
Signor, ne l'altro canto io vi dicea
che 'l forsennato e furïoso Orlando
trattesi l'arme e sparse al campo avea,
squarciati i panni, via gittato il brando,
svelte le piante, e risonar facea
i cavi sassi e l'alte selve; quando
alcun' pastori al suon trasse in quel lato
lor stella, o qualche lor grave peccato.

5.
Viste del pazzo l'incredibil prove
poi più d'appresso e la possanza estrema,
si voltan per fuggir, ma non sanno ove,

2, 2. che ... uscire: che li scatena. I sintomi possono essere diversi, ma la causa è sempre la stessa, ossia la follia.
3-5. Gli ... travia: (la pazzia) è come una grande foresta, nella quale è inevitabile perdere la strada, per chi vi si incammina: essa fa deviare uno in su, un altro in giù, uno di qua, un altro di là.
8. si ... catena: merita di essere legato ai ceppi e con delle catene, come un pazzo furioso. I *ceppi* erano blocchi di legno che immobilizzavano i piedi dei prigionieri.
3, 1. potria: potrebbe.
2. l'altrui ... fallo: mostri l'errore (*fallo*) di un altro e non vedi il tuo.
4. or ... intervallo: ora che ho un momento di lucidità mentale.
5. cura: desiderio.
6. uscir ... ballo: cioè di sottrarsi alla passione amorosa. È una metafora.
7-8. ma ... osso: ma non posso farlo rapidamente come vorrei, perché il male (d'amore) è penetrato in me in profondità (*infin all'osso*).
4, 1. Signor: il cardinale Ippolito, a cui il poeta si rivolge (▶ *Il proemio*, pp. 294-295).
4. il brando: la spada.
5. svelte: divelte, sradicate.
6-8. quando ... peccato: quando il destino (*lor stella*) o qualche grave colpa commessa spinse alcuni pastori verso il luogo da cui proveniva quel rumore. L'incontro con il pazzo Orlando sarà funesto per i pastori, perché il folle si abbatterà su di loro come una sciagura voluta dal destino o una punizione divina.
5, 2. d'appresso: da vicino. • **la possanza estrema:** la forza smisurata.

sì come avviene in subitana tema.
Il pazzo dietro lor ratto si muove:
uno ne piglia, e del capo lo scema
con la facilità che torria alcuno
da l'arbor pome, o vago fior dal pruno.

6.
Per una gamba il grave tronco prese,
e quello usò per mazza adosso al resto:
in terra un paio addormentato stese,
ch'al novissimo dì forse fia desto.
Gli altri sgombrato subito il paese,
ch'ebbono il piede e il buono aviso presto.
Non saria stato il pazzo al seguir lento,
se non ch'era già volto al loro armento.

(*Orlando furioso*, *op. cit.*)

4. sì ... tema: come avviene in caso di paura improvvisa.
5. ratto: rapido.
6-8. del ... pruno: gli mozza la testa con la stessa facilità con cui uno stacca un frutto dall'albero o un bel fiore da un arbusto.
6, 1. il grave tronco: il pesante busto (del pastore decapitato).
2. al resto: agli altri pastori.
4. novissimo dì: al giorno del Giudizio Universale. I pastori abbattuti dal pazzo Orlando, evidentemente, sono piombati in un sonno eterno, sono cioè morti.
6. ch'ebbono ... presto: che furono rapidi con i piedi e con la mente, cioè presero subito la decisione di fuggire e la attuarono immediatamente.
8. armento: gregge.

ANALISI DEL TESTO

La metamorfosi di un paladino

Orlando, il cavaliere che nelle *Chansons de geste* era l'integerrimo difensore della Francia e il paladino della fede, nell'opera di Ariosto è un uomo vigoroso che si scopre rifiutato dalla fanciulla a lungo protetta, inseguita e sognata. L'eroe dalla forza straordinaria si scontra con un limite insormontabile e ne rimane devastato: non solo l'innamoramento sconvolge il cavaliere e gli fa dimenticare i suoi doveri, ma l'ira causata dalla gelosia e dal rifiuto porta addirittura alla metamorfosi del paladino in un bruto.

Le fasi della pazzia

Di fronte all'evidenza dei fatti, la prima reazione di Orlando è quella di isolarsi e vagare senza meta per il bosco, ma si intuisce che lo smarrimento è solo il preludio all'esplodere di emozioni più violente. Ciò avviene quando il paladino si trova davanti a uno dei segni lasciati dai due amanti, la poesia incisa da Medoro sulla roccia. La *climax* (*odio, rabbia, ira e furore*, ottava 129, v. 7) restituisce la progressione crescente del sentimento: ecco che Orlando, messa mano alla spada, distrugge il *locus amoenus*, quello che per altri è stato un luogo di delizie e per lui è causa di tormento. Le azioni furiose stancano il suo fisico (*stanco al fin, e al fin di sudor molle*, ottava 131, v. 6) ma non sono sufficienti a sfogare lo sdegno che prova nell'animo. Egli si getta a terra e resta sdraiato per tre giorni e tre notti con lo sguardo fisso al cielo, senza parlare, mangiare o dormire: è una sorta di paralisi, l'ultimo argine prima che la pazzia debordi senza più freni. Al quarto giorno la follia si impossessa definitivamente di lui: Orlando si strappa l'armatura e sparge nella selva le armi, perde cioè la propria dignità cavalleresca, ma subito dopo anche quella umana, poiché si denuda e agisce come una bestia selvaggia, o meglio, come un orco. Sradica alberi, tronca il capo a un malcapitato pastore e si serve del cadavere come di una mazza: pare quasi Polifemo (▶ p. 133), un bruto la cui forza smisurata è sottratta al controllo della ragione. Orlando infatti è *offuscato* (ottava 134, v. 2) e i suoi sensi non sono più in grado di offrirgli una percezione lucida della realtà. L'identità è del tutto compromessa, tant'è vero che il narratore non lo cita più per nome ma soltanto con l'espressione *il pazzo* (canto XXIV, ottava 5, v. 5 e ottava 6, v. 7). Nessuna forza umana sembra in grado di frenarlo: sarà il cugino Astolfo, in un fiabesco viaggio sulla Luna, a ritrovare il senno perduto e a riportarglielo (canto XXIV, ottava 70 e ss.); ma a quel punto Orlando, pur recuperando identità e dignità, avrà sperimentato quanto le forze irrazionali siano devastanti. Ariosto pare quindi mettere in guardia l'intera civiltà rinascimentale, il cui ideale di armonia, equilibrio e controllo razionale è minacciato dall'emergere di forze ignote e incontrollabili.

Il ruolo del narratore

Il narratore fa sentire la sua presenza come "regista" delle vicende, segnalando il passaggio da un canto al successivo, ma anche come vero e proprio personaggio. Ironicamente, Ariosto accosta il proprio destino a quello del protagonista: mentre invita tutti a tenersi lontani dall'*amorosa pania* (canto XXIV, ottava 1, v. 1), confessa contemporaneamente di soffrire dello stesso male e di non essere in grado di liberarsene. L'ironia si coglie anche nelle similitudini che mirano ad abbassare la figura del cavaliere, non più mitico eroe epico ma irsuta bestia; le sue *mirabil cose*, le imprese di distruzione, sono paragonate alla raccolta di comuni pianticelle di finocchi oppure di frutti e fiori. La sproporzione tra gli oggetti paragonati genera un distacco sorridente, che impedisce di immedesimarsi nella vicenda e induce piuttosto a una riflessione sul comportamento umano.

ESERCIZI

COMPRENSIONE E ANALISI

1. La distruzione del *locus amoenus* Perché Orlando si accanisce contro alcuni elementi del paesaggio?

2. L'aspetto fisico e l'animo di Orlando Quale corrispondenza si stabilisce in questo episodio tra aspetto fisico e stato d'animo del personaggio?

3. I gesti della pazzia Quali azioni di Orlando risultano credibili e quali invece del tutto inverosimili?

4. Il narratore Individua nel testo tutti gli interventi del narratore. Distingui quelli in cui egli agisce da "regista" da quelli in cui commenta direttamente l'operato dei personaggi o inserisce considerazioni di carattere generale.

5. Il giudizio sull'amore Quale giudizio viene formulato dal narratore sul sentimento d'amore?

6. Il segno della pazzia Qual è per Ariosto il segno più evidente della pazzia propria di chi ama?

7. Il *fallo* di Ariosto Quale rimprovero teme Ariosto nell'ottava 3 del canto XXIV? Come si giustifica?

LESSICO E STILE

8. Le similitudini Individua e spiega le similitudini presenti nel testo.

9. Una metafora Con quale immagine viene indicato l'amore all'inizio del canto XXIV?

10. La *pena acerba* Spiega con parole tue la scelta dell'aggettivo *acerba* (ottava 132, v. 5).

11. Le *prove eccelse* È possibile cogliere dell'ironia nell'uso dell'aggettivo *eccelse* (ottava 134, v. 7) oppure no? Perché?

SCRITTURA

12. Scrivi un testo argomentativo: gli effetti dell'amore Secondo te, l'amore porta alla pazzia o rende più saggi? Trasforma in bestie o rende migliori? Scrivi un testo argomentativo per presentare la tua opinione.

13. Scrivi un testo narrativo: perdere la ragione Quali fatti o situazioni (un ritardo, un litigio, una menzogna ecc.) potrebbero farti "perdere la testa"? Scrivi un testo narrativo.

Torquato Tasso e la *Gerusalemme liberata*

Torquato Tasso: una vita inquieta

Torquato Tasso nasce a Sorrento nel 1544 da una famiglia di nobili origini. Il padre è un uomo colto e raffinato, scelto come segretario dal principe di Salerno e costretto a continui spostamenti dalla sua attività di cortigiano. Tasso trascorre così i primi anni della sua vita soltanto con la madre, a Napoli. La famiglia non riesce mai a vivere completamente unita: quando Tasso nel 1554 si ricongiunge al padre a Roma, deve infatti staccarsi dalla madre, che muore due anni dopo. Padre e figlio si trasferiscono quindi a Urbino e poi a Venezia; sono anni di studi e delle prime prove di scrittura per Tasso, che compone un abbozzo di poema epico, intitolato *Gierusalemme*, e un poema cavalleresco, il *Rinaldo*, su imitazione del padre, anch’egli impegnato nella stesura di un’opera analoga. Il giovane compie studi di diritto, filosofia e letteratura, senza però terminare alcun percorso universitario. Nel 1565 si trasferisce a Ferrara, una delle corti più raffinate d’Italia, ed entra a servizio di Alfonso II d’Este, presso il quale rimane circa dieci anni. È un periodo sereno, durante il quale Tasso lavora alla stesura del poema *Gerusalemme liberata* e di un testo teatrale, l’*Aminta* (1573). Nel 1575 Tasso conclude una prima versione della *Gerusalemme*, ma cominciano a manifestarsi in lui i disturbi che lo segneranno per il resto della vita. Egli infatti è tormentato da dubbi: vuole aderire perfettamente ai canoni letterari rinascimentali nella forma e ai precetti cattolici nei contenuti, per cui sottopone spontaneamente il suo poema all’Inquisizione, il tribunale ecclesiastico incaricato di verificare la conformità delle opinioni alle verità stabilite dalla Chiesa. Il duca d’Este, preoccupato dalle ossessioni di Tasso, nel 1577 lo costringe ad allontanarsi; il poeta vaga dunque per alcuni anni di corte in corte, per poi tornare nuovamente a Ferrara. Qui è colto da una serie di crisi nervose ed è perciò rinchiuso per sette anni (dal 1579 al 1586) nell’ospedale di Sant’Anna. Durante la sua prigionia è ossessionato da incubi e allucinazioni, ma continua a lavorare e a scrivere, dedicandosi alla stesura di lettere, dialoghi, rime, ma soprattutto alla revisione del poema, di cui iniziano a circolare versioni non autorizzate dall’autore eppure di grande

successo. Tasso esce dall'ospedale grazie all'intervento di Vincenzo Gonzaga, presso il quale si trasferisce. Gli ultimi anni della sua vita sono ancora segnati da continui spostamenti in varie città d'Italia e da nuove rielaborazioni del poema, l'ultima delle quali, la *Gerusalemme conquistata* (1593), è un vero e proprio rifacimento che sopprime parti considerate dal poeta scabrose nei contenuti o imperfette nella forma. Pur essendo l'unica versione autorizzata da Tasso, la *Conquistata* è considerata dai critici un'opera poco riuscita, a cui nel tempo è stata preferita la *Gerusalemme liberata.* Tasso muore nel 1595 nel convento di Sant'Onorio al Gianicolo.

La *Gerusalemme liberata*: la metrica e la lingua

La *Gerusalemme liberata* è un poema eroico composto da 20 canti in ottave, cioè strofe di otto versi endecasillabi. In ogni strofa i primi sei versi sono a rima alternata (ABABAB), gli ultimi due a rima baciata (CC).

La lingua adottata da Tasso nel poema fu spesso criticata dai suoi contemporanei come poco armoniosa e irregolare, a causa di termini troppo antichi o troppo nuovi. In realtà con la *Gerusalemme liberata* si realizza il **superamento della tradizione rinascimentale**, armoniosa ed equilibrata, in una direzione che porterà all'affermarsi del barocco, che privilegia l'irregolarità, l'esagerazione e la sorpresa.

La struttura narrativa e lo stile

Il poema trae spunto da un **fatto reale** (la prima crociata, indetta nel 1096 da papa Urbano II e conclusasi nel 1099 con la conquista del Santo Sepolcro), ma lascia ampio spazio all'**invenzione** e agli artifici della poesia, per attrarre in questo modo l'attenzione dei lettori e fornire loro utili insegnamenti morali e religiosi. La fantasia non è però del tutto priva di controllo: il racconto non assume infatti connotazioni fiabesche, ma ogni evento soprannaturale è giustificato dall'azione di potenze demoniache oppure celesti (il «**meraviglioso cristiano**», secondo la definizione dei critici).

Lo stile, a differenza di quello di Ariosto, non è medio e colloquiale, ma sublime e tragico: per Tasso i modelli di riferimento sono difatti i poemi epici classici e le tragedie.

I **temi** ricorrenti nella *Gerusalemme* sono la guerra, l'amore e la magia, affrontati in modo ambivalente, ora celebrati, ora condannati:

- La **guerra** contro i Saraceni ha una motivazione religiosa ed è occasione di eroismo, ma è anche contemplata con amarezza, come causa di lutti e sofferenze.

- L'**amore** è presentato come una pericolosa fonte di traviamento per i personaggi, ma al tempo stesso il poeta non può fare a meno di celebrare la potenza della seduzione di Armida nei confronti di Rinaldo, la tenerezza del sentimento di Erminia per Tancredi, le implicazioni tragiche dell'amore di Tancredi per Clorinda.
- La **magia** è uno strumento al servizio delle potenze infernali, ma sa esercitare le sue attrattive anche sui cavalieri cristiani.

Il critico Lanfranco Caretti ha parlato a questo proposito di «bifrontismo spirituale» di Tasso, ossia di presenza nel poema di elementi contrastanti, che riflettono una contraddizione dell'animo dell'autore ma anche dell'intera civiltà del tardo Cinquecento, divisa tra i valori rinascimentali (libero pensiero e valorizzazione del piacere e della bellezza) e quelli della Controriforma (obbedienza e rispetto dell'autorità della Chiesa). Tale lacerazione è resa visibile, secondo il critico Sergio Zatti, dal conflitto fra cristiani e pagani: i cristiani sono portatori dei valori ammessi dalle autorità della Controriforma, mentre i pagani rispecchiano la visione laica rinascimentale.

l'opera

Gerusalemme liberata

L'arcangelo Gabriele, inviato da Dio, sollecita Goffredo di Buglione a porsi come supremo comandante delle armate cristiane, impegnate nella prima crociata, ma divise da discordie interne. Goffredo assume con slancio l'incarico ed è ben accetto ai cavalieri cristiani, alla testa dei quali marcia verso Gerusalemme. È questo il primo filone narrativo, che comprende l'assedio alla Città Santa, la costruzione di macchine da guerra, le battaglie, i duelli, e che si conclude con la conquista finale di Gerusalemme da parte dei cristiani e l'ingresso di Goffredo in città.
L'impresa è però ostacolata dalle potenze infernali: Satana e i suoi demoni si schierano con i musulmani e si servono di incanti e magie per distogliere i crociati dai loro doveri. La bellissima maga Armida, ad esempio, ammalia molti guerrieri cristiani, tra cui il prode Rinaldo, trattenendoli in luoghi deliziosi, affinché essi dimentichino di combattere; il mago Ismeno getta un sortilegio sulla selva da cui i crociati vorrebbero ricavare legna per le macchine d'assedio e i cristiani, costretti dalla magia ad affrontare le proprie paure più profonde e le proprie debolezze, non riescono a procedere. L'unico che riuscirà a spezzare l'incanto sarà Rinaldo, ma solo dopo essersi purificato dalle proprie colpe.
All'interno della trama generale prendono corpo anche le vicende specifiche di alcune figure di spicco, come Tancredi, Clorinda ed Erminia. Il cristiano Tancredi durante uno scontro colpisce l'elmo dell'avversario e lo fa cadere a terra: ai suoi occhi appaiono improvvisamente le bionde chiome di Clorinda, guerriera pagana di cui egli si innamora, ma che si allontana sdegnosa. A sua volta Tancredi è inseguito e desiderato da un'altra donna saracena, la dolce Erminia, che rischia la vita per curarlo quando giace ferito ed è costretta a cercare rifugio tra umili pastori per sfuggire agli assalti dei cristiani. Tancredi desidera ritrovare l'amata Clorinda, ma la sua ricerca sarà vana e destinata a concludersi in tragedia: proprio lui, in un duello, sarà l'artefice inconsapevole della morte della donna.
La conclusione dell'opera vede la sconfitta definitiva dei pagani (il re saraceno Aladino muore, il valoroso Argante è ucciso in duello da Tancredi) e la conquista cristiana di Gerusalemme, sancita dalla preghiera di Goffredo sul Santo Sepolcro.

TORQUATO TASSO

IL PROEMIO

Opera: *Gerusalemme liberata*, canto I, ottave 1-5

Secondo la tradizione del poema epico, il proemio è costituito da tre parti: l'enunciazione dell'argomento, ossia l'impresa con cui i crociati guidati da Goffredo di Buglione riconquistano Gerusalemme; l'invocazione alla Musa, qui simbolo della poesia ispirata da Dio, che fonde verità e invenzione per offrire utili insegnamenti morali; infine la dedica al duca Alfonso II d'Este, protettore di Tasso.

1.
Canto l'arme pietose e 'l capitano
che 'l gran sepolcro liberò di Cristo.
Molto egli oprò co 'l senno e con la mano,
molto soffrì nel glorioso acquisto;
e in van l'Inferno vi s'oppose, e in vano
s'armò d'Asia e di Libia il popol misto.
Il Ciel gli diè favore, e sotto a i santi
segni ridusse i suoi compagni erranti.

2.
O Musa, tu che di caduchi allori
non circondi la fronte in Elicona,
ma su nel cielo infra i beati cori
hai di stelle immortali aurea corona,
tu spira al petto mio celesti ardori,
tu rischiara il mio canto, e tu perdona
s'intesso fregi al ver, s'adorno in parte
d'altri diletti, che de' tuoi, le carte.

1, **1-2. Canto ... Cristo:** celebro le armi pie (cioè quelle dei crociati) e il condottiero che liberò Gerusalemme, sede del Santo Sepolcro di Cristo. • **capitano:** si tratta di Goffredo di Buglione, capo dell'esercito cristiano.

3-6. Molto ... misto: egli fece molto, sia con la sua intelligenza (*senno*), sia con la sua azione concreta (*mano* è una metonimia), soffrì molto per compiere la gloriosa conquista (*acquisto*) e invano si opposero a ciò le potenze infernali, invano si armarono popoli di varia provenienza (*popol misto*), asiatici e africani (*di Libia*).

7-8. Il Ciel ... erranti: Dio (*Il Ciel*) lo protesse e radunò sotto le sante insegne i suoi cavalieri che si allontanavano. I guerrieri cristiani tendono a smarrirsi, a perdere di vista il fine religioso e militare della loro missione: *erranti* indica perciò un allontanamento fisico dei cavalieri, ma soprattutto il loro traviamento morale.

2, **1-2. O Musa ... Elicona:** Elicona o Musa, tu che non risiedi sull'Elicona e non orni la fronte con allori destinati a morire (*caduchi*). L'Elicona era un monte della Grecia, considerato sede delle Muse; l'alloro era la pianta sacra al dio Apollo ed era il simbolo della poesia.

3-4. ma ... corona: ma su nel cielo, tra le schiere dei beati, hai una corona d'oro composta da stelle immortali. La Musa cui si rivolge Tasso non è colei che offre gloria terrena che non dura, ma è simbolo della poesia ispirata da Dio.

5-8. tu ... carte: infondi tu nel mio cuore uno slancio divino, illumina tu il mio canto, e perdonami se pongo degli ornamenti (*fregi*) attorno alla verità, se abbellisco le mie pagine con elementi piacevoli diversi da quelli che offri tu.

3.
Sai che là corre il mondo ove più versi
di sue dolcezze il lusinghier Parnaso,
e che 'l vero, condito in molli versi,
i più schivi allettando ha persuaso.
Così a l'egro fanciul porgiamo aspersi
di soavi licor gli orli del vaso:
succhi amari ingannato intanto ei beve,
e da l'inganno suo vita riceve.

4.
Tu, magnanimo Alfonso, il qual ritogli
al furor di fortuna e guidi in porto
me peregrino errante, e fra gli scogli
e fra l'onde agitato e quasi absorto,
queste mie carte in lieta fronte accogli,
che quasi in voto a te sacrate i' porto.
Forse un dì fia che la presaga penna
osi scriver di te quel ch'or n'accenna.

5.
È ben ragion, s'egli averrà ch'in pace
il buon popol di Cristo unqua si veda,
e con navi e cavalli al fero Trace
cerchi ritòr la grande ingiusta preda,
ch'a te lo scettro in terra o, se ti piace,
l'alto imperio de' mari a te conceda.
Emulo di Goffredo, i nostri carmi
intanto ascolta, e t'apparecchia a l'armi.

(*Gerusalemme liberata*,
a cura di M. Guglielminetti,
Garzanti, Milano 1996)

3, 1-4. Sai ... persuaso: tu sai che gli uomini (*il mondo*) sono attratti dalle dolcezze della poesia (letteralmente "corrono là dove il seducente Parnaso riversi maggiormente le sue dolcezze") e che la verità, servita con dolci versi, ha saputo convincere anche i più restii, grazie alle attrattive che ha offerto (*allettando*).
5-8. Così ... riceve: per questa ragione offriamo a un fanciullo malato (*egro*) un bicchiere il cui bordo è cosparso di liquidi dolci (*soavi licor*): egli beve intanto un'amara medicina (*succhi amari*) e riceve la guarigione grazie all'inganno.
4, 1-4. Tu ... absorto: tu, generoso Alfonso, che sottrai al furore della sorte e guidi in un porto sicuro me, che sono uno straniero vagante (*peregrino errante*), sballottato e quasi sommerso (*absorto*) tra gli scogli e tra le onde. *Alfonso* è il duca Alfonso II d'Este, destinatario dell'opera.
5-8. queste ... n'accenna: ricevi con gioia queste mie pagine, che porto a te quasi come consacrate per una promessa. Forse un giorno avverrà (*fia*) che la mia penna profetica osi scrivere di te quello che ora si limita ad accennare (cioè che Alfonso si ponga a capo di una nuova crociata).
5, 1-6. È ... conceda: se mai (*unqua*) avverrà che tutti i cristiani siano in pace e cerchino di togliere la Terrasanta (*la grande ingiusta preda*) ai feroci Turchi (*fero Trace*) con armate navali e di terra, è ben giusto che il comando (*lo scettro*) delle truppe di terra oppure, se preferisci, di quelle di mare sia affidato a te. L'idea di una nuova crociata contro i Turchi nasce in seguito agli entusiasmi suscitati dalla battaglia navale di Lepanto (1571), nella quale navi appartenenti a una coalizione di Stati cristiani riuscirono a sbaragliare la potente flotta turca.
7-8. Emulo ... armi: tu, che sei destinato a rinnovare l'impresa di Goffredo, nel frattempo ascolta la mia poesia e preparati alla guerra.

ANALISI DEL TESTO

L'unità e la molteplicità

La *Gerusalemme liberata* si apre all'insegna dei contrasti. In primo luogo il poeta prende le distanze dai poemi cavallereschi, per richiamarsi piuttosto all'epica classica: il v. 1 dell'ottava 1, infatti, ricalca quasi testualmente l'esordio dell'*Eneide* (*Canto le armi e l'uomo* ▶ p. 194). Tasso non guarda dunque alla leggerezza e all'ironia di Ariosto, ma sente più consona a sé la serietà pensosa di Virgilio.

L'ottava 1 contiene, come ci si aspetta, l'enunciazione dell'argomento, ossia la gloriosa impresa dei cavalieri in Terrasanta, guidati da Goffredo di Buglione. Il poema ruota quindi attorno a una vicenda realmente accaduta, la prima crociata, conclusasi nel 1099, quando le truppe cristiane sottrassero Gerusalemme ai pagani. L'argomento è unitario, ma nei versi che lo presentano si nota una triplice opposizione: il *capitano*, guida sicura, si contrappone ai *compagni erranti*, cioè ai cavalieri smarriti in senso fisico e più ancora morale; il *Ciel*, la presenza benigna di Dio, si oppone all'*Inferno*, ossia alle potenze demoniache al servizio dei pagani; le *arme pietose*, ovvero le armate dei crociati, hanno come corrispettivo *il popol misto*, le eterogenee truppe degli infedeli. Un tema ricorrente nell'intero poema, cioè l'antitesi tra unità e molteplicità, tra un nucleo centrale e continue forze disgregatrici, è dunque già presente nei primi versi dell'opera.

La verità e l'invenzione

Le ottave 2 e 3 contengono la tradizionale invocazione alla Musa, ma anche in questo caso compaiono elementi di novità. Si potrebbero rivolgere all'autore alcune obiezioni: perché un poeta cristiano invoca una divinità pagana come la Musa? Inoltre, perché non si limita a raccontare fatti storici reali per fornire buoni insegnamenti ai lettori? Tasso previene tali critiche precisando che la sua preghiera è rivolta non alla Musa pagana, dispensatrice di gloria effimera, ma a quella cristiana, ossia all'ispirazione che viene da Dio. L'invenzione poetica inoltre è giustificata dal fatto che *'l vero, condito in molli versi* (ottava 3, v. 3) può raggiungere più lettori. Per spiegare tale concetto, Tasso usa una similitudine tratta dall'opera del poeta latino Lucrezio (I secolo a.C.): come il bambino malato è spinto a bere un'amara medicina, se il bordo del bicchiere è cosparso di una sostanza dolce, così i lettori saranno disposti ad assimilare i contenuti ideologici e morali del poema se attratti dalla bellezza delle vicende narrate e dalla dolcezza della poesia. Si tratta dunque di un inganno, ma a fin di bene: questo genere di invenzione non tradisce la verità ma si mette al suo servizio.

Un porto sicuro

Tasso, pur richiamandosi all'epica classica, paga il suo tributo all'uso rinascimentale di inserire nel proemio un'ampia dedica. Nelle ottave 4 e 5 si rivolge infatti al duca Alfonso II d'Este e ne preannuncia la gloria, auspicando che sia posto a capo di una nuova crociata contro i Turchi. Si coglie qui il riferimento a un pericolo ben presente all'opinione pubblica del tempo, fortemente impressionata dalle continue scorribande dei pirati saraceni e suggestionata dalla vittoria cristiana nella battaglia di Lepanto del 1571.

L'elogio al duca è dunque nel solco della tradizione, ma non è un omaggio puramente formale: Tasso, infatti, è sinceramente grato a chi ha saputo dargli appoggio e protezione. Il poeta si definisce *peregrino errante* non per falsa umiltà, non per celebrare servilmente la grandezza del suo signore; in quella definizione si coglie piuttosto il dramma di un uomo che fatica a trovare un luogo in cui vivere con serenità e la contraddizione di chi, per il suo carattere ombroso, è spesso *fra gli scogli / e fra l'onde agitato e quasi absorto* (ottava 4, vv. 3-4), ma che per questo ha caro chi gli offre un luogo sicuro in cui sostare.

ESERCIZI

COMPRENSIONE E ANALISI

1. I temi del proemio Quali argomenti sono presentati nel proemio?

2. I protagonisti Quali personaggi sono citati nell'ottava 1?

3. La Musa ispiratrice del canto Chi era la Musa nel mondo classico? A chi si rivolge invece il poeta?

4. La giustificazione dell'autore Perché nelle ottave 2-3 il poeta sente la necessità di scusarsi? Come giustifica le sue scelte?

5. I meriti di Alfonso Quali meriti riconosce Tasso al duca Alfonso II d'Este?

6. L'augurio Quale auspicio viene formulato nell'ultima strofa?

LESSICO E STILE

7. Le ripetizioni Individua i termini che si ripetono nella prima ottava e spiega quali concetti sono sottolineati attraverso l'iterazione.

8. *Magnanimo* Che cosa significa letteralmente la parola *magnanimo* (ottava 4, v. 1)? Fai una ricerca sul dizionario e spiega quale caratteristica di Alfonso viene sottolineata con questo aggettivo.

9. Una metafora Con quale metafora il poeta indica se stesso e la propria condizione nell'ottava 4?

10. Una metonimia La *presaga penna* (ottava 4, v. 7) può essere considerata una metonimia. Per quale ragione?

11. Le figure retoriche Considera alcune espressioni presenti nell'ottava 5: *il buon popol di Cristo*; *la grande ingiusta preda*; *Emulo di Goffredo*. Di quali figure retoriche si tratta? Scegli la risposta corretta:

a. perifrasi
b. ossimori
c. similitudini

SCRITTURA

12. Scrivi un testo narrativo-descrittivo: intessere *fregi al ver* Tasso sostiene che il poeta ha il diritto di aggiungere elementi d'invenzione alle vicende storiche per attrarre (e istruire) i suoi lettori. Scegli una notizia di cronaca e trasformala in un racconto d'invenzione: immagina i luoghi, le cause profonde delle azioni, i caratteri dei protagonisti, gli sviluppi della vicenda e scrivi un testo narrativo-descrittivo.

SPUNTI PER LA DISCUSSIONE IN CLASSE

13. Il poeta-cortigiano e il suo signore Lavorare al servizio di un signore può essere considerato un vantaggio o un limite per Tasso? E oggi? Confronta la tua opinione con quella dei compagni e dell'insegnante.

TORQUATO TASSO

CLORINDA E TANCREDI

Opera: *Gerusalemme liberata*, canto XII, ottave 52-53; 57-61; 64-69

Clorinda, insieme con il guerriero Argante, incendia la grande torre costruita dai cristiani per assaltare Gerusalemme e compie strage di nemici. Non riesce però a fuggire abbastanza rapidamente e a trovare riparo all'interno delle mura; tenta dunque di ingannare i cristiani fingendosi una di loro, ma non sfugge all'attenzione di Tancredi. Il guerriero cristiano capisce che si tratta di un nemico e decide di affrontarlo, ma, ingannato dall'inconsueta armatura nera, non si accorge che quella è la donna da lui amata e a lungo cercata.

52.
Vuol ne l'armi provarla: un uom la stima
degno a cui sua virtù si paragone.
Va girando colei l'alpestre cima
verso altra porta, ove d'entrar dispone.
Segue egli impetuoso, onde assai prima
che giunga, in guisa avien che d'armi suone,
ch'ella si volge e grida: «O tu, che porte,
che corri sì?». Risponde: «E guerra e morte».

53.
«Guerra e morte avrai», disse, «io non rifiuto
darlati, se la cerchi» e ferma attende.
Non vuol Tancredi, che pedon veduto
ha il suo nemico, usar cavallo, e scende.
E impugna l'uno e l'altro il ferro acuto,
ed aguzza l'orgoglio e l'ire accende;
e vansi a ritrovar non altrimenti
che duo tori gelosi e d'ira ardenti.

[Il duello inizia: la voce narrante si duole del fatto che prove di così grande valore avvengano di notte, senza testimoni, e intende celebrare le gesta dei due guerrieri, che combattono con grande violenza, senza risparmiarsi, sempre più vicini tra loro.]

52, 1-4. Vuol ... dispone: Tancredi vuole provare il valore dell'avversario in un duello: la ritiene un uomo con cui valga la pena misurarsi. Ella cerca di girare attorno alla collina per raggiungere l'altra porta (di Gerusalemme), dove intende entrare.
5-8. Segue ... morte: egli la insegue con slancio, cosicché il suono delle sue armi lo precede e Clorinda si volta e grida: «O tu, che corri così, che cosa porti?». Risponde: «Guerra e morte».
53, 2. darlati: dartela.
3-4. che ... nemico: che ha visto a piedi il suo nemico. Le regole della cavalleria prevedono che il combattimento avvenga ad armi pari: Tancredi, dunque, non vuole approfittare del fatto di essere a cavallo, mentre l'avversario è appiedato.
5-8. E ... ardenti: entrambi impugnano la spada affilata, rendono più intensi il loro ardore e la furia di combattenti e si affrontano non diversamente da come farebbero due tori gelosi e infuriati. *Ferro acuto* è una metonimia; si noti inoltre che il v. *6* presenta una disposizione degli elementi in forma di chiasmo (verbo-oggetto / oggetto-verbo).

57.
Tre volte il cavalier la donna stringe
con le robuste braccia, ed altrettante
da que' nodi tenaci ella si scinge,
nodi di fer nemico e non d'amante.
Tornano al ferro, e l'uno e l'altro il tinge
con molte piaghe; e stanco ed anelante
e questi e quegli al fin pur si ritira,
e dopo lungo faticar respira.

58.
L'un l'altro guarda, e del suo corpo essangue
su 'l pomo de la spada appoggia il peso.
Già de l'ultima stella il raggio langue
al primo albor ch'è in oriente acceso.
Vede Tancredi in maggior copia il sangue
del suo nemico, e sé non tanto offeso.
Ne gode e superbisce. Oh nostra folle
mente ch'ogn'aura di fortuna estolle!

59.
Misero, di che godi? oh quanto mesti
fiano i trionfi ed infelice il vanto!
Gli occhi tuoi pagheran (se in vita resti)
di quel sangue ogni stilla un mar di pianto.
Così tacendo e rimirando, questi
sanguinosi guerrier cessaro alquanto.

57, 3. tenaci: resistenti. • **si scinge:** si scioglie.
4. fer: fiero.
5. il tinge: lo bagna di sangue.
6. piaghe: ferite. • **anelante:** senza fiato.
7-8. e ... respira: entrambi i combattenti alla fine arretrano e prendono fiato dopo la lunga fatica.
58, 1-4. L'un ... acceso: l'uno guarda l'altro e appoggia il peso del suo corpo debole per la perdita di sangue (*essangue*) sull'impugnatura (*pomo*) della spada. Già la luce della stella del mattino (Venere) svanisce per il chiarore dell'alba che spunta da Oriente.
5. in maggior copia: in maggior quantità.
6. offeso: ferito.
7. superbisce: si inorgoglisce. Tancredi vede che l'avversario ha ricevuto un maggior numero di ferite ed è fiero, perché si sente il più forte.
7-8. Oh ... estolle!: oh sciocca mente nostra, che ogni soffio di fortuna fa inorgoglire!
59, 1-4. Misero ... pianto: infelice, di che cosa ti rallegri? Oh quanto saranno (*fien*) tristi le tue vittorie e funesta la gloria (ottenuta in questo combattimento)! I tuoi occhi, se tu sopravvivi, pagheranno con un mare di lacrime ogni goccia di quel sangue da te versato.
5. rimirando: guardandosi.
6. sanguinosi: insanguinati. • **cessaro alquanto:** smisero per un po' di combattere.

Ruppe il silenzio al fin Tancredi e disse,
perché il suo nome a lui l'altro scoprisse:

60.
«Nostra sventura è ben che qui s'impieghi
tanto valor, dove silenzio il copra.
Ma poi che sorte rea vien che ci neghi
e lode e testimon degno de l'opra,
pregoti (se fra l'arme han loco i preghi)
che 'l tuo nome e 'l tuo stato a me tu scopra,
acciò ch'io sappia, o vinto o vincitore,
chi la mia morte o la vittoria onore».

61.
Risponde la feroce: «Indarno chiedi
quel c'ho per uso di non far palese.
Ma chiunque io mi sia, tu inanzi vedi
un di quei due che la gran torre accese».
Arse di sdegno a quel parlar Tancredi,
e: «In mal punto il dicesti»; indi riprese
«il tuo dir e 'l tacer di par m'alletta,
barbaro discortese, a la vendetta».

[Lo scontro riprende, benché entrambi i cavalieri siano feriti e sanguinanti. Come il mare resta agitato anche dopo che i venti tempestosi hanno cessato di soffiare, così i due combattenti, senza quasi più sangue nelle vene, continuano a sfidarsi con impeto.]

64.
Ma ecco omai l'ora fatale è giunta
che 'l viver di Clorinda al suo fin deve.
Spinge egli il ferro nel bel sen di punta
che vi s'immerge e 'l sangue avido beve;

8. perché ... scoprisse: affinché l'altro rivelasse a lui il suo nome.
60, 1-2. Nostra ... copra: la nostra sfortuna è che si combatta tanto valorosamente qui, dove passeranno sotto silenzio tutte le azioni. La notte e l'assenza di testimoni fanno sì che il combattimento non possa essere ammirato e celebrato come merita.
3-8. Ma ... onore: poiché la sorte malvagia nega a noi sia la lode sia un testimone che renda onore al nostro valore, ti prego (se pure è possibile che tra le armi trovino spazio le preghiere) di rivelarmi il tuo nome e il tuo casato, di modo che io sappia, sia che risulti vincitore sia che risulti vinto, a chi la mia morte o la mia vittoria attribuisce onore.
Al v. 4 compare la figura retorica dell'*hysteron-proteron*, in cui le parole sono invertite rispetto al loro ordine logico e temporale: la presenza di un *testimon* viene infatti prima della *lode*.
61, 1. Indarno: invano.
2. per uso: per abitudine.
3. inanzi: davanti a te.
4. la gran torre: si tratta della macchina d'assedio costruita dai cristiani, che Clorinda e Argante hanno incendiato.
6. In mal punto: in un momento sbagliato, inopportuno. • **il dicesti:** lo dicesti.
7-8. il tuo ... vendetta: ciò che tu dici, ossia l'impresa di cui ti vanti, e ciò che non dici, cioè il nome che non vuoi rivelare, mi spingono ugualmente alla vendetta, o pagano incivile (*barbaro*) e scortese.
64, 1. omai: ormai. • **fatale:** stabilita dal destino.
2. che ... deve: (l'ora) che la vita di Clorinda deve alla morte (*fin*).
4. avido: assetato. L'aggettivo è riferito al *ferro*, cioè alla spada di Tancredi.

e la veste, che d'or vago trapunta
le mammelle stringea tenera e leve,
l'empie d'un caldo fiume. Ella già sente
morirsi, e 'l piè le manca egro e languente.

65.
Segue egli la vittoria, e la trafitta
vergine minacciando incalza e preme.
Ella, mentre cadea, la voce afflitta
movendo, disse le parole estreme;
parole ch'a lei novo un spirto ditta,
spirto di fé, di carità, di speme:
virtù ch'or Dio le infonde, e se rubella
in vita fu, la vuole in morte ancella.

66.
«Amico, hai vinto: io ti perdon... perdona
tu ancora, al corpo no, che nulla pave,
a l'alma sì; deh! per lei prega, e dona
battesmo a me ch'ogni mia colpa lave».
In queste voci languide risuona
un non so che di flebile e soave
ch'al cor gli scende ed ogni sdegno ammorza,
e gli occhi a lagrimar gli invoglia e sforza.

67.
Poco quindi lontan nel sen del monte
scaturia mormorando un picciol rio.
Egli v'accorse e l'elmo empié nel fonte,
e tornò mesto al grande ufficio e pio.
Tremar sentì la man, mentre la fronte
non conosciuta ancor sciolse e scoprio.
La vide, la conobbe, e restò senza
e voce e moto. Ahi vista! ahi conoscenza!

5-7. e ... fiume: e riempie di un caldo fiume (di sangue) la veste ricamata di bell'oro (*d'or vago*) che stringeva in modo morbido e leggero i seni.
8. egro e languente: vacillante e incapace di reggerla.
65, 1-2. Segue ... preme: egli prosegue nella sua vittoria e incalza e opprime la fanciulla trafitta, minacciandola.
5-8. parole ... ancella: parole che a lei suggerisce un nuovo spirito, di fede, di carità, di speranza, tutte virtù che ora Dio suscita in lei e, sebbene ella sia stata ribelle a Dio in vita (cioè fu pagana), Dio vuole che nel momento della morte divenga una sua serva fedele.
66, 1. ti perdon: ti perdono.
2. tu ancora: anche tu. • **nulla pave:** non teme nulla.
3. l'alma: l'anima.
3-4. dona ... lave: dona a me il battesimo, che lavi ogni mia colpa.
5-8. In queste ... sforza: in queste parole deboli risuona un non so che di commovente e dolce, che penetra nel cuore di Tancredi e abbatte ogni ostilità e costringe i suoi occhi a piangere.
67, 1-2. Poco ... rio: poco lontano di lì, alla base del monte, scaturiva mormorando un piccolo ruscello.
3. l'elmo empié: riempì l'elmo.
4. ufficio: compito, incarico. Tancredi si accinge dunque a battezzare l'avversario morente, come gli è stato chiesto.
5-6. Tremar ... scoprio: sentì tremare la sua mano, mentre liberò dall'elmo e scoprì la fronte ancora sconosciuta (di Clorinda).
8. voce: parola. • **moto:** movimento. Tancredi resta muto e immobile alla vista di Clorinda.

68.
Non morì già, ché sue virtuti accolse
tutte in quel punto e in guardia al cor le mise,
e premendo il suo affanno a dar si volse
vita con l'acqua a chi co 'l ferro uccise.
Mentre egli il suon de' sacri detti sciolse,
colei di gioia trasmutossi, e rise;
e in atto di morir lieto e vivace,
dir parea: «S'apre il cielo; io vado in pace».

69.
D'un bel pallore ha il bianco volto asperso,
come a' gigli sarian miste viole,
e gli occhi al cielo affisa, e in lei converso
sembra per la pietate il cielo e 'l sole;
e la man nuda e fredda alzando verso
il cavaliero in vece di parole
gli dà pegno di pace. In questa forma
passa la bella donna, e par che dorma.

(*Gerusalemme liberata, op. cit.*)

68, 1-4. Non ... uccise: non morì all'istante, perché raccolse tutte le sue forze in quel momento e le pose a guardia del cuore e, reprimendo la sua angoscia, si volse a dare vita con l'acqua (cioè a dare il battesimo) a chi uccise con il ferro (ovvero con la spada).
5. il suon de' sacri detti: le sacre formule (del battesimo).
6. trasmutossi: si trasfigurò, cambiò aspetto.
7. vivace: vitale. Dopo il battesimo, la morte diviene per Clorinda il passo verso una nuova vita.

69, 1. asperso: cosparso.
2. come ... viole: come risulterebbero le viole mescolate ai gigli.
3-4. e gli occhi ... e 'l sole: e (ha) fissato (*affisa*) gli occhi al cielo e il cielo e il sole sembrano rivolti verso di lei per la pietà.
6. in vece: invece.
7. gli dà pegno di pace: gli dà una promessa di pace. • **In questa forma:** in quest'atto, cioè tendendogli la mano.
8. passa: muore, cioè passa da questa vita a quella eterna.

ANALISI DEL TESTO

Una storia tragica

La vicenda di Tancredi e Clorinda non è la storia romantica di due eroi che appartengono a schiere opposte, come quella di Bradamante e Ruggiero nell'*Orlando furioso*. Nel poema di Tasso la dimensione tragica prende il sopravvento e l'amore del cavaliere cristiano per la guerriera pagana è un sentimento non corrisposto e disperato. Egli la desidera e la cerca, ma la donna non concede nulla, riservando a lui atteggiamenti alteri di sfida; inoltre l'epilogo è il peggiore possibile, poiché l'amante distrugge inconsapevolmente tanto l'amata quanto se stesso: dopo la morte di Clorinda, Tancredi non troverà più gioie e sarà preda di incubi ricorrenti.

L'apparenza e la realtà

Nulla è come sembra, in questo episodio. Tancredi crede di aver acutamente individuato un nemico con cui misurarsi e invece compromette la salvezza proprio della donna amata; ogni ferita inferta al pagano è per lui motivo d'orgoglio e di trionfo, ma quello stesso sangue sarà da lui pagato con *un mar di pianto* (ottava 59, v. 4); egli reputa un atto gentile domandare il nome all'avversario, ma ottiene una risposta scortese che lo induce a proseguire il duello mortale. Tancredi sembra rispettare pienamente le regole della cavalleria e lottare per un nobile fine, ma al termine del combattimento il vincitore è in realtà un vinto, perché ha ucciso l'oggetto dei suoi sogni e ha procurato a se stesso un eterno rimpianto; la donna, invece, sia pure sconfitta nel corpo, è vincitrice nell'anima, perché ottiene la salvezza eterna con il battesimo: non odia il suo uccisore ma gli parla con dolcezza, lo perdona e si congeda da lui con un gesto di pace. Il suo viso pallido ma sereno, quasi trasfigurato dalla gioia, ricorda quello di una martire cristiana piuttosto che quello di una feroce guerriera pagana. La notte, tempo dell'ambiguità, nasconde le imprese gloriose dei combattenti e consente invece la compresenza di amore e morte, violenza ed eros, crudeltà e devozione.

Una femminilità inconsueta

Clorinda durante la lotta pare preoccupata di celare con cura la propria identità femminile, visto che rifiuta di dichiarare il suo nome e si presenta provocatoriamente citando l'incendio della torre cristiana (ottava 61). Non vuole tregue: i suoi gesti esprimono solo ardore e rabbia, tanto che la similitudine accomuna sia lei sia Tancredi a tori furiosi (ottava 53, v. 8). La sua femminilità è come negata, ma in realtà è soltanto inconsueta. Clorinda non rientra infatti nello stereotipo della fanciulla timida e delicata, vuole presentarsi invece attraverso azioni degne di valore; non vuole essere amata e protetta, vuole un duello senza concessioni né mezze misure. Per questo lo scontro tra lei e Tancredi è avvolto dall'ambiguità: l'aggressività è carica di eros, il loro combattere sembra la lotta tra un uomo e una donna che dicono di odiarsi ma che non possono fare a meno di provare un'attrazione reciproca (*tre volte il cavalier la donna stringe / con le robuste braccia, ed altrettante / da que' nodi tenaci ella si scinge*, ottava 57, vv. 1-3).

Nel momento in cui Tancredi ha il sopravvento, ecco che gli attributi tradizionalmente connessi alla femminilità riemergono: la veste ricamata, la delicatezza del corpo, la dolcezza nella voce, il sorriso. Il colore del volto di Clorinda è ora paragonato alla sfumatura che assumono i gigli uniti alle viole e le parole che la designano non sono più al maschile né sottolineano virtù belliche (*l'uno e l'altro*, ottava 53, v. 5; *questi e quegli*, ottava 57, v. 7; *sanguinosi guerrier*, ottava 59, v. 6; *la feroce*, ottava 61, v. 1) ma diventano *trafitta / vergine* (ottava 65, vv. 1-2) e *bella donna* (ottava 69, v. 8).

La voce narrante e lo stile

I frequenti interventi del narratore, se da un lato diminuiscono la *suspense* perché anticipano l'esito del duello (*Misero, di che godi? oh quanto mesti / fiano i trionfi ed infelice il vanto!*, ottava 59, vv. 1-2), dall'altro accrescono il *pàthos*, il coinvolgimento in una vicenda dolorosa di cui si sottolinea l'inevitabilità. Il narratore sembra fare proprie le esclamazioni di Tancredi (*Ahi vista! ahi conoscenza!*, ottava 67, v. 8) e segna ulteriormente la sua distanza da Ariosto e il suo legame invece con l'epica virgiliana, poiché i commenti non hanno una funzione ironica, ma esprimono una dolente partecipazione alle sofferenze umane. Lo stile è denso di figure retoriche e costruisce immagini ricche di chiasmi e antitesi (ad esempio *a dar si volse / vita con l'acqua a chi co 'l ferro uccise*, ottava 68, vv. 3-4), che avranno particolare fortuna nella successiva epoca barocca.

ESERCIZI

COMPRENSIONE E ANALISI

1. Le sequenze Dividi l'episodio in sequenze e scrivi accanto a ciascuna una frase che ne sintetizzi il contenuto.

2. Il tempo del duello Il duello dura una notte e si conclude all'alba. Che significato simbolico può essere attribuito all'alternanza tra buio e luce?

3. Le regole della cavalleria Tancredi compie alcuni gesti che mostrano il suo rispetto per le regole della cavalleria: quali? Come si comporta il suo avversario?

4. La fermezza di Clorinda Clorinda di fronte alla sfida è risoluta e pronta a combattere. Ricerca nel testo i punti in cui questo aspetto del suo carattere risulta più evidente.

5. La metamorfosi di Clorinda Quali trasformazioni avvengono in Clorinda al momento della morte?

6. La reazione di Tancredi Come reagisce Tancredi alla scoperta dell'identità di Clorinda?

LESSICO E STILE

7. *«E guerra e morte» / «Guerra e morte avrai»* Le ultime parole dell'ottava 52 sono riprese all'inizio dell'ottava 53. Come si chiama questa figura retorica? Scegli la risposta corretta:

- **a.** inversione
- **b.** chiasmo
- **c.** anadiplosi

8. *Oh nostra folle mente* Perché la voce narrante definisce *folle* (ottava 58, v. 7) la mente umana? A quale considerazione errata di Tancredi si riferisce?

9. *Un mar di pianto* Quale figura retorica è presente nell'espressione *un mar di pianto* (ottava 59, v. 4)? Scegli la risposta corretta:

- **a.** metafora
- **b.** ossimoro
- **c.** metonimia

10. *Rubella ... ancella* Chiarisci il significato dei termini *rubella* e *ancella* (ottava 65, vv. 7-8) e spiega perché possono essere usati per sintetizzare la vita e la morte di Clorinda.

11. La *climax* Nel brano è presente una forte *climax*: quale? Scegli la risposta corretta:

- **a.** *nodi di fer nemico e non d'amante* (ottava 57, v. 4)
- **b.** *l'empie d'un caldo fiume* (ottava 64, v. 7)
- **c.** *La vide, la conobbe, e restò senza / e voce e moto* (ottava 67, vv. 7-8)

SCRITTURA

12. Scrivi un testo narrativo-descrittivo: un amore tormentato L'amore di Tancredi è impossibile e ha un finale tragico. Immagina una vicenda analoga (ad esempio un amore non corrisposto, un legame che si incrina a causa di malintesi, un sentimento ostacolato da differenze sociali o culturali) e scrivi un testo narrativo-descrittivo.

13. Scrivi un testo argomentativo: la donna guerriera La letteratura ha spesso presentato esempi di donne aggressive e guerriere: dalle Amazzoni del mondo classico a Bradamante nell'*Orlando furioso*, da Clorinda nella *Gerusalemme liberata* alle protagoniste più recenti di libri *fantasy*, ma anche di videogiochi o film (Éowin nel *Signore degli Anelli* di Tolkien, Nihal nelle *Cronache del mondo emerso* di Licia Troisi o Lara Croft nella serie *Tomb Rider*). Confronta i personaggi che conosci ed esamina le loro caratteristiche: quali sono i loro atteggiamenti nei confronti degli uomini e delle altre donne? Quali aspirazioni esprimono con le loro scelte di vita? Apprezzi le loro avventure o le trovi inverosimili e irritanti?

Miguel de Cervantes e il *Don Chisciotte della Mancia*

Cervantes: una vita ricca di avventure

Miguel de Cervantes nasce nel 1547 vicino a Madrid. A causa del lavoro del padre, i primi anni della sua vita sono caratterizzati da frequenti spostamenti in diverse città della Spagna. Egli vive poi in Italia come cortigiano per un certo periodo, ma nel 1570 decide di arruolarsi e partecipa a numerose battaglie, tra cui quella di Lepanto contro i Turchi nel 1571, riportando ferite che gli limitano l'uso di una mano. Mentre è in viaggio verso la Spagna, la sua nave è assalita dai pirati e Cervantes insieme con il fratello è catturato e venduto come schiavo. Rimasto prigioniero per cinque anni ad Algeri e dopo rischiosi tentativi di fuga, tutti vani, è liberato grazie al pagamento di una forte somma. Si stabilisce a Madrid, dove si dedica all'attività teatrale, scrivendo una ventina di commedie in pochi anni. Le precarie condizioni economiche lo costringono ad accettare mansioni amministrative: lavora prima come vivandiere per la flotta spagnola, poi come esattore delle tasse per il regno di Granada. In entrambe le attività incorre in una serie di disavventure giudiziarie: viene messo in prigione più volte, la prima per irregolarità contabili compiute da un collaboratore, la seconda per il fallimento di un banchiere cui aveva affidato denaro dell'erario. Costretto a risarcire lo Stato, Cervantes trascorre alcuni anni in miseria e nel 1605 pubblica la prima parte del *Don Chisciotte*, romanzo la cui ideazione sembra sia nata proprio durante il periodo in carcere. Il successo è vasto, tanto che l'opera è presto tradotta in altre lingue, ma Cervantes deve affrontare nuove vicissitudini penali, perché la sua famiglia è accusata ingiustamente dell'omicidio di un cavaliere. Nell'ultima parte della sua vita l'autore scrive novelle, testi teatrali e il secondo volume del *Don Chisciotte*, pubblicato nel 1615. Muore a Madrid l'anno successivo.

Il *Don Chisciotte*: il genere letterario e la struttura

Il *Don Chisciotte della Mancia* è un'opera estremamente ricca, sia per i contenuti sia per la struttura. È scritto in prosa, in lingua spagnola, e a differenza dei poemi epici medievali o rinascimentali non trasfigura episodi realmente avvenuti né racconta in forma mitica i valori di un popolo. Esso costituisce una **parodia del poema cavalleresco**, ossia demitizza la figura del cavaliere e mostra l'inattualità di tutti i suoi ideali, improponibili nel tempo in cui vive il protagonista, il Seicento, che è lo stesso cui appartiene l'autore. La forma è quella del **romanzo** ed è per certi versi assimilabile a quella del cosiddetto "romanzo pi-

caresco", in cui sono narrate vicende di viaggio che hanno al centro i "picari", popolani imbroglioni e vagabondi.

Le avventure del protagonista si susseguono una dopo l'altra in ordine cronologico e seguono uno schema narrativo costante: don Chisciotte, che ha una percezione alterata della realtà, interpreta erroneamente una situazione; agisce senza esitare, nonostante gli ammonimenti del suo scudiero; fallisce rovinosamente e spesso è deriso. Come nell'epica orale, ogni episodio è in sé concluso e la narrazione può riprendere da qualsiasi punto e proseguire all'infinito. Cervantes pone però termine alla catena di eventi con la morte del protagonista, per evitare continuazioni non autorizzate da parte di imitatori.

Se la successione dei fatti è lineare, sia pure con frequenti divagazioni date dall'inserimento di racconti nel racconto, la "cornice" che racchiude le vicende è più complessa, poiché in essa il narratore sostiene di riferire semplicemente storie narrate da altri autori, spesso discordanti fra loro e poco attendibili. In questo modo, sin dall'inizio, **si distanzia in modo ironico dalla materia**, che non deve essere presa sul serio: il lettore è invitato a non immedesimarsi e a mantenere sempre desta la sua attenzione critica.

I temi e lo stile

Tema fondamentale dell'opera è l'**antitesi tra illusione e realtà**, incarnata dalle figure di don Chisciotte e Sancho Panza. Il primo rappresenta l'assoluta adesione a un ideale: è folle in quanto completamente distaccato dalla realtà, scambia mulini per giganti, una bacinella da barbiere per l'elmo di Mambrino, la rozza contadina Aldonza per una raffinata dama; tuttavia ha la forza dell'utopia, perché è l'unico che sa guardare lontano e mirare alla giustizia e al bene come veri traguardi dell'uomo. Sancho, al contrario, rappresenta il buon senso popolare e la concretezza: è assennato, ma al tempo stesso partecipe della follia del suo padrone, perché lo segue attratto dalla promessa di ottenere il governo di un'isola che non esiste. Per entrambi i personaggi, dunque, la percezione della realtà è alterata: dall'aspirazione alla gloria per il cavaliere, dalla ricerca dell'utile per lo scudiero.

Nella **crisi dei valori tradizionali della cavalleria** si riflette la fine della fiducia rinascimentale nella possibilità per l'uomo di realizzare i propri progetti: la visione del mondo si fa più incerta e problematica, aperta alle inquietudini della modernità.

Il linguaggio del *Don Chisciotte* è vario: unisce espressioni alte e raffinate ad altre basse e gergali, nell'intento di restituire con verosimiglianza il modo di esprimersi delle differenti classi sociali. Poiché nel romanzo confluiscono elementi diversi, lo stile è insieme epico e picaresco, tragico e comico.

l'opera

Don Chisciotte della Mancia

Prima parte

Un *hidalgo*, ossia un gentiluomo di campagna, di mezza età e di modeste condizioni economiche, di nome Alonso Quijana, a causa della lettura di poemi e romanzi cavallereschi decide di armarsi cavaliere e di partire in cerca di avventure, per difendere i deboli e salvare fanciulle indifese. Assume pertanto il nome di don Chisciotte della Mancia, si procura armi rudimentali e sale in groppa al proprio modesto cavallo, cui attribuisce il nome di Ronzinante. Sceglie di dedicare le sue imprese a una contadina grossolana, Aldonza, che battezza Dulcinea del Toboso. Si reca in una locanda mal frequentata, che ai suoi occhi è un castello, e si fa investire cavaliere dall'oste, che si burla di lui. Affronta quindi molte avventure, raddrizzando torti e sfidando chiunque osi dubitare della bellezza di Dulcinea. Rimedia però derisione e percosse, finché non è riportato a casa da un viandante. Qui il curato e il barbiere tentano di farlo rinsavire dando fuoco ai volumi di imprese cavalleresche, ma don Chisciotte, appena ristabilito, riparte, questa volta in compagnia del fedele scudiero Sancho Panza, uomo ingenuo ma dotato di senso pratico. I due, opposti per caratteristiche fisiche e per indole, vivono una serie di vicende rocambolesche, in cui la fantasia di don Chisciotte trasfigura la realtà ed egli agisce secondo i valori della cavalleria in contesti del tutto inadeguati: libera alcuni criminali scambiandoli per poveri oppressi ed è ricompensato con sassate e furti; assale i partecipanti a una processione per salvare una nobile dama prigioniera, senza accorgersi che si tratta della statua della Madonna e così via. Con uno stratagemma, il curato e il barbiere riescono finalmente a ricondurlo a casa.

Seconda parte

Il secondo volume si apre con la soddisfazione di don Chisciotte per essere divenuto protagonista di un libro di cavalleria (la prima parte delle sue avventure), uscito dieci anni prima. Egli riparte insieme con Sancho per compiere nuove imprese, in cui azioni folli si alternano a discorsi saggi. Tra le avventure memorabili c'è una sorta di discesa agli Inferi, nella grotta di Montezinos, per incontrare gli antichi paladini e le dame più splendide, tra cui Dulcinea; la lotta contro due leoni, che liberati dalla gabbia non lo degnano di uno sguardo; infine l'inganno del cavallo, offerto da nobili burloni come destriero alato: si tratta in realtà di una cavalcatura di legno carica di botti, che esplode e scaraventa a terra cavaliere e scudiero. Dopo molte altre vicende, don Chisciotte giunge a una locanda, dove capisce di dover riscattare la sua fama dalle insinuazioni contenute in un libro, scritto da un bugiardo che getta ombra sulla sua gloria (una continuazione delle sue avventure non autorizzata da Cervantes). Viaggia quindi verso Barcellona, ove è sfidato in duello dal Cavaliere della Bianca Luna, un amico che, sconfittolo, lo riporta a casa in ossequio alle regole della cavalleria. È accolto in paese con affetto e gioia, ma presto lo coglie una febbre improvvisa, per effetto della quale rinsavisce completamente, per morire poco dopo.

MIGUEL DE CERVANTES

LA BATTAGLIA CONTRO I MULINI A VENTO

Opera: *Don Chisciotte della Mancia*, libro I, capitolo VIII

Si tratta dell'impresa più nota di don Chisciotte. Mentre vaga insieme con il fedele scudiero Sancho Panza, il cavaliere errante vede una trentina di mulini a vento, usati per attività agricole nella campagna spagnola. Ai suoi occhi si tratta di smisurati giganti, che le leggi della cavalleria impongono di affrontare senza paura. Sancho tenta di far presente al suo padrone che si tratta di innocui macchinari, ma don Chisciotte non si lascia sfiorare da alcun dubbio e si dispone all'assalto, il cui esito sarà disastroso.

Del successo riportato dal valoroso don Chisciotte nella spaventosa e inaudita avventura dei mulini a vento, con altri avvenimenti degni di felice ricordanza.

A questo punto scoprirono trenta o quaranta mulini a vento che si trovano in quella campagna, e non appena don Chisciotte li vide, disse al suo scudiero: «La fortuna va incamminando[1] le nostre cose assai meglio di quanto potremmo desiderarlo, perché guarda lì, amico Sancio Panza, che ci si mostrano trenta e più smisurati giganti, con i quali ho intenzione di azzuffarmi e di ucciderli tutti, così con le loro spoglie[2] cominceremo a arricchirci, che[3] questa è buona guerra, ed è fare un servizio a Dio togliere questa mala semenza[4] dalla faccia della terra».

«Che giganti?» disse Sancio Panza.

«Quelli che vedi là» rispose il suo padrone «dalle smisurate braccia; e ce n'è alcuni che arrivano ad averle lunghe due leghe[5]».

«Badi la signoria vostra» osservò Sancio «che quelli che si vedono là non sono giganti ma mulini a vento, e ciò che in essi paiono le braccia, son le pale che girate dal vento fanno andare la pietra del mulino».

«Si vede bene» disse don Chisciotte «che non te n'intendi d'avventure; quelli sono giganti; e se hai paura, levati di qua e mettiti a pregare, mentre io entrerò con essi in aspra e disugual tenzone[6]».

E così dicendo, diede di sprone al suo cavallo Ronzinante[7], senza far caso a ciò che gli gridava Sancio Panza, per avvertirlo che erano certamente mulini a vento, e non giganti, quelli che andava a attaccare. Ma lui era talmente convinto che erano gi-

1. **La fortuna va incamminando:** la sorte sta disponendo.
2. **le loro spoglie:** il bottino che si potrà ottenere da loro.
3. **che:** poiché.
4. **questa mala semenza:** questa stirpe malvagia.
5. **leghe:** la lega è un'unità di misura che corrisponde a 3 km circa; secondo don Chisciotte dunque le braccia dei giganti hanno la spropositata lunghezza di sei chilometri.
6. **in aspra e disugual tenzone:** in un duello duro e impari, perché il cavaliere è uno solo e di piccole dimensioni, mentre i giganti sono in trenta e smisurati.
7. **Ronzinante:** così don Chisciotte ha voluto chiamare il suo macilento cavallo, per nobilitarlo.

ganti che né sentiva le grida del suo scudiero Sancio, né s'accorgeva, nemmeno ora che era arrivato vicino, di ciò che erano; anzi gridava a gran voce:

«Non scappate, codarde e vili creature, che è un cavaliere solo che vi attacca».

A questo punto soffiò un po' di vento e le grandi pale cominciarono a muoversi, e don Chisciotte disse, vedendo ciò:

«Quand'anche muoviate più braccia del gigante Briareo[8], me la pagherete».

Così dicendo, e raccomandandosi ardentemente alla sua signora Dulcinea[9] per chiederle che lo soccorresse in quel frangente, ben coperto dalla rotella[10], con la lancia in resta[11], spinse Ronzinante a gran galoppo e investì il primo mulino che si trovò davanti; e avendo dato un gran colpo di lancia alla pala, il vento la fece ruotare con tal furia che fece in pezzi la lancia, trascinandosi dietro cavallo e cavaliere, che rotolò tramortito per terra. Accorse ad aiutarlo Sancio Panza, con tutta la velocità del suo asino, e quando arrivò lo trovò che non era neanche in grado di muoversi: tale era il colpo che Ronzinante gli aveva dato.

«Per l'amor di Dio!» disse Sancio. «Non gliel'avevo detto io che stesse ben attento a quel che faceva, che quelli erano mulini a vento, e solamente chi ce li avesse avuti in testa poteva non accorgersene?».

«Taci, caro Sancio» rispose don Chisciotte; «poiché le cose della guerra sopra tutte le altre son soggette a continua vicenda[12]; tanto più che io credo, ed è e sarà certamente così, che quel mago Frestone[13] che mi ha rubato la stanza e i libri, ha convertito[14] anche questi giganti in mulini, per togliermi la gloria di vincerli: tale è l'inimicizia che mi tiene; ma alla resa dei conti, poco varranno le sue male arti contro la bontà della mia spada».

«Ci pensi il Signore, che tutto può» rispose Sancio Panza.

E lo aiutò ad alzarsi. Così egli risalì su Ronzinante, che s'era mezzo spallato[15]. E discorrendo della passata avventura, continuarono in direzione del Passo Làpice[16], perché lì don Chisciotte diceva che non potevano mancare molte e diverse avventure, dato che era un posto di molto transito, ma che una sola preoccupazione aveva, ed è che gli era venuta a mancare la lancia; e parlandone col suo scudiero, gli disse:

«Io mi rammento d'aver letto che un cavaliere spagnolo, di nome Diego Pérez de Vargas[17], essendoglisi spezzata la spada nel corso d'una battaglia, strappò da una quercia un grosso ramo o un tronco, e con esso compì tali cose in quella giornata, e accoppò tanti Mori, che gli rimase il soprannome di Accoppa, e da allora in poi i suoi discendenti si chiamarono Vargas-Accoppa. Ti dico ciò, perché dalla prima quercia o rovere che mi capita intendo anch'io strappare un tronco tale, e così forte, come suppongo dovesse esser quello; e voglio fare con esso tali imprese che dovrai reputarti fortunato di aver meritato di vederle e di essere testimone di cose che difficilmente potranno essere credute.

8. Briareo: nella mitologia greca, era un gigante dotato di cento braccia, figlio di Urano (il Cielo) e di Gaia (la Terra).

9. Dulcinea: è il nome che don Chisciotte ha scelto per la contadina Aldonza, che venera come una dama e a cui, secondo i dettami dell'amor cortese, chiede sostegno e protezione nelle avversità. Si può far riferimento, a questo proposito, al duello tra Lancillotto e Meleagant e allo straordinario effetto per il cavaliere di un semplice sguardo dell'amata (▶ p. 279).

10. rotella: piccolo scudo dalla foggia tondeggiante.

11. in resta: puntata in avanti.

12. a continua vicenda: a continuo cambiamento.

13. Frestone: il curato e il barbiere del paese di don Chisciotte avevano murato la biblioteca del protagonista, nella speranza di allontanarlo dalla mania per il mondo dei cavalieri, e avevano attribuito la sparizione dei libri al mago Frestone.

14. convertito: trasformato.

15. spallato: slogato la spalla.

16. Passo Làpice: è un villaggio della Mancia.

17. Diego Pérez de Vargas: personaggio di un poema epico popolare spagnolo.

«Tutto sta nelle mani di Dio» disse Sancio; «io credo a tutto ciò che la signoria vostra dice; ma si raddrizzi un poco, perché sembra che penda tutto d'un lato: dev'essere per il colpo della caduta».

«È così infatti» rispose don Chisciotte; «e se non mi lamento per il dolore è perché non è dato[18] ai cavalieri erranti di lamentarsi per ferita alcuna, quand'anche gli escano fuori le budella».

«Se le cose stanno così, non ho nulla da eccepire» disse Sancio; «Dio solo sa se io non sarei contento che la signoria vostra si lamentasse, se qualcosa le duole. Per conto mio, le assicuro che mi lagnerò al più piccolo dolore che mi capiterà di provare, a meno che codesta proibizione di lamentarsi non si estenda anche agli scudieri dei cavalieri erranti».

Non poté non ridere don Chisciotte per l'ingenuità del suo scudiero; lo rassicurò quindi che poteva benissimo lamentarsi quando e come gli pareva, se ne aveva voglia e anche se non ce l'aveva, perché fino a quel momento non aveva letto nulla in contrario negli ordinamenti cavallereschi[19].

(*Don Chisciotte della Mancia*, trad. it. di V. Bodini, Einaudi, Torino 1957)

18. non è dato: non è permesso, non si addice.

19. negli ordinamenti cavallereschi: nei manuali di cavalleria.

ANALISI DEL TESTO

Un'opera tragica o comica?

È difficile stabilire se nel brano (e nell'intero romanzo) prevalga la dimensione comica o quella tragica. Il narratore onnisciente informa subito il lettore che il personaggio ha di fronte a sé mulini a vento (rr. 13-15): i contorni reali della situazione vengono cioè chiariti prima che la vicenda abbia luogo. In questo modo non si crea un "effetto sorpresa", né una tensione emotiva, possibile solo se il lettore fosse lasciato nel dubbio sulla vera natura dei giganti. In tale ottica, gli aspetti comici hanno il sopravvento: il lettore sa più del personaggio e sorride della sua ingenuità, vede riflesse nel buon senso di Sancho le proprie ovvie considerazioni e si diverte anche perché il protagonista alla fine non paga con la vita la sua follia ma rimedia solo ammaccature. L'assurdità dell'errore di don Chisciotte, la sproporzione tra ciò che crede e ciò che tutti vedono genera dunque il riso.

Vi è tuttavia qualcosa di tragico nella solitudine di don Chisciotte e nell'ostinazione con cui nega la realtà: egli combatte contro qualcosa che soltanto lui vede, non si lascia sfiorare da dubbi (*era talmente convinto … ciò che erano*, rr. 26-28) e anche davanti all'evidenza trova il modo di continuare a negare: certo, sono mulini a vento, ma soltanto perché un mago ha mutato forma ai giganti per impedire a lui la gloria (rr. 46-47). Una *climax* crescente mostra come una semplice opinione si trasformi in una realtà indubitabile: *credo, ed è e sarà certamente così* (rr. 45-46). Per don Chisciotte la realtà in sé non esiste, esiste soltanto quella che egli vuol vedere.

La fine dei valori cavallereschi

Nel *Don Chisciotte* si assiste alla dissoluzione del mondo eroico e dei suoi valori. Il protagonista tenta ostinatamente di vivere secondo un codice di comportamento tratto dai libri di cavalleria: ritiene suo dovere combattere contro i giganti per *fare un servizio a Dio* (rr. 8-9); prima dello scontro rivolge il pensiero alla dama cui ha deciso di dedicare le sue imprese; cerca tra le sue letture un esempio che lo autorizzi a usare un oggetto meno nobile in sostituzione della lancia perduta; infine, pur ammaccato per i colpi ricevuti, trattiene ogni manifestazione di dolore perché *non è dato ai cavalieri erranti di lamentarsi* (r. 60). I suoi sforzi, tuttavia, sono del tutto fuori luogo, perché i valori medievali e umanistico-rinascimentali non trovano più spazio nel Seicento. Nessun altro segue più il codice cavalleresco, la realtà è mutata e chi si ostina a negarlo è destinato all'isolamento della follia.

L'utopia e il disincanto

Don Chisciotte e Sancho Panza sono due personaggi diametralmente opposti: il primo è un *hidalgo* magro e quasi ascetico, il secondo un contadino grassoccio, che ama il cibo e il vino; il cavaliere parla come un libro stampato, lo scudiero usa una lingua quotidiana e semplice; l'uno si ritiene più colto e in grado di giudicare le vicende umane, l'altro è pronto ad affidarsi a Dio e all'autorità del suo padrone. Lo studioso Claudio Magris sottolinea come le figure di don Chisciotte e Sancho Panza nella loro complementare diversità, rappresentino i due elementi fondamentali di cui l'umanità non può – e non deve – fare a meno: l'ideale e il senso della realtà. L'idealismo da solo, infatti, facilmente sconfina nella follia o nel fanatismo, quando scambia il sogno per la realtà e lo impone agli altri con violenza. Il disincanto puro rischia di trasformarsi in cinismo e in preoccupazione egoistica per il proprio utile. Il mondo, invece, ha bisogno di utopia e disincanto insieme, cioè della capacità di sperare, di vedere le cose non come sono ma come dovrebbero essere, unita al senso concreto del presente, al richiamo all'immediato. «L'utopia dà senso alla vita, perché esige, contro ogni verosimiglianza, che la vita abbia un senso [...]. Il disincanto, che corregge l'utopia, rafforza il suo elemento fondamentale, la speranza».

ESERCIZI

COMPRENSIONE E ANALISI

1. Le ragioni della sfida Per quale ragione don Chisciotte decide di affrontare quelli che crede giganti?

2. I mulini a vento di Sancho Perché, secondo don Chisciotte, Sancho non riconosce i giganti e sostiene che siano mulini a vento?

3. Lo scontro con i mulini a vento Riassumi brevemente quello che avviene durante lo scontro con i mulini a vento.

4. Una percezione errata della realtà Cerca nel testo almeno un esempio di come la voce narrante intervenga direttamente o attraverso un personaggio per spiegare che don Chisciotte ha una percezione falsata della realtà.

5. La preoccupazione di don Chisciotte Quale cruccio affligge don Chisciotte dopo il duello? In che modo pensa di risolvere il problema?

6. L'ingenuità di Sancho Per quale ragione don Chisciotte reputa Sancho un ingenuo? Scegli la risposta corretta:

a. perché lo scudiero si fida ciecamente di lui e crede a tutto quello che il padrone dice
b. perché le domande di Sancho rivelano che ignora le regole della cavalleria
c. perché Sancho vorrebbe poter combattere anche lui come un cavaliere

LESSICO E STILE

7. Due diversi modi di esprimersi Rintraccia nel testo esempi di lessico aulico e ricercato nelle parole di don Chisciotte e di linguaggio popolare in quelle di Sancho.

8. L'ironia Dove è possibile cogliere un'intonazione ironica nel testo?

9. La parola "utopia" Qual è il significato preciso della parola "utopia" e la sua etimologia? Rispondi servendoti del dizionario.

10. L'aggettivo "donchisciottesco" Il nome del protagonista ha dato origine all'aggettivo "donchisciottesco". In quali circostanze è usato questo termine?

SCRITTURA

11. Scrivi un testo argomentativo: comico o tragico? Secondo te, don Chisciotte deve essere considerato un personaggio prevalentemente comico o tragico? Scrivi un breve testo argomentativo in cui sostieni la tua posizione.

12. Scrivi un testo narrativo-descrittivo: l'utopia Scegli un'utopia (la pace nel mondo, l'uguaglianza sociale, la vittoria sulle malattie ecc.) e scrivi un testo narrativo-descrittivo in cui illustri la vita in un mondo ove tale utopia sia realizzata.

AUTORI MODERNI RISCRIVONO L'EPICA ANTICA

Orlando Furioso *di Ludovico Ariosto* raccontato da Italo Calvino

Secondo il critico Erich Auerbach, la lettura dell'*Orlando furioso* di Ludovico Ariosto è uno dei più alti piaceri che si possano regalare al proprio spirito. Naturalmente, la lunghezza del poema, la metrica e gli artifici retorici, l'intrecciarsi continuo delle vicende, nonché la lingua del Cinquecento possono intimorire un lettore giovane, anche armato di buone intenzioni. Italo Calvino, appassionato studioso di Ariosto, offre una sintesi del poema che unisce parti in prosa ad altre in poesia, coniugando il gusto per il racconto alla limpidezza e all'ironia del verso originale. Egli struttura in una ventina di capitoli i principali nuclei narrativi, per permettere al lettore di orientarsi all'interno di una materia tanto vasta.

Come esempio di lettura, presentiamo parte del capitolo dedicato al castello del mago Atlante, dove vari personaggi restano imprigionati nell'illusione di raggiungere finalmente l'oggetto dei loro desideri.

Il poema che stiamo percorrendo è un labirinto nel quale si aprono altri labirinti. Nel cuore del poema c'è un trabocchetto, una specie di vortice che inghiotte a uno a uno i principali personaggi: il palazzo incantato del Mago Atlante. [...] Attraversando un bosco, Ruggiero sente un grido: vede un gigante in lotta con un cavaliere. Sotto un colpo di mazza del gigante il cavaliere cade: dall'elmo slacciato esce un'onda di capelli biondi: è Bradamante! Ruggiero insegue il gigante che fugge trascinando la guerriera esanime e sparisce in un palazzo di marmo dalla porta d'oro. Ruggiero entra, percorre sale e logge e scale; si perde; perlustra il palazzo da cima a fondo più volte: nessuna traccia né del rapitore né della rapita. [...] Il palazzo è deserto di quel che si cerca, e popolato solo di cercatori. Atlante ha dato forma al regno dell'illusione; se la vita è sempre varia e imprevista e cangiante, l'illusione è monotona, batte e ribatte sempre sullo stesso chiodo.

Questi che vagano per androni e sottoscala, che frugano sotto arazzi e baldacchini sono i più famosi cavalieri cristiani e mori: tutti sono stati attratti nel palazzo dalla visione d'una donna amata, d'un nemico irraggiungibile, d'un cavallo rubato, d'un oggetto perduto. Non possono più staccarsi da quelle mura: se uno fa per allontanarsene, si sente richiamare, si volta, e l'apparizione invano inseguita è là, affacciata a una finestra, che implora soccorso.

(I. Calvino, Orlando furioso *di Ludovico Ariosto*, Mondadori, Milano 2001)

Il cavaliere inesistente di Italo Calvino

Un cavaliere celato da un'armatura bianca impeccabile si muove nell'esercito di Carlo Magno e svolge in modo preciso e rigoroso tutte le mansioni previste da un insensato codice burocratico. L'unico difetto di questo cavaliere sta nel fatto che egli non esiste: l'armatura infatti è vuota, ma agisce, parla e si muove sotto la spinta di una volontà di esistere che è stata capace di diventare autonoma e di acquisire un nome, quello di Agilulfo dei Guildiverni. Al suo opposto, lo scudiero Gurdulù è soltanto un corpo inconsapevole, che non sa di esistere e confonde se stesso con gli oggetti e gli animali.

Il romanzo di Italo Calvino è segnato da una *quête*, cioè da una ricerca travagliata e spesso deludente, in questo simile al modello per eccellenza dell'*Orlando furioso*: Agilulfo cerca le prove per dimostrare la validità del suo titolo di cavaliere; la bella guerriera Bradamante cerca Agilulfo, affascinata dalla sua perfezione; il giovane Rambaldo cerca Bradamante, ma più ancora se stesso e la propria identità e così via.

Calvino usa l'espediente di un narratore interno, la monaca Suor Teodora, che alla fine con un'improvvisa metamorfosi si rivelerà tra i protagonisti della storia. Lo scrittore realizza una vera e propria parodia della letteratura cavalleresca, poiché presenta Carlo Magno come un vecchio rimbambito, i paladini come rozzi uomini che si abbuffano durante i banchetti, i cantari come prodotto delle esagerazioni con cui i guerrieri amplificano spudoratamente le proprie imprese. Situazioni di partenza paradossali, sviluppi ancora più assurdi ma raccontati come fossero vicende altamente plausibili sono narrati con uno stile asciutto, a volte quasi riassuntivo, sempre accompagnato dall'ironia.

Si propongono come invito alla lettura del romanzo due brevi passi, tratti entrambi dal capitolo IV.

Ancora confuso era lo stato delle cose del mondo, nell'Evo in cui questa storia si svolge. Non era raro imbattersi in nomi e pensieri e forme e istituzioni cui non corrispondeva nulla d'esistente. E d'altra parte il mondo pullulava di oggetti e facoltà[1] e persone che non avevano nome né distinzione dal resto. Era un'epoca in cui la volontà e l'ostinazione d'esserci, di marcare un'impronta, di fare attrito con tutto ciò che c'è, non veniva usata interamente, dato che molti non se ne facevano nulla – per miseria o ignoranza o perché invece tutto riusciva loro bene lo stesso – e quindi una certa quantità ne andava persa nel vuoto[2]. Poteva pure darsi allora che in un punto questa volontà[3] e coscienza di sé, così diluita, si condensasse, facesse grumo, come l'impercettibile pulviscolo acquoreo si condensa in fiocchi di nuvole, e questo groppo[4], per caso o per istinto, s'imbattesse in un nome e in un casato, come allora ne esistevano spesso di vacanti[5], in un grado nell'organico militare, in un in-

1. **facoltà:** capacità. Calvino immagina che, al tempo in cui è ambientata la sua storia, vi fossero da un lato "puri nomi", dall'altro oggetti materiali esistenti ma indistinti perché privi di nome.
2. **Era ... vuoto:** molti esseri si limitavano a vivere in maniera inconsapevole, senza coscienza di sé.
3. **questa volontà:** la volontà di esistere, qui rappresentata come qualcosa di materiale, una sorta di "energia" da usare in tutto o in parte, diventa un'entità autonoma, autosufficiente, in grado di abbinarsi a un nome.
4. **groppo:** agglomerato.
5. **vacanti:** vuoti, privi dei titolari.

sieme di mansioni da svolgere e di regole stabilite: e – soprattutto – in un'armatura vuota, ché senza quella, coi tempi che correvano, anche un uomo che c'è rischiava di scomparire, figuriamoci uno che non c'è... Così aveva cominciato a operare Agilulfo dei Guildiverni e a procacciarsi gloria. [...]

Io che racconto questa storia sono Suor Teodora, religiosa dell'ordine di San Colombano. Scrivo in convento, desumendo[6] da vecchie carte, da chiacchiere sentite in parlatorio e da qualche rara testimonianza di gente che c'era. Noi monache, occasioni per conversare coi soldati, se ne ha poche: quel che non so cerco d'immaginarmelo, dunque: se no come farei? E non tutto della storia mi è chiaro. Dovete compatire: si è ragazze di campagna, ancorché[7] nobili, vissute sempre ritirate, in sperduti castelli e poi in conventi; fuor che funzioni religiose, tridui, novene[8], lavori dei campi, trebbiature, vendemmie, fustigazioni di servi, incesti, incendi, impiccagioni, invasioni d'eserciti, saccheggi, stupri, pestilenze, noi non s'è visto niente. Cosa può sapere del mondo una povera suora? Dunque, proseguo faticosamente questa storia che ho intrapreso a narrare per mia penitenza. Ora Dio sa come farò a raccontarvi la battaglia, io che dalle guerre, Dio ne scampi, sono stata sempre lontana, e tranne quei quattro o cinque scontri campali che si son svolti nella piana sotto il nostro castello e che bambine seguivamo di tra i merli, in mezzo ai calderoni di pece bollente (quanti morti insepolti restavano a marcire poi nei prati e li si ritrovava giocando, l'estate dopo, sotto una nuvola di calabroni!), di battaglie, dicevo, io non so niente.

(I. Calvino, *Il cavaliere inesistente*, Mondadori, Milano 2000)

6. **desumendo:** ricavando informazioni.
7. **ancorché:** anche se.
8. **tridui, novene:** preghiere e riti religiosi che prevedono la durata di tre o nove giorni.

VERIFICA L'epica rinascimentale

Le vicende

1. Indica se le seguenti affermazioni sono vere o false.

1. Nel proemio dell'*Orlando furioso* Ariosto accosta il destino di Orlando al proprio. V F
2. L'*Orlando furioso* è ambientato al tempo delle crociate. V F
3. Orlando è un antenato degli Este. V F
4. Orlando impazzisce a causa della morte della donna amata. V F
5. Quando è colto dalla follia, Orlando getta via l'armatura e le vesti. V F
6. Nel proemio della *Gerusalemme liberata* Tasso precisa che il compito del poeta è quello di riferire sempre e soltanto la verità. V F
7. Goffredo di Buglione guida la prima crociata, che si conclude con l'ingresso dei cristiani a Gerusalemme. V F
8. Tancredi è irritato perché durante il duello l'avversario non gli rivela il proprio nome. V F
9. Clorinda è una guerriera cristiana. V F
10. Don Chisciotte impazzisce per una delusione amorosa, causata da una donna di nome Dulcinea. V F
11. L'opera di Cervantes si conclude con la morte di don Chisciotte. V F
12. Sancho Panza non è esperto nelle regole della cavalleria. V F

I temi

2. Scegli l'affermazione corretta tra quelle che seguono.

1. Nel proemio all'*Orlando furioso* Ariosto:
- **a.** elogia il suo signore ma rivendica la propria dignità di scrittore
- **b.** invita Ippolito d'Este a intraprendere una crociata
- **c.** critica aspramente la condotta del suo signore

2. Nell'episodio della follia di Orlando si riflette:
- **a.** il valore religioso del poema: il narratore ammonisce i lettori a evitare l'amore terreno e a dedicarsi a quello spirituale
- **b.** l'idea rinascimentale per cui i limiti della ragione umana devono essere sempre superati
- **c.** la crisi della civiltà rinascimentale: la ragione non riesce a controllare gli istinti più violenti

3. La Musa a cui si rivolge Tasso:
- **a.** è la donna amata dal poeta, che non ricambia il suo amore
- **b.** è la Musa del mondo pagano: il poeta intende conformarsi pienamente al modello classico
- **c.** rappresenta l'ispirazione che viene da Dio

4. L'amore nella *Gerusalemme liberata* è una forza:
- **a.** positiva e vitale: chi si innamora diviene capace di imprese straordinarie
- **b.** negativa, che allontana i cavalieri dalla loro missione
- **c.** negativa, cui i cavalieri cristiani non cedono mai

5. Don Chisciotte e Sancho Panza rappresentano lo scontro:
- **a.** tra ideale (don Chisciotte) e aspirazione alla gloria (Sancho)
- **b.** tra utopia (don Chisciotte) e realtà (Sancho)
- **c.** tra utile (don Chisciotte) e aspirazione alla gloria (Sancho)

Le tecniche e lo stile

3. Rispondi alle domande che seguono.

1. Nei brani inseriti in questo percorso, la voce narrante interviene a commentare le vicende?

2. Nell'*Orlando furioso* e nella *Gerusalemme liberata* sono presenti epiteti formulari e ripetizioni di versi? Perché?

3. Il *Don Chisciotte* è un poema cavalleresco?

4. In quali opere, tra quelle affrontate in questo percorso, è presente l'ironia?

5. Dal punto di vista strutturale, quale tra le opere esaminate ha l'intreccio più complesso, costruito con la tecnica dell'*entrelacement*?

6. Confronta lo stile di Ariosto con quello di Tasso: quale dei due può essere definito alto e tragico?

7. In quali opere da te lette è presente una dedica? A chi è rivolta?

8. Quale tra le opere esaminate intende ricollegarsi esplicitamente alla tradizione dell'epica classica?

Il contesto storico-culturale

4. Rispondi alle domande che seguono.

1. Che cosa si intende per visione antropocentrica del mondo?

2. In che modo durante l'Umanesimo vengono studiati i testi degli antichi?

3. Che cosa significa il termine "classicismo"?

4. Perché si parla di "mecenatismo" a proposito delle Signorie?

5. Che cosa si intende per Controriforma?

6. In che senso la trasformazione della figura del cavaliere riflette la crisi della fiducia rinascimentale nelle possibilità dell'uomo?

Eroi solitari e lotte impari: il riaffiorare dell'epica tra realismo e fantasia

La crisi dei valori dell'epica e la trasfigurazione del genere

Il *Don Chisciotte* di Miguel de Cervantes segna per molti aspetti il tramonto del genere epico. L'ironia presente nel romanzo (▶ p. 318) corrode infatti alla base i miti dei poemi cavallereschi: i valori dell'epica antica, medievale e rinascimentale, lungi dall'essere ancora modelli a cui ispirarsi, dimostrano tutta la loro impraticabilità, e sono anzi i principali responsabili della follia del protagonista e delle sue disavventure. L'epica, dunque, sembra aver terminato il proprio sviluppo per lasciare spazio a nuovi generi letterari, come il romanzo, in grado di tratteggiare meglio sogni e contraddizioni della modernità. Tuttavia, se si pensa all'*epos* non tanto come genere codificato che si esprime attraverso lunghe narrazioni in versi, ma come **modo in cui un popolo guarda alla propria storia e ai propri valori** e si rispecchia in un **eroe** che deve affrontare molte prove, la più alta delle quali è la morte, allora si può parlare di una sopravvivenza dell'epica sino ai giorni nostri e del riaffiorare di contenuti, personaggi ed elementi stilistici di tipo epico in opere contemporanee, nella letteratura come nel cinema.

Un poema epico in prosa: *Moby Dick* di Melville

Un romanzo come ***Moby Dick*** (1851), dell'americano Herman Melville (1819-1891), è stato definito da molti critici «un poema epico in prosa». Il narratore interno, che si fa chiamare Ismaele, riferisce una drammatica vicenda cui ha partecipato, ossia l'inseguimento di una balena bianca, Moby Dick appunto, da parte del capitano Achab, che in un precedente scontro con il capodoglio ha subito la mutilazione di una gamba. Achab, ormai vecchio, è ossessionato dal desiderio di vendicarsi uccidendo la balena e trascina nella sua follia l'intero equipaggio del bastimento Pequod: nella sfida decisiva e tragica sopravvive il solo Ismaele, attonito testimone oculare.

Come nei racconti epici, il romanzo ha alle spalle un **nucleo di realtà**: esistono infatti vicende realmente accadute e documentate, anche se poco note alla storia, che testimoniano la lotta di uomini su semplici navi di legno contro i mammiferi più grandi del mondo, in mari aperti e ostili; a ciò si aggiunge l'esperienza autobiografica di Melville, partito su una nave in qualità di mozzo e rimasto per alcuni anni a servizio su diverse baleniere come marinaio. Vi è inoltre una **tradizione orale** che garantisce una sorta di veridicità letteraria alla vicenda: la storia della Balena Bianca appartiene infatti alle leggende marinaresche e amerinde, cioè dei nativi americani.

Anche dal punto di vista dello stile è possibile rilevare nel romanzo punti di contatto con l'epica, nella presenza insistita di **ripetizioni** di immagini, di termini e di figure retoriche. Va detto tuttavia che *Moby Dick* è un testo estremamente **ricco e complesso**, che contiene richiami non solo a Omero, ma anche alla *Bibbia*, a Dante, a Shakespeare e alle opere di molti altri scrittori inglesi e americani. Il romanzo fonde infatti aspetti tragici, parti narrative, aperture poetiche, meditazioni visionarie e digressioni di storia naturale. Sono possibili dunque tante letture, da quelle più realistiche, che vedono la balena bianca come un comune caso di albinismo e il capitano Achab come esempio di follia ossessiva, a quelle metaforiche, che scorgono nel cetaceo «l'essenza del male di nascere» (come scrive lo studioso Alessandro Ceni), cioè l'incarnazione incolpevole di quanto di negativo c'è nel vivere, e in Achab la determinazione demoniaca dell'uomo che esige di dominare il mondo. Lo scontro fra il capitano e la Balena Bianca sarebbe dunque una rappresentazione del conflitto uomo/natura, della pretesa umana di controllare e comprendere fino in fondo ogni essere vivente.

Il respiro epico del romanzo si coglie perciò nella **lotta titanica** dell'individuo contro un nemico enorme e indomabile, nella dimensione eroica del **viaggio verso l'ignoto**, nella **sfida contro la morte** cui nessuno può sottrarsi.

Un'*Iliade* moderna: *Guerra e pace* di Tolstoj

Ancora nell'Ottocento, un altro grande romanzo può essere considerato espressione di un sentire "epico": si tratta di ***Guerra e pace*** (1869) di Lev Nicolaevič Tolstoj (1828-1910), scritto in un ambiente e in un contesto culturale molto diverso da quello americano di Melville e definito dal critico György Lukàcs «un'*Iliade* moderna».

La Russia tra il 1805 e il 1812, affascinata e intimorita dalla figura di Napoleone, dai suoi trionfi e dalle sue sconfitte, costituisce lo sfondo su cui si stagliano le vicende di alcuni personaggi centrali, il principe Andrej Bolkòski, Pierre Bezuchov e Nataša Rostova. Andrej, in particolare, è un **eroe moderno**, attraversato da dubbi e inquietudini e a cui è impossibile un approccio alla vita ingenuo e fiducioso; egli è capace però di intuizioni profonde che sfuggono a spiegazioni razionali, come quando, ferito ad Austerlitz, coglie la meschinità di Napoleone e contempla invece la grandezza misteriosa del cielo sopra di sé.

La dimensione epica del romanzo consiste nella rappresentazione dell'**intero mondo russo**, con i suoi valori e la sua ricerca di significato dell'esistenza nell'intreccio tra guerra e pace, miseria e grandezza: condottieri e umili soldati, membri dell'aristocrazia e semplici popolani sono tratteggiati con eguale attenzione, in uno stile che sottolinea con grandiosità ambienti, personaggi e sentimenti. Il contesto storico e la vicenda di fantasia si intrecciano e si compenetrano e i personaggi assumono profondità soprattutto dinanzi ai momenti fondamentali della storia.

La storia come epopea: *Il partigiano Johnny* di Fenoglio

Nel Novecento, un romanzo capace di raccontare una fase storica in forma di epopea è ***Il partigiano Johnny*** di Beppe Fenoglio (1922-1963), pubblicato postumo nel 1968. Anche in questo caso vicende reali (la Resistenza sulle colline piemontesi durante la Seconda guerra mondiale) sono raccolte e trasfigurate in un racconto che mette in scena un eroe tormentato, Johnny, i suoi valori, la sua disperazione e la sua capacità di lottare.

Nel romanzo troviamo così, come nell'*Iliade* e nell'*Odissea*, combattimenti e solitudine, viaggio e avventura, tentativo di recuperare una patria e lotta contro gli invasori. Fenoglio non tace la crudeltà della guerra, fatta di rastrellamenti, esecuzioni, imboscate e neppure l'asprezza del paesaggio invernale, reso ostile da nebbia, fango e gelo; tuttavia, come nei poemi omerici, **concretezza e leggenda** sono compresenti ed episodi di cronaca della lotta contro i nazifascisti si trasformano in mito, diventano emblematici: alcuni personaggi rappresentano intere categorie di combattenti, incarnando il loro modo di interpretare la realtà, di rapportarsi con i compagni e con i nemici, di affrontare la morte. Lo stile del romanzo è particolarmente diretto e privo di enfasi, anche se molto complesso dal punto di vista linguistico perché ricco di neologismi e di termini inglesi.

Il genere *fantasy*: *Il Signore degli Anelli* di Tolkien

Un genere letterario affermatosi nel Novecento e che affonda vistosamente le sue radici nell'epica è il ***fantasy***: si tratta di romanzi ambientati in un mondo dalle caratteristiche vagamente medievali, in cui un eroe compie un percorso di formazione guidato da un maestro (stregone, anziano, insegnante) per affrontare e sconfiggere il male e interagisce con creature fantastiche, usando anche armi prodigiose. In genere i testi sono lunghi, con trame complesse, ricche di colpi di scena e di avventure, tra cui duelli e battaglie campali tra eserciti o alleanze di popoli.

Il romanzo che costituisce il modello originario del genere è ***Il Signore degli Anelli*** di John Ronald Reuel Tolkien (1892-1973), pubblicato in tre parti tra il 1954 e il 1955. Il giovane Frodo, che appartiene alla razza degli Hobbit (piccoli uomini alti poco più di un metro e dal carattere gioviale), riceve in dono dallo zio un misterioso anello, che rende invisibile chi lo indossa, ma che possiede altri inquietanti poteri. Si tratta infatti di uno strumento malefico, forgiato dal crudele Sauron per sottomettere tutti i popoli della Terra di Mezzo. Compito di Frodo è distruggere l'Anello nella voragine del Monte Fato; lo accompagnano uno Stregone, due Uomini, un Elfo, un Nano e tre Hobbits, in un viaggio denso di pericoli, segnato da incontri straordinari e da dolorose perdite, sino alla sconfitta del Male.

Il legame con la tradizione epica antica e medievale è evidente in molti aspetti, sia sul piano del contenuto sia su quello dello stile. Si notano, ad esempio, punti in comune con le **saghe nordiche**, in particolare con la *Canzone dei Nibelunghi*, per la presenza di un tesoro potente e maledetto; lo stile è caratterizzato da **epiteti formulari**, cioè appellativi ricorrenti che designano i personaggi (l'*Oscuro Signore Sauron; Eorlingas, cavalieri di Rohan*; *Gandalf il Grigio, detto Mithrandir*). Anche i cavalli, le armi, i mostri hanno **nomi propri**, come il cavallo Nevecrino, la spada Andùril, gli spettri Nazgûl. Il testo, poi, è in prosa, ma contiene molti **passi in versi**: il canto o la poesia sono infatti ritenuti dai personaggi mezzi privilegiati per esprimere emozioni o celebrare compagni caduti. Contribuisce inoltre a costruire un alone epico la scelta di introdurre **digressioni** per rievocare il passato: anche in mezzo a un'azione, il narratore non rinuncia a fornire, per bocca dei personaggi, spiegazioni sui legami familiari, sulle imprese memorabili o sulle sciagure che hanno toccato un individuo, una stirpe o un paese, come per sottolineare l'appartenenza a una tradizione e a una storia comuni.

Le "saghe" cinematografiche: *Star Wars*

I romanzi *fantasy* godono oggi di grande diffusione popolare, anche grazie a film di successo che li hanno fatti conoscere al vasto pubblico. Il cinema, infatti, ha spesso proposto storie tratte da libri *fantasy* (ad esempio il *kolossal* in tre parti del regista neozelandese Peter Jackson dedicato a *Il Signore degli Anelli*), ma ha anche saputo creare vere e proprie "saghe" cinematografiche dense di elementi epici, la più famosa delle quali è la serie ***Star Wars***, ideata dal regista George Lucas. Il ciclo comprende sei film, i primi tre usciti tra il 1977 e il 1983, gli altri tra il 1999 e il 2005.

Fin dal primo episodio girato, dal titolo *Guerre stellari. Una nuova speranza*, si possono individuare nel film personaggi, oggetti e situazioni di tipo epico, collocati nello spazio intergalattico: la storia è ambientata in un tempo passato e in un luogo remoto; vi sono una principessa prigioniera (Leia); un aspirante cavaliere (Luke Skywalker) che si propone di liberarla, affascinato soltanto dalla sua immagine proiettata; un maestro (Obi Wan Kenobi) che ha a lungo combattuto e trasmette i suoi insegnamenti all'allievo, il quale deve imparare a disciplinare le proprie emozioni e compiere un percorso di formazione; vi è la libertà da conquistare per molti popoli oppressi da un feroce nemico (l'Imperatore), presenza oscura e inquietante che non si mostra mai del tutto, ma agisce attraverso emissari spietati (Darth Fener e il governatore Tarkin); una fortezza da espugnare, la Morte Nera, stazione spaziale in grado di disintegrare un pianeta in pochi secondi. Per affrontare il nemico i cavalieri, chiamati Jedi, hanno a disposizione non armi tradizionali ma spade-laser, che coniugano il coraggio tipico del duello medievale, l'eleganza delle arti marziali orientali con la potenza delle nuove tecnologie; essi non cavalcano destrieri ma pilotano con abilità navicelle spaziali; inoltre affrontano mostri e guerrieri nemici, devono guardarsi dai traditori e agire per il bene. A differenza dei cavalieri cristiani medievali, essi non sono sorretti e guidati da Dio, ma percepiscono una Forza mistica che permea l'universo: quest'ultima può donare loro poteri straordinari, ma ha in sé anche un lato oscuro, in grado di prendere il sopravvento se l'eroe dà spazio alla brama di potere, all'odio o agli istinti vendicativi.

Il grande successo della saga di *Star Wars* e di altri film che sviluppano storie fantastiche è legato a molti fattori: certamente all'abilità di registi e attori, alla presenza di effetti speciali sempre più convincenti, a massicci investimenti produttivi e di promozione commerciale; non ultimo, però, va ricordato il fatto che il meccanismo narrativo di fondo resta quello elementare dell'epica e del romanzo d'avventura, cioè **lo scontro tra il bene e il male**, con la vittoria del primo e il trionfo dell'eroe positivo. Diversi elementi (colpi di scena, rivelazioni progressive, prove da superare, percorsi di formazione) coinvolgono poi emotivamente lo spettatore e favoriscono la possibilità di immedesimarsi e di vedere la realtà quotidiana con altri occhi: è possibile, infatti, **rispecchiarsi nel destino dell'eroe**, perché nelle sue gesta sono in qualche modo esemplificate le prove che la vita riserva a ciascuno.

Glossario

accumulazione: accostamento intenso e sovrabbondante di termini, disposti in ordine oppure in modo caotico e casuale, spesso senza segni di punteggiatura. Ad esempio: *rami e ceppi e tronchi e sassi e zolle / non cessò di gittar ne le bell'onde* (L. Ariosto, *Orlando furioso*, canto XXIII, ottava 131, vv. 1-2).

***adỳnaton*:** affermazione impossibile, che non può verificarsi. Ad esempio: *Caro montone, [...] se avessi intelletto, se diventassi parlante, / da dirmi dove colui si ripara dalla mia furia* (Omero, *Odissea*, libro IX, vv. 456-457).

allitterazione: ripetizione degli stessi suoni all'inizio di parole successive, anche non contigue. I suoni ripetuti possono essere vocali, consonanti o gruppi di lettere. Ad esempio: *affonda furioso il ferro* (Virgilio, *Eneide*, libro XII, v. 950).

anadiplosi: ripresa all'inizio di una frase o di un verso di una parola (o di un gruppo di parole) che si trova alla fine della frase o del verso precedente. Ad esempio: *ch'un alto pino al primo crollo svelse: / e svelse dopo il primo altri parecchi* (L. Ariosto, *Orlando furioso*, canto XXIII, ottava 134, v. 8 e ottava 135, v. 1); *Risponde: «E guerra e morte». / «Guerra e morte avrai»* (T. Tasso, *Gerusalemme liberata*, canto XII, ottava 52, v. 8 e ottava 53, v. 1).

anafora: ripetizione di una o più parole all'inizio di frasi o di versi successivi. Ad esempio: [la dea Ecate] *benigna assiste anche i cavalieri, quelli che vuole; / benigna anche quando gli uomini lottano in gara* (Esiodo, *Teogonia*, vv. 434-435). Se le parole ripetute si trovano a fine verso, si parla di epifora. Ad esempio: *generò un figlio, di tutti i mortali il più forte, / Gerione, ucciso da Eracle forte* (Esiodo, *Teogonia*, vv. 981-982).

analessi o retrospezione (in inglese *flashback*): narrazione di un episodio avvenuto in precedenza. Il narratore interrompe il racconto lineare degli eventi e recupera fatti accaduti prima per chiarire particolari della vicenda o dei personaggi. Ad esempio, quando la nutrice lava i piedi a Odisseo, riconosce la cicatrice procurata da un cinghiale molti anni prima. La narrazione allora si interrompe per ricostruire l'antico episodio di caccia: *Lei, dunque, lavava il suo re, standogli accanto: e davvero / la cicatrice conobbe, che gli fece un cinghiale con la candida zanna, / quando al Parnaso salì, con Autòlico e i figli...* (Omero, *Odissea*, canto XIX, vv. 392-394).

anastrofe: inversione della disposizione di due o più parole rispetto all'ordine sintattico consueto; il soggetto può trovarsi dopo il predicato oppure il complemento oggetto prima del predicato e così via. Ad esempio: *L'uomo ricco di astuzie raccontami, o Musa* (Omero, *Odissea*, libro I, v. 1); *molti dolori patì* (Omero, *Odissea*, libro I, v. 4).

antagonista: personaggio che si contrappone al protagonista e lo ostacola. Nell'*Eneide*, ad esempio, la dea Giunone è l'implacabile antagonista di Enea e dei Troiani.

antitesi: accostamento di due parole o frasi per ottenere effetti di contrasto. Ad esempio: *vivendo della tua morte* (Virgilio, *Eneide*, libro X, v. 849).

antonomasia: nome proprio usato in sostituzione del nome comune per designare una persona o una cosa in modo da evidenziarne alcune qualità. Può avvenire anche il contrario (nome comune usato come nome proprio). Ad esempio: *un Apollo* (cioè un uomo molto bello); *un Achille* (un uomo molto forte); *il pazzo* (= Orlando) *dietro lor ratto si muove* (L. Ariosto, *Orlando furioso*, canto XXIV, ottava 5, v. 5).

apostrofe: discorso rivolto direttamente a un interlocutore, reale o fittizio, con il vocativo e la seconda persona singolare o plurale del verbo. Ad esempio: *Maligni siete, o dèi, e invidiosi* (Omero, *Odissea*, libro V, v. 118); *Donna, anch'io, sì, penso a tutto questo* (Omero, *Iliade*, libro VI, v. 441).

asindeto: accostamento di frasi (o parole) senza l'uso di congiunzioni, soltanto con segni di punteggiatura (o anche senza). Ad esempio: *a pugni, ad urti, a morsi, a graffi, a calci* (L. Ariosto, *Orlando furioso*, canto XXIV, ottava 7, v. 6).

assonanza: identità di suono tra le vocali di due o più parole, dopo l'accento tonico di ciascuna. Ad esempio: *Trattesi l'àrme e spàrse al campo avea* (L. Ariosto, *Orlando furioso*, canto XXIV, ottava 4, v. 3); *d'amàro piànto* (T. Tasso, *Gerusalemme liberata*, canto III, ottava 8, v. 3).

catalogo (o enumerazione): successione di nomi (di persone o di oggetti) coordinati tra loro per asindeto (v.) o polisindeto (v.). Ad esempio: [la dea Ecate] *generò Oceano dai gorghi profondi, / e Coio e Crio e Iperione e Iapeto, / Teia Rea Temi e Mnemosine / e Foibe dall'aurea corona, e l'amabile Teti* (Esiodo, *Teogonia*, vv. 133-136).

cesura: pausa che separa il verso in due parti, dette emistichi. La cesura ha la duplice funzione di rallentare il ritmo del verso e di isolare alcuni termini, dando loro particolare risalto. Ad esempio: *Le dònne i càvalièr* II *l'àrme gli amòri* (L. Ariosto, *Orlando furioso*, canto I, ottava 1, v. 1).

chiasmo: disposizione incrociata di quattro parole secondo lo schema ABBA. Ad esempio: *dei cattivi uno* e *l'altro dei buoni* (Omero, *Iliade*, libro XXIV, v. 528); *di pianger mai, mai di gridar non resta* (L. Ariosto, *Orlando furioso*, canto XXIII, ottava 125, v. 1).

***climax*:** sequenza di vocaboli collegati tra loro in modo che vi sia una notevole intensificazione e amplificazione del significato (*climax* ascendente) oppure un'attenuazione e una riduzione della forza semantica del discorso (*climax* discendente o *anticlimax*). La *climax* è di solito formata da almeno tre parole in successione, come i gradini di una scala. Ad esempio: *rompe, fracassa* e *strugge* (= distrugge) (L. Ariosto, *Orlando furioso*, canto XXIV, ottava 7, v. 7); *in lui non restò dramma / che non fosse odio, rabbia, ira* e *furore* (L. Ariosto, *Orlando furioso*, canto XXIII, ottava 129, vv. 6-7). È un esempio di *anticlimax non son superba, non ti disprezzo, / non stupisco neppure* (Omero, *Odissea*, libro XXIII, vv. 174-175).

consonanza: presenza delle stesse consonanti in due o più parole, dopo l'accento tonico di ciascuna. Ad esempio: *prèsso a i lidi / sibila il mar percòsso in rauchi stridi* (T. Tasso, *Gerusalemme liberata*, canto III, ottava 6, vv. 7-8); *su'l pomo de la spada appòggia il peso. / Già de l'ultima stella il ràggio langue* (T. Tasso, *Gerusalemme liberata*, canto XII, ottava 58, vv. 3-4).

dialogo: successione di battute pronunciate da personaggi diversi. Nel dialogo i discorsi dei personaggi sono riportati in forma diretta attraverso l'introduzione di segni grafici specifici, come le virgolette o i trattini. Ad esempio: *Dice il re: «Quel corno ha il fiato lungo!». / Risponde Naimes il duca: «Un prode lo suona! / Egli ha battaglia, io ne son sicuro...»* (*Chanson de Roland*, lassa 134, vv. 29-31).

digressione: momentanea deviazione dalla narrazione principale per fornire chiarimenti o commenti su un oggetto, un personaggio, un argomento. Ad esempio Odisseo, durante il colloquio decisivo con Penelope, si dilunga nel precisare le tecniche usate per costruire il letto nuziale (Omero, *Odissea*, libro XXIII, vv. 190-201).

domanda retorica: domanda che non attende risposta, se non una conferma (in positivo o in negativo) di quanto viene chiesto. Ad esempio: *Forse gemette al mio pianto, o chinò gli occhi? / Forse vinto versò una lagrima, o commiserò l'amante? / Quale onta è peggiore di questa?* (Virgilio, *Eneide*, libro IV, vv. 369-371).

ellissi: omissione di uno o più elementi, che rimangono impliciti o sottintesi. La narrazione "salta" uno o più fatti, sorvolando del tutto su essi. Ad esempio l'espressione *al sorgere dell'Aurora* segnala un'ellissi se il narratore ha interrotto il racconto dopo aver parlato della sera e non ha riferito nulla della notte trascorsa nel frattempo.

endecasillabo: verso italiano composto da undici sillabe. Ad esempio: *Viste del pazzo l'incredibil prove* (L. Ariosto, *Orlando furioso*, canto XXIV, ottava 5, v. 1).

***enjambement* (in italiano inarcatura o spezzatura):** separazione tra due parole strettamente legate dal punto di vista logico e grammaticale, determinata dalla fine di un verso. Ad esempio: *tale città ha distrutto, ha annientato guerrieri / innumerevoli* (Omero, *Odissea*, libro IX, vv. 265-266); *Segue egli la vittoria e la trafitta / vergine minacciando incalza e preme* (T. Tasso, *Gerusalemme liberata*, canto XII, ottava 65, vv. 1-2).

epiteto formulare: espressione o aggettivo fisso che sottolinea un aspetto caratteristico del personaggio ed è ripetuto sempre identico, indipendentemente dal contesto della frase. Ad esempio: *Atena occhio azzurro; il biondo Menelao; il pio Enea.*

esametro: verso greco o latino composto da sei unità metriche.

***fabula*:** successione logico-cronologica dei fatti fondamentali ed essenziali per lo sviluppo della vicenda. La *fabula* può coincidere o meno con l'intreccio (v.)

figura etimologica: accostamento di due o più parole con la stessa radice. Ad esempio: *parole fugaci parlava* (Omero, *Odissea*, libro I, v. 122); *straziato da strazio feroce* (Omero, *Odissea*, libro IX, v. 415).

focalizzazione: punto di vista da cui il narratore racconta la storia. Si può avere una **focalizzazione zero** quando il narratore non assume la prospettiva di alcun personaggio, ma è onnisciente, ossia sa tutto e vede tutto, conosce i pensieri e i sentimenti di ogni personaggio (è il caso della voce narrante dei poemi omerici). Si ha invece una **focalizzazione interna** quando il narratore racconta le vicende adottando il punto di vista di un personaggio (sia che vengano riferite in prima sia in terza persona): in questo caso il narratore sa soltanto quello che sa il personaggio, ha una conoscenza limitata e condizionata da quel punto di vista. Esiste infine una **focalizzazione esterna**, quando il narratore adotta il punto di vista di un osservatore estraneo ed esterno alla storia e perciò sa meno dei personaggi, sembra scoprire i fatti a mano a mano che questi si verificano.

***hỳsteron pròteron*:** inversione delle parole rispetto al loro ordine temporale per cui si trova prima ciò che logicamente e cronologicamente verrebbe dopo. Ad esempio: *Sull'erba vedono i corpi rovesciati / dal sonno e dal vino* [l'ordine logico è invertito: prima essi si ubriacano, poi sprofondano nel sonno] (Virgilio, *Eneide*, libro IX, vv. 316-317).

***in medias res* ("in mezzo ai fatti"):** inizio immediato della narrazione, senza spiegazioni preliminari né presentazioni dell'ambiente o dei personaggi. Quello dell'*Eneide* è un classico inizio *in medias res*, perché la vicenda si apre con il protagonista in balìa di una tempesta, quando già una parte della fuga da Troia e del viaggio verso l'Italia è stata compiuto.

intreccio: organizzazione e disposizione degli eventi nell'ordine scelto dal narratore. Esso può coincidere o meno con la *fabula* (v.)

ipallage: attribuzione a una parola di una frase delle caratteristiche proprie di un'altra parola della stessa frase. Ad esempio: *le mura dell'alta Roma* (= *le alte mura di Roma*) (Virgilio, *Eneide*, libro I, v. 7).

iperbato: inserimento di una o più parole nella frase in modo da dividere due elementi che dovrebbero rimanere uniti. Ne risulta una frase con un ordine inconsueto. Ad esempio: *Quel ch'io vi debbo, posso di parole / pagare in parte* (= posso pagare in parte di parole) (L. Ariosto, *Orlando furioso*, canto I, ottava 3, vv. 5-6).

iperbole: esagerazione (per eccesso o per difetto). Si ha quando si esprime un concetto in modo inverosimile. Ad esempio: *Per una lepre suona il corno un intero giorno* (*Chanson de Roland*, lassa 133, v. 20); *parole atte a voltare un monte* (L. Ariosto, *Orlando furioso*, canto XIX, ottava 12, v. 6).

ipotassi: successione di frasi subordinate, che costituiscono uno o più periodi complessi. Ad esempio: *Tra gli uomini, no, nessun vivente, neanche in pieno vigore, / senza fatica lo sposterebbe, perché c'è un grande segreto / nel letto ben fatto, che io fabbricai, e nessun altro* (Omero, *Odissea*, libro XXIII, vv. 187-189).

ironia: procedimento retorico che consiste in uno sfasamento tra il significato letterale e quello autentico di una frase o di un discorso, vale a dire tra ciò che si dice e ciò che si intende. L'ironia può riguardare una sola parola o un'intera frase, di cui soltanto il contesto chiarisce l'intenzione ironica. Ad esempio, quando Didone, che non può credere che gli dèi vogliano allontanare Enea da lei, afferma *Adesso l'augure Apollo, / e gli oracoli della Licia, e il nunzio degli dèi / mandato da Giove porta orribili comandi per l'aria. / Questo travaglia gli dèi; un tale affanno conturba / la loro quiete* (Virgilio, *Eneide*, libro IV, vv. 376-380), ella intende dire che è impossibile che gli dèi si preoccupino tanto da mandare messaggeri a Enea per ordinargli di ripartire.

iterazione: ripetizione di una o più parole all'interno del testo, senza una disposizione precisa. Ad esempio: *cerca fra tutti / il solo Volcente, contro il solo Volcente si ostina* (Virgilio, *Eneide*, libro IX, vv. 438-439); *spesso chiede di Lauso, e spesso manda qualcuno / a richiamarlo* (Virgilio, *Eneide*, libro X, vv. 839-840).

litote: affermazione di un concetto attraverso la negazione del suo opposto. Ad esempio: *non tacerò di certo il caso di una dura morte* (Virgilio, *Eneide*, libro X, v. 790).

metafora: similitudine abbreviata, in cui viene soppresso il nesso logico esplicito (il *come*). La metafora consiste nel sostituire un termine con un altro il cui significato ha con il primo un rapporto di somiglianza. L'aspetto comune è lasciato all'intuizione di chi legge: a volte la ragione dell'accostamento è evidente, in altri casi il rapporto stabilito dal poeta tra i due termini è più misterioso e sta al lettore cercare di decifrarlo. Ad esempio: *il cuore gli latrava di dentro* (Omero, *Odissea*, libro XX, v. 13); *nube di guerra* (Virgilio, *Eneide*, libro X, v. 809); *un mar di pianto* (T. Tasso, *Gerusalemme liberata*, canto XII, ottava 59, v. 4).

metonimia: sostituzione di una parola con un'altra in base a un rapporto di vicinanza logica. Si può trovare la causa per l'effetto, il contenente per il contenuto, il concreto per l'astratto, lo strumento per chi lo adopera, l'autore per l'opera, la materia per l'oggetto ecc. Ad esempio: *Spinge egli il ferro* (= la spada, materia per oggetto) *nel bel sen di punta* (T. Tasso, *Gerusalemme liberata*, canto XII, ottava 64, v. 2); *O Musa, tu che di caduchi allori* (= glorie, concreto per astratto) */ non circondi la fronte* (T. Tasso, *Gerusalemme liberata*, ottava 2, vv. 1-2).

monologo: discorso con cui un personaggio parla a se stesso o a un interlocutore silenzioso. Ad esempio, durante la tempesta scatenata da Giunone, Enea rimpiange di non essere morto a Troia ed esclama ad alta voce: *O tre e quattro volte beati / quelli che incontrarono la morte davanti allo sguardo / dei padri sotto le alte mura di Troia!* (Virgilio, *Eneide*, libro I, vv. 93-95).

narratore: persona fittizia che prende la parola e narra la storia. Il narratore può essere in **prima** o in **terza** persona, **interno** o **esterno** alla storia. Il narratore in prima persona è un personaggio interno alla storia – il protagonista, un personaggio secondario o un testimone –, mentre il narratore in terza persona è esterno e si identifica con una "voce" che racconta (**voce narrante**). Se il narratore lascia la parola a un altro narratore (**narratore di secondo grado**), si ha un **racconto nel racconto**. Ad esempio nel libro II dell'*Eneide* il narratore esterno (narratore di primo grado) dà spazio a Enea (narratore di secondo grado), che racconta la fine di Troia alla regina Didone; all'interno del suo racconto a un certo punto prende la parola un personaggio, Sinone, che rievoca la partenza dei Greci (narratore di terzo grado). Il narratore che sa tutto sulla vicenda e sui personaggi è detto **narratore onnisciente**: può fornire anticipazioni o inserire *flashback*, conosce la vicenda principale e quelle secondarie, è al corrente dei pensieri e dei sentimenti dei personaggi. Può essere **oggettivo e nascosto**, ossia raccontare senza esprimere il proprio giudizio su fatti e personaggi, oppure **soggettivo e palese**, cioè inserire commenti e considerazioni, con frasi valutative o termini connotati.

onomatopea: imitazione di un suono. Ad esempio: *scroscia il gorgo schiumante* (Virgilio, *Eneide*, libro II, v. 209); *rauchi stridi* (T. Tasso, *Gerusalemme liberata*, canto XXIV, ottava 6, v. 8).

ossimoro: accostamento di due parole di senso opposto, che sembrano tra loro incompatibili. Ad esempio: *tacite parole* (T. Tasso, *Gerusalemme liberata*, canto III, ottava 6, v. 1).

parallelismo: disposizione delle parole nella frase in modo che si stabiliscano rapporti di simmetria. Ad esempio: *questo il desiderio, questa la patria* (Virgilio, *Eneide*, libro IV, v. 347); *Qui riman l'elmo, e là riman lo scudo* (L. Ariosto, *Orlando furioso*, canto XXIII, ottava 133, v. 1).

paratassi: accostamento di elementi della frase o di frasi legate tra loro da coordinazione. Ad esempio: *abbatti la tua casa e costruisci una nave, abbandona i tuoi averi e cerca la vita, disprezza i beni mondani e mantieni viva l'anima tua* (*Epopea di Gilgamesh*).

paronomasia: accostamento di parole dal suono simile o identico ma dal significato diverso. Ad esempio: *et altri in altro che più d'altro aprezze* (L. Ariosto, *Orlando furioso*, canto XXIV, ottava 85, v. 6); *Amico, hai vinto: io ti perdon... perdona / tu ancora* (T. Tasso, *Gerusalemme liberata*, canto XII, ottava 66, vv. 1-2).

patronimico: aggettivo costruito sul nome del padre o di un antenato del personaggio. Ad esempio: l'*Atride* Agamennone (= Agamennone figlio di Atreo); il *Pelide* Achille (= Achille figlio di Peleo).

perifrasi (o circonlocuzione): "giro di parole", ossia frase che designa un oggetto o una persona in sostituzione della parola specifica. Ad esempio: *sotto gli occhi d'un uomo che molti e gagliardi / figliuoli t'ha ucciso* (= sotto gli occhi di Achille) (Omero, *Iliade*, libro XXIV, vv. 520-521).

personificazione (o prosopopea): oggetto o concetto astratto trattato come un essere animato. Ad esempio: *Ma Ragione, in disaccordo con Amore, gli suggeriva di guardarsi dal montarvi* (Chrétien de Troyes, *Lancillotto*).

polisindeto: accostamento di parole o frasi tramite l'uso di più congiunzioni. Ad esempio *Bello era e forte e di gran valore* (*Chanson de Roland*, lassa 168, v. 20).

preterizione: dichiarazione di non voler dire qualcosa che subito dopo si dice. Ad esempio: *Non parliamo poi del cavaliere, il cui coraggio permise la vittoria...*

proemio: parte iniziale di un poema epico, composto da protasi (o indicazione dell'argomento), invocazione alla divinità e, in alcuni casi, dedica a un destinatario.

prolessi o anticipazione: sospensione del racconto per anticipare fatti che avverranno in futuro. Nei poemi epici la prolessi è spesso introdotta attraverso l'espediente della profezia, in cui si annunciano vicende che avverranno in futuro, oppure mediante un commento del narratore (v.). Ad esempio Odisseo, quando racconta al re Alcìnoo il suo ingresso nella caverna di Polifemo, dice: *Subito allora mi supplicarono con parole i compagni, / che, rubati i formaggi, tornassimo indietro / [...] ma io non volli ascoltare – e sarebbe stato assai meglio – / per vederlo in persona, se mi facesse i doni ospitali* (Omero, *Odissea*, libro IX, vv. 224-229 *passim*). Il commento *e sarebbe stato assai meglio* costituisce un'anticipazione delle conseguenze funeste dell'avventura.

protagonista: il personaggio principale della narrazione, intorno al quale è incentrata tutta la vicenda.

protasi: parte iniziale del proemio. La protasi contiene l'indicazione dell'argomento che sarà trattato nel poema.

reticenza: interruzione del discorso, per sottintendere qualcosa. È segnalata da tre puntini di sospensione. Ad esempio: *desidera di volare / sulle alte stelle, e di racchiuderti nel cavo della terra...* (Virgilio, *Eneide*, libro XII, vv. 892-893).

rima: identità di suono tra due o più parole, a partire dalla sillaba su cui cade l'accento tonico. Le rime possono essere **perfette**, quando c'è identità di vocali e consonanti, o **imperfette**, e in questi casi si parla di assonanza e consonanza (v.). Ad esempio: *a chi in amor s'invecchia, oltr'ogni pèna, / si convengono i ceppi e la catèna* (L. Ariosto, *Orlando furioso*, canto XXIV, ottava 2, vv. 7-8).

similitudine: confronto tra due elementi, stabilito attraverso nessi logici espliciti. Per rendere evidente il confronto si usano le forme *come*, *quasi*, *pari a*, *simile a*, *tale*, *sembra*, *assomiglia*, *è uguale a* ecc. I termini messi in relazione condividono una qualità. La similitudine può articolarsi in modo rapido e sintetico (ad esempio: *Come leone il Pelide balzò alla porta della sua tenda*; *Iliade*, libro XXIV, v. 572) oppure essere espressa in modo ampio e complesso (ad esempio: *il capo si adagia reclino sulla spalla / come un fiore purpureo quando, reciso dall'aratro, / languisce morendo, o come i papaveri che chinano il capo / sul collo stanco, quando la pioggia li opprime;* Virgilio, *Eneide*, libro IX, vv. 434-437).

sineddoche: sostituzione di una parola con un'altra in base a un rapporto di quantità, cioè di maggiore o minore estensione di significato (si può ricordare con la formula: "il più per il meno, il meno per il più"). Si possono trovare la parte per il tutto (e viceversa), il singolare per il plurale (e viceversa), il genere per la specie (e viceversa). In sintesi si nomina un concetto generale per indicarne uno particolare oppure si usa un concetto più ristretto per alludere a quello generale: ad esempio *trasportandolo con sé sulle acque e sulle curve carene* (scafi per navi, ovvero la parte per il tutto) (Virgilio, *Eneide*, libro II, v. 179); *aguzzar conviengli ambe le ciglia* (ciglia per occhi, ovvero la parte per il tutto) (L. Ariosto, *Orlando furioso*, canto XXIV, ottava 71, v. 5).

sinestesia: accostamento di termini che appartengono a sfere sensoriali differenti. Ad esempio: *subito dolce parola parlò* (gusto + suono) (Omero, *Odissea*, libro VI, v. 148).

strofa o lassa: gruppo di versi successivi separati dagli altri da uno spazio bianco. Le strofe possono essere composte da un numero variabile di versi: ad esempio le strofe tipiche dei poemi cavallereschi rinascimentali, le **ottave**, sono di otto versi.

verso: successione di sillabe accentate (dette "toniche") e di sillabe non accentate (dette "atone") disposte in modo da ottenere particolari effetti di suono, di ritmo e di significato.

Indice delle illustrazioni

Percorso 1 Il mito e l'epica

Percorso 2 L'epica omerica

Percorso 3 L'epica latina

Percorso 4 L'epica medievale

Percorso 5 L'epica rinascimentale

Referenze Fotografiche

Archivio Iconografico Pearson Italia; Arthus-Bertrand Jann/Corbis; Scala, Firenze; Archivio Fotografico Soprintendenza per i Beni Storici, Artistici ed Etnoantropologici di Modena e Reggio Emilia.

Si ringrazia il Ministero per i Beni e le Attività Culturali, Soprintendenza di Modena e Reggio Emilia.

Indice degli autori e delle opere